Cuaderno de práctica de lo

para la casa o la escuela

Grado 5

GO MATH!

¡VIVAN LAS MATEMÁTICAS!

INCLUYE:

- Práctica para la casa o la escuela
- Práctica de la lección y preparación para las pruebas
- Cartas para la casa en español y en inglés
- Lecciones de preparación para el Grado 6

HOUGHTON MIFFLIN HARCOURT

Printed in the U.S.A.

ISBN 978-0-547-65081-4

9 10 1689 20 19 18 17 16 15 14

4500464710 ^ B C D E F G

ÁREA DE ATENCIÓN

Fluidez con números naturales y decimales

COMMON CORE

Critical Area Extending division to 2-digit divisors, integrating decimal fractions into the place value system and developing understanding of operations with decimals to hundredths, and developing fluency with whole number and decimal operations

1 Valor posicional, multiplicación y expresiones

Áreas Operaciones y razonamiento algebraico
Operaciones con números de base diez

Estándares comunes CC.5.OA.1, CC.5.OA.2, CC.5.NBT.1, CC.5.NBT.2, CC.5.NBT.5, CC.5.NBT.6

2 Dividir números naturales

Áreas Operaciones con números de base diez
Números y operaciones: Fracciones

Estándares comunes CC.5.NBT.6, CC.5.NF.3

3 Sumar y restar números decimales

Área Operaciones con números de base diez

Estándares comunes CC.5.NBT.1, CC.5.NBT.3a, CC.5.NBT.3b, CC.5.NBT.4, CC.5.NBT.7

4 Multiplicar números decimales

Área Operaciones con números de base diez

Estándares comunes CC.5.NBT.2, CC.5.NBT.7

5 Dividir números decimales

Área Operaciones con números de base diez

Estándares comunes CC.5.NBT.2, CC.5.NBT.7

ÁREA DE ATENCIÓN Operaciones con fracciones

COMMON CORE

Critical Area Developing fluency with addition and subtraction of fractions, and developing understanding of the multiplication of fractions and of division of fractions in limited cases (unit fractions divided by whole numbers and whole numbers divided by unit fractions)

6 Sumar y restar fracciones con denominadores distintos

Área Números y operaciones: Fracciones

Estándares comunes CC.5.NF.1, CC.5.NF.2

7 Multiplicar fracciones

Área Números y operaciones: Fracciones
Estándares comunes CC.5.NF.4a, CC.5.NF.4b, CC.5.NF.5a, CC.5.NF.5b, CC.5.NF.6

8 Dividir fracciones

Área Números y operaciones: Fracciones
Estándares comunes CC.5.NF.3, CC.5.NF.7a, CC.5.NF.7b, CC.5.NF.7c

ÁREA DE ATENCIÓN

Geometría y medición

COMMON CORE **Critical Area** Developing understanding of volume

9 Álgebra: Patrones y confección de gráficas

Áreas Operaciones y razonamiento algebraico
Medición y datos
Geometría

Estándares comunes CC.5.OA.3, CC.5.MD.2, CC.5.G.1, CC.5.G.2

10 Convertir unidades de medida

Área Medición y datos

Estándar común CC.5.MD.1

11 Geometría y volumen

Áreas Medición y datos
Geometría

Estándares comunes CC.5.MD.3, CC.5.MD.3a, CC.5.MD.3b, CC.5.MD.4, CC.5.MD.5a, CC.5.MD.5b, CC.5.MD.5c, CC.5.G.3, CC.5.G.4

Recursos de fin de año

Preparación para el Grado 6

Estas lecciones son un repaso de destrezas importantes y te preparan para el Grado 6.

Capítulo 1

Carta para la casa

Vocabulario

evaluar Hallar el valor de una expresión numérica o algebraica.

expresión numérica Una expresión matemática que tiene números y signos de operaciones, pero no tiene un signo de la igualdad.

orden de las operaciones El proceso que se usa para evaluar expresiones.

Querida familia:

Durante las próximas semanas, en la clase de matemáticas aprenderemos sobre el valor posicional, las propiedades de los números y las expresiones numéricas. También aprenderemos a multiplicar números naturales de 1 y 2 dígitos.

El estudiante llevará a casa tareas donde deberá escribir y evaluar expresiones numéricas.

Este es un ejemplo de cómo se le enseñará a evaluar una expresión.

MODELO Evalúa expresiones.

Así es como evaluaremos $36 - (2 + 3) \times 4$.

PASO 1	
Haz las operaciones que están entre paréntesis.	$36 - (2 + 3) \times 4$ $36 - \mathbf{5} \times 4$
PASO 2	
Multiplica.	$36 - \mathbf{20}$
PASO 3	
Resta.	**16**
$36 - (2 + 3) \times 4 = 16$	

Pistas

Orden de las operaciones

Para evaluar una expresión, primero haz las operaciones que están entre paréntesis. A continuación, multiplica y divide de izquierda a derecha. Por último, suma y resta de izquierda a derecha.

Actividad

Pueden escribir expresiones numéricas para describir situaciones que suceden en la casa. Por ejemplo: "Compramos una caja de 24 botellas de agua y usamos 13 botellas. ¿Qué expresión muestra cuántas botellas quedan?" se puede representar con la expresión $24 - 13$.

Chapter 1

School-Home Letter

Vocabulary

evaluate To find the value of a numerical or algebraic expression

numerical expression A mathematical phrase that has numbers and operation signs but does not have an equal sign

order of operations The process for evaluating expressions

Dear Family,

Throughout the next few weeks, our math class will be learning about place value, number properties, and numerical expressions. We will also learn to multiply by 1- and 2-digit whole numbers.

You can expect to see homework that requires students to write and evaluate numerical expressions.

Here is a sample of how your child will be taught to evaluate an expression.

MODEL Evaluate Expressions

This is how we will be evaluating $36 - (2 + 3) \times 4$.

STEP 1

Perform the operations in parentheses.

$36 - (2 + 3) \times 4$

$36 - \mathbf{5} \times 4$

STEP 2

Multiply.

$36 - \mathbf{20}$

STEP 3

Subtract.

16

$36 - (2 + 3) \times 4 = 16$

Tips

Order of Operations

To evaluate an expression, first perform the operations in parentheses. Next, multiply and divide from left to right. Finally, add and subtract from left to right.

Activity

You can write numerical expressions to describe situations around the house. For example, "We bought a case of 24 water bottles and have used 13 bottles. What expression shows how many are left?" can be represented by the expression $24 - 13$.

Nombre ______________________

Valor posicional y patrones

ESTÁNDAR COMÚN CC.5.NBT.1
Understand the place value system.

Completa la oración.

1. 40,000 es 10 veces 4,000.

2. 90 es $\frac{1}{10}$ de ______.

3. 800 es 10 veces ______.

4. 5,000 es $\frac{1}{10}$ de ______.

Completa la tabla con patrones del valor posicional.

Número	10 veces	$\frac{1}{10}$ de
5. 100		
6. 7,000		
7. 300		
8. 80		

Número	10 veces	$\frac{1}{10}$ de
9. 2,000		
10. 900		
11. 60,000		
12. 500		

Resolución de problemas EN EL MUNDO

13. En el restaurante El Comedor hay 200 mesas. La otra noche, se reservaron $\frac{1}{10}$ de las mesas. ¿Cuántas mesas se reservaron?

14. El Sr. Wilson tiene $3,000 en su cuenta bancaria. La Srta. Nelson tiene 10 veces más dinero en su cuenta bancaria que el Sr. Wilson. ¿Cuánto dinero tiene la Srta. Nelson en su cuenta bancaria?

Revisión de la lección (CC.5.NBT.1)

1. ¿Cuánto es 10 veces 700?

Ⓐ 7

Ⓑ 70

Ⓒ 7,000

Ⓓ 70,000

2. ¿Cuánto es $\frac{1}{10}$ de 3,000?

Ⓐ 30,000

Ⓑ 300

Ⓒ 30

Ⓓ 3

Repaso en espiral (Repaso de CC.4.OA.3, CC.4.NBT.2, CC.4.NBT.5, CC.4.MD.3)

3. Marisa cose una cinta alrededor de una manta cuadrada. Cada lado de la manta mide 72 pulgadas de longitud. ¿Cuántas pulgadas de cinta necesitará Marisa? **(Grado 4)**

Ⓐ 144 pulgadas

Ⓑ 208 pulgadas

Ⓒ 288 pulgadas

Ⓓ 5,184 pulgadas

4. ¿Cuál es el valor de *n*? **(Grado 4)**

$9 \times 27 + 2 \times 31 - 28 = n$

Ⓐ 249

Ⓑ 277

Ⓒ 783

Ⓓ 7,567

5. ¿Entre qué par de números se encuentra el producto de 289 y 7? **(Grado 4)**

Ⓐ entre 200 y 300

Ⓑ entre 1,400 y 1,500

Ⓒ entre 1,400 y 1,800

Ⓓ entre 1,400 y 2,100

6. ¿En qué lista se muestran los números ordenados de **mayor** a **menor**? **(Grado 4)**

Ⓐ 7,613; 7,361; 7,136

Ⓑ 7,631; 7,136; 7,613

Ⓒ 7,136; 7,361; 7,613

Ⓓ 7,136; 7,613; 7,361

Nombre ______________________

Valor posicional de números naturales

ESTÁNDAR COMÚN CC.5.NBT.1
Understand the place value system.

Escribe el valor del dígito subrayado.

1. 5,165,874

   60,000

2. 281,480,100

3. 7,270

4. 89,170,326

5. 7,050,423

6. 646,950

7. 37,123,745

8. 315,421,732

Escribe el número de otras dos formas.

9. 15,409

10. 100,203

11. 6,007,200

12. 32,005,008

Resolución de problemas EN EL MUNDO

13. La Oficina del Censo de los Estados Unidos tiene un contador de población en Internet. Hace poco, se estableció que la población de los Estados Unidos era de 310,763,136 habitantes. Escribe este número en palabras.

14. En 2008, la población de habitantes que tenían entre 10 y 14 años en los Estados Unidos era 20,484,163. Escribe este número en forma desarrollada.

PREPARACIÓN PARA LA PRUEBA

Revisión de la lección (CC.5.NBT.1)

1. Producir una película costó $3,254,107. ¿Qué dígito está en el lugar de las centenas de millar?

Ⓐ 5

Ⓑ 4

Ⓒ 2

Ⓓ 1

2. ¿De qué otra manera se puede escribir doscientos diez millones sesenta y cuatro mil cincuenta?

Ⓐ 210,640,050

Ⓑ 210,064,050

Ⓒ 201,064,500

Ⓓ 200,106,450

Repaso en espiral (Repaso de CC.4.OA.5, CC.4.NBT.6, CC.4.G.2, CC.4.G.3)

3. Si continúa el siguiente patrón, ¿cuál será el número que sigue? **(Grado 4)**

9, 12, 15, 18, 21, __?__

Ⓐ 36

Ⓑ 24

Ⓒ 22

Ⓓ 20

4. ¿Cuánto es $52 \div 8$? **(Grado 4)**

Ⓐ 8 r4

Ⓑ 7 r4

Ⓒ 6 r4

Ⓓ 5 r4

5. ¿Cuántos pares de lados paralelos tiene el siguiente trapecio? **(Grado 4)**

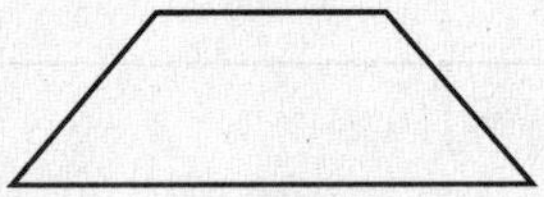

Ⓐ 0

Ⓑ 1

Ⓒ 2

Ⓓ 4

6. ¿Qué figura tiene 1 solo eje de simetría? **(Grado 4)**

Ⓐ 

Ⓑ 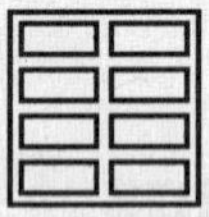

Ⓒ 

Ⓓ 

Nombre ______________________

Propiedades

ESTÁNDAR COMÚN CC.5.NBT.6
Perform operations with multi-digit whole numbers and with decimals to hundredths.

Usa propiedades para hallar la suma o el producto.

1. 6×89

$6 \times (90 - 1)$
$(6 \times 90) - (6 \times 1)$
$540 - 6$
534

2. $93 + (68 + 7)$

3. $5 \times 23 \times 2$

4. 8×51

5. $34 + 0 + 18 + 26$

6. 6×107

Completa la ecuación e indica qué propiedad usaste.

7. $(3 \times 10) \times 8 =$ ______ $\times (10 \times 8)$

8. $16 + 31 = 31 +$ ______

9. $0 +$ ______ $= 91$

10. $21 \times$ ______ $= 9 \times 21$

Resolución de problemas EN EL MUNDO

11. En el teatro Metro hay 20 hileras de butacas con 18 butacas en cada hilera. Los boletos cuestan \$5. Los ingresos del teatro en dólares si se venden boletos para todas las butacas son $(20 \times 18) \times 5$. Usa propiedades para hallar los ingresos totales.

12. La cantidad de estudiantes que hay en las cuatro clases de sexto grado de la Escuela Northside es 26, 19, 34 y 21. Usa propiedades para hallar el número total de estudiantes que hay en las cuatro clases.

Revisión de la lección (CC.5.NBT.6)

1. Para hallar $19 + (11 + 37)$, Lennie sumó 19 y 11. Luego sumó 37 al total. ¿Qué propiedad usó?

Ⓐ propiedad distributiva

Ⓑ propiedad conmutativa de la suma

Ⓒ propiedad asociativa de la suma

Ⓓ propiedad de identidad de la suma

2. Marla hizo 65 ejercicios abdominales por día durante una semana. ¿Qué expresión puedes usar para hallar el número total de ejercicios abdominales que hizo Marla durante la semana?

Ⓐ $(7 \times 6) + (7 \times 5)$

Ⓑ $(5 \times 60) + (5 \times 7)$

Ⓒ $(7 + 60) \times (7 + 5)$

Ⓓ $(7 \times 60) + (7 \times 5)$

Repaso en espiral (Repaso de CC.4.OA.4, CC.4.NBT.5, CC.4.NBT.6; CC.5.NBT.1)

3. El girasol promedio tiene 34 pétalos. ¿Cuál es la mejor estimación del número total de pétalos que hay en 57 girasoles? **(Grado 4)**

Ⓐ 18

Ⓑ 180

Ⓒ 1,800

Ⓓ 18,000

4. Un águila real vuela una distancia de 290 millas en 5 días. Si el águila vuela la misma distancia cada día de su recorrido, ¿qué distancia vuela el águila por día? **(Grado 4)**

Ⓐ 50 millas

Ⓑ 58 millas

Ⓒ 290 millas

Ⓓ 295 millas

5. ¿Cuál el valor del dígito subrayado en el siguiente número? **(Lección 1.2)**

2,9<u>8</u>3,785

Ⓐ 80

Ⓑ 800

Ⓒ 8,000

Ⓓ 80,000

6. El número 5 **(Grado 4)**

Ⓐ es primo.

Ⓑ es compuesto.

Ⓒ no es ni primo ni compuesto.

Ⓓ es primo y compuesto.

Nombre ______________________

Potencias de 10 y exponentes

ESTÁNDAR COMÚN CC.5.NBT.2
Understand the place value system.

Escríbelos como exponente y en palabras.

1. $10 \times 10 \times 10$

como exponente: 10^3

en palabras: la tercera potencia de diez

2. 10×10

como exponente: ______

en palabras: ______

3. $10 \times 10 \times 10 \times 10$

como exponente: ______

en palabras: ______

Halla el valor.

4. 10^3 ______

5. 4×10^2 ______

6. 9×10^4 ______

7. 10^1 ______

8. 10^5 ______

9. 5×10^1 ______

10. 7×10^3 ______

11. 8×10^0 ______

Resolución de problemas EN EL MUNDO

12. La Luna se encuentra a alrededor de 240,000 millas de la Tierra. ¿Cuál es la distancia expresada como un número natural multiplicado por una potencia de diez?

______

13. El Sol se encuentra a alrededor de 93×10^6 millas de la Tierra. ¿Cuál es la distancia expresada como un número en forma normal?

______

PREPARACIÓN PARA LA PRUEBA

Revisión de la lección (CC.5.NBT.2)

1. ¿Cuál de las siguientes opciones NO es equivalente a "3 veces la sexta potencia de 10"?

Ⓐ 3×10^6

Ⓑ 3,000,000

Ⓒ $3 \times 10 \times 6$

Ⓓ $3 \times 1{,}000{,}000$

2. Gary envía 10^3 volantes a sus clientes por correo en una semana. ¿Cuántos volantes envía?

Ⓐ 10

Ⓑ 100

Ⓒ 1,000

Ⓓ 10,000

Repaso en espiral (Repaso de CC.4.NBT.5, CC.4.NBT.6)

3. Harley debe cargar 625 bolsas de hormigón en pequeños palés de carga. Cada palé puede contener 5 bolsas. ¿Cuántos palés necesitará Harley? **(Grado 4)**

Ⓐ 125

Ⓑ 620

Ⓒ 630

Ⓓ 3,125

4. Marylou compra un paquete de 500 piedras preciosas para decorar 4 pares diferentes de pantalones. En cada par de pantalones usa la misma cantidad de piedras. ¿Cuántas piedras preciosas usará para cada par de pantalones? **(Grado 4)**

Ⓐ 100

Ⓑ 125

Ⓒ 200

Ⓓ 2,000

5. Manny compra 4 cajas de pajillas para su restaurante. En cada caja hay 500 pajillas. ¿Cuántas pajillas compra? **(Grado 4)**

Ⓐ 20,000

Ⓑ 2,000

Ⓒ 200

Ⓓ 125

6. Carmen va al gimnasio 4 veces por semana. En total, ¿cuántas veces va al gimnasio en 10 semanas? **(Grado 4)**

Ⓐ 4

Ⓑ 10

Ⓒ 20

Ⓓ 40

Nombre ______________________

Patrones de multiplicación

ESTÁNDAR COMÚN CC.5.NBT.2
Understand the place value system.

Usa el cálculo mental para completar el patrón.

1. $8 \times 3 = 24$

$(8 \times 3) \times 10^1 =$ **240**

$(8 \times 3) \times 10^2 =$ **2,400**

$(8 \times 3) \times 10^3 =$ **24,000**

2. $5 \times 6 =$ ______

$(5 \times 6) \times 10^1 =$ ______

$(5 \times 6) \times 10^2 =$ ______

$(5 \times 6) \times 10^3 =$ ______

3. $3 \times$ ______ $= 27$

$(3 \times 9) \times 10^1 =$ ______

$(3 \times 9) \times 10^2 =$ ______

$(3 \times 9) \times 10^3 =$ ______

4. ______ $\times 4 = 28$

$(7 \times 4) \times$ ______ $= 280$

$(7 \times 4) \times$ ______ $= 2{,}800$

$(7 \times 4) \times$ ______ $= 28{,}000$

5. $6 \times 8 =$ ______

$(6 \times 8) \times 10^2 =$ ______

$(6 \times 8) \times 10^3 =$ ______

$(6 \times 8) \times 10^4 =$ ______

6. ______ $\times 4 = 16$

$(4 \times 4) \times 10^2 =$ ______

$(4 \times 4) \times 10^3 =$ ______

$(4 \times 4) \times 10^4 =$ ______

Usa el cálculo mental y un patrón para hallar el producto.

7. $(2 \times 9) \times 10^2 =$ ______

8. $(8 \times 7) \times 10^2 =$ ______

9. $(9 \times 6) \times 10^3 =$ ______

10. $(3 \times 7) \times 10^3 =$ ______

11. $(5 \times 9) \times 10^4 =$ ______

12. $(4 \times 8) \times 10^4 =$ ______

13. $(8 \times 8) \times 10^3 =$ ______

14. $(6 \times 4) \times 10^4 =$ ______

15. $(5 \times 5) \times 10^3 =$ ______

Resolución de problemas EN EL MUNDO

16. Alrededor de 2×10^3 personas visitan por día el parque de los Everglades, en Florida. Según esta información, ¿alrededor de cuántas personas visitan el parque de los Everglades por semana?

____

17. Una persona promedio pierde alrededor de 8×10^1 cabellos cada día. ¿Alrededor de cuántos cabellos pierde una persona promedio en 9 días?

____

PREPARACIÓN PARA LA PRUEBA

Revisión de la lección (CC.5.NBT.2)

1. ¿Cuántos ceros hay en el producto $(6 \times 5) \times 10^3$?

Ⓐ 3

Ⓑ 4

Ⓒ 5

Ⓓ 6

2. Alison estudia una tarántula que mide 30 milímetros de longitud. Supón que usa un microscopio para aumentar 4×10^2 veces el tamaño de la araña. ¿Qué longitud parecerá que tiene la araña?

Ⓐ 12 milímetros

Ⓑ 120 milímetros

Ⓒ 1,200 milímetros

Ⓓ 12,000 milímetros

Repaso en espiral (Repaso de CC.4.OA.3, CC.4.NBT.5)

3. Hayden tiene 6 paquetes de monedas de 10¢. En cada paquete hay 50 monedas de 10¢. ¿Cuántas monedas de 10¢ tiene en total? **(Grado 4)**

Ⓐ 300

Ⓑ 110

Ⓒ 56

Ⓓ 30

4. Un boleto para adultos para el zoológico cuesta $20 y un boleto para niños cuesta $10. ¿Cuánto les costará al Sr. y la Sra. Brown y sus 4 hijos visitar el zoológico? **(Grado 4)**

Ⓐ $40

Ⓑ $60

Ⓒ $80

Ⓓ $100

5. En un museo, se exponen 100 carteles en cada una de sus 4 salas. En total, ¿cuántos carteles se exponen? **(Grado 4)**

Ⓐ 40

Ⓑ 100

Ⓒ 104

Ⓓ 400

6. En una tienda se vende un galón de leche a $3. Un panadero compra 30 galones de leche para su panadería. ¿Cuánto tendrá que pagar? **(Grado 4)**

Ⓐ $120

Ⓑ $90

Ⓒ $60

Ⓓ $30

Nombre ____________________

Multiplicar por números de 1 dígito

ESTÁNDAR COMÚN CC.5.NBT.5

Perform operations with multi-digit whole numbers and with decimals to hundredths.

Estima. Luego halla el producto.

1. Estimación: 3,600

 1 5
 416
× 9
3,744

2. Estimación: ______

1,374
× 6

3. Estimación: ______

726
× 5

4. Estimación: ______

872
× 3

5. Estimación: ______

2,308
× 9

6. Estimación: ______

1,564
× 5

Estima. Luego halla el producto.

7. 4×979

8. 503×7

9. $5 \times 4{,}257$

10. $6{,}018 \times 9$

11. 758×6

12. 3×697

13. $2{,}141 \times 8$

14. $7 \times 7{,}956$

Resolución de problemas EN EL MUNDO

15. El Sr. y la Sra. Dorsey junto con sus 3 hijos irán a Springfield en avión. El costo de cada billete es de $179. Estima cuánto costarán los billetes. Luego halla el costo exacto de los billetes.

____

____

____

16. La Srta. Tao viaja ida y vuelta entre Jacksonville y Los Angeles dos veces al año por negocios. La distancia entre las dos ciudades es de 2,150 millas. Estima la distancia que vuela en ambos viajes. Luego halla la distancia exacta.

____

____

____

PREPARACIÓN PARA LA PRUEBA

Revisión de la lección (CC.5.NBT.5)

1. El Sr. Nielson trabaja 154 horas por mes. Trabaja 8 meses por año. ¿Cuántas horas trabaja el Sr. Nielson por año?

   (A) 832 horas
   (B) 1,232 horas
   (C) 1,502 horas
   (D) 1,600 horas

2. Sasha vive a 1,493 millas de su abuela. Un año, la familia de Sasha hizo 4 viajes de ida y vuelta para visitar a la abuela. ¿Cuántas millas viajaron en total?

   (A) 5,972 millas
   (B) 8,944 millas
   (C) 11,944 millas
   (D) 15,944 millas

Repaso en espiral (Repaso de CC.4.NBT.2, CC.4.NBT.3, CC.4.NF.6; CC.5.NBT.1)

3. Yuna erró 5 puntos de 100 en su prueba de matemáticas. ¿Qué número decimal representa la parte de la prueba de matemáticas que contestó correctamente? **(Grado 4)**

   (A) 0.05
   (B) 0.50
   (C) 0.75
   (D) 0.95

4. ¿Qué símbolo hace que el enunciado sea verdadero? **(Grado 4)**

   602,163 ◯ 620,163

   (A) $>$
   (B) $<$
   (C) $=$
   (D) $\div$

5. El siguiente número representa la cantidad de aficionados que asistieron a los partidos de béisbol de los Chicago Cubs en 2008. ¿Cómo se escribe este número en forma normal? **(Lección 1.2)**

   $(3 \times 1{,}000{,}000) + (3 \times 100{,}000) + (2 \times 100)$

   (A) 33,300,200
   (B) 30,300,200
   (C) 3,300,200
   (D) 330,200

6. A una feria asistieron 755,082 personas en total. ¿Cuál es este número redondeado a la decena de millar más próxima? **(Grado 4)**

   (A) 800,000
   (B) 760,000
   (C) 750,000
   (D) 700,000

Nombre ______________________

Multiplicar por números de 2 dígitos

ESTÁNDAR COMÚN CC.5.NBT.5

Perform operations with multi-digit whole numbers and with decimals to hundredths.

Estima. Luego halla el producto.

1. Estimación: **4,000**

$$\begin{array}{r} 82 \\ \times\ 49 \\ \hline 738 \\ +\ 3280 \\ \hline 4{,}018 \end{array}$$

2. Estimación: ______

$$\begin{array}{r} 92 \\ \times\ 68 \\ \hline \end{array}$$

3. Estimación: ______

$$\begin{array}{r} 396 \\ \times\ 37 \\ \hline \end{array}$$

4. 23×67 ______

5. 86×33 ______

6. 78×71 ______

7. 309×29 ______

8. 612×87 ______

9. 476×72 ______

Resolución de problemas EN EL MUNDO

10. Una compañía envió 48 cajas de latas de alimento para perros. En cada caja hay 24 latas. ¿Cuántas latas de alimento para perros envió la compañía en total?

______

11. En un *rally* automovilístico hubo 135 carros. Cada conductor pagó una tarifa de $25 para participar en el *rally*. ¿Cuánto dinero pagaron los conductores en total?

______

PREPARACIÓN PARA LA PRUEBA

Revisión de la lección (CC.5.NBT.5)

1. En un tablero de ajedrez hay 64 casillas. En un torneo de ajedrez se usaron 84 tableros. ¿Cuántas casillas hay en 84 tableros de ajedrez?

   Ⓐ 4,816
   Ⓑ 5,036
   Ⓒ 5,166
   Ⓓ 5,376

2. El mes pasado, una compañía manufacturera envió 452 cajas de rodamientos. En cada caja había 48 rodamientos. ¿Cuántos rodamientos envió la compañía el mes pasado?

   Ⓐ 21,296
   Ⓑ 21,686
   Ⓒ 21,696
   Ⓓ 21,706

Repaso en espiral (CC.5.NBT.1, CC.5.NBT.2, CC.5.NBT.5, CC.5.NBT.6)

3. ¿Cuál es la forma normal del número tres millones sesenta mil quinientos veinte? **(Lección 1.2)**

   Ⓐ 3,060,520
   Ⓑ 3,065,020
   Ⓒ 3,600,520
   Ⓓ 3,652,000

4. ¿Qué número completa la siguiente ecuación? **(Lección 1.3)**

   $8 \times (40 + 7) = (8 \times \square) + (8 \times 7)$

   Ⓐ 40
   Ⓑ 47
   Ⓒ 320
   Ⓓ 376

5. Clarksville tiene alrededor de 6,000 habitantes. ¿Cuál es la población de Clarksville expresada como un número natural multiplicado por una potencia de diez? **(Lección 1.4)**

   Ⓐ 6×10^1
   Ⓑ 6×10^2
   Ⓒ 6×10^3
   Ⓓ 6×10^4

6. Para una tienda de artículos deportivos, se encargaron 144 tubos de pelotas de tenis. En cada tubo hay 3 pelotas. ¿Cuántas pelotas de tenis se encargaron para la tienda? **(Lección 1.6)**

   Ⓐ 342
   Ⓑ 412
   Ⓒ 422
   Ⓓ 432

Nombre ______________________

Lección 1.8

Relacionar la multiplicación con la división

ESTÁNDAR COMÚN CC.5.NBT.6

Perform operations with multi-digit whole numbers and with decimals to hundredths.

Usa la multiplicación y la propiedad distributiva para hallar el cociente.

1. 70 ÷ 5 = **14**

(5 × 10) + (5 × 4) = 70

5 × 14 = 70

2. 96 ÷ 6 = ______

3. 85 ÷ 5 = ______

4. 84 ÷ 6 = ______

5. 168 ÷ 7 = ______

6. 104 ÷ 4 = ______

7. 171 ÷ 9 = ______

8. 102 ÷ 6 = ______

9. 210 ÷ 5 = ______

Resolución de problemas EN EL MUNDO

10. Ken prepara bolsas de regalos para una fiesta. Tiene 64 bolígrafos de colores y quiere poner la misma cantidad en cada bolsa. ¿Cuántas bolsas preparará Ken si pone 4 bolígrafos en cada una?

______

11. Marisa compró ruedas para su tienda de patinetas. Pidió un total de 92 ruedas. Si las ruedas vienen en paquetes de 4, ¿cuántos paquetes recibirá?

______

PREPARACIÓN PARA LA PRUEBA

Revisión de la lección (CC.5.NBT.6)

1. ¿Cuál de las siguientes expresiones puede usarse para hallar $36 \div 3$?

   (A) $(3 \times 10) + (3 \times 2)$

   (B) $(6 \times 10) + (6 \times 2)$

   (C) $(3 \times 12) + (3 \times 2)$

   (D) $(2 \times 10) + (3 \times 12)$

2. ¿Cuál de las siguientes expresiones puede usarse para hallar $126 \div 7$?

   (A) $(7 \times 20) + (7 \times 6)$

   (B) $(7 \times 10) + (7 \times 8)$

   (C) $(6 \times 20) + (6 \times 1)$

   (D) $(2 \times 50) + (2 \times 13)$

Repaso en espiral (CC.4.OA.3, CC.5.NBT.1, CC.5.NBT.2)

3. Alison separa 23 adhesivos en 4 pilas iguales. ¿Cuántos adhesivos le sobran? **(Grado 4)**

   (A) 27

   (B) 19

   (C) 5

   (D) 3

4. Una página web tuvo 2,135,789 visitas. ¿Cuál es el valor del dígito 3? **(Lección 1.2)**

   (A) 30

   (B) 3,000

   (C) 30,000

   (D) 300,000

5. El área de Arizona es 114,006 millas cuadradas. ¿Cuál es la forma desarrollada de este número? **(Lección 1.2)**

   (A) $(1 \times 100{,}000) + (1 \times 1{,}400) + (6 \times 1)$

   (B) $(1 \times 100{,}000) + (1 \times 11{,}000) + (1 \times 4{,}000) + (6 \times 1)$

   (C) $(1 \times 100{,}000) + (1 \times 10{,}000) + (4 \times 1{,}000) + (6 \times 1)$

   (D) $(1 \times 11{,}000) + (1 \times 4{,}000) + (6 \times 1)$

6. ¿Cuál de las siguientes opciones muestra el valor de la cuarta potencia de diez? **(Lección 1.4)**

   (A) 1,000

   (B) 10,000

   (C) 100,000

   (D) 1,000,000

Nombre ______________________

Resolución de problemas • Multiplicación y división

ESTÁNDAR COMÚN CC.5.NBT.6
Perform operations with multi-digit whole number and with decimals to hundredths.

Resuelve los siguientes problemas. Muestra tu trabajo.

1. Dani prepara un refresco de frutas para una merienda familiar. A 64 onzas fluidas de agua les agrega 16 onzas fluidas de jugo de naranja, 16 onzas fluidas de jugo de limón y 8 onzas fluidas de jugo de lima. ¿Cuántos vasos de 8 onzas de refresco de frutas puede llenar?

$$104 \div 8 = (40 + 64) \div 8$$
$$= (40 \div 8) + (64 \div 8)$$
$$= 5 + 8 \text{ ó } 13$$

$16 + 16 + 8 + 64 = 104$ onzas fluidas

13 vasos

2. Ryan tiene nueve bolsas de palomitas de maíz de 14 onzas para volver a envasar y vender en la feria escolar. En una bolsita hay 3 onzas. ¿Cuántas bolsitas puede preparar?

____

3. Bianca hace pañuelos para vender. Tiene 33 trozos de tela azul, 37 trozos de tela verde y 41 trozos de tela roja. Supongamos que Bianca usa 3 trozos de tela para hacer 1 pañuelo. ¿Cuántos pañuelos puede hacer?

____

4. Jasmine tiene 8 paquetes de cera para fabricar velas perfumadas. En cada paquete hay 14 onzas de cera. Jasmine usa 7 onzas de cera para fabricar una vela. ¿Cuántas velas puede fabricar?

____

5. Maurice coloca 130 tarjetas de colección en hojas protectoras. Completa 7 hojas y coloca las 4 tarjetas restantes en una octava hoja. En cada una de las hojas completas cabe la misma cantidad de tarjetas. ¿Cuántas tarjetas hay en cada hoja completa?

____

PREPARACIÓN PARA LA PRUEBA

Revisión de la lección (CC.5.NBT.6)

1. Joyce ayuda a su tía a crear kits de manualidades. Su tía tiene 138 limpiapipas y en cada kit habrá 6 limpiapipas. ¿Cuántos kits pueden hacer?

Ⓐ 13
Ⓑ 18
Ⓒ 22
Ⓓ 23

2. Stefan planta semillas para 30 plantas de zanahoria y 45 plantas de betabel en 5 hileras, con la misma cantidad de semillas en cada hilera. ¿Cuántas semillas plantó en cada hilera?

Ⓐ 10
Ⓑ 14
Ⓒ 15
Ⓓ 80

Repaso en espiral (Repaso de CC.4.NBT.3; CC.5.NBT.5, CC.5.NBT.6)

3. Georgia quiere dividir 84 tarjetas de colección en partes iguales entre 6 amigos. ¿Cuántas tarjetas recibirá cada amigo? **(Lección 1.8)**

Ⓐ 12
Ⓑ 13
Ⓒ 14
Ⓓ 16

4. María tiene 144 canicas. Emanuel tiene 4 veces la cantidad de canicas que tiene María. ¿Cuántas canicas tiene Emanuel? **(Lección 1.6)**

Ⓐ 36
Ⓑ 140
Ⓒ 566
Ⓓ 576

5. La Sociedad Protectora compró y plantó 45 cerezos. Cada árbol costó $367. ¿Cuál fue el costo total de la plantación de árboles? **(Lección 1.7)**

Ⓐ $3,303
Ⓑ $16,485
Ⓒ $16,515
Ⓓ $20,185

6. Un estadio deportivo ocupa 710,430 pies cuadrados de terreno. En un periódico se informó que el estadio ocupa alrededor de 700,000 pies cuadrados de terreno. ¿A qué valor posicional se redondeó el número? **(Grado 4)**

Ⓐ centenas
Ⓑ millares
Ⓒ decenas de millar
Ⓓ centenas de millar

Nombre ______________________

Expresiones numéricas

ESTÁNDAR COMÚN CC.5.OA.2
Write and interpret numerical expressions.

Escribe una expresión que se relacione con las palabras.

1. Ethan juntó 16 conchas marinas. Perdió 4 mientras caminaba hacia a su casa.

   16 − 4

2. Yasmine compró 4 pulseras. Cada pulsera costó $3.

   ____

3. Amani hizo 10 saltos. Luego hizo 7 más.

   ____

4. Darryl tiene un cartón que mide 8 pies de longitud. Lo corta en pedazos que miden 2 pies de longitud cada uno.

   ____

Escribe palabras que se relacionen con la expresión.

5. $3 + (4 \times 12)$

   ____

6. $36 \div 4$

   ____

7. $24 - (6 + 3)$

   ____

Traza una línea para emparejar la expresión con las palabras.

8. Ray tomó 30 manzanas y las colocó en 3 canastas en partes iguales. Luego comió dos de las manzanas que había en una de las canastas.	$(3 \times 2) \times 30$
9. Quinn tenía $30. Compró un cuaderno a $3 y un paquete de bolígrafos a $2.	$(30 \div 3) - 2$
10. Colleen corre 3 millas dos veces al día durante 30 días.	$30 - (3 + 2)$

Resolución de problemas EN EL MUNDO

11. Kylie tiene 14 piedras pulidas. Su amiga le da 6 piedras más. Escribe una expresión que se relacione con las palabras.

    ____

12. Rashad tenía 25 estampillas. Las repartió en partes iguales entre él y 4 amigos. Luego Rashad encontró 2 estampillas más en su bolsillo. Escribe una expresión que se relacione con las palabras.

    ____

Revisión de la lección (CC 5.OA.1)

1. Jenna compró 3 paquetes de agua embotellada, con 8 botellas en cada paquete. Luego regaló 6 botellas. ¿Qué expresión se relaciona con las palabras?

Ⓐ $(3 + 8) + 6$

Ⓑ $(3 \times 8) \times 6$

Ⓒ $(3 \times 8) + 6$

Ⓓ $(3 \times 8) - 6$

2. Stephen tenía 24 carros de juguete. Le dio 4 carros a su hermano. Luego repartió el resto de los carros entre 4 de sus amigos en partes iguales. ¿Qué operación usarías para representar la primera parte de esta situación?

Ⓐ suma

Ⓑ resta

Ⓒ división

Ⓓ multiplicación

Repaso en espiral (CC 5.NBT.2, CC 5.NBT.5, CC 5.NBT.6)

3. Para hallar $36 + 29 + 14$, Joshua volvió a escribir la expresión como $36 + 14 + 29$. ¿Qué propiedad usó Joshua para volver a escribir la expresión? **(Lección 1.3)**

Ⓐ propiedad conmutativa de la multiplicación

Ⓑ propiedad conmutativa de la suma

Ⓒ propiedad asociativa de la suma

Ⓓ propiedad asociativa de la multiplicación

4. Hay 6 canastas sobre la mesa. En cada canasta hay 144 crayones. ¿Cuántos crayones hay en total? **(Lección 1.6)**

Ⓐ 644

Ⓑ 664

Ⓒ 844

Ⓓ 864

5. El Sr. Anderson escribió $(7 \times 9) \times 10^3$ en la pizarra. ¿Cuál es el valor de esa expresión? **(Lección 1.5)**

Ⓐ 630

Ⓑ 6,300

Ⓒ 63,000

Ⓓ 630,000

6. Bárbara mezcla 54 onzas de cereales y 36 onzas de pasas. Divide la mezcla en porciones de 6 onzas. ¿Cuántas porciones prepara? **(Lección 1.9)**

Ⓐ 3

Ⓑ 12

Ⓒ 15

Ⓓ 96

Nombre ____________________

Evaluar expresiones numéricas

ESTÁNDAR COMÚN CC.5.OA.1
Write and interpret numerical expressions.

Evalúa la expresión numérica.

1. $24 \times 5 - 41$

120 − 41

79

2. $(32 - 20) \div 4$

3. $16 \div (2 + 6)$

4. $15 \times (8 - 3)$

5. $4 \times 8 - 7$

6. $27 + 5 \times 6$

7. $3 \div 3 \times 4 + 6$

8. $14 + 4 \times 4 - 9$

Vuelve a escribir la expresión con paréntesis para igualar el valor dado.

9. $3 \times 4 - 1 + 2$

valor: 11

10. $2 \times 6 \div 2 + 1$

valor: 4

11. $5 + 3 \times 2 - 6$

valor: 10

Resolución de problemas EN EL MUNDO

12. Sandy tiene varias jarras de limonada para la feria de pastelería de la escuela. Hay dos jarras que pueden contener 64 onzas cada una y cuatro jarras que pueden contener 48 onzas cada una. ¿Cuántas onzas pueden contener las jarras de Sandy en total?

13. En la feria de pastelería, Jonah vendió 4 pasteles a \$8 cada uno y 36 panecillos a \$2 cada uno. ¿Cuál fue la cantidad total, en dólares, que Jonah recibió por estas ventas?

PREPARACIÓN PARA LA PRUEBA

Revisión de la lección (CC 5.OA.1)

1. ¿Cuál es el valor de la expresión $4 \times (4 - 2) + 6$?

Ⓐ 6

Ⓑ 14

Ⓒ 24

Ⓓ 40

2. Lannie pidió 12 ejemplares del mismo libro para los miembros de su club de lectura. Los libros cuestan $19 cada uno, y el cargo de envío es $15. ¿Cuál es el costo total del pedido que hizo Lannie?

Ⓐ $243

Ⓑ $213

Ⓒ $199

Ⓓ $161

Repaso en espiral (CC.5.NBT.1, CC.5.NBT.2, CC.5.NBT.5, CC.5.NBT.6)

3. Una compañía pequeña envasa 12 frascos de mermelada en cada una de las 110 cajas que llevará al mercado de agricultores. ¿Cuántos frascos de mermelada envasa la compañía en total? **(Lección 1.7)**

Ⓐ 1,220

Ⓑ 1,320

Ⓒ 1,350

Ⓓ 2,300

4. June tiene 42 libros sobre deportes, 85 libros de misterio y 69 libros sobre la naturaleza. Organiza sus libros en 7 estantes en partes iguales. ¿Cuántos libros hay en cada estante? **(Lección 1.9)**

Ⓐ 12

Ⓑ 18

Ⓒ 28

Ⓓ 196

5. El año pasado, una fábrica de dispositivos produjo un millón doce mil sesenta dispositivos. ¿Cómo se escribe este número en forma normal? **(Lección 1.2)**

Ⓐ 1,012,060

Ⓑ 1,012,600

Ⓒ 1,120,060

Ⓓ 112,000,060

6. En una compañía hay 3 divisiones. El año pasado, cada división obtuvo una ganancia de $\$5 \times 10^5$. ¿Cuál fue la ganancia total que la compañía obtuvo el año pasado? **(Lección 1.4)**

Ⓐ $50,000

Ⓑ $150,000

Ⓒ $500,000

Ⓓ $1,500,000

Nombre ______________________________

Agrupar símbolos

ESTÁNDAR COMÚN CC.5.OA.1
Write and interpret numerical expressions.

Evalúa la expresión numérica.

1. $5 \times [(11 - 3) - (13 - 9)]$

$5 \times [8 - (13 - 9)]$

$5 \times [8 - 4]$

5×4

20

2. $30 - [(9 \times 2) - (3 \times 4)]$

3. $36 \div [(14 - 5) - (10 - 7)]$

4. $7 \times [(9 + 8) - (12 - 7)]$

5. $[(25 - 11) + (15 - 9)] \div 5$

6. $[(8 \times 9) - (6 \times 7)] - 15$

7. $8 \times \{[(7 + 4) \times 2] - [(11 - 7) \times 4]\}$

8. $\{[(8 - 3) \times 2] + [(5 \times 6) - 5]\} \div 5$

Resolución de problemas EN EL MUNDO

Usa la información de la derecha para resolver los problemas 9 y 10.

> Joan tiene una cafetería. Cada día, hornea 24 panecillos. Regala 3 y vende el resto. Cada día, también hornea 36 magdalenas. Regala 4 y vende el resto.

9. Escribe una expresión que represente la cantidad total de panecillos y magdalenas que Joan vende en 5 días.

10. Evalúa la expresión para hallar la cantidad total de panecillos y magdalenas que Joan vende en 5 días.

PREPARACIÓN PARA LA PRUEBA

Revisión de la lección (CC.5.OA.1)

1. ¿Cuál es el valor de la expresión?

$9 \times [(21 - 4) - (2 + 7)]$

Ⓐ 72
Ⓑ 108
Ⓒ 190
Ⓓ 198

2. ¿Qué expresión tiene un valor de 24?

Ⓐ $[(17 - 9) \times (3 + 2)] \div 2$
Ⓑ $[(17 + 9) - (3 + 2)] - 2$
Ⓒ $[(17 - 9) \times (3 \times 2)] \div 2$
Ⓓ $[(17 - 9) + (3 \times 2)] \times 2$

Repaso en espiral (CC.5.OA.2, CC.5.NBT.1, CC.5.NBT.5)

3. ¿Cuánto es $\frac{1}{10}$ de 200? **(Lección 1.1)**

Ⓐ 2
Ⓑ 20
Ⓒ 2,000
Ⓓ 20,000

4. La familia Park se alojará en un hotel cerca del parque de diversiones durante 3 noches. El alojamiento en el hotel cuesta $129 por noche. ¿Cuánto les costará la estadía de 3 noches en el hotel? **(Lección 1.6)**

Ⓐ $67
Ⓑ $369
Ⓒ $378
Ⓓ $387

5. Vidal compró 2 pizzas y cortó cada una en 8 trozos. Él y sus amigos comieron 10 trozos. ¿Qué expresión se relaciona con las palabras? **(Lección 1.10)**

Ⓐ $(2 + 8) - 10$
Ⓑ $(2 \times 8) - 10$
Ⓒ $(2 \times 8) + 10$
Ⓓ $(2 \times 10) - 8$

6. ¿Cuál es el valor del dígito subrayado en $783{,}5\underline{4}9{,}201$? **(Lección 1.2)**

Ⓐ 4
Ⓑ 40
Ⓒ 40,000
Ⓓ 400,000

Nombre ______________________________

ESTÁNDARES COMUNES CC.5.OA.1, CC.5.OA.2, CC.5.NBT.1, CC.5.NBT.2, CC.5.NBT.5, CC.5.NBT.6

Práctica adicional del Capítulo 1

Lecciones 1.1 y 1.2

Completa la oración.

1. 300 es 10 veces __________ .

2. 400 es $\frac{1}{10}$ de __________ .

Escribe el valor del dígito subrayado.

3. $4\underline{5},130$ __________

4. $8,\underline{1}23,476$ __________

5. $153,\underline{4}71$ __________

6. $6,5\underline{8}3,450$ __________

Lección 1.3

Completa la ecuación e indica qué propiedad usaste.

1. $(18 \times 2) \times 5 = 18 \times (2 \times$ __________$)$

____

2. $64 + 58 =$ __________ $+ 64$

____

Lecciones 1.4 y 1.5

Halla el valor.

1. 10^2 __________

2. 10^5 __________

3. 6×10^3 __________

4. 8×10^7 __________

5. $(6 \times 7) \times 10^3$ __________

6. $(5 \times 4) \times 10^2$ __________

7. $(3 \times 9) \times 10^6$ __________

8. $(5 \times 8) \times 10^0$ __________

Lecciones 1.6 y 1.7

Estima. Luego halla el producto.

1. Estimación __________

$$\begin{array}{r} 429 \\ \times \quad 5 \\ \hline \end{array}$$

2. Estimación __________

$$\begin{array}{r} 1,785 \\ \times \quad 8 \\ \hline \end{array}$$

3 Estimación __________

$$\begin{array}{r} 81 \\ \times \; 22 \\ \hline \end{array}$$

4. Estimación __________

$$\begin{array}{r} 558 \\ \times \; 44 \\ \hline \end{array}$$

5. 9×802 __________

6. $3,699 \times 7$ __________

7. 34×93 __________

8. 678×87 __________

Lecciones 1.8 y 1.9

Resuelve.

1. Morton y tres de sus amigos ganaron un total de $168 por pasear perros. Quieren repartir el dinero en partes iguales. ¿Cuánto le tocará a cada uno?

2. Para preparar una ensalada de frutas, Sara usa 28 onzas de piña, 21 onzas de manzana, 19 onzas de plátano y 16 onzas de mango. ¿Cuántas porciones de 6 onzas de ensalada de frutas puede preparar Sara?

Lección 1.10

Escribe una expresión que se relacione con las palabras.

1. Marilyn tiene 8 peras. Se come 2 peras.

2. Luis gasta $9 en 3 revistas de historietas. Cada revista de historietas cuesta la misma cantidad.

3. Alfredo compró 24 adhesivos. Regaló 11 adhesivos. Luego compró 8 adhesivos más.

4. Nicky tiene 4 cajas de marcadores. En cada caja hay 8 marcadores.

Lecciones 1.11 y 1.12

Evalúa la expresión numérica.

1. $3 + 4 \times 6$

2. $8 - 2 \times 3$

3. $5 \div 5 \times 7 + 1$

4. $8 + 56 - 8 \times 4$

5. $12 - (3 + 4)$

6. $[18 \div (2 \times 3)] \times 4$

7. $24 - \{[16 - (8 - 1)] \times 2\}$

Capítulo 2

Carta para la casa

Querida familia:

Durante las próximas semanas, en la clase de matemáticas aprenderemos a dividir números naturales de tres y cuatro dígitos. También aprenderemos a interpretar los residuos.

El estudiante llevará a casa tareas que contienen actividades para practicar la división de dividendos de tres y cuatro dígitos entre divisores de uno y dos dígitos.

Este es un ejemplo de cómo se le enseñará a dividir un número de tres dígitos entre un número de un dígito.

Vocabulario

cociente El número que resulta de la división, sin incluir el residuo.

dividendo El número que se va a dividir en un problema de división.

divisor El número entre el que se divide el dividendo.

números compatibles Números que se pueden calcular mentalmente con facilidad.

residuo La cantidad que queda cuando un número no se puede dividir en partes iguales.

MODELO Divide números de tres dígitos.

Este es un ejemplo de cómo dividir números de tres dígitos.

Resuelve. $268 \div 5$

PASO 1

Estima para colocar el primer dígito en el cociente.

$250 \div 5 = 50$

Entonces, coloca el primer dígito en el lugar de las decenas.

$$5\overline{)268} \quad \text{cociente: } 5$$

PASO 2

Divide las decenas.

$$\begin{array}{r} 5 \\ 5\overline{)268} \\ -25 \\ \hline 18 \end{array}$$

PASO 3

Divide las unidades.

$$\begin{array}{r} 53 \text{ r}3 \\ 5\overline{)268} \\ -25 \\ \hline 18 \\ -15 \\ \hline 3 \end{array}$$

Pistas

Identificar patrones en la división

Al estimar para colocar el primer dígito, es importante reconocer patrones con múltiplos de 10, 100 y 1,000. Completa la división con operaciones básicas y luego agrega el mismo número de ceros al dividendo y al cociente.

$36 \div 4 = 9$

Entonces, $36{,}000 \div 4 = 9{,}000$.

Actividad

Planeen unas vacaciones de verano. Investiguen cuál es la distancia desde su casa hasta el destino. Solo tienen una semana para hacer el recorrido y deben recorrer la misma cantidad de millas cada día. Decidan cuántos días dedicarán al recorrido. Luego hallen cuántas millas deben recorrer cada día.

Chapter 2

School-Home Letter

Vocabulary

quotient The number, not including the remainder, that results from dividing.

dividend The number that is to be divided in a division problem.

divisor The number that divides the dividend.

compatible numbers Numbers that are easy to compute with mentally.

remainder The amount left over when a number cannot be divided equally.

Dear Family,

During the next few weeks, our math class will be learning about dividing three- and four-digit whole numbers. We will also learn how to interpret remainders.

You can expect to see homework that provides practice with division of three- and four-digit dividends by one- and two-digit divisors.

Here is a sample of how your child will be taught to divide a three-digit number by a one-digit divisor.

MODEL Divide Three-Digit Numbers

This is how we will divide three-digit numbers.

Solve. $268 \div 5$

STEP 1

Estimate to place the first digit in the quotient.

$250 \div 5 = 50$

So, place the first digit in the tens place.

$$5\overline{)268}$$ with 5 in the tens place of the quotient.

STEP 2

Divide the tens.

```
    5
 5)268
  -25
   18
```

STEP 3

Divide the ones.

```
   53 r3
 5)268
  -25
   18
  -15
    3
```

Tips

Identifying Patterns in Division

When estimating to place the first digit, it is important to recognize patterns with multiples of 10, 100, and 1,000. Complete the division with basic facts, then attach the same number of zeros to the dividend and the quotient.

$36 \div 4 = 9$

so, $36{,}000 \div 4 = 9{,}000$

Activity

Plan a vacation for the summer. Research the distance to the destination from your home. You can spend no more than one week traveling to the destination, and you must travel the same number of miles each day. Decide how many days you will spend traveling. Then find how many miles you need to travel each day.

Nombre ______________________

Hallar el lugar del primer dígito

ESTÁNDAR COMÚN CC.5.NBT.6

Perform operations with multi-digit whole numbers and with decimals to hundredths.

Divide.

1. $4\overline{)388}$

$$\begin{array}{r} 97 \\ 4\overline{)388} \\ -36 \\ \hline 28 \\ -28 \\ \hline 0 \end{array}$$

97

2. $4\overline{)457}$

3. $8\overline{)712}$

4. $9\overline{)204}$

5. 2,117 ÷ 3

6. 520 ÷ 8

7. 1,812 ÷ 4

8. 3,476 ÷ 6

Resolución de problemas EN EL MUNDO

9. El departamento de teatro de la escuela recaudó $2,142 de la venta de boletos para las tres funciones de su obra. El departamento vendió la misma cantidad de boletos para cada función. Cada boleto costaba $7. ¿Cuántos boletos vendió el departamento de teatro por función?

10. Andreus ganó $625 por cortar el césped. Trabajó durante 5 días consecutivos y ganó la misma cantidad de dinero cada día. ¿Cuánto dinero ganó Andreus por día?

PREPARACIÓN PARA LA PRUEBA

Revisión de la lección (CC.5.NBT.6)

1. Kenny coloca latas dentro de bolsas en el banco de alimentos. En cada bolsa caben 8 latas. ¿Cuántas bolsas necesitará Kenny para 1,056 latas?

   (A) 133

   (B) 132

   (C) 131

   (D) 130

2. Liz lustra anillos para un joyero. Puede lustrar 9 anillos por hora. ¿Cuántas horas tardará en lustrar 315 anillos?

   (A) 45 horas

   (B) 35 horas

   (C) 25 horas

   (D) 15 horas

Repaso en espiral (CC.5.NBT.2, CC.5.NBT.5, CC.5.NBT.6)

3. Fiona usa 256 onzas fluidas de jugo para preparar 1 tazón de refresco de frutas. ¿Cuántas onzas fluidas usará para preparar 3 tazones de refresco de frutas? **(Lección 1.7)**

   (A) 56 onzas fluidas

   (B) 128 onzas fluidas

   (C) 512 onzas fluidas

   (D) 768 onzas fluidas

4. Len quiere usar una base de 10 y un exponente para escribir el número 100,000. ¿Qué número debe usar como exponente? **(Lección 1.4)**

   (A) 4

   (B) 5

   (C) 10

   (D) 100,000

5. Los pases familiares para un parque de diversiones cuestan $54 cada uno. ¿Qué expresión puede usarse para hallar el costo en dólares de 8 pases familiares? **(Lección 1.3)**

   (A) $(8 + 50) + (8 + 4)$

   (B) $(8 + 50) \times (8 + 4)$

   (C) $(8 \times 50) + (8 \times 4)$

   (D) $(8 \times 50) \times (8 \times 4)$

6. Gary organiza una merienda al aire libre. En la merienda habrá 118 invitados, y Gary quiere que cada invitado reciba una porción de 12 onzas de ensalada. ¿Cuánta ensalada debe preparar? **(Lección 1.7)**

   (A) 216 onzas

   (B) 1,180 onzas

   (C) 1,416 onzas

   (D) 1,516 onzas

Nombre ______________________

Dividir entre divisores de 1 dígito

ESTÁNDAR COMÚN CC.5.NBT.6
Perform operations with multi-digit whole numbers and with decimals to hundredths.

Divide.

1. $4\overline{)724}$

$$\begin{array}{r} 181 \\ 4\overline{)724} \\ -4 \\ \hline 32 \\ -32 \\ \hline 04 \\ -4 \\ \hline 0 \end{array}$$

181

2. $5\overline{)312}$

3. $278 \div 2$

4. $336 \div 7$

Halla el valor de *n* en cada ecuación. Escribe lo que representa *n* en el problema de división relacionado.

5. $n = 3 \times 45$

6. $643 = 4 \times 160 + n$

7. $n = 6 \times 35 + 4$

Resolución de problemas EN EL MUNDO

8. Randy tiene 128 onzas de alimento para perros. Le da a su perro 8 onzas de alimento por día. ¿Cuántos días durará el alimento para perros?

9. Angelina compró una lata de 64 onzas de mezcla para preparar limonada. Para cada jarra de limonada usa 4 onzas de mezcla. ¿Cuántas jarras de limonada puede preparar Angelina con la lata de mezcla?

PREPARACIÓN PARA LA PRUEBA

Revisión de la lección (CC.5.NBT.6)

1. Una impresora a color imprime 8 páginas por minuto. ¿Cuántos minutos tarda en imprimir un informe que tiene 136 páginas?

Ⓐ 18 minutos
Ⓑ 17 minutos
Ⓒ 16 minutos
Ⓓ 15 minutos

2. Una coleccionista de postales tiene 1,230 postales. Si las coloca en páginas en las que caben 6 postales en cada una, ¿cuántas páginas necesita?

Ⓐ 230
Ⓑ 215
Ⓒ 205
Ⓓ 125

Repaso en espiral (CC.5.NBT.1, CC.5.NBT.5, CC.5.NBT.6)

3. Francis compra un equipo de música a $196. Quiere pagarlo en cuatro cuotas mensuales iguales. ¿Cuánto pagará cada mes? **(Lección 2.1)**

Ⓐ $39
Ⓑ $49
Ⓒ $192
Ⓓ $784

4. En una panadería se hornean 184 barras de pan en 4 horas. ¿Cuántas barras de pan se hornean en 1 hora? **(Lección 2.2)**

Ⓐ 736
Ⓑ 180
Ⓒ 92
Ⓓ 46

5. Marvin colecciona tarjetas. Las guarda en cajas en las que caben 235 tarjetas en cada una. Si Marvin tiene 4 cajas llenas de tarjetas, ¿cuántas tarjetas tiene en su colección? **(Lección 1.6)**

Ⓐ 940
Ⓑ 920
Ⓒ 800
Ⓓ 705

6. ¿Qué número tiene el dígito 7 en el lugar de las decenas de millar? **(Lección 1.2)**

Ⓐ 810,745
Ⓑ 807,150
Ⓒ 708,415
Ⓓ 870,541

Nombre ______________________________

División con divisores de 2 dígitos

ESTÁNDAR COMÚN CC.5.NBT.6

Perform operations with multi-digit whole numbers and with decimals to hundredths.

Usa el dibujo rápido para dividir.

1. 132 ÷ 12 = 11

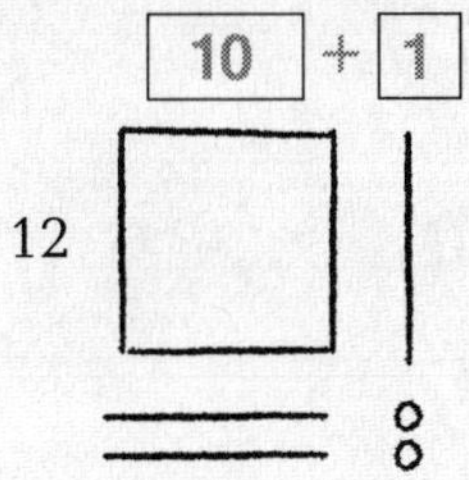

2. 168 ÷ 14 = ____

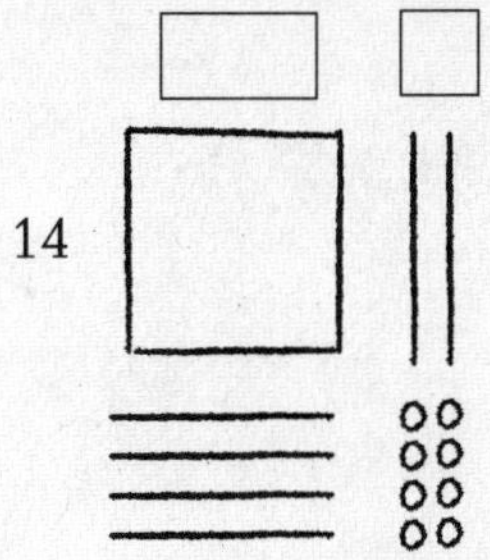

Divide. Usa bloques de base diez.

3. 195 ÷ 13 = ____

4. 143 ÷ 11 = ____

5. 165 ÷ 15 = ____

Divide. Haz un dibujo rápido.

6. 192 ÷ 16 = ____

7. 169 ÷ 13 = ____

Resolución de problemas EN EL MUNDO

8. En un teatro hay 182 butacas. Las butacas están divididas en partes iguales en 13 hileras. ¿Cuántas butacas hay en cada hilera?

____

9. En un campamento de verano hay 156 estudiantes. En el campamento hay 13 cabañas. En cada cabaña duerme la misma cantidad de estudiantes. ¿Cuántos estudiantes duermen en cada cabaña?

____

PREPARACIÓN PARA LA PRUEBA

Revisión de la lección (CC.5.NBT.6)

1. En la liga de fútbol hay 198 estudiantes. En cada equipo de fútbol hay 11 jugadores. ¿Cuántos equipos de fútbol hay?

Ⓐ 17

Ⓑ 18

Ⓒ 19

Ⓓ 21

2. Jason ganó \$187 por 17 horas de trabajo. ¿Cuánto ganó Jason por hora?

Ⓐ \$11

Ⓑ \$12

Ⓒ \$13

Ⓓ \$14

Repaso en espiral (CC.5.OA.2, CC.5.NBT.1, CC.5.NBT.5, CC.5.NBT.6)

3. ¿Qué número representa seis millones setecientos mil veinte? **(Lección 1.2)**

Ⓐ 6,000,720

Ⓑ 6,007,020

Ⓒ 6,700,020

Ⓓ 6,720,000

4. ¿Qué expresión representa el enunciado "Suma el producto de 3 y 6 a 4?" **(Lección 1.10)**

Ⓐ $(4 + 3) \times 6$

Ⓑ $4 + (3 \times 6)$

Ⓒ $4 + (3 + 6)$

Ⓓ $4 \times 3 + 6$

5. Para transportar a 228 personas hasta una isla, el transbordador de la isla hace 6 viajes. En cada viaje, el transbordador transporta la misma cantidad de personas. ¿Cuántas personas transporta el transbordador en cada viaje? **(Lección 2.2)**

Ⓐ 36

Ⓑ 37

Ⓒ 38

Ⓓ 39

6. Isabella vende 36 boletos para el concurso de talentos de la escuela. Cada boleto cuesta \$14. ¿Cuánto dinero recauda Isabella con los boletos que vende? **(Lección 1.7)**

Ⓐ \$180

Ⓑ \$384

Ⓒ \$404

Ⓓ \$504

Nombre ______________________

Cocientes parciales

ESTÁNDAR COMÚN CC.5.NBT.6
Perform operations with multi-digit whole numbers and with decimals to hundredths.

Divide. Usa cocientes parciales.

1. $18\overline{)236}$

$$
\begin{array}{rll}
18\overline{)236} & & \\
-180 & \leftarrow 10 \times 18 & 10 \\
56 & & \\
-36 & \leftarrow 2 \times 18 & 2 \\
20 & & \\
-18 & \leftarrow 1 \times 18 & +1 \\
2 & & 13
\end{array}
$$

236 ÷ 18 es igual a 13 r2.

2. $36\overline{)540}$

3. $27\overline{)624}$

4. 478 ÷ 16

5. 418 ÷ 22

6. 625 ÷ 25

7. 514 ÷ 28

8. 322 ÷ 14

9. 715 ÷ 25

Resolución de problemas EN EL MUNDO

10. En una fábrica se procesan 1,560 onzas de aceite de oliva por hora. El aceite se envasa en botellas de 24 onzas. ¿Cuántas botellas se rellenan en la fábrica en una hora?

____

11. En un hotel hay un estanque que contiene 4,290 galones de agua. El jardinero drena el estanque a una tasa de 78 galones de agua por hora. ¿Cuánto tardará en drenar todo el estanque?

____

PREPARACIÓN PARA LA PRUEBA

Revisión de la lección (CC.5.NBT.6)

1. Yvette tiene que colocar 336 huevos en cartones. Coloca una docena de huevos en cada cartón. ¿Cuántos cartones completa?

   (A) 20

   (B) 21

   (C) 27

   (D) 28

2. Ned corta el césped de un jardín de 450 pies cuadrados en 15 minutos. ¿Cuántos pies cuadrados de césped corta en un minuto?

   (A) 3 pies cuadrados

   (B) 30 pies cuadrados

   (C) 435 pies cuadrados

   (D) 465 pies cuadrados

Repaso en espiral (CC.5.NBT.1, CC.5.NBT.5, CC.5.NBT.6)

3. Raúl tiene 56 pelotas saltarinas. Coloca tres veces más pelotas en bolsas de regalo rojas que en bolsas de regalo verdes. Si coloca la misma cantidad de pelotas en cada bolsa, ¿cuántas pelotas coloca en bolsas verdes? **(Lección 1.9)**

   (A) 42

   (B) 19

   (C) 14

   (D) 12

4. Marcia usa 5 onzas de caldo de pollo para preparar una olla de sopa. Tiene un total de 400 onzas de caldo de pollo. ¿Cuántas ollas de sopa puede preparar Marcia? **(Lección 2.2)**

   (A) 50

   (B) 80

   (C) 200

   (D) 2,000

5. Michelle compró 13 bolsas de grava para su acuario. Si cada bolsa pesa 12 libras, ¿cuántas libras de grava compró? **(Lección 1.7)**

   (A) 156 libras

   (B) 143 libras

   (C) 130 libras

   (D) 26 libras

6. ¿Cuál de las siguientes opciones representa 4,305,012 en forma desarrollada? **(Lección 1.2)**

   (A) 400,000 + 30,000 + 5,000 + 12

   (B) 40,000 + 3,000 + 500 + 10 + 2

   (C) 4,000,000 + 300,000 + 5,000 + 100 + 2

   (D) 4,000,000 + 300,000 + 5,000 + 10 + 2

Nombre ______________________

Estimar con divisores de 2 dígitos

ESTÁNDAR COMÚN CC.5.NBT.6
Perform operations with multi-digit whole numbers and with decimals to hundredths.

Usa números compatibles para hallar dos estimaciones.

1. 18)1,322

1,200 ÷ 20 = 60
1,400 ÷ 20 = 70

2. 17)1,569

3. 27)735

4. 12)478

5. 336 ÷ 12

6. 1,418 ÷ 22

7. 16)2,028

8. 2,242 ÷ 33

Usa números compatibles para estimar el cociente.

9. 82)5,514

10. 61)5,320

11. 28)776

12. 23)1,624

Resolución de problemas EN EL MUNDO

13. Una yarda cúbica de mantillo pesa 4,128 libras. ¿Alrededor de cuántas bolsas de 50 libras de mantillo puedes llenar con una yarda cúbica de mantillo?

____

14. Una tienda de artículos electrónicos encarga 2,665 dispositivos USB. En una caja de envío caben 36 dispositivos. ¿Alrededor de cuántas cajas se necesitarán para poner todos los dispositivos?

____

PREPARACIÓN PARA LA PRUEBA

Revisión de la lección (CC.5.NBT.6)

1. Marcy tiene 567 orejeras para vender. Si puede poner 18 orejeras en cada estante, ¿alrededor de cuántos estantes necesita para todas las orejeras?

   (A) alrededor de 20
   (B) alrededor de 30
   (C) alrededor de 570
   (D) alrededor de 590

2. Howard paga $327 por una docena de tarjetas de béisbol de una edición de colección. ¿Alrededor de cuánto dinero paga por cada tarjeta de béisbol?

   (A) alrededor de $20
   (B) alrededor de $30
   (C) alrededor de $45
   (D) alrededor de $50

Repaso en espiral (CC.5.NBT.1, CC.5.NBT.5, CC.5.NBT.6)

3. Andrew puede enmarcar 9 fotografías por día. Tiene un pedido de 108 fotografías. ¿Cuántos días tardará en completar el pedido? **(Lección 2.2)**

   (A) 10 días
   (B) 11 días
   (C) 12 días
   (D) 13 días

4. Madelaine puede mecanografiar 3 páginas en una hora. ¿Cuántas horas tardará en mecanografiar un informe de 123 páginas? **(Lección 2.2)**

   (A) 65 horas
   (B) 45 horas
   (C) 41 horas
   (D) 22 horas

5. Supón que redondeas 43,257,529 en 43,300,000. ¿A qué valor posicional redondeaste el número? **(Lección 1.2)**

   (A) centenas de millar
   (B) decenas de millar
   (C) millares
   (D) decenas

6. El servicio de comidas de Grace recibió un pedido de 118 tartas de manzana. Grace usa 8 manzanas para preparar una tarta. ¿Cuántas manzanas necesita para preparar las 118 tartas de manzana? **(Lección 1.6)**

   (A) 110
   (B) 126
   (C) 884
   (D) 944

Nombre ______________________________

Dividir entre divisores de 2 dígitos

ESTÁNDAR COMÚN CC.5.NBT.6

Perform operations with multi-digit whole numbers and with decimals to hundredths.

Divide. Comprueba tu resultado.

1. $385 \div 12$

$$\begin{array}{r} 32\text{ r1} \\ 12\overline{)385} \\ -36 \\ 25 \\ -24 \\ 1 \end{array}$$

2. $837 \div 36$

3. $1{,}650 \div 55$

4. $5{,}634 \div 18$

5. $7{,}231 \div 24$

6. $5{,}309 \div 43$

7. $37\overline{)3{,}774}$

8. $54\overline{)1{,}099}$

9. $28\overline{)6{,}440}$

10. $52\overline{)5{,}256}$

11. $85\overline{)1{,}955}$

12. $46\overline{)5{,}624}$

Resolución de problemas EN EL MUNDO

13. Los obreros de una fábrica producen 756 repuestos para máquinas en 36 horas. Supón que los obreros producen la misma cantidad de repuestos cada hora. ¿Cuántos repuestos producen cada hora?

____

14. En una bolsa caben 12 tornillos. Varias bolsas llenas de tornillos se colocan en una caja y se envían a la fábrica. En la caja hay un total de 2,760 tornillos. ¿Cuántas bolsas de tornillos hay en la caja?

____

PREPARACIÓN PARA LA PRUEBA

Revisión de la lección (CC.5.NBT.6)

1. En una panadería se colocan 868 magdalenas en 31 cajas. En cada caja se coloca la misma cantidad de magdalenas. ¿Cuántas magdalenas hay en cada caja?

Ⓐ 28

Ⓑ 37

Ⓒ 38

Ⓓ 47

2. Maggie hace un pedido de 19 cajas de regalo idénticas. La compañía Envíos al Instante embala y envía las cajas a $1,292. ¿Cuánto cuesta embalar y enviar cada caja?

Ⓐ $58

Ⓑ $64

Ⓒ $68

Ⓓ $78

Repaso en espiral (CC.5.NBT.1, CC.5.NBT.6)

3. ¿Cuál es la forma normal del número cuatro millones doscientos dieciséis mil noventa? **(Lección 1.2)**

Ⓐ 4,260,090

Ⓑ 4,216,900

Ⓒ 4,216,090

Ⓓ 4,216,019

4. Kelly y 23 amigos salen a patinar. Pagan un total de $186. ¿Alrededor de cuánto cuesta por persona salir a patinar? **(Lección 2.5)**

Ⓐ alrededor de $9

Ⓑ alrededor de $15

Ⓒ alrededor de $25

Ⓓ alrededor de $200

5. En dos días, Gretchen bebe siete botellas de 16 onzas de agua. Bebe el agua en 4 raciones iguales. ¿Cuántas onzas de agua bebe Gretchen en cada ración? **(Lección 1.9)**

Ⓐ 112 onzas

Ⓑ 28 onzas

Ⓒ 12 onzas

Ⓓ 4 onzas

6. ¿Cuál es el valor del dígito subrayado en 5,$\underline{4}$36,788? **(Lección 1.2)**

Ⓐ 4

Ⓑ 400

Ⓒ 40,000

Ⓓ 400,000

Nombre ______________________

Interpretar el residuo

ESTÁNDAR COMÚN CC.5.NF.3

Apply and extend previous understandings of multiplication and division to multiply and divide fractions.

Interpreta el residuo para resolver los problemas.

1. Warren tardó 140 horas en hacer 16 camiones de juguete de madera para una feria de artesanías. Si tarda la misma cantidad de tiempo en hacer cada camión, ¿cuántas horas tardó en hacer cada camión?

$$\begin{array}{r} 8 \\ 16\overline{)140} \\ -128 \\ \hline 12 \end{array}$$

$8\frac{3}{4}$ horas

2. Marcia tiene 412 ramos de flores para armar centros de mesa. Para cada centro de mesa usa 8 flores. ¿Cuántos centros de mesa puede armar?

3. En la merienda de la clase de quinto grado, 50 estudiantes se reparten 75 emparedados en partes iguales. ¿Cuántos emparedados recibe cada estudiante?

____

4. En un macetero caben 14 plántulas de tomate. Si tienes 1,113 plántulas, ¿cuántos maceteros necesitas para colocar todas las plántulas?

____

Resolución de problemas EN EL MUNDO

5. Fiona compró 212 adhesivos para crear un libro de adhesivos. Si coloca 18 adhesivos en cada página, ¿cuántas páginas tendrá su libro de adhesivos?

____

6. Jenny tiene 220 onzas de solución limpiadora que quiere dividir en partes iguales en 12 recipientes grandes. ¿Qué cantidad de solución limpiadora debe colocar en cada recipiente?

____

PREPARACIÓN PARA LA PRUEBA

Revisión de la lección (CC.5.NF.3)

1. Henry y 28 compañeros van a la pista de patinaje. En cada camioneta entran 11 estudiantes. Si todas las camionetas menos una están completas, ¿cuántos estudiantes hay en la camioneta que no está completa?

Ⓐ 1

Ⓑ 2

Ⓒ 6

Ⓓ 7

2. Candy compra 20 onzas de frutos secos surtidos. En cada una de las 3 bolsas que tiene coloca igual cantidad de onzas. ¿Cuántas onzas de frutos secos surtidos hay en cada bolsa?

Ⓐ 7 onzas

Ⓑ $6\frac{2}{3}$ onzas

Ⓒ 6 onzas

Ⓓ 2 onzas

Repaso en espiral (CC.5.NBT.5, CC.5.NBT.6)

3. Jayson gana $196 cada semana por embolsar alimentos en la tienda. Cada semana ahorra la mitad de lo que gana. ¿Cuánto dinero ahorra Jayson por semana? **(Lección 2.2)**

Ⓐ $92

Ⓑ $98

Ⓒ $102

Ⓓ $106

4. Desiree nada largos durante 25 minutos cada día. ¿Cuántos minutos habrá nadado largos al cabo de 14 días? **(Lección 1.7)**

Ⓐ 29 minutos

Ⓑ 125 minutos

Ⓒ 330 minutos

Ⓓ 350 minutos

5. Steve participará en un maratón de ciclismo con fines benéficos. Recorrerá en bicicleta 144 millas por día durante 5 días. ¿Cuántas millas recorrerá Steve en total? **(Lección 1.6)**

Ⓐ 360 millas

Ⓑ 620 millas

Ⓒ 720 millas

Ⓓ 820 millas

6. Karl construye un patio. Tiene 136 ladrillos. Quiere que en el patio haya 8 hileras y que en cada hilera haya la misma cantidad de ladrillos. ¿Cuántos ladrillos colocará Karl en cada hilera? **(Lección 2.2)**

Ⓐ 17

Ⓑ 18

Ⓒ 128

Ⓓ 1,088

Nombre ______________________________

Ajustar cocientes

ESTÁNDAR COMÚN CC.5.NBT.6

Perform operations with multi-digit whole numbers and with decimals to hundredths.

Ajusta el dígito estimado en el cociente si es necesario. Luego divide.

1. $16\overline{)976}$ with estimated quotient 5

-80

17

Quotient adjusted: 61

$16\overline{)976}$

-96

16

-16

0

2. $24\overline{)689}$ with estimated quotient 3

3. $65\overline{)2,210}$ with estimated quotient 3

4. $38\overline{)7,035}$ with estimated quotient 2

Divide.

5. $2,961 \div 47$

6. $2,072 \div 86$

7. $1,280 \div 25$

8. $31\overline{)1,496}$

9. $86\overline{)6,290}$

10. $95\overline{)4,000}$

11. $44\overline{)2,910}$

12. $82\overline{)4,018}$

Resolución de problemas EN EL MUNDO

13. Una fotocopiadora imprime 89 copias en un minuto. ¿Cuánto tarda la fotocopiadora en imprimir 1,958 copias?

____

14. Érica ahorra dinero para comprar un juego de comedor que cuesta $580. Si ahorra $29 cada mes, ¿cuántos meses necesitará para ahorrar la suficiente cantidad de dinero como para comprar el juego de comedor?

____

PREPARACIÓN PARA LA PRUEBA

Revisión de la lección (CC.5.NBT.6)

1. Gail encargó 5,675 libras de harina para la panadería. La harina viene en bolsas de 25 libras. ¿Cuántas bolsas de harina recibirá la panadería?

Ⓐ 203

Ⓑ 227

Ⓒ 230

Ⓓ 5,650

2. Simone participa en un maratón de ciclismo para recaudar fondos. Por cada milla que recorre en bicicleta prometen darle $15. Si quiere recaudar $510, ¿cuántas millas debe recorrer?

Ⓐ 32 millas

Ⓑ 34 millas

Ⓒ 52 millas

Ⓓ 495 millas

Repaso en espiral (CC.5.OA.2, CC.5.NBT.1, CC.5.NBT.6)

3. Lina hace pulseras de cuentas. Usa 9 cuentas para hacer cada pulsera. ¿Cuántas pulseras puede hacer con 156 cuentas? **(Lección 2.2)**

Ⓐ 12

Ⓑ 14

Ⓒ 17

Ⓓ 18

4. Un total de 1,056 estudiantes de diferentes escuelas se inscriben en la feria estatal de ciencias. Cada escuela inscribe exactamente a 32 estudiantes. ¿Cuántas escuelas participan en la feria de ciencias? **(Lección 2.6)**

Ⓐ 33,792

Ⓑ 352

Ⓒ 34

Ⓓ 33

5. ¿Qué número es menor que 6,789,405? **(Lección 1.2)**

Ⓐ 6,789,398

Ⓑ 6,789,599

Ⓒ 6,809,405

Ⓓ 6,879,332

6. Christy compra 48 broches. Reparte los broches en partes iguales entre ella y sus 3 hermanas. ¿Qué expresión representa la cantidad de broches que obtiene cada niña? **(Lección 1.10)**

Ⓐ $\frac{48}{3} + 1$

Ⓑ $48 \div (3 + 1)$

Ⓒ $\frac{48}{3}$

Ⓓ $48 - 3$

Nombre ______________________________

Resolución de problemas • División

ESTÁNDAR COMÚN CC.5.NBT.6
Perform operations with multi-digit whole numbers and with decimals to hundredths.

Muestra tu trabajo. Resuelve los problemas.

1. Duane tiene 12 veces más tarjetas de béisbol que Tony. Entre los dos, tienen 208 tarjetas de béisbol. ¿Cuántas tarjetas de béisbol tiene cada niño?

Tony	16												208 tarjetas de béisbol
Duane	16	16	16	16	16	16	16	16	16	16	16	16	

$$208 \div 13 = 16$$

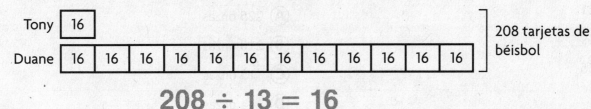

Tony: 16 tarjetas; Duane: 192 tarjetas

2. Hallie tiene 10 veces más páginas para leer como tarea que Janet. En total, tienen que leer 264 páginas. ¿Cuántas páginas tiene que leer cada niña?

____

3. Hank tiene 48 peces en su acuario. Tiene 11 veces más peces tetra que peces guppy. ¿Cuántos peces de cada tipo tiene Hank?

____

4. Kelly tiene 4 veces más canciones en su reproductor de música que Lou. Tiffany tiene 6 veces más canciones en su reproductor de música que Lou. En total, tienen 682 canciones en sus reproductores de música. ¿Cuántas canciones tiene Kelly?

____

PREPARACIÓN PARA LA PRUEBA

Revisión de la lección (CC.5.NBT.6)

1. Chelsea tiene 11 veces más pinceles que Monique. Si en total tienen 60 pinceles, ¿cuántos pinceles tiene Chelsea?

   (A) 5

   (B) 11

   (C) 49

   (D) 55

2. Jo tiene un jerbo y un perro pastor alemán. El pastor alemán come 14 veces más alimento que el jerbo. En total, comen 225 onzas de alimento seco por semana. ¿Cuántas onzas de alimento come el pastor alemán por semana?

   (A) 225 onzas

   (B) 210 onzas

   (C) 15 onzas

   (D) 14 onzas

Repaso en espiral (CC.5.NBT.5, CC.5.NBT6, CC.5.NF.3)

3. Jeanine tiene el doble de edad que su hermano Marc. Si la suma de sus edades es 24, ¿cuántos años tiene Jeanine? **(Lección 1.9)**

   (A) 16

   (B) 12

   (C) 8

   (D) 3

4. Larry enviará clavos que pesan 53 libras en total. Divide los clavos en partes iguales en 4 cajas de envío. ¿Cuántas libras de clavos coloca en cada caja? **(Lección 2.7)**

   (A) 4 libras

   (B) 13 libras

   (C) $13\frac{1}{4}$ libras

   (D) 14 libras

5. Annie planta 6 hileras de bulbos de flores pequeñas en un jardín. En cada hilera planta 132 bulbos. ¿Cuántos bulbos planta Annie en total? **(Lección 1.6)**

   (A) 738

   (B) 792

   (C) 924

   (D) 984

6. El próximo año, cuatro escuelas primarias enviarán 126 estudiantes cada una a la Escuela Intermedia Bedford. ¿Cuál es la cantidad total de estudiantes que las escuelas primarias enviarán a la escuela intermedia? **(Lección 1.6)**

   (A) 46

   (B) 344

   (C) 444

   (D) 504

Nombre ______________________

Práctica adicional del Capítulo 2

Lecciones 2.1 y 2.2

Divide.

1. $8\overline{)346}$ ______

2. $6\overline{)1{,}914}$ ______

3. $8\overline{)1{,}898}$ ______

4. $4\overline{)952}$ ______

5. $3{,}629 \div 9$ ______

6. $2{,}961 \div 7$ ______

7. $3\overline{)4{,}276}$ ______

8. $6\overline{)3{,}251}$ ______

9. $1{,}664 \div 5$ ______

Lecciones 2.3 a 2.6

Estima. Luego divide.

1. $19\overline{)1{,}425}$ ______

2. $2{,}384 \div 23$ ______

3. $378 \div 56$ ______

Lección 2.7

Interpreta el residuo para resolver los problemas.

1. Matthew coloca 195 vasos en envases de cartón. En cada envase entran 18 vasos. ¿Cuántos envases necesita Matthew?

____

2. Julia quiere hacer 8 moños con 18 pies de cinta. Quiere usar la misma longitud de cinta para cada moño y que no le sobre nada. ¿Cuántos pies de cinta puede usar para cada moño?

____

Lección 2.8

Divide.

1. $32\overline{)549}$

2. $1{,}296 \div 36$

3. $588 \div 84$

4. $12\overline{)320}$

5. $53\overline{)6{,}681}$

6. $6{,}370 \div 29$

Lección 2.9

Resuelve.

1. En Greenboro caen 12 veces más pulgadas de nieve que en Redville. En total, en ambas ciudades caen 65 pulgadas de nieve. ¿Cuántas pulgadas de nieve caen en Redville?

____

2. En un mes, Ansley corre 15 veces más millas que Zack. En total, corren 192 millas. ¿Cuántas millas corre Ansley en un mes?

____

Capítulo 3

Carta para la casa

Vocabulario

diferencia El resultado de restar dos números.

milésimos Una de mil partes iguales.

número decimal Un número que tiene uno o más dígitos a la derecha del punto decimal.

suma o total El resultado de sumar dos o más números.

valor posicional El valor de cada dígito en un número basado en la ubicación del dígito.

Querida familia:

Durante las próximas semanas, en la clase de matemáticas aprenderemos sobre los números decimales. Nombraremos, compararemos, ordenaremos y redondearemos números decimales hasta los milésimos. También sumaremos y restaremos números decimales hasta los centésimos.

El estudiante llevará a casa tareas con actividades que incluyen sumar y restar números decimales hasta los centésimos.

Este es un ejemplo de cómo se le enseñará a sumar números decimales.

MODELO Suma números decimales.

Suma 12.78 y 31.14.

PASO 1

Estima la suma.

12.78 es alrededor de 13.

31.14 es alrededor de 31.

13 + 31 = 44

PASO 2

Escribe el problema con los puntos decimales alineados. Suma los centésimos primero. Luego, suma los décimos, las unidades y las decenas. Reagrupa si es necesario.

$$\begin{array}{r} \scriptstyle 1 \\ 12.78 \\ +31.14 \\ \hline 43.92 \end{array}$$

Pistas

Sumar y restar números decimales

Recuerda siempre alinear los números en el punto decimal cuando sumes o restes números decimales. De esa manera, sumarás y restarás los mismos valores posicionales.

Actividad

Recorte algunos avisos de tiendas del periódico. Pida a su niño que, a fin de practicar la suma y la resta de números decimales, use la información que se da en los avisos para escribir y resolver problemas que incluyan cantidades de dinero.

Chapter 3 School-Home Letter

Dear Family,

Throughout the next few weeks, our math class will be studying decimals. We will be naming, comparing, ordering, and rounding decimals through thousandths. We will also be adding and subtracting decimals through hundredths.

You can expect to see homework that includes adding and subtracting decimals through hundredths.

Here is a sample of how your child will be taught to add decimals.

Vocabulary

difference The result of subtracting two numbers.

thousandth One of one thousand equal parts.

decimal A number with one or more digits to the right of the decimal point.

sum The result of adding two or more numbers.

place value The value of each digit in a number based on the location of the digit.

MODEL Adding Decimals

Add 12.78 and 31.14.

STEP 1

Estimate the sum.

12.78 is about 13.

31.14 is about 31.

13 + 31 = 44

STEP 2

Write the problem with the decimal points aligned. Add the hundredths first. Then, add the tenths, ones, and tens. Regroup as needed.

$$\begin{array}{r} {}^{1} \\ 12.78 \\ +31.14 \\ \hline 43.92 \end{array}$$

Tips

Adding and Subtracting Decimals

Always remember to align numbers on the decimal point when adding or subtracting decimals. That way, you are adding or subtracting the same place values.

Activity

Collect store advertisements from the newspaper. Have your child practice adding and subtracting decimals by writing and solving problems that involve money using the store advertisement.

Nombre ______________________

Milésimos

ESTÁNDAR COMÚN CC.5.NBT.1
Understand the place value system.

Escribe el número decimal que indican las partes sombreadas de cada modelo.

1.

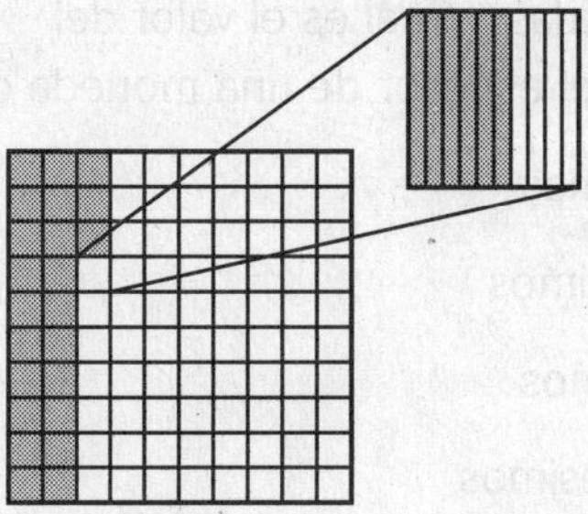

0.236

2.

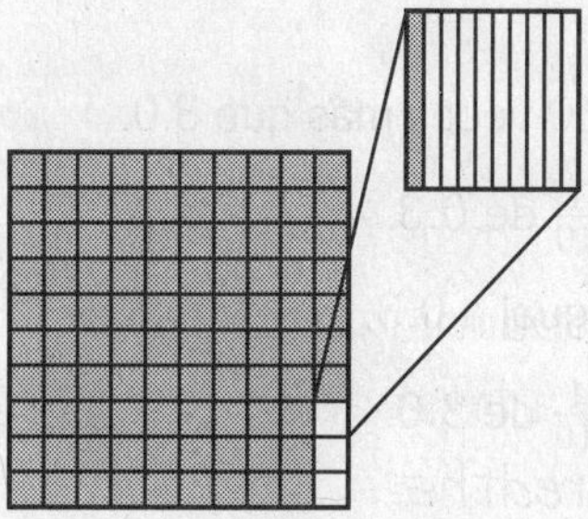

______

Piensa: 2 décimos, 3 centésimos y 6 milésimos están sombreados.

Completa la oración.

3. 0.4 es 10 veces más que ______.

4. 0.003 es $\frac{1}{10}$ de ______.

Completa la tabla con patrones del valor posicional.

Número decimal	10 veces más que	$\frac{1}{10}$ de
5. 0.1		
6. 0.09		
7. 0.04		
8. 0.6		

Número decimal	10 veces más que	$\frac{1}{10}$ de
9. 0.08		
10. 0.2		
11. 0.5		
12. 0.03		

Resolución de problemas EN EL MUNDO

13. El diámetro de una moneda de 10¢ es setecientos cinco milésimos de una pulgada. Anota el diámetro de una moneda de 10¢ para completar la tabla.

14. ¿Cuál es el valor del dígito 5 en el diámetro de una moneda de 50¢?

______

15. ¿Qué monedas tienen un diámetro con un dígito 5 en el lugar de los centésimos?

______

Monedas de los Estados Unidos

Moneda	Diámetro (en pulgadas)
Moneda de 1¢	0.750
Moneda de 5¢	0.835
Moneda de 10¢	
Moneda de 25¢	0.955
Moneda de 50¢	1.205

PREPARACIÓN PARA LA PRUEBA

Revisión de la lección (CC.5.NBT.1)

1. ¿Cuál es la relación entre 3.0 y 0.3?

   Ⓐ 0.3 es 10 veces más que 3.0.

   Ⓑ 3.0 es $\frac{1}{10}$ de 0.3.

   Ⓒ 3.0 es igual a 0.3.

   Ⓓ 0.3 es $\frac{1}{10}$ de 3.0.

2. Una moneda de 1¢ tiene un espesor de 0.061 pulgadas. ¿Cuál es el valor del dígito 6 en el espesor de una moneda de 1¢?

   Ⓐ 6 decenas

   Ⓑ 6 milésimos

   Ⓒ 6 décimos

   Ⓓ 6 centésimos

Repaso en espiral (CC.5.OA.1, CC.5.OA.2, CC.5.NBT.1)

3. ¿Cómo se escribe el número setecientos treinta y un mil millones novecientos treinta y cuatro mil treinta en forma normal? **(Lección 1.2)**

   Ⓐ 731,934

   Ⓑ 731,934,003

   Ⓒ 731,934,030

   Ⓓ 731,934,300

4. Una ciudad tiene una población de 743,182 habitantes. ¿Cuál es el valor del dígito 3? **(Lección 1.2)**

   Ⓐ 3 centenas

   Ⓑ 3 millares

   Ⓒ 3 decenas de millar

   Ⓓ 3 milésimos

5. ¿Qué expresión se relaciona con las palabras "tres veces la suma de 8 y 4"? **(Lección 1.10)**

   Ⓐ $3 \times (8 + 4)$

   Ⓑ $3 \times 8 + 4$

   Ⓒ $3 + 8 \times 4$

   Ⓓ $3 \times (8 \times 4)$

6. Una familia de 2 adultos y 3 niños va a una obra de teatro. Los boletos cuestan $8 por adulto y $5 por niño. ¿Qué expresión NO muestra el costo total de los boletos para la familia? **(Lección 1.12)**

   Ⓐ (\$8 × 2) + (\$5 × 3)

   Ⓑ \$16 + \$15

   Ⓒ (\$8 × \$5) + (2 + 3)

   Ⓓ \$31

Nombre ____________________

Valor posicional de los números decimales

ESTÁNDAR COMÚN CC.5.NBT.3a
Understand the place value system.

Escribe el valor del dígito subrayado.

1. $0.2\underline{8}7$

8 centésimos o 0.08

2. $5.\underline{3}49$

3. $2.70\underline{4}$

4. $9.\underline{1}54$

5. $4.00\underline{6}$

6. $7.2\underline{5}8$

7. $0.1\underline{9}8$

8. $6.\underline{8}21$

9. $8.02\underline{7}$

Escribe el número de otras dos formas.

10. 0.326

11. 8.517

12. 0.924

13. 1.075

Resolución de problemas EN EL MUNDO

14. En una competencia de gimnasia, el puntaje de Paige fue 37.025. ¿Cuál es el puntaje de Paige escrito en palabras?

15. El promedio de bateo de Jake en la temporada de *softball* es 0.368. ¿Cuál es el promedio de bateo de Jake escrito en forma desarrollada?

PREPARACIÓN PARA LA PRUEBA

Revisión de la lección (CC.5.NBT.3a)

1. Cuando Mindy fue a China, cambió $1 por 6.589 yuanes. ¿Qué dígito está en la posición de los centésimos en 6.589?

   Ⓐ 5
   Ⓑ 6
   Ⓒ 8
   Ⓓ 9

2. El diámetro de la cabeza de un tornillo es 0.306 pulgadas. ¿Cómo se escribe ese número en palabras?

   Ⓐ trescientos seis
   Ⓑ trescientos seis milésimos
   Ⓒ treinta y seis milésimos
   Ⓓ tres con seis milésimos

Repaso en espiral (CC.5.OA.1, CC.5.OA.2, CC.5.NBT.5, CC.5.NF.3)

3. En cada vagón de un tren suburbano pueden viajar 114 pasajeros sentados. Si el tren tiene 7 vagones, ¿cuántos pasajeros pueden viajar sentados? **(Lección 1.6)**

   Ⓐ 770
   Ⓑ 774
   Ⓒ 778
   Ⓓ 798

4. ¿Cuál de las siguientes expresiones tiene un valor de 10? **(Lección 1.11)**

   Ⓐ $(9 + 15) \div 3 + 2$
   Ⓑ $9 + (15 \div 3) + 2$
   Ⓒ $9 + 15 \div (3 + 2)$
   Ⓓ $(9 + 15 \div 3) + 2$

5. Danica tiene 15 adhesivos. Le da 3 a un amigo y recibe 4 de otro amigo. ¿Qué expresión se relaciona con las palabras? **(Lección 1.10)**

   Ⓐ $15 + 3 + 4$
   Ⓑ $15 - (3 + 4)$
   Ⓒ $15 - 3 + 4$
   Ⓓ $15 + 3 - 4$

6. Hay 138 personas sentadas a las mesas de un salón de banquetes. A cada mesa se pueden sentar 12 personas. Excepto una, todas las mesas están completas. ¿Cuántas mesas completas hay? **(Lección 2.7)**

   Ⓐ 6
   Ⓑ 11
   Ⓒ 12
   Ⓓ 13

Nombre ____________________________

Comparar y ordenar números decimales

ESTÁNDAR COMÚN CC.5.NBT.3b
Understand the place value system.

Compara. Escribe $<$, $>$ ó $=$.

1. $4.735 \; (<) \; 4.74$
2. $2.549 \; \bigcirc \; 2.549$
3. $3.207 \; \bigcirc \; 3.027$
4. $8.25 \; \bigcirc \; 8.250$
5. $5.871 \; \bigcirc \; 5.781$
6. $9.36 \; \bigcirc \; 9.359$
7. $1.538 \; \bigcirc \; 1.54$
8. $7.036 \; \bigcirc \; 7.035$
9. $6.700 \; \bigcirc \; 6.7$

Ordena de mayor a menor.

10. 3.008; 3.825; 3.09; 3.18 ____________________
11. 0.275; 0.2; 0.572; 0.725 ____________________
12. 6.318; 6.32; 6.230; 6.108 ____________________
13. 0.456; 1.345; 0.645; 0.654 ____________________

Álgebra **Halla el dígito desconocido para hacer que el enunciado sea verdadero.**

14. $2.48 > 2.4\,\blacksquare\,1 > 2.463$ ____________
15. $5.723 < 5.72\,\blacksquare < 5.725$ ____________
16. $7.64 < 7.\,\blacksquare\,5 < 7.68$ ____________

Resolución de problemas EN EL MUNDO

17. Tres corredores completan las 100 yardas planas en 9.75 segundos, 9.7 segundos y 9.675 segundos. ¿Cuál es el tiempo ganador?

____

18. En una competencia de lanzamiento de disco, un atleta hizo lanzamientos de 63.37 metros, 62.95 metros y 63.7 metros. Ordena las distancias de menor a mayor.

____

PREPARACIÓN PARA LA PRUEBA

Revisión de la lección (CC.5.NBT.3b)

Jay, Alana, Evan y Stacey trabajan juntos para completar un experimento de ciencias. En la tabla de la derecha, se muestra la cantidad de líquido que queda en cada uno de sus vasos de precipitados al final del experimento.

Estudiante	Cantidad de líquido (litros)
Jay	0.8
Alana	1.05
Evan	1.2
Stacey	0.75

1. ¿A quién pertenece el vaso de precipitados con la mayor cantidad de líquido?

   (A) Jay
   (B) Alana
   (C) Evan
   (D) Stacey

2. ¿A quién pertenece el vaso de precipitados con la menor cantidad de líquido?

   (A) Jay
   (B) Alana
   (C) Evan
   (D) Stacey

Repaso en espiral (CC.5.OA.1, CC.5.OA.2, CC.5.NBT.3a, CC.5.NF.3)

3. Janet caminó 3.75 millas ayer. ¿Cuál es la forma en palabras de 3.75? **(Lección 3.2)**

   (A) tres con setenta y cinco décimos
   (B) trescientos setenta y cinco centésimos
   (C) trescientos setenta y cinco milésimos
   (D) tres con setenta y cinco centésimos

4. En una escuela de danza se permite un máximo de 15 estudiantes por clase. Si se inscriben 112 estudiantes para tomar clases de danza, ¿cuántas clases debe ofrecer la escuela para que puedan participar todos los estudiantes? **(Lección 2.7)**

   (A) 7
   (B) 8
   (C) 9
   (D) 10

5. ¿Qué expresión tiene un valor de 7? **(Lección 1.12)**

   (A) $[(29 - 18) + (17 + 8)] \div 6$
   (B) $[(29 - 18) + (17 - 8)] \div 4$
   (C) $[(29 + 18) - (17 + 8)] \div 2$
   (D) $[(29 + 18) + (17 - 8)] \div 8$

6. Cathy cortó 2 manzanas en 6 trozos cada una y comió 9 trozos. ¿Qué expresión se relaciona con las palabras? **(Lección 1.10)**

   (A) $(2 \times 6) - 9$
   (B) $(6 \times 9) - 2$
   (C) $(9 \times 2) - 6$
   (D) $(9 - 6) \times 2$

Nombre ______________________

Redondear números decimales

ESTÁNDAR COMÚN CC.5.NBT.4
Understand the place value system.

Escribe el valor posicional del dígito subrayado. Redondea los números al valor posicional del dígito subrayado.

1. $0.\underline{7}82$
décimos
0.8

2. $\underline{4}.735$

3. $2.\underline{3}48$

4. $0.5\underline{0}6$

5. $15.\underline{1}86$

6. $8.4\underline{6}5$

Indica el valor posicional al que se redondeó cada número.

7. 0.546 a 0.55

8. 4.805 a 4.8

9. 6.493 a 6

10. 1.974 a 2.0

11. 7.709 a 8

12. 14.637 a 15

Redondea 7.954 al valor indicado.

13. décimos

14. centésimos

15. unidades

Redondea 18.194 al valor indicado.

16. décimos

17. centésimos

18. unidades

Resolución de problemas EN EL MUNDO

19. La densidad de población de Montana es 6.699 personas por milla cuadrada. ¿Cuál es la densidad de población por milla cuadrada redondeada al número natural más próximo?

20. El promedio de bateo de Alex es 0.346. ¿Cuál es su promedio de bateo redondeado al centésimo más próximo?

PREPARACIÓN PARA LA PRUEBA

Revisión de la lección (CC.5.NBT.4)

1. La Sra. Ari compra y vende diamantes. Tiene un diamante que pesa 1.825 quilates. ¿Cuál es el peso del diamante de la Sra. Ari redondeado al centésimo más próximo?

(A) 1.8 quilates
(B) 1.82 quilates
(C) 1.83 quilates
(D) 1.9 quilates

2. Un maquinista usa un instrumento especial para medir el diámetro de una tubería pequeña. El instrumento de medición indica 0.276 pulgadas. ¿Cuál es esta medida redondeada al décimo más próximo?

(A) 0.2 pulgadas
(B) 0.27 pulgadas
(C) 0.28 pulgadas
(D) 0.3 pulgadas

Repaso en espiral (CC.5.NBT.1, CC.5.NBT.2, CC.5.NBT.3b, CC.5.NBT.6)

3. Cuatro patinadores sobre hielo participan en una competencia. En la tabla se muestran sus puntajes. ¿Quién tiene el puntaje más alto? **(Lección 3.3)**

Nombre	Puntaje
Natasha	75.03
Taylor	75.39
Rowena	74.98
Suki	75.3

(A) Natasha
(B) Taylor
(C) Rowena
(D) Suki

4. ¿Cuál de los siguientes enunciados sobre la relación entre los números decimales 0.09 y 0.9 es verdadero? **(Lección 3.1)**

(A) 0.09 es igual a 0.9.
(B) 0.09 es 10 veces mayor que 0.9.
(C) 0.9 es $\frac{1}{10}$ de 0.09.
(D) 0.09 es $\frac{1}{10}$ de 0.9.

5. La población de Foxville es alrededor de 12×10^3 habitantes. ¿De qué otra manera se puede escribir ese número? **(Lección 1.5)**

(A) 120
(B) 1,200
(C) 12,000
(D) 120,000

6. Joseph debe hallar el cociente de 3,216 ÷ 8. ¿En qué lugar se encuentra el primer dígito del cociente? **(Lección 2.1)**

(A) unidades
(B) decenas
(C) centenas
(D) millares

Nombre ______________________________

Suma de números decimales

ESTÁNDAR COMÚN CC.5.NBT.7

Perform operations with multi-digit whole numbers and with decimals to hundredths.

Suma. Haz un dibujo rápido.

1. 0.5 + 0.6 = 1.1

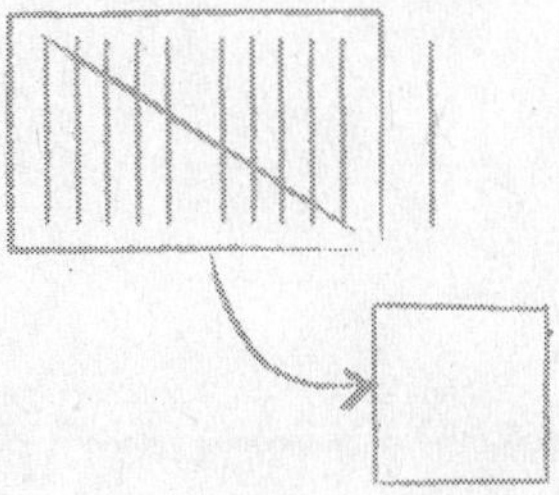

2. 0.15 + 0.36 = ________

3. 0.8 + 0.7 = ________

4. 0.35 + 0.64 = ________

5. 0.54 + 0.12 = ________

6. 0.51 + 0.28 = ________

7. 3.8 + 1.4 = ________

8. 2.71 + 2.15 = ________

9. 2.9 + 1.4 = ________

Resolución de problemas EN EL MUNDO

10. Draco compró 0.6 libras de plátanos y 0.9 libras de uvas en el mercado de agricultores. ¿Cuál es el peso total de las frutas?

____

11. Nancy recorrió en bicicleta 2.65 millas por la mañana y 3.19 millas por la tarde. ¿Cuál es la distancia total que recorrió en bicicleta?

____

PREPARACIÓN PARA LA PRUEBA

Revisión de la lección (CC.5.NBT.7)

1. ¿Cuál es la suma de 2.5 y 1.9?

Ⓐ 0.6
Ⓑ 1.6
Ⓒ 3.4
Ⓓ 4.4

2. Keisha caminó 0.65 horas por la mañana y 0.31 horas por la tarde. ¿Cuántas horas caminó en total?

Ⓐ 0.96 horas
Ⓑ 0.86 horas
Ⓒ 0.34 horas
Ⓓ 0.33 horas

Repaso en espiral (CC.5.OA.1, CC.5.NBT.5, CC.5.NBT.6)

3. Juana camina 35 minutos por día. Si camina durante 240 días, ¿cuántos minutos camina en total? **(Lección 1.7)**

Ⓐ 840 minutos
Ⓑ 850 minutos
Ⓒ 8,400 minutos
Ⓓ 8,500 minutos

4. El equipo de fútbol Los Veloces cobró $12 por lavar cada carro en un evento para recaudar fondos. Recaudó un total de $672 al final del día. ¿Cuántos carros lavó el equipo? **(Lección 2.6)**

Ⓐ 56
Ⓑ 57
Ⓒ 58
Ⓓ 59

5. David anota el número de visitantes de la exposición de serpientes cada día durante 6 días. Los datos se muestran en la tabla. Si el boleto cuesta $7 por persona, ¿cuánto dinero se recaudó en total en la exposición de serpientes durante los 6 días? **(Lección 1.6)**

Visitantes de la exposición de serpientes					
30	25	44	12	25	32

Ⓐ $42
Ⓑ $210
Ⓒ $308
Ⓓ $1,176

6. ¿Cuál es el valor de la expresión? **(Lección 1.11)**

$$6 + 18 \div 3 \times 4$$

Ⓐ 2
Ⓑ 30
Ⓒ 32
Ⓓ 48

Nombre ______________________

Lección 3.6

Resta de números decimales

ESTÁNDAR COMÚN CC.5.NBT.7

Perform operations with multi-digit whole numbers and with decimals to hundredths.

Resta. Haz un dibujo rápido.

1. 0.7 − 0.2 = **0.5**

2. 0.45 − 0.24 = ________

3. 0.92 − 0.51 = ________

4. 0.67 − 0.42 = ________

5. 0.9 − 0.2 = ________

6. 3.25 − 1.67 = ________

7. 4.1 − 2.7 = ________

8. 3.12 − 2.52 = ________

9. 3.6 − 1.8 = ________

Resolución de problemas EN EL MUNDO

10. Yelina hizo un plan de entrenamiento para correr 5.6 millas por día. Hasta ahora, corrió 3.1 millas el día de hoy. ¿Cuánto más debe correr para cumplir con su objetivo diario?

____

11. Tim cortó un tubo de 2.3 pies de longitud de una tubería que medía 4.1 pies de longitud. ¿Qué longitud tiene la parte de la tubería que queda?

____

PREPARACIÓN PARA LA PRUEBA

Revisión de la lección (CC.5.NBT.7)

1. Janice quiere trotar 3.25 millas en la cinta. Ha trotado 1.63 millas. ¿Cuánto más debe trotar para cumplir con su objetivo?

   Ⓐ 1.68 millas
   Ⓑ 1.62 millas
   Ⓒ 1.58 millas
   Ⓓ 1.52 millas

2. El objetivo de una nueva revista para adolescentes es llegar a los 3.5 millones de lectores. La cantidad actual de lectores es 2.8 millones. ¿Cuánto debe aumentar el número de lectores para alcanzar ese objetivo?

   Ⓐ 0.7 millones
   Ⓑ 1.7 millones
   Ⓒ 5.3 millones
   Ⓓ 6.3 millones

Repaso en espiral (CC.5.OA.1, CC.5.NBT.1, CC.5.NBT.2, CC.5.NBT.6)

3. ¿Cuál es el valor del dígito subrayado en 91,<u>7</u>64,350? **(Lección 1.2)**

   Ⓐ 700,000
   Ⓑ 70,000
   Ⓒ 7,000
   Ⓓ 700

4. ¿Cuántos ceros hay en el producto $(6 \times 5) \times 10^3$? **(Lección 1.5)**

   Ⓐ 3
   Ⓑ 4
   Ⓒ 5
   Ⓓ 6

5. Para evaluar la siguiente expresión, ¿qué paso debes completar primero? **(Lección 1.12)**

   $7 \times (4 + 16) \div 4 - 2$

   Ⓐ multiplicar 7 y 4
   Ⓑ sumar 4 y 16
   Ⓒ dividir 16 entre 4
   Ⓓ restar 2 de 4

6. En las últimas dos semanas, Sue ganó $513 en su trabajo de medio tiempo. Trabajó un total de 54 horas. ¿Alrededor de cuánto dinero ganó Sue por hora? **(Lección 2.5)**

   Ⓐ $5
   Ⓑ $10
   Ⓒ $12
   Ⓓ $15

Nombre ______________________

Estimar sumas y diferencias con números decimales

ESTÁNDAR COMÚN CC.5.NBT.7
Perform operations with multi-digit whole numbers and with decimals to hundredths.

Usa el redondeo para estimar.

1. $5.38 + 6.14$

   $5 + 6 = 11$

2. $2.57 + 0.14$ ______

3. $9.65 - 3.12$ ______

4. $7.92 + 5.37$ ______

Usa puntos de referencia para estimar.

5. $2.81 + 3.72$ ______

6. $12.54 + 7.98$ ______

7. $6.34 + 3.95$ ______

8. $16.18 - 5.94$ ______

9. $17.09 + 3.98$ ______

10. $14.01 - 4.51$ ______

11. $11.47 + 9.02$ ______

12. $19.97 - 11.02$ ______

Resolución de problemas EN EL MUNDO

13. Elian compró 1.87 libras de pollo y 2.46 libras de pavo en la tienda de comestibles. ¿Alrededor de cuánta carne compró en total?

    ______

14. Jenna compró un galón de leche en la tienda a \$3.58. ¿Alrededor de cuánto cambio recibió si pagó con un billete de \$20?

    ______

PREPARACIÓN PARA LA PRUEBA

Revisión de la lección (CC.5.NBT.7)

1. Regina tiene dos archivos electrónicos. Uno tiene un tamaño de 3.15 MB y el otro tiene un tamaño de 4.89 MB. ¿Cuál es la mejor estimación del tamaño total de los dos archivos electrónicos?

   (A) 7 MB

   (B) 7.5 MB

   (C) 8 MB

   (D) 8.5 MB

2. Madison está entrenando para una maratón en la que se corren 26.2 millas. Actualmente puede correr 18.5 millas en un día. ¿Alrededor de cuántas millas más en un día tiene que sumar para correr la longitud de la maratón?

   (A) 8 millas

   (B) 7.5 millas

   (C) 6.5 millas

   (D) 6 millas

Repaso en espiral (CC.5.NBT.1, CC.5.NBT.3b, CC.5.NBT.4, CC.5.NBT.6)

3. Una máquina imprime 8 carteles en 120 segundos. ¿Cuántos segundos tarda en imprimir un cartel? **(Lección 2.2)**

   (A) 10 segundos

   (B) 12 segundos

   (C) 15 segundos

   (D) 18 segundos

4. ¿A qué valor posicional está redondeado el número? **(Lección 3.4)**

   5.319 a 5.3

   (A) unidades

   (B) décimos

   (C) centésimos

   (D) milésimos

5. La distancia promedio de Marte al Sol es alrededor de ciento cuarenta y un millones seiscientos veinte mil millas. ¿Cómo se escribe el número que muestra esa distancia en forma normal? **(Lección 1.2)**

   (A) 141,620

   (B) 1,416,200

   (C) 14,162,000

   (D) 141,620,000

6. Logan comió 1.438 libras de uva. Su hermano Ralph comió 1.44 libras de uva. ¿Qué hermano comió más uvas? **(Lección 3.3)**

   (A) Logan

   (B) Ralph

   (C) Comieron la misma cantidad de uvas.

   (D) No hay suficiente información para decidir qué hermano comió más uvas.

Nombre ______________________________

Sumar números decimales

ESTÁNDAR COMÚN CC.5.NBT.7

Perform operations with multi-digit whole numbers and with decimals to hundredths.

Estima. Luego halla la suma.

1. Estimación: 10

$$\begin{array}{r} 2.85 \\ +7.29 \\ \hline \end{array}$$

$$\begin{array}{r} {}^{1\,1}\; \\ 2.85 \\ +7.29 \\ \hline 10.14 \end{array}$$

2. Estimación: ______

$$\begin{array}{r} 4.23 \\ +6.51 \\ \hline \end{array}$$

3. Estimación: ______

$$\begin{array}{r} 6.8 \\ +4.2 \\ \hline \end{array}$$

4. Estimación: ______

$$\begin{array}{r} 2.7 \\ +\ 5.37 \\ \hline \end{array}$$

Halla la suma.

5. 6.8 + 4.4

6. 6.87 + 5.18

7. 3.14 + 2.9

8. 16.18 + 5.94

9. 19.8 + 31.45

10. 25.47 + 7.24

11. 9.17 + 5.67

12. 19.7 + 5.46

Resolución de problemas EN EL MUNDO

13. El perro de Marcela aumentó 4.1 kilogramos en dos meses. Hace dos meses, la masa del perro era 5.6 kilogramos. ¿Cuál es el la masa actual del perro?

14. Durante la tormenta de la semana pasada, cayeron 2.15 pulgadas de lluvia el lunes y 1.68 pulgadas el martes. ¿Cuál fue la cantidad total de precipitaciones en ambos días?

PREPARACIÓN PARA LA PRUEBA

Revisión de la lección (CC.5.NBT.7)

1. Lindsay tiene dos paquetes que quiere enviar por correo. Un paquete pesa 6.3 onzas y el otro pesa 4.9 onzas. ¿Cuánto pesan los dos paquetes juntos?

   (A) 11.4 onzas

   (B) 11.2 onzas

   (C) 10.9 onzas

   (D) 10.5 onzas

2. Antonio anduvo en su bicicleta de montaña tres días seguidos. Recorrió 12.1 millas el primer día, 13.4 millas el segundo día y 17.9 millas el tercer día. ¿Cuántas millas en total recorrió Antonio en bicicleta durante los tres días?

   (A) 58.2 millas

   (B) 47.1 millas

   (C) 43.4 millas

   (D) 42.4 millas

Repaso en espiral (CC.5.NBT.1, CC.5.NBT.2, CC.5.NBT.6)

3. En el número 2,145,857, ¿qué relación hay entre el dígito 5 en el lugar de los millares y el dígito 5 en el lugar de las decenas? **(Lección 1.1)**

   (A) Es 10 veces mayor.

   (B) Es 100 veces mayor.

   (C) Es 1,000 veces mayor.

   (D) Es 10,000 veces mayor.

4. ¿Cuál de las siguientes expresiones NO tiene el mismo valor que 10^5? **(Lección 1.4)**

   (A) $10 \times 10 \times 10 \times 10 \times 10$

   (B) 100,000

   (C) la quinta potencia de 10

   (D) $5 \times 10{,}000$

5. Carmen trabaja en una tienda de mascotas. Para alimentar 8 gatos, vacía cuatro latas de 6 onzas de comida para gatos en un tazón grande. Carmen reparte la comida en partes iguales entre los gatos. ¿Cuántas onzas de comida recibirá cada gato? **(Lección 1.9)**

   (A) 3 onzas

   (B) 4 onzas

   (C) 6 onzas

   (D) 8 onzas

6. Hay 112 estudiantes en la banda de marcha de la Escuela Intermedia Hammond. El director de la banda quiere que marchen 14 estudiantes en cada hilera en el próximo desfile. ¿Cuántas hileras habrá? **(Lección 2.3)**

   (A) 8

   (B) 10

   (C) 12

   (D) 14

Nombre ________________________________

Restar números decimales

ESTÁNDAR COMÚN CC.5.NBT.7

Perform operations with multi-digit whole numbers and with decimals to hundredths.

Estima. Luego halla la diferencia.

1. Estimación: 3

$$\begin{array}{r} 6.5 \\ -3.9 \\ \hline \end{array}$$

$$\begin{array}{r} \overset{5\ 15}{\cancel{6}.\cancel{5}} \\ -3.9 \\ \hline 2.6 \end{array}$$

2. Estimación: ______

$$\begin{array}{r} 4.23 \\ -2.51 \\ \hline \end{array}$$

3. Estimación: ______

$$\begin{array}{r} 8.6 \\ -5.1 \\ \hline \end{array}$$

4. Estimación: ______

$$\begin{array}{r} 2.71 \\ -1.34 \\ \hline \end{array}$$

Halla la diferencia. Comprueba tu resultado.

5.
$$\begin{array}{r} 16.3 \\ -4.4 \\ \hline \end{array}$$

6.
$$\begin{array}{r} 12.56 \\ -5.18 \\ \hline \end{array}$$

7.
$$\begin{array}{r} 3.14 \\ -2.9 \\ \hline \end{array}$$

8.
$$\begin{array}{r} 34.9 \\ -4.29 \\ \hline \end{array}$$

9. $2.54 - 1.67$

10. $25.8 - 14.7$

11. $11.63 - 6.7$

12. $5.24 - 2.14$

Resolución de problemas EN EL MUNDO

13. El ancho de un árbol era 3.15 pulgadas el año pasado. Este año, el ancho es 5.38 pulgadas. ¿Cuánto aumentó el ancho del árbol?

____

14. La temperatura disminuyó de 71.5 °F a 56.8 °F durante la noche. ¿Cuántos grados disminuyó la temperatura?

____

PREPARACIÓN PARA LA PRUEBA

Revisión de la lección (CC.5.NBT.7)

1. Durante un entrenamiento, Janice recorrió en kayak 4.68 millas el lunes y 5.61 millas el martes. ¿Cuántas millas más recorrió en kayak el martes?

Ⓐ 1.13 millas
Ⓑ 1.03 millas
Ⓒ 0.93 millas
Ⓓ 0.83 millas

2. Devon tenía una cuerda de 4.78 metros de longitud. Cortó 1.45 metros de la cuerda. ¿Cuánta cuerda le queda?

Ⓐ 6.23 metros
Ⓑ 5.13 metros
Ⓒ 3.33 metros
Ⓓ 2.33 metros

Repaso en espiral (CC.5.OA.1, CC.5.NBT.3b, CC.5.NBT.6, CC.5.NBT.7)

3. En una granja lechera hay 9 pasturas y 630 vacas. En cada pastura hay el mismo número de vacas. ¿Cuántas vacas hay en cada pastura? **(Lección 2.2)**

Ⓐ 60
Ⓑ 70
Ⓒ 600
Ⓓ 700

4. Moya grabó 6.75 minutos de una entrevista en una cinta y 3.75 minutos en otra cinta. ¿Cuánto duró la entrevista en total? **(Lección 3.8)**

Ⓐ 9.25 minutos
Ⓑ 9.5 minutos
Ⓒ 10.25 minutos
Ⓓ 10.5 minutos

5. Joanna, Dana y Tracy compartieron algunos frutos secos surtidos. Joanna comió 0.125 libras, Dana comió 0.1 libras y Tracy comió 0.12 libras de frutos secos surtidos. ¿En qué lista se ordenan las amigas de menor a mayor según la cantidad de frutos secos surtidos que comieron? **(Lección 3.3)**

Ⓐ Dana, Tracy, Joanna
Ⓑ Joanna, Tracy, Dana
Ⓒ Tracy, Dana, Joanna
Ⓓ Joanna, Dana, Tracy

6. En el parque local hay 4 soportes para aparcar bicicletas. En cada soporte entran 15 bicicletas. Hay 16 bicicletas en los soportes. ¿Qué expresión muestra el número total de espacios vacíos que quedan en los soportes? **(Lección 1.11)**

Ⓐ $(15 \times 16) + 4$
Ⓑ $(15 \times 16) - 4$
Ⓒ $(4 \times 15) + 16$
Ⓓ $(15 \times 4) - 16$

Nombre ______________________

Patrones con números decimales

ESTÁNDAR COMÚN CC.5.NBT.7
Perform operations with multi-digit whole numbers and with decimals to hundredths.

Escribe una regla para la secuencia. Luego halla el término desconocido.

1. 2.6, 3.92, 5.24, 6.56, 7.88

Piensa: 2.6 + ? = 3.92; 3.92 + ? = 5.24

2.6 + 1.32 = 3.92
3.92 + 1.32 = 5.24

Regla: Suma 1.32.

2. 25.7, 24.1, ________, 20.9, 19.3

Regla: ______________________

3. 14.33, 13.22, 12.11, 11.00, ________

Regla: ______________________

4. 1.75, ________, 6.75, 9.25, 11.75

Regla: ______________________

Escribe los primeros cuatro términos de la secuencia.

5. **Regla:** Comienza con 17.3, suma 0.9.

________, ________, ________, ________

6. **Regla:** Comienza con 28.6, resta 3.1.

________, ________, ________, ________

Resolución de problemas EN EL MUNDO

7. En la tienda Pedaleando se alquilan bicicletas. El costo del alquiler es $8.50 por 1 hora, $13.65 por 2 horas, $18.80 por 3 horas y $23.95 por 4 horas. Si el patrón continúa, ¿cuánto le costará a Nati alquilar una bicicleta por 6 horas?

____

8. Lynne pasea perros todos los días para ganar dinero. Las tarifas que cobra por mes son: 1 perro, $40; 2 perros, $37.25 cada uno; 3 perros, $34.50 cada uno; 4 perros, $31.75 cada uno. En una tienda de mascotas quieren que Lynne pasee 8 perros. Si el patrón continúa, ¿cuánto cobrará Lynne para pasear cada uno de los 8 perros?

____

PREPARACIÓN PARA LA PRUEBA

Revisión de la lección (CC.5.NBT.7)

1. En una tienda, hay una liquidación de libros. El precio es $17.55 por un libro, $16.70 por libro si se compran 2 libros, $15.85 por libro si se compran 3 libros y $15 por libro si se compran 4 libros. Si el patrón continúa, ¿cuánto costará comprar 7 libros?

Ⓐ $14.15 cada uno

Ⓑ $13.30 cada uno

Ⓒ $13.15 cada uno

Ⓓ $12.45 cada uno

2. En una pista de boliche, se ofrecen tarifas semanales especiales. Las tarifas semanales son 5 partidos a $15, 6 partidos a $17.55, 7 partidos a $20.10 y 8 partidos a $22.65. Si el patrón continúa, ¿cuánto costará jugar 10 partidos en una semana?

Ⓐ $25.20

Ⓑ $27.75

Ⓒ $28.20

Ⓓ $37.95

Repaso en espiral (CC.5.NBT.5, CC.5.NBT.6, CC.5.NBT.7)

3. Halla el producto. **(Lección 1.7)**

$$\begin{array}{r} 284 \\ \times\ 36 \\ \hline \end{array}$$

Ⓐ 2,556

Ⓑ 7,704

Ⓒ 9,224

Ⓓ 10,224

4. En una liquidación, una zapatería vendió 8 pares de zapatos por un total de $256. Cada par costó lo mismo. ¿Cuál fue el precio de cada par de zapatos? **(Lección 2.2)**

Ⓐ $22

Ⓑ $32

Ⓒ $248

Ⓓ $2,048

5. Marcie trotó 0.8 millas el miércoles y 0.9 millas el jueves. ¿Qué distancia trotó en total? **(Lección 3.8)**

Ⓐ 0.1 millas

Ⓑ 0.17 millas

Ⓒ 1.1 millas

Ⓓ 1.7 millas

6. Bob tiene 5.5 tazas de harina. Usa 3.75 tazas. ¿Cuánta harina le queda a Bob? **(Lección 3.9)**

Ⓐ 2.75 tazas

Ⓑ 2.25 tazas

Ⓒ 1.75 tazas

Ⓓ 1.25 tazas

Nombre ____________________

Resolución de problemas • Sumar y restar dinero

ESTÁNDAR COMÚN CC.5.NBT.7
Perform operations with multi-digit whole numbers and with decimals to hundredths.

Resuelve. Usa la tabla para resolver los problemas 1 a 3.

Bowl-a-Rama		
	Precio normal	Precio para miembros
Alquiler de pista (hasta 4 personas)	\$9.75	\$7.50
Alquiler de zapatos	\$3.95	\$2.95

1. Dorian y Jack decidieron ir a jugar bolos. Necesitan alquilar zapatos para cada uno y 1 pista. Jack es miembro. Si Jack paga por ambos con \$20, ¿qué cambio debería recibir?

   Calcula el costo: \$7.50 + \$3.95 + \$2.95 = \$14.40

   Calcula el cambio: \$20 − \$14.40 = \$5.60

2. Natalie y sus amigos decidieron alquilar 4 pistas a precio normal para una fiesta. Diez personas necesitan alquilar zapatos y 4 personas son miembros. ¿Cuál es el costo total de la fiesta?

   ____

3. Warren pagó \$23.85 y no recibió cambio. Es miembro y alquiló 2 pistas. ¿Cuántos pares de zapatos alquiló?

   ____

Usa la siguiente información para resolver los problemas 4 a 6.

En un puesto en concesión, los refrescos medianos cuestan \$1.25 y los perritos calientes, \$2.50.

4. El grupo de Natalie trajo pizzas, pero comprará las bebidas en el puesto en concesión. ¿Cuántos refrescos medianos puede comprar el grupo de Natalie con \$20? Haz una tabla para mostrar tu respuesta.

   ____

5. Jack compró 2 refrescos medianos y 2 perritos calientes. Pagó con \$20. ¿Cuánto cambio recibió?

   ____

6. ¿Cuánto costaría comprar 3 refrescos medianos y 2 perritos calientes?

   ____

PREPARACIÓN PARA LA PRUEBA

Revisión de la lección (CC.5.NBT.7)

1. Prakrit compró una resma de papel a $5.69 y un tóner para impresora a $9.76. Pagó con un billete de $20. ¿Cuánto cambio recibió?

Ⓐ $5.55
Ⓑ $5.45
Ⓒ $4.55
Ⓓ $4.45

2. Elysse pagó su almuerzo con un billete de $10 y recibió $0.63 de cambio. El especial del día costó $7.75. El impuesto sobre las ventas fue $0.47. ¿Cuánto costó la bebida?

Ⓐ $1.15
Ⓑ $1.97
Ⓒ $2.87
Ⓓ $2.97

Repaso en espiral (CC.5.NBT.3a, CC.5.NBT.6, CC.5.NBT.7)

3. Tracie ha ahorrado $425 para gastar durante sus 14 días de vacaciones. ¿Alrededor de cuánto dinero puede gastar por día? **(Lección 2.5)**

Ⓐ $45
Ⓑ $42
Ⓒ $30
Ⓓ $14

4. ¿Cuál de los siguientes números decimales es $\frac{1}{10}$ de 0.08? **(Lección 3.1)**

Ⓐ 8.0
Ⓑ 0.8
Ⓒ 0.18
Ⓓ 0.008

5. Tyrone compró 2.25 libras de queso suizo y 4.2 libras de pavo en la tienda de comestibles. ¿Alrededor de cuánto pesaron las dos cosas? **(Lección 3.7)**

Ⓐ 6 libras
Ⓑ 7 libras
Ⓒ 8 libras
Ⓓ 29 libras

6. Shelly comió 4.2 onzas de frutos secos surtidos y Marshall comió 4.25 onzas. ¿Qué cantidad más de frutos secos surtidos comió Marshall? **(Lección 3.9)**

Ⓐ 0.45 onzas
Ⓑ 0.27 onzas
Ⓒ 0.23 onzas
Ⓓ 0.05 onzas

Nombre ______________________

Elegir un método

ESTÁNDAR COMÚN CC.5.NBT.7
Perform operations with multi-digit whole numbers and with decimals to hundredths.

Halla la suma o la diferencia.

1. $\begin{array}{r} 7.24 \\ +3.18 \\ \hline \end{array}$

$\begin{array}{r} {}^{1} \\ 7.24 \\ +3.18 \\ \hline 10.42 \end{array}$

2. $\begin{array}{r} 5.2 \\ 6.47 \\ +12.16 \\ \hline \end{array}$

3. $\begin{array}{r} 6.37 \\ -4.98 \\ \hline \end{array}$

4. $\begin{array}{r} 0.64 \\ 9.68 \\ +1.47 \\ \hline \end{array}$

5. $\begin{array}{r} 14.87 \\ +3.65 \\ \hline \end{array}$

6. $\begin{array}{r} 60.12 \\ -14.05 \\ \hline \end{array}$

7. $\begin{array}{r} 2.72 \\ +9.48 \\ \hline \end{array}$

8. $\begin{array}{r} 16.85 \\ +83.4 \\ \hline \end{array}$

9. \$13.60 − \$8.74 ______

10. \$25.00 − \$16.32 ______

11. 13.65 + 6.90 + 4.35 ______

Resolución de problemas EN EL MUNDO

12. Jill compró 6.5 metros de puntilla azul y 4.12 metros de puntilla verde. ¿Cuál fue la longitud total de puntilla que compró?

______

13. Zack compró un abrigo a \$69.78. Pagó con un billete de \$100 y recibió de cambio \$26.73. ¿Cuánto fue el impuesto sobre las ventas?

______

PREPARACIÓN PARA LA PRUEBA

Revisión de la lección (CC.5.NBT.7)

1. Jin compra 4 ovillos de estambre a un total de \$23.78. Paga con dos billetes de \$20. ¿Cuál será su cambio?

Ⓐ \$1.78

Ⓑ \$3.78

Ⓒ \$16.22

Ⓓ \$18.22

2. Allan está midiendo su mesa del comedor para hacer un mantel. La mesa tiene 0.45 metros más de longitud que de ancho. Si mide 1.06 metros de ancho, ¿cuál es la longitud?

Ⓐ 1.51 metros

Ⓑ 1.41 metros

Ⓒ 1.01 metros

Ⓓ 1.10 metros

Repaso en espiral (CC.5.NBT.6, CC.5.NBT.7)

3. ¿Cuál de las siguientes opciones se puede usar para hallar $56 \div 4$? **(Lección 1.8)**

Ⓐ $(4 \times 7) + (4 \times 8)$

Ⓑ $(4 \times 50) + (4 \times 6)$

Ⓒ $(2 \times 28) + (2 \times 2)$

Ⓓ $(4 \times 10) + (4 \times 4)$

4. Jane, Andrea y María recogen manzanas. Andrea recoge tres veces más libras que María. Jane recoge dos veces más libras que Andrea. El peso total de las manzanas es 840 libras. ¿Cuántas libras de manzanas recoge Andrea? **(Lección 2.9)**

Ⓐ 84 libras

Ⓑ 252 libras

Ⓒ 504 libras

Ⓓ 840 libras

5. ¿Cuál es la suma de $6.43 + 0.89$? **(Lección 3.8)**

Ⓐ 5.54

Ⓑ 6.22

Ⓒ 6.32

Ⓓ 7.32

6. Hannah compró un total de 5.12 libras de fruta en el mercado. Compró 2.5 libras de peras y también compró algunos plátanos. ¿Cuántas libras de plátanos compró? **(Lección 3.9)**

Ⓐ 2.37 libras

Ⓑ 2.62 libras

Ⓒ 3.37 libras

Ⓓ 3.5 libras

Nombre ________________________

ESTÁNDARES COMUNES CC.5.NBT.1, CC.5.NBT.3a, CC.5.NBT.3b, CC.5.NBT.4, CC.5.NBT.7

Práctica adicional del Capítulo 3

Lecciones 3.1 y 3.2

Completa la oración.

1. 0.7 es 10 veces más que ________.

2. 0.003 es $\frac{1}{10}$ de ________.

Escribe el valor del dígito subrayado.

3. 3.<u>8</u>72 ________

4. 0.19<u>4</u> ________

5. 11.7<u>7</u>6 ________

6. 4.00<u>1</u> ________

Lecciones 3.3 y 3.4

Ordena de mayor a menor.

1. 5.006, 5.917, 5.08, 5.99

____

2. 0.823, 1.823, 0.732, 0.832

____

Escribe el valor posicional del dígito subrayado. Redondea los números al valor posicional del dígito subrayado.

3. 0.<u>8</u>29 ________

4. <u>7</u>.918 ________

5. 11.5<u>0</u>7 ________

Lecciones 3.5 a 3.9

Estima. Luego halla la suma o la diferencia.

1. Estimación: ________

$$\begin{array}{r} 8.5 \\ +\ 1.8 \\ \hline \end{array}$$

____

2. Estimación: ________

$$\begin{array}{r} 26.42 \\ -\ 9.8 \\ \hline \end{array}$$

____

3. Estimación: ________

$$\begin{array}{r} 8.26 \\ +\ 0.47 \\ \hline \end{array}$$

____

4. Estimación: ________

7.06 − 1.95

____

5. Estimación: ________

24 − 5.392

____

6. Estimación: ________

3.6 + 2.16 + 1.34

____

Lección 3.10

Escribe una regla para la secuencia. Luego halla el término desconocido.

1. 56.38, 51.28, 46.18, 41.08, ____________

Regla: ______________________________

2. 2.1, 4.3, 6.5, ____________, 10.9

Regla: ______________________________

3. 15.24, 15.14, 15.04, ____________, 14.84

Regla: ______________________________

4. 9.98, 13.09, 16.2, ____________, 22.42

Regla: ______________________________

Lección 3.11

Completa la tabla para resolver el problema.

1. El objetivo de Alicia es tener $30 en su cuenta. Comienza con $24.50 que ganó lavando carros. Gasta $8.25 en el cine. Luego gana otros $11.50. ¿Tiene $30 ahora? ¿Cuánto más o cuánto menos de $30 tiene?

____

Cuenta de Alicia	
Saldo inicial	$24.50
Gastado: $8.25	
	______
Ganado: $11.50	______
Saldo actual	______

Lección 3.12

Halla la suma o la diferencia.

1. 4.15 + 3.55 + 1.85

2. $25 − $12.35

3. $\begin{array}{r} 2.74 \\ +9.36 \\ \hline \end{array}$

4. $\begin{array}{r} 12.15 \\ -\ 6.13 \\ \hline \end{array}$

____________ ____________ ____________ ____________

Capítulo 4 Carta para la casa

Querida familia:

Durante las próximas semanas, en la clase de matemáticas aprenderemos sobre la multiplicación con números decimales. También aprenderemos a estimar productos decimales.

El estudiante llevará a casa tareas sobre multiplicación de números decimales.

Este es un ejemplo de cómo se le enseñará a multiplicar números decimales.

Vocabulario

forma desarrollada Una manera de escribir números mostrando el valor de cada dígito.

número decimal Un número que tiene uno o más dígitos a la derecha del punto decimal.

producto El resultado de una multiplicación.

MODELO Multiplica números decimales.

Multiplica. 3.2×4.17

PASO 1

Estima.

3.2×4.17

$\downarrow \qquad \downarrow$

$3 \times 4 = 12$

PASO 2

Multiplica como lo harías con números enteros.

$$\begin{array}{r} {\scriptstyle 2} \\ {\scriptstyle 1} \\ 417 \\ \times\ 32 \\ \hline 834 \\ +12{,}510 \\ \hline 13{,}344 \end{array}$$

PASO 3

Usa la estimación para colocar el punto decimal.

$3.2 \times 4.17 = 13.344$

Piensa: El producto debe estar cerca de la estimación.

Pistas

Colocar el punto decimal

Para colocar el punto decimal en el producto, suma el número de lugares decimales en cada factor.

Por ejemplo, como 4.17 tiene 2 lugares decimales y 3.2 tiene 1, el producto tendrá $2 + 1$ ó 3 lugares decimales.

Actividad

Una visita a la tienda o a la gasolinera es una buena oportunidad para practicar operaciones con números decimales. Por ejemplo: "Compramos 8.6 galones de gasolina a $2.95 por galón. ¿Cuál fue el precio total?". Trabajen juntos para escribir un enunciado de multiplicación con números decimales que represente la situación. Luego estimen antes de multiplicar para hallar el producto exacto.

Chapter 4

School-Home Letter

Vocabulary

expanded form A way to write numbers by showing the value of each digit.

decimal A number with one or more digits to the right of the decimal point.

product The answer to a multiplication problem.

Dear Family,

Throughout the next few weeks, our math class will be learning about decimal multiplication. We will also be learning how to estimate decimal products.

You can expect to see homework that involves multiplication of decimals.

Here is a sample of how your child will be taught to multiply decimals.

MODEL Multiply Decimals

Multiply. 3.2×4.17

STEP 1

Estimate.

3.2×4.17

↓ ↓

$3 \times 4 = 12$

STEP 2

Multiply as with whole numbers.

$$\begin{array}{r} {\scriptstyle 2} \\ {\scriptstyle 1} \\ 417 \\ \times\ 32 \\ \hline 834 \\ +12{,}510 \\ \hline 13{,}344 \end{array}$$

STEP 3

Use the estimate to place the decimal point.

$3.2 \times 4.17 = 13.344$

Think: The product should be close to the estimate.

Tips

Placing the Decimal Point

To help place the decimal point in the product, add the number of decimal places in each factor.

For example, since 4.17 has 2 decimal places and 3.2 has 1 decimal place, the product will have 2 + 1, or 3 decimal places.

Activity

A trip to the grocery store or the gas station is a perfect opportunity to practice decimal operations. For example, "We bought 8.6 gallons of gasoline that cost $2.95 per gallon. What was the total cost?" Work together to write a multiplication sentence with decimals that represents the situation. Then estimate before multiplying to find the exact product.

Nombre ______________________

Patrones de multiplicación con números decimales

ESTÁNDAR COMÚN CC.5.NBT.2
Understand the place value system.

Completa el patrón.

1. $2.07 \times 1 =$ **2.07**

$2.07 \times 10 =$ **20.7**

$2.07 \times 100 =$ **207**

$2.07 \times 1{,}000 =$ **2,070**

2. $1 \times 30 =$ ________

$0.1 \times 30 =$ ________

$0.01 \times 30 =$ ________

3. $10^0 \times 0.23 =$ ________

$10^1 \times 0.23 =$ ________

$10^2 \times 0.23 =$ ________

$10^3 \times 0.23 =$ ________

4. $390 \times 1 =$ ________

$390 \times 0.1 =$ ________

$390 \times 0.01 =$ ________

5. $10^0 \times 49.32 =$ ________

$10^1 \times 49.32 =$ ________

$10^2 \times 49.32 =$ ________

$10^3 \times 49.32 =$ ________

6. $1 \times 9{,}670 =$ ________

$0.1 \times 9{,}670 =$ ________

$0.01 \times 9{,}670 =$ ________

7. $874 \times 1 =$ ________

$874 \times 10 =$ ________

$874 \times 100 =$ ________

$874 \times 1{,}000 =$ ________

8. $10^0 \times 10 =$ ________

$10^1 \times 10 =$ ________

$10^2 \times 10 =$ ________

$10^3 \times 10 =$ ________

9. $1 \times 5 =$ ________

$0.1 \times 5 =$ ________

$0.01 \times 5 =$ ________

Resolución de problemas EN EL MUNDO

10. Nathan planta cuadrados de césped de igual tamaño en el jardín del frente de su casa. Cada cuadrado tiene un área de 6 pies cuadrados. Nathan planta un total de 1,000 cuadrados en el jardín. ¿Cuál es el área total de los cuadrados de césped?

____

____

11. Tres amigas venden sus productos en una feria de pastelería. May gana $23.25 con la venta de pan. Inés vende canastas para regalo y gana 100 veces más que May. Carolyn vende tartas y gana un décimo del dinero que gana Inés. ¿Cuánto dinero gana cada amiga?

____

____

PREPARACIÓN PARA LA PRUEBA

Revisión de la lección (CC.5.NBT.2)

1. La longitud del Titanic era 882 pies. La clase de historia de Porter construye un modelo del Titanic. El modelo es $\frac{1}{100}$ de la longitud real del barco. ¿Qué longitud tiene el modelo?

Ⓐ 882 pies

Ⓑ 88.2 pies

Ⓒ 8.82 pies

Ⓓ 0.882 pies

2. A Ted se le pide que multiplique $10^2 \times 18.72$. ¿Cómo deberá correr el punto decimal para obtener el producto correcto?

Ⓐ 2 lugares a la derecha

Ⓑ 1 lugar a la derecha

Ⓒ 1 lugar a la izquierda

Ⓓ 2 lugares a la izquierda

Repaso en espiral (CC.5.NBT.3b, CC.5.NBT.4, CC.5.NBT.6, CC.5.NBT.7)

3. En la tabla se muestra la altura en metros de algunos de los edificios más altos del mundo. ¿Cuál de las opciones ordena las alturas de menor a mayor? **(Lección 3.3)**

Edificio	Altura (metros)
Torre Zifeng	457.2
International Finance Center	415.138
Burj Khalifa	828.142
Torres Petronas	452.018

Ⓐ 457.2, 415.138, 828.142, 452.018

Ⓑ 415.138, 457.2, 452.018, 828.142

Ⓒ 828.142, 457.2, 452.018, 415.138

Ⓓ 415.138, 452.018, 457.2, 828.142

4. Madison tenía $187.56 en su cuenta corriente. Depositó $49.73 y luego usó su tarjeta de débito y gastó $18.64. ¿Cuál es el nuevo saldo de su cuenta? **(Lección 3.11)**

Ⓐ $119.19

Ⓑ $218.65

Ⓒ $237.29

Ⓓ $255.93

5. ¿Cuánto es 3.47 redondeado a la decena más próxima? **(Lección 3.4)**

Ⓐ 3.0

Ⓑ 3.4

Ⓒ 3.5

Ⓓ 4.0

6. El jardinero de la ciudad pidió 1,680 bulbos de tulipán para el parque Riverside. Los bulbos se enviaron en 35 cajas con igual número de bulbos en cada caja. ¿Cuántos bulbos de tulipán había en cada caja? **(Lección 2.6)**

Ⓐ 47

Ⓑ 48

Ⓒ 57

Ⓓ 58

Nombre ______________________

Multiplicar números decimales y números naturales

ESTÁNDAR COMÚN CC.5.NBT.7

Perform operations with multi-digit whole numbers and with decimals to hundredths.

Usa el modelo decimal para hallar el producto.

1. $4 \times 0.07 =$ 0.28

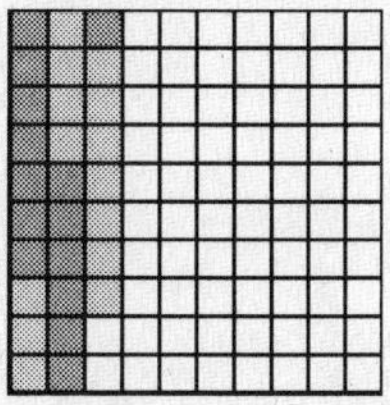

2. $3 \times 0.27 =$ ________

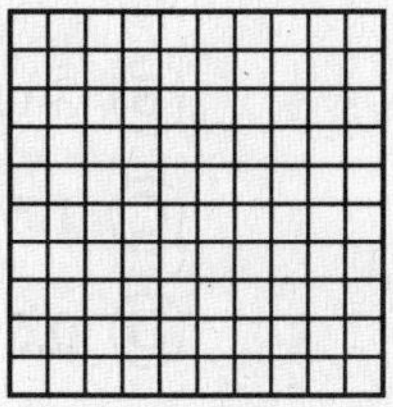

3. $2 \times 0.45 =$ ________

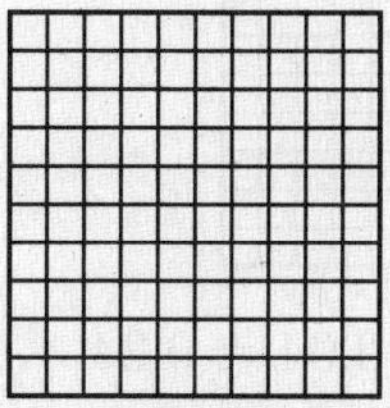

Halla el producto. Haz un dibujo rápido.

4. $2 \times 0.8 =$ ________

5. $3 \times 0.33 =$ ________

6. $5 \times 0.71 =$ ________

7. $4 \times 0.23 =$ ________

Resolución de problemas EN EL MUNDO

8. En la clase de educación física, Sonia camina una distancia de 0.12 millas en 1 minuto. A esa tasa, ¿cuánto puede caminar en 9 minutos?

____

9. Cierto árbol puede crecer 0.45 metros en un año. A esa tasa, ¿cuánto puede crecer el árbol en 3 años?

____

PREPARACIÓN PARA LA PRUEBA

Revisión de la lección (CC.5.NBT.7)

1. ¿Qué enunciado de multiplicación representa el siguiente modelo?

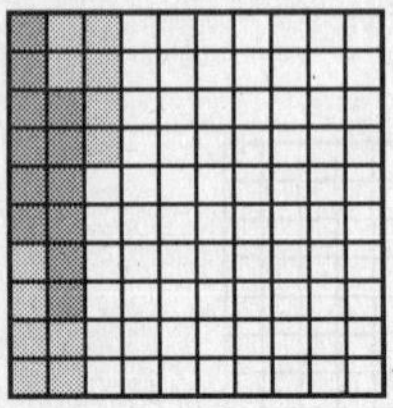

(A) $6 \times 0.04 = 0.24$

(B) $4 \times 0.06 = 0.24$

(C) $8 \times 0.03 = 0.24$

(D) $3 \times 0.08 = 0.24$

2. Cierto tipo de fiambre contiene 0.5 gramos de grasa no saturada por porción. ¿Cuánta grasa no saturada hay en 3 porciones de fiambre?

(A) 3.5 gramos

(B) 3 gramos

(C) 1.5 gramos

(D) 0.5 gramos

Repaso en espiral (CC.5.OA.1, CC.5.NBT.2, CC.5.NBT.3b, CC.5.NF.3)

3. Para hallar el valor de la siguiente expresión, ¿qué operación debes hacer primero? **(Lección 1.12)**

$$20 - (7 + 4) \times 5$$

(A) restar 7 de 20

(B) sumar 7 y 4

(C) multiplicar 4 y 5

(D) No importa qué operación hagas primero.

4. Ellen y tres amigos corren en una carrera de relevos de 14 millas de longitud. Cada persona corre una parte igual de la carrera. ¿Cuántas millas corre cada persona? **(Lección 2.7)**

(A) 3 millas

(B) $3\frac{1}{2}$ millas

(C) 4 millas

(D) $4\frac{2}{3}$ millas

5. ¿Qué enunciado sobre 17.518 y 17.581 es verdadero? **(Lección 3.3)**

(A) $17.518 < 17.581$

(B) $17.518 > 17.581$

(C) $17.518 = 17.581$

(D) $17.581 < 17.518$

6. Cada número en la siguiente secuencia tiene la misma relación con el número inmediatamente anterior. ¿Cómo puedes hallar el número que sigue en la secuencia? **(Lección 1.5)**

3, 30, 300, 3,000, . . .

(A) multiplicar el número anterior por 3

(B) multiplicar el número anterior por 30

(C) multiplicar el número anterior por 10

(D) multiplicar el número anterior por 100

Nombre ______________________________

Multiplicación con números decimales y números naturales

ESTÁNDARES COMUNES CC.5.NBT.2, CC.5.NBT.7
Perform operations with multi-digit whole numbers and with decimals to hundredths.

Halla el producto.

1. $\begin{array}{r} 2.7 \\ \times \quad 4 \\ \hline \end{array}$

10.8

Piensa: El valor posicional del factor decimal es décimos.

2. $\begin{array}{r} 7.6 \\ \times \quad 8 \\ \hline \end{array}$

3. $\begin{array}{r} 0.35 \\ \times \quad 6 \\ \hline \end{array}$

4. $\begin{array}{r} 8.42 \\ \times \quad 9 \\ \hline \end{array}$

5. $\begin{array}{r} 14.05 \\ \times \quad 7 \\ \hline \end{array}$

6. $\begin{array}{r} 23.82 \\ \times \quad 5 \\ \hline \end{array}$

7. 4×9.3

8. 3×7.9

9. 5×42.89

10. 8×2.6

11. 6×0.92

12. 9×1.04

13. 7×2.18

14. 3×19.54

Resolución de problemas EN EL MUNDO

15. Una moneda de 50¢ emitida por la Casa de la Moneda de los Estados Unidos mide 30.61 milímetros de diámetro. Mikk tiene 9 monedas de 50¢ y las coloca extremo con extremo en una hilera. ¿Cuál es la longitud total de la hilera de monedas de 50¢?

____

16. Una libra de uvas cuesta $3.49. Linda compra exactamente 3 libras de uvas. ¿Cuánto le costarán las uvas?

____

PREPARACIÓN PARA LA PRUEBA

Revisión de la lección (5.NBT.2, 5.NBT.7)

1. Peter quiere hacer emparedados de pavo para él y dos amigos. Quiere que cada emparedado contenga 3.5 onzas de pavo. ¿Cuántas onzas de pavo necesita?

   (A) 3.5 onzas
   (B) 7 onzas
   (C) 10.5 onzas
   (D) 14 onzas

2. La gasolina cuesta $2.84 por galón. El padre de Mary carga 9 galones de gasolina en el tanque de su carro. ¿Cuánto costará la gasolina?

   (A) $2.84
   (B) $9
   (C) $25.56
   (D) $255.60

Repaso en espiral (5.OA.1, 5.OA.2, 5.NBT.6, 5.NBT.7)

3. Un grupo de 5 niños y 8 niñas va a la feria. Los boletos cuestan $9 por persona. ¿Qué expresión NO muestra la cantidad total que pagará el grupo? **(Lección 1.11)**

   (A) $9 × (5 + 8)
   (B) $9 × 5 × 8
   (C) ($9 × 5) + ($9 × 8)
   (D) $9 × 13

4. Sue y 4 amigos compran una caja con 362 tarjetas de béisbol en una venta de garaje. Si comparten las tarjetas equitativamente, ¿cuántas tarjetas recibirá cada persona? **(Lección 2.2)**

   (A) 91
   (B) 90
   (C) 73
   (D) 72

5. Sarah recorre 2.7 millas en bicicleta para ir a la escuela. Toma un camino diferente de regreso a su casa que mide 2.5 millas. ¿Cuántas millas recorre Sarah en bicicleta para ir y volver de la escuela cada día? **(Lección 3.8)**

   (A) 2.5 millas
   (B) 2.7 millas
   (C) 5.2 millas
   (D) 5.4 millas

6. Tim tiene una caja con 15 marcadores. Le da 3 marcadores a cada uno de sus 4 amigos. ¿Qué expresión muestra el número de marcadores que le quedan a Tim? **(Lección 1.10)**

   (A) (3 × 4) − 15
   (B) 15 + (3 × 4)
   (C) (15 × 4) − 3
   (D) 15 − (3 × 4)

Nombre ____________________

Multiplicar usando la forma desarrollada

ESTÁNDARES COMUNES CC.5.NBT.2, CC.5.NBT.7

Perform operations with multi-digit whole numbers and with decimals to hundredths.

Dibuja un modelo para hallar el producto.

1. $37 \times 9.5 =$ 351.5

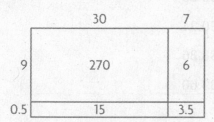

	30	7
9	270	6
0.5	15	3.5

2. $84 \times 0.24 =$ ______

Halla el producto.

3. $13 \times 0.53 =$ ______

4. $27 \times 89.5 =$ ______

5. $32 \times 12.71 =$ ______

6. $17 \times 0.52 =$ ______

7. $23 \times 59.8 =$ ______

8. $61 \times 15.98 =$ ______

Resolución de problemas EN EL MUNDO

9. Un objeto que pesa 1 libra en la luna pesará alrededor de 6.02 libras en la Tierra. Supón que una roca lunar pesa 11 libras en la luna. ¿Cuánto pesará la misma roca en la Tierra?

______

10. Tessa está en el equipo de atletismo. Para practicar y ejercitar, corre 2.25 millas cada día. Al final de 14 días, ¿cuántas millas habrá corrido Tessa en total?

______

PREPARACIÓN PARA LA PRUEBA

Revisión de la lección (CC.5.NBT.2, CC.5.NBT.7)

1. Una panadera está por hacer 24 tartas de arándanos. Quiere estar segura de que cada tarta contenga 3.5 tazas de arándanos. ¿Cuántas tazas de arándanos necesitará?

Ⓐ 3.5 tazas
Ⓑ 6.86 tazas
Ⓒ 24 tazas
Ⓓ 84 tazas

2. Aarón compra postales mientras está de vacaciones. Cuesta $0.28 enviar una postal y Aarón quiere enviar 12 postales. ¿Cuánto le costará enviar todas las postales?

Ⓐ $0.28
Ⓑ $0.34
Ⓒ $3.36
Ⓓ $33.60

Repaso en espiral (CC.5.NBT.1, CC.5.NBT.2, CC.5.NBT.6, CC.5.NBT.7)

3. ¿Cuál es el valor del dígito 4 en el número 524,897,123? **(Lección 1.2)**

Ⓐ 4,000
Ⓑ 40,000
Ⓒ 400,000
Ⓓ 4,000,000

4. ¿Cuántos ceros habrá en el producto de $(6 \times 5) \times 10^3$? **(Lección 1.5)**

Ⓐ 2
Ⓑ 3
Ⓒ 4
Ⓓ 5

5. El rosbif cuesta $8.49 por libra. ¿Cuál es el costo de 2 libras de rosbif? **(Lección 4.3)**

Ⓐ $8.49
Ⓑ $10.49
Ⓒ $16.98
Ⓓ $169.80

6. La Escuela Intermedia North Ridge recolectó 5,024 latas de comida para una campaña de donación de alimentos. Cada una de las 18 clases de la escuela recolectó alrededor del mismo número de latas. ¿Alrededor de cuántas latas recolectó cada clase? **(Lección 2.5)**

Ⓐ 250
Ⓑ 400
Ⓒ 500
Ⓓ 800

Nombre ____________________________

Resolución de problemas • Multiplicar dinero

ESTÁNDAR COMÚN CC.5.NBT.7
Perform operations with multi-digit whole numbers and with decimals to hundredths.

Resuelve los problemas.

1. Tres amigos van al mercado agrícola local. Ashlee gasta $8.25. Natalie gasta 4 veces más que Ashlee. Patrick gasta $9.50 más que Natalie. ¿Cuánto gasta Patrick?

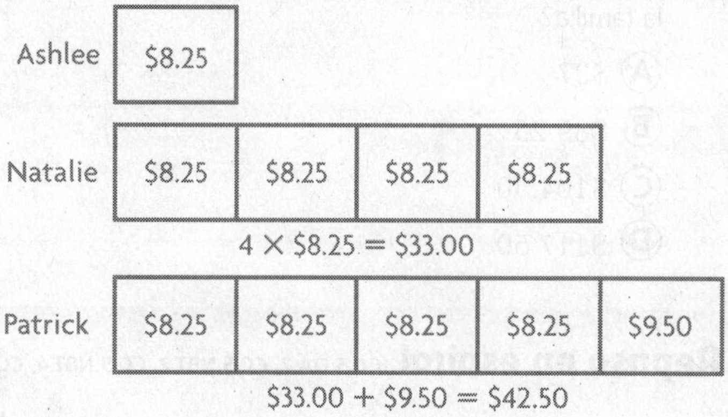

$42.50

2. En junio, la cuenta de ahorros de Kimmy tiene un saldo de $76.23. En septiembre, su saldo es 5 veces más que el de junio. Entre septiembre y diciembre, Kimmy deposita un total de $87,83 en la cuenta. Si no extrae dinero de la cuenta, ¿cuál debería ser el saldo de Kimmy en diciembre?

____

3. Amy recauda $58.75 para participar en una maratón benéfica. Jeremy recauda $23.25 más que Amy. Oscar recauda 3 veces más que Jeremy. ¿Cuánto dinero recauda Oscar?

____

4. Cuesta $5.50 por hora rentar un par de patines de cuchillas durante las primeras 2 horas. Después de 2 horas, el costo de la renta por hora disminuye a $2.50. ¿Cuánto cuesta rentar un par de patines de cuchillas por 4 horas?

____

PREPARACIÓN PARA LA PRUEBA

Revisión de la lección (CC.5.NBT.7)

1. Una familia de dos adultos y cuatro niños está por ir al parque de diversiones. El boleto cuesta \$21.75 para los adultos y \$15.25 para los niños. ¿Cuál es el costo total de los boletos para la familia?

Ⓐ \$37

Ⓑ \$89.25

Ⓒ \$104.50

Ⓓ \$117.50

2. La Sra. Rosenbaum compra 5 cajones de manzanas en el mercado. Cada cajón cuesta \$12.50. También compra un cajón de peras a \$18.75. ¿Cuál es el costo total de las manzanas y las peras?

Ⓐ \$12.50

Ⓑ \$31.25

Ⓒ \$62.50

Ⓓ \$81.25

Repaso en espiral (CC.5.OA.2, CC.5.NBT.2, CC.5.NBT.4, CC.5.NF.3)

3. ¿Cómo escribes $10 \times 10 \times 10 \times 10$ con exponentes? **(Lección 1.4)**

Ⓐ 10^3

Ⓑ 10^4

Ⓒ 10,000

Ⓓ 4^{10}

4. ¿Cuál de las siguientes opciones representa 125.638 redondeado al centésimo más próximo? **(Lección 3.4)**

Ⓐ 100

Ⓑ 125.6

Ⓒ 125.63

Ⓓ 125.64

5. Los estudiantes de sexto grado de la Escuela Intermedia Meadowbrook van a hacer una excursión. Los 325 estudiantes y adultos irán en autobuses de la escuela. Cada autobús puede llevar 48 personas. ¿Cuántos autobuses se necesitan? **(Lección 2.7)**

Ⓐ 6

Ⓑ 6.77

Ⓒ 7

Ⓓ 8

6. Un restaurante tiene capacidad para 100 personas sentadas. Tiene reservados para 4 personas y mesas para 6 personas. Hasta ahora, 5 de los reservados están completos. ¿Qué expresión se relaciona con la situación? **(Lección 1.10)**

Ⓐ $4 \times 5 + 6$

Ⓑ $100 - (5 \times 4)$

Ⓒ $6 \times (4 + 5)$

Ⓓ $100 \div (4 + 6)$

Nombre ____________________

Multiplicación de números decimales

ESTÁNDAR COMÚN CC.5.NBT.7
Perform operations with multi-digit whole numbers and with decimals to hundredths.

Multiplica. Usa el modelo decimal.

1. $0.3 \times 0.6 =$ 0.18

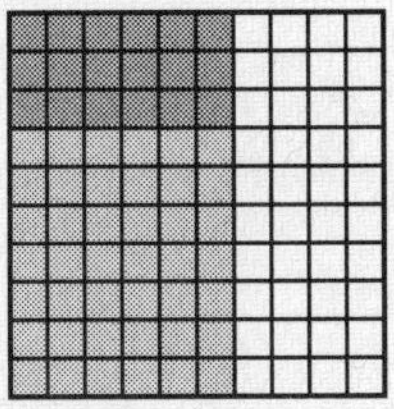

2. $0.2 \times 0.8 =$ ______

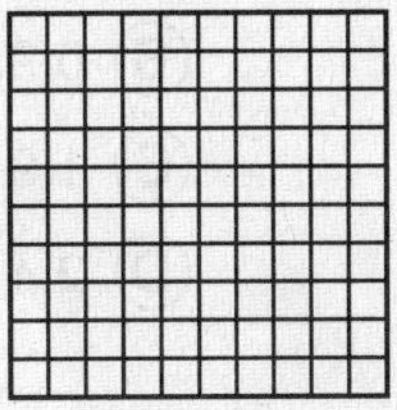

3. $0.5 \times 1.7 =$ ______

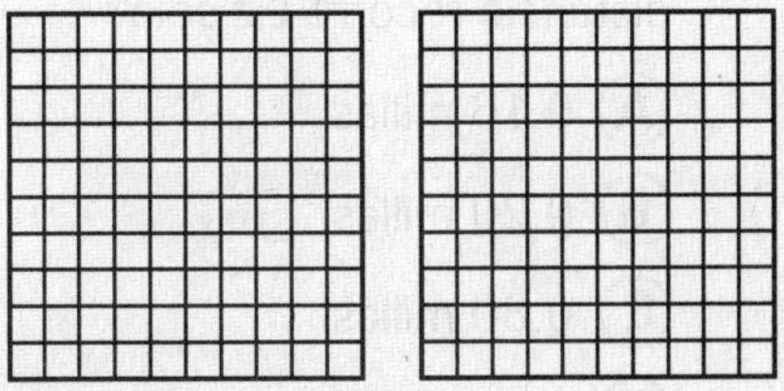

4. $0.6 \times 0.7 =$ ______

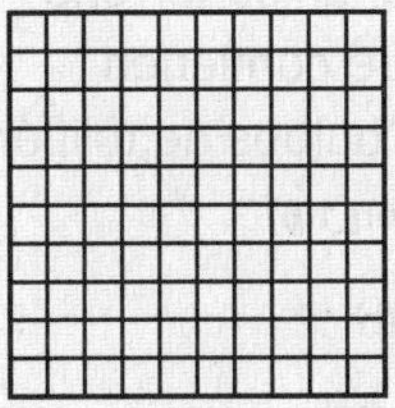

5. $0.8 \times 0.5 =$ ______

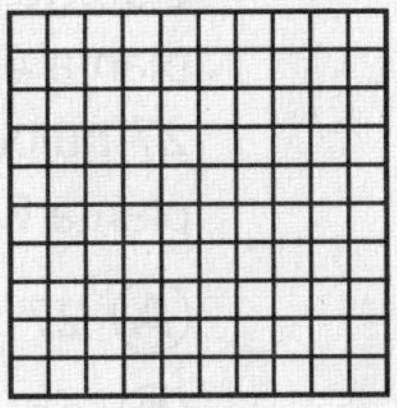

6. $0.4 \times 1.9 =$ ______

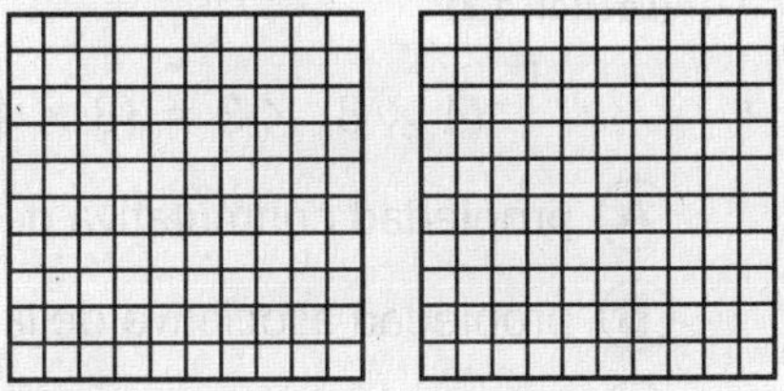

7. $0.8 \times 0.8 =$ ______

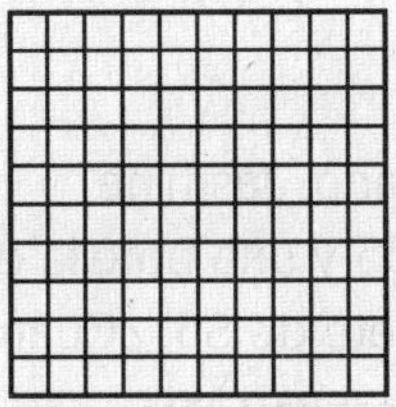

8. $0.2 \times 0.5 =$ ______

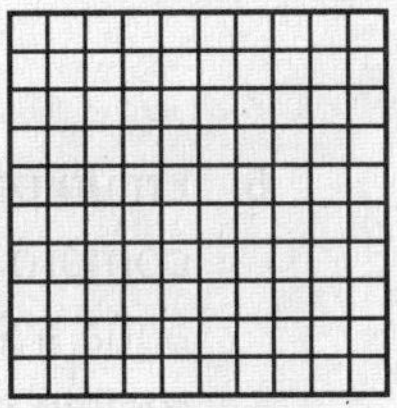

9. $0.8 \times 1.3 =$ ______

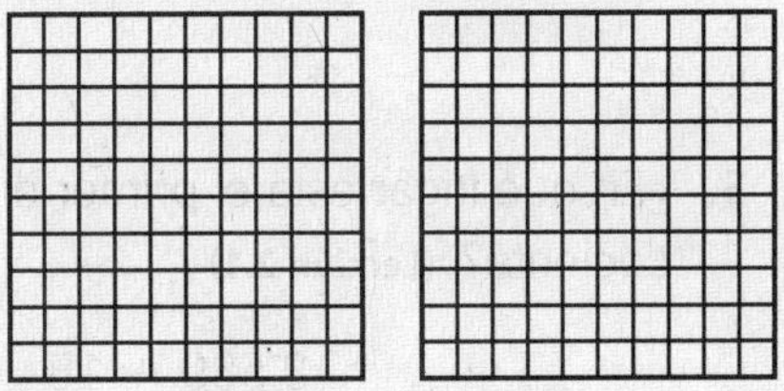

Resolución de problemas EN EL MUNDO

10. Cierta planta de bambú crece 1.2 pies en 1 día. A esa tasa, ¿cuántos pies podría crecer la planta en 0.5 días?

______

11. La distancia desde el parque hasta la tienda de comestibles es 0.9 millas. Ezra corre 8 décimos de esa distancia y camina el resto del recorrido. ¿Qué distancia corre Ezra desde el parque hasta la tienda de comestibles?

______

PREPARACIÓN PARA LA PRUEBA

Revisión de la lección (CC.5.NBT.7)

1. Liz hace una caminata por un sendero que mide 0.8 millas de longitud. Recorre los primeros 2 décimos de la distancia sola y el resto del sendero lo recorre con sus amigos. ¿Qué distancia recorre Liz sola?
   - (A) 0.16 millas
   - (B) 0.20 millas
   - (C) 0.80 millas
   - (D) 1 milla

2. Una taza de calabacines cocinados tiene 1.9 gramos de proteínas. ¿Cuánta proteína hay en 0.5 tazas de calabacines?
   - (A) 0.5 gramos
   - (B) 0.95 gramos
   - (C) 1.9 gramos
   - (D) 2.4 gramos

Repaso en espiral (CC.5.NBT.5, CC.5.NBT.6, CC.5.NBT.7)

3. ¿Qué propiedad muestra el enunciado? **(Lección 1.3)**

   $$(4 \times 8) \times 3 = (8 \times 4) \times 3$$

   - (A) propiedad conmutativa de la suma
   - (B) propiedad asociativa de la suma
   - (C) propiedad conmutativa de la multiplicación
   - (D) propiedad asociativa de la multiplicación

4. Al comienzo del año escolar, Rochelle se une al club de jardinería de la escuela. En su terreno planta 4 hileras de tulipanes que contienen 27 bulbos cada una. ¿Cuántos bulbos de tulipán planta Rochelle en total? **(Lección 1.6)**
   - (A) 27
   - (B) 88
   - (C) 108
   - (D) 216

5. ¿En qué lugar está el primer dígito del cociente? **(Lección 2.1)**

   $$3{,}589 \div 18$$

   - (A) millares
   - (B) centenas
   - (C) decenas
   - (D) unidades

6. En un partido de fútbol americano, Jasmine compró *pretzels* frescos a $2.25 y una botella de agua a $1.50. Pagó con un billete de $5. ¿Cuánto recibió de cambio Jasmine? **(Lección 3.11)**
   - (A) $1.25
   - (B) $1.50
   - (C) $2.25
   - (D) $3.75

Nombre ____________________

Multiplicar números decimales

ESTÁNDARES COMUNES CC.5.NBT.2, CC.5.NBT.7
Perform operations with multi-digit whole numbers and with decimals to hundredths.

Halla el producto.

1. $\begin{array}{r} 5.8 \\ \times\ 2.4 \\ \hline 13.92 \end{array}$ $\begin{array}{r} 58 \\ \times\ 24 \\ \hline 232 \\ +\ 1{,}160 \\ \hline 1{,}392 \end{array}$

2. $\begin{array}{r} 7.3 \\ \times\ 9.6 \\ \hline \end{array}$

3. $\begin{array}{r} 46.3 \\ \times\ \ 0.8 \\ \hline \end{array}$

4. $\begin{array}{r} 29.5 \\ \times\ \ 1.3 \\ \hline \end{array}$

5. $\begin{array}{r} 3.76 \\ \times\ 4.8 \\ \hline \end{array}$

6. $\begin{array}{r} 9.07 \\ \times\ \ 6.5 \\ \hline \end{array}$

7. 0.42×75.3

8. 5.6×61.84

9. 7.5×18.74

10. 0.9×53.8

Resolución de problemas EN EL MUNDO

11. Aretha corre un maratón en 3.25 horas. A Neal le lleva 1.6 veces ese tiempo correr el maratón. ¿Cuántas horas tarda Neal en correr el maratón?

____

12. Tiffany atrapa un pez que pesa 12.3 libras. Frank atrapa otro que pesa 2.5 veces más que el pez de Tiffany. ¿Cuántas libras pesa el pez de Frank?

____

PREPARACIÓN PARA LA PRUEBA

Revisión de la lección (CC.5.NBT.2, CC.5.NBT.7)

1. Sue compra tela para hacer un disfraz. Compra 1.75 yardas de tela roja y compra 1.2 veces más yardas de tela azul. ¿Cuántas yardas de tela azul compra Sue?

Ⓐ 2.1 yardas

Ⓑ 2.95 yardas

Ⓒ 5.25 yardas

Ⓓ 21 yardas

2. La semana pasada Juan trabajó 20.5 horas. Esta semana trabajó 1.5 veces más horas que la semana pasada. ¿Cuántas horas trabajó Juan esta semana?

Ⓐ 12.3 horas

Ⓑ 22 horas

Ⓒ 30.75 horas

Ⓓ 37.5 horas

Repaso en espiral (CC.5.NBT.2, CC.5.NBT.3a, CC.5.NBT.3b, CC.5.NBT.7)

3. La siguiente expresión muestra un número en forma desarrollada. ¿Cuál es la forma normal del número? **(Lección 3.2)**

$$2 \times 10 + 3 \times \frac{1}{10} + 9 \times \frac{1}{100} + 7 \times \frac{1}{1{,}000}$$

Ⓐ 2,397

Ⓑ 20.397

Ⓒ 2.397

Ⓓ 2.0397

4. Kelly compra un suéter a $16.79 y un par de pantalones a $28.49. Paga con un billete de $50. ¿Cuánto recibirá de cambio? **(Lección 3.11)**

Ⓐ $4.72

Ⓑ $5.48

Ⓒ $5.72

Ⓓ $45.28

5. Elvira usa un patrón para multiplicar $10^3 \times 37.2$.

$10^0 \times 37.2 = 37.2$
$10^1 \times 37.2 = 372$
$10^2 \times 37.2 = \_\_\_\_\_$
$10^3 \times 37.2 = \_\_\_\_\_$

¿Cuál es el producto de $10^3 \times 37.2$? **(Lección 4.1)**

Ⓐ 0.0372

Ⓑ 0.372

Ⓒ 3,720

Ⓓ 37,200

6. ¿Qué dígito debería ir en el recuadro para que el siguiente enunciado sea verdadero? **(Lección 3.3)**

$63.749 < 63.\square 2$

Ⓐ 3

Ⓑ 6

Ⓒ 7

Ⓓ 8

Nombre ______________________________

Ceros en el producto

ESTÁNDARES COMUNES CC.5.NBT.2, CC.5.NBT.7

Perform operations with multi-digit whole numbers and with decimals to hundredths.

Halla el producto.

1. $0.07 \times 0.2 = 0.014$ (ejemplo: $7 \times 2 = 14$)

2. 0.3×0.1

3. 0.05×0.8

4. 0.08×0.3

5. 0.06×0.7

6. 0.2×0.4

7. 0.05×0.4

8. 0.08×0.8

9. $\$0.90 \times 0.1$

10. 0.02×0.3

11. 0.09×0.5

12. $\$0.05 \times 0.2$

Resolución de problemas EN EL MUNDO

13. Un vaso de precipitados contiene 0.5 litros de solución. Jordan usa 0.08 de la solución para un experimento. ¿Qué cantidad de solución usa Jordan?

____

14. Cierto tipo de frutos secos están a la venta a $0.35 por libra. Tamara compra 0.2 libras de frutos secos. ¿Cuánto costarán los frutos secos?

____

PREPARACIÓN PARA LA PRUEBA

Revisión de la lección (CC.5.NBT.2, CC.5.NBT.7)

1. Cliff multiplica 0.06 y 0.5. ¿Qué producto debería anotar?

   (A) 0.003
   (B) 0.03
   (C) 0.3
   (D) 3

2. ¿Qué producto es igual a 0.036?

   (A) 0.6×0.6
   (B) 0.30×0.06
   (C) 0.9×0.4
   (D) 0.4×0.09

Repaso en espiral (CC.5.NBT.1, CC.5.NBT.4, CC.5.NBT.5, CC.5.NBT.6)

3. Una florista hace 24 ramos. Usa 16 flores para cada ramo. En total, ¿cuántas flores usará? **(Lección 1.7)**

   (A) 40
   (B) 168
   (C) 364
   (D) 384

4. Mark tiene 312 libros en sus estantes. Tiene 11 veces más libros de ficción que libros de no ficción. ¿Cuántos libros de ficción tiene Mark? **(Lección 2.9)**

   (A) 26
   (B) 212
   (C) 286
   (D) 301

5. Dwayne compra una calabaza que pesa 12.65 libras. ¿Cuánto pesa la calabaza al décimo de libra más próximo? **(Lección 3.4)**

   (A) 12 libras
   (B) 12.6 libras
   (C) 12.7 libras
   (D) 13 libras

6. ¿En cuál de los siguientes números el dígito 6 tiene un valor de 6,000? **(Lección 1.2)**

   (A) 896,000
   (B) 869,000
   (C) 809,600
   (D) 809,060

Nombre ____________________

Práctica adicional del Capítulo 4

Lección 4.1

Completa el patrón.

1. $3.04 \times 1 =$ ________

$3.04 \times 10 =$ ________

$3.04 \times 100 =$ ________

$3.04 \times 1,000 =$ ________

2. $1 \times 70 =$ ________

$0.1 \times 70 =$ ________

$0.01 \times 70 =$ ________

3. $10^0 \times 0.57 =$ ________

$10^1 \times 0.57 =$ ________

$10^2 \times 0.57 =$ ________

$10^3 \times 0.57 =$ ________

Lección 4.2

Usa el modelo decimal para hallar el producto.

1. $4 \times 0.07 =$ ________

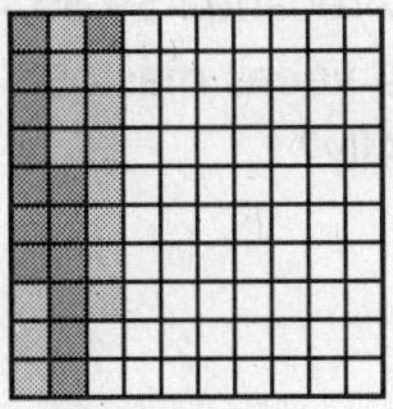

2. $5 \times 0.20 =$ ________

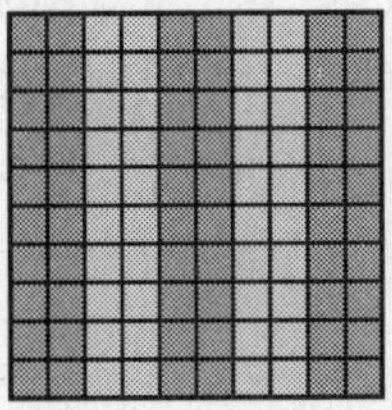

3. $13 \times 0.03 =$ ________

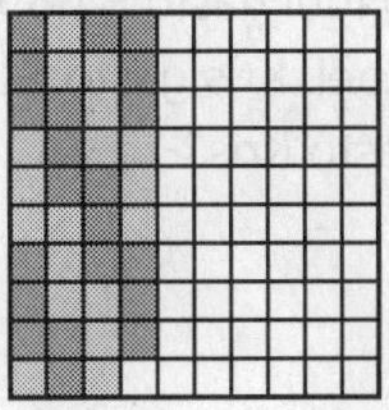

Halla el producto. Haz un dibujo rápido.

4. $7 \times 0.06 =$ ________

5. $8 \times 0.12 =$ ________

Lecciones 4.3 y 4.4, 4.7 y 4.8

Halla el producto.

1. $\begin{array}{r} 8.24 \\ \times \quad 8 \\ \hline \end{array}$

2. $\begin{array}{r} 5.3 \\ \times \quad 7 \\ \hline \end{array}$

3. $\begin{array}{r} 0.29 \\ \times \quad 4 \\ \hline \end{array}$

4. $\begin{array}{r} 18.5 \\ \times 0.42 \\ \hline \end{array}$

5. $\begin{array}{r} 4.4 \\ \times \quad 8.7 \\ \hline \end{array}$

6. $\begin{array}{r} 9.2 \\ \times 2.8 \\ \hline \end{array}$

7. $\begin{array}{r} 0.04 \\ \times 0.3 \\ \hline \end{array}$

8. $\begin{array}{r} \$0.70 \\ \times \quad 0.6 \\ \hline \end{array}$

9. 17×0.16 ______

10. 3.55×75.2 ______

11. 7.8×25.87 ______

Lección 4.5

Resuelve.

1. Unos amigos van a la tienda a comprar materiales escolares. Noel gastó $4.89. Holly gastó 3 veces más que Noel. Kris gastó $12.73 más que Holly. ¿Cuánto gastó Kris?

______

2. Chase recauda $27.34 en un evento para recolectar fondos. Sydney recauda $9.83 más que Chase. Ally recauda 4 veces más que Sydney. ¿Cuánto dinero recauda Ally?

______

Lección 4.6

Multiplica. Usa el modelo decimal.

1. $0.4 \times 0.7 =$ ______

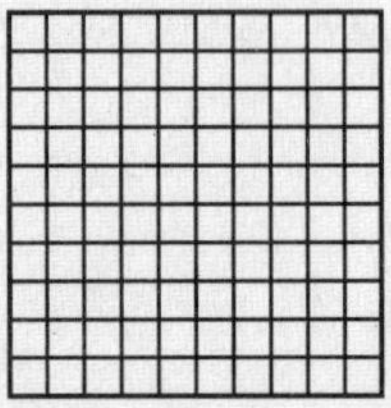

2. $0.9 \times 0.8 =$ ______

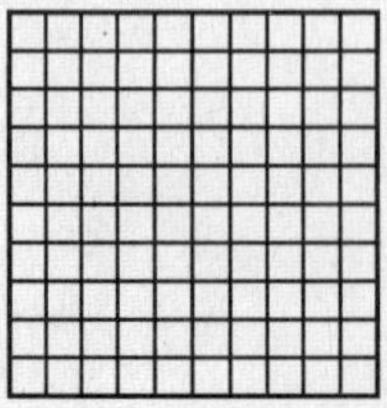

3. $0.3 \times 1.6 =$ ______

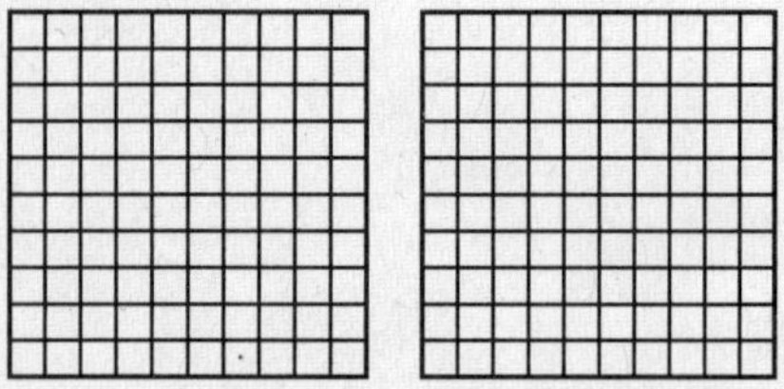

Capítulo 5

Carta para la casa

Vocabulario

cociente El número que resulta de la división.

dividendo El número que se va a dividir en un problema de división.

divisor El número que divide al dividendo.

número decimal Un número que tiene uno o más dígitos a la derecha del punto decimal.

Querida familia:

Durante las próximas semanas, en la clase de matemáticas aprenderemos la división decimal. También aprenderemos a estimar cocientes decimales.

El estudiante llevará a casa tareas con actividades que incluyan división de números decimales hasta los centésimos.

Este es un ejemplo de cómo se le enseñará a dividir números decimales.

MODELO Divide números decimales.

Divide. $44.8 \div 3.2$

PASO 1

Estima.

$45 \div 3 = 15$

PASO 2

Multiplica el divisor y el dividendo por la misma potencia de 10 para convertir el divisor en un número natural.

$3.2\overline{)44.8}$

PASO 3

Divide.

$$\begin{array}{r} 14 \\ 32\overline{)448} \\ -32 \\ \hline 128 \\ -128 \\ \hline 0 \end{array}$$

Entonces, $44.8 \div 3.2 = 14$.

Pistas

Estimar con números decimales

Al estimar, puede resultar útil redondear los números del problema a números compatibles. Los números compatibles son pares de números que son fáciles de calcular mentalmente.

Por ejemplo, para estimar $19.68 \div 4.1$, usa los números compatibles 20 y 4: $20 \div 4 = 5$.

Actividad

Use los paseos a las tiendas de comestibles o departamentales para practicar la división decimal. Por ejemplo: "¿Qué conviene comprar, la caja de cereales de 10 onzas a $3.25 o la caja de 15 onzas a $4.65?". Trabajen juntos para escribir el enunciado de división que represente cada situación. Ayude a su niño a estimar el cociente y luego hallen el resultado exacto.

Chapter 5

School-Home Letter

Vocabulary

quotient The number that results from dividing.

dividend The number that is to be divided in a division problem.

divisor The number that divides the dividend.

decimal A number with one or more digits to the right of the decimal point.

Dear Family,

Throughout the next few weeks, our math class will be learning about decimal division. We will also be learning how to estimate decimal quotients.

You can expect to see homework that involves division of decimals through hundredths.

Here is a sample of how your child is taught to divide decimals.

MODEL Divide Decimals

Divide. $44.8 \div 3.2$

STEP 1	STEP 2	STEP 3
Estimate.	Make the divisor a whole number by multiplying the divisor and dividend by the same power of 10.	Divide.
$45 \div 3 = 15$	$3.2\overline{)44.8}$	$32\overline{)448}$ = 14; -32; 128; -128; 0

So, $44.8 \div 3.2 = 14$.

Tips

Estimating with Decimals

When estimating, it may be helpful to round the numbers in the problem to compatible numbers. Compatible numbers are pairs of numbers that are easy to compute with mentally.

For example, to estimate $19.68 \div 4.1$, use the compatible numbers 20 and 4: $20 \div 4 = 5$.

Activity

Use trips to grocery or department stores as opportunities to practice decimal division. For example, "Which is the better buy, the 10-ounce box of cereal for $3.25 or the 15-ounce box for $4.65?" Work together to write a division sentence to represent each situation. Help your child estimate the quotient and then find the exact answer.

Nombre ____________________

Patrones de división con números decimales

ESTÁNDAR COMÚN CC.5.NBT.2
Understand the place value system.

Completa el patrón.

1. $78.3 \div 1 =$ 78.3
$78.3 \div 10 =$ 7.83
$78.3 \div 100 =$ 0.783

2. $179 \div 10^0 =$ ______
$179 \div 10^1 =$ ______
$179 \div 10^2 =$ ______
$179 \div 10^3 =$ ______

3. $87.5 \div 10^0 =$ ______
$87.5 \div 10^1 =$ ______
$87.5 \div 10^2 =$ ______

4. $124 \div 1 =$ ______
$124 \div 10 =$ ______
$124 \div 100 =$ ______
$124 \div 1{,}000 =$ ______

5. $18 \div 1 =$ ______
$18 \div 10 =$ ______
$18 \div 100 =$ ______
$18 \div 1{,}000 =$ ______

6. $23 \div 10^0 =$ ______
$23 \div 10^1 =$ ______
$23 \div 10^2 =$ ______
$23 \div 10^3 =$ ______

7. $51.8 \div 1 =$ ______
$51.8 \div 10 =$ ______
$51.8 \div 100 =$ ______

8. $49.3 \div 10^0 =$ ______
$49.3 \div 10^1 =$ ______
$49.3 \div 10^2 =$ ______

9. $32.4 \div 10^0 =$ ______
$32.4 \div 10^1 =$ ______
$32.4 \div 10^2 =$ ______

Resolución de problemas EN EL MUNDO

10. En el café local se usan 510 tazas de una mezcla de verduras para hacer 1,000 cuartos de sopa de res y cebada. Cada cuarto de sopa contiene la misma cantidad de verduras. ¿Cuántas tazas de verduras hay en cada cuarto de sopa?

____

11. En el mismo café se usan 18.5 tazas de harina para hacer 100 porciones de panqueques. ¿Cuántas tazas de harina hay en una poción de panqueques?

____

PREPARACIÓN PARA LA PRUEBA

Revisión de la lección (CC.5.NBT.2)

1. La Estatua de la Libertad mide 305.5 pies de altura, desde los cimientos de su pedestal hasta la cima de su antorcha. Inés está construyendo un modelo de la estatua. El modelo tendrá un centésimo del tamaño de la estatua real. ¿Qué altura tendrá el modelo?

   Ⓐ 0.3055 pies
   Ⓑ 3.055 pies
   Ⓒ 30.55 pies
   Ⓓ 30,550 pies

2. La maestra de Sue le pidió que hallara $42.6 \div 10^2$. ¿Cómo deberá correr Sue el punto decimal para obtener el cociente correcto?

   Ⓐ 2 lugares a la derecha
   Ⓑ 1 lugar a la derecha
   Ⓒ 1 lugar a la izquierda
   Ⓓ 2 lugares a la izquierda

Repaso en espiral (CC.5.NBT.1, CC.5.NBT.6, CC.5.NBT.7)

3. En el número 956,783,529, ¿cómo se compara el valor del dígito 5 en el lugar de las decenas de millones con el dígito 5 en el lugar de las centenas? **(Lección 1.2)**

   Ⓐ 100 veces más
   Ⓑ 1,000 veces más
   Ⓒ 10,000 veces más
   Ⓓ 100,000 veces más

4. Taylor tiene $97.23 en su cuenta corriente. Usa su tarjeta de débito para gastar $29.74 y luego deposita $118.08 en la cuenta. ¿Cuál es el nuevo saldo de Taylor? **(Lección 3.11)**

   Ⓐ $8.89
   Ⓑ $185.57
   Ⓒ $215.31
   Ⓓ $245.05

5. En el banco, Brent cambia $50 en billetes por 50 monedas de un dólar. La masa total de las monedas pesa 405 gramos. Estima la masa de 1 moneda de un dólar. **(Lección 2.5)**

   Ⓐ 1 gramo
   Ⓑ 8 gramos
   Ⓒ 50 gramos
   Ⓓ 100 gramos

6. En un avión de una aerolínea comercial hay 245 asientos para pasajeros. Los asientos están organizados en 49 filas iguales. ¿Cuántos asientos hay en cada fila? **(Lección 2.6)**

   Ⓐ 5
   Ⓑ 49
   Ⓒ 245
   Ⓓ 1,225

Nombre ____________________

Dividir números decimales entre números naturales

ESTÁNDAR COMÚN CC.5.NBT.7

Perform operations with multi-digit whole numbers and with decimals to hundredths.

Usa el modelo para completar el enunciado numérico.

1. 1.2 ÷ 4 = 0.3

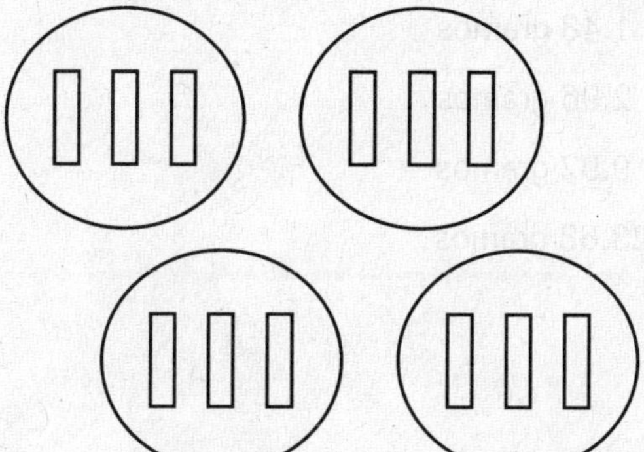

2. 3.69 ÷ 3 = ________

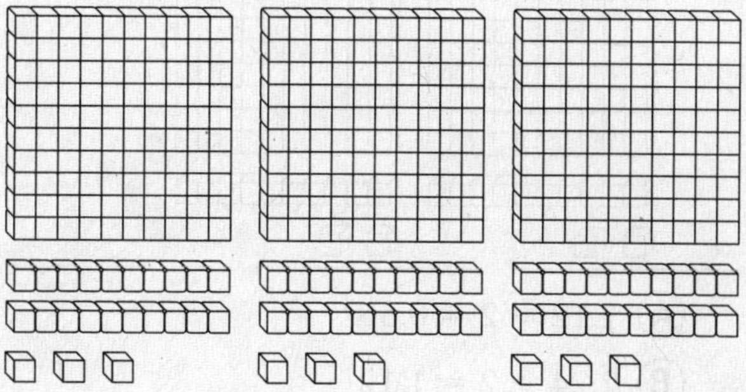

Divide. Usa bloques de base diez.

3. 4.9 ÷ 7 = ________

4. 3.6 ÷ 9 = ________

5. 2.4 ÷ 8 = ________

6. 6.48 ÷ 4 = ________

7. 3.01 ÷ 7 = ________

8. 4.26 ÷ 3 = ________

Resolución de problemas EN EL MUNDO

9. En la clase de educación física, Carl corre una distancia de 1.17 millas en 9 minutos. A esa tasa, ¿qué distancia correrá Carl en un minuto?

____

10. Marianne gasta $9.45 en 5 tarjetas de felicitación. Todas las tarjetas cuestan lo mismo. ¿Cuánto cuesta una tarjeta de felicitación?

____

PREPARACIÓN PARA LA PRUEBA

Revisión de la lección (CC.5.NBT.7)

1. ¿Qué enunciado de división representa el siguiente modelo?

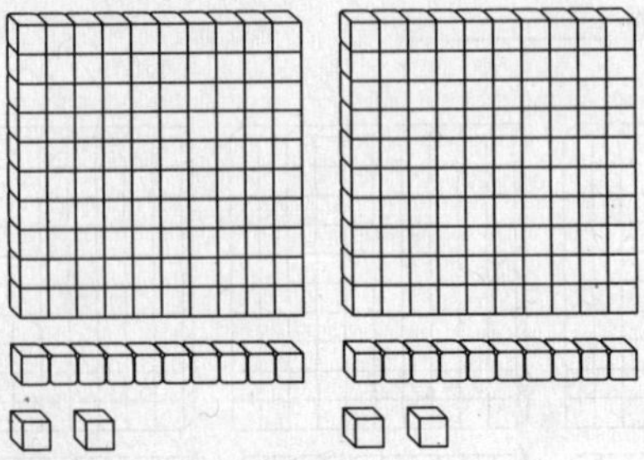

Ⓐ $1.12 \div 2 = 0.56$

Ⓑ $2.24 \div 2 = 1.12$

Ⓒ $2.24 \div 4 = 0.56$

Ⓓ $3.36 \div 3 = 1.12$

2. Un racimo de 4 plátanos contiene un total de 5.92 gramos de proteína. Supón que cada plátano contiene la misma cantidad de proteína. ¿Qué cantidad de proteína hay en un plátano?

Ⓐ 1.48 gramos

Ⓑ 2.96 gramos

Ⓒ 9.92 gramos

Ⓓ 23.68 gramos

Repaso en espiral (CC.5.NBT.3b, CC.5.NBT.5, CC.5.NBT.6, CC.5.NBT.7)

3. En la tienda de comestibles, una libra de pavo cuesta $7.98. El Sr. Epstein compra 3 libras de pavo. ¿Cuánto le costará el pavo? **(Lección 4.5)**

Ⓐ $2.66

Ⓑ $7.98

Ⓒ $15.96

Ⓓ $23.94

4. La Sra. Cho maneja 45 millas en 1 hora. Si mantiene esa velocidad, ¿cuántas horas le llevará manejar 405 millas? **(Lección 2.6)**

Ⓐ 360 horas

Ⓑ 45 horas

Ⓒ 9 horas

Ⓓ 8 horas

5. ¿En qué lista se muestran los siguientes números ordenados de menor a mayor? **(Lección 3.3)**

1.23; 1.2; 2.31; 3.2

Ⓐ 1.23, 1.2, 2.31, 3.2

Ⓑ 1.2, 1.23, 2.31, 3.2

Ⓒ 3.2, 2.31, 1.23, 1.2

Ⓓ 1.2, 1.23, 3.2, 2.31

6. Durante el fin de semana, Aiden dedicó 15 minutos a hacer su tarea de matemáticas. Dedicó 3 veces más tiempo a hacer su tarea de ciencias. ¿Cuánto tiempo dedicó Aiden a hacer su tarea de ciencias? **(Lección 1.6)**

Ⓐ 5 minutos

Ⓑ 15 minutos

Ⓒ 30 minutos

Ⓓ 45 minutos

Nombre ________________________

Estimar cocientes

ESTÁNDAR COMÚN CC.5.NBT.7
Perform operations with multi-digit whole numbers and with decimals to hundredths.

Usa números compatibles para estimar el cociente.

1. $19.7 \div 3$
   $18 \div 3 = 6$

2. $394.6 \div 9$

3. $308.3 \div 15$

Estima el cociente.

4. $63.5 \div 5$

5. $57.8 \div 81$

6. $172.6 \div 39$

7. $43.6 \div 8$

8. $2.8 \div 6$

9. $467.6 \div 8$

10. $209.3 \div 48$

11. $737.5 \div 9$

12. $256.1 \div 82$

Resolución de problemas EN EL MUNDO

13. Taylor usa 645.6 galones de agua en 7 días. Supón que usa la misma cantidad de agua cada día. ¿Alrededor de cuánta agua usa Taylor por día?

14. En un viaje por carretera, Sandy manejó 368.7 millas. Su carro usó un total de 18 galones de combustible. ¿Alrededor de cuántas millas por galón se pueden recorrer con el carro de Sandy?

PREPARACIÓN PARA LA PRUEBA

Revisión de la lección (CC.5.NBT.7)

1. Terry anduvo en bicicleta 64.8 millas en 7 horas. ¿Cuál es la mejor estimación del número promedio de millas que anduvo en bicicleta cada hora?

   (A) alrededor de 0.8 millas

   (B) alrededor de 0.9 millas

   (C) alrededor de 8 millas

   (D) alrededor de 9 millas

2. ¿Cuál es la mejor estimación del siguiente cociente?

   $$891.3 \div 28$$

   (A) alrededor de 3

   (B) alrededor de 4

   (C) alrededor de 30

   (D) alrededor de 40

Repaso en espiral (CC.5.NBT.2, CC.5.NBT.3b, CC.5.NBT.7, CC.5.NF.3)

3. Un objeto que pesa 1 libra en la Tierra pesa 1.19 libras en Neptuno. Supón que un perro pesa 9 libras en la Tierra. ¿Cuánto pesará el mismo perro en Neptuno? **(Lección 4.3)**

   (A) 0.1071 libras

   (B) 1.071 libras

   (C) 10.71 libras

   (D) 107.1 libras

4. Una librería hace un pedido de 200 libros. Los libros se embalan en cajas que contienen 24 libros cada una. Todas las cajas que recibe la librería están llenas, excepto una. ¿Cuántas cajas recibe la librería? **(Lección 2.7)**

   (A) 8

   (B) 9

   (C) 10

   (D) 11

5. Sara tiene $2,000 en su cuenta de ahorros. David tiene en su cuenta de ahorros un décimo de lo que tiene Sara. ¿Cuánto tiene David en su cuenta de ahorros? **(Lección 4.1)**

   (A) $2

   (B) $20

   (C) $200

   (D) $20,000

6. ¿Cuál de los siguientes enunciados es verdadero? **(Lección 3.3)**

   (A) $7.63 > 7.629$

   (B) $5.134 > 5.14$

   (C) $8.23 < 8.230$

   (D) $4.079 = 4.790$

Nombre ______________________________

División de números decimales entre números naturales

ESTÁNDARES COMUNES CC.5.NBT.2, CC.5.NBT.7

Perform operations with multi-digit whole numbers and with decimals to hundredths.

Divide.

1. $\begin{array}{r} 1.32 \\ 7\overline{)9.24} \\ -7 \\ \hline 22 \\ -21 \\ \hline 14 \\ -14 \\ \hline 0 \end{array}$

2. $6\overline{)5.04}$

3. $23\overline{)85.1}$

4. $36\overline{)86.4}$

5. $6\overline{)\$6.48}$

6. $8\overline{)59.2}$

7. $5\overline{)2.35}$

8. $41\overline{)278.8}$

9. $19\overline{)\$70.49}$

10. $4\overline{)\$9.48}$

11. $18\overline{)82.8}$

12. $37\overline{)32.93}$

Resolución de problemas EN EL MUNDO

13. El sábado, 12 amigos fueron a patinar sobre hielo. En total pagaron $83.40 por los boletos de entrada. Repartieron el costo en partes iguales. ¿Cuánto pagó cada persona?

____

14. Un equipo de 4 personas participó en una carrera de relevos de 400 yardas. Cada miembro del equipo corrió la misma distancia. El equipo completó la carrera en 53.2 segundos. ¿Cuál es el tiempo promedio que corrió cada persona?

____

PREPARACIÓN PARA LA PRUEBA

Revisión de la lección (CC.5.NBT.2, CC.5.NBT.7)

1. Theresa pagó $9.56 por 4 libras de tomates. ¿Cuál es el costo de 1 libra de tomates?

   Ⓐ $0.24

   Ⓑ $2.39

   Ⓒ $23.90

   Ⓓ $38.24

2. Robert escribió el siguiente problema de división. ¿Cuál es el cociente?

   $13\overline{)83.2}$

   Ⓐ 6.4

   Ⓑ 6.6

   Ⓒ 64

   Ⓓ 66

Repaso en espiral (CC.5.OA.1, CC.5.NBT.2, CC.5.NBT.6, CC.5.NBT.7)

3. ¿Cuál es el valor de la siguiente expresión? **(Lección 1.12)**

   $$2 \times \{6 + [12 \div (3 + 1)]\} - 1$$

   Ⓐ 13

   Ⓑ 17

   Ⓒ 18

   Ⓓ 21

4. El mes pasado, Dory recorrió en bicicleta 11 veces más millas que Karly. Juntas recorrieron un total de 156 millas en bicicleta. ¿Cuántas millas recorrió Dory en bicicleta el mes pasado? **(Lección 2.9)**

   Ⓐ 11 millas

   Ⓑ 13 millas

   Ⓒ 142 millas

   Ⓓ 143 millas

5. Jin corrió 15.2 millas durante el fin de semana. Corrió 6.75 millas el sábado. ¿Cuántas millas corrió el domingo? **(Lección 3.9)**

   Ⓐ 8.45 millas

   Ⓑ 8.55 millas

   Ⓒ 9.45 millas

   Ⓓ 9.55 millas

6. Una panadería usó 475 libras de manzanas para hacer 1,000 tartas de manzana. Cada tarta contiene la misma cantidad de manzanas. ¿Cuántas libras de manzanas se usaron para cada tarta? **(Lección 5.1)**

   Ⓐ 47.5 libras

   Ⓑ 4.75 libras

   Ⓒ 0.475 libras

   Ⓓ 0.0475 libras

Nombre ______________________

División de números decimales

ESTÁNDAR COMÚN CC.5.NBT.7

Perform operations with multi-digit whole numbers and with decimals to hundredths.

Usa el modelo para completar el enunciado numérico.

1. $1.6 \div 0.4 =$ **4**

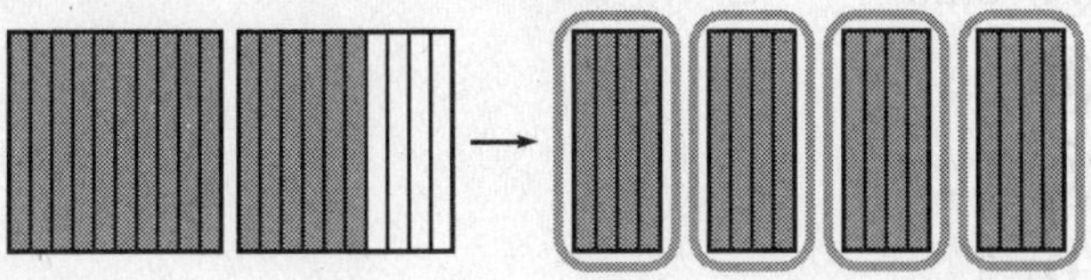

2. $0.36 \div 0.06 =$ __________

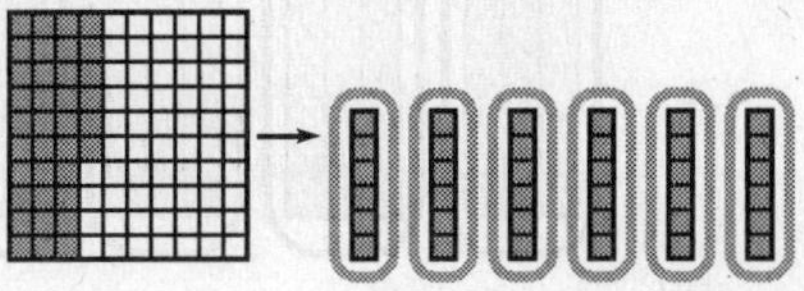

Divide. Usa modelos decimales.

3. $2.8 \div 0.7 =$ __________

4. $0.40 \div 0.05 =$ __________

5. $0.45 \div 0.05 =$ __________

6. $1.62 \div 0.27 =$ __________

7. $0.56 \div 0.08 =$ __________

8. $1.8 \div 0.9 =$ __________

Resolución de problemas EN EL MUNDO

9. Keisha compra 2.4 kilogramos de arroz. Los separa en paquetes que contienen 0.4 kilogramos de arroz cada uno. ¿Cuántos paquetes de arroz puede hacer Keisha?

____

10. Leighton hace cintas de tela para el cabello. Tiene 4.2 yardas de tela. Usa 0.2 yardas de tela para cada cinta. ¿Cuántas cintas puede hacer con la longitud de tela que tiene?

____

PREPARACIÓN PARA LA PRUEBA

Revisión de la lección (CC.5.NBT.7)

1. ¿Qué enunciado numérico representa el modelo?

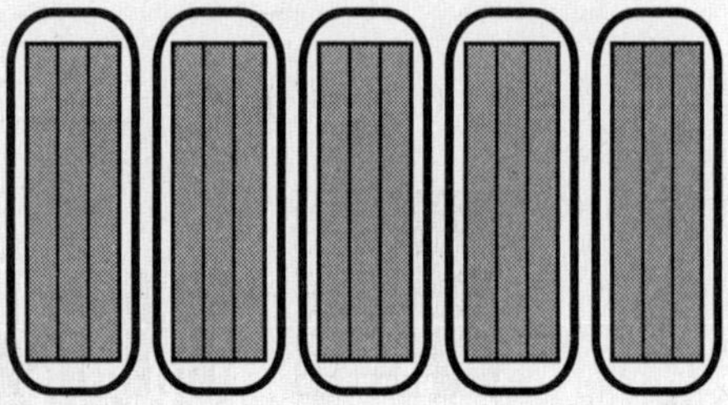

Ⓐ $1.5 \div 0.3 = 5$

Ⓑ $1.5 \div 0.5 = 3$

Ⓒ $0.9 \div 0.3 = 3$

Ⓓ $2.5 \div 0.5 = 5$

2. Morris tiene 1.25 libras de fresas. Usa 0.25 libras de fresas para servir una porción. ¿Cuántas porciones puede servir Morris?

Ⓐ 0.25

Ⓑ 0.5

Ⓒ 1.25

Ⓓ 5

Repaso en espiral (CC.5.NBT.5, CC.5.NBT.6, CC.5.NBT.7, CC.5.NF.3)

3. ¿Qué propiedad se muestra en la siguiente ecuación? **(Lección 1.3)**

$$5 + 7 + 9 = 7 + 5 + 9$$

Ⓐ propiedad conmutativa de la suma

Ⓑ propiedad asociativa de la suma

Ⓒ propiedad conmutativa de la multiplicación

Ⓓ propiedad asociativa de la multiplicación

4. En un auditorio hay 25 hileras con 45 asientos cada una. ¿Cuántos asientos hay en total? **(Lección 1.7)**

Ⓐ 25

Ⓑ 45

Ⓒ 125

Ⓓ 1,125

5. Los voluntarios de un refugio de animales dividieron 132 libras de alimento para perros en partes iguales en 16 bolsas. ¿Cuántas libras de alimento para perros pusieron en cada bolsa? **(Lección 2.7)**

Ⓐ 8 libras

Ⓑ $8\frac{1}{4}$ libras

Ⓒ $8\frac{1}{2}$ libras

Ⓓ 9 libras

6. En el cine, Aarón compra palomitas de maíz a \$5.25 y una botella de agua a \$2.50. Paga con un billete de \$10. ¿Cuánto recibirá de cambio? **(Lección 3.11)**

Ⓐ \$2.25

Ⓑ \$2.50

Ⓒ \$5.25

Ⓓ \$7.75

Nombre ______________________________

Dividir números decimales

ESTÁNDARES COMUNES CC.5.NBT.2, CC.5.NBT.7

Perform operations with multi-digit whole numbers and with decimals to hundredths.

Divide.

1. $0.4\overline{)8.4}$

Multiplica ambos, 0.4 y 8.4, por 10 para convertir el divisor en un número natural. Luego divide.

$$\begin{array}{r} 21 \\ 4\overline{)84} \\ -8 \\ \hline 04 \\ -4 \\ \hline 0 \end{array}$$

2. $0.2\overline{)0.4}$

3. $0.07\overline{)1.68}$

4. $0.37\overline{)5.18}$

5. $0.4\overline{)10.4}$

6. $6.3 \div 0.7$

7. $1.52 \div 1.9$

8. $12.24 \div 0.34$

9. $10.81 \div 2.3$

Resolución de problemas EN EL MUNDO

10. En el mercado, las uvas cuestan $0.85 por libra. Clarissa compra uvas y paga un total de $2.55. ¿Cuántas libras de uvas compró?

____

11. Damon navega en kayak en un río cerca de su casa. Planea navegar un total de 6.4 millas. Si Damon navega a una velocidad promedio de 1.6 millas por hora, ¿cuántas horas le tomará navegar en kayak las 6.4 millas?

____

PREPARACIÓN PARA LA PRUEBA

Revisión de la lección (CC.5.NBT.2, CC.5.NBT.7)

1. Lucas caminó un total de 4.48 millas. Si caminó 1.4 millas por hora, ¿cuánto tiempo caminó?

Ⓐ 3.08 horas
Ⓑ 3.2 horas
Ⓒ 6.272 horas
Ⓓ 32 horas

2. Janelle tiene 3.6 yardas de alambre que quiere usar para hacer pulseras. Necesita 0.3 yardas para cada pulsera. En total, ¿cuántas pulseras puede hacer Janelle?

Ⓐ 1.08
Ⓑ 3.3
Ⓒ 3.9
Ⓓ 12

Repaso en espiral (CC.5.NBT.2, CC.5.NBT.3b, CC.5.NBT.7)

3. La maestra de Susie le pidió que completara el siguiente problema de multiplicación. ¿Cuál es el producto? **(Lección 4.7)**

$$\begin{array}{r} 0.3 \\ \times\ 3.7 \\ \hline \end{array}$$

Ⓐ 0.111
Ⓑ 1.11
Ⓒ 11.1
Ⓓ 111

4. En una tienda de Internet, una computadora portátil cuesta $724.99. En una tienda local, la misma computadora cuesta $879.95. ¿Cuál es la diferencia en precios? **(Lección 3.9)**

Ⓐ $154.96
Ⓑ $155.04
Ⓒ $155.16
Ⓓ $155.96

5. Continúa el siguiente patrón. ¿Cuál es el cociente de $75.8 \div 10^2$? **(Lección 5.1)**

$75.8 \div 10^0 = 75.8$

$75.8 \div 10^1 =$ ____

$75.8 \div 10^2 =$ ____

Ⓐ 0.758
Ⓑ 7.58
Ⓒ 758
Ⓓ 7,580

6. ¿Qué número hará que el siguiente enunciado sea verdadero? **(Lección 3.3)**

$58.827 < 58.\square 1$

Ⓐ 2
Ⓑ 3
Ⓒ 8
Ⓓ 9

Nombre ______________________________

Escribir ceros en el dividendo

ESTÁNDAR COMÚN CC.5.NBT.7

Perform operations with multi-digit whole numbers and with decimals to hundredths.

Divide.

1. $6\overline{)23.70}$ = 3.95

   −18
   57
   −54
   30
   −30
   0

2. $25\overline{)405}$

3. $0.6\overline{)12.9}$

4. $0.8\overline{)30}$

5. $4\overline{)36.2}$

6. $35\overline{)97.3}$

7. $7.8 \div 15$

8. $49 \div 14$

9. $52.2 \div 12$

10. $1.14 \div 0.76$

11. $20.2 \div 4$

12. $138.4 \div 16$

Resolución de problemas EN EL MUNDO

13. Mark tiene un cartón que mide 12 pies de longitud. Corta el cartón en 8 partes de igual longitud. ¿Qué longitud tiene cada parte?

____

14. Josh paga $7.59 por 2.2 libras de carne de pavo picada. ¿Cuál es el precio por libra de la carne de pavo picada?

____

PREPARACIÓN PARA LA PRUEBA

Revisión de la lección (CC.5.NBT.7)

1. Tina divide 21.4 onzas de frutos secos surtidos en partes iguales en 5 bolsas. ¿Cuántas onzas de frutos secos surtidos hay en cada bolsa?

   Ⓐ 0.428 onzas
   Ⓑ 4.28 onzas
   Ⓒ 42.8 onzas
   Ⓓ 428 onzas

2. Una babosa se arrastra 5.62 metros en 0.4 horas. ¿Cuál es la velocidad de la babosa en metros por hora?

   Ⓐ 0.1405 metros por hora
   Ⓑ 1.405 metros por hora
   Ⓒ 14.05 metros por hora
   Ⓓ 140.5 metros por hora

Repaso en espiral (CC.5.NBT.2, CC.5.NBT.6, CC.5.NBT.7)

3. Suzy compra 35 libras de arroz. Lo divide en partes iguales en 100 bolsas. ¿Cuántas libras de arroz coloca Suzy en cada bolsa? **(Lección 5.1)**

   Ⓐ 0.035 libras
   Ⓑ 0.35 libras
   Ⓒ 3.5 libras
   Ⓓ 3,500 libras

4. Juliette gasta $6.12 en la tienda. Morgan gasta 3 veces más que Juliette. Jonah gasta $4.29 más que Morgan. ¿Cuánto dinero gastó Jonah? **(Lección 4.5)**

   Ⓐ $31.23
   Ⓑ $22.65
   Ⓒ $10.41
   Ⓓ $5.49

5. Los boletos para 12 funciones de un concierto se agotaron. En total se vendieron 8,208 boletos. ¿Cuántos boletos se vendieron para cada función? **(Lección 2.6)**

   Ⓐ 679
   Ⓑ 684
   Ⓒ 689
   Ⓓ 694

6. Jared tiene dos perros, Spot y Rover. Spot pesa 75.25 libras. Rover pesa 48.8 libras más que Spot. ¿Cuánto pesa Rover? **(Lección 3.8)**

   Ⓐ 34.45 libras
   Ⓑ 123.33 libras
   Ⓒ 124.05 libras
   Ⓓ 124.5 libras

Nombre ______________________

Resolución de problemas • Operaciones con números decimales

ESTÁNDAR COMÚN CC.5.NBT.7
Perform operations with multi-digit whole numbers and with decimals to hundredths.

1. Lily gastó $30.00 en una camiseta, un emparedado y 2 libros. La camiseta costó $8.95 y el emparedado costó $7.25. Ambos libros costaron lo mismo. ¿Cuánto costó cada libro?

(2 × costo de cada libro) + $8.95 + $7.25 = $30.00

$30.00 − $8.95 − $7.25 = (2 × costo de cada libro)

(2 × costo de cada libro) = $13.80

$13.80 ÷ 2 = $6.90

$6.90

2. Meryl gastó un total de $68.82 en 2 pares de tenis de igual costo. El impuesto sobre las ventas fue $5.32. Meryl también usó un cupón de $3.00 de descuento. ¿Cuánto costó cada par de tenis?

______

3. Un paquete de 6 camisetas cuesta $13.98. Esto es $3.96 menos que lo que cuesta comprar 6 camisetas por separado. Si cada camiseta cuesta lo mismo, ¿cuánto cuesta cada camiseta si se compra por separado?

______

4. Mason gastó $15.85 en 3 cuadernos y 2 cajas de marcadores. Las cajas de marcadores costaron $3.95 cada una y el impuesto sobre las ventas fue $1.23. Mason también usó un cupón de descuento de $0.75. Si cada cuaderno costó lo mismo, ¿cuánto costó cada cuaderno?

______

![PREPARACIÓN PARA LA PRUEBA]

Revisión de la lección (CC.5.NBT.7)

1. Joe gasta $8 en comida y $6.50 en la tintorería. También compra 2 camisetas que cuestan lo mismo cada una. Joe gasta un total de $52. ¿Cuál es el costo de cada camiseta?

Ⓐ $18.25

Ⓑ $18.75

Ⓒ $33.75

Ⓓ $37.50

2. Tina usa un vale de regalo de $50 para comprar un par de piyamas a $17.97, un collar a $25.49 y 3 pares de calcetines que cuestan lo mismo cada uno. Tina tiene que pagar $0.33 porque el vale de regalo no cubre el costo total de todos los artículos. ¿Cuánto cuesta cada par de calcetines?

Ⓐ $0.11

Ⓑ $2.07

Ⓒ $2.18

Ⓓ $2.29

Repaso en espiral (CC.5.NBT.2, CC.5.NBT.3b, CC.5.NBT.7)

3. ¿En qué lista se ordenan los números de menor a mayor? **(Lección 3.3)**

Ⓐ 0.123, 2.13, 3.12, 2.31

Ⓑ 0.123, 2.13, 2.31, 3.12

Ⓒ 2.13, 0.123, 3.12, 2.31

Ⓓ 3.12, 2.31, 2.13, 0.123

4. Stephen escribió el problema 46.8 ÷ 0.5. ¿Cuál es el cociente correcto? **(Lección 5.7)**

Ⓐ 0.936

Ⓑ 9.36

Ⓒ 93.6

Ⓓ 936

5. Sarah, Juan y Larry están en el equipo de atletismo. La semana pasada, Sarah corrió 8.25 millas, Juan corrió 11.8 millas y Larry corrió 9.3 millas. ¿Cuántas millas corrieron todos en total? **(Lección 3.8)**

Ⓐ 28.35 millas

Ⓑ 28.36 millas

Ⓒ 29.35 millas

Ⓓ 29.36 millas

6. En un viaje de pesca, Lucy y Ed atraparon un pez cada uno. El pez de Ed pesó 6.45 libras. El pez de Lucy pesó 1.6 veces más libras. ¿Cuánto pesó el pez de Lucy? **(Lección 4.7)**

Ⓐ 4.85 libras

Ⓑ 8.05 libras

Ⓒ 10.32 libras

Ⓓ 103.20 libras

Nombre ____________________

Práctica adicional del Capítulo 5

Lección 5.1

Completa el patrón.

1. $274 \div 1 =$ ________

$274 \div 10 =$ ________

$274 \div 100 =$ ________

$274 \div 1{,}000 =$ ________

2. $83 \div 1 =$ ________

$83 \div 10 =$ ________

$83 \div 100 =$ ________

$83 \div 1{,}000 =$ ________

3. $12 \div 10^0 =$ ________

$12 \div 10^1 =$ ________

$12 \div 10^2 =$ ________

$12 \div 10^3 =$ ________

Lecciones 5.2, 5.4

Usa el modelo para completar el enunciado numérico.

1. $1.2 \div 4 =$ ________

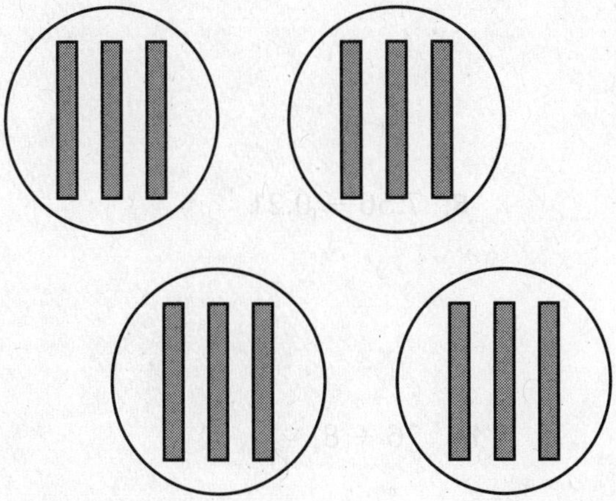

2. $3.75 \div 3 =$ ________

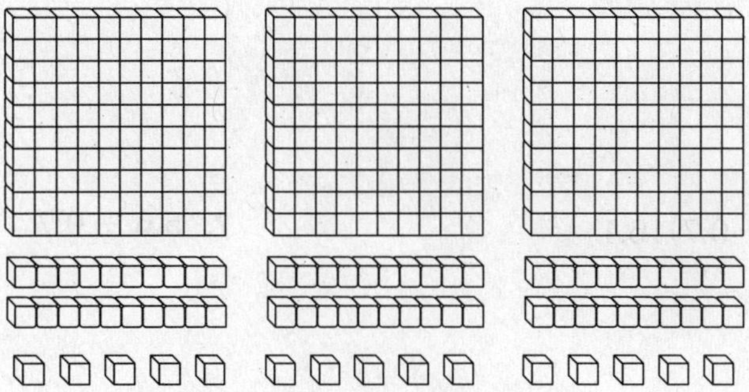

Divide.

3. $2.4 \div 6 =$ ________

4. $4.9 \div 7 =$ ________

5. $4.92 \div 4 =$ ________

6. $7\overline{)9.24}$

7. $4\overline{)\$7.64}$

8. $52\overline{)140.4}$

Lección 5.3

Estima el cociente.

1. $28.3 \div 9$ **2.** $74.3 \div 8$ **3.** $198.4 \div 21$

Lecciones 5.5 a 5.7

Usa el modelo para completar el enunciado numérico.

1. $1.60 \div 0.8 =$ ________

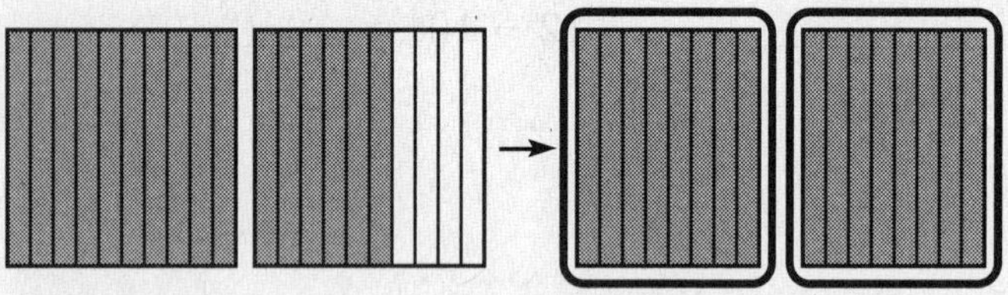

2. $0.32 \div 0.08 =$ ________

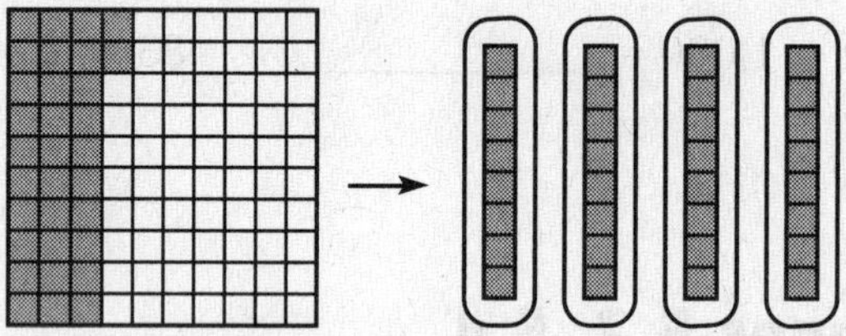

Divide.

3. $3.2 \div 0.8$ **4.** $8.1 \div 0.9$ **5.** $1.68 \div 0.56$

6. $0.7\overline{)16.1}$ **7.** $5.6 \div 0.7$ **8.** $7.56 \div 0.21$

9. $8\overline{)92}$ **10.** $11 \div 2.5$ **11.** $76 \div 8$

Lección 5.8

1. Quinn gastó $16.49 en 3 revistas y 4 hojas de adhesivos. Las revistas costaron $3.99 cada una y el impuesto sobre las ventas fue $1.02. Quinn también usó un cupón de descuento de $1.50. Si cada hoja de adhesivos costó lo mismo, ¿cuánto costó cada hoja de adhesivos?

____

2. Jairo gastó $40.18 en 3 CD de música. Cada CD costó lo mismo. El impuesto sobre las ventas fue $2.33. Jairo también usó un cupón de descuento de $1.00. ¿Cuánto costó cada CD?

____

Capítulo 6

Carta para la casa

Vocabulario

denominador común Un múltiplo común de dos o más denominadores.

fracciones equivalentes Fracciones que indican la misma cantidad o parte.

mínimo común denominador El mínimo común múltiplo de dos o más denominadores.

mínimo común múltiplo El menor número que es múltiplo común de dos o más números.

Querida familia:

Durante las próximas semanas, en la clase de matemáticas trabajaremos con las operaciones de suma y resta con fracciones. Aprenderemos a identificar y usar denominadores comunes.

El estudiante llevará a casa tareas sobre actividades para sumar y restar números mixtos.

Este es un ejemplo de cómo se le enseñará a estimar diferencias de fracciones.

MODELO Estima sumas y diferencias.

Así es como estimaremos $\frac{7}{8} - \frac{2}{5}$.

PASO 1

Redondea cada fracción al 0, $\frac{1}{2}$ ó 1 más próximos.

$\frac{7}{8} \rightarrow 1$

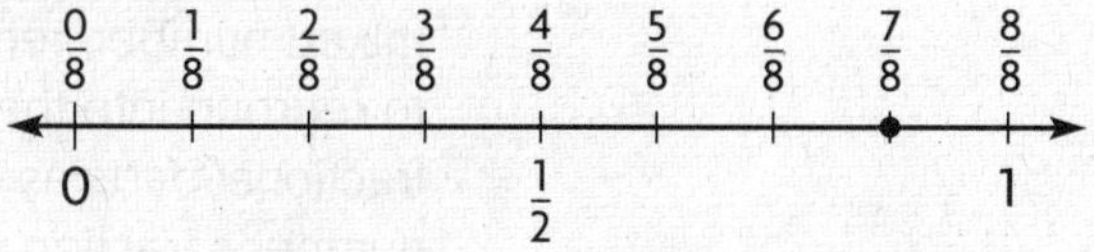

$\frac{2}{5} \rightarrow \frac{1}{2}$

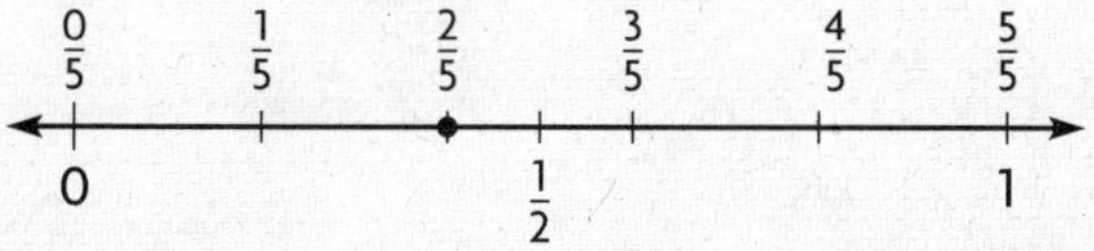

PASO 2

Resta las fracciones redondeadas.

$1 - \frac{1}{2} = \frac{1}{2}$

Pistas

Resta con conversión

Para reagrupar el número natural en un número mixto, recuerda reagrupar con la misma cantidad de partes fraccionarias que el valor fraccionario de ese número.

Actividad

Una regla puede servir para identificar rápidamente los puntos de referencia que se usan cuando se estiman sumas y diferencias de fracciones. Pida a su niño que estime sumas y diferencias de fracciones como $\frac{7}{8} - \frac{2}{4}$ y $1\frac{3}{8} + \frac{1}{4}$.

Chapter 6

School-Home Letter

Dear Family,

Throughout the next few weeks, our math class will study the operations of addition and subtraction with fractions. The students will study and learn to identify and apply common denominators.

You can expect to see homework that includes adding and subtracting mixed numbers.

Here is a sample of how your child will be taught to estimate differences of fractions.

Vocabulary

common denominator A common multiple of two or more denominators

equivalent fractions Fractions that name the same amount or part

least common denominator The least common multiple of two or more denominators

least common multiple The least number that is a common multiple of two or more numbers

MODEL Estimate Sums and Differences

This is how we will be estimating $\frac{7}{8} - \frac{2}{5}$.

STEP 1

Round each fraction to the nearest 0, $\frac{1}{2}$, or 1.

$\frac{7}{8} \rightarrow 1$

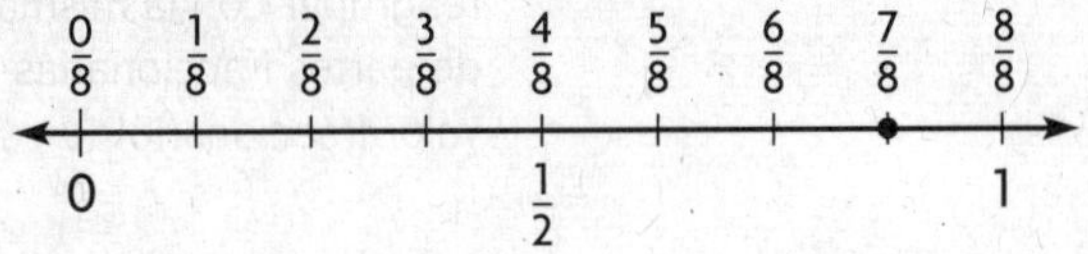

$\frac{2}{5} \rightarrow \frac{1}{5}$

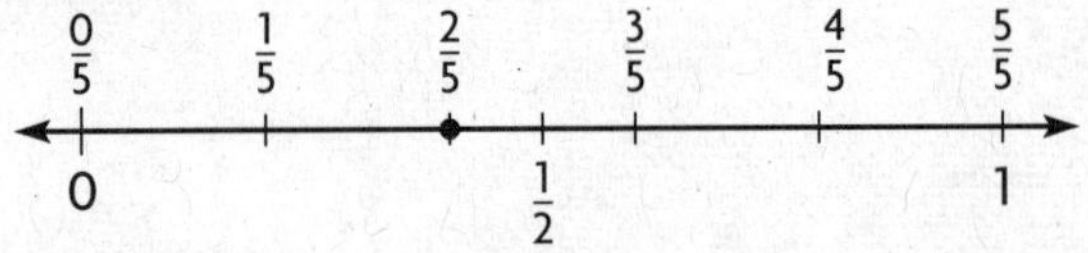

STEP 2

Subtract the rounded fractions.

$1 - \frac{1}{2} = \frac{1}{2}$

Tips

Subtraction with Renaming

If you have to regroup from the whole number in a mixed number, remember to regroup into the same fractional parts as in that number's fraction value.

Activity

Having a ruler handy helps to quickly identify benchmarks to use when estimating fraction sums and differences. Have your child estimate fraction sums and differences such as $\frac{7}{8} - \frac{2}{4}$ and $1\frac{3}{8} + \frac{1}{4}$.

Nombre ______________________

Suma con denominadores distintos

ESTÁNDAR COMÚN CC.5.NF.2

Use equivalent fractions as a strategy to add and subtract fractions.

Usa tiras fraccionarias para hallar la suma. Escribe el resultado en su mínima expresión.

1. $\frac{1}{2} + \frac{3}{4}$

$\frac{1}{2} + \frac{3}{4} = \frac{2}{4} + \frac{3}{4} = \frac{5}{4}$ ó $1\frac{1}{4}$

$1\frac{1}{4}$

2. $\frac{1}{3} + \frac{1}{4}$

3. $\frac{3}{5} + \frac{1}{2}$

4. $\frac{3}{8} + \frac{1}{2}$

5. $\frac{1}{4} + \frac{5}{8}$

6. $\frac{2}{3} + \frac{3}{4}$

7. $\frac{1}{2} + \frac{2}{5}$

8. $\frac{2}{3} + \frac{1}{2}$

9. $\frac{7}{8} + \frac{1}{2}$

10. $\frac{5}{6} + \frac{1}{3}$

11. $\frac{1}{5} + \frac{1}{2}$

12. $\frac{3}{4} + \frac{3}{8}$

Resolución de problemas EN EL MUNDO

13. Para hacer salchichas, Brandus compró $\frac{1}{3}$ de libra de carne de pavo molida y $\frac{3}{4}$ de libra de carne de res molida. ¿Cuántas libras de carne compró?

14. Para pasar una cinta alrededor de un sombrero y armar un moño, Stacey necesita $\frac{5}{6}$ de yarda de cinta negra y $\frac{2}{3}$ de yarda de cinta roja. ¿Cuánta cinta necesita en total?

PREPARACIÓN PARA LA PRUEBA

Revisión de la lección (CC.5.NF.2)

1. Hernán comió $\frac{5}{8}$ de una pizza mediana. Elizabeth comió $\frac{1}{4}$ de la pizza. ¿Cuánta pizza comieron entre los dos?

   (A) $\frac{2}{4}$

   (B) $\frac{6}{12}$

   (C) $\frac{6}{8}$

   (D) $\frac{7}{8}$

2. Bill comió $\frac{1}{4}$ de libra de frutos secos surtidos en la primera parada de una excursión. En la segunda parada, comió $\frac{1}{6}$ libra. ¿Cuántas libras de frutos secos surtidos comió durante las dos paradas?

   (A) $\frac{5}{6}$ libra

   (B) $\frac{5}{12}$ libra

   (C) $\frac{1}{3}$ libra

   (D) $\frac{1}{5}$ libra

Repaso en espiral (CC.5.NBT.1, CC.5.NBT.2, CC.5.NBT.5, CC.5.NBT.6, CC.5.NBT.7)

3. En el número 782,341,693, ¿qué dígito ocupa el lugar de las decenas de millar? **(Lección 1.1)**

   (A) 2

   (B) 4

   (C) 8

   (D) 9

4. Matt corrió 8 vueltas en 1,256 segundos. Si corrió cada vuelta en la misma cantidad de tiempo, ¿cuántos segundos tardó en correr 1 vuelta? **(Lección 1.9)**

   (A) 107 segundos

   (B) 132 segundos

   (C) 157 segundos

   (D) 170 segundos

5. Gilbert compró 3 camisas por $15.90 cada una, incluidos los impuestos. ¿Cuánto gastó? **(Lección 4.3)**

   (A) $5.30

   (B) $35.70

   (C) $37.70

   (D) $47.70

6. Julia tiene 14 libras de frutos secos. Una libra contiene 16 onzas. ¿Cuántas onzas de frutos secos tiene Julia? **(Lección 1.7)**

   (A) 224 onzas

   (B) 124 onzas

   (C) 98 onzas

   (D) 30 onzas

Nombre ______________________

Resta con denominadores distintos

ESTÁNDAR COMÚN CC.5.NF.2
Use equivalent fractions as a strategy to add and subtract fractions.

Usa tiras fraccionarias para hallar la diferencia. Escribe el resultado en su mínima expresión.

1. $\frac{1}{2} - \frac{1}{3}$

$\frac{1}{2} - \frac{1}{3} = \frac{3}{6} - \frac{2}{6} = \frac{1}{6}$

$\frac{1}{6}$

2. $\frac{3}{4} - \frac{3}{8}$

3. $\frac{7}{8} - \frac{1}{2}$

4. $\frac{1}{2} - \frac{1}{5}$

5. $\frac{2}{3} - \frac{1}{4}$

6. $\frac{4}{5} - \frac{1}{2}$

7. $\frac{3}{4} - \frac{1}{3}$

8. $\frac{5}{8} - \frac{1}{2}$

9. $\frac{7}{10} - \frac{1}{2}$

10. $\frac{9}{10} - \frac{2}{5}$

11. $\frac{5}{8} - \frac{1}{4}$

12. $\frac{2}{3} - \frac{1}{2}$

Resolución de problemas EN EL MUNDO

13. A Ámber le quedaron $\frac{3}{8}$ de un pastel que hizo para su fiesta. Envolvió $\frac{1}{4}$ del pastel original para dárselo a su mejor amiga. ¿Qué parte fraccionaria le quedó a Ámber?

14. Wesley compró $\frac{1}{2}$ libra de clavos para un proyecto. Cuando terminó el proyecto, le quedó $\frac{1}{4}$ de libra de los clavos. ¿Cuántas libras de clavos usó?

PREPARACIÓN PARA LA PRUEBA

Revisión de la lección (CC.5.NF.2)

1. Según una receta para hacer un pastel de carne, se necesitan $\frac{7}{8}$ de taza de miga de pan para el pastel y la cobertura. Si se usan $\frac{3}{4}$ taza para el pastel, ¿qué fracción de taza se usa para la cobertura?

Ⓐ $\frac{4}{4}$ taza

Ⓑ $\frac{4}{8}$ taza

Ⓒ $\frac{1}{4}$ taza

Ⓓ $\frac{1}{8}$ taza

2. Hannah compró $\frac{3}{4}$ de yarda de fieltro para un proyecto. Usó $\frac{1}{8}$ yarda. ¿Qué fracción de yarda de fieltro le quedó?

Ⓐ $\frac{2}{8}$ yarda

Ⓑ $\frac{4}{8}$ yarda

Ⓒ $\frac{5}{8}$ yarda

Ⓓ $\frac{5}{4}$ yardas

Repaso en espiral (CC.5.NBT.2, CC.5.NBT.4, CC.5.NBT.7, CC.5.NF.3)

3. Jasmine corrió una carrera en 34.287 minutos. Redondea ese tiempo al décimo de minuto más próximo. **(Lección 3.4)**

Ⓐ 34.3 minutos

Ⓑ 34.2 minutos

Ⓒ 34.0 minutos

Ⓓ 30.0 minutos

4. El Club de Arte realizará un evento para juntar fondos al que asistirán 198 personas. Si a cada mesa pueden sentarse 12 personas, ¿cuál es la menor cantidad de mesas que se necesitan? **(Lección 2.7)**

Ⓐ 15

Ⓑ 16

Ⓒ 17

Ⓓ 20

5. En un día, Sam gastó \$4.85 en el almuerzo. También compró 2 libros por \$7.95 cada uno. Al final del día, a Sam le quedaban \$8.20. ¿Cuánto dinero tenía al comienzo del día? **(Lección 4.5)**

Ⓐ \$12.80

Ⓑ \$20.75

Ⓒ \$21.00

Ⓓ \$28.95

6. ¿Cuál es el producto de 7.5 y 1,000? **(Lección 4.1)**

Ⓐ 0.0075

Ⓑ 0.075

Ⓒ 7,500

Ⓓ 75,000

Nombre ______________________

Estimar sumas y diferencias de fracciones

ESTÁNDAR COMÚN CC.5.NF.2
Use equivalent fractions as a strategy to add and subtract fractions.

Estima la suma o la diferencia.

1. $\frac{1}{2} - \frac{1}{3}$

Piensa: $\frac{1}{3}$ está más cerca de $\frac{1}{2}$ que de 0.

Estimación: 0

2. $\frac{1}{8} + \frac{1}{4}$

Estimación: ______

3. $\frac{4}{5} - \frac{1}{2}$

Estimación: ______

4. $2\frac{3}{5} - 1\frac{3}{8}$

Estimación: ______

5. $\frac{1}{5} + \frac{3}{7}$

Estimación: ______

6. $\frac{2}{5} + \frac{2}{3}$

Estimación: ______

7. $2\frac{2}{3} + \frac{3}{4}$

Estimación: ______

8. $1\frac{7}{8} - 1\frac{1}{2}$

Estimación: ______

9. $4\frac{1}{8} - \frac{3}{4}$

Estimación: ______

10. $3\frac{9}{10} - 1\frac{2}{5}$

Estimación: ______

11. $2\frac{5}{8} + 1\frac{1}{4}$

Estimación: ______

12. $1\frac{1}{3} - \frac{1}{4}$

Estimación: ______

Resolución de problemas EN EL MUNDO

13. Para hacer una ensalada de frutas, Jenna mezcló $\frac{3}{8}$ de taza de pasas, $\frac{7}{8}$ de taza de naranjas y $\frac{3}{4}$ de taza de manzanas. ¿Alrededor de cuántas tazas de frutas hay en la ensalada?

____

14. Tyler tiene $2\frac{7}{16}$ yardas de tela. Usa $\frac{3}{4}$ yarda para hacer un chaleco. ¿Alrededor de cuánta tela le queda?

____

PREPARACIÓN PARA LA PRUEBA

Revisión de la lección (CC.5.NF.2)

1. La casa de Helen está ubicada en un terreno rectangular que mide $1\frac{1}{8}$ millas por $\frac{9}{10}$ milla. Estima la distancia alrededor del terreno.

   Ⓐ alrededor de 3 millas
   Ⓑ alrededor de 4 millas
   Ⓒ alrededor de 5 millas
   Ⓓ alrededor de 6 millas

2. Keith compró un paquete de $2\frac{9}{16}$ libras de carne molida para hacer hamburguesas. Le quedan $\frac{2}{5}$ de libra de carne molida. ¿Alrededor de cuántas libras de carne molida usó para hacer las hamburguesas?

   Ⓐ alrededor de 4 libras
   Ⓑ alrededor de 3 libras
   Ⓒ alrededor de 2 libras
   Ⓓ alrededor de 1 libra

Repaso en espiral (CC.5.NBT.5, CC.5.NBT.7, CC.5.NF.3)

3. Jason compró dos cajas de clavos idénticas. Una caja pesa 168 onzas. ¿Cuál es el peso total en onzas de los clavos que compró Jason? **(Lección 1.6)**

   Ⓐ 84 onzas
   Ⓑ 226 onzas
   Ⓒ 326 onzas
   Ⓓ 336 onzas

4. Hank quiere repartir 345 caramelos en partes iguales entre sus 23 compañeros. ¿Cuántos caramelos le quedarán? **(Lección 2.7)**

   Ⓐ 0
   Ⓑ 2
   Ⓒ 11
   Ⓓ 22

5. ¿Cuál es la estimación más razonable para $23.63 \div 6$? **(Lección 5.3)**

   Ⓐ 3
   Ⓑ 4
   Ⓒ 5
   Ⓓ 6

6. ¿Cuál es la regla para la siguiente secuencia? **(Lección 3.10)**

   0.8, 0.86, 0.92, 0.98, ...

   Ⓐ Comienza en 0.8, suma 0.06.
   Ⓑ Comienza en 0.8, suma 0.6.
   Ⓒ Comienza en 0.98, resta 0.06.
   Ⓓ Comienza en 0.98, resta 0.6.

Nombre ______________________

Denominadores comunes y fracciones equivalentes

ESTÁNDAR COMÚN CC.5.NF.1

Use equivalent fractions as a strategy to add and subtract fractions.

Usa un denominador común y escribe una fracción equivalente para cada fracción.

1. $\frac{1}{5}, \frac{1}{2}$ denominador común: 10

Piensa: 10 es múltiplo de 5 y de 2. Halla fracciones equivalentes con denominador 10.

______

2. $\frac{1}{4}, \frac{2}{3}$ denominador común: ______

______

3. $\frac{5}{6}, \frac{1}{3}$ denominador común: ______

______

4. $\frac{3}{5}, \frac{1}{3}$ denominador común: ______

______

5. $\frac{1}{2}, \frac{3}{8}$ denominador común: ______

______

6. $\frac{1}{6}, \frac{1}{4}$ denominador común: ______

______

Usa el mínimo común denominador y escribe una fracción equivalente para cada fracción.

7. $\frac{5}{6}, \frac{2}{9}$

______

8. $\frac{1}{12}, \frac{3}{8}$

______

9. $\frac{5}{9}, \frac{2}{15}$

______

Resolución de problemas EN EL MUNDO

10. Elena toca el piano $\frac{2}{3}$ hora cada día. También corre $\frac{1}{2}$ hora. ¿Cuál es el mínimo común denominador de las fracciones?

______

11. En un experimento de ciencias, una planta creció $\frac{3}{4}$ pulgada una semana y $\frac{1}{2}$ pulgada la semana siguiente. Usa un denominador común y escribe una fracción equivalente para cada fracción.

______

PREPARACIÓN PARA LA PRUEBA

Revisión de la lección (CC.5.NF.1)

1. ¿Qué fracciones usan el mínimo común denominador y son equivalentes a $\frac{9}{10}$ y $\frac{5}{6}$?

   Ⓐ $\frac{54}{60}$ y $\frac{45}{60}$

   Ⓑ $\frac{27}{30}$ y $\frac{25}{30}$

   Ⓒ $\frac{29}{30}$ y $\frac{15}{30}$

   Ⓓ $\frac{9}{16}$ y $\frac{5}{16}$

2. Joseph dice que quedan $\frac{5}{8}$ de una tarta de calabaza y $\frac{1}{2}$ de una tarta de duraznos. ¿Qué par de fracciones NO es equivalente a $\frac{5}{8}$ y $\frac{1}{2}$?

   Ⓐ $\frac{5}{8}$ y $\frac{4}{8}$

   Ⓑ $\frac{10}{16}$ y $\frac{8}{16}$

   Ⓒ $\frac{15}{24}$ y $\frac{8}{24}$

   Ⓓ $\frac{50}{80}$ y $\frac{40}{80}$

Repaso en espiral (CC.5.OA.1, CC.5.NBT.3b, CC.5.NBT.6, CC.5.NBT.7)

3. Matthew hizo los siguientes tiempos en dos carreras: 3.032 minutos y 3.023 minutos. ¿Qué enunciado sobre estos dos números es verdadero? **(Lección 3.3)**

   Ⓐ $3.032 > 3.023$

   Ⓑ $3.032 = 3.023$

   Ⓒ $3.032 < 3.023$

   Ⓓ $3.023 > 3.023$

4. Los estudiantes de la clase de Olivia juntaron 3,591 tapas de botellas en 57 días. En promedio, ¿cuántas tapas de botellas juntaron por día? **(Lección 2.6)**

   Ⓐ 57

   Ⓑ 62

   Ⓒ 63

   Ⓓ 64

5. Elizabeth multiplicó 0.63 por 1.8. ¿Cuál es el producto correcto? **(Lección 4.7)**

   Ⓐ 0.567

   Ⓑ 0.654

   Ⓒ 1.114

   Ⓓ 1.134

6. ¿Cuál es el valor de $(17 + 8) - 6 \times 2$? **(Lección 1.11)**

   Ⓐ 13

   Ⓑ 21

   Ⓒ 37

   Ⓓ 38

Nombre ______________________

Sumar y restar fracciones

ESTÁNDAR COMÚN CC.5.NF.1
Use equivalent fractions as a strategy to add and subtract fractions.

Halla la suma o la diferencia. Escribe el resultado en su mínima expresión.

1. $\frac{1}{2} - \frac{1}{7}$

$$\begin{array}{rcr} \frac{1}{2} & \rightarrow & \frac{7}{14} \\ -\frac{1}{7} & \rightarrow & -\frac{2}{14} \\ \hline & & \frac{5}{14} \end{array}$$

2. $\frac{7}{10} - \frac{1}{2}$ ______

3. $\frac{1}{6} + \frac{1}{2}$ ______

4. $\frac{5}{8} + \frac{2}{5}$ ______

5. $\frac{9}{10} - \frac{1}{3}$ ______

6. $\frac{3}{4} - \frac{2}{5}$ ______

7. $\frac{5}{7} - \frac{1}{4}$ ______

8. $\frac{7}{8} + \frac{1}{3}$ ______

9. $\frac{5}{6} + \frac{2}{5}$ ______

10. $\frac{1}{6} - \frac{1}{10}$ ______

11. $\frac{6}{11} - \frac{1}{2}$ ______

12. $\frac{5}{6} + \frac{3}{7}$ ______

Resolución de problemas EN EL MUNDO

13. Kaylin mezcló dos líquidos para un experimento de ciencias. Un recipiente contenía $\frac{7}{8}$ taza y el otro contenía $\frac{9}{10}$ taza. ¿Cuál es la cantidad total de la mezcla?

____

14. Henry compró $\frac{1}{4}$ de libra de tornillos y $\frac{2}{5}$ de libra de clavos para construir una rampa para patinetas. ¿Cuál es el peso total de los tornillos y los clavos?

____

PREPARACIÓN PARA LA PRUEBA

Revisión de la lección (CC.5.NF.1)

1. Lyle compró $\frac{3}{8}$ de libra de uvas rojas y $\frac{5}{12}$ de libra de uvas verdes. ¿Cuántas libras de uvas compró?

   Ⓐ $\frac{19}{24}$ libra

   Ⓑ $\frac{2}{5}$ libra

   Ⓒ $\frac{1}{3}$ libra

   Ⓓ $\frac{1}{24}$ libra

2. Jennifer tenía un cartón que medía $\frac{7}{8}$ pie. Cortó un trozo de $\frac{1}{4}$ pie para un proyecto. En pies, ¿cuánto cartón quedó?

   Ⓐ $\frac{12}{8}$ pies

   Ⓑ $\frac{9}{8}$ pies

   Ⓒ $\frac{6}{8}$ pie

   Ⓓ $\frac{5}{8}$ pie

Repaso en espiral (CC.5.NBT.6, CC.5.NBT.7, CC.5.NF.3)

3. Iván tiene 15 yardas de fieltro verde y 12 yardas de fieltro azul para hacer 3 edredones. Si Iván usa la misma cantidad total de yardas para cada edredón, ¿cuántas yardas de fieltro usa para cada edredón? **(Lección 1.9)**

   Ⓐ 4 yardas

   Ⓑ 5 yardas

   Ⓒ 9 yardas

   Ⓓ 27 yardas

4. Ocho camisas idénticas cuestan en total $152. ¿Cuánto cuesta una camisa? **(Lección 2.2)**

   Ⓐ $2

   Ⓑ $8

   Ⓒ $19

   Ⓓ $24

5. Melissa compró un lápiz por $0.34, una goma de borrar por $0.22 y un cuaderno por $0.98. ¿Cuál es la estimación más razonable para la cantidad de dinero que gastó Melissa? **(Lección 3.7)**

   Ⓐ $1.60

   Ⓑ $1.50

   Ⓒ $1.40

   Ⓓ $1.30

6. Los 12 integrantes del club de caminatas de Dante se repartieron 176 onzas de frutos secos surtidos en partes iguales. ¿Cuántas onzas de frutos secos surtidos recibió cada integrante del club? **(Lección 2.7)**

   Ⓐ 15 onzas

   Ⓑ $14\frac{2}{3}$ onzas

   Ⓒ 14 onzas

   Ⓓ 12 onzas

Nombre ______________________________

Sumar y restar números mixtos

ESTÁNDAR COMÚN CC.5.NF.1

Use equivalent fractions as a strategy to add and subtract fractions.

Halla la suma o la diferencia. Escribe el resultado en su mínima expresión.

1. $3\frac{1}{2} - 1\frac{1}{5}$

$$3\frac{1}{2} \rightarrow 3\frac{5}{10}$$
$$-1\frac{1}{5} \rightarrow -1\frac{2}{10}$$
$$2\frac{3}{10}$$

2. $2\frac{1}{3} + 1\frac{3}{4}$

3. $4\frac{1}{8} + 2\frac{1}{3}$

4. $5\frac{1}{3} + 6\frac{1}{6}$

5. $2\frac{1}{4} + 1\frac{2}{5}$

6. $5\frac{17}{18} - 2\frac{2}{3}$

7. $6\frac{3}{4} - 1\frac{5}{8}$

8. $5\frac{3}{7} - 2\frac{1}{5}$

9. $4\frac{1}{8} + 2\frac{5}{12}$

10. $6\frac{6}{7} - 2\frac{3}{4}$

11. $5\frac{5}{6} - 2\frac{3}{4}$

12. $2\frac{6}{25} - 1\frac{1}{10}$

Resolución de problemas EN EL MUNDO

13. Jacobi compró $7\frac{1}{2}$ libras de albóndigas. Decidió cocinar $1\frac{1}{4}$ libras y congelar el resto. ¿Cuántas libras congeló?

14. Jill caminó $8\frac{1}{8}$ millas hasta un parque y luego $7\frac{2}{5}$ millas hasta su casa. ¿Cuántas millas caminó en total?

PREPARACIÓN PARA LA PRUEBA

Revisión de la lección (CC.5.NF.1)

1. Ming tiene como objetivo correr $4\frac{1}{2}$ millas por día. El lunes, corrió $5\frac{9}{16}$ millas. ¿En cuánto excedió su objetivo ese día?

   (A) $1\frac{1}{16}$ millas

   (B) $1\frac{7}{16}$ millas

   (C) $1\frac{8}{16}$ millas

   (D) $1\frac{8}{14}$ millas

2. En una tienda de comestibles, Ricardo pidió $3\frac{1}{5}$ libras de queso de Cheddar y $2\frac{3}{4}$ libras de queso *mozzarella*. ¿Cuántas libras de queso pidió?

   (A) $5\frac{19}{20}$ libras

   (B) $5\frac{17}{20}$ libras

   (C) $5\frac{4}{9}$ libras

   (D) $5\frac{4}{20}$ libras

Repaso en espiral (CC.5.NBT.3a, CC.5.NBT.2, CC.5.NBT.6, CC.5.NBT.7)

3. Un teatro tiene 175 butacas. Hay 7 butacas en cada hilera. ¿Cuántas hileras hay? **(Lección 2.2)**

   (A) 15

   (B) 17

   (C) 25

   (D) 30

4. Durante los primeros 14 días, 2,755 personas visitaron una tienda nueva. ¿Alrededor de cuántas personas visitaron la tienda cada día? **(Lección 2.5)**

   (A) alrededor de 100

   (B) alrededor de 150

   (C) alrededor de 200

   (D) alrededor de 700

5. ¿Qué número es 100 veces más grande que 0.3? **(Lección 3.2)**

   (A) 300

   (B) 30

   (C) 3

   (D) 0.003

6. Mark dice que el producto de 0.02 y 0.7 es 14. Mark está equivocado. ¿Qué producto es correcto? **(Lección 4.8)**

   (A) 0.014

   (B) 0.14

   (C) 1.4

   (D) 14.0

Nombre ______________________

Resta con conversión

ESTÁNDAR COMÚN CC.5.NF.1
Use equivalent fractions as a strategy to add and subtract fractions.

Estima. Luego halla la diferencia y escríbela en su mínima expresión.

1. Estimación: ____________

$6\frac{1}{3} - 1\frac{2}{5}$

$$\begin{array}{rcr} 6\frac{1}{3} & \rightarrow & \overset{5}{\not{6}}\,\frac{\overset{20}{5}}{15} \\ -1\frac{2}{5} & \rightarrow & -1\frac{6}{15} \\ \hline & & 4\frac{14}{15} \end{array}$$

2. Estimación: ____________

$4\frac{1}{2} - 3\frac{5}{6}$

3. Estimación: ____________

$9 - 3\frac{7}{8}$

4. Estimación: ____________

$2\frac{1}{6} - 1\frac{2}{7}$

5. Estimación: ____________

$8 - 6\frac{1}{9}$

6. Estimación: ____________

$9\frac{1}{4} - 3\frac{2}{3}$

7. Estimación: ____________

$2\frac{1}{8} - 1\frac{2}{7}$

8. Estimación: ____________

$8\frac{1}{5} - 3\frac{5}{9}$

9. Estimación: ____________

$10\frac{2}{3} - 5\frac{9}{10}$

Resolución de problemas EN EL MUNDO

10. Carlene compró $8\frac{1}{16}$ yardas de cinta para decorar una camisa. Solo usó $5\frac{1}{2}$ yardas. ¿Cuánta cinta le queda?

____

11. Durante su primera visita al veterinario, el perrito de Pedro pesaba $6\frac{1}{8}$ libras. En su segunda visita, pesaba $9\frac{1}{16}$ libras. ¿Cuánto peso aumentó el perrito entre las dos visitas?

____

PREPARACIÓN PARA LA PRUEBA

Revisión de la lección (CC.5.NF.1)

1. Natalia recogió $7\frac{1}{6}$ bushels de manzanas hoy y $4\frac{5}{8}$ bushels ayer. ¿Cuántos bushels más recogió hoy?

   Ⓐ $3\frac{4}{24}$ bushels
   Ⓑ $2\frac{13}{24}$ bushels
   Ⓒ $2\frac{4}{8}$ bushels
   Ⓓ $1\frac{6}{12}$ bushels

2. Max necesita $10\frac{1}{4}$ tazas de harina para hacer la masa de pizza para la pizzería. Solo tiene $4\frac{1}{2}$ tazas de harina. ¿Cuánta harina más necesita para hacer la masa?

   Ⓐ $6\frac{1}{4}$ tazas
   Ⓑ $5\frac{3}{4}$ tazas
   Ⓒ $5\frac{1}{2}$ tazas
   Ⓓ $5\frac{1}{4}$ tazas

Repaso en espiral (CC.5.NBT.1, CC.5.NBT.2, CC.5.NBT.6, CC.5.NBT.7)

3. El contador cobró $35 por la primera hora de trabajo y $23 por cada hora posterior. En total, ganó $127. ¿Cuántas horas trabajó? **(Lección 1.9)**

   Ⓐ 2 horas
   Ⓑ 3 horas
   Ⓒ 4 horas
   Ⓓ 5 horas

4. La liga de fútbol necesita trasladar a sus 133 jugadores al torneo. Si pueden viajar 4 jugadores en un carro, ¿cuántos carros se necesitan? **(Lección 2.2)**

   Ⓐ 25
   Ⓑ 30
   Ⓒ 33
   Ⓓ 34

5. ¿Qué número representa quinientos millones ciento quince en forma normal? **(Lección 1.2)**

   Ⓐ 5,115,000
   Ⓑ 5,000,115
   Ⓒ 500,115,000
   Ⓓ 500,000,115

6. Halla el cociente. **(Lección 5.6)**

   $$6.39 \div 0.3$$

   Ⓐ 0.213
   Ⓑ 2.13
   Ⓒ 21.3
   Ⓓ 213.0

Nombre ____________________

Patrones con fracciones

ESTÁNDAR COMÚN CC.5.NF.1
Use equivalent fractions as a strategy to add and subtract fractions.

Escribe una regla para la secuencia. Luego halla el término desconocido.

1. $\frac{1}{2}, \frac{2}{3}, \underline{\frac{5}{6}}, 1, 1\frac{1}{6}$

Piensa: El patrón es creciente. Suma $\frac{1}{6}$ para hallar el término que sigue.

Regla: ____________________

2. $1\frac{3}{8}, 1\frac{3}{4}, 2\frac{1}{8}, \_\_\_\_\_, 2\frac{7}{8}$

Regla: ____________________

3. $1\frac{9}{10}, 1\frac{7}{10}, \_\_\_\_\_, 1\frac{3}{10}, 1\frac{1}{10}$

Regla: ____________________

4. $2\frac{5}{12}, 2\frac{1}{6}, 1\frac{11}{12}, \_\_\_\_\_, 1\frac{5}{12}$

Regla: ____________________

Escribe los primeros cuatro términos de la secuencia.

5. **Regla:** Comienza con $\frac{1}{2}$, suma $\frac{1}{3}$.

____

6. **Regla:** Comienza con $3\frac{1}{8}$, resta $\frac{3}{4}$.

____

7. **Regla:** Comienza con $5\frac{1}{2}$, suma $1\frac{1}{5}$.

____

8. **Regla:** Comienza con $6\frac{2}{3}$, resta $1\frac{1}{4}$.

____

Resolución de problemas EN EL MUNDO

9. El perrito de Jarett pesaba $3\frac{3}{4}$ onzas al nacer. A la semana, pesaba $5\frac{1}{8}$ onzas. A las dos semanas, pesaba $6\frac{1}{2}$ onzas. Si el perrito continúa aumentando de peso con este patrón, ¿cuánto pesará a las tres semanas?

____

10. Un panadero comenzó con 12 tazas de harina. Luego de hacer la primera tanda de masa, le quedaban $9\frac{1}{4}$ tazas de harina. Luego de la segunda tanda, le quedaban $6\frac{1}{2}$ tazas. Si hace dos tandas más de masa, ¿cuántas tazas de harina quedarán?

____

PREPARACIÓN PARA LA PRUEBA

Revisión de la lección (CC.5.NF.1)

1. ¿Cuál es la regla de la secuencia?

$\frac{5}{6}, 1\frac{1}{2}, 2\frac{1}{6}, 2\frac{5}{6}, \ldots$

Ⓐ Suma $1\frac{1}{4}$.

Ⓑ Suma $\frac{2}{3}$.

Ⓒ Resta $1\frac{1}{4}$.

Ⓓ Resta $\frac{2}{3}$.

2. Jaime recorrió en bicicleta $5\frac{1}{4}$ millas el lunes, $6\frac{7}{8}$ millas el martes y $8\frac{1}{2}$ millas el miércoles. Si continúa con este patrón, ¿cuántas millas recorrerá el viernes?

Ⓐ $10\frac{1}{8}$ millas

Ⓑ $10\frac{3}{4}$ millas

Ⓒ $11\frac{1}{8}$ millas

Ⓓ $11\frac{3}{4}$ millas

Repaso en espiral (CC.5.OA.2, CC.5.NBT.5, CC.5.NBT.7)

3. Jaylyn compitió en una carrera de bicicletas. Recorrió 33.48 millas en 2.7 horas. Si recorrió esa distancia a la misma velocidad, ¿cuál fue su velocidad en millas por hora? **(Lección 5.6)**

Ⓐ 12.04

Ⓑ 12.08

Ⓒ 12.4

Ⓓ 12.8

4. En una semana, una compañía llenó 546 cajas con trastos. En cada caja entran 38 trastos. ¿Cuántos trastos se empacaron en cajas en esa semana? **(Lección 1.7)**

Ⓐ 20,748

Ⓑ 20,608

Ⓒ 6,006

Ⓓ 2,748

5. ¿Qué expresión representa el enunciado "Suma 9 y 3, luego multiplica por 6."? **(Lección 1.10)**

Ⓐ $9 + 3 \times 6$

Ⓑ $6 \times (9 + 3)$

Ⓒ $6 \times 9 + 3$

Ⓓ $6 \times 9 \times 3$

6. Mason tardó 9.4 minutos en completar la primera prueba de un concurso de juegos. Completó la segunda prueba 2.65 minutos más rápido que la primera. ¿Cuánto tiempo tardó Mason en completar la segunda prueba? **(Lección 3.9)**

Ⓐ 7.39 minutos

Ⓑ 7.35 minutos

Ⓒ 6.85 minutos

Ⓓ 6.75 minutos

Nombre ______________________

Resolución de problemas • Practicar la suma y la resta

ESTÁNDAR COMÚN CC.5.NF.2
Use equivalent fractions as a strategy to add and subtract fractions.

Lee los problemas y resuélvelos.

1. De una madera de 8 pies de longitud, Emmet cortó dos estantes de $2\frac{1}{3}$ pies cada uno. ¿Cuánta madera quedó?

Escribe una ecuación: $\mathbf{8 = 2\frac{1}{3} + 2\frac{1}{3} + x}$

Vuelve a escribir la ecuación para trabajar de atrás para adelante: $\mathbf{8 - 2\frac{1}{3} - 2\frac{1}{3} = x}$

Resta dos veces para hallar la longitud de la madera que quedó: $\mathbf{3\frac{1}{3}}$ **pies**

2. Lynne compró una bolsa de toronjas, $1\frac{5}{8}$ libras de manzanas y $2\frac{3}{16}$ libras de plátanos. El peso total de lo que compró era $7\frac{1}{2}$ libras. ¿Cuánto pesaba la bolsa de toronjas? ______________________

3. La casa de Mattie tiene dos pisos y un ático. El primer piso mide $8\frac{5}{6}$ pies de altura, el segundo piso mide $8\frac{1}{2}$ pies de altura y toda la casa mide $24\frac{1}{3}$ pies de altura. ¿Cuál es la altura del ático? ______________________

4. De Alston a Barton hay $10\frac{3}{5}$ millas, y de Barton a Chester hay $12\frac{1}{2}$ millas. La distancia de Alston a Durbin, pasando por Barton y Chester, es 35 millas. ¿Qué distancia hay de Chester a Durbin? ______________________

5. Marcie compró un rollo de cinta para embalaje de 50 pies. Usó dos trozos de $8\frac{5}{6}$ pies. ¿Cuánta cinta queda en el rollo? ______________________

6. Meg comenzó un viaje con $11\frac{1}{2}$ galones de combustible en el tanque de su carro. En el viaje, cargó $6\frac{4}{5}$ galones más. Cuando llegó a su casa, le quedaban $3\frac{3}{10}$ galones. ¿Cuánto combustible usó en el viaje? ______________________

PREPARACIÓN PARA LA PRUEBA

Revisión de la lección (CC.5.NF.2)

1. Paula gastó $\frac{3}{8}$ de su mesada en ropa y $\frac{1}{6}$ en entretenimiento. ¿Qué fracción de su mesada gastó en otras cosas?

   (A) $\frac{3}{8}$

   (B) $\frac{11}{24}$

   (C) $\frac{13}{24}$

   (D) $\frac{5}{8}$

2. Delia compró una plántula que medía $2\frac{1}{4}$ pies de altura. Durante el primer año, la plántula creció $1\frac{1}{6}$ pies. Luego de dos años, medía 5 pies de altura. ¿Cuánto creció la plántula durante el segundo año?

   (A) $1\frac{1}{4}$ pies

   (B) $1\frac{1}{3}$ pies

   (C) $1\frac{5}{12}$ pies

   (D) $1\frac{7}{12}$ pies

Repaso en espiral (CC.5.OA.1, CC.5.NBT.2, CC.5.NBT.6, CC.5.NBT.7)

3. ¿Cuál es otra manera de escribir 100,000? **(Lección 1.4)**

   (A) 10^6

   (B) 10^5

   (C) 10×10^5

   (D) 10×10^6

4. ¿Qué expresión es la mejor estimación de $868 \div 28$? **(Lección 2.5)**

   (A) $868 \div 28$

   (B) $900 \div 30$

   (C) $1{,}000 \div 20$

   (D) $1{,}000 \div 30$

5. Justin le dio al vendedor \$20 para pagar una cuenta de \$6.57. ¿Cuánto cambio debería recibir Justin? **(Lección 3.11)**

   (A) \$12.43

   (B) \$12.53

   (C) \$13.43

   (D) \$14.43

6. ¿Cuál es el valor de la siguiente expresión?

   $7 + 18 \div (6 - 3)$ **(Lección 1.12)**

   (A) 9

   (B) 13

   (C) 21

   (D) 27

Nombre ____________________

Usar propiedades de la suma

ESTÁNDAR COMÚN CC.5.NF.1
Use equivalent fractions as a strategy to add and subtract fractions.

Usa las propiedades y el cálculo mental para resolver los ejercicios. Escribe el resultado en su mínima expresión.

1. $\left(2\frac{1}{3} + 1\frac{2}{5}\right) + 3\frac{2}{3}$
$= \left(1\frac{2}{5} + 2\frac{1}{3}\right) + 3\frac{2}{3}$
$= 1\frac{2}{5} + \left(2\frac{1}{3} + 3\frac{2}{3}\right)$
$= 1\frac{2}{5} + 6$
$= 7\frac{2}{5}$

2. $8\frac{1}{5} + \left(4\frac{2}{5} + 3\frac{3}{10}\right)$

3. $\left(1\frac{3}{4} + 2\frac{3}{8}\right) + 5\frac{7}{8}$

4. $2\frac{1}{10} + \left(1\frac{2}{7} + 4\frac{9}{10}\right)$

5. $\left(4\frac{3}{5} + 6\frac{1}{3}\right) + 2\frac{3}{5}$

6. $1\frac{1}{4} + \left(3\frac{2}{3} + 5\frac{3}{4}\right)$

7. $\left(7\frac{1}{8} + 1\frac{2}{7}\right) + 4\frac{3}{7}$

8. $3\frac{1}{4} + \left(3\frac{1}{4} + 5\frac{1}{5}\right)$

9. $6\frac{2}{3} + \left(5\frac{7}{8} + 2\frac{1}{3}\right)$

Resolución de problemas EN EL MUNDO

10. Elizabeth recorrió en su bicicleta $6\frac{1}{2}$ millas desde su casa hasta la biblioteca, y luego recorrió otras $2\frac{2}{5}$ millas hasta la casa de su amigo Milo. Si la casa de Carson se encuentra a $2\frac{1}{2}$ millas de la casa de Milo, ¿cuántas millas recorrió desde su casa hasta la casa de Carson?

11. Hassan preparó una ensalada de verduras con $2\frac{3}{8}$ libras de tomates, $1\frac{1}{4}$ libras de espárragos y $2\frac{7}{8}$ libras de papas. ¿Cuántas libras de verduras usó en total?

PREPARACIÓN PARA LA PRUEBA

Revisión de la lección (CC.5.NF.1)

1. ¿Cuál es la suma de $2\frac{1}{3}$, $3\frac{5}{6}$ y $6\frac{2}{3}$?

Ⓐ $12\frac{5}{6}$

Ⓑ $11\frac{5}{6}$

Ⓒ $11\frac{8}{12}$

Ⓓ $11\frac{10}{18}$

2. Leticia tiene $7\frac{1}{6}$ yardas de cinta amarilla, $5\frac{1}{4}$ yardas de cinta anaranjada y $5\frac{1}{6}$ yardas de cinta café. ¿Cuánta cinta tiene en total?

Ⓐ $18\frac{7}{12}$ yardas

Ⓑ $18\frac{1}{6}$ yardas

Ⓒ $17\frac{7}{12}$ yardas

Ⓓ $17\frac{3}{16}$ yardas

Repaso en espiral (CC.5.OA.1, CC.5.NBT.6, CC.5.NBT.7, CC.5.NF.1)

3. Juanita escribió 3×47 como $3 \times 40 + 3 \times 7$. ¿Qué propiedad usó para volver a escribir la expresión? **(Lección 1.3)**

Ⓐ propiedad asociativa de la multiplicación

Ⓑ propiedad conmutativa de la multiplicación

Ⓒ propiedad distributiva

Ⓓ propiedad de identidad

4. ¿Cuál es el valor de la expresión $18 - 2 \times (4 + 3)$? **(Lección 1.11)**

Ⓐ 4

Ⓑ 7

Ⓒ 13

Ⓓ 112

5. Evan gastó $15.89 en 7 libras de alpiste. ¿Cuánto costó cada libra de alpiste? **(Lección 5.4)**

Ⓐ $2.07

Ⓑ $2.12

Ⓒ $2.27

Ⓓ $2.29

6. Cade recorrió en bicicleta $1\frac{3}{5}$ millas el sábado y $1\frac{3}{4}$ millas el domingo. ¿Cuántas millas recorrió en total entre los dos días? **(Lección 6.6)**

Ⓐ $2\frac{7}{20}$ millas

Ⓑ $2\frac{9}{20}$ millas

Ⓒ $3\frac{3}{10}$ millas

Ⓓ $3\frac{7}{20}$ millas

Nombre ________________________________

Práctica adicional del Capítulo 6

Lecciones 6.1 y 6.2

Usa tiras fraccionarias para hallar la suma o la diferencia. Escribe el resultado en su mínima expresión.

1. $\frac{5}{8} + \frac{1}{4}$

2. $\frac{7}{10} - \frac{3}{5}$

3. $\frac{1}{9} + \frac{5}{6}$

4. $\frac{3}{4} - \frac{5}{8}$

Lección 6.3

Estima la suma o la diferencia.

1. $\frac{6}{10} + \frac{7}{12}$

2. $\frac{5}{12} + \frac{7}{8}$

3. $1\frac{3}{8} - \frac{8}{9}$

Lección 6.4

Usa un denominador común y escribe una fracción equivalente para cada fracción.

1. $\frac{1}{2}, \frac{1}{3}$

Denominador común: ______

____

2. $\frac{7}{8}, \frac{3}{10}$

Denominador común: ______

____

3. $\frac{2}{3}, \frac{3}{4}$

Denominador común: ______

____

Usa el mínimo común denominador y escribe una fracción equivalente para cada fracción.

4. $\frac{1}{4}, \frac{5}{6}$

____

5. $\frac{1}{2}, \frac{1}{8}$

____

6. $\frac{3}{5}, \frac{2}{7}$

____

Lecciones 6.5 a 6.7

Halla la suma o la diferencia. Escribe el resultado en su mínima expresión.

1. $\frac{7}{8} - \frac{5}{6}$

2. $5 - 2\frac{4}{5}$

3. $3\frac{1}{4} + 1\frac{7}{8}$

4. $6\frac{9}{10} - 5\frac{4}{5}$

5. $\frac{1}{3} + \frac{4}{15}$

6. $1\frac{1}{3} + \frac{2}{5}$

7. $2\frac{3}{8} + 8\frac{5}{6}$

8. $9\frac{1}{4} - 2\frac{5}{8}$

Lección 6.8

1. El día del estreno de la obra, $\frac{1}{3}$ de la sala estaba ocupada; el segundo día, $\frac{5}{12}$ de la sala estaba ocupada; y el tercer día, $\frac{1}{2}$ sala estaba ocupada. Si el patrón continúa, ¿qué tan ocupada estará la sala el cuarto día?

2. Jake armó un horario de estudio. El plan establecía que Jake debía estudiar $\frac{1}{4}$ hora, $\frac{5}{8}$ hora y 1 hora el lunes, el martes y el miércoles respectivamente. Si continúa con este patrón, ¿cuánto tiempo deberá estudiar el viernes?

Lección 6.9

1. Serena gastó $\frac{2}{3}$ de su dinero en ropa y $\frac{1}{5}$ en útiles escolares. El resto del dinero lo ahorró. ¿Qué fracción de su dinero ahorró?

2. Noah horneó $1\frac{1}{2}$ docenas de panecillos de arándanos y $1\frac{3}{4}$ docenas de panecillos de limón. Debe llevar 5 docenas de panecillos a la feria de pastelería. ¿Cuántas docenas más de panecillos debe hornear?

Lección 6.10

Usa las propiedades y el cálculo mental para resolver los ejercicios. Escribe el resultado en su mínima expresión.

1. $\left(\frac{4}{5} + \frac{2}{3}\right) + \frac{1}{5}$

2. $1\frac{1}{4} + \left(\frac{3}{4} + \frac{2}{7}\right)$

3. $\left(\frac{1}{6} + \frac{4}{5}\right) + \frac{5}{6}$

Capítulo 7

Carta para la casa

Querida familia:

Durante las próximas semanas, en la clase de matemáticas aprenderemos a multiplicar fracciones y números mixtos. También aprenderemos a usar modelos de área para entender la multiplicación de fracciones.

El estudiante llevará a casa tareas con problemas del mundo real que involucren la multiplicación con fracciones y números mixtos.

Este es un ejemplo de cómo se le enseñará a multiplicar dos números mixtos.

Vocabulario

denominador La parte de la fracción que está debajo de la barra e indica cuántas partes iguales hay en el entero o en el grupo.

mínima expresión Una fracción en la que 1 es el único número entre el cual se pueden dividir equitativamente el numerador y el denominador.

numerador La parte de una fracción que está sobre la barra e indica cuántas partes se están contando.

número mixto Un número representado por un número natural y una fracción.

producto El resultado de un problema de multiplicación.

MODELO Multiplica números mixtos.

Multiplica. $1\frac{3}{4} \times 2\frac{1}{2}$

PASO 1

Escribe los números mixtos como fracciones.

$$1\frac{3}{4} \times 2\frac{1}{2} = \frac{7}{4} \times \frac{5}{2}$$

PASO 2

Multiplica las fracciones.

$$= \frac{7 \times 5}{4 \times 2}$$

$$= \frac{35}{8}$$

PASO 3

Escribe el producto como un número mixto en su mínima expresión.

$$= 4\frac{3}{8}$$

Pistas

Busca respuestas razonables

Cuando una fracción se multiplica por 1, el producto es igual a la fracción. Cuando una fracción se multiplica por un factor mayor que 1, el producto será mayor que la fracción. Cuando una fracción se multiplica por un factor menor que 1, el producto será menor que ambos factores.

Actividad

Usen recetas para practicar la multiplicación con fracciones y números mixtos. Trabajen juntos para resolver problemas como: "Una porción de la receta lleva $2\frac{1}{4}$ tazas de harina. ¿Cuánta harina necesitaremos para hacer $1\frac{1}{2}$ porciones?"

Chapter 7

School-Home Letter

Dear Family,

Throughout the next few weeks, our math class will be learning about multiplying fractions and mixed numbers. We will also be using area models to help understand fraction multiplication.

You can expect to see homework with real-world problems that involve multiplication with fractions and mixed numbers.

Here is a sample of how your child is taught to multiply two mixed numbers.

Vocabulary

denominator The part of the fraction below the line, which tells how many equal parts there are in the whole or in a group.

simplest form A fraction in which 1 is the only number that can divide evenly into the numerator and the denominator.

numerator The part of a fraction above the line, which tells how many parts are being counted.

mixed number A number represented by a whole number and a fraction.

product The answer in a multiplication problem.

MODEL Multiply Mixed Numbers

Multipy. $1\frac{3}{4} \times 2\frac{1}{2}$

STEP 1

Write the mixed numbers as fractions.

$$1\frac{3}{4} \times 2\frac{1}{2} = \frac{7}{4} \times \frac{5}{2}$$

STEP 2

Multiply the fractions.

$$= \frac{7 \times 5}{4 \times 2}$$

STEP 3

Write the product as a mixed number in simplest form.

$$= \frac{35}{8}$$

$$= 4\frac{3}{8}$$

Tips

Checking for Reasonable Answers

When a fraction is multiplied by 1, the product equals the fraction. When a fraction is multiplied by a factor greater than 1, the product will be greater than the fraction. When a fraction is multiplied by a factor less than 1, the product will be less than either factor.

Activity

Use recipes to practice multiplication with fractions and mixed numbers. Work together to solve problems such as, "One batch of the recipe calls for $2\frac{1}{4}$ cups of flour. How much flour would we need to make $1\frac{1}{2}$ batches?"

Nombre ______

Hallar una parte de un grupo

ESTÁNDAR COMÚN CC.5.NF.4a

Apply and extend previous understandings of multiplication and division to multiply and divide fractions.

Usa un modelo para resolver los ejercicios.

1. $\frac{3}{4} \times 12 =$ 9

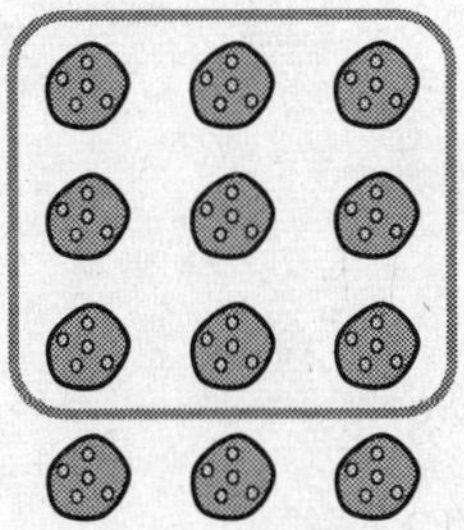

2. $\frac{7}{8} \times 16 =$ ______

3. $\frac{6}{10} \times 10 =$ ______

4. $\frac{2}{3} \times 9 =$ ______

5. $\frac{1}{6} \times 18 =$ ______

6. $\frac{4}{5} \times 10 =$ ______

Resolución de problemas EN EL MUNDO

7. Marco hizo 20 dibujos. Hizo $\frac{3}{4}$ de ellos en la clase de arte. ¿Cuántos dibujos hizo Marco en la clase de arte?

______

8. Caroline tiene 10 canicas. La mitad de ellas son azules. ¿Cuántas de las canicas de Caroline son azules?

______

PREPARACIÓN PARA LA PRUEBA

Revisión de la lección (CC.5.NF.4a)

1. Usa el modelo para hallar $\frac{1}{3} \times 15$.

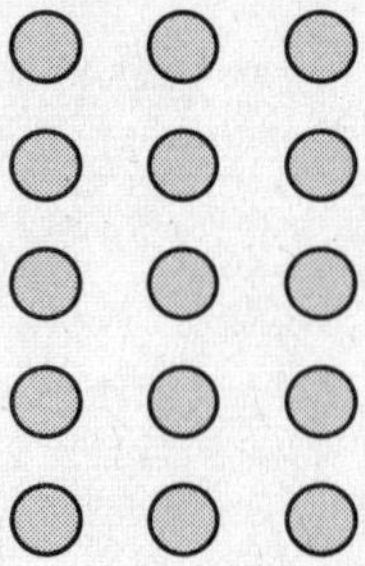

Ⓐ 3
Ⓑ 5
Ⓒ 6
Ⓓ 10

2. Usa el modelo para hallar $\frac{2}{4} \times 16$.

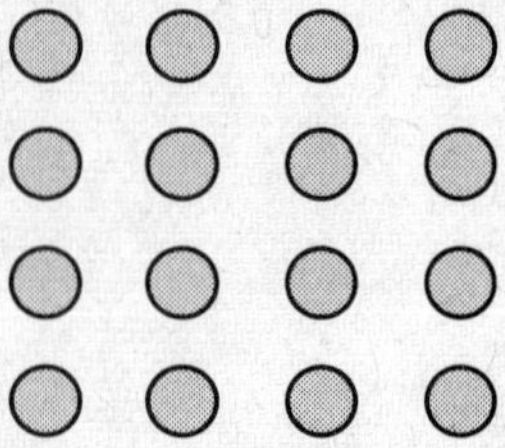

Ⓐ 4
Ⓑ 6
Ⓒ 8
Ⓓ 12

Repaso en espiral (CC.5.NBT.1, CC.5.NBT.6, CC.5.NF.1, CC.5.NF.2)

3. ¿Cuál es el valor del dígito subrayado? **(Lección 1.2)**

$\underline{6}$,560

Ⓐ 6,000
Ⓑ 600
Ⓒ 60
Ⓓ 6

4. Nigel tiene 138 onzas de limonada. ¿Cuántas porciones de 6 onzas de limonada puede preparar? **(Lección 2.2)**

Ⓐ 828
Ⓑ 132
Ⓒ 33
Ⓓ 23

5. Rafi tenía una tabla que medía $15\frac{1}{2}$ pies de longitud. Cortó tres secciones de la tabla, cada una de las cuales mide $3\frac{7}{8}$ pies de longitud. ¿Cuánto mide la sección de tabla que le quedó? **(Lección 6.6)**

Ⓐ $3\frac{7}{8}$ pies
Ⓑ $7\frac{3}{4}$ pies
Ⓒ $11\frac{5}{8}$ pies
Ⓓ $13\frac{9}{16}$ pies

6. Susie trabajó $4\frac{1}{4}$ horas el lunes y $3\frac{5}{8}$ el martes en un proyecto de historia. ¿Alrededor de cuánto tiempo trabajó en el proyecto? **(Lección 6.3)**

Ⓐ 1 hora
Ⓑ 7 horas
Ⓒ 8 horas
Ⓓ 9 horas

Nombre ____________________

Multiplicar fracciones y números naturales

ESTÁNDAR COMÚN CC.5.NF.4a

Apply and extend previous understandings of multiplication and division to multiply and divide fractions.

Usa el modelo para hallar el producto.

1. $\frac{5}{12} \times 3 =$ $\frac{5}{4}$ ó $1\frac{1}{4}$

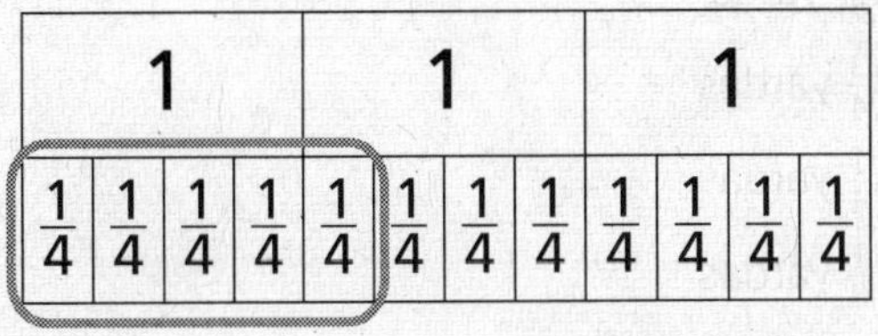

2. $3 \times \frac{3}{4} =$ ____________________

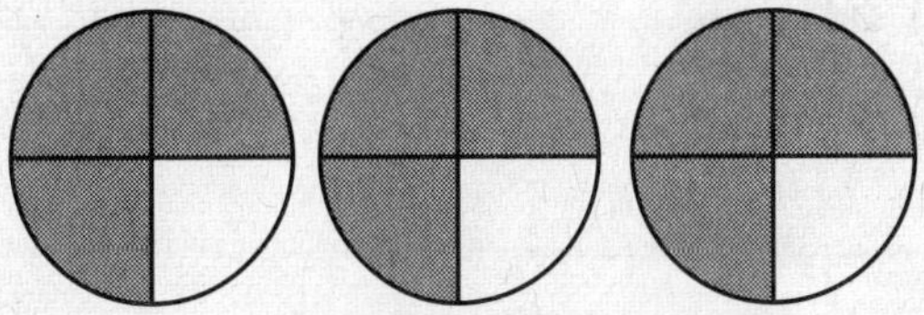

Halla el producto.

3. $\frac{2}{5} \times 5 =$ ____________________

4. $7 \times \frac{2}{3} =$ ____________________

5. $\frac{3}{8} \times 4 =$ ____________________

6. $7 \times \frac{5}{6} =$ ____________________

7. $\frac{5}{12} \times 6 =$ ____________________

8. $9 \times \frac{2}{3} =$ ____________________

Resolución de problemas EN EL MUNDO

9. Josefina tiene una bolsa de papas de 5 libras. Usa $\frac{4}{5}$ de la bolsa para hacer una ensalada de papas. ¿Cuántas libras de papas usa Josefina para la ensalada?

____

10. Lucas vive a $\frac{5}{8}$ milla de la escuela. Kenny vive el doble de lejos de la escuela que Lucas. ¿A cuántas millas de la escuela vive Kenny?

____

PREPARACIÓN PARA LA PRUEBA

Revisión de la lección (CC.5.NF.4a)

1. En la clase de gimnasia, Ted corre $\frac{4}{5}$ milla. Su maestro corre 6 veces esa distancia cada día. ¿Cuántas millas corre el maestro de Ted cada día?

Ⓐ $\frac{5}{24}$ milla
Ⓑ $3\frac{1}{3}$ millas
Ⓑ $4\frac{4}{5}$ millas
Ⓓ $7\frac{1}{2}$ millas

2. Jon decora un estandarte para un desfile. Usa un trozo de cinta roja que mide $\frac{3}{4}$ yarda de longitud. Jon también necesita cinta azul cuya longitud sea 5 veces la longitud de la cinta roja. ¿Cuánta cinta azul necesita Jon?

Ⓐ $\frac{3}{20}$ yarda
Ⓑ $3\frac{3}{4}$ yardas
Ⓒ $4\frac{1}{4}$ yardas
Ⓓ $7\frac{1}{3}$ yardas

Repaso en espiral (CC.5.OA.1, CC.5.NBT.3b, CC.5.NF.2, CC.5.NF.3)

3. La Escuela Primaria Mirror Lake ha organizado el viaje de la clase de quinto grado para 168 estudiantes y acompañantes. Cada autobús puede transportar a 54 personas. ¿Cuál es la cantidad mínima de autobuses que se necesitan para el viaje? **(Lección 2.7)**

Ⓐ 3
Ⓑ 4
Ⓒ 5
Ⓓ 8

4. De una tabla de 8 pies, un carpintero serruchó una sección que medía $2\frac{3}{4}$ pies de longitud y otra sección que medía $3\frac{1}{2}$ pies de longitud. ¿Cuánto quedó de la tabla? **(Lección 6.9)**

Ⓐ $1\frac{3}{4}$ pies
Ⓑ $2\frac{1}{4}$ pies
Ⓒ $2\frac{3}{4}$ pies
Ⓓ $6\frac{1}{4}$ pies

5. ¿Qué expresión NO tiene un valor igual a 18? **(Lección 1.11)**

Ⓐ $8 \div 4 \times (3 + 6)$
Ⓑ $(20 - 13) \times 4 - 10$
Ⓒ $9 + 3 \times 5 - 6$
Ⓓ $30 - 5 \times 4 + 2$

6. ¿Cuál de los siguientes números decimales tiene el menor valor? **(Lección 3.3)**

Ⓐ 0.3
Ⓑ 0.029
Ⓒ 0.003
Ⓓ 0.01

Nombre ____________________

Multiplicación de fracciones y números naturales

ESTÁNDAR COMÚN CC5.NF.4a
Apply and extend previous understandings of multiplication and division to multiply and divide fractions.

Halla el producto. Escríbelo en su mínima expresión.

1. $4 \times \frac{5}{8} =$ $2\frac{1}{2}$

$4 \times \frac{5}{8} = \frac{20}{8}$

$\frac{20}{8} = 2\frac{4}{8}$ ó $2\frac{1}{2}$

2. $\frac{2}{9} \times 3 =$ ______

3. $\frac{4}{5} \times 10 =$ ______

4. $\frac{3}{4} \times 9 =$ ______

5. $8 \times \frac{5}{6} =$ ______

6. $7 \times \frac{1}{2} =$ ______

7. $\frac{2}{5} \times 6 =$ ______

8. $9 \times \frac{2}{3} =$ ______

9. $\frac{3}{10} \times 9 =$ ______

10. $4 \times \frac{3}{8} =$ ______

11. $\frac{3}{5} \times 7 =$ ______

12. $\frac{1}{8} \times 6 =$ ______

Resolución de problemas EN EL MUNDO

13. Leah hace delantales para venderlos en una feria de artesanías. Necesita $\frac{3}{4}$ de yarda de material para hacer cada delantal. ¿Cuánto material necesita Leah para hacer 6 delantales?

______

14. El tanque de gasolina del carro del señor Tanaka contiene 15 galones de gasolina. La semana anterior, usó $\frac{2}{3}$ de la gasolina del tanque. ¿Cuántos galones de gasolina usó el señor Tanaka?

______

PREPARACIÓN PARA LA PRUEBA

Revisión de la lección (CC.5.NF.4a)

1. En el cine, Liz come $\frac{1}{4}$ de una caja de palomitas de maíz. Su amiga Kyra come el doble de palomitas de maíz que come Liz. ¿Qué cantidad de una caja de palomitas de maíz come Kyra?

Ⓐ $\frac{1}{16}$

Ⓑ $\frac{1}{8}$

Ⓒ $\frac{1}{4}$

Ⓓ $\frac{1}{2}$

2. Ed demora 45 minutos para terminar su tarea de ciencias. Demora $\frac{2}{3}$ de ese tiempo para terminar su tarea de matemáticas. ¿Cuánto tiempo demora Ed para terminar su tarea de matemáticas?

Ⓐ 15 minutos

Ⓑ 30 minutos

Ⓒ 90 minutos

Ⓓ 120 minutos

Repaso en espiral (CC.5.NBT.2, CC.5.NBT.7, CC.5.NF.1, CC.5.NF.2)

3. ¿Cuál es la mejor estimación de este cociente? **(Lección 5.3)**

$$591.3 \div 29$$

Ⓐ alrededor de 2

Ⓑ alrededor de 3

Ⓒ alrededor de 20

Ⓓ alrededor de 30

4. Sandy compró $\frac{3}{4}$ de yarda de cinta roja y $\frac{2}{3}$ de yarda de cinta blanca para hacer algunos lazos para el cabello. ¿Cuántas yardas de cinta compró en total? **(Lección 6.5)**

Ⓐ $\frac{5}{12}$ yarda

Ⓑ $\frac{5}{7}$ yarda

Ⓒ $1\frac{5}{12}$ yardas

Ⓓ $1\frac{7}{12}$ yardas

5. Eric corrió $3\frac{1}{4}$ millas el lunes, $5\frac{5}{8}$ millas el martes y 8 millas el miércoles. Imagina que continúa con ese patrón el resto de la semana. ¿Qué distancia correrá Eric el viernes? **(Lección 6.8)**

Ⓐ $10\frac{3}{8}$ millas

Ⓑ $10\frac{3}{4}$ millas

Ⓒ $12\frac{3}{8}$ millas

Ⓓ $12\frac{3}{4}$ millas

6. Sharon compró 25 libras de carne molida e hizo 100 hamburguesas del mismo peso. ¿Cuál es el peso de cada hamburguesa? **(Lección 5.1)**

Ⓐ 0.025 libras

Ⓑ 0.25 libras

Ⓒ 2.5 libras

Ⓓ 2,500 libras

Nombre ______________________

Multiplicar fracciones

ESTÁNDAR COMÚN CC.5.NF.4b

Apply and extend previous understandings of multiplication and division to multiply and divide fractions.

Halla el producto.

1.

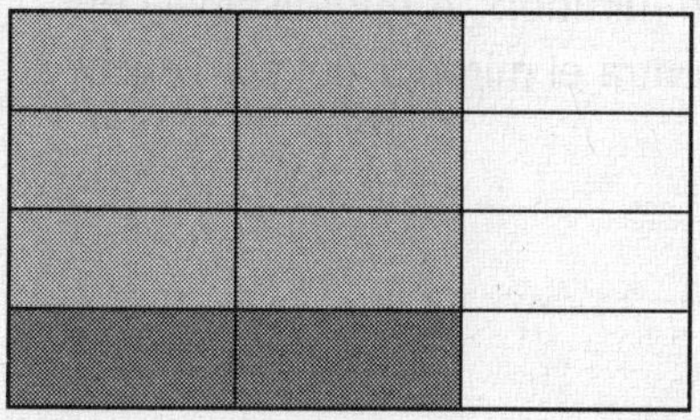

$\frac{1}{4} \times \frac{2}{3} =$ **$\frac{2}{12}$ ó $\frac{1}{6}$**

2.

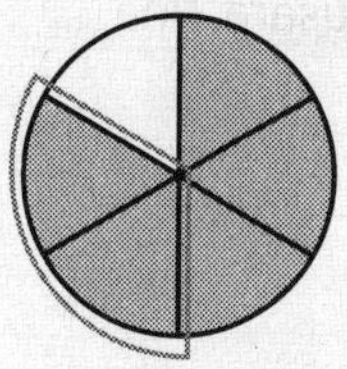

$\frac{2}{5} \times \frac{5}{6} =$ ______

Halla el producto. Dibuja un modelo.

3. $\frac{4}{5} \times \frac{1}{2} =$ ______

4. $\frac{3}{4} \times \frac{1}{3} =$ ______

5. $\frac{3}{8} \times \frac{2}{3} =$ ______

6. $\frac{3}{5} \times \frac{3}{5} =$ ______

Resolución de problemas EN EL MUNDO

7. Nora tiene un pedazo de cinta que mide $\frac{3}{4}$ yarda de longitud. Usará $\frac{1}{2}$ de esa cinta para hacer un lazo. ¿Qué longitud de la cinta usará para hacer el lazo?

______

8. Marlon compró $\frac{7}{8}$ de libra de pavo en la tienda de comestibles. Usó $\frac{2}{3}$ de esa cantidad para hacer sándwiches para el almuerzo. ¿Qué cantidad del pavo usó Marlon para hacer los sándwiches?

______

PREPARACIÓN PARA LA PRUEBA

Revisión de la lección (CC.5.NF.4b)

1. Tina tiene $\frac{3}{5}$ de libra de arroz. Usará $\frac{2}{3}$ de esa cantidad para preparar arroz frito para su familia. ¿Qué cantidad de arroz usará Tina para preparar arroz frito?

   Ⓐ $\frac{5}{8}$ libra
   Ⓑ $\frac{3}{5}$ libra
   Ⓒ $\frac{2}{5}$ libra
   Ⓓ $\frac{1}{3}$ libra

2. El sendero de la Cascada tiene una longitud de $\frac{3}{4}$ milla. A $\frac{1}{6}$ de distancia del comienzo del sendero hay un mirador. ¿A qué distancia en millas se encuentra el mirador del comienzo del sendero?

   Ⓐ $\frac{1}{8}$ milla
   Ⓑ $\frac{1}{4}$ milla
   Ⓒ $\frac{4}{10}$ milla
   Ⓓ $\frac{24}{3}$ millas

Repaso en espiral (CC.5.OA.1, CC.5.NF.1, CC.5.NF.2, CC.5.NF.4a)

3. Hayden compró 48 tarjetas de colección nuevas. Tres cuartos de las nuevas tarjetas son de béisbol. ¿Cuántas tarjetas de béisbol compró Hayden? **(Lección 7.1)**

   Ⓐ 12
   Ⓑ 16
   Ⓒ 24
   Ⓓ 36

4. Ayer, Annie caminó $\frac{9}{10}$ milla hasta la casa de su amiga. Juntas, caminaron $\frac{1}{3}$ milla hasta la biblioteca. ¿Cuál es la mejor estimación de la distancia total que caminó Annie ayer? **(Lección 6.3)**

   Ⓐ alrededor de $\frac{1}{2}$ milla
   Ⓑ alrededor de 1 milla
   Ⓒ alrededor de $1\frac{1}{2}$ millas
   Ⓓ alrededor de 2 millas

5. Erin va a coser una chaqueta y una falda. Necesita $2\frac{3}{4}$ yardas de material para la chaqueta y $1\frac{1}{2}$ yardas para la falda. En total, ¿cuántas yardas de material necesita Erin? **(Lección 6.6)**

   Ⓐ $2\frac{3}{8}$ yardas
   Ⓑ $3\frac{1}{4}$ yardas
   Ⓒ $3\frac{7}{8}$ yardas
   Ⓓ $4\frac{1}{4}$ yardas

6. ¿Cuál de las siguientes expresiones se simplifica a 4? **(Lección 1.12)**

   Ⓐ $[(3 \times 6) - (5 \times 2)] + 7$
   Ⓑ $[(3 \times 6) + (5 \times 2)] \div 7$
   Ⓒ $[(3 \times 6) + (5 + 2)] - 7$
   Ⓓ $[(3 \times 6) - (5 \times 2)] \times 7$

Nombre ______________________________

Comparar factores y productos de fracciones

ESTÁNDARES COMUNES CC.5.NF.5a, CC.5.NF.5b
Apply and extend previous understandings of multiplication and division to multiply and divide fractions.

Completa los enunciados con *igual a, mayor que* o *menor que.*

1. $\frac{3}{5} \times \frac{4}{7}$ será **menor que** $\frac{4}{7}$.

Piensa: $\frac{4}{7}$ está multiplicado por un número menor que 1; entonces, $\frac{3}{5} \times \frac{4}{7}$ será menor que $\frac{4}{7}$.

2. $5 \times \frac{7}{8}$ será ______________ $\frac{7}{8}$.

3. $6 \times \frac{2}{5}$ será ______________ $\frac{2}{5}$.

4. $\frac{1}{9} \times 1$ será ______________ $\frac{1}{9}$.

5. $\frac{7}{8} \times \frac{3}{5}$ será ______________ $\frac{3}{5}$.

6. $\frac{4}{5} \times \frac{7}{7}$ será ______________ $\frac{4}{5}$.

Resolución de problemas EN EL MUNDO

7. Starla prepara chocolate caliente. Quiere multiplicar la receta por 4 para preparar suficiente chocolate caliente para toda la clase. Si la receta lleva $\frac{1}{2}$ cucharadita de extracto de vainilla, ¿necesitará más de $\frac{1}{2}$ cucharadita o menos de $\frac{1}{2}$ cucharadita de extracto de vainilla para preparar la cantidad total de chocolate caliente?

____

8. Esta semana, Miguel planea andar en bicicleta $\frac{2}{3}$ de las horas que anduvo la semana anterior. Esta semana, ¿Miguel andará más o menos horas en bicicleta que la semana anterior?

____

PREPARACIÓN PARA LA PRUEBA

Revisión de la lección (CC.5.NF.5a, CC.5.NF.5b)

1. Trevor ahorra $\frac{2}{3}$ del dinero que gana en el trabajo que tiene después de la escuela. Imagina que Trevor comienza a ahorrar $\frac{1}{4}$ de lo que está ahorrando ahora. ¿Qué enunciado de los siguientes será verdadero?

Ⓐ Ahorrará 4 veces la cantidad actual.

Ⓑ Ahorrará menos.

Ⓒ Ahorrará más.

Ⓓ Ahorrará la misma cantidad.

2. Imagina que multiplicas un número natural mayor que 1 por la fracción $\frac{3}{5}$. ¿Qué enunciado de los siguientes será verdadero?

Ⓐ El producto será igual a $\frac{3}{5}$.

Ⓑ El producto será mayor que $\frac{3}{5}$.

Ⓒ El producto será menor que $\frac{3}{5}$.

Ⓓ No se puede sacar ninguna conclusión sobre el producto.

Repaso en espiral (CC.5.NBT.6, CC.5.NBT.7, CC.5.NF.1)

3. Durante los próximos 10 meses, Colin quiere ahorrar $900 para sus vacaciones. Planea ahorrar $75 en cada uno de los primeros 8 meses. ¿Cuánto deberá ahorrar en cada uno de los últimos 2 meses para alcanzar su meta si ahorra la misma cantidad en cada mes? **(Lección 2.2)**

Ⓐ $150

Ⓑ $300

Ⓒ $450

Ⓓ $600

4. ¿Cuánto cuestan en total 0.5 libras de duraznos que se venden a $0.80 la libra y 0.7 libras de naranjas que se venden a $0.90 la libra? **(Lección 4.7)**

Ⓐ $0.51

Ⓑ $1.02

Ⓒ $1.03

Ⓓ $10.30

5. Megan hizo una caminata de 15.12 millas en 6.3 horas. Si Megan caminó la misma cantidad de millas cada hora, ¿qué distancia caminó cada hora? **(Lección 5.6)**

Ⓐ 0.24 millas

Ⓑ 0.252 millas

Ⓒ 2.4 millas

Ⓓ 2.52 millas

6. La distancia desde Eaton hasta Baxter es $42\frac{1}{2}$ millas y la distancia desde Baxter hasta Wellington es $37\frac{4}{5}$ millas. ¿Cuál es la distancia desde Eaton hasta Wellington si se pasa por Baxter? **(Lección 6.6)**

Ⓐ $4\frac{7}{10}$ millas

Ⓑ $79\frac{1}{2}$ millas

Ⓒ $80\frac{3}{10}$ millas

Ⓓ $80\frac{2}{5}$ millas

Nombre ___________________________

Multiplicación de fracciones

ESTÁNDAR COMÚN CC.5NF.4a

Apply and extend previous understandings of multiplication and division to multiply and divide fractions.

Halla el producto. Escríbelo en su mínima expresión.

1. $\frac{4}{5} \times \frac{7}{8} = \frac{4 \times 7}{5 \times 8}$
$= \frac{28}{40}$
$= \frac{7}{10}$

2. $3 \times \frac{1}{6}$ ____________

3. $\frac{5}{9} \times \frac{3}{4}$ ____________

4. $\frac{4}{7} \times \frac{1}{2}$ ____________

5. $\frac{1}{8} \times 20$ ____________

6. $\frac{4}{5} \times \frac{3}{8}$ ____________

7. $\frac{6}{7} \times \frac{7}{9}$ ____________

8. $8 \times \frac{1}{9}$ ____________

9. $\frac{1}{14} \times 28$ ____________

10. $\frac{3}{4} \times \frac{1}{3}$ ____________

11. Karen rastrilló $\frac{3}{5}$ del jardín. Minni rastrilló $\frac{1}{3}$ del área que rastrilló Karen. ¿Qué porción del jardín rastrilló Minni?

____

12. En la exhibición de mascotas, $\frac{3}{8}$ de estas son perros. De los perros, $\frac{2}{3}$ tienen pelo largo. ¿Qué fracción de las mascotas son perros con pelo largo?

____

Álgebra **Evalúa para el valor dado de la variable.**

13. $\frac{7}{8} \times c$ para $c = 8$ ____________

14. $t \times \frac{3}{4}$ para $t = \frac{8}{9}$ ____________

15. $\frac{1}{2} \times s$ para $s = \frac{3}{10}$ ____________

16. $y \times 6$ para $y = \frac{2}{3}$ ____________

Resolución de problemas EN EL MUNDO

17. Jason corrió $\frac{5}{7}$ de la distancia total de la pista de la escuela. Sara corrió $\frac{4}{5}$ de la distancia que corrió Jason. ¿Qué fracción de la distancia total de la pista corrió Sara?

____

18. Un grupo de estudiantes asiste a un club de matemáticas. La mitad de los estudiantes son varones y $\frac{4}{9}$ de ellos tienen ojos color café. ¿Qué fracción del grupo son varones que tienen ojos color café?

____

PREPARACIÓN PARA LA PRUEBA

Revisión de la lección (CC.5.NF.4a)

1. Fritz asistió durante $\frac{5}{6}$ hora al ensayo de la banda. Luego fue a su casa y practicó durante $\frac{2}{5}$ del tiempo que estuvo en el ensayo. ¿Cuántos minutos practicó en su casa?

Ⓐ 10 minutos

Ⓑ 15 minutos

Ⓒ 20 minutos

Ⓓ 25 minutos

2. Darlene leyó $\frac{5}{8}$ de un libro de 56 páginas. ¿Cuántas páginas leyó Darlene?

Ⓐ 30

Ⓑ 35

Ⓒ 40

Ⓓ 45

Repaso en espiral (CC.5.NBT.2, CC.5.NF.1, CC.5.NF.3, CC.5.NF.4a)

3. ¿Cuál es el cociente de $\frac{18}{1,000}$? **(Lección 5.1)**

Ⓐ 18,000

Ⓑ 1,800

Ⓒ 0.18

Ⓓ 0.018

4. Una máquina produce 1,000 bolos de boliche por hora y cada uno está valuado en $8.37. ¿Cuál es el valor total de los bolos producidos en 1 hora? **(Lección 4.1)**

Ⓐ $8.37

Ⓑ $83.70

Ⓒ $837.00

Ⓓ $8,370.00

5. Keith tenía $8\frac{1}{2}$ tazas de harina. Usó $5\frac{2}{3}$ tazas para hacer pan. ¿Cuántas tazas de harina le quedaron a Keith? **(Lección 6.7)**

Ⓐ $1\frac{5}{6}$ tazas

Ⓑ $2\frac{5}{6}$ tazas

Ⓒ $3\frac{1}{6}$ tazas

Ⓓ $3\frac{1}{3}$ tazas

6. El sendero del lago Azul tiene una longitud de $11\frac{3}{8}$ millas. Gemma ha recorrido $2\frac{1}{2}$ millas por hora durante 3 horas. ¿A qué distancia del final del sendero está? **(Lección 7.3)**

Ⓐ $3\frac{7}{8}$ millas

Ⓑ $4\frac{1}{2}$ millas

Ⓒ $4\frac{7}{8}$ millas

Ⓓ $8\frac{7}{8}$ millas

Nombre ________________

Área y números mixtos

ESTÁNDAR COMÚN CC.5.NF.4b
Apply and extend previous understandings of multiplication and division to multiply and divide fractions.

Usa la cuadrícula para hallar el área.

1. Sea cada cuadrado $\frac{1}{4}$ unidad por $\frac{1}{4}$ unidad.

$2\frac{1}{4} \times 1\frac{1}{2} =$ $3\frac{3}{8}$

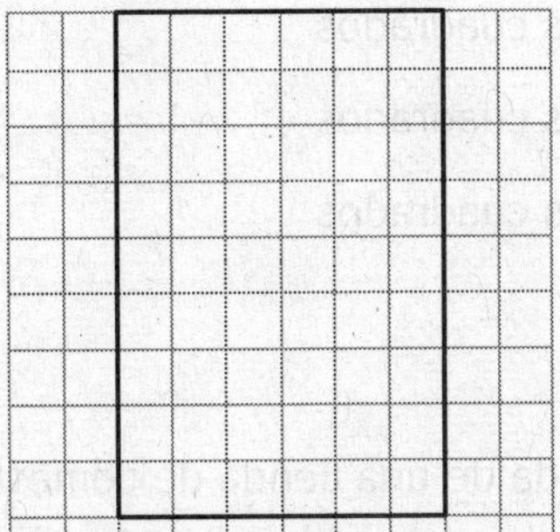

54 cuadrados cubren el diagrama.

Cada cuadrado es $\frac{1}{16}$ unidad cuadrada.
El área del diagrama es

$54 \times \frac{1}{16} = \frac{54}{16} = 3\frac{3}{8}$ unidades cuadradas.

2. Sea cada cuadrado $\frac{1}{3}$ unidad por $\frac{1}{3}$ unidad.

$1\frac{2}{3} \times 2\frac{1}{3} =$ ______

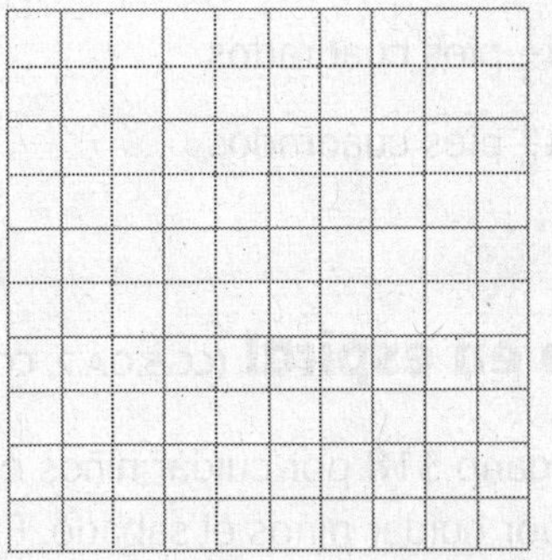

El área es ______ unidades cuadradas.

Usa un modelo de área para resolver los ejercicios.

3. $1\frac{1}{8} \times 2\frac{1}{2}$

4. $2\frac{2}{3} \times 1\frac{1}{3}$

5. $1\frac{3}{4} \times 2\frac{1}{2}$

Resolución de problemas EN EL MUNDO

6. El tapete de la recámara de Ava mide $2\frac{3}{4}$ pies de longitud y $2\frac{1}{2}$ pies de ancho. ¿Cuál es el área del tapete?

7. Una pintura mide $2\frac{2}{3}$ pies de longitud y $1\frac{1}{2}$ pies de altura. ¿Cuál es el área de la pintura?

PREPARACIÓN PARA LA PRUEBA

Revisión de la lección (CC.5.NF.4b)

1. La base de una fuente es rectangular. Sus dimensiones son $1\frac{2}{3}$ pies por $2\frac{2}{3}$ pies. ¿Cuál es el área de la base de la fuente?

Ⓐ $2\frac{4}{9}$ pies cuadrados

Ⓑ $3\frac{4}{9}$ pies cuadrados

Ⓒ $4\frac{1}{3}$ pies cuadrados

Ⓓ $4\frac{4}{9}$ pies cuadrados

2. El piso de la sala de Bill está cubierto con losetas de alfombra. Cada loseta mide $1\frac{1}{2}$ pies de longitud por $2\frac{3}{5}$ pies de ancho. ¿Cuál es el área de una loseta?

Ⓐ $2\frac{3}{10}$ pies cuadrados

Ⓑ $2\frac{9}{10}$ pies cuadrados

Ⓒ $3\frac{9}{10}$ pies cuadrados

Ⓓ $4\frac{1}{10}$ pies cuadrados

Repaso en espiral (CC.5.OA.2, CC.5.NBT.5, CC.5.NBT.6, CC.5.NF.4a)

3. Lucy ganó $18 por cuidar niños el viernes y $20 por cuidar niños el sábado. El domingo, gastó la mitad del dinero que ganó. ¿Qué expresión se relaciona con las palabras? **(Lección 1.10)**

Ⓐ $18 + 20 \div 2$

Ⓑ $(18 + 20) \div 2$

Ⓒ $2 \times (18 + 20)$

Ⓓ $2 \times 18 + 20$

4. Una empleada de una tienda de comestibles coloca latas de sopa en los estantes. Tiene 12 cajas y cada una de ellas contiene 24 latas de sopa. En total, ¿cuántas latas de sopa colocará la empleada en los estantes? **(Lección 1.7)**

Ⓐ 36

Ⓑ 208

Ⓒ 248

Ⓓ 288

5. ¿Cuál es la mejor estimación para el cociente de $5,397 \div 62$? **(Lección 2.5)**

Ⓐ 80

Ⓑ 90

Ⓒ 800

Ⓓ 900

6. En un estacionamiento hay 45 vehículos. Tres quintos de los vehículos son minibuses. ¿Cuántos vehículos del estacionamiento son minibuses? **(Lección 7.3)**

Ⓐ 9

Ⓑ 18

Ⓒ 27

Ⓓ 35

Nombre ______________________

Comparar factores y productos de números mixtos

ESTÁNDARES COMUNES CC.5.NF.5a, CC.5.NF.5b
Apply and extend previous understandings of multiplication and division to multiply and divide fractions.

Completa los enunciados con ***igual a, mayor que*** **o** ***menor que.***

1. $\frac{2}{3} \times 1\frac{5}{8}$ será **menor que** $1\frac{5}{8}$.

   Piensa: $1 \times 1\frac{5}{8}$ es igual a $1\frac{5}{8}$. Puesto que $\frac{2}{3}$ es menor que 1, $\frac{2}{3} \times 1\frac{5}{8}$ será menor que $1\frac{5}{8}$.

2. $\frac{5}{5} \times 2\frac{3}{4}$ será ______________ $2\frac{3}{4}$.

3. $3 \times 3\frac{2}{7}$ será ______________ $3\frac{2}{7}$.

4. $9 \times 1\frac{4}{5}$ será ______________ $1\frac{4}{5}$.

5. $1\frac{7}{8} \times 2\frac{3}{8}$ será ______________ $2\frac{3}{8}$.

6. $3\frac{4}{9} \times \frac{5}{9}$ será ______________ $3\frac{4}{9}$.

Resolución de problemas EN EL MUNDO

7. Fraser hace un dibujo a escala de una casa para perros. Las dimensiones del dibujo medirán $\frac{1}{8}$ de las dimensiones de la casa real. La altura de la casa real es $36\frac{3}{4}$ pulgadas. ¿Las dimensiones del dibujo de Fraser serán iguales a, mayores que o menores que las dimensiones de la casa para perros real?

   ____

8. Jorge tiene una receta que lleva $2\frac{1}{3}$ tazas de harina. Planea preparar $1\frac{1}{2}$ veces la receta. ¿La cantidad de harina que necesita Jorge será igual a, mayor que o menor que la cantidad de harina que lleva su receta?

   ____

PREPARACIÓN PARA LA PRUEBA

Revisión de la lección (CC.5.NF.5a, CC.5.NF.5b)

1. Jenna esquía $2\frac{1}{4}$ millas en una hora. Su instructor esquía $1\frac{1}{3}$ veces esa distancia en una hora. ¿Qué enunciado de los siguientes es verdadero?

   Ⓐ Jenna esquía una distancia mayor que la que esquía su instructor.

   Ⓑ Jenna esquía una distancia menor que la que esquía su instructor.

   Ⓒ Jenna esquía una distancia igual a la que esquía su instructor.

   Ⓓ Jenna esquía el doble de la distancia que esquía su instructor.

2. Imagina que multiplicas una fracción menor que 1 por el número mixto $2\frac{3}{4}$. ¿Qué enunciado de los siguientes será verdadero?

   Ⓐ El producto será igual a $2\frac{3}{4}$.

   Ⓑ El producto será mayor que $2\frac{3}{4}$.

   Ⓒ El producto será menor que $2\frac{3}{4}$.

   Ⓓ No se puede sacar ninguna conclusión acerca del producto.

Repaso en espiral (CC.NBT.2, CC.5.NBT.7, CC.5.NF.1)

3. El condado de Washington es rectangular y mide 15.9 millas por 9.1 millas. ¿Cuál es el área del condado? **(Lección 4.7)**

   Ⓐ 1.8 millas cuadradas

   Ⓑ 6.8 millas cuadradas

   Ⓒ 25 millas cuadradas

   Ⓓ 144.69 millas cuadradas

4. Marsha corrió 7.8 millas. Érica corrió 0.5 veces esa distancia. ¿Qué distancia recorrió Érica? **(Lección 4.7)**

   Ⓐ 0.39 millas

   Ⓑ 3.9 millas

   Ⓒ 39 millas

   Ⓓ 390 millas

5. Una receta de galletas lleva $2\frac{1}{3}$ tazas de azúcar. Otra receta de galletas lleva $2\frac{1}{2}$ tazas de azúcar. Tim tiene 5 tazas de azúcar. Si prepara las dos recetas, ¿cuánta azúcar le quedará? **(Lección 6.7)**

   Ⓐ 0 tazas

   Ⓑ $\frac{1}{6}$ taza

   Ⓒ $1\frac{1}{6}$ tazas

   Ⓓ $4\frac{5}{6}$ tazas

6. El lunes llovió $1\frac{1}{4}$ pulgadas. El martes llovió $\frac{3}{5}$ pulgada. ¿Cuánto más llovió el lunes que el martes? **(Lección 6.7)**

   Ⓐ $\frac{2}{20}$ pulgada

   Ⓑ $\frac{3}{5}$ pulgada

   Ⓒ $\frac{13}{20}$ pulgada

   Ⓓ $1\frac{17}{20}$ pulgadas

Nombre ______________________

Multiplicar números mixtos

ESTÁNDAR COMÚN CC.5.NF.6

Apply and extend previous understandings of multiplication and division to multiply and divide fractions.

Halla el producto. Escríbelo en su mínima expresión.

1. $1\frac{2}{3} \times 4\frac{2}{5}$

$1\frac{2}{3} \times 4\frac{2}{5} = \frac{5}{3} \times \frac{22}{5}$

$= \frac{110}{15} = \frac{22}{3}$

$= 7\frac{1}{3}$

2. $1\frac{1}{7} \times 1\frac{3}{4}$

3. $8\frac{1}{3} \times \frac{3}{5}$

4. $2\frac{5}{8} \times 1\frac{2}{3}$

5. $5\frac{1}{2} \times 3\frac{1}{3}$

6. $7\frac{1}{5} \times 2\frac{1}{6}$

7. $\frac{2}{3} \times 4\frac{1}{5}$

8. $2\frac{2}{5} \times 1\frac{1}{4}$

Usa la propiedad distributiva para hallar el producto.

9. $4\frac{2}{5} \times 10$

10. $26 \times 2\frac{1}{2}$

11. $6 \times 3\frac{2}{3}$

Resolución de problemas EN EL MUNDO

12. Jake puede llevar $6\frac{1}{4}$ libras de madera desde el granero. Su padre puede llevar $1\frac{5}{7}$ veces el peso que lleva Jake. ¿Cuántas libras puede llevar el padre de Jake?

13. Un vaso puede contener $3\frac{1}{3}$ tazas de agua. Un tazón puede contener $2\frac{3}{5}$ veces el contenido del vaso. ¿Cuántas tazas puede contener un tazón?

PREPARACIÓN PARA LA PRUEBA

Revisión de la lección (CC.5.NF.6)

1. Un veterinario pesa dos cachorros. El cachorro pequeño pesa $4\frac{1}{2}$ libras. El cachorro grande pesa $4\frac{2}{3}$ veces el peso del cachorro pequeño. ¿Cuánto pesa el cachorro grande?

Ⓐ $16\frac{1}{6}$ libras

Ⓑ 19 libras

Ⓒ 21 libras

Ⓓ 25 libras

2. Becky vive a $5\frac{5}{8}$ millas de la escuela. Steve vive a $1\frac{5}{9}$ veces esa distancia de la escuela. ¿A qué distancia de la escuela vive Steve?

Ⓐ 12 millas

Ⓑ $8\frac{3}{4}$ millas

Ⓒ 6 millas

Ⓓ $5\frac{3}{16}$ millas

Repaso en espiral (CC.5.OA.2, CC.5.NBT.6, CC.5.NF.1, CC.5.NF.2)

3. Craig anotó 12 puntos en un partido. María anotó el doble de puntos que Craig, pero 5 puntos menos que los que anotó Nelson. ¿Cuántos puntos anotó Nelson? **(Lección 1.10)**

Ⓐ $2 \times 12 + 5$

Ⓑ $2 \times 12 - 5$

Ⓒ $\frac{1}{2} \times 12 + 5$

Ⓓ $2 \times (12 + 5)$

4. Yvette ganó $66.00 por 8 horas de trabajo. Lizbeth ganó $68.80 y trabajó la misma cantidad de horas. ¿Cuánto más por hora ganó Lizbeth que Yvette? **(Lección 5.4)**

Ⓐ $0.35

Ⓑ $0.45

Ⓒ $2.80

Ⓓ $8.25

5. ¿Cuál es el mínimo común denominador de las cuatro fracciones de abajo? **(Lección 6.4)**

$20\frac{7}{10}$ $20\frac{3}{4}$ $18\frac{9}{10}$ $20\frac{18}{25}$

Ⓐ 2

Ⓑ 40

Ⓒ 50

Ⓓ 100

6. Tres niñas buscaron geodas en el desierto. Corinne recolectó $11\frac{1}{8}$ libras, Ellen recolectó $4\frac{5}{8}$ libras y Leonda recolectó $3\frac{3}{4}$ libras. ¿Cuánto más recolectó Corinne que las otras dos niñas juntas? **(Lección 6.6)**

Ⓐ $2\frac{1}{2}$ libras

Ⓑ $2\frac{3}{4}$ libras

Ⓒ $2\frac{7}{8}$ libras

Ⓓ $3\frac{3}{4}$ libras

Nombre ____________________

Resolución de problemas • Hallar longitudes desconocidas

ESTÁNDAR COMÚN CC.5.NF.5b
Apply and extend previous understandings of multiplication and division to multiply and divide fractions.

1. La recámara de Kamal tiene un área de 120 pies cuadrados. El ancho de la recámara es $\frac{5}{6}$ de la longitud de la recámara. ¿Cuáles son las dimensiones de la recámara de Kamal?

Adivina: $6 \times 20 = 120$
Comprueba: $\frac{5}{6} \times 20 = 16\frac{2}{3}$; prueba con un ancho mayor.
Adivina: $10 \times 12 = 120$
Comprueba: $\frac{5}{6} \times 12 = 10$. ¡Correcto!

10 pies por 12 pies

2. Marisol pinta sobre un lienzo que tiene un área de 180 pulgadas cuadradas. La longitud de la pintura es $1\frac{1}{4}$ veces su ancho. ¿Qué dimensiones tiene la pintura?

____

3. Un pequeño avión exhibe un cartel que tiene forma rectangular. El área del cartel es 144 pies cuadrados. El ancho del cartel es $\frac{1}{4}$ de su longitud. ¿Qué dimensiones tiene el cartel?

____

4. Un lago artificial tiene forma de rectángulo y su área es $\frac{9}{20}$ milla cuadrada. El ancho del lago es $\frac{1}{5}$ de su longitud. ¿Qué dimensiones tiene el lago?

____

PREPARACIÓN PARA LA PRUEBA

Revisión de la lección (CC.5.NF.5b)

1. La sala de Consuelo tiene la forma de un rectángulo y un área de 360 pies cuadrados. El ancho de la sala es $\frac{5}{8}$ de su longitud. ¿Qué longitud tiene la sala?

Ⓐ 15 pies
Ⓑ 18 pies
Ⓒ 20 pies
Ⓓ 24 pies

2. Un parque rectangular tiene un área de $\frac{2}{3}$ milla cuadrada. La longitud del parque es $2\frac{2}{3}$ de su ancho. ¿Qué ancho tiene el parque?

Ⓐ $\frac{1}{2}$ milla
Ⓑ $\frac{2}{3}$ milla
Ⓒ $1\frac{1}{3}$ millas
Ⓓ 2 millas

Repaso en espiral (CC.5.NBT.4, CC.5.NF.1, CC.5.NF.4a, CC.5.NF.5a, CC.5.NF.5b)

3. Debra cuidó niños durante $3\frac{1}{2}$ horas el viernes y $1\frac{1}{2}$ veces ese tiempo el sábado. ¿Cuál de los siguientes enunciados es verdadero? **(Lección 7.8)**

Ⓐ El viernes, Debra cuidó niños durante más horas que el sábado.
Ⓑ El viernes, Debra cuidó niños durante la misma cantidad de horas que el sábado.
Ⓒ El viernes, Debra cuidó niños durante 3 veces la cantidad de horas que el sábado.
Ⓓ El sábado, Debra cuidó niños durante más horas que el viernes.

4. Tory practicó lanzamientos de básquetbol durante $\frac{2}{3}$ hora. Tim practicó lanzamientos de básquetbol $\frac{3}{4}$ del tiempo que practicó Tory. ¿Cuánto tiempo practicó Tim lanzamientos de básquetbol? **(Lección 7.6)**

Ⓐ $\frac{1}{2}$ hora
Ⓑ $\frac{1}{3}$ hora
Ⓒ $\frac{1}{4}$ hora
Ⓓ $\frac{1}{6}$ hora

5. Leah compró $4\frac{1}{2}$ libras de uvas. De esas uvas, $1\frac{7}{8}$ libras eran uvas rojas. El resto eran uvas verdes. ¿Cuántas libras de uvas verdes compró Leah? **(Lección 6.7)**

Ⓐ $2\frac{3}{8}$ libras
Ⓑ $2\frac{5}{8}$ libras
Ⓒ $3\frac{3}{8}$ libras
Ⓓ $3\frac{5}{8}$ libras

6. ¿A qué valor posicional está redondeado el siguiente número? **(Lección 3.4)**

5.927 a 5.93

Ⓐ unidades
Ⓑ décimos
Ⓒ centésimos
Ⓓ milésimos

Nombre ______________________

ESTÁNDARES COMUNES CC.5.NF.4a, CC.5.NF.4b, CC.5.NF.5a, CC.5.NF.5b, CC.5.NF.6

Práctica adicional del Capítulo 7

Lección 7.1

Usa un modelo para resolver los ejercicios.

1. $\frac{2}{5} \times 10 =$ ________ **2.** $\frac{1}{4} \times 24 =$ ________ **3.** $\frac{3}{7} \times 28 =$ ________

4. $\frac{4}{9} \times 18 =$ ________ **5.** $\frac{2}{3} \times 21 =$ ________ **6.** $\frac{4}{11} \times 22 =$ ________

Lecciones 7.2 a 7.4, 7.6

Halla el producto. Escríbelo en su mínima expresión.

1. $\frac{3}{7} \times 9 =$ ________ **2.** $8 \times \frac{1}{5} =$ ________ **3.** $\frac{4}{9} \times 11 =$ ________ **4.** $2 \times \frac{2}{5} =$ ________

5. $\frac{3}{4} \times 5 =$ ________ **6.** $3 \times \frac{6}{8} =$ ________ **7.** $\frac{1}{3} \times \frac{4}{5} =$ ________ **8.** $\frac{2}{7} \times \frac{3}{8} =$ ________

9. $\frac{4}{9} \times \frac{1}{3} =$ ________ **10.** $3 \times \frac{1}{9} =$ ________ **11.** $\frac{5}{7} \times \frac{5}{9} =$ ________ **12.** $\frac{1}{8} \times \frac{2}{4} =$ ________

13. En el acuario, $\frac{3}{4}$ de los animales son peces. De los peces, $\frac{1}{3}$ son peces payaso. ¿Qué fracción de los animales del acuario son peces payaso?

____

14. Cada una de cuatro hamburguesas contiene $\frac{1}{5}$ de libra de carne vacuna. En total, ¿cuánta carne vacuna contienen las hamburguesas?

____

Lecciones 7.5, 7.8

Completa los enunciados con *igual a, mayor que* o *menor que*.

1. $\frac{3}{7} \times \frac{4}{9}$ será _______________ $\frac{4}{9}$.

2. $6 \times \frac{5}{7}$ será _______________ $\frac{5}{7}$.

3. $\frac{3}{3} \times 5\frac{1}{9}$ será _______________ $5\frac{1}{9}$.

4. $7 \times 2\frac{5}{9}$ será _______________ $2\frac{5}{9}$.

Lección 7.9

Halla el producto. Escríbelo en su mínima expresión.

1. $\frac{1}{4} \times 2\frac{1}{2}$ _______________

2. $4\frac{1}{2} \times 1\frac{2}{3}$ _______________

3. $2\frac{1}{2} \times 1\frac{1}{5}$

4. $3\frac{2}{5} \times 1\frac{2}{3}$

5. $2\frac{3}{5} \times 3\frac{1}{8}$ _______________

6. $5 \times 3\frac{1}{3}$ _______________

7. $2\frac{3}{5} \times 9\frac{1}{2}$ _______________

8. $1\frac{1}{4} \times 8\frac{2}{3}$ _______________

Usa la propiedad distributiva para hallar el producto.

9. $15 \times 3\frac{1}{5}$ _______________

10. $2\frac{3}{7} \times 21$ _______________

Lección 7.10

1. Gabriela quiere cubrir con losetas el piso de una sala que tiene un área de 320 pies cuadrados. El ancho de la sala es $\frac{4}{5}$ de su longitud. ¿Cuánto mide la sala de longitud y de ancho?

____

2. Akio quiere hacer un dibujo a escala que mide $\frac{1}{5}$ del tamaño de una pintura original. Un barco en esa pintura mide 14 pulgadas de longitud. ¿Qué longitud tendrá el barco en el dibujo de Akio?

____

Capítulo 8

Carta para la casa

Vocabulario

dividendo El número que se va a dividir en un problema de división.

ecuación Un enunciado algebraico o numérico que muestra que dos cantidades son iguales.

fracción Un número que nombra parte de un todo o parte de un grupo.

Querida familia:

Durante las próximas semanas, en la clase de matemáticas aprenderemos a dividir números naturales entre fracciones unitarias y fracciones unitarias entre números naturales. También aprenderemos de qué manera una fracción representa la división.

El estudiante llevará a casa tareas que abordarán problemas del mundo real que incluyan la división con fracciones.

Este es un ejemplo de cómo se le enseñará a usar un modelo para dividir entre una fracción.

MODELO Haz un diagrama para dividir.

Sue hace 3 *waffles*. Divide cada uno en cuartos. ¿Cuántas partes de $\frac{1}{4}$ de *waffle* tiene?

Divide. $3 \div \frac{1}{4}$

PASO 1

Dibuja 3 círculos para representar los *waffles*. Traza líneas que dividan cada círculo en cuartos.

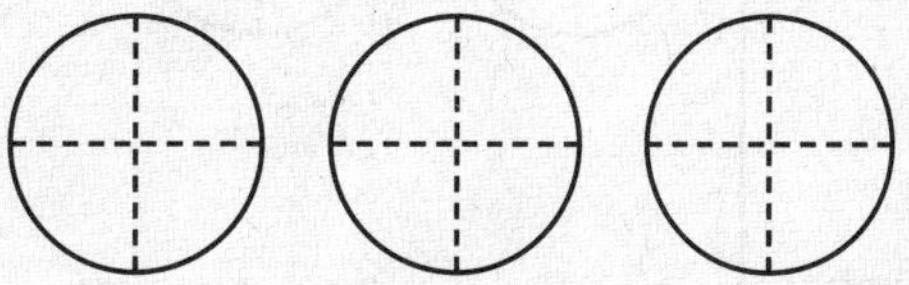

PASO 2

Para hallar $3 \div \frac{1}{4}$, multiplica 3 por la cantidad de cuartos que hay en cada círculo.

$3 \times 4 = 12$

Entonces, Sue tiene 12 partes de un cuarto de *waffle*.

Pistas

Usar la multiplicación para comprobar

Puedes usar la multiplicación para comprobar el resultado de un problema de división con fracciones.

Para comprobar el resultado del ejemplo, multiplica $\frac{1}{4}$ por 12 y compara el producto con el dividendo, o sea 3.

$12 \times \frac{1}{4} = \frac{12}{4}$ ó 3

Actividad

Use situaciones del mundo real que involucren divisiones, como compartir una pizza, una tarta o una naranja en partes iguales para ayudar a su niño a practicar la división con fracciones.

Chapter 8 School-Home Letter

Vocabulary

dividend The number that is to be divided in a division problem.

equation An algebraic or numerical sentence that shows that two quantities are equal.

fraction A number that names a part of a whole or a part of a group.

Dear Family,

Throughout the next few weeks, our math class will be learning about dividing whole numbers by unit fractions and dividing unit fractions by whole numbers. We will also learn how a fraction represents division.

You can expect to see homework with real-world problems that involve division with fractions.

Here is a sample of how your child will be taught to use a model to divide by a fraction.

MODEL Draw a Diagram to Divide

Sue makes 3 waffles. She divides each waffle into fourths. How many $\frac{1}{4}$-waffle pieces does she have?

Divide. $3 \div \frac{1}{4}$

STEP 1

Draw 3 circles to represent the waffles. Draw lines to divide each circle into fourths.

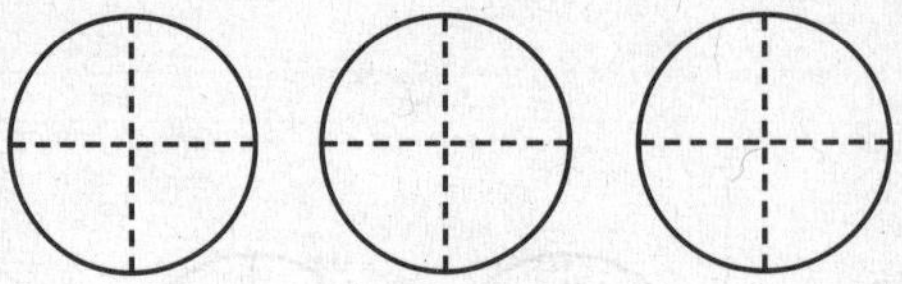

STEP 2

To find $3 \div \frac{1}{4}$, multiply 3 by the number of fourths in each circle.

$3 \times 4 = 12$

So, Sue has 12 one-fourth-waffle pieces.

Tips

Using Multiplication to Check

You can use multiplication to check the answer to a division problem involving fractions.

To check the answer in the sample, multiply $\frac{1}{4}$ by 12 and compare the product to the dividend, 3.

$12 \times \frac{1}{4} = \frac{12}{4}$, or 3

Activity

Use real-world division situations such as sharing a pizza, pie, or orange equally to help your child practice division with fractions.

Nombre ______________________

Dividir fracciones y números naturales

ESTÁNDARES COMUNES CC.5.NF.7a, CC.5.NF.7b

Apply and extend previous understandings of multiplication and division to multiply and divide fractions.

Divide y comprueba el cociente.

1.

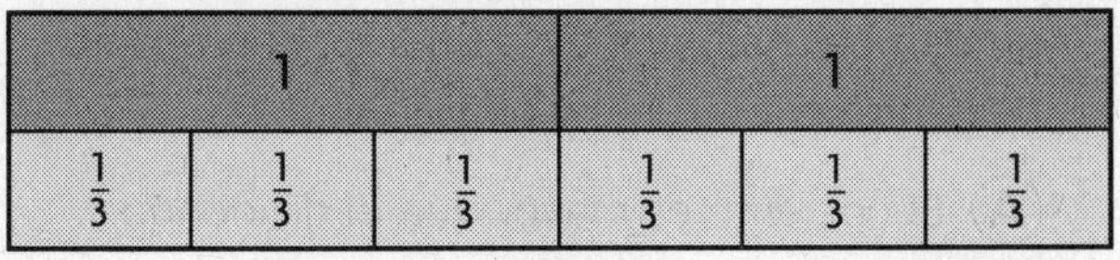

$2 \div \frac{1}{3} =$ 6 porque 6 $\times \frac{1}{3} = 2.$

2.

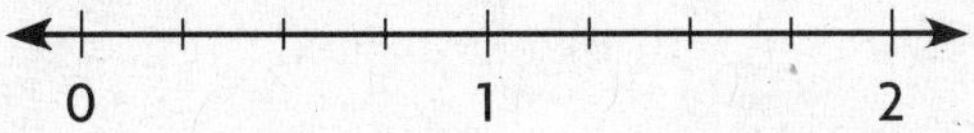

$2 \div \frac{1}{4} =$ ______ porque ______ $\times \frac{1}{4} = 2.$

3.

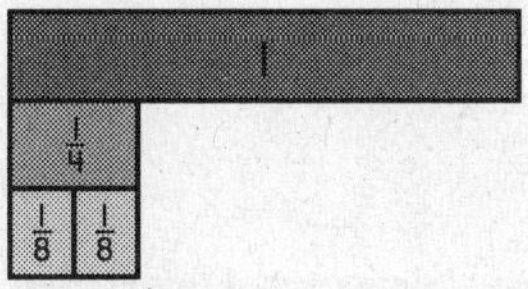

$\frac{1}{4} \div 2 =$ ______ porque ______ $\times 2 = \frac{1}{4}.$

Divide. Traza una recta numérica o usa tiras fraccionarias.

4. $1 \div \frac{1}{5} =$ ______

5. $\frac{1}{6} \div 3 =$ ______

6. $4 \div \frac{1}{6} =$ ______

7. $3 \div \frac{1}{3} =$ ______

8. $\frac{1}{4} \div 6 =$ ______

9. $5 \div \frac{1}{4} =$ ______

Resolución de problemas EN EL MUNDO

10. Amy puede correr $\frac{1}{10}$ milla por minuto. ¿Cuántos minutos tardará Amy en correr 3 millas?

____

11. Jeremy tiene 3 yardas de cinta que usa para envolver regalos. Corta la cinta en trozos que miden $\frac{1}{4}$ yarda de longitud. ¿Cuántos trozos de cinta tiene Jeremy?

____

PREPARACIÓN PARA LA PRUEBA

Revisión de la lección (CC.5.NF.7a, CC.5.NF.7b)

1. Kaley corta la mitad de una barra de pan en 4 partes iguales. ¿Qué fracción de la barra entera representa cada una de las 4 partes?

Ⓐ $\frac{1}{8}$

Ⓑ $\frac{1}{6}$

Ⓒ $\frac{1}{4}$

Ⓓ $\frac{1}{2}$

2. Cuando divides una fracción menor que 1 entre un número natural mayor que 1, ¿qué relación hay entre el cociente y el dividendo?

Ⓐ El cociente es mayor que el dividendo.

Ⓑ El cociente es menor que el dividendo.

Ⓒ El cociente es igual al dividendo.

Ⓓ No hay suficiente información para responder la pregunta.

Repaso en espiral (CC.5.NF.1, CC.5.NF.4a, CC.5.NF.6)

3. Para una receta de pollo y arroz se necesitan $3\frac{1}{2}$ libras de pollo. Lisa quiere ajustar la receta para que rinda $1\frac{1}{2}$ veces más de pollo y arroz. ¿Cuánto pollo necesitará? **(Lección 7.9)**

Ⓐ 2 libras

Ⓑ $2\frac{1}{3}$ libras

Ⓒ 5 libras

Ⓓ $5\frac{1}{4}$ libras

4. Tim y Sue comparten una pizza. Tim come $\frac{2}{3}$ de la pizza. Sue come la mitad de la cantidad que come Tim. ¿Qué fracción de la pizza come Sue? **(Lección 7.6)**

Ⓐ $\frac{1}{3}$

Ⓑ $\frac{1}{2}$

Ⓒ $\frac{3}{5}$

Ⓓ $\frac{2}{3}$

5. En una clase de gimnasia, corres $\frac{3}{5}$ milla. Tu entrenador corre 10 veces esa distancia por día. ¿Qué distancia corre tu entrenador por día? **(Lección 7.3)**

Ⓐ $\frac{7}{5}$ millas

Ⓑ $2\frac{3}{5}$ millas

Ⓒ 3 millas

Ⓓ 6 millas

6. Sterling planta un árbol que mide $4\frac{3}{4}$ pies de altura. Un año después, el árbol mide $5\frac{2}{5}$ pies de altura. ¿Cuántos pies creció el árbol? **(Lección 6.7)**

Ⓐ $\frac{13}{20}$ pie

Ⓑ 8 pies

Ⓒ $10\frac{3}{20}$ pies

Ⓓ 13 pies

Nombre ______________________________

Resolución de problemas • Usar la multiplicación

ESTÁNDAR COMÚN CC.5.NF.7b
Apply and extend previous understandings of multiplication and division to multiply and divide fractions.

1. Sebastián hornea 4 tartas y las corta en sextos. ¿Cuántos trozos de $\frac{1}{6}$ de tarta tiene?

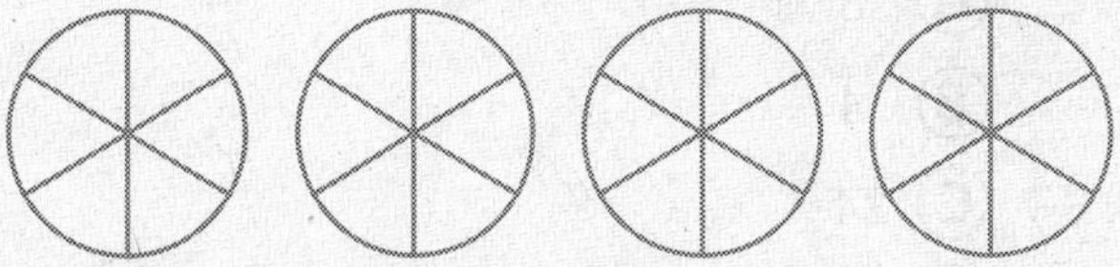

Para hallar el número total de sextos que hay en las 4 tartas, multiplica 4 por el número de sextos de cada tarta.
$4 \div \frac{1}{6} = 4 \times 6 = 24$ trozos de un sexto de tarta

2. Ali tiene 2 pizzas de verduras que corta en octavos. ¿Cuántos trozos de $\frac{1}{8}$ tiene?

____

3. Un panadero tiene 6 barras de pan que pesan 1 libra cada una. Corta cada una de las barras en tercios. ¿Cuántas barras de $\frac{1}{3}$ libra tiene el panadero ahora?

____

4. Supón que el panadero tiene 4 barras de pan y las corta en mitades. ¿Cuántas barras de pan de $\frac{1}{2}$ libra tendría?

____

5. Madalyn tiene 3 sandías, las corta en mitades y las regala a sus vecinos. ¿Cuántos vecinos recibirán una parte de $\frac{1}{2}$ de sandía?

____

6. Un paisajista tenía 5 toneladas de roca para construir paredes decorativas. Usó $\frac{1}{4}$ tonelada para cada pared. ¿Cuántas paredes decorativas construyó?

____

PREPARACIÓN PARA LA PRUEBA

Revisión de la lección (CC.5.NF.7b)

1. Julia tiene 12 trozos de tela y corta cada trozo en cuartos. ¿Cuántos trozos de $\frac{1}{4}$ de tela tiene?

Ⓐ 3

Ⓑ 4

Ⓒ 24

Ⓓ 48

2. Josué tiene 3 tartas de queso y las corta en tercios. ¿Cuántos trozos de $\frac{1}{3}$ de tarta tiene?

Ⓐ 9

Ⓑ 6

Ⓒ 3

Ⓓ 1

Repaso en espiral (CC.5.NBT.2, CC.5.NF.4a, CC.5.NF.7a, CC.5.NF.7b)

3. ¿Cuál de los siguientes enunciados de multiplicación puedes usar como ayuda para hallar el cociente $6 \div \frac{1}{4}$? **(Lección 8.1)**

Ⓐ $6 \times \frac{1}{4} = \frac{6}{4}$

Ⓑ $\frac{1}{6} \times 4 = \frac{4}{6}$

Ⓒ $\frac{1}{6} \times \frac{1}{4} = \frac{1}{24}$

Ⓓ $24 \times \frac{1}{4} = 6$

4. Ellie usa 12.5 libras de papas para hacer puré de papas. Usa un décimo de esa cantidad de libras de mantequilla. ¿Cuántas libras de mantequilla usa Ellie? **(Lección 5.1)**

Ⓐ 0.125 libras

Ⓑ 1.25 libras

Ⓒ 125 libras

Ⓓ 1,250 libras

5. Tiffany colecciona botellas de perfumes. Tiene 99 botellas en su colección. Dos tercios de las botellas son de cristal. ¿Cuántas botellas de la colección de Tiffany son de cristal? **(Lección 7.1)**

Ⓐ 11

Ⓑ 33

Ⓒ 66

Ⓓ 99

6. Stephen hace una tarta de arándanos y la corta en 6 trozos. Come $\frac{1}{3}$ de la tarta durante el fin de semana. ¿Cuántos trozos de tarta come Stephen durante el fin de semana? **(Lección 7.3)**

Ⓐ 6

Ⓑ 3

Ⓒ 2

Ⓓ 1

Nombre ______________________

Relacionar las fracciones con la división

ESTÁNDAR COMÚN CC.5.NF.3

Apply and extend previous understandings of multiplication and division to multiply and divide fractions.

Completa el enunciado numérico para resolver el problema.

1. Seis estudiantes reparten 8 manzanas en partes iguales. ¿Cuántas manzanas recibe cada estudiante?

$8 \div 6 = \frac{8}{6}$ ó $1\frac{1}{3}$

2. Diez niños reparten 7 barras de cereal en partes iguales. ¿Qué fracción de una barra de cereal recibe cada niño?

$7 \div 10 =$ ______________

3. Ocho amigos reparten 12 tartas en partes iguales. ¿Cuántas tartas recibe cada amigo?

$12 \div 8 =$ ______________

4. Tres niñas reparten 8 yardas de tela en partes iguales. ¿Cuántas yardas de tela recibe cada niña?

$8 \div 3 =$ ______________

5. Cinco panaderos reparten 2 barras de pan en partes iguales. ¿Qué fracción de una barra de pan recibe cada panadero?

$2 \div 5 =$ ______________

6. Nueve amigos reparten 6 galletas en partes iguales. ¿Qué fracción de una galleta recibe cada amigo?

$6 \div 9 =$ ______________

7. Doce estudiantes reparten 3 pizzas en partes iguales. ¿Qué fracción de una pizza recibe cada estudiante?

$3 \div 12 =$ ______________

8. Tres hermanas reparten 5 sándwiches en partes iguales. ¿Cuántos sándwiches recibe cada hermana?

$5 \div 3 =$ ______________

Resolución de problemas EN EL MUNDO

9. Hay 12 estudiantes en una clase de joyería y 8 conjuntos de dijes. ¿Qué fracción de un conjunto de dijes recibirá cada estudiante?

____

____

10. Cinco amigos reparten 6 tartas de queso en partes iguales. ¿Cuántas tartas de queso recibirá cada amigo?

____

____

PREPARACIÓN PARA LA PRUEBA

Revisión de la lección (CC.5.NF.3)

1. Ocho amigos reparten 4 racimos de uvas en partes iguales. ¿Qué fracción de un racimo de uvas recibe cada amigo?

   Ⓐ $\frac{1}{8}$

   Ⓑ $\frac{1}{4}$

   Ⓒ $\frac{1}{2}$

   Ⓓ 2

2. Diez estudiantes reparten 8 láminas de cartón para cartel en partes iguales. ¿Qué fracción de una lámina de cartón para cartel recibe cada estudiante?

   Ⓐ $1\frac{4}{5}$

   Ⓑ $1\frac{1}{4}$

   Ⓒ $\frac{4}{5}$

   Ⓓ $\frac{5}{9}$

Repaso en espiral (CC.5.NBT.6, CC.5.NBT.7, CC.5.NF.7a, CC.5.NF.7b)

3. Arturo tiene un tronco que mide 4 yardas de longitud. Lo corta en partes que miden $\frac{1}{3}$ yarda de longitud. ¿Cuántas partes tendrá Arturo? **(Lección 8.1)**

   Ⓐ $\frac{3}{4}$

   Ⓑ $\frac{4}{3}$

   Ⓒ 6

   Ⓓ 12

4. Vince tiene 2 pizzas y las corta en sextos. ¿Cuántos trozos de $\frac{1}{6}$ tiene? **(Lección 8.2)**

   Ⓐ 12

   Ⓑ 6

   Ⓒ 3

   Ⓓ $\frac{1}{3}$

5. Unos kayaks se alquilan a $35 por día. ¿Qué expresión puedes usar para hallar el costo en dólares del alquiler de 3 kayaks por un día? **(Lección 1.3)**

   Ⓐ $(3 + 30) + (3 + 5)$

   Ⓑ $(3 \times 30) + (3 \times 5)$

   Ⓒ $(3 + 30) \times (3 + 5)$

   Ⓓ $(3 \times 30) \times (3 \times 5)$

6. Louisa mide 152.7 centímetros de estatura. Su hermana menor es 8.42 centímetros más baja que ella. ¿Cuál es la estatura de la hermana menor de Louisa? **(Lección 3.9)**

   Ⓐ 6.85 cm

   Ⓑ 144.28 cm

   Ⓒ 144.38 cm

   Ⓓ 154.28 cm

Nombre ______________________________

División de fracciones y números naturales

ESTÁNDAR COMÚN CC.5.NF.7c

Apply and extend previous understandings of multiplication and division to multiply and divide fractions.

Escribe un enunciado de multiplicación relacionado para resolver los ejercicios.

1. $3 \div \frac{1}{2}$

$3 \times 2 = 6$

2. $\frac{1}{5} \div 3$

______

3. $2 \div \frac{1}{8}$

______

4. $\frac{1}{3} \div 4$

______

5. $5 \div \frac{1}{4}$

______

6. $\frac{1}{2} \div 2$

______

7. $\frac{1}{4} \div 6$

______

8. $6 \div \frac{1}{5}$

______

9. $\frac{1}{5} \div 5$

______

10. $4 \div \frac{1}{8}$

______

11. $\frac{1}{3} \div 7$

______

12. $9 \div \frac{1}{2}$

______

Resolución de problemas EN EL MUNDO

13. Isaac tiene una cuerda que mide 5 yardas de longitud. ¿En cuántas partes de $\frac{1}{2}$ yarda puede cortar la cuerda Isaac?

______

14. Dos amigos reparten $\frac{1}{2}$ de una piña en partes iguales. ¿Qué fracción de la piña entera recibe cada amigo?

______

PREPARACIÓN PARA LA PRUEBA

Revisión de la lección (CC.5.NF.7c)

1. Steven divide 8 tazas de cereal en porciones de $\frac{1}{4}$ taza. ¿Cuántas porciones de cereal tiene?

Ⓐ 32

Ⓑ 16

Ⓒ 2

Ⓓ $\frac{1}{2}$

2. Brandy usó una expresión de multiplicación relacionada para resolver $\frac{1}{6} \div 5$. ¿Qué expresión de multiplicación usó?

Ⓐ 6×5

Ⓑ $6 \times \frac{1}{5}$

Ⓒ $\frac{1}{6} \times 5$

Ⓓ $\frac{1}{6} \times \frac{1}{5}$

Repaso en espiral (CC.5.NF.2, CC.5.NF.3, CC.5.NF.4a, CC.5.NF.7b)

3. Nueve amigos reparten 12 libras de pecanes en partes iguales. ¿Cuántas libras de pecanes recibe cada amigo? **(Lección 8.3)**

Ⓐ $\frac{3}{4}$ libra

Ⓑ $1\frac{1}{3}$ libras

Ⓒ $1\frac{1}{2}$ libras

Ⓓ $1\frac{2}{3}$ libras

4. Un científico tiene $\frac{2}{3}$ de litro de solución. Usa $\frac{1}{2}$ de la solución para un experimento. ¿Cuánta solución usa el científico para el experimento? **(Lección 7.6)**

Ⓐ $\frac{1}{6}$ litro

Ⓑ $\frac{1}{4}$ litro

Ⓒ $\frac{1}{3}$ litro

Ⓓ $\frac{1}{2}$ litro

5. Naomi necesita 2 tazas de azúcar para un pastel que va a hornear. Tiene solamente una taza graduada de $\frac{1}{4}$. ¿Cuántas veces tendrá que llenar la taza graduada para obtener 2 tazas de azúcar? **(Lección 8.2)**

Ⓐ 2

Ⓑ 4

Ⓒ 6

Ⓓ 8

6. Michaela pescó 3 peces que pesan un total de $19\frac{1}{2}$ libras. Un pez pesa $7\frac{5}{8}$ libras y otro pesa $5\frac{3}{4}$ libras. ¿Cuánto pesa el tercer pez? **(Lección 6.9)**

Ⓐ $6\frac{1}{8}$ libras

Ⓑ $6\frac{5}{8}$ libras

Ⓒ $7\frac{1}{8}$ libras

Ⓓ $7\frac{5}{8}$ libras

Nombre ____________________

Interpretar la división con fracciones

ESTÁNDAR COMÚN CC.5.NF.7c

Apply and extend previous understandings of multiplication and division to multiply and divide fractions.

Escribe una ecuación para representar el problema. Luego resuélvelo.

1. Daniel tiene un trozo de cable que mide $\frac{1}{2}$ yarda de longitud. Lo corta en 3 partes iguales. ¿Qué fracción de una yarda mide cada parte?

$\frac{1}{2} \div 3 = n; \frac{1}{2} \times \frac{1}{3} = n;$

$n = \frac{1}{6}; \frac{1}{6}$ **yarda**

2. Vivian tiene un trozo de cinta que mide 5 metros de longitud. La corta en partes que miden $\frac{1}{3}$ metro de longitud. ¿Cuántas partes corta Vivian?

____

Haz un diagrama para representar el problema. Luego resuélvelo.

3. Lina tiene 3 panecillos. Corta cada panecillo en cuartos. ¿Cuántas partes de $\frac{1}{4}$ de panecillo tiene?

____

4. Dos amigos reparten $\frac{1}{4}$ de galón de limonada en partes iguales. ¿Qué fracción del galón de limonada recibe cada amigo?

____

5. Escribe un problema para representar $3 \div \frac{1}{2}$.

____

____

6. Escribe un problema para representar $\frac{1}{4} \div 2$.

____

____

Resolución de problemas EN EL MUNDO

7. Spencer tiene $\frac{1}{3}$ de libra de frutos secos. Divide los frutos en partes iguales en 4 bolsas. ¿Qué fracción de una libra de frutos secos hay en cada bolsa?

____

8. Humma tiene 3 manzanas. Corta cada manzana en octavos. ¿Cuántas partes de $\frac{1}{8}$ de manzana tiene?

____

PREPARACIÓN PARA LA PRUEBA

Revisión de la lección (CC.5.NF.7c)

1. Abigail tiene $\frac{1}{2}$ de galón de jugo de naranja. Vierte la misma cantidad de jugo en cada uno de los 6 vasos que tiene. ¿Qué ecuación representa la fracción de un galón de jugo de naranja que hay en cada vaso?

   Ⓐ $6 \div \frac{1}{2} = n$

   Ⓑ $6 \div 2 = n$

   Ⓒ $\frac{1}{2} \div \frac{1}{6} = n$

   Ⓓ $\frac{1}{2} \div 6 = n$

2. ¿Qué situación se puede representar con $4 \div \frac{1}{2}$?

   Ⓐ Riley tiene un cable de $\frac{1}{2}$ yarda de longitud. Lo corta en cuartos. ¿Cuánto mide cada parte del cable?

   Ⓑ Riley tiene un cable de 4 yardas de longitud. Lo corta en partes que miden $\frac{1}{2}$ yarda de longitud. ¿Cuántas partes de cable tiene Riley?

   Ⓒ Riley tiene 4 trozos de cable. Cada parte mide $\frac{1}{2}$ yarda de longitud. ¿Qué cantidad de cable tiene Riley en total?

   Ⓓ Riley tiene un cable de 4 yardas de longitud. Lo corta en mitades. ¿Cuánto mide cada parte del cable?

Repaso en espiral (CC.5.NF.1, CC.5.NF.3, CC.5.NF.4a, CC.5.NF.6)

3. Hannah compra $\frac{2}{3}$ de libra de rosbif. Usa $\frac{1}{4}$ libra para hacer un sándwich para el almuerzo. ¿Cuánto rosbif le queda? **(Lección 6.5)**

   Ⓐ $\frac{5}{12}$ libra

   Ⓑ $\frac{1}{2}$ libra

   Ⓒ $\frac{11}{12}$ libra

   Ⓓ 2 libras

4. Alex compra $2\frac{1}{2}$ libras de uvas y compra $1\frac{1}{4}$ veces más libras de manzanas que de uvas. ¿Cuántas libras de manzana compra? **(Lección 7.9)**

   Ⓐ $1\frac{1}{4}$ libras

   Ⓑ $3\frac{1}{8}$ libras

   Ⓒ $3\frac{1}{3}$ libras

   Ⓓ $3\frac{3}{4}$ libras

5. El carro de Maritza tiene 16 galones de gasolina en el tanque. Maritza usa $\frac{3}{4}$ de la gasolina. ¿Cuántos galones de gasolina usa? **(Lección 7.3)**

   Ⓐ 4 galones

   Ⓑ $5\frac{1}{4}$ galones

   Ⓒ 12 galones

   Ⓓ $21\frac{1}{3}$ galones

6. Jaime tiene un cartón que mide 8 pies de longitud. Lo corta en tres partes iguales. ¿Cuál es la longitud de cada parte? **(Lección 8.3)**

   Ⓐ $\frac{3}{8}$ pie

   Ⓑ $1\frac{2}{3}$ pies

   Ⓒ $2\frac{2}{3}$ pies

   Ⓓ 24 pies

Nombre ______________________

ESTÁNDARES COMUNES CC.5.NF.3, CC.5.NF.7a, CC.5.NF.7b, CC.5.NF.7c

Práctica adicional del Capítulo 8

Lección 8.1

Divide. Traza una recta numérica o usa tiras fraccionarias.

1. $2 \div \frac{1}{4} =$ ______

2. $\frac{1}{7} \div 3 =$ ______

3. $4 \div \frac{1}{5} =$ ______

4. $3 \div \frac{1}{2} =$ ______

5. $\frac{1}{8} \div 5 =$ ______

6. $\frac{1}{9} \div 3 =$ ______

7. $5 \div \frac{1}{6} =$ ______

8. $8 \div \frac{1}{3} =$ ______

9. $\frac{1}{5} \div 5 =$ ______

Lección 8.2

Haz un diagrama para resolver el problema.

1. Una panadera tiene 6 bolsas pequeñas de harina. Cada bolsa pesa 1 libra. Divide cada bolsa en tercios. ¿Cuántas bolsas de harina de $\frac{1}{3}$ de libra tiene?

____

2. Merril corta 6 tartas de manzanas en mitades. ¿Cuántas partes de $\frac{1}{2}$ tarta tiene?

____

Lección 8.3

Completa el enunciado numérico para resolver el problema.

1. Tres estudiantes reparten 5 duraznos en partes iguales. ¿Cuántos duraznos recibe cada estudiante?

   $5 \div 3 =$ ______

2. Seis amigos reparten 4 sándwiches en partes iguales. ¿Qué fracción de un sándwich recibe cada amigo?

   $4 \div 6 =$ ______

3. Diez primos reparten 3 pizzas en partes iguales. ¿Qué fracción de una pizza recibe cada primo?

   $3 \div 10 =$ ______

4. Cuatro niños reparten 9 yardas de hilo de pescar en partes iguales. ¿Cuántas yardas de hilo recibe cada niño?

   $9 \div 4 =$ ______

Lección 8.4

Escribe un enunciado de multiplicación relacionado para resolver el ejercicio.

1. $6 \div \frac{1}{4}$ ______
2. $9 \div \frac{1}{3}$ ______
3. $\frac{1}{6} \div 7$ ______
4. $\frac{1}{4} \div 10$ ______

Lección 8.5

1. Escribe una ecuación para representar el problema. Luego resuélvelo.

   Luz tiene $\frac{1}{3}$ de libra de cerezas. Divide las cerezas en partes iguales en 2 bolsas. ¿Qué fracción de una libra de cerezas hay en cada bolsa?

   ______

   ______

2. Haz un diagrama para representar el problema. Luego resuélvelo.

   Brad tiene 4 sándwiches submarinos. Corta cada uno en tercios. ¿Cuántas partes de $\frac{1}{3}$ de sándwich tiene?

   ______

Capítulo 9

Carta para la casa

Querida familia:

Durante las próximas semanas, en la clase de matemáticas trabajaremos con datos y gráficas. Aprenderemos a hacer y usar diagramas de puntos y gráficas lineales para analizar datos y resolver problemas. También aprenderemos a marcar y mencionar puntos en una cuadrícula de coordenadas.

El estudiante llevará a casa tareas que incluirán hacer y analizar gráficas lineales.

Este es un ejemplo de cómo se le enseñará a interpretar gráficas lineales.

Vocabulario

coordenada *x* El primer número de un par ordenado que muestra la distancia que hay que desplazarse hacia la derecha o la izquierda desde (0, 0).

coordenada *y* El segundo número de un par ordenado que muestra la distancia que hay que desplazarse hacia arriba o hacia abajo desde (0, 0).

eje de la *x* La recta numérica horizontal de un plano cartesiano.

eje de la *y* La recta numérica vertical de un plano cartesiano.

escala Una serie de números ubicados a distancias fijas en una gráfica que sirve para rotularla.

gráfica lineal Una gráfica en la que se usan segmentos para mostrar cómo cambian los datos a través del tiempo.

intervalo La diferencia entre un número y el siguiente en la escala de una gráfica.

MODELO Analiza gráficas lineales.

Así es como analizamos las gráficas lineales.

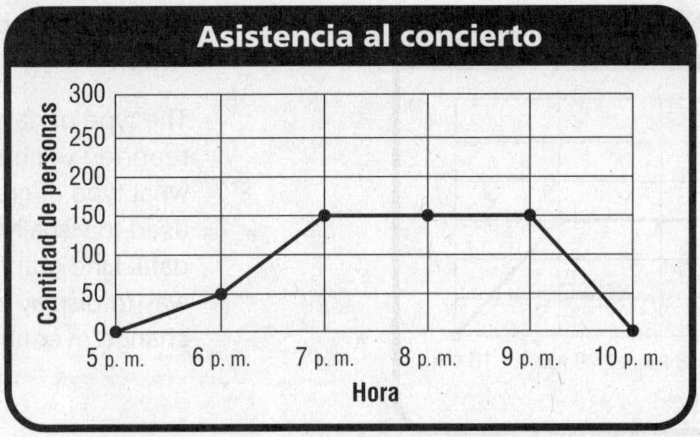

Pistas

Elegir una gráfica adecuada

Cuando se conoce el tipo de datos con los que se va a trabajar resulta más fácil determinar el tipo de gráfica que se puede usar para mostrar visualmente esos datos. Las gráficas lineales nos permiten mostrar datos que cambian a través del tiempo.

Usa la gráfica para identificar entre qué horas aumentó más la asistencia al concierto.

PASO 1 Observa cada segmento de la gráfica.

PASO 2 Halla el segmento en el que se muestre el mayor aumento de la cantidad de personas entre dos puntos consecutivos.

El mayor aumento de la cantidad de personas ocurrió entre las 6 p. m. y las 7 p. m.

Actividad

Busque datos presentados de diferentes formas en periódicos y revistas. Después escriban y contesten juntos preguntas sobre la información que se muestra.

Chapter 9

School-Home Letter

Dear Family,

Throughout the next few weeks, our math class will be working with data and graphs. We will learn how to make and use line plots and line graphs to analyze data and solve problems. We will also learn how to plot and name points on a coordinate grid.

You can expect to see homework that includes making and analyzing line graphs.

Here is a sample of how your child will be taught to interpret line graphs.

Vocabulary

x-coordinate The first number in an ordered pair, which tells the distance to move right or left from (0, 0).

y-coordinate The second number in an ordered pair, which tells the distance to move up or down from (0, 0).

x-axis The horizontal number line on a coordinate plane.

y-axis The vertical number line on a coordinate plane.

scale A series of numbers placed at fixed distances on a graph to help label the graph.

line graph A graph that uses line segments to show how data changes over time.

interval The difference between one number and the next on the scale of a graph.

MODEL Analyze Line Graphs

This is how we will analyze line graphs.

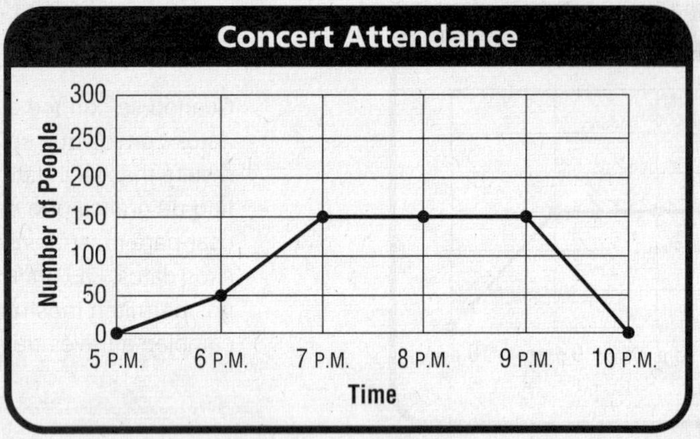

Use the graph to identify between what times the concert attendance increased the most.

STEP 1 Look at each segment in the graph.

STEP 2 Find the segment that shows the greatest increase in number of people between two consecutive points.

The greatest increase in the number of people occurred between 6 P.M. and 7 P.M.

Tips

Choose an Appropriate Graph

The type of data being reported will help determine what type of graph can be used to visually display the data. Line graphs are a good way to display data that change over time.

Activity

Look through a few newspapers or magazines to find data displays. Then work together to write and answer questions about the information displayed.

Nombre ______________________________

Diagramas de puntos

ESTÁNDAR COMÚN CC.5.MD.2
Represent and interpret data.

Usa los datos para completar el diagrama de puntos. Luego responde las preguntas.

Un empleado de una tienda naturista rellena bolsas con frutos secos surtidos. A continuación se enumera la cantidad de frutos secos surtidos que hay en cada bolsa.

$\frac{1}{4}$ lb, $\frac{1}{4}$ lb, $\frac{3}{4}$ lb, $\frac{1}{2}$ lb, $\frac{1}{4}$ lb, $\frac{3}{4}$ lb,

$\frac{3}{4}$ lb, $\frac{3}{4}$ lb, $\frac{1}{2}$ lb, $\frac{1}{4}$ lb, $\frac{1}{2}$ lb, $\frac{1}{2}$ lb

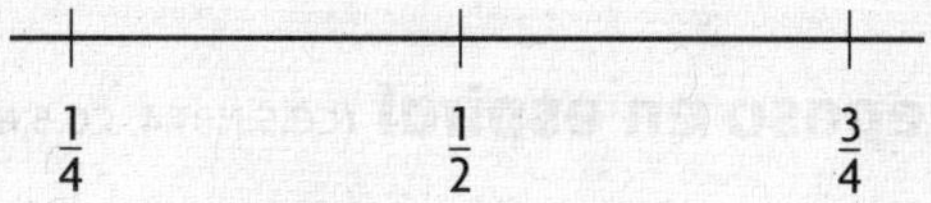

Peso de los frutos secos surtidos (en libras)

1. ¿Cuánto pesan las bolsas de $\frac{1}{4}$ lb juntas? **1 lb**

   Piensa: Hay cuatro bolsas de $\frac{1}{4}$ libra.

2. ¿Cuánto pesan las bolsas de $\frac{1}{2}$ lb juntas? __________

3. ¿Cuánto pesan las bolsas de $\frac{3}{4}$ lb juntas? __________

4. ¿Cuánto pesan en total los frutos secos surtidos que se usaron para rellenar todas las bolsas? __________

5. ¿Cuál es la cantidad promedio de frutos secos surtidos que hay en cada bolsa? __________

Julie usa cristales para hacer una pulsera. A continuación se muestra la longitud de los cristales.

$\frac{1}{2}$ pulg, $\frac{5}{8}$ pulg, $\frac{3}{4}$ pulg, $\frac{1}{2}$ pulg, $\frac{3}{8}$ pulg, $\frac{1}{2}$ pulg, $\frac{3}{4}$ pulg,

$\frac{3}{8}$ pulg, $\frac{3}{4}$ pulg, $\frac{5}{8}$ pulg, $\frac{1}{2}$ pulg, $\frac{3}{8}$ pulg, $\frac{5}{8}$ pulg, $\frac{3}{4}$ pulg

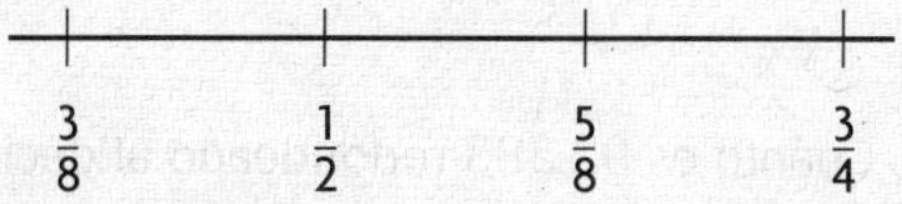

Longitud de los cristales (en pulgadas)

6. ¿Cuál es la longitud de los cristales de $\frac{1}{2}$ pulg juntos? __________

7. ¿Cuál es la longitud de los cristales de $\frac{5}{8}$ pulg juntos? __________

8. ¿Cuál es la longitud total de todos los cristales de la pulsera? __________

9. ¿Cuál es la longitud promedio de cada cristal de la pulsera? __________

PREPARACIÓN PARA LA PRUEBA

Revisión de la lección (CC.5.MD.2)

Una panadera usa diferentes cantidades de sal para hacer panes según la receta que siga. En el siguiente diagrama de puntos se muestra la cantidad de sal que se necesita para cada receta.

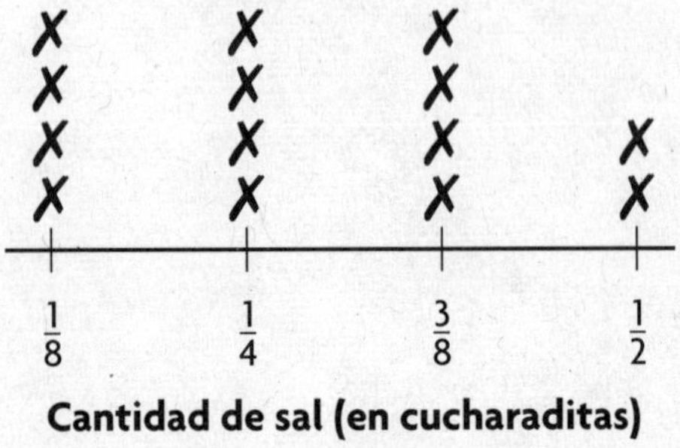

1. Según el diagrama de puntos, ¿en cuántas recetas se necesita más de $\frac{1}{4}$ cdta de sal?

Ⓐ 4
Ⓑ 6
Ⓒ 8
Ⓓ 12

2. ¿Cuál es la cantidad promedio de sal que se necesita para cada receta?

Ⓐ $\frac{1}{8}$ cdta
Ⓑ $\frac{1}{4}$ cdta
Ⓒ $\frac{2}{7}$ cdta
Ⓓ $\frac{1}{2}$ cdta

Repaso en espiral (CC.5.NBT.4, CC.5.NF.1, CC.5.NF.4a, CC.5.NF.7c)

3. Ramona tenía $8\frac{3}{8}$ de pulg de cinta. Usó $2\frac{1}{2}$ pulg para un proyecto de arte. ¿Cuántas pulgadas de cinta le quedan? Halla la diferencia en su mínima expresión. **(Lección 6.7)**

Ⓐ $5\frac{1}{8}$ pulg
Ⓑ $5\frac{7}{8}$ pulg
Ⓒ $6\frac{1}{8}$ pulg
Ⓓ $6\frac{1}{6}$ pulg

4. Benjamín compró $\frac{1}{2}$ de libra de queso para preparar 3 sándwiches. Si usa la misma cantidad de queso en cada sándwich, ¿cuánto queso tendrá cada sándwich? **(Lección 8.4)**

Ⓐ $\frac{1}{6}$ lb
Ⓑ $\frac{2}{3}$ lb
Ⓒ $1\frac{1}{2}$ lb
Ⓓ 6 lb

5. ¿Cuánto es 92.583 redondeado al décimo más próximo? **(Lección 3.4)**

Ⓐ 90
Ⓑ 92.5
Ⓒ 92.58
Ⓓ 92.6

6. En el jardín de Yoshi, $\frac{3}{4}$ de las flores son tulipanes. De esos tulipanes, $\frac{2}{3}$ son amarillos. ¿Qué fracción de las flores del jardín de Yoshi son tulipanes amarillos? **(Lección 7.6)**

Ⓐ $\frac{1}{12}$
Ⓑ $\frac{5}{12}$
Ⓒ $\frac{1}{2}$
Ⓓ $\frac{5}{7}$

Nombre ____________________________

Pares ordenados

ESTÁNDAR COMÚN CC.5.G.1
Graph points on the coordinate plane to solve real-world and mathematical problems.

En la Cuadrícula de coordenadas A, escribe un par ordenado para el punto dado.

Cuadrícula de coordenadas A

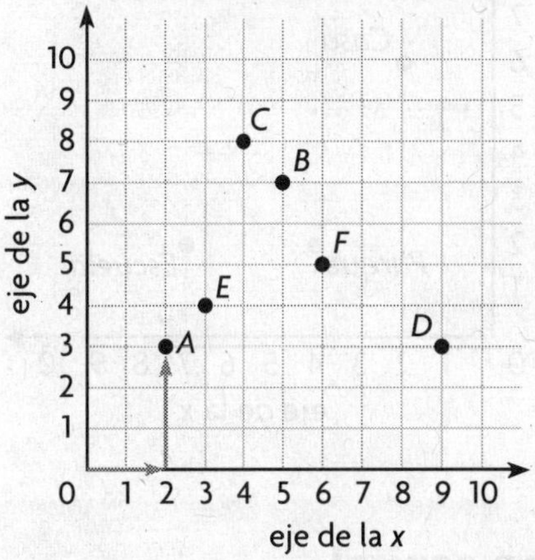

1. *A* (2, 3)
2. *B*
3. *C*
4. *D*
5. *E*
6. *F*

Marca y rotula los puntos en la Cuadrícula de coordenadas B.

Cuadrícula de coordenadas B

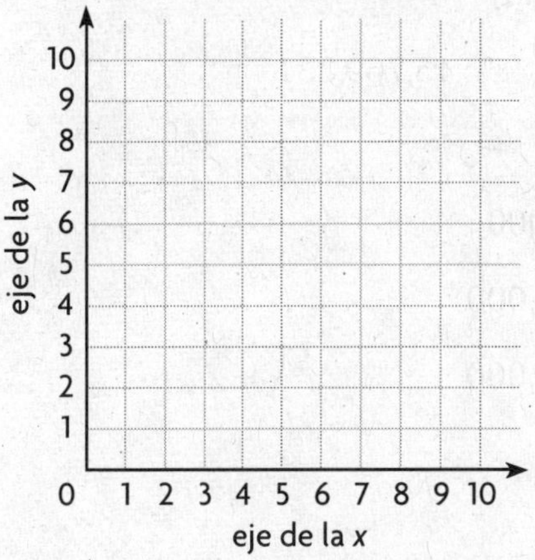

7. *N* (7, 3)
8. *R* (0, 4)
9. *O* (8, 7)
10. *M* (2, 1)
11. *P* (5, 6)
12. *Q* (1, 5)

Resolución de problemas EN EL MUNDO

Usa el mapa para responder las preguntas 13 y 14.

Port Charlotte

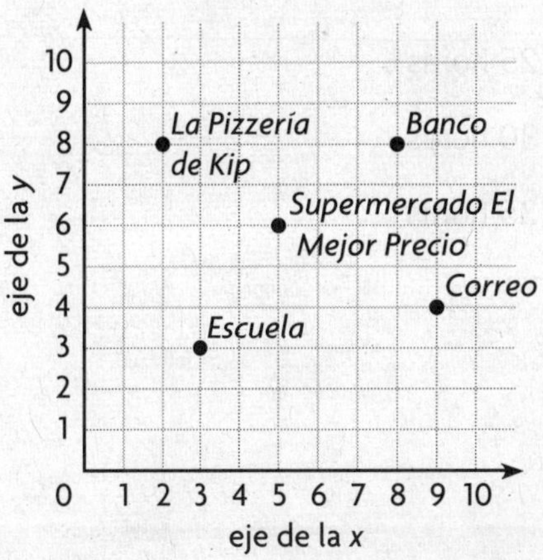

13. ¿Qué edificio está ubicado en el punto (5, 6)?

____

14. ¿Cuál es la distancia entre La Pizzería de Kip y el banco?

____

Revisión de la lección (CC.5.G.1)

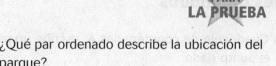

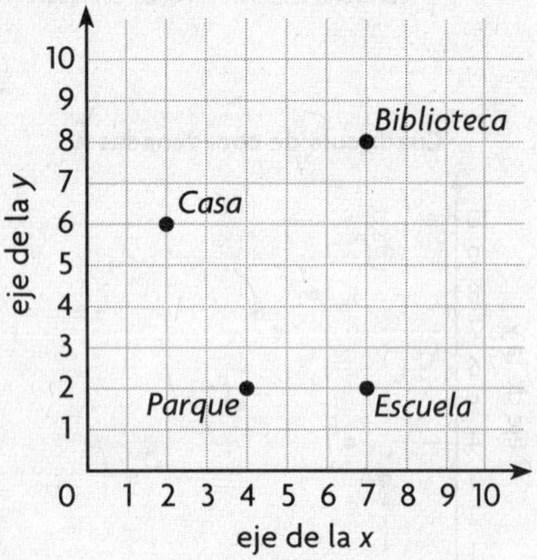

1. ¿Qué par ordenado describe la ubicación del parque?

Ⓐ (2, 4) Ⓒ (3, 1)

Ⓑ (4, 2) Ⓓ (1, 3)

2. ¿Cuál es la distancia entre la escuela y la biblioteca?

Ⓐ 5 unidades Ⓒ 7 unidades

Ⓑ 6 unidades Ⓓ 9 unidades

Repaso en espiral (CC.5.NBT.1, CC.5.NBT.5, CC.5.NBT.6)

3. ¿Cuál es el valor del dígito subrayado? **(Lección 1.2)**

45,7<u>6</u>9,331

Ⓐ 60

Ⓑ 6,000

Ⓒ 60,000

Ⓓ 70,000

4. Andrew cobra $18 por cortar el césped de un jardín. Si corta el césped de 17 jardines por mes, ¿cuánto dinero ganará Andrew por mes? **(Lección 1.7)**

Ⓐ $305

Ⓑ $306

Ⓒ $350

Ⓓ $360

5. Harlow puede andar en bicicleta a una tasa de 18 millas por hora. ¿Cuántas horas tardaría en recorrer un tramo de carretera que mide 450 millas de longitud? **(Lección 2.6)**

Ⓐ 20 horas

Ⓑ 25 horas

Ⓒ 30 horas

Ⓓ 35 horas

6. Molly usa 192 cuentas para hacer una pulsera y un collar. El collar lleva 5 veces más cuentas que la pulsera. ¿Cuántas cuentas usa Molly para hacer el collar? **(Lección 2.9)**

Ⓐ 32

Ⓑ 37

Ⓒ 160

Ⓓ 165

Nombre ____________________

Representar datos gráficamente

ESTÁNDAR COMÚN CC.5.G.2
Graph points on the coordinate plane to solve real-world and mathematical problems.

Representa los datos gráficamente en la cuadrícula de coordenadas.

1.

Temperatura exterior					
Hora	1	3	5	7	9
Temperatura (°F)	61	65	71	75	77

a. Escribe los pares ordenados para cada punto.

____

____

b. ¿Cómo cambiarían los pares ordenados si la temperatura exterior se registrara cada hora durante 4 horas consecutivas?

____

____

____

Temperatura exterior

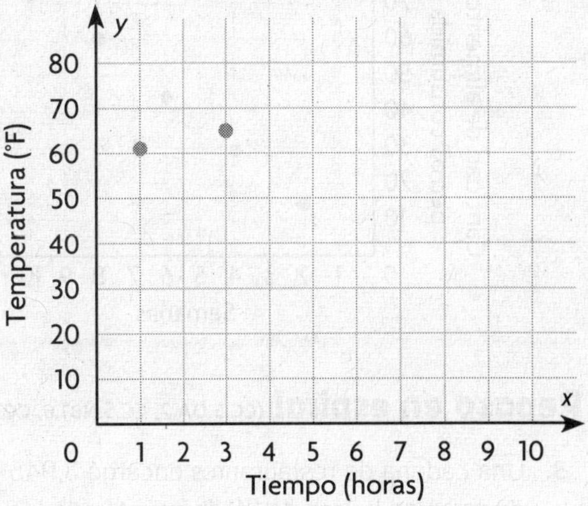

Resolución de problemas EN EL MUNDO

2.

Ventanas reparadas					
Día	1	2	3	4	5
Cantidad total reparada	14	30	45	63	79

a. Escribe los pares ordenados para cada punto.

____

____

b. ¿Qué te indica el par ordenado (2, 30) acerca de la cantidad de ventanas reparadas?

____

____

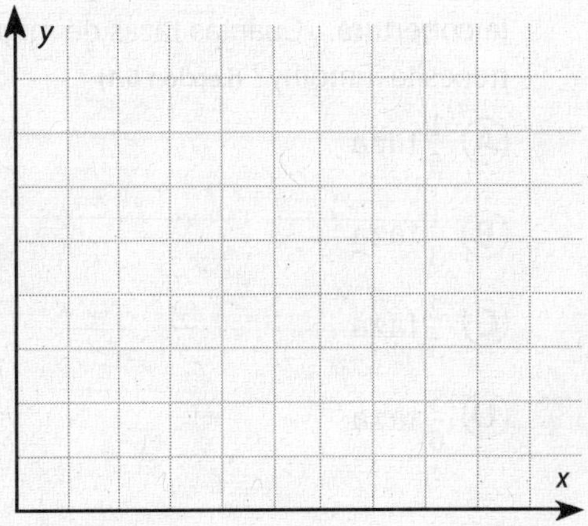

PREPARACIÓN PARA LA PRUEBA

Revisión de la lección (CC.5.G.2)

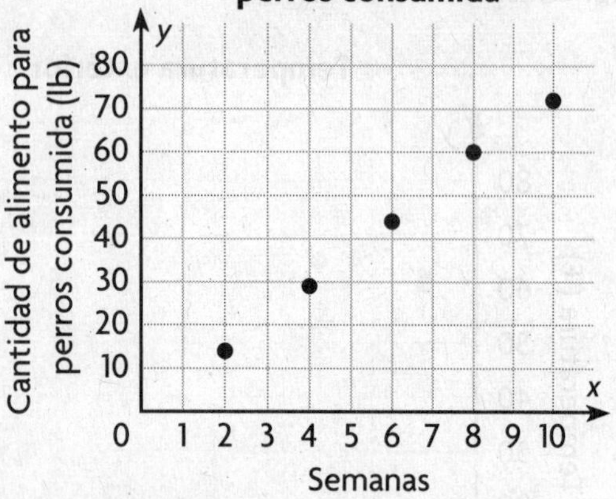

1. ¿Alrededor de cuántas semanas tardó el perro en consumir 45 libras de alimento?

Ⓐ 4 semanas
Ⓑ 5 semanas
Ⓒ 6 semanas
Ⓓ 7 semanas

2. Al final de la semana 8, ¿cuánto alimento había consumido el perro?

Ⓐ 29 libras
Ⓑ 44 libras
Ⓒ 60 libras
Ⓓ 72 libras

Repaso en espiral (CC.5.OA.2, CC.5.NBT.6, CC.5.NF.2)

3. Una cadena de restaurantes encargó 3,945 libras de arroz en bolsas de 20 libras. ¿Alrededor de cuántas bolsas de 20 libras de arroz encargó la cadena de restaurantes? **(Lección 2.5)**

Ⓐ 4,000
Ⓑ 2,000
Ⓒ 200
Ⓓ 20

4. La población de Linton es 12 veces mayor que la población de Ellmore. La población de las dos ciudades juntas es de 9,646 personas. ¿Cuál es la población de Linton? **(Lección 2.9)**

Ⓐ 742
Ⓑ 804
Ⓒ 8,904
Ⓓ 9,634

5. Timothy necesita $\frac{1}{2}$ de taza de migas de pan para un guisado y $\frac{1}{3}$ de taza de migas de pan para la cobertura. ¿Cuántas tazas de migas de pan necesita Timothy? **(Lección 6.1)**

Ⓐ $\frac{1}{5}$ taza
Ⓑ $\frac{1}{3}$ taza
Ⓒ $\frac{2}{5}$ taza
Ⓓ $\frac{5}{6}$ taza

6. Jessie compró 3 camisetas a \$6 cada una y 4 camisetas a \$5 cada una. ¿Qué expresión puedes usar para describir lo que compró Jessie? **(Lección 1.10)**

Ⓐ $3 + 6 + 4 + 5$
Ⓑ $(3 + 6) \times (4 + 5)$
Ⓒ $(3 \times 6) + (4 \times 5)$
Ⓓ $(3 \times 6) \times (4 \times 5)$

Nombre ______________________

Gráficas lineales

ESTÁNDAR COMÚN CC.5.G.2
Graph points on the coordinate plane to solve real-world and mathematical problems.

Usa la tabla para resolver los ejercicios 1 a 5.

Temperatura a cada hora							
Hora	10 a. m.	11 a. m.	12 mediodía	1 p. m.	2 p. m.	3 p. m.	4 p. m.
Temperatura (°F)	8	11	16	27	31	38	41

1. Escribe los pares de números relacionados para la temperatura a cada hora como pares ordenados.

(10, 8); ______________________

____

2. ¿Qué escala sería apropiada para representar los datos gráficamente?

____

3. ¿Qué intervalo sería apropiado para representar los datos gráficamente?

____

4. Haz una gráfica lineal con los datos.

____

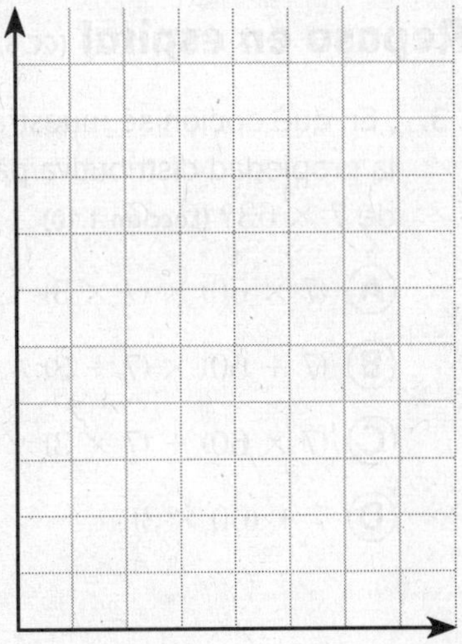

5. Usa la gráfica para hallar la diferencia de temperatura entre las 11 a. m. y la 1 p. m.

____

Resolución de problemas EN EL MUNDO

6. ¿Entre qué dos horas se dio el menor cambio de temperatura?

____

____

____

7. ¿Cuál fue el cambio de temperatura entre las 12 del mediodía y las 4 p. m.?

____

PREPARACIÓN PARA LA PRUEBA

Revisión de la lección (CC.5.G.2)

Altura de la planta cada semana

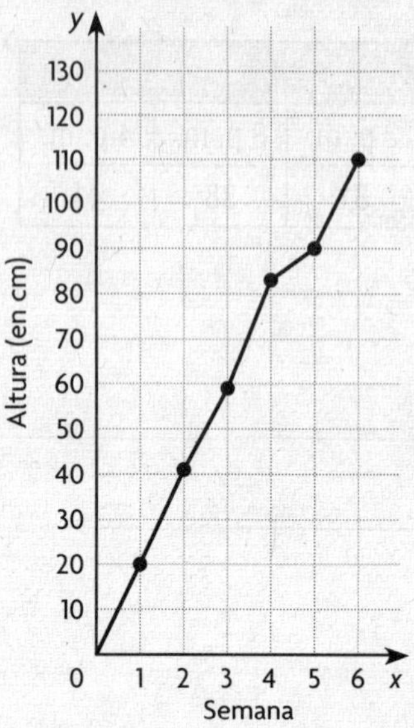

1. ¿Cuántos centímetros creció la planta en las primeras tres semanas?

Ⓐ 20 cm
Ⓑ 41 cm
Ⓒ 59 cm
Ⓓ 83 cm

2. ¿Entre qué dos semanas la planta creció menos?

Ⓐ semanas 2 y 3
Ⓑ semanas 3 y 4
Ⓒ semanas 4 y 5
Ⓓ semanas 5 y 6

Repaso en espiral (CC.5.OA.2, CC.5.NBT.6, CC.5.NF.6, CC.5.NF.7c)

3. ¿En qué opción se muestra el uso correcto de la propiedad distributiva para hallar el producto de 7×63? **(Lección 1.10)**

Ⓐ $(7 \times 60) \times (7 \times 3)$
Ⓑ $(7 + 60) \times (7 + 3)$
Ⓒ $(7 \times 60) + (7 \times 3)$
Ⓓ $7 + (60 \times 3)$

4. Ali usa las expresiones $a \times (b \times c)$ y $(a \times b) \times c$ para multiplicar 3 números. ¿Qué propiedad de la multiplicación usa Ali? **(Lección 1.3)**

Ⓐ propiedad asociativa de la multiplicación
Ⓑ propiedad conmutativa de la multiplicación
Ⓒ propiedad distributiva de la multiplicación
Ⓓ propiedad de identidad de la multiplicación

5. Un atleta-estudiante corre $3\frac{1}{3}$ millas en 30 minutos. Un corredor profesional puede correr $1\frac{1}{4}$ millas más en 30 minutos. ¿Qué distancia puede correr el corredor profesional en 30 minutos? **(Lección 7.9)**

Ⓐ $3\frac{1}{12}$ millas
Ⓑ $4\frac{1}{6}$ millas
Ⓒ $4\frac{2}{7}$ millas
Ⓓ $4\frac{7}{12}$ millas

6. La receta para hacer un aderezo para ensalada indica que el aderezo debe llevar $\frac{1}{4}$ de taza de vinagre. Si tienes 4 tazas de vinagre, ¿cuántas tandas de aderezo para ensalada puedes hacer? **(Lección 8.4)**

Ⓐ 1
Ⓑ 4
Ⓒ 8
Ⓓ 16

Nombre ________________________________

Patrones numéricos

ESTÁNDAR COMÚN CC.5.OA.3
Analyze patterns and relationships.

Completa la regla que describa la manera en que una secuencia se relaciona con la otra. Usa la regla para hallar el término desconocido.

1. Multiplica la cantidad de largos por **50** para hallar la cantidad de yardas.

Piensa: La cantidad de yardas es 50 veces la cantidad de largos.

Nadadores	1	2	3	4
Cantidad de largos	4	8	12	16
Cantidad de yardas	200	400	600	**800**

2. Multiplica la cantidad de libras por ______ para hallar el costo total.

Cajas	1	2	3	4	6
Cantidad de libras	3	6	9	12	18
Costo total (en $)	12	24	36	48	

3. Multiplica la cantidad de horas por ______ para hallar la cantidad de millas.

Carros	1	2	3	4
Cantidad de horas	2	4	6	8
Cantidad de millas	130	260	390	

4. Multiplica la cantidad de horas por ______ para hallar la cantidad de dinero ganado.

Días	1	2	3	4	7
Cantidad de horas	8	16	24	32	56
Cantidad de dinero ganado (en $)	96	192	288	384	

Resolución de problemas EN EL MUNDO

5. En un mapa, una distancia de 200 millas está representada por un segmento de 5 pulgadas de longitud. Imagina que la distancia entre dos ciudades en el mapa es de 7 pulgadas. ¿Cuál es la distancia real entre las dos ciudades? Escribe la regla que usaste para hallar la distancia real.

____

____

____

____

6. Para hacer un disfraz, Rachel usa 6 yardas de tela y 3 yardas de ribete. Imagina que usa un total de 48 yardas de tela para hacer varios disfraces. ¿Cuántas yardas de ribete usa? Escribe la regla que usaste para hallar la cantidad de yardas de ribete.

____

____

____

____

PREPARACIÓN PARA LA PRUEBA

Revisión de la lección (CC.5.OA.3)

Usa la siguiente tabla para responder las preguntas 1 y 2.

Número de término	1	2	3	4	6
Secuencia 1	4	8	12	16	24
Secuencia 2	12	24	36	48	?

1. ¿Qué regla podrías escribir que relacione la Secuencia 2 con la Secuencia 1?
   - Ⓐ Suma 8.
   - Ⓑ Multiplica por 3.
   - Ⓒ Multiplica por 4.
   - Ⓓ Suma 48.

2. ¿Cuál es el número desconocido de la Secuencia 2?
   - Ⓐ 48
   - Ⓑ 60
   - Ⓒ 72
   - Ⓓ 96

Repaso en espiral (CC5.OA.1, CC.5.NBT.1, CC.5.NF.2, CC.5.NF.7a, CC.5.NF.7b)

3. ¿Cuál es el valor de la siguiente expresión? **(Lección 1.12)**

   $$40 - (3 + 2) \times 6$$

   - Ⓐ 10
   - Ⓑ 49
   - Ⓒ 210
   - Ⓓ 234

4. ¿Cuál es el valor del dígito 9 en el número 597,184? **(Lección 1.2)**
   - Ⓐ 900
   - Ⓑ 9,000
   - Ⓒ 90,000
   - Ⓓ 900,000

5. ¿Cuál es la mejor estimación para la suma de $\frac{3}{8}$ y $\frac{1}{12}$? **(Lección 6.3)**
   - Ⓐ 0
   - Ⓑ $\frac{1}{2}$
   - Ⓒ 1
   - Ⓓ 4

6. Terry usa 3 tazas de pecanes para decorar 12 tartas de pecanes. Pone igual cantidad de pecanes en cada tarta. ¿Cuántas tazas de pecanes pone en cada tarta? **(Lección 8.3)**
   - Ⓐ 9 tazas
   - Ⓑ 4 tazas
   - Ⓒ $\frac{1}{3}$ taza
   - Ⓓ $\frac{1}{4}$ taza

Nombre ______________________________

Resolución de problemas • Hallar una regla

ESTÁNDAR COMÚN CC.5.OA.3
Analyze patterns and relationships.

Escribe una regla y completa la tabla. Luego responde la pregunta.

1. Fabiana compra 15 camisetas, que están en oferta a $3 cada una. ¿Cuánto dinero gasta Fabiana?

Cantidad de camisetas	1	2	3	5	10	15
Cantidad que gastó (en $)	3	6	9			

Regla posible:
Multiplica la cantidad de camisetas por 3.

La cantidad total de dinero que gasta Fabiana es **$45**.

2. La familia Gilman se inscribe en un gimnasio. Paga $35 por mes. En el mes 12, ¿cuánto dinero habrá gastado la familia Gilman?

Cantidad de meses	1	2	3	4	5	12
Cantidad total de dinero gastado (en $)	35	70				

Regla posible:
____
____

La familia Gilman habrá gastado __________.

3. Hettie está apilando vasos de papel. Cada pila de 15 vasos mide 6 pulgadas de altura. ¿Cuál es la altura total de 10 pilas de vasos?

Cantidad de pilas	1	2	3	10
Altura (pulg)	6	12	18	

Regla posible:
____
____

La altura total de 10 pilas es __________.

PREPARACIÓN PARA LA PRUEBA

Revisión de la lección (CC.5.OA.3)

1. ¿Cuántos cuadrados se necesitan para formar la octava figura del patrón?

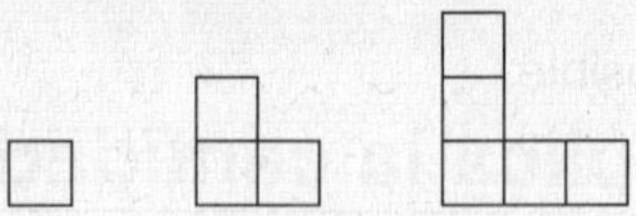

Ⓐ 14

Ⓑ 15

Ⓒ 16

Ⓓ 17

2. ¿Qué expresión podría describir la cantidad de cuadrados de la figura que sigue en el patrón, es decir, la Figura 4?

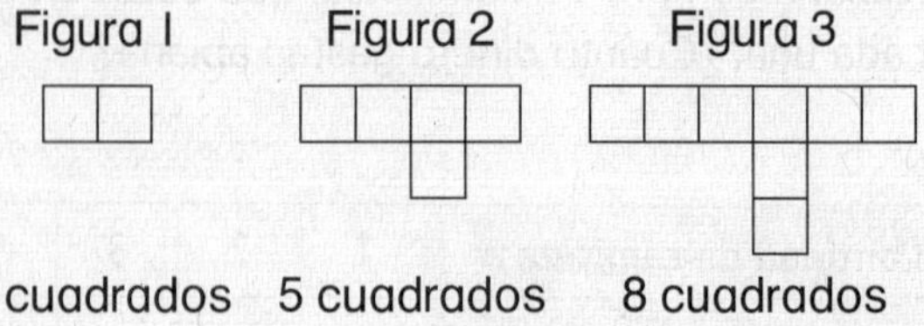

Ⓐ $6 + 2$

Ⓑ $6 + 3$

Ⓒ $8 + 3$

Ⓓ $8 + 4$

Repaso en espiral (CC.5.OA.3, CC.5.NBT.2, CC.5.NBT.7, CC.5.NF.2)

3. Una panadería exhibe sus galletas en partes iguales en 7 bandejas. Si hay 567 galletas, ¿cuántas galletas hay en cada bandeja? **(Lección 2.2)**

Ⓐ 487

Ⓑ 486

Ⓒ 81

Ⓓ 80

4. La Sra. Angelino cocinó 2 fuentes de lasaña y cortó cada una en doce porciones. Su familia comió $1\frac{1}{12}$ de fuentes de lasaña en la cena. ¿Cuánta lasaña quedó? **(Lección 6.7)**

Ⓐ $\frac{11}{12}$

Ⓑ $1\frac{11}{12}$

Ⓒ $2\frac{1}{12}$

Ⓓ $3\frac{1}{12}$

5. ¿Cuál es el número que sigue en este patrón? **(Lección 3.10)**

0.54, 0.6, 0.66, 0.72, ■, . . .

Ⓐ 0.76

Ⓑ 0.78

Ⓒ 0.8

Ⓓ 0.82

6. ¿Cómo escribes 100 como una potencia de 10? **(Lección 1.4)**

Ⓐ 10^0

Ⓑ 10^1

Ⓒ 10^2

Ⓓ 10^3

Nombre ______________________

Representar relaciones gráficamente y analizarlas

ESTÁNDAR COMÚN CC.5.OA.3

Analyze patterns and relationships.

Representa gráficamente y rotula los pares de números como pares ordenados. Luego completa y usa la regla para hallar el término desconocido.

1. Multiplica la cantidad de yardas por **3** para hallar la cantidad de pies.

Yardas	1	2	3	4
Pies	3	6	9	**12**

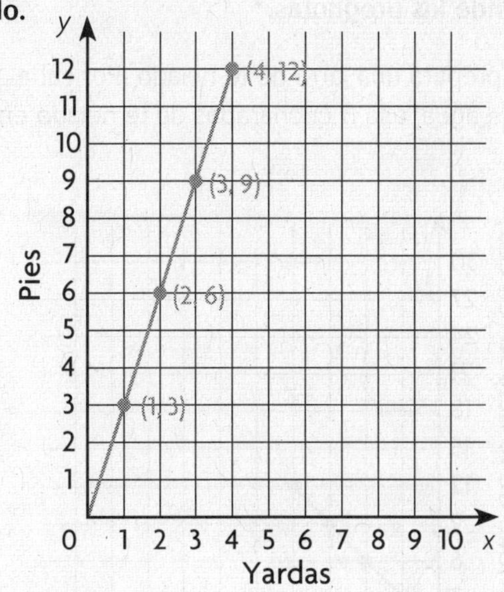

2. Multiplica la cantidad de cuartos por ______ para hallar la cantidad de tazas que miden la misma cantidad.

Cuartos	1	2	3	4	5
Tazas	4	8	12	16	

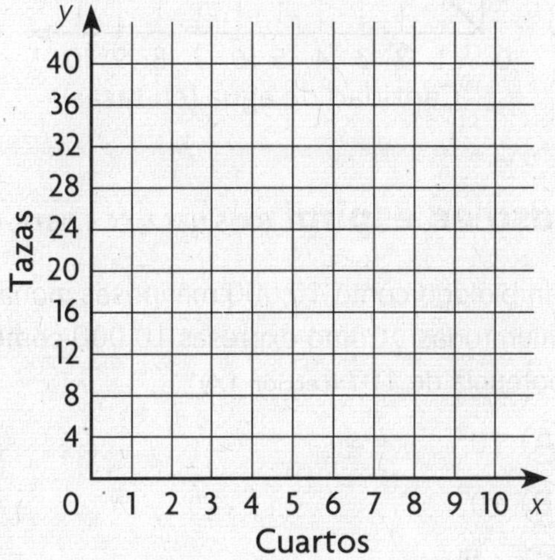

Resolución de problemas EN EL MUNDO

3. ¿Cómo puedes usar la gráfica del Ejercicio 2 para hallar cuántas tazas hay en 9 cuartos?

____

____

____

____

____

____

4. ¿Cuántas tazas hay en 9 cuartos? ______

PREPARACIÓN PARA LA PRUEBA

Revisión de la lección (CC.5.OA.3)

Usa los datos para completar la gráfica. Luego responde las preguntas.

Paola prepara una jarra de té helado. Por cada taza de agua, usa 3 cucharadas de té helado en polvo.

1. ¿Qué regla relaciona la cantidad de té helado con la cantidad de agua?

(A) Multiplica la cantidad de té helado por 6.

(B) Multiplica la cantidad de té helado por 3.

(C) Multiplica la cantidad de té helado por $\frac{1}{3}$.

(D) Multiplica la cantidad de té helado por $\frac{1}{6}$.

2. Imagina que Paola usa 18 cucharadas de té helado en polvo. ¿Cuántas tazas de agua debe usar?

(A) 3 tazas

(B) 6 tazas

(C) 9 tazas

(D) 54 tazas

Repaso en espiral (CC.5.NBT.2, CC.5.NBT.6, CC.5.NBT.7)

3. Un biólogo contó 10,000 mariposas monarca migratorias. ¿Cómo expresas 10,000 como una potencia de 10? **(Lección 1.4)**

(A) 10^2

(B) 10^3

(C) 10^4

(D) 10^5

4. ¿Para qué expresión el cociente será mayor que 100? **(Lección 2.6)**

(A) 5,394 ÷ 57

(B) 6,710 ÷ 69

(C) 7,198 ÷ 74

(D) 8,426 ÷ 82

5. ¿Cuánto es 54.38 + 29.7? **(Lección 3.8)**

(A) 57.35

(B) 83.45

(C) 83.08

(D) 84.08

6. Cierto día, $1 equivale a 30.23 rublos rusos. Omar tiene $75. ¿Cuántos rublos rusos recibirá a cambio? **(Lección 4.5)**

(A) 2,267.25

(B) 2,256.25

(C) 362.76

(D) 2.48

Nombre ______________________________

ESTÁNDARES COMUNES CC.5.OA.3, CC.5.MD.2, CC.5.G.1, CC.5.G.2
TAMBIÉN CC.5.OA.1, CC.5.NF.7a

Práctica adicional del Capítulo 9

Lección 9.1

Usa los datos para completar el diagrama de puntos. Luego responde las preguntas.

1. Annabelle midió y anotó la cantidad de lluvia que cayó durante 9 días consecutivos. A continuación se muestran los resultados:

$\frac{3}{10}$ pulg, $\frac{1}{5}$ pulg, $\frac{1}{10}$ pulg, $\frac{1}{10}$ pulg, $\frac{3}{10}$ pulg,
$\frac{2}{5}$ pulg, $\frac{1}{5}$ pulg, $\frac{1}{5}$ pulg, $\frac{1}{5}$ pulg

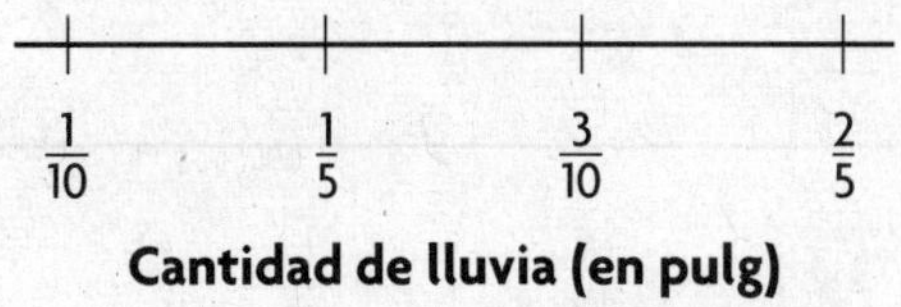

2. ¿Cuál fue la cantidad promedio de lluvia que cayó cada día durante el período de 9 días?

____

Lección 9.2

Usa la cuadrícula de coordenadas para escribir un par ordenado para el punto dado.

1. *A* ____________ **2.** *F* ____________

3. *L* ____________ **4.** *C* ____________

5. *N* ____________ **6.** *W* ____________

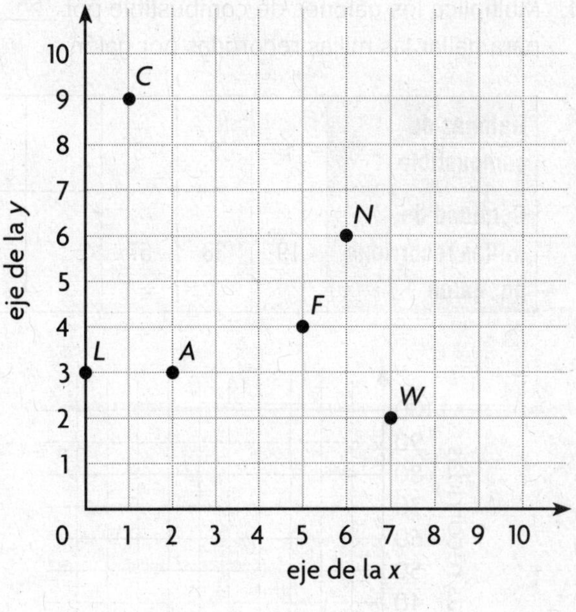

Marca y rotula los puntos en la cuadrícula de coordenadas.

7. *P* (6, 0) **8.** *T* (2, 8) **9.** *M* (8, 10)

10. *R* (9, 0) **11.** *Q* (0, 0) **12.** *D* (2, 1)

Lecciones 9.3 y 9.4

Usa la tabla para resolver los ejercicios 1 y 2.

1. Haz una gráfica lineal con los datos.

Temperatura por la tarde				
Hora	1 p. m.	2 p. m.	3 p. m.	4 p. m.
Temperatura (en °C)	15	25	20	12

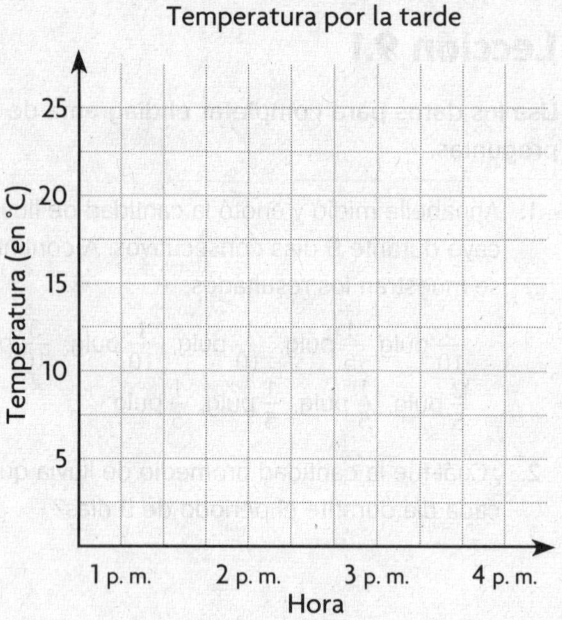

2. Usa la gráfica para hallar la diferencia en la temperatura entre las 2 p. m. y las 3 p. m.

____

Lecciones 9.5 a 9.7

Marca y rotula los pares de números como pares ordenados. Luego completa y usa la regla para hallar el término desconocido.

1. Multiplica los galones de combustible por ______ para hallar las millas recorridas por galón.

Galones de combustible	1	2	3	4	5
Cantidad de millas recorridas por galón	19	38	57		

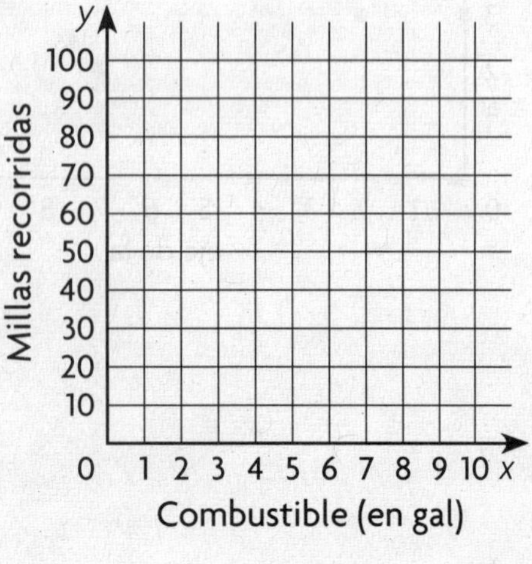

2. Multiplica los minutos por ______ para hallar la cantidad total de segundos.

Minutos	1	2	3	5
Segundos	60	120	180	

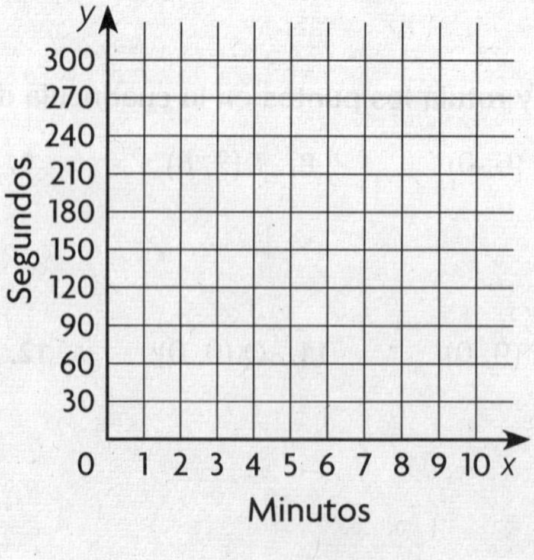

Capítulo 10

Carta para la casa

Vocabulario

capacidad La cantidad que un recipiente puede contener cuando está lleno.

gramo Una unidad métrica de masa.

libra Una unidad de peso del sistema usual; 1 libra = 16 onzas.

masa La cantidad de materia de un objeto.

peso La medida de qué tan pesado es algo.

tiempo transcurrido La cantidad de tiempo que pasa desde el inicio de una actividad hasta su finalización.

Querida familia:

Durante las próximas semanas, en la clase de matemáticas aprenderemos a comparar y convertir medidas. Usaremos las unidades adecuadas del sistema usual y del sistema métrico, y también tablas de conversión.

El estudiante llevará a casa tareas sobre comparar y convertir medidas de longitud, peso/masa, capacidad y tiempo.

Este es un ejemplo de cómo se le enseñará a convertir y comparar medidas de peso.

MODELO El peso en el sistema usual

Convierte 2 libras a onzas. Compara la medida que convertiste con 30 onzas.

PASO 1

1 libra es igual a 16 onzas.

total de libras	×	onzas en 1 libra	=	total de onzas
↓		↓		↓
2		16		32

PASO 2

Compara. Escribe $<$, $>$ ó $=$.

32 onzas ○ 30 onzas

$32 > 30$

Pistas

Convertir unidades de medida

Haz un dibujo para comprender cómo se relacionan las unidades. Cuando conviertes unidades más grandes a unidades más pequeñas, debes multiplicar. Cuando conviertes unidades más pequeñas a unidades más grandes, debes dividir.

Actividad

Anime a su niño a memorizar la mayoría de las conversiones de unidades. Esto es algo que le será útil en el futuro. Puede crear una serie de tarjetas nemotécnicas con medidas equivalentes en los dos lados de cada tarjeta para trabajar juntos y practicar las conversiones de unidades cada noche.

Chapter 10

School-Home Letter

Dear Family,

Throughout the next few weeks, our math class will be learning how to compare and convert measurements. The students will use appropriate customary and metric units and conversion tables.

You can expect to see homework that includes comparing and converting length, weight/mass, capacity, and time.

Here is a sample of how your child will be taught to convert and compare weight.

Vocabulary

capacity The amount a container can hold when filled

gram A metric unit of mass

pound A customary unit of weight; 1 pound = 16 ounces

mass The amount of matter in an object

weight The measure of how heavy something is

elapsed time The amount of time that passes between the start of an activity and the end of that activity

MODEL Customary Weight

Convert 2 pounds to ounces. Compare the converted measure to 30 ounces.

STEP 1

1 pound is equal to 16 ounces.

total pounds × ounces in 1 pound = total ounces

↓ ↓ ↓

2 16 32

STEP 2

Compare. Write <, >, or =.

32 ounces ◯ 30 ounces

$32 > 30$

Tips

Converting Units of Measure

Draw a picture to understand how units are related. When converting from a larger unit to a smaller unit, multiply. When converting from a smaller unit to a larger unit, divide.

Activity

Encourage your child to commit most of the unit conversions to memory. It will be useful for years to come. You can make a series of flash cards with equivalent measures on either side of the card, and work together to practice with unit conversions each night.

Nombre ______________________

Longitud en el sistema usual

ESTÁNDAR COMÚN CC.5.MD.1

Convert like measurement units within a given measurement system.

Convierte.

1. 12 yd = **36** pies

yardas totales → 12, pies en 1 yarda → 3, pies totales → 36

12 × 3 = 36

12 yardas = 36 pies

2. 5 pies = __________ pulg

3. 5 mi = __________ pies

4. 240 pulg = __________ pies

5. 100 yd = __________ pies

6. 10 pies = __________ pulg

7. 150 pulg = ____ pies ____ pulg

8. 7 yd 2 pies = __________ pies

9. 10 mi = __________ pies

Compara. Escribe <, > ó =.

10. 23 pulg ◯ 2 pies

11. 25 yd ◯ 75 pies

12. 6,200 pies ◯ 1 mi 900 pies

13. 100 pulg ◯ 3 yd 1 pie

14. 1,000 pies ◯ 300 yd

15. 500 pulg ◯ 40 pies

Resolución de problemas EN EL MUNDO

16. Marita ordena 12 yardas de tela para hacer carteles. Si necesita 1 pie de tela para cada cartel, ¿cuántos carteles puede hacer?

____

17. Christy compró un trozo de madera de 8 pies para un librero. En total, necesita 100 pulgadas de madera para completar el trabajo. ¿Compró suficiente madera para el librero? Explícalo.

____

____

PREPARACIÓN PARA LA PRUEBA

Revisión de la lección (CC.5.MD.1)

1. El jardín de Jenna mide 5 yardas de longitud. ¿Cuánto mide su jardín en pies?

   Ⓐ 60 pies
   Ⓑ 15 pies
   Ⓒ 8 pies
   Ⓓ 2 pies

2. Ellen necesita comprar 180 pulgadas de cinta para envolver un regalo grande. La tienda vende las cintas solo por yardas enteras. ¿Cuántas yardas debe comprar Ellen para tener suficiente cinta?

   Ⓐ 3 yardas
   Ⓑ 4 yardas
   Ⓒ 5 yardas
   Ⓓ 6 yardas

Repaso en espiral (CC.5.OA.3, CC.5.NBT.6, CC.5.NF.4a)

3. McKenzie trabaja para una empresa de cocina para eventos. Está preparando té helado para un evento. Para cada recipiente de té usa 16 bolsitas de té y 3 tazas de azúcar. Si McKenzie usa 64 bolsitas de té, ¿cuántas tazas de azúcar usará? **(Lección 9.6)**

   Ⓐ $\frac{3}{4}$ taza
   Ⓑ 4 tazas
   Ⓒ 8 tazas
   Ⓓ 12 tazas

4. Javier compró 48 tarjetas deportivas en una venta en una casa del vecindario. $\frac{3}{8}$ de las tarjetas eran de béisbol. ¿Cuántas tarjetas eran de béisbol? **(Lección 7.1)**

   Ⓐ 48
   Ⓑ 18
   Ⓒ 6
   Ⓓ 3

5. ¿Cuál es el cociente de 396 dividido entre 12? **(Lección 2.6)**

   Ⓐ 31
   Ⓑ 33
   Ⓒ 36
   Ⓓ 38

6. ¿Cuál es el número desconocido en la Secuencia 2 de la tabla? ¿Qué regla puedes escribir para relacionar la Secuencia 2 con la Secuencia 1? **(Lección 9.5)**

Número de secuencia	1	2	3	8	10
Secuencia 1	4	8	12	32	40
Secuencia 2	8	16	24	64	?

   Ⓐ 40; Multiplica por 1.
   Ⓑ 60; Suma 20.
   Ⓒ 80; Multiplica por 2.
   Ⓓ 20; Divide entre 2.

Nombre ______________________

Capacidad en el sistema usual

ESTÁNDAR COMÚN CC.5.MD.1

Convert like measurement units within a given measurement system.

Convierte.

1. 5 gal = **40** pt

   Piensa: 1 galón = 4 cuartos
   1 cuarto = 2 pintas

2. 192 oz fl = _____ pt

3. 15 pt = _____ tz

4. 240 oz fl = _____ tz

5. 32 ct = _____ gal

6. 10 ct = _____ tz

7. 48 tz = _____ ct

8. 72 pt = _____ gal

9. 128 oz fl = _____ pt

Compara. Escribe <, > ó =.

10. 17 ct ◯ 4 gal

11. 96 oz fl ◯ 8 pt

12. 400 pt ◯ 100 gal

13. 100 oz fl ◯ 16 pt

14. 74 oz fl ◯ 8 tz

15. 12 tz ◯ 3 ct

Resolución de problemas EN EL MUNDO

16. Vickie preparó una receta para hacer 144 onzas fluidas de cera para velas aromatizadas. ¿Cuántos moldes para vela de 1 taza podrá llenar con esa receta?

    ____

17. Para preparar una receta se necesitan 32 onzas fluidas de crema doble. ¿Cuántos recipientes de 1 pinta de crema doble se necesitan para la receta?

    ____

PREPARACIÓN PARA LA PRUEBA

Revisión de la lección (CC.5.MD.1)

1. Rosa preparó 12 galones de limonada para vender en un puesto de limonada. ¿Cuántas pintas de limonada preparó?

Ⓐ 96 pintas

Ⓑ 48 pintas

Ⓒ 3 pintas

Ⓓ $1\frac{1}{2}$ pintas

2. La pecera de Ebonae puede contener 40 galones de agua. ¿Cuántos cuartos de agua puede contener la pecera?

Ⓐ 4 cuartos

Ⓑ 10 cuartos

Ⓒ 80 cuartos

Ⓓ 160 cuartos

Repaso en espiral (CC.5.NBT.5, CC.5.NF.1, CC.5.NF.3, CC.5.MD.1)

3. Una alpinista escaló 15,840 pies en su camino hacia la cima de una montaña. ¿Cuántas millas escaló? **(Lección 10.1)**

Ⓐ 1 milla

Ⓑ 2 millas

Ⓒ 3 millas

Ⓓ 4 millas

4. Jamal está preparando panqueques. Tiene $6\frac{3}{4}$ tazas de masa para panqueques, pero necesita 12 tazas en total. ¿Cuánta masa para panqueques más necesita? **(Lección 6.6)**

Ⓐ $5\frac{1}{4}$ tazas

Ⓑ $5\frac{3}{4}$ tazas

Ⓒ $6\frac{1}{4}$ tazas

Ⓓ $18\frac{3}{4}$ tazas

5. En una obra en construcción hay 16 tarimas con bolsas de cemento. El peso total de todas las tarimas y el cemento es 4,856 libras. Todas las tarimas pesan lo mismo. ¿Cuánto pesa cada tarima? **(Lección 2.7)**

Ⓐ 304 libras

Ⓑ $303\frac{1}{2}$ libras

Ⓒ 303 libras

Ⓓ 300 libras

6. Una editorial envió 15 cajas de libros a una librería. Cada caja contenía 32 libros. ¿Cuántos libros envió a la librería en total? **(Lección 1.7)**

Ⓐ 560

Ⓑ 480

Ⓒ 400

Ⓓ 320

Nombre ______

Peso

ESTÁNDAR COMÚN CC.5.MD.1
Convert like measurement units within a given measurement system.

Convierte.

1. 96 oz = **6** lb

   oz totales — oz en 1 lb — lb totales

   96 ÷ 16 = 6

2. 6 T = ______ lb
3. 18 lb = ______ oz
4. 3,200 oz = ______ lb
5. 12 T = ______ lb
6. 9 lb = ______ oz
7. 7 lb = ______ oz
8. 100 lb = ______ oz
9. 60,000 lb = ______ T

Compara. Escribe <, > ó =.

10. 40 oz ◯ 4 lb
11. 80 oz ◯ 5 lb
12. 5,000 lb ◯ 5 T
13. 18,000 lb ◯ 9 T
14. 25 lb ◯ 350 oz
15. 27 oz ◯ 2 lb

Resolución de problemas EN EL MUNDO

16. El Sr. Fields ordenó a una fábrica 3 toneladas de grava para su entrada para carros. ¿Cuántas libras de grava ordenó?

______

17. Sara puede llevar un máximo de 22 libras de equipaje en su viaje. Su maleta pesa 112 onzas. ¿Cuántas libras más puede llevar sin exceder el límite máximo?

______

PREPARACIÓN PARA LA PRUEBA

Revisión de la lección (CC.5.MD.1)

1. El cachorro de Paolo pesó 11 libras en el consultorio del veterinario. ¿Cuál es su peso en onzas?

   Ⓐ 16 onzas

   Ⓑ 32 onzas

   Ⓒ 166 onzas

   Ⓓ 176 onzas

2. El límite de peso sobre un puente es 5 toneladas. ¿Cuánto es este peso en libras?

   Ⓐ 80 libras

   Ⓑ 5,000 libras

   Ⓒ 10,000 libras

   Ⓓ 20,000 libras

Repaso en espiral (CC.5.NF.2, CC.5.NF.7c, CC.5.MD.1)

3. En una fiesta hay 20 invitados. El anfitrión tiene 8 galones de refresco de frutas. Estima que cada invitado tomará dos tazas de refresco. Si su estimación es correcta, ¿cuánto refresco quedará al final de la fiesta? **(Lección 10.2)**

   Ⓐ 16 tazas

   Ⓑ 40 tazas

   Ⓒ 88 tazas

   Ⓓ 128 tazas

4. En los Estados Unidos, una vuelta estándar alrededor de una pista de atletismo mide 440 yardas. ¿Cuántas vueltas habría que correr para completar una milla? **(Lección 10.1)**

   Ⓐ 4

   Ⓑ 12

   Ⓒ 40

   Ⓓ 440

5. Se necesitan $\frac{3}{4}$ de taza de leche para preparar una receta de pastel de camote. Martina tiene 6 tazas de leche. ¿Cuántos pasteles puede preparar con esa cantidad de leche? **(Lección 8.4)**

   Ⓐ 2

   Ⓑ 4

   Ⓒ 8

   Ⓓ 16

6. ¿Qué opción es la mejor estimación del peso total de los siguientes tipos de fiambres: $1\frac{7}{8}$ libras de salchicha ahumada, $1\frac{1}{2}$ libras de jamón y $\frac{7}{8}$ de libra de filete? **(Lección 6.6)**

   Ⓐ 3 libras

   Ⓑ $3\frac{1}{2}$ libras

   Ⓒ 4 libras

   Ⓓ $4\frac{1}{2}$ libras

Nombre ____________________

Problemas de medidas de varios pasos

ESTÁNDAR COMÚN CC.5.MD.1

Convert like measurement units within a given measurement system.

Resuelve.

1. Una empresa de cable tiene que instalar 5 millas de cable. ¿Cuántos trozos de 100 yardas de cable se pueden cortar?

   Piensa: 1,760 yardas = 1 milla. Entonces, la empresa tiene 5 × 1,760 u 8,800 yardas de cable.

   Divide. 8,800 ÷ 100 = 88

   88 trozos

2. Afton preparó un platillo con pollo para la cena. A las 40 onzas de pollo que cocinó les agregó un paquete de 10 onzas de verduras y un paquete de 14 onzas de arroz. ¿Cuál fue el peso total del platillo en libras?

   ____

3. Un frasco contiene 26 onzas fluidas de salsa para *spaghetti*. ¿Cuántas tazas de salsa hay en 4 frascos?

   ____

4. El entrenador Kent lleva 3 cuartos de bebida para deportistas a la práctica de fútbol. Le da la misma cantidad de bebida a cada uno de los 16 jugadores. ¿Cuántas onzas de bebida recibe cada jugador?

   ____

5. Leslie necesita 324 pulgadas de un listón de flecos para colocarlo alrededor del borde de un mantel. El listón se vende en paquetes de 10 yardas. Si Leslie compra 1 paquete, ¿cuántos pies de listón de flecos le quedarán?

   ____

6. Darnell contrató un camión para su mudanza. El peso del camión vacío era 7,860 libras. Cuando Darnell cargó todos sus objetos en el camión, este pesaba 6 toneladas. ¿Cuánto pesaban, en libras, los objetos que Darnell cargó en el camión?

   ____

Resolución de problemas EN EL MUNDO

7. Una jarra contiene 40 onzas fluidas de té helado. Shelby sirve 3 tazas de té helado. ¿Cuántas pintas de té helado quedan en la jarra?

   ____

8. Olivia ata 2.5 pies de cinta a un globo. ¿Cuántas yardas de cinta necesita Olivia para 18 globos?

   ____

PREPARACIÓN PARA LA PRUEBA

Revisión de la lección (CC.5.MD.1)

1. Lilian compra cortinas para la ventana de su recámara. Quiere que las cortinas cuelguen desde la parte superior de la ventana hasta el piso. La ventana mide 4 pies de altura. La parte inferior de la ventana está a $2\frac{1}{2}$ pies del piso. ¿Cuál es la longitud de la cortina que debería comprar Lilian?

   Ⓐ 72 pulgadas
   Ⓑ 78 pulgadas
   Ⓒ 84 pulgadas
   Ⓓ 104 pulgadas

2. Brady compra 3 galones de fertilizante para su jardín. Cuando termina de rociar el fertilizante en su jardín, le queda 1 cuarto de fertilizante. ¿Cuántos cuartos de fertilizante roció Brady?

   Ⓐ 3 cuartos
   Ⓑ 7 cuartos
   Ⓒ 11 cuartos
   Ⓓ 15 cuartos

Repaso en espiral (CC.5.OA.3, CC.5.MD.1, CC.5.NF.7b)

3. Una cuerda para saltar mide 9 pies de longitud. ¿Cuál es la longitud de la cuerda en yardas? **(Lección 10.1)**

   Ⓐ $\frac{3}{4}$ yarda
   Ⓑ 3 yardas
   Ⓒ 27 yardas
   Ⓓ 108 yardas

4. ¿Cuál de las siguientes medidas NO es igual a 8 tazas? **(Lección 10.2)**

   Ⓐ 1 galón
   Ⓑ 2 cuartos
   Ⓒ 4 pintas
   Ⓓ 64 onzas fluidas

5. ¿Cuál es el número desconocido en la Secuencia 2 de la tabla? **(Lección 9.5)**

Número de la secuencia	1	2	3	5	7
Secuencia 1	3	6	9	15	21
Secuencia 2	6	12	18	30	?

   Ⓐ 32
   Ⓑ 35
   Ⓒ 36
   Ⓓ 42

6. Una agricultora divide 20 acres de terreno en secciones de $\frac{1}{4}$ acre. ¿En cuántas secciones divide sus terreno? **(Lección 8.2)**

   Ⓐ 4
   Ⓑ 5
   Ⓒ 16
   Ⓓ 80

Nombre ______________________________

Medidas del sistema métrico

ESTÁNDAR COMÚN CC.5.MD.1
Convert like measurement units within a given measurement system.

Convierte.

1. 16 m = **16,000** mm

   cantidad de metros × **milímetros en 1 metro** = **cantidad de milímetros**

   16 × 1,000 = 16,000

   16 m = 16,000 mm

2. 6,500 cl = __________ l

3. 15 cm = __________ mm

4. 3,200 g = __________ kg

5. 12 l = __________ ml

6. 200 cm = __________ m

7. 70,000 g = __________ kg

8. 100 dl = __________ l

9. 60 m = __________ mm

Compara. Escribe <, > ó =.

10. 900 cm ◯ 9,000 mm

11. 600 km ◯ 5 m

12. 5,000 cm ◯ 5 m

13. 18,000 g ◯ 10 kg

14. 8,456 ml ◯ 9 l

15. 2 m ◯ 275 cm

Resolución de problemas EN EL MUNDO

16. Bria ordenó 145 centímetros de tela. Jayleen ordenó 1.5 metros de tela. ¿Quién ordenó más tela?

____

17. Ed llena su botella de deportes con 1.2 litros de agua. Después de andar en bicicleta, bebe 200 mililitros del agua de su botella. ¿Cuánta agua queda en la botella de Ed?

____

PREPARACIÓN PARA LA PRUEBA

Revisión de la lección (CC.5.MD.1)

1. Quan compró 8.6 metros de tela. ¿Cuántos centímetros de tela compró?

Ⓐ 86 centímetros
Ⓑ 860 centímetros
Ⓒ 8,600 centímetros
Ⓓ 86,000 centímetros

2. Jason toma 2 centilitros de su medicamento. ¿Cuántos mililitros es esta cantidad?

Ⓐ 200 mililitros
Ⓑ 20 mililitros
Ⓒ 0.2 mililitros
Ⓓ 0.02 mililitros

Repaso en espiral (CC.5.NF.1, CC.5.MD.1, CC.5.G.1)

3. Yolanda necesita 5 libras de carne molida para preparar lasaña para una reunión familiar. Un paquete de carne molida pesa $2\frac{1}{2}$ libras. Otro paquete pesa $2\frac{3}{5}$ libras. ¿Cuánta carne molida le quedará a Yolanda después de preparar la lasaña? **(Lección 6.6)**

Ⓐ $\frac{1}{2}$ libra
Ⓑ $\frac{1}{3}$ libra
Ⓒ $\frac{1}{5}$ libra
Ⓓ $\frac{1}{10}$ libra

4. Para preparar una receta de sopa se necesitan $2\frac{3}{4}$ cuartos de caldo de verduras. Una lata de caldo que ya está abierta contiene $\frac{1}{2}$ cuarto de caldo. ¿Cuánto caldo más se necesita para preparar la sopa? **(Lección 6.6)**

Ⓐ $\frac{1}{2}$ cuarto
Ⓑ 2 cuartos
Ⓒ $2\frac{1}{4}$ cuartos
Ⓓ $3\frac{1}{4}$ cuartos

5. ¿Qué punto de la gráfica está ubicado en (4, 2)? **(Lección 9.2)**

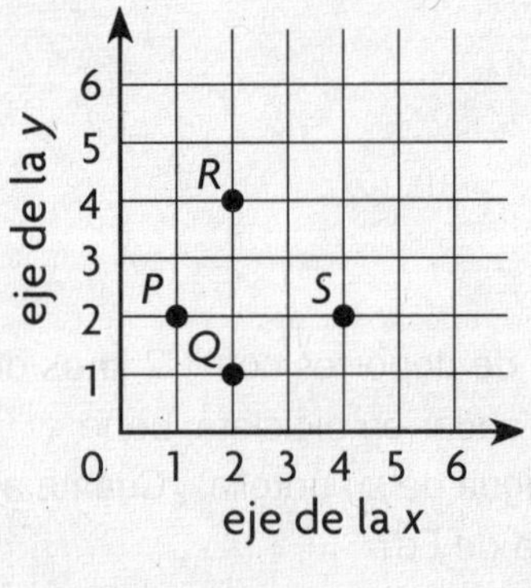

Ⓐ *P*
Ⓑ *Q*
Ⓒ *R*
Ⓓ *S*

6. Un proveedor de productos para panaderías recibe una orden de 2 toneladas de azúcar para una cadena de panaderías. El azúcar se empaca en cajones. En cada cajón caben ocho bolsas de azúcar de 10 libras. ¿Cuántos cajones debe enviar el proveedor para esa orden? **(Lección 10.4)**

Ⓐ 50
Ⓑ 80
Ⓒ 200
Ⓓ 4,000

Nombre ____________________

Resolución de problemas • Conversiones al sistema usual y al sistema métrico

ESTÁNDAR COMÚN CC.5.MD.1
Convert like measurement units within a given measurement system.

Haz una tabla para resolver cada problema.

1. Thomas está preparando una sopa. En su olla caben 8 cuartos de sopa. ¿Cuántas porciones de 1 taza de sopa podrá servir?

Cantidad de cuartos	1	2	3	4	8
Cantidad de tazas	4	8	12	16	32

32 porciones de 1 taza

2. Paulina usa una pesa de masa 2.5 kilogramos para hacer sus ejercicios. ¿Cuál es la masa en gramos de la pesa de masa 2.5 kilogramos?

____

3. Alex vive a 500 yardas del parque. ¿A cuántas pulgadas del parque vive?

____

4. Emma usa un rollo de papel crepé de 250 metros para hacer serpentinas. ¿Cuántos decámetros de papel crepé usa?

____

5. Se cargan 7,000 libras de ladrillos en un camión. ¿Cuántas toneladas de ladrillos hay en el camión?

____

PREPARACIÓN PARA LA PRUEBA

Revisión de la lección (CC.5.MD.1)

1. A Jenny le cortaron 27 centímetros del cabello en la peluquería. ¿Cuántos decímetros de cabello le cortaron?

Ⓐ 0.027 dm

Ⓑ 0.27 dm

Ⓒ 2.7 dm

Ⓓ 270 dm

2. Marcus necesita 108 pulgadas de madera para hacer un marco. ¿Cuántos pies de madera necesita para el marco?

Ⓐ 3 pies

Ⓑ 6 pies

Ⓒ $7\frac{1}{2}$ pies

Ⓓ 9 pies

Repaso en espiral (CC.5.NF.7c, CC.5.MD.1, CC.5.G.1)

3. Tamara vive a 35,000 metros de la casa de sus abuelos. ¿A cuántos kilómetros de la casa de sus abuelos vive Tamara? **(Lección 10.5)**

Ⓐ 3.5 km

Ⓑ 35 km

Ⓒ 350 km

Ⓓ 3,500 km

4. El cachorro de Dane pesaba 8 onzas al nacer. Ahora el cachorro pesa 18 veces más de lo que pesaba al nacer. ¿Cuántas libras pesa ahora el cachorro? **(Lección 10.4)**

Ⓐ 9 libras

Ⓑ 12 libras

Ⓒ 16 libras

Ⓓ 18 libras

5. Un carpintero corta trozos de una madera que mide 10 pulgadas de longitud. ¿Cuántos trozos de $\frac{1}{2}$ pulgada puede cortar? **(Lección 8.4)**

Ⓐ 2

Ⓑ 5

Ⓒ 15

Ⓓ 20

6. ¿Qué par ordenado representa la ubicación del punto *X*? **(Lección 9.2)**

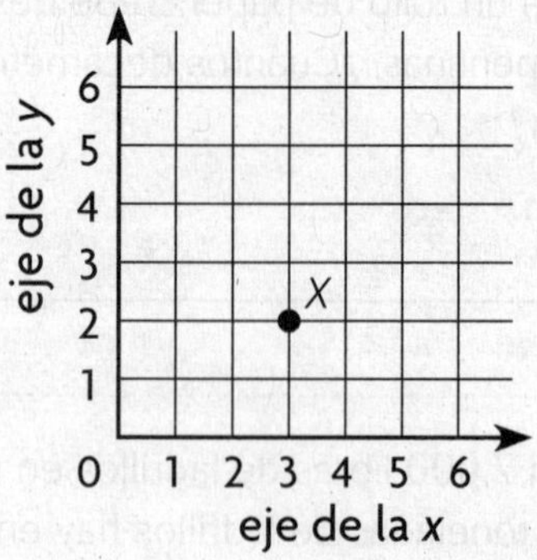

Ⓐ (2, 3)

Ⓑ (2, 2)

Ⓒ (3, 2)

Ⓓ (3, 3)

Nombre ______________________

Tiempo transcurrido

ESTÁNDAR COMÚN CC.5.MD.1
Convert like measurement units within a given measurement system.

Convierte.

1. 5 días = 120 h
2. 8 h = ________ min
3. 30 min = ________ s

Piensa: 1 día = 24 horas
$5 \times 24 = 120$

4. 15 h = ________ min
5. 5 a = ________ d
6. 7 d = ________ h

7. 24 h = ________ min
8. 600 s = ________ min
9. 60,000 min = ________ h

Halla la hora de inicio, el tiempo transcurrido o la hora de finalización.

10. Hora de inicio: 11:00 a. m.

Tiempo transcurrido: 4 horas y 5 minutos

Hora de finalización: ________

11. Hora de inicio: 6:30 p. m.

Tiempo transcurrido: 2 horas y 18 minutos

Hora de finalización: ________

12. Hora de inicio: ________

Tiempo transcurrido: $9\frac{3}{4}$ horas

Hora de finalización: 6:00 p. m.

13. Hora de inicio: 2:00 p. m.

Tiempo transcurrido: ________

Hora de finalización: 8:30 p. m.

Resolución de problemas EN EL MUNDO

14. La clase de danzas de Kiera comienza a las 4:30 p. m. y finaliza a las 6:15 p. m. ¿Cuánto dura la clase?

____

15. Julio miró una película que comenzó a las 11:30 a. m. y finalizó a las 2:12 p. m. ¿Cuánto duró la película?

____

PREPARACIÓN PARA LA PRUEBA

Revisión de la lección (CC.5.MD.1)

1. Michelle hizo una caminata por un sendero. Comenzó la caminata a las 6:45 a. m. y regresó a las 3:28 p. m. ¿Cuánto tiempo duró la caminata?

   Ⓐ 3 horas y 27 minutos
   Ⓑ 4 horas y 43 minutos
   Ⓒ 6 horas y 27 minutos
   Ⓓ 8 horas y 43 minutos

2. Grant comenzó a correr una maratón a las 8:00 a. m. Tardó 4 horas y 49 minutos en completar la maratón. ¿A qué hora cruzó la línea de llegada?

   Ⓐ 12:11 p. m.
   Ⓑ 12:49 p. m.
   Ⓒ 2:11 p. m.
   Ⓓ 2:49 p. m.

Repaso en espiral (CC.5.NBT.3b, CC.5.NF.1, CC.5.NF.6, CC.5.MD.1)

3. Molly está llenando una jarra que puede contener 2 galones de agua. La llena con una taza graduada que tiene una capacidad de 1 taza. ¿Cuántas veces deberá llenar la taza graduada de 1 taza para poder llenar la jarra? **(Lección 10.6)**

   Ⓐ 4
   Ⓑ 8
   Ⓒ 16
   Ⓓ 32

4. ¿Qué número decimal está entre 1.5 y 1.7? **(Lección 3.3)**

   Ⓐ 1.25
   Ⓑ 1.625
   Ⓒ 1.75
   Ⓓ 1.83

5. Adrián prepara una receta de panecillos de pasas. Necesita $1\frac{3}{4}$ tazas de pasas para una tanda de panecillos. Adrián quiere preparar $2\frac{1}{2}$ tandas de panecillos para una feria de pastelería. ¿Cuántas tazas de pasas necesitará Adrián? **(Lección 7.9)**

   Ⓐ $2\frac{1}{2}$ tazas
   Ⓑ $4\frac{1}{4}$ tazas
   Ⓒ $4\frac{3}{8}$ tazas
   Ⓓ $8\frac{3}{4}$ tazas

6. Kevin recorre un sendero de $10\frac{1}{8}$ millas en bicicleta. Si ya recorrió las primeras $5\frac{3}{4}$ millas, ¿cuántas millas le quedan por recorrer? **(Lección 6.7)**

   Ⓐ $4\frac{3}{8}$ millas
   Ⓑ $4\frac{5}{8}$ millas
   Ⓒ $5\frac{3}{8}$ millas
   Ⓓ $5\frac{5}{8}$ millas

Nombre ________________________

Práctica adicional del Capítulo 10

Lecciones 10.1 a 10.3, 10.5

Convierte.

1. 8 yd = __________ pies

2. 185 pulg = ____ pies ____ pulg

3. 2 mi = __________ pies

4. 8 tz = __________ pt

5. 12 gal = __________ ct

6. 32 tz = __________ oz fl

7. 6,000 lb = __________ T

8. 9 lb = __________ oz

9. 112 oz = __________ lb

10. 380 dm = __________ m

11. 90.51 l = __________ cl

12. 450 mg = __________ g

Compara. Escribe $<$, $>$ ó $=$.

13. 9 pies ◯ 4 yd

14. 4 mi ◯ 15,840 pies

15. 5 yd 1 pie ◯ 192 pulg

16. 10 gal ◯ 60 ct

17. 480 oz fl ◯ 24 pt

18. 16 tazas ◯ 1 gal

19. 18 T ◯ 36,000 lb

20. 145 oz ◯ 9 lb

21. 1 T ◯ 3,400 lb

22. 45 hg ◯ 4.5 kg

23. 770 m ◯ 7 km

24. 875 cl ◯ 875 ml

Lección 10.4

Resuelve.

1. Una empresa de artículos de oficina envía una caja con papel a una escuela. En la caja hay 10 resmas de papel. Si cada resma pesa 32 onzas, ¿cuál es el peso de la caja en libras?

______

2. Una ballena azul adulta pesa 120 toneladas. Una ballena azul bebé pesa $\frac{1}{40}$ del peso de la ballena adulta. ¿Cuántas libras pesa una ballena azul bebé?

______

Lección 10.6

Resuelve.

1. Katy tiene una empresa de batidos. Debe preparar 240 tazas de batido de frutas para el día siguiente. Si quiere almacenar los batidos durante la noche en recipientes de 1 cuarto, ¿cuántos recipientes de 1 cuarto necesita?

______

2. Ty debe cortar tiras de papel para envolver que midan 9 pulgadas de ancho. Si tiene dos rollos de papel para envolver de 15 pies de longitud cada uno, ¿cuántas tiras de 9 pulgadas puede cortar?

______

Lección 10.7

Convierte.

1. 2 a = ______ d

2. 260 sem = ______ a

3. 270 min = ______ h ______ min

Halla la hora de inicio, el tiempo transcurrido o la hora de finalización.

4. Hora de inicio: ______

   Tiempo transcurrido: $\frac{3}{4}$ hora

   Hora de finalización: 10:30 a. m.

5. Hora de inicio: 7:30 p. m.

   Tiempo transcurrido: ______

   Hora de finalización: 9:29 p. m.

Capítulo 11

Carta para la casa

Vocabulario

caras laterales Las caras de un poliedro que se conectan con las bases.

congruentes Que tienen el mismo tamaño y la misma forma.

poliedro Una figura tridimensional cuyas caras son polígonos.

trapecio Un cuadrilátero que tiene exactamente un par de lados paralelos.

Querida familia:

Durante las próximas semanas, en la clase de matemáticas aprenderemos sobre las figuras bidimensionales y tridimensionales. Los estudiantes usarán las definiciones para identificar y describir las características de esas figuras. También aprenderán a hallar el volumen de los prismas rectangulares.

El estudiante llevará a casa tareas con actividades para identificar diferentes tipos de triángulos y cuadriláteros.

Este es un ejemplo de cómo se le enseñará a clasificar un triángulo según la longitud de sus lados.

MODELO Clasifica un triángulo según la longitud de sus lados.

Los lados de un triángulo tienen una longitud de 3 pulg, 2 pulg y 3 pulg. ¿Qué tipo de triángulo es?

PASO 1

Identifica cuántos lados son congruentes.

Hay __2__ lados que tienen una longitud de __3 pulg__.

PASO 2

Determina la clasificación correcta.

Un triángulo con dos lados congruentes es __isósceles__.

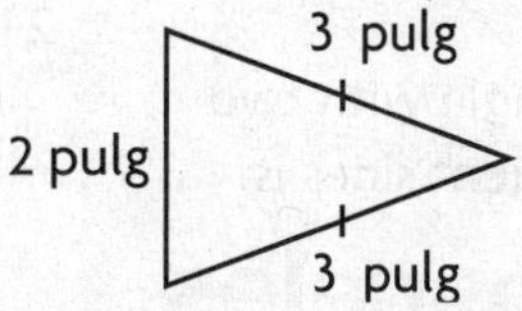

Pistas

Figuras congruentes

Las figuras congruentes son figuras que tienen el mismo tamaño y la misma forma.

Si no sabes las medidas y debes comprobar si una figura tiene pares de lados o ángulos congruentes, traza la figura y recórtala. Luego dobla la figura para ver si los lados o los ángulos se emparejan.

Actividad

Trate de que los estudiantes memoricen la mayoría de las clasificaciones de los triángulos, los cuadriláteros y los poliedros. Puede hacer tarjetas nemotécnicas con las clasificaciones en un lado y las definiciones y/o dibujos de ejemplo en el otro lado de cada tarjeta.

Chapter 11

School-Home Letter

Vocabulary

lateral faces Faces of a polyhedron that connect the bases.

congruent Having the same size and shape.

polyhedron A three-dimensional figure with faces that are polygons.

trapezoid A quadrilateral with exactly one pair of parallel sides.

Dear Family,

Throughout the next few weeks, our math class will be studying two-dimensional and three-dimensional figures. The students will use definitions to identify and describe characteristics of these figures. We will also learn how to find volume of rectangular prisms.

You can expect to see homework that includes identifying types of triangles and quadrilaterals.

Here is a sample of how your child will be taught to classify a triangle by the length of its sides.

MODEL Classify a triangle by the length of its sides

A triangle has side lengths 3 in., 2 in., and 3 in. What type of triangle is it?

STEP 1

Identify how many sides are congruent.

There are **2** sides with lengths of **3 in.**.

STEP 2

Determine the correct classification.

A triangle with two congruent sides is **isosceles**.

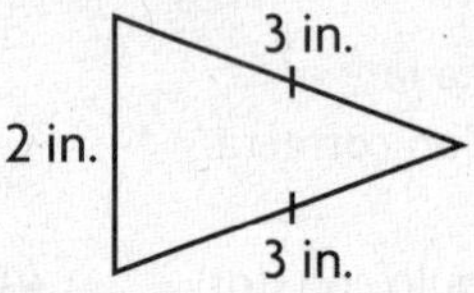

Tips

Congruent Figures

Congruent figures are figures that have the same size and shape.

If measurements aren't given and you need to check whether a figure has pairs of congruent sides or angles, trace the figure and cut out the tracing. Then fold the figure to see if the sides or angles match.

Activity

Try to have students commit most of the classifications of triangles, quadrilaterals, and polyhedrons to memory. You can make a series of flash cards with the classifications on one side of the card and definitions and/or sketches of examples on the other side of the card.

Nombre ______________________________

Polígonos

ESTÁNDAR COMÚN CC.5.G.3

Classify two-dimensional figures into categories based on their properties.

Escribe el nombre de cada polígono. Luego indica si *es un polígono regular* o *no es un polígono regular*.

1.

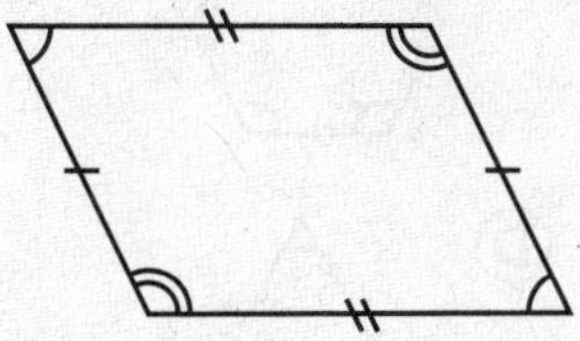

4 lados, 4 vértices, 4 ángulos significa que es un

cuadrilátero. No todos los lados son

congruentes; entonces, **no es regular**.

2.

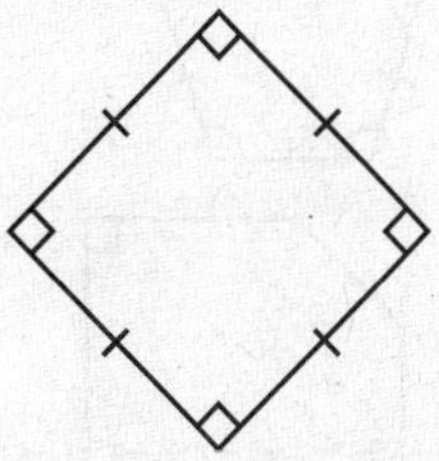

____

3.

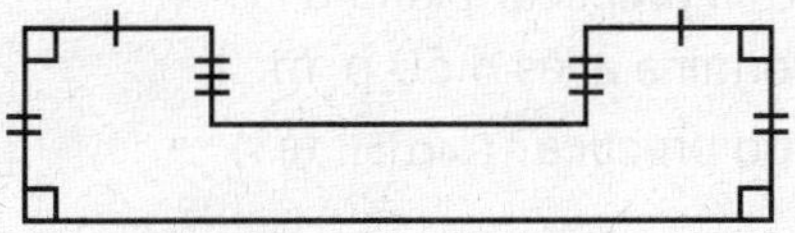

____

4.

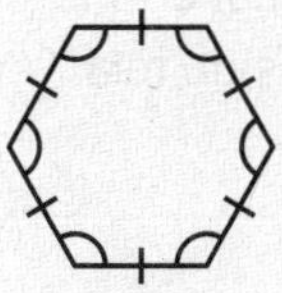

____

5.

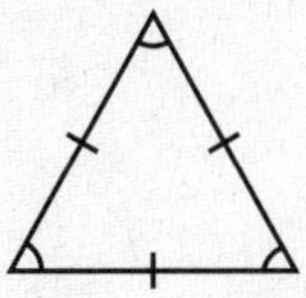

____

6.

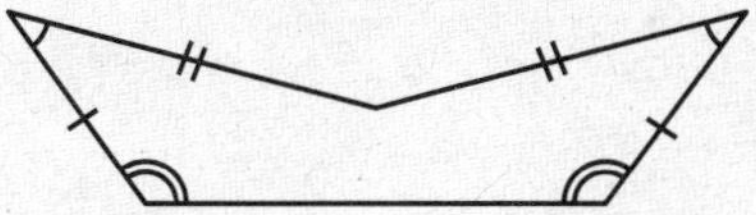

____

Resolución de problemas EN EL MUNDO

7. Dibuja nueve puntos. Luego conecta los puntos para formar una figura plana cerrada. ¿Qué tipo de polígono trazaste?

____

8. Dibuja siete puntos. Luego conecta los puntos para formar una figura plana cerrada. ¿Qué tipo de polígono trazaste?

____

PREPARACIÓN PARA LA PRUEBA

Revisión de la lección (CC.5.G.3)

1. ¿Cuál de las siguientes opciones es un pentágono regular?

Ⓐ 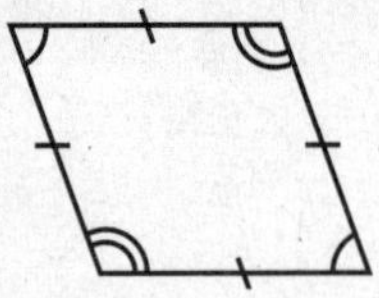

Ⓑ 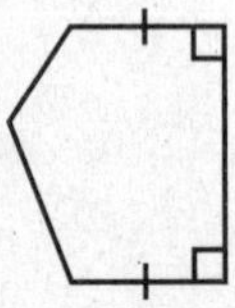

Ⓒ 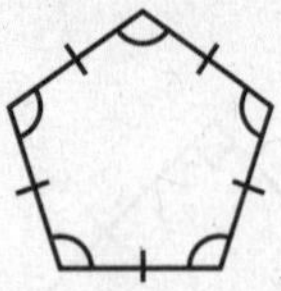

Ⓓ 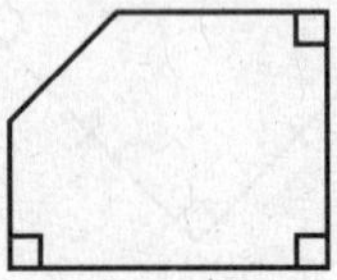

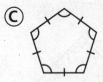

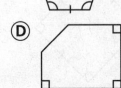

2. ¿Cuál de las siguientes opciones NO es un polígono regular?

Ⓐ 

Ⓑ 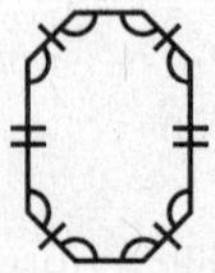

Ⓒ 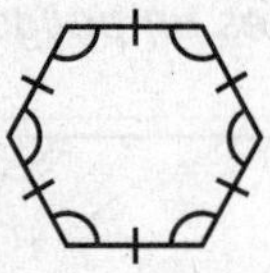

Ⓓ 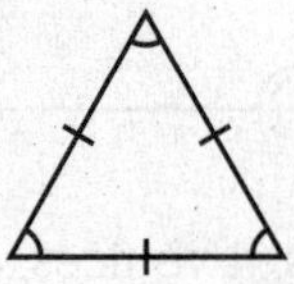

Repaso en espiral (CC.5.OA.2, CC.5.NBT.7, CC.5.MD.1)

3. Ann necesita 42 pies de tela para hacer un edredón pequeño. ¿Cuántas yardas de tela debería comprar? **(Lección 10.1)**

Ⓐ 13 yardas

Ⓑ 14 yardas

Ⓒ 21 yardas

Ⓓ 126 yardas

4. Todd comienza a practicar piano a las 4:15 p. m. y termina a las 5:50 p. m. ¿Cuánto tiempo practica? **(Lección 10.7)**

Ⓐ 25 minutos

Ⓑ 35 minutos

Ⓒ 1 hora 25 minutos

Ⓓ 1 hora 35 minutos

5. Jenna organiza sus pasadores para el cabello en 6 cajas. Coloca el mismo número de pasadores en cada caja. Si Jenna tiene 30 pasadores, ¿qué expresión puedes usar para hallar el número de pasadores que hay en cada caja? **(Lección 1.10)**

Ⓐ 6×30

Ⓑ $30 + 6$

Ⓒ $30 - 6$

Ⓓ $30 \div 6$

6. Melody tenía $45. Gastó $32.75 en una blusa. Luego su madre le dio $15.50. ¿Cuánto dinero tiene Melody ahora? **(Lección 3.11)**

Ⓐ $12.25

Ⓑ $27.75

Ⓒ $48.25

Ⓓ $60.50

Lección 11.2

Nombre ______________________________

Triángulos

ESTÁNDARES COMUNES CC.5.G.3, CC.5.G.4

Classify two-dimensional figures into categories based on their properties.

Clasifica los triángulos. Escribe *isósceles, escaleno* o *equilátero*. Luego escribe *acutángulo, obtusángulo* o *rectángulo*.

1.

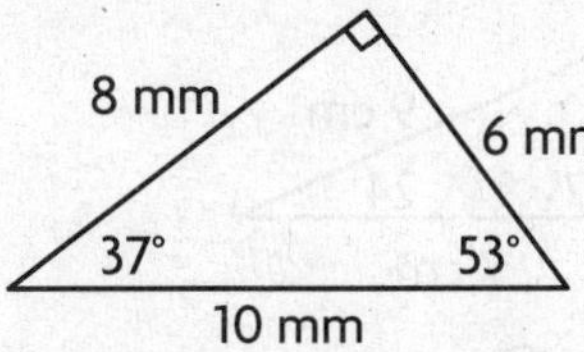

Todas las medidas de los lados son distintas.

Entonces, es **escaleno**. Hay un ángulo recto; entonces, es un triángulo **rectángulo**.

2.

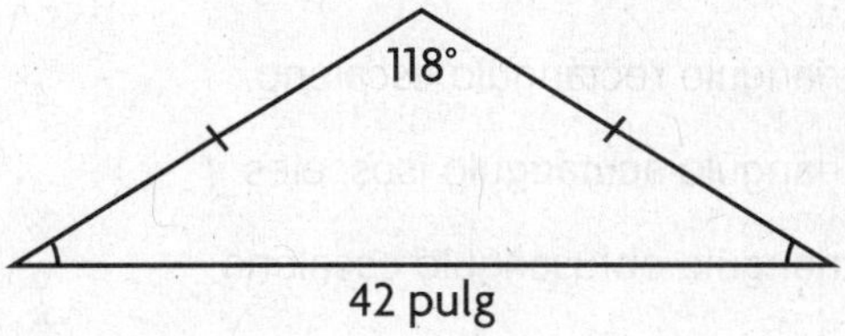

________________ ________________

3.

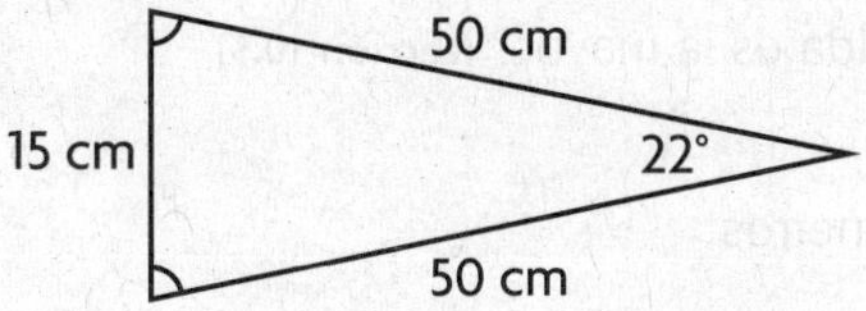

________________ ________________

4.

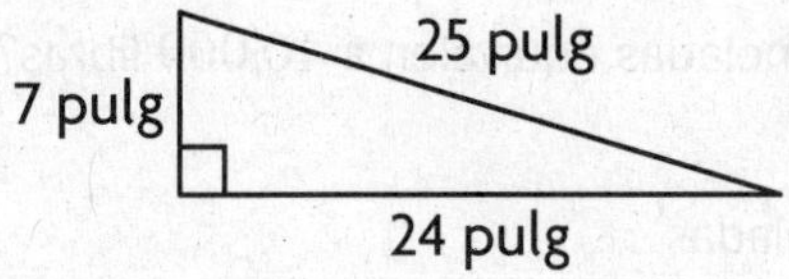

________________ ________________

Abajo se dan las medidas de los lados y de los ángulos de los triángulos. Clasifica los triángulos. Escribe *escaleno, isósceles* o *equilátero*. Luego escribe *acutángulo, obtusángulo* o *rectángulo*.

5. **lados:** 44 mm, 28 mm, 24 mm
ángulos: 110°, 40°, 30°

________________ ________________

6. **lados:** 23 mm, 20 mm, 13 mm
ángulos: 62°, 72°, 46°

________________ ________________

Resolución de problemas EN EL MUNDO

7. Mary dice que el corral de su caballo es un triángulo acutángulo rectángulo. ¿Eso es posible? **Explícalo.**

____

8. Karen dice que todos los triángulos equiláteros son acutángulos. ¿Eso es verdadero? **Explícalo.**

____

PREPARACIÓN PARA LA PRUEBA

Revisión de la lección (CC.5.G.3, CC.5.G.4)

1. ¿Cuál de los siguientes triángulos no se puede trazar?

   Ⓐ triángulo rectángulo obtusángulo

   Ⓑ triángulo rectángulo escaleno

   Ⓒ triángulo acutángulo isósceles

   Ⓓ triángulo obtusángulo escaleno

2. ¿Cuál es la clasificación del siguiente triángulo?

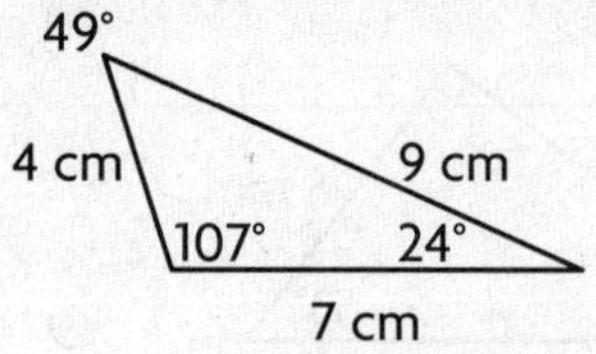

   Ⓐ escaleno   Ⓒ isósceles

   Ⓑ rectángulo   Ⓓ acutángulo

Repaso en espiral (CC.5.MD.1, CC.5.G.3)

3. ¿Cuántas toneladas equivalen a 40,000 libras? **(Lección 10.3)**

   Ⓐ 2 toneladas

   Ⓑ 4 toneladas

   Ⓒ 20 toneladas

   Ⓓ 40 toneladas

4. ¿Qué medida es la mayor? **(Lección 10.5)**

   Ⓐ 6 kilómetros

   Ⓑ 60 metros

   Ⓒ 600 centímetros

   Ⓓ 6,000 milímetros

5. ¿Qué polígono se muestra? **(Lección 11.1)**

   Ⓐ cuadrilátero

   Ⓑ pentágono

   Ⓒ hexágono

   Ⓓ octágono

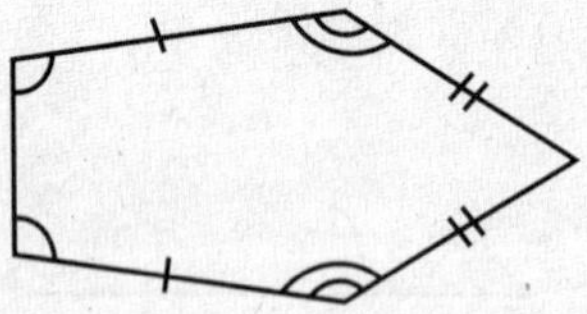

6. ¿Cuál de las siguientes opciones es un polígono regular? **(Lección 11.1)**

   Ⓐ

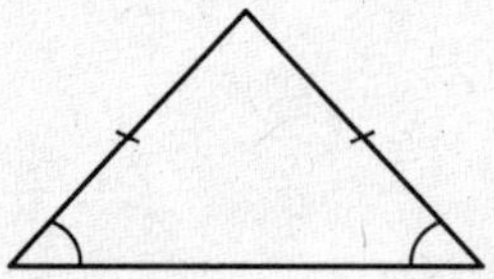

   Ⓑ

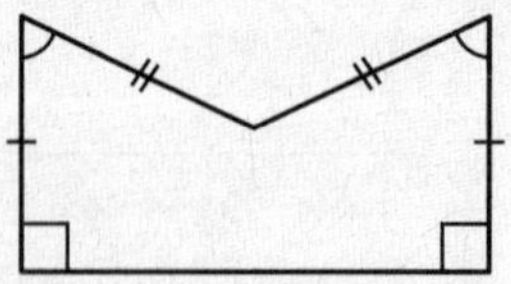

   Ⓒ

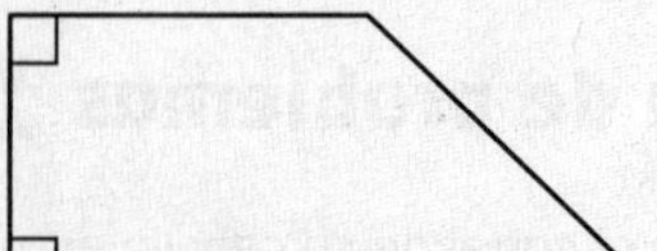

   Ⓓ

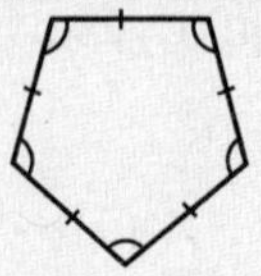

Nombre ______________________________

Cuadriláteros

ESTÁNDAR COMÚN CC.5.G.4

Classify two-dimensional figures into categories based on their properties.

Clasifica los cuadriláteros de todas las formas que sea posible.
Escribe *cuadrilátero, paralelogramo, rectángulo, rombo, cuadrado* o *trapecio*.

1.

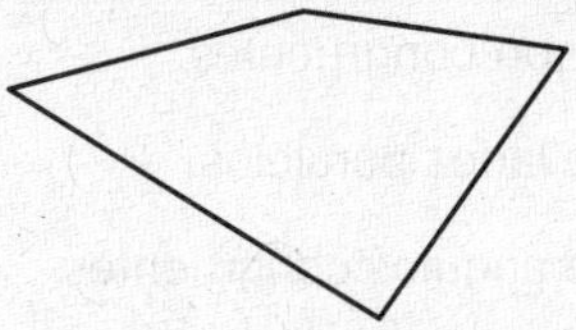

Tiene 4 lados; entonces es un cuadrilátero.
No tiene lados paralelos; entonces

no hay otra clasificación.

2.

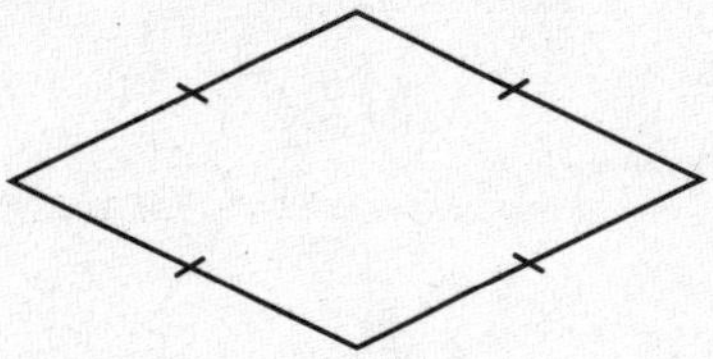

____

3.

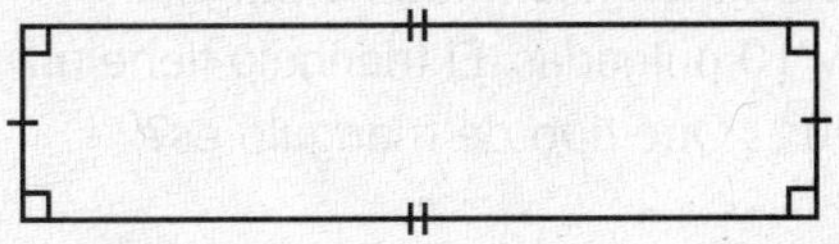

____

4.

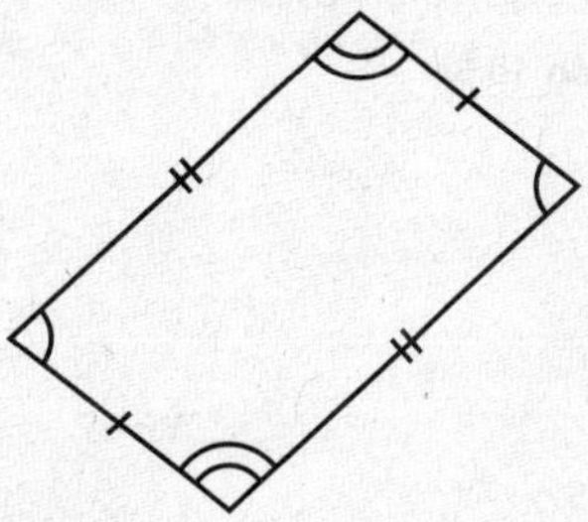

____

5.

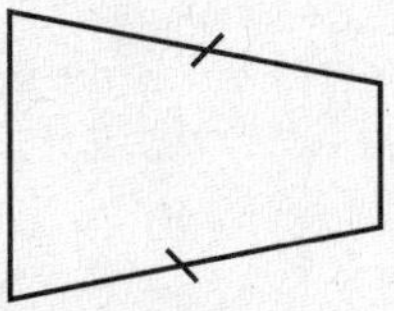

____

6.

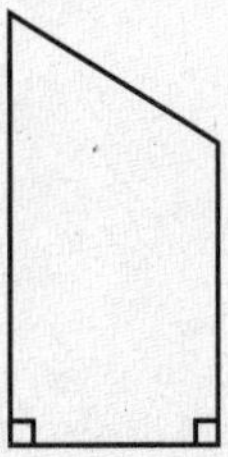

____

Resolución de problemas EN EL MUNDO

7. Kevin afirma que puede trazar un trapecio con tres ángulos rectos. ¿Eso es posible? **Explícalo**.

____

____

____

____

____

8. "Si una figura es un cuadrado, entonces es un cuadrilátero regular". ¿Esto es verdadero o falso? **Explícalo**.

____

____

____

____

____

PREPARACIÓN PARA LA PRUEBA

Revisión de la lección (CC.5.G.4)

1. Cierto paralelogramo tiene dos pares de lados paralelos. Según esto, ¿cuál de las siguientes clasificaciones NO es correcta?

   Ⓐ cuadrilátero
   Ⓑ rectángulo
   Ⓒ cuadrado
   Ⓓ trapecio

2. ¿Cuál de las siguientes opciones NO siempre es verdadera acerca de un rombo?

   Ⓐ Todos los lados son congruentes.
   Ⓑ Todos los ángulos son congruentes.
   Ⓒ Tiene dos pares de lados paralelos.
   Ⓓ Tiene dos pares de ángulos congruentes.

Repaso en espiral (CC.5.NF.3, CC.5.MD.1, CC.5.G.3, CC.5.G.4)

3. ¿Cuántos kilogramos equivalen a 5,000 gramos? **(Lección 10.5)**

   Ⓐ 500 kilogramos
   Ⓑ 50 kilogramos
   Ⓒ 5 kilogramos
   Ⓓ 0.5 kilogramos

4. Los lados de un triángulo miden 6 pulgadas, 8 pulgadas y 10 pulgadas. El triángulo tiene un ángulo de 90°. ¿Qué tipo de triángulo es? **(Lección 11.2)**

   Ⓐ escaleno rectángulo
   Ⓑ isósceles rectángulo
   Ⓒ equilátero rectángulo
   Ⓓ escaleno acutángulo

5. Un proveedor debe enviar 355 libros. Cada paquete de envío tiene capacidad para 14 libros. ¿Cuántos paquetes necesita el proveedor para enviar todos los libros? **(Lección 2.7)**

   Ⓐ 5
   Ⓑ 25
   Ⓒ 26
   Ⓓ 30

6. ¿Cuál de los siguientes enunciados NO es verdadero? **(Lección 11.1)**

   Ⓐ Un polígono tiene el mismo número de ángulos que de lados.
   Ⓑ En un polígono regular, todos los lados son congruentes y todos los ángulos son congruentes.
   Ⓒ Algunos triángulos son regulares.
   Ⓓ Todos los heptágonos tienen 6 vértices.

Nombre ______________________

Resolución de problemas • Propiedades de las figuras bidimensionales

ESTÁNDAR COMÚN CC.5.G.3
Classify two-dimensional figures into categories based on their properties.

Resuelve los problemas.

1. Marcelo piensa que el cuadrilátero *ABCD* que está a la derecha tiene dos pares de lados congruentes, pero no tiene una regla para medir los lados. ¿Cómo puede mostrar que el cuadrilátero tiene dos pares de lados congruentes?

Puede doblarlo por la mitad, de ambas maneras. Si los dos pares de lados se emparejan, entonces son congruentes.

2. Si lo que Marcelo piensa sobre su cuadrilátero es verdadero, ¿qué tipo de cuadrilátero tiene?

____

3. Richelle trazó el hexágono *KLMNOP* que está a la derecha. Piensa que el hexágono tiene seis ángulos congruentes. ¿Cómo puede mostrar que los ángulos son congruentes sin usar un transportador para medirlos?

____

____

4. Jerome trazó un triángulo con vértices *S*, *T* y *U*. Piensa que $\angle TSU$ y $\angle TUS$ son congruentes. ¿Cómo puede mostrar que los ángulos son congruentes sin medirlos?

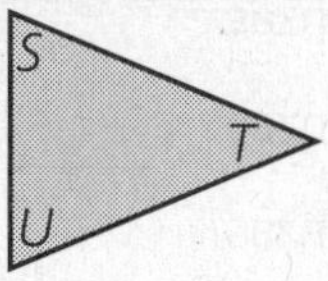

____

____

5. Si Jerome tiene razón, ¿qué tipo de triángulo trazó?

____

PREPARACIÓN PARA LA PRUEBA

Revisión de la lección (CC.5.G.3)

1. Peter sabe que el pentágono *DEFGH* tiene 5 lados congruentes. ¿Cómo puede determinar si el pentágono tiene 5 ángulos congruentes sin medirlos?

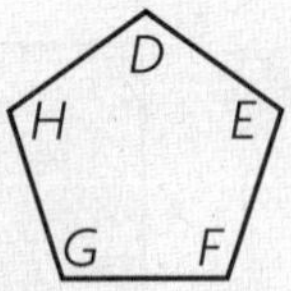

Ⓐ Puede trazar la figura y doblarla para comprobar si los ángulos se emparejan.

Ⓑ Todos los pentágonos tienen ángulos congruentes.

Ⓒ Si un polígono tiene un número de ángulos impar, los ángulos no pueden ser congruentes.

Ⓓ Puede usar una tarjeta para comprobar que, por lo menos, un ángulo es recto.

2. Tina sabe que el cuadrilátero *WXYZ* tiene 2 pares de ángulos congruentes. Los 4 lados le parecen congruentes, pero no tiene una regla. ¿Cómo puede determinar si tiene razón?

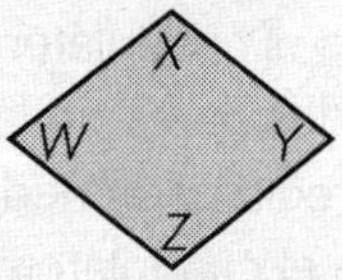

Ⓐ Puede doblar la figura para comprobar que *WX* y *YZ* se emparejan.

Ⓑ Puede doblar la figura para comprobar que *XY* y *WZ* se emparejan.

Ⓒ Puede doblar la figura a lo largo de ambas diagonales, *XZ* y *WY*, para comprobar si los lados se emparejan.

Ⓓ No pueden ser congruentes todos los lados si no son congruentes todos los ángulos.

Repaso en espiral (CC.5.MD.1, CC.5.G.3, CC.5.G.4)

3. ¿Cuántas onzas hay en 50 libras? **(Lección 10.3)**

Ⓐ 800 onzas

Ⓑ 500 onzas

Ⓒ 400 onzas

Ⓓ 200 onzas

4. ¿Cuántos minutos hay en 40 horas? **(Lección 10.7)**

Ⓐ 4,000 minutos

Ⓑ 2,400 minutos

Ⓒ 960 minutos

Ⓓ 240 minutos

5. ¿Cuál de las siguientes medidas de ángulos NO podría representar la medida de un ángulo de un triángulo acutángulo? **(Lección 11.2)**

Ⓐ 33°

Ⓑ 78°

Ⓒ 81°

Ⓓ 92°

6. ¿Cuál de las siguientes medidas de ángulos representa la medida de cada uno de los cuatro ángulos de un cuadrado? **(Lección 11.3)**

Ⓐ 45°

Ⓑ 60°

Ⓒ 90°

Ⓓ 100°

Nombre ______________________

Figuras tridimensionales

ESTÁNDAR COMÚN CC.5.MD.3

Geometric measurements: understand concepts of volume and relate volume to multiplication and to addition.

Clasifica el cuerpo geométrico. Escribe *prisma, pirámide, cono, cilindro* o *esfera.*

1.

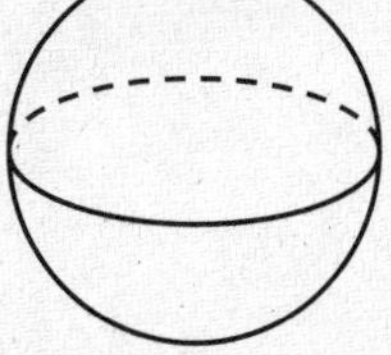

No hay bases. Hay 1 superficie curva. Es un(a)

esfera.

2.

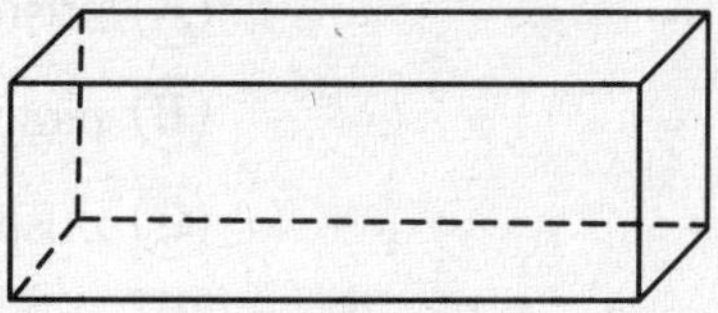

____

3.

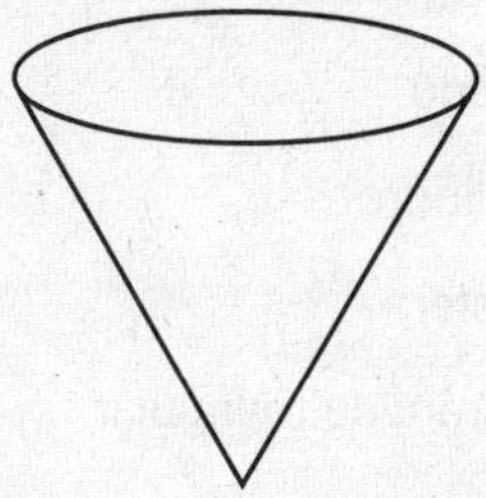

____

Escribe el nombre del cuerpo geométrico.

4.

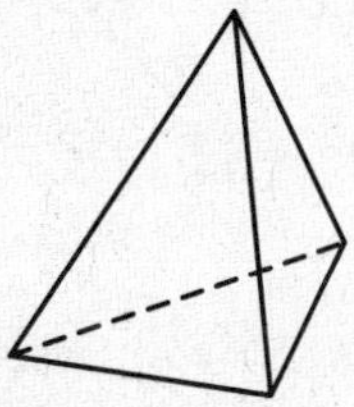

____

5.

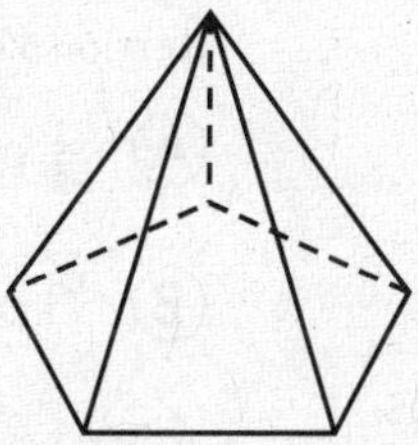

____

6.

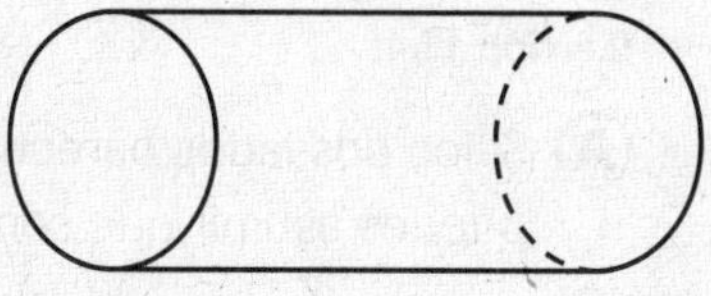

____

7.

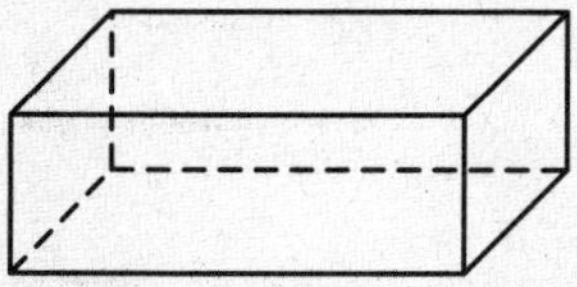

____

8.

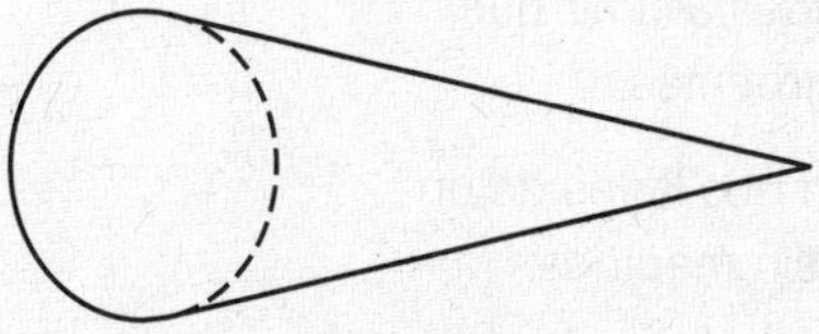

____

9.

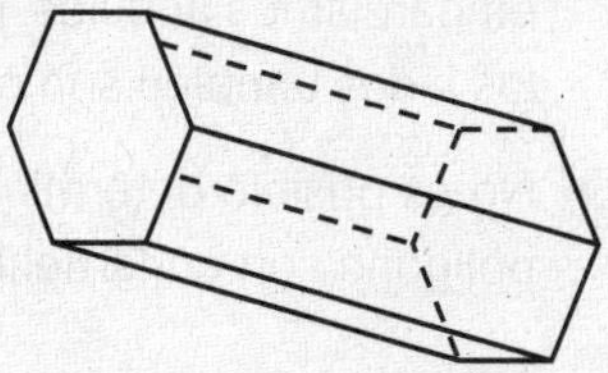

____

Resolución de problemas EN EL MUNDO

10. Darrien hace un cuerpo geométrico con papel doblado. El cuerpo geométrico tiene seis caras congruentes que son cuadrados. ¿Qué cuerpo geométrico formó Darrien?

____

11. Nanako dijo que trazó una pirámide cuadrada y que todas las caras son triángulos. ¿Eso es posible? **Explícalo.**

____

PREPARACIÓN PARA LA PRUEBA

Revisión de la lección (CC.5.MD.3)

1. Luke hizo un modelo de un cuerpo geométrico con 1 base circular y 1 superficie curva. ¿Qué cuerpo geométrico hizo?

   (A) cono
   (B) cilindro
   (C) esfera
   (D) pirámide triangular

2. ¿Cuál de las siguientes opciones NO tiene ninguna cara rectangular?

   (A) prisma pentagonal
   (B) pirámide hexagonal
   (C) prisma rectangular
   (D) pirámide cuadrada

Repaso en espiral (CC.5.NF.1, CC.5.MD.1, CC.5.G.3, CC.5.G.4)

3. Sin medir, ¿cómo puedes determinar si dos lados de un polígono son congruentes? **(Lección 11.4)**

   (A) Si los dos lados parecen congruentes, puedes asumir que son congruentes.
   (B) Recorta el polígono y dobla los dos lados uno sobre el otro. Si se pueden emparejar los lados, puedes asumir que son congruentes.
   (C) Recorta el polígono y dobla dos de los ángulos uno sobre el otro. Si se pueden emparejar los ángulos, puedes asumir que los lados también son congruentes.
   (D) No es posible determinar si dos lados de un polígono son congruentes sin medirlos.

4. James tiene $4\frac{3}{4}$ pies de cuerda. Planea cortar $1\frac{1}{2}$ pies de la cuerda. ¿Cuánta cuerda quedará? **(Lección 6.6)**

   (A) $\frac{1}{4}$ pie
   (B) 3 pies
   (C) $3\frac{1}{4}$ pies
   (D) $6\frac{1}{2}$ pies

5. Latasha preparó 128 onzas de refresco de frutas. ¿Cuántas tazas de refresco de frutas preparó Latasha? **(Lección 10.2)**

   (A) 4 tazas
   (B) 8 tazas
   (C) 16 tazas
   (D) 32 tazas

6. ¿Cuál de los siguientes enunciados NO es verdadero? **(Lección 11.3)**

   (A) Algunos cuadriláteros son cuadrados.
   (B) Todos los rombos son cuadriláteros.
   (C) Todos los cuadrados son rectángulos.
   (D) Algunos trapecios son paralelogramos.

Nombre ______________________________

Cubos de una unidad y cuerpos geométricos

ESTÁNDAR COMÚN CC.5.MD.3a

Geometric measurement: understand concepts of volume and relate volume to multiplication and to addition.

Cuenta la cantidad de cubos usados para formar cada cuerpo geométrico.

1.

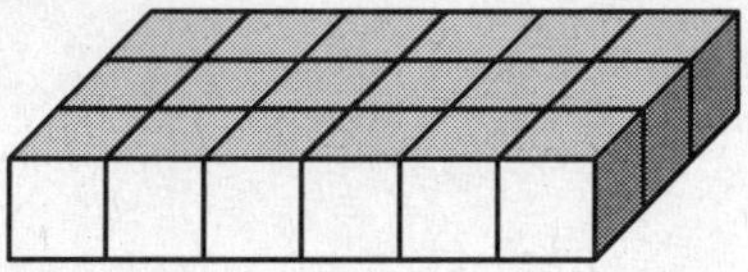

18 cubos de una unidad

2.

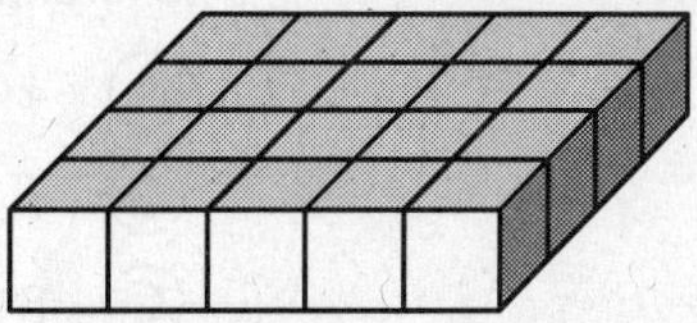

______ cubos de una unidad

3.

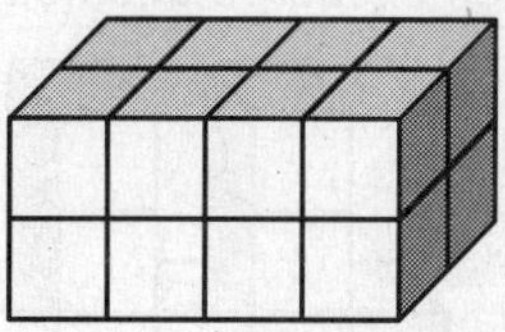

______ cubos de una unidad

4.

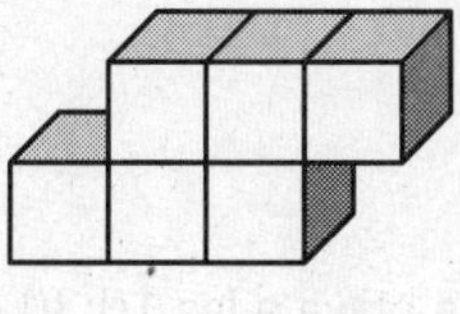

______ cubos de una unidad

5.

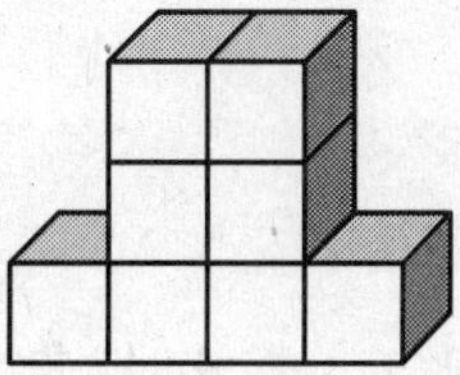

______ cubos de una unidad

6.

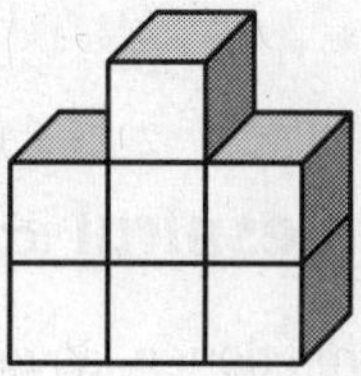

______ cubos de una unidad

Compara la cantidad de cubos de una unidad de cada cuerpo geométrico. Usa <, > ó =.

7.

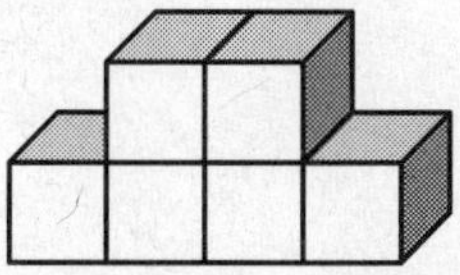

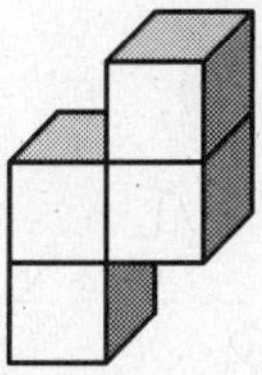

______ cubos de una unidad ◯ ______ cubos de una unidad

8.

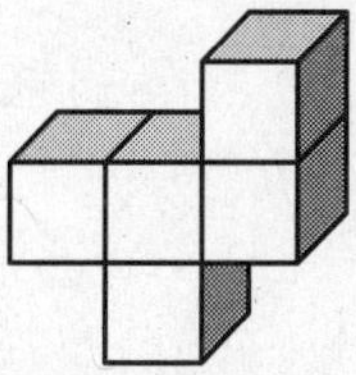

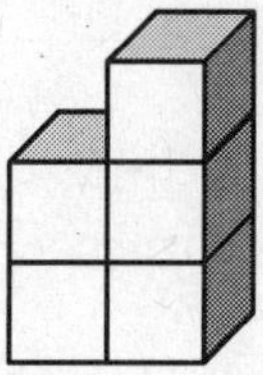

______ cubos de una unidad ◯ ______ cubos de una unidad

Resolución de problemas EN EL MUNDO

9. Un envase puede contener 1,000 cubos de una unidad que miden 1 pulgada por 1 pulgada por 1 pulgada. Usa cubos de una unidad para describir las dimensiones del envase.

____

____

____

____

10. Peter usa cubos de una unidad para formar un cuerpo geométrico que tiene la forma de la letra X. ¿Cuál es la menor cantidad de cubos de una unidad que puede usar Peter para formar el cuerpo geométrico?

____

PREPARACIÓN PARA LA PRUEBA

Revisión de la lección (CC.5.MD.3a)

1. Carla apiló algunos bloques para formar el siguiente cuerpo geométrico. ¿Cuántos bloques hay en el cuerpo geométrico de Carla?

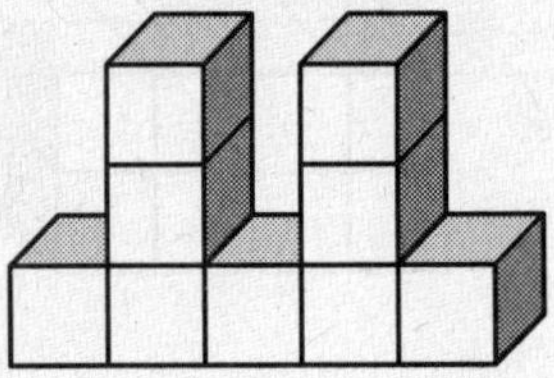

Ⓐ 7
Ⓑ 8
Ⓒ 9
Ⓓ 10

2. Quentin tiene 18 cubos de una unidad. Si usa todos los cubos, ¿cuántos prismas rectangulares diferentes puede formar?

Ⓐ 4
Ⓑ 6
Ⓒ 8
Ⓓ 18

Repaso en espiral (CC.5.MD.1, CC.5.MD.3, CC.5.G.4)

3. ¿Qué forma tienen las caras laterales de una pirámide? **(Lección 11.5)**

Ⓐ triángulo
Ⓑ cuadrado
Ⓒ rectángulo
Ⓓ hexágono

4. La familia Arnold llegó a la playa a las 10:30 a. m. Pasaron allí $3\frac{3}{4}$ horas. ¿A qué hora se fueron de la playa? **(Lección 10.7)**

Ⓐ 1:15 p. m.
Ⓑ 2:15 p. m.
Ⓒ 3:15 p. m.
Ⓓ 3:45 p. m.

5. ¿Cuál de los siguientes enunciados siempre es verdadero acerca de los paralelogramos? **(Lección 11.3)**

Ⓐ Todos los lados son congruentes.
Ⓑ Todos los ángulos son congruentes.
Ⓒ Tiene 4 ángulos rectos.
Ⓓ Los lados opuestos son congruentes.

6. La rueda de la bicicleta de Frank se mueve 75 pulgadas en una rotación. ¿Cuántas rotaciones habrá completado la rueda cuando Frank haya recorrido 50 pies? **(Lección 10.4)**

Ⓐ 2
Ⓑ 8
Ⓒ 12
Ⓓ 24

Nombre ______________________________

Comprender el volumen

ESTÁNDARES COMUNES CC.5.MD.3b, CC.5.MD.4

Geometric measurement: understand concepts of volume and relate volume to multiplication and to addition.

Usa la unidad dada. Halla el volumen.

1.

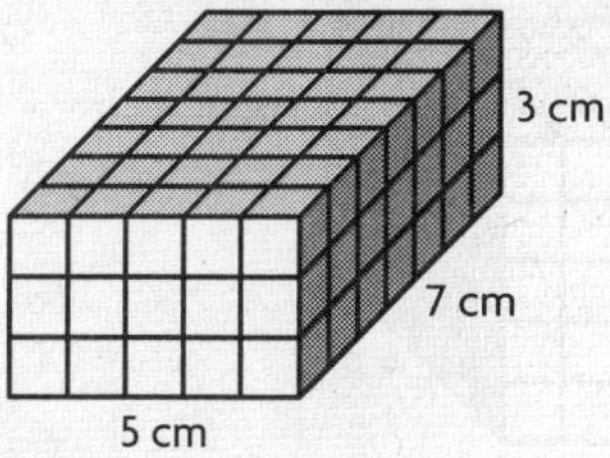

Cada cubo = 1 cm cub

Volumen = 105 cm cub

2.

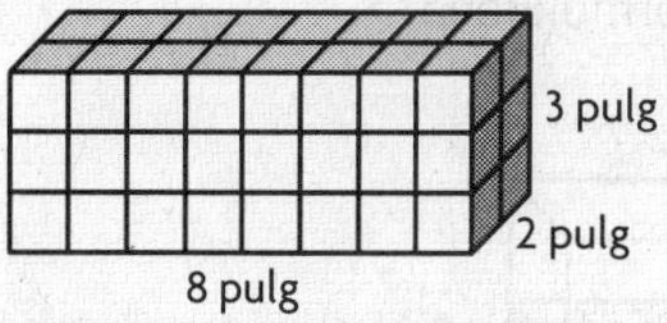

Cada cubo = 1 pulg cub

Volumen = ______________ cub

3.

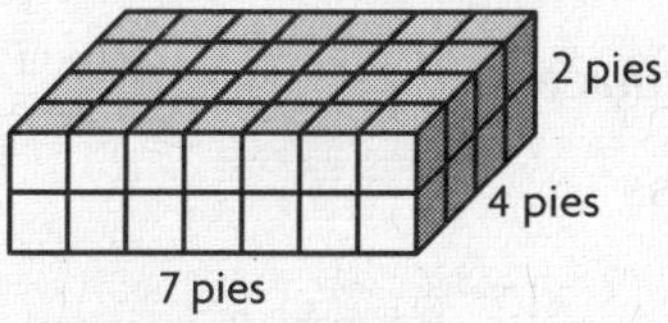

Cada cubo = 1 pie cub

Volumen = ______________ cub

4.

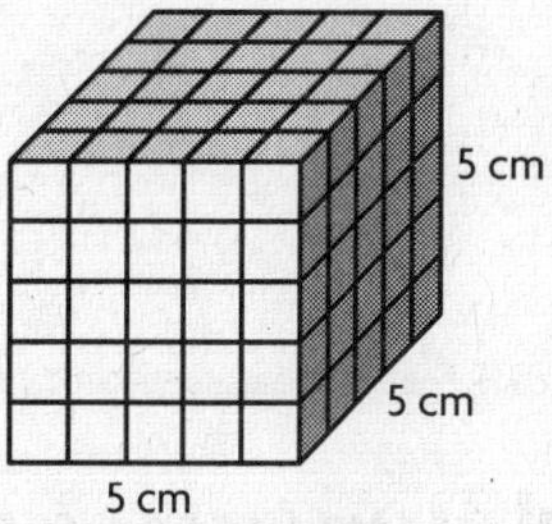

Cada cubo = 1 cm cub

Volumen = ______________ cub

5. Compara los volúmenes. Escribe <, > ó =.

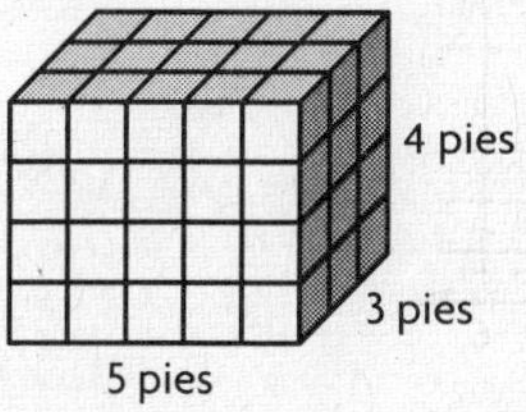

Cada cubo = 1 pie cub

______ pies cub ◯ ______ pies cub

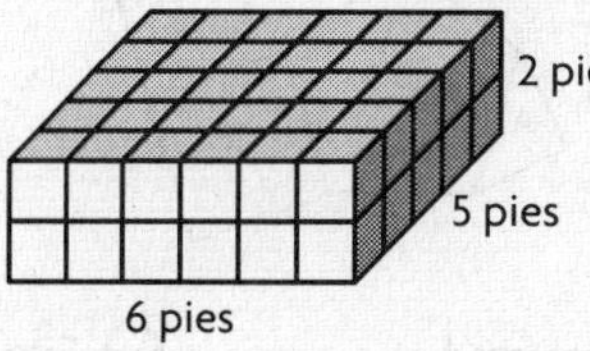

Cada cubo = 1 pie cub

Resolución de problemas EN EL MUNDO

6. Un fabricante envía su producto en cajas cuyas aristas miden 4 pulgadas cada una. Si se colocan 12 cajas dentro de una caja más grande y la llenan por completo, ¿cuál es el volumen de la caja más grande?

____

7. Matt y Mindy formaron prismas rectangulares que miden 5 unidades de longitud, 2 unidades de ancho y 4 unidades de altura cada uno. Matt usó cubos que miden 1 cm de lado. Mindy usó cubos que miden 1 pulg de lado. ¿Cuál es el volumen de cada prisma?

____

____

PREPARACIÓN PARA LA PRUEBA

Revisión de la lección (CC.5.MD.3b, CC.5.MD.4)

1. Elena empacó 48 cubos en esta caja. Cada cubo tiene aristas que miden 1 centímetro. ¿Cuántas capas de cubos formó Elena?

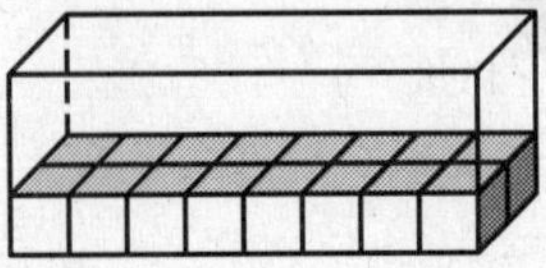

(A) 2
(B) 3
(C) 4
(D) 8

2. ¿Cuál es el volumen del prisma rectangular?

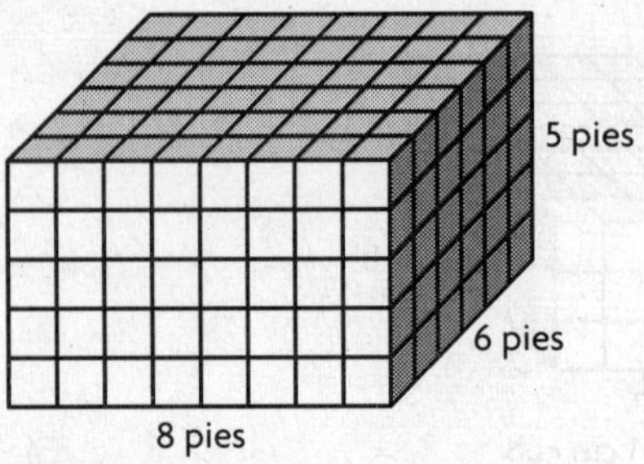

Cada cubo = 4 pie cub

(A) 40 pulgadas cúbicas
(B) 40 pies cúbicos
(C) 240 pulgadas cúbicas
(D) 240 pies cúbicos

Repaso en espiral (CC.5.MD.1, CC.5.G.1, CC.5.G.3, CC.5.G.4)

3. Juan hizo un diseño con polígonos. ¿Qué polígono del diseño de Juan es un pentágono? **(Lección 11.1)**

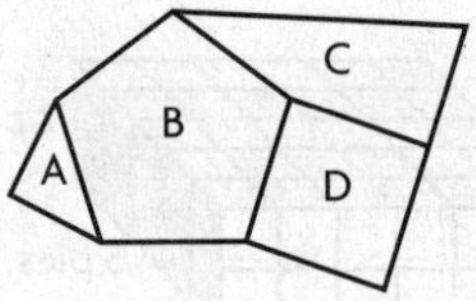

(A) Figura A
(B) Figura B
(C) Figura C
(D) Figura D

4. ¿Qué par ordenado describe la ubicación del punto *X*? **(Lección 9.2)**

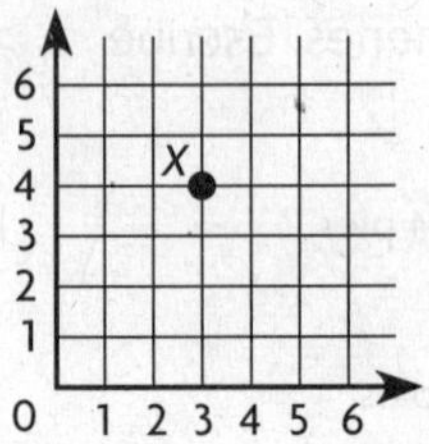

(A) (3, 4)
(B) (4, 3)
(C) (4, 4)
(D) (3, 3)

5. ¿Cuál es el menor número de ángulos agudos que puede tener un triángulo? **(Lección 11.2)**

(A) 0
(B) 1
(C) 2
(D) 3

6. Karen compró 3 libras de queso para servir en una merienda. ¿Cuántas onzas de queso compró Karen? **(Lección 10.3)**

(A) 24 onzas
(B) 32 onzas
(C) 36 onzas
(D) 48 onzas

Nombre ______________________________

Estimar el volumen

ESTÁNDAR COMÚN CC.5.MD.4

Geometric measurement: understand concepts of volume and relate volume to multiplication and to addition.

Estima el volumen.

1. Volumen del paquete de papel: 200 pulg cub

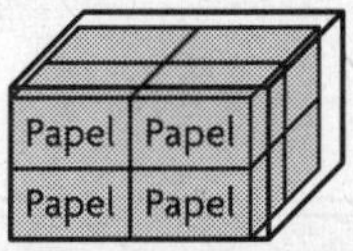

Piensa: Cada paquete de papel tiene un volumen de 200 pulg cub. Hay __8__ paquetes de papel en la caja más grande. Entonces, el volumen de la caja grande es alrededor de __8__ × 200 ó __1,600__ pulgadas cúbicas.

Volumen de la caja grande: __1,600 pulg cub__

2. Volumen de la caja de arroz: 500 cm cub

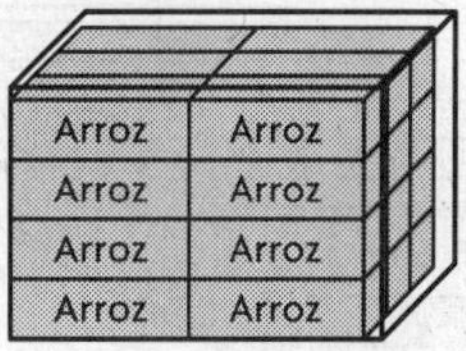

Volumen de la caja grande: ______________

3. Volumen de la caja de té: 40 pulg cub

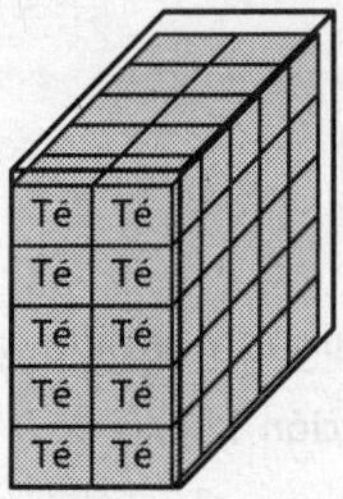

Volumen de la caja grande: ______________

4. Volumen de la caja de DVD: 20 pulg cub

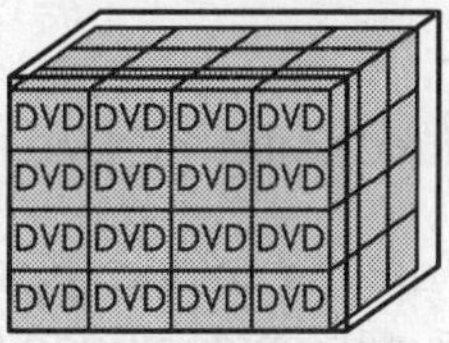

Volumen de la caja grande: ______________

Resolución de problemas EN EL MUNDO

5. Theo llena una caja grande con cajas de grapas. El volumen de cada caja de grapas es 120 cm cub. Estima el volumen de la caja grande.

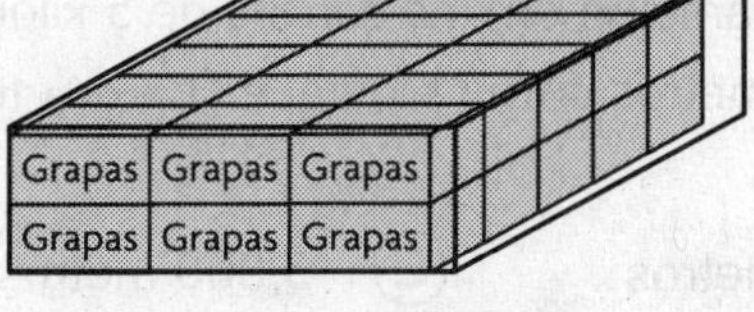

____

6. Lisa usa cajas de budín para estimar el volumen de la siguiente caja. El volumen de cada caja de budín es 150 pulg cub. Estima el volumen de la caja grande.

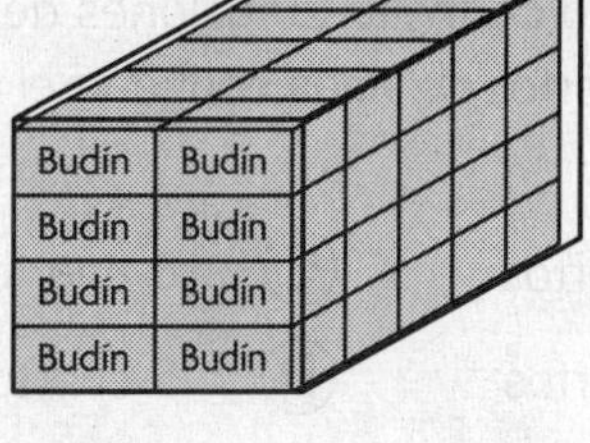

____

PREPARACIÓN PARA LA PRUEBA

Revisión de la lección (CC.5.MD.4)

1. Melanie empaca cajas de sobres en una caja más grande. El volumen de cada caja de sobres es 1,200 centímetros cúbicos. ¿Cuál es la mejor estimación del volumen de la caja grande?

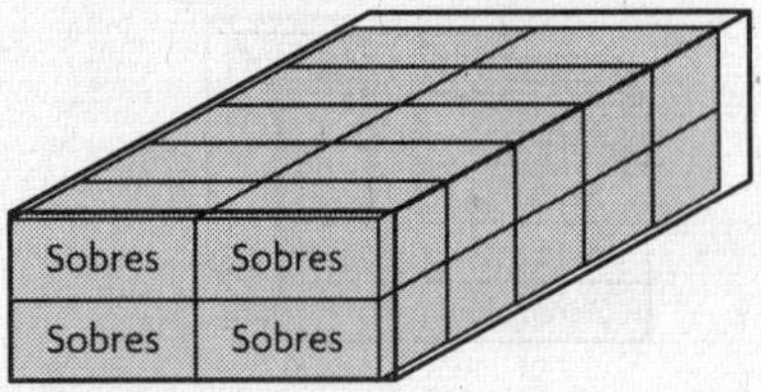

Ⓐ 2,400 cm cub
Ⓑ 12,000 cm cub
Ⓒ 20,000 cm cub
Ⓓ 24,000 cm cub

2. Calvin empaca cajas de tarjetas de felicitación en una caja más grande. El volumen de cada caja de tarjetas de felicitación es 90 pulgadas cúbicas. ¿Cuál es la mejor estimación del volumen de la caja grande?

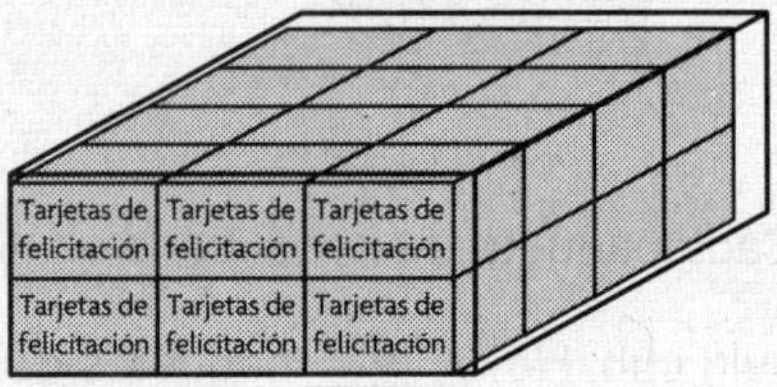

Ⓐ 216 pulg cub
Ⓑ 240 pulg cub
Ⓒ 2,160 pulg cub
Ⓓ 2,400 pulg cub

Repaso en espiral (CC.5.MD.1, CC.5.MD.3a, CC.5.MD.3b, CC.5.MD.4)

3. Rosa tiene 16 cubos de una unidad. ¿Cuántos prismas rectangulares diferentes puede formar con los cubos? **(Lección 11.6)**

Ⓐ 2
Ⓑ 3
Ⓒ 4
Ⓓ 8

4. Cada cubo representa 1 pulgada cúbica. ¿Cuál es el volumen del prisma? **(Lección 11.7)**

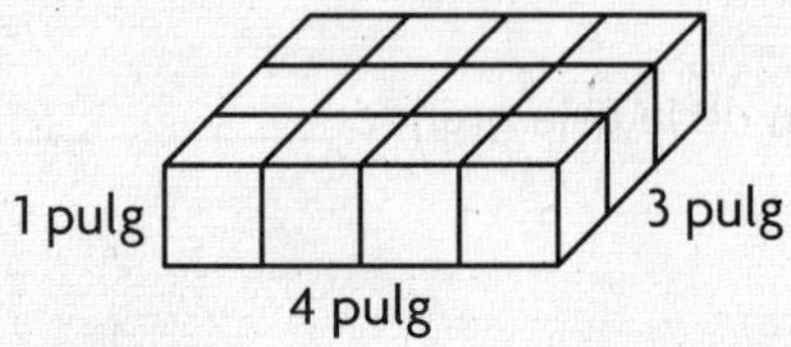

Ⓐ 1 pulg cub
Ⓑ 4 pulg cub
Ⓒ 8 pulg cub
Ⓓ 12 pulg cub

5. Cierto acuario contiene 20 galones de agua. ¿Cuántos cuartos de agua contiene el acuario? **(Lección 10.2)**

Ⓐ 160 cuartos
Ⓑ 80 cuartos
Ⓒ 10 cuartos
Ⓓ 5 cuartos

6. Monique participó en una carrera de 5 kilómetros. ¿Cuántos metros corrió Monique? **(Lección 10.5)**

Ⓐ 50 metros
Ⓑ 500 metros
Ⓒ 5,000 metros
Ⓓ 50,000 metros

Nombre ______________________

Volumen de los prismas rectangulares

ESTÁNDAR COMÚN CC.5.MD.5a

Geometric measurement: understand concepts of volume and relate volume to multiplication and to addition.

Halla el volumen.

1.

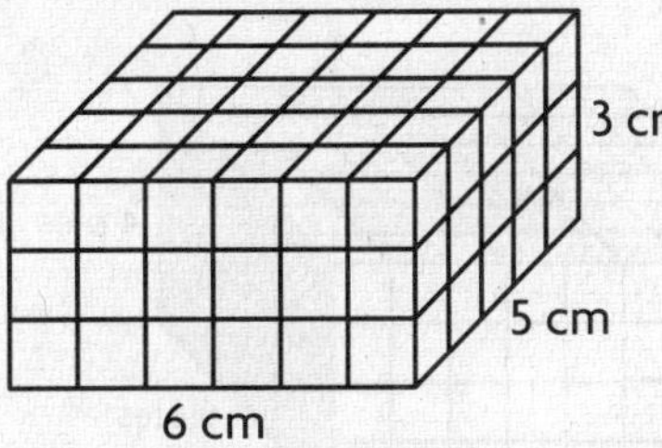

Volumen: 90 cm^3

2.

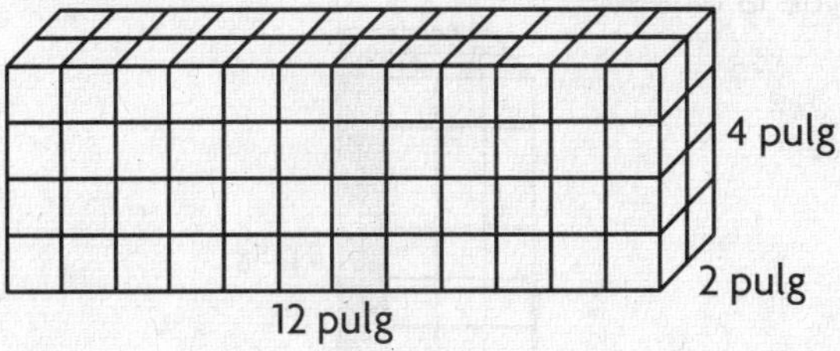

Volumen: ______________

3.

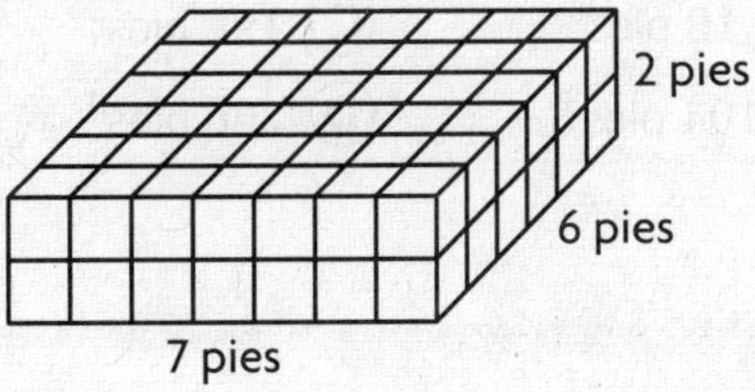

Volumen: ______________

4.

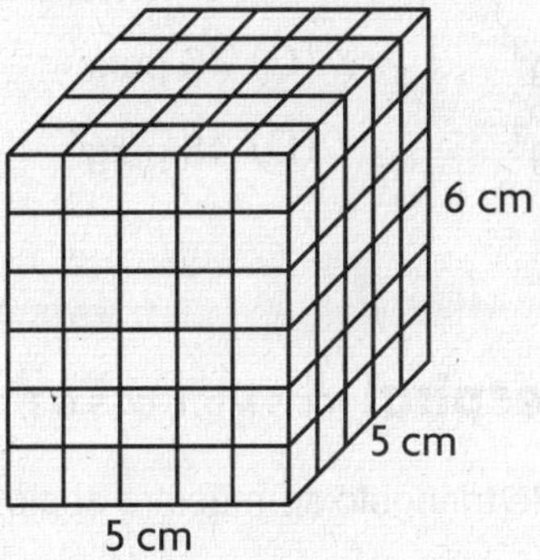

Volumen: ______________

5.

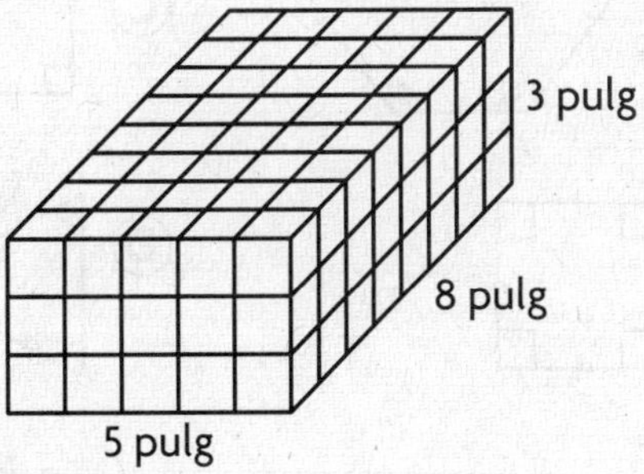

Volumen: ______________

6.

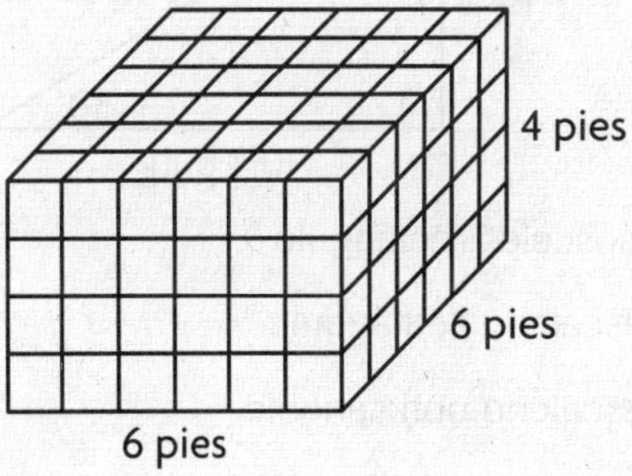

Volumen: ______________

Resolución de problemas EN EL MUNDO

7. Aarón guarda sus tarjetas de béisbol en una caja de cartón que mide 12 pulgadas de longitud, 8 pulgadas de ancho y 3 pulgadas de altura. ¿Cuál es el volumen de esa caja?

____

8. El joyero de Amanda tiene la forma de un cubo y aristas de 6 pulgadas. ¿Cuál es el volumen del joyero de Amanda?

____

PREPARACIÓN PARA LA PRUEBA

Revisión de la lección (CC.5.MD.5a)

1. Laini usa cubos de 1 pulgada para formar la caja que se muestra abajo. ¿Cuál es el volumen de la caja?

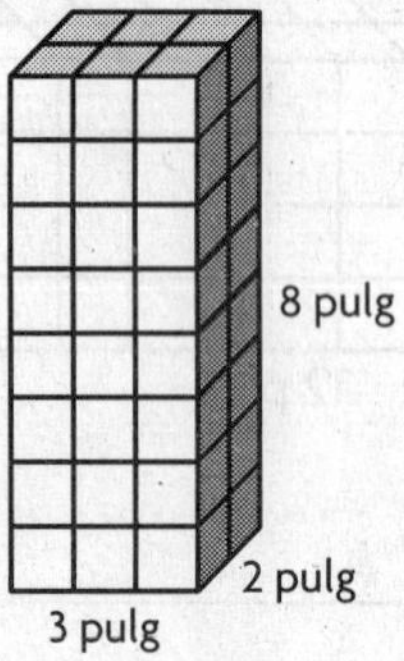

Ⓐ $13\ \text{pulg}^3$ Ⓒ $46\ \text{pulg}^3$

Ⓑ $16\ \text{pulg}^3$ Ⓓ $48\ \text{pulg}^3$

2. Mason apiló cajas con forma de cubos de 1 pie en un depósito. ¿Cuál es el volumen de la pila de cajas?

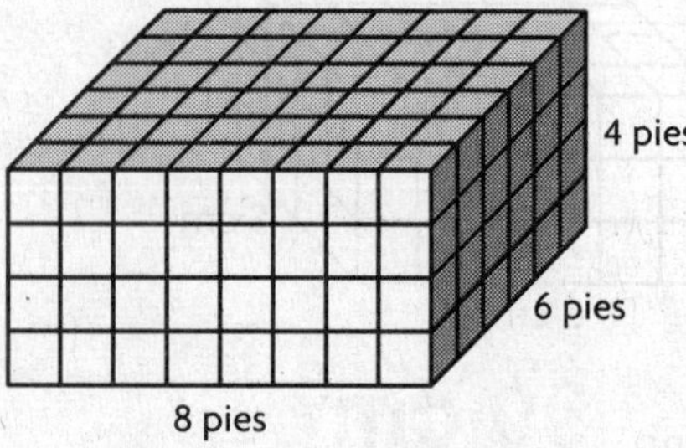

Ⓐ $19\ \text{pies}^3$ Ⓒ $192\ \text{pies}^3$

Ⓑ $104\ \text{pies}^3$ Ⓓ $208\ \text{pies}^3$

Repaso en espiral (CC.5.MD.1, CC.5.G.3, CC.5.G.4)

3. ¿Qué tipo de triángulo se muestra abajo?
(Lección 11.2)

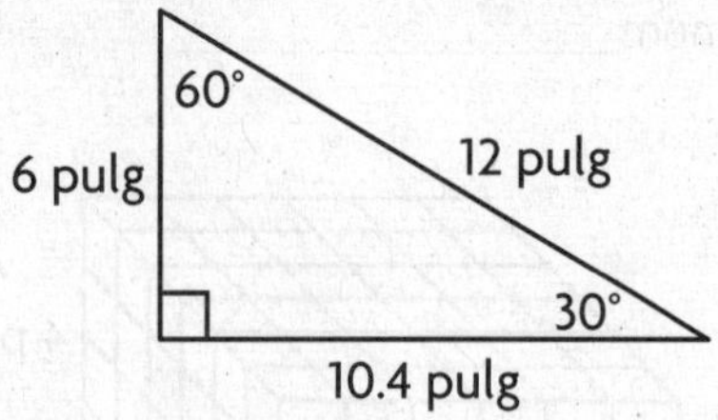

Ⓐ isósceles rectángulo

Ⓑ escaleno acutángulo

Ⓒ escaleno obtusángulo

Ⓓ escaleno rectángulo

4. ¿Qué figura es un cuadrilátero con lados opuestos que son congruentes y paralelos?
(Lección 11.4)

Ⓐ 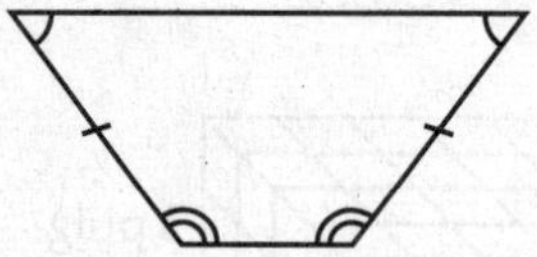

Ⓒ 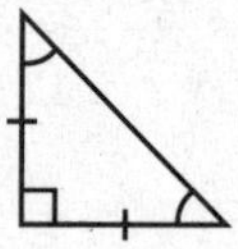

Ⓑ 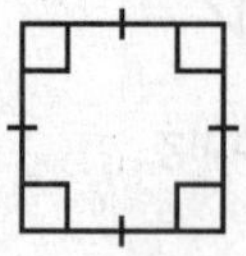

Ⓓ 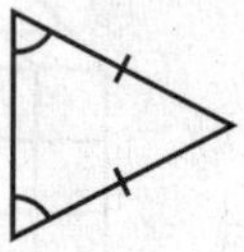

5. Suzanne mide 64 pulgadas de estatura. ¿Cuál de las siguientes opciones equivale a 64 pulgadas?
(Lección 10.1)

Ⓐ 4 pies Ⓒ 6 pies

Ⓑ 5 pies 4 pulg Ⓓ 6 pies 4 pulg

6. Trevor compró 8 galones de pintura para pintar su casa. Usó todo, excepto 1 cuarto. ¿Cuántos cuartos de pintura usó Trevor? **(Lección 10.4)**

Ⓐ 7 cuartos Ⓒ 31 cuartos

Ⓑ 15 cuartos Ⓓ 47 cuartos

Nombre ____________________

Aplicar fórmulas de volumen

ESTÁNDARES COMUNES CC.5.MD.5b
Geometric measurement: understand concepts of volume and relate volume to multiplication and to addition.

Halla el volumen.

1.

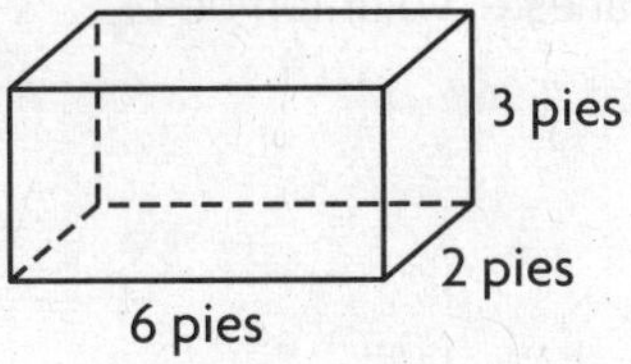

$V =$ l × a × h

$V =$ 6 × 2 × 3

$V =$ 36 pies³

2.

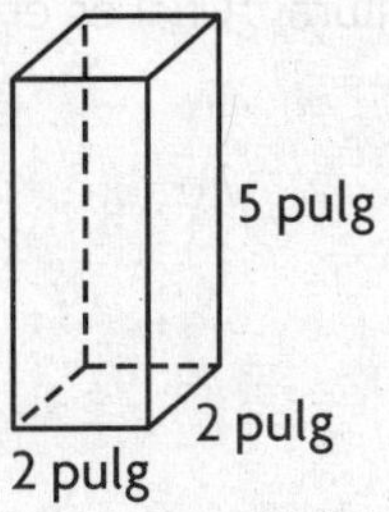

$V =$ ____________

3.

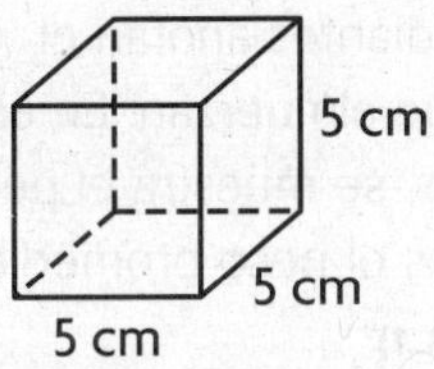

$V =$ ____________

4.

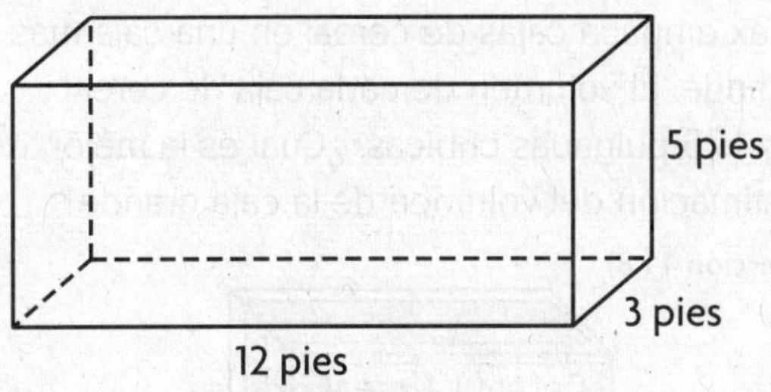

$V =$ ____________

5.

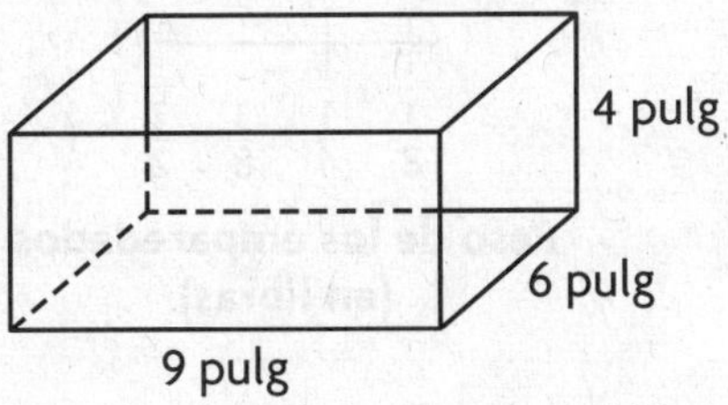

$V =$ ____________

6.

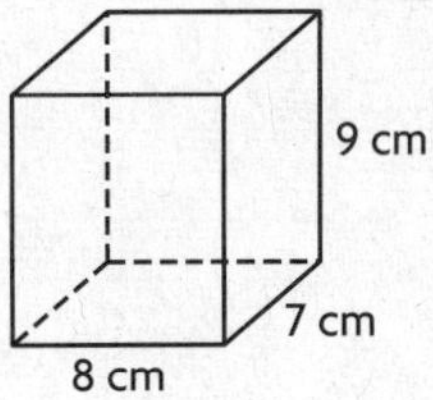

$V =$ ____________

Resolución de problemas EN EL MUNDO

7. Una empresa constructora cava un hoyo para hacer una piscina. El hoyo tendrá 12 yardas de longitud, 7 yardas de ancho y 3 yardas de profundidad. ¿Cuántas yardas cúbicas de tierra deberá quitar la empresa?

____

8. Amy alquila un depósito que mide 15 pies de longitud, 5 pies de ancho y 8 pies de altura. ¿Cuál es el volumen del depósito?

____

PREPARACIÓN PARA LA PRUEBA

Revisión de la lección (CC.5.MD.5b)

1. Sayeed compra una jaula para su cachorro. La jaula mide 20 pulgadas de longitud, 13 pulgadas de ancho y 16 pulgadas de altura. ¿Cuál es el volumen de la jaula?

   Ⓐ 208 $pulg^3$

   Ⓑ 260 $pulg^3$

   Ⓒ 2,600 $pulg^3$

   Ⓓ 4,160 $pulg^3$

2. Brittany tiene una caja de regalos con forma de cubo. Cada lado de la caja mide 15 centímetros. ¿Cuál es el volumen de la caja de regalos?

   Ⓐ 255 cm^3

   Ⓑ 1,350 cm^3

   Ⓒ 3,375 cm^3

   Ⓓ 3,475 cm^3

Repaso en espiral (CC.5.MD.1, CC.5.MD.2, CC.5.MD.3a, CC.5.MD.4)

3. Max empaca cajas de cereal en una caja más grande. El volumen de cada caja de cereal es 175 pulgadas cúbicas. ¿Cuál es la mejor estimación del volumen de la caja grande? **(Lección 11.8)**

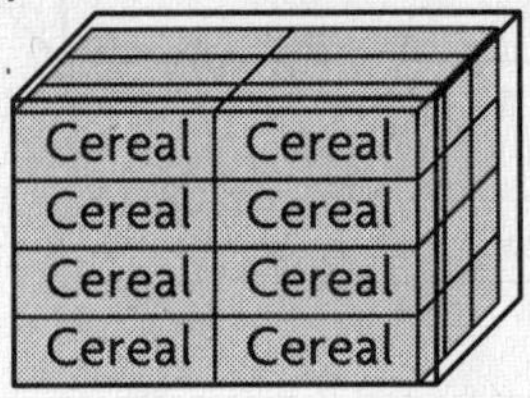

   Ⓐ 210 pulg cub

   Ⓑ 420 pulg cub

   Ⓒ 2,100 pulg cub

   Ⓓ 4,200 pulg cub

4. En la clase de salud, los estudiantes anotan el peso de los emparedados que almuerzan. En el siguiente diagrama de puntos, se muestra el peso de los emparedados. ¿Cuál es el peso promedio de un emparedado? **(Lección 9.1)**

   Ⓐ $\frac{1}{8}$ lb

   Ⓑ $\frac{1}{4}$ lb

   Ⓒ $\frac{3}{10}$ lb

   Ⓓ $\frac{3}{8}$ lb

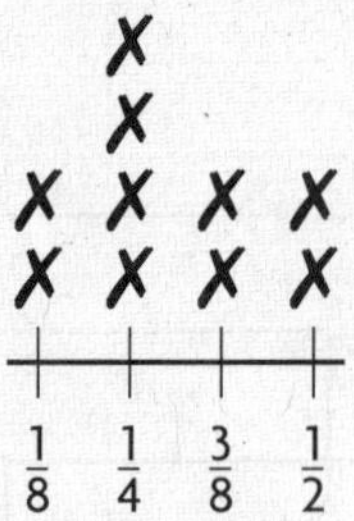

Peso de los emparedados (en libras)

5. Cloe tiene 20 cubos de una unidad. ¿Cuántos prismas rectangulares diferentes puede formar con los cubos? **(Lección 11.6)**

   Ⓐ 4

   Ⓑ 5

   Ⓒ 10

   Ⓓ 20

6. Darnell fue al cine con sus amigos. La película comenzó a las 2:35 p. m. y duró 1 hora y 45 minutos. ¿A qué hora terminó la película? **(Lección 10.7)**

   Ⓐ 3:50 p. m.

   Ⓑ 4:20 p. m.

   Ⓒ 4:50 p. m.

   Ⓓ 5:20 p. m.

Nombre ______________________

Resolución de problemas • Comparar volúmenes

ESTÁNDAR COMÚN CC.5.MD.5b
Geometric measurement: understand concepts of volume and relate volume to multiplication and to addition.

Haz una tabla como ayuda para resolver los problemas.

1. Anita quiere hacer el molde de una vela. Quiere que la vela tenga forma de prisma rectangular, con un volumen de exactamente 28 centímetros cúbicos. Quiere que los lados sean números naturales en centímetros. ¿Cuántos moldes diferentes puede hacer?

10 moldes

2. Anita decide que quiere que los moldes tengan una base cuadrada. ¿Cuántos de los moldes posibles puede usar?

______

3. Raymond quiere hacer una caja que tenga un volumen de 360 pulgadas cúbicas. Quiere que la altura sea 10 pulgadas y que las otras dos dimensiones sean números naturales en pulgadas. ¿Cuántas cajas de diferentes tamaños puede hacer?

______

4. Jeff colocó una caja pequeña de 12 pulgadas de longitud, 8 pulgadas de ancho y 4 pulgadas de altura dentro de una caja de 20 pulgadas de longitud, 15 pulgadas de ancho y 9 pulgadas de altura. ¿Cuánto espacio queda en la caja más grande?

______

5. La Sra. Nelson tiene una maceta rectangular que mide 5 pies de longitud y 2 pies de altura. Quiere que el ancho no sea más de 5 pies. Si el ancho es un número natural, ¿cuáles son los volúmenes posibles de la maceta?

______

6. Sophina compró 3 yardas de ribete para colocar alrededor de una bufanda rectangular. Quiere que el ancho de la bufanda sea un número natural no menor que 6 pulgadas ni mayor que 12 pulgadas. Si usa todo el ribete, ¿cuáles son las dimensiones posibles de la bufanda? Escribe tus respuestas en pulgadas.

______

PREPARACIÓN PARA LA PRUEBA

Revisión de la lección (CC.5.MD.5b)

1. Para guardar su colección de fotos, Corey compró un recipiente con forma de prisma rectangular. Si el recipiente tiene un volumen de 480 pulgadas cúbicas, ¿Cuáles de las siguientes opciones podrían ser sus dimensiones en pulgadas?

Ⓐ 3 pulg por 8 pulg por 10 pulg
Ⓑ 6 pulg por 4 pulg por 12 pulg
Ⓒ 6 pulg por 8 pulg por 10 pulg
Ⓓ 8 pulg por 4 pulg por 8 pulg

2. Aleka tiene una caja de recuerdos con un volumen de 576 pulgadas cúbicas. La longitud de la caja es 12 pulgadas y el ancho es 8 pulgadas. ¿Cuál es la altura de la caja?

Ⓐ 6 pulgadas
Ⓑ 20 pulgadas
Ⓒ 48 pulgadas
Ⓓ 72 pulgadas

Repaso en espiral (CC.5.MD.1, CC.5.MD.3, CC.5.MD.5a, CC.5.MD.5b)

3. Una película dura 2 horas y 28 minutos. Comienza a las 7:50 p. m. ¿A qué hora terminará la película? **(Lección 10.7)**

Ⓐ 9:18 p. m.
Ⓑ 9:78 p. m.
Ⓒ 10:08 p. m.
Ⓓ 10:18 p. m.

4. ¿Cuáles de las siguientes opciones NO tiene caras rectangulares? **(Lección 11.5)**

Ⓐ prisma hexagonal
Ⓑ pirámide pentagonal
Ⓒ prisma rectangular
Ⓓ pirámide cuadrada

5. Un acuario tiene forma de prisma rectangular. Mide 24 pulgadas de longitud, 12 pulgadas de ancho y 14 pulgadas de altura. ¿Cuánta agua puede contener el acuario? **(Lección 11.10)**

Ⓐ 168 pulgadas cúbicas
Ⓑ 288 pulgadas cúbicas
Ⓒ 336 pulgadas cúbicas
Ⓓ 4,032 pulgadas cúbicas

6. ¿Cuál es el volumen del prisma rectangular que se muestra? **(Lección 11.9)**

Ⓐ 11 m^3
Ⓑ 18 m^3
Ⓒ 36 m^3
Ⓓ 360 m^3

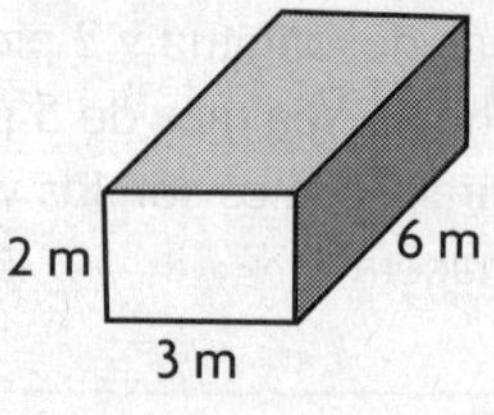

Nombre ______________________________

Hallar el volumen de figuras compuestas

ESTÁNDAR COMÚN CC.5.MD.5c

Geometric measurement: understand concepts of volume and relate volume to multiplication and to addition.

Halla el volumen de la figura compuesta.

1.

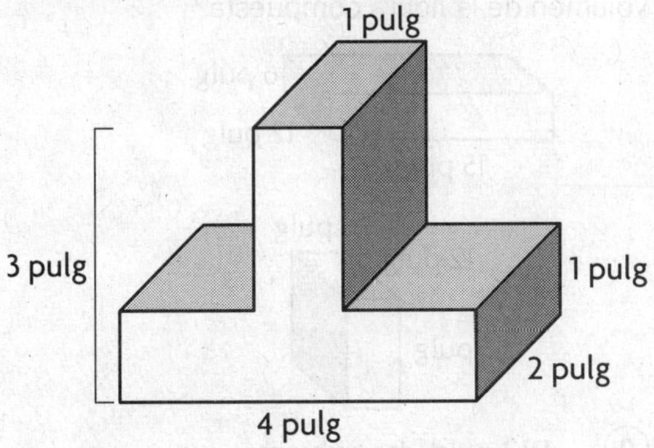

$V =$ ______________________

2.

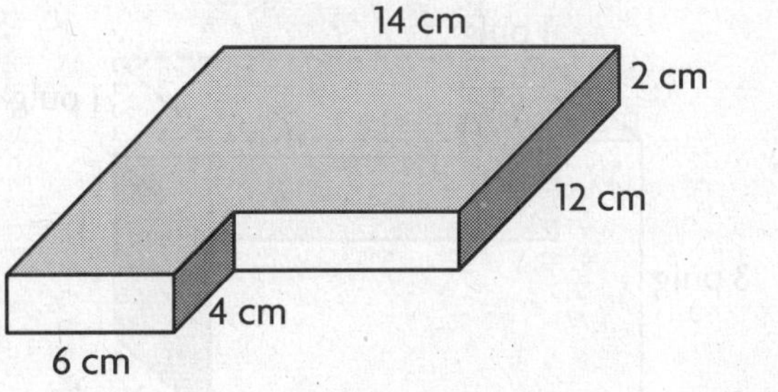

$V =$ ______________________

3.

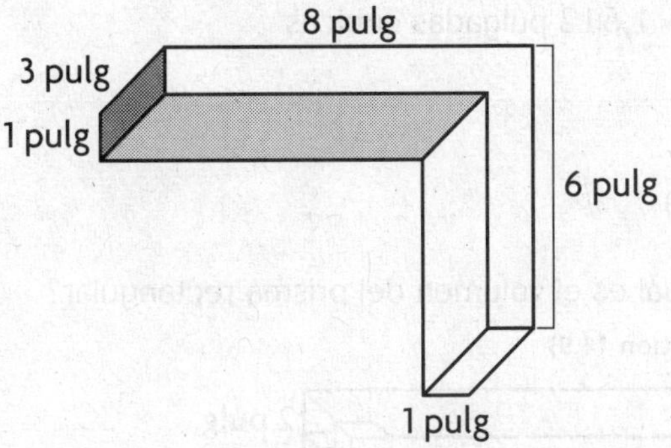

$V =$ ______________________

4.

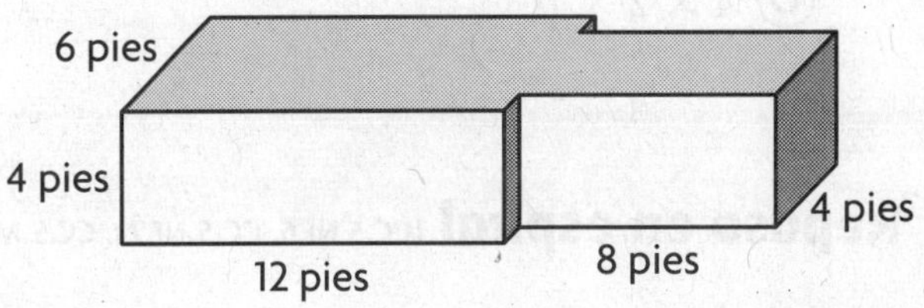

$V =$ ______________________

Resolución de problemas EN EL MUNDO

5. Como parte de la clase de manualidades, Jules hizo la siguiente figura con pedazos de madera. ¿Cuánto espacio ocupa la figura que hizo?

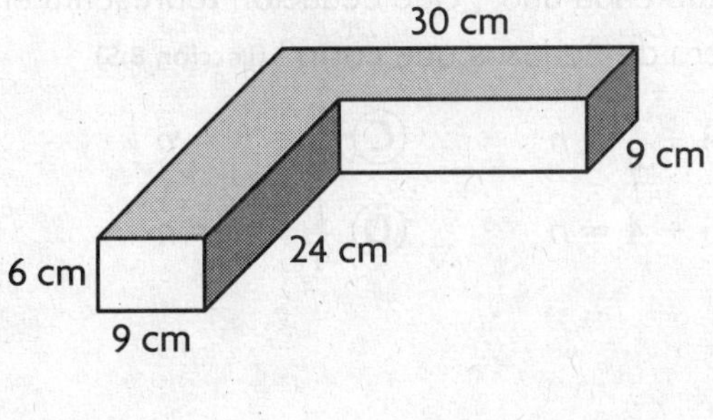

____

6. ¿Cuál es el volumen de la siguiente figura compuesta?

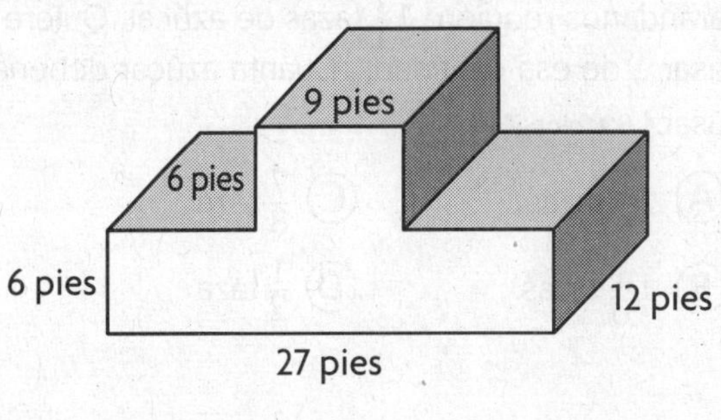

____

PREPARACIÓN PARA LA PRUEBA

Revisión de la lección (CC.5.MD.5c)

1. ¿Qué expresión representa el volumen de la figura compuesta?

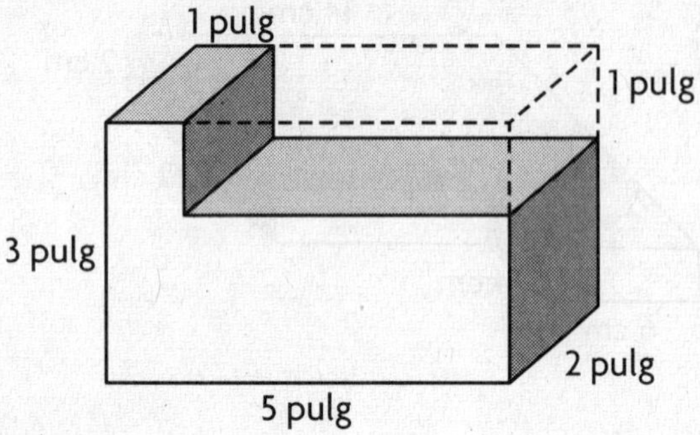

Ⓐ $(5 \times 2) - (3 \times 1)$

Ⓑ $5 \times 2 \times 3$

Ⓒ $(5 \times 2 \times 3) - (4 \times 2 \times 1)$

Ⓓ $4 \times 2 \times 1$

2. Supón que tomas el prisma pequeño y lo colocas encima del prisma más grande. ¿Cuál será el volumen de la figura compuesta?

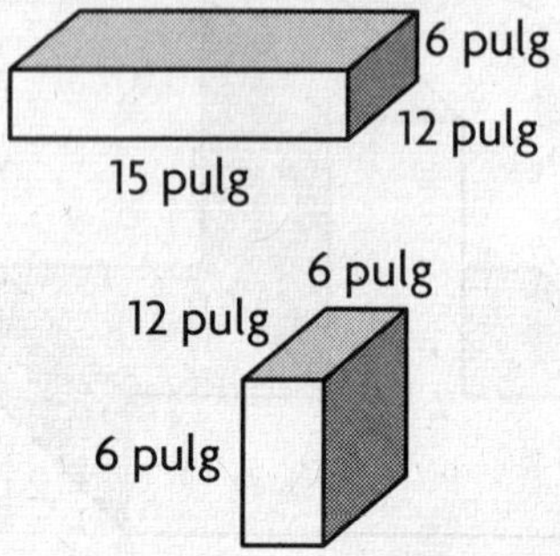

Ⓐ 432 pulgadas cúbicas

Ⓑ 648 pulgadas cúbicas

Ⓒ 1,080 pulgadas cúbicas

Ⓓ 1,512 pulgadas cúbicas

Repaso en espiral (CC.5.NF.6, CC.5.NF.7c, CC.5.MD.5a, CC.5.MD.5b)

3. Jesse quiere construir un cofre de madera con un volumen de 8,100 pulgadas cúbicas. La longitud será 30 pulgadas y el ancho será 15 pulgadas. ¿Cuál será la altura del cofre de Jesse? **(Lección 11.11)**

Ⓐ 18 pulg

Ⓑ 30 pulg

Ⓒ 270 pulg

Ⓓ 540 pulg

4. ¿Cuál es el volumen del prisma rectangular? **(Lección 11.9)**

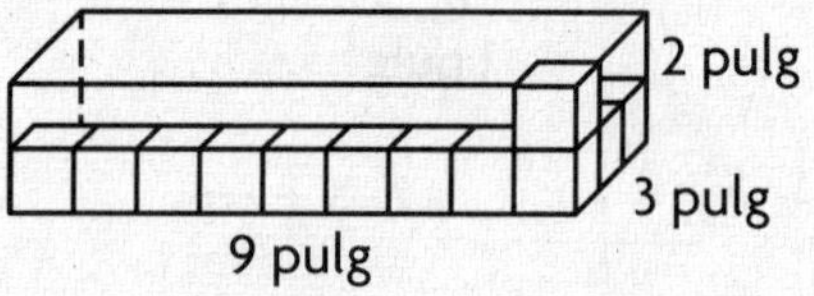

Ⓐ 14 $pulg^3$

Ⓑ 27 $pulg^3$

Ⓒ 45 $pulg^3$

Ⓓ 54 $pulg^3$

5. La receta de Adrián para hacer salsa de arándanos requiere $1\frac{3}{4}$ tazas de azúcar. Quiere usar $\frac{1}{2}$ de esa cantidad. ¿Cuánta azúcar debería usar? **(Lección 7.9)**

Ⓐ $1\frac{1}{4}$ tazas

Ⓑ $1\frac{1}{6}$ tazas

Ⓒ $\frac{7}{8}$ taza

Ⓓ $\frac{1}{2}$ taza

6. Joanna tiene un cartón que mide 6 pies de longitud. Lo corta en pedazos que miden $\frac{1}{4}$ pie de longitud cada uno. ¿Qué ecuación representa el número de pedazos que cortó? **(Lección 8.5)**

Ⓐ $6 \div \frac{1}{4} = n$

Ⓑ $6 \div 4 = n$

Ⓒ $\frac{1}{4} \div 6 = n$

Ⓓ $\frac{1}{4} \div \frac{1}{6} = n$

Nombre ______________________

ESTÁNDARES COMUNES CC.5.MD.3, CC.5.MD.3a, CC.5.MD.3b, CC.5.MD.4, CC.5.MD.5a, CC.5.MD.5b, CC.5.MD.5c, CC.5.G.3, CC.5.G.4

Práctica adicional del Capítulo 11

Lección 11.1

Escribe el nombre de cada polígono. Luego indica si *es un polígono regular* o *no es un polígono regular*.

1. 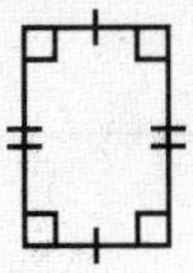

____

2. 

____

Lección 11.2

Clasifica los triángulos. Escribe *isósceles, escaleno* o *equilátero*. Luego escribe *acutángulo, obtusángulo* o *rectángulo*.

1. 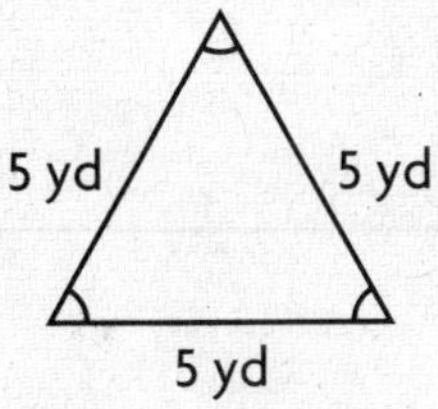

____

____

2. 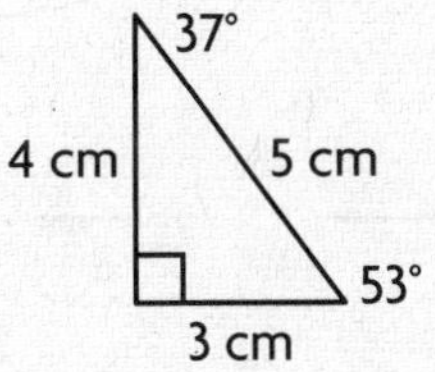

____

____

3. 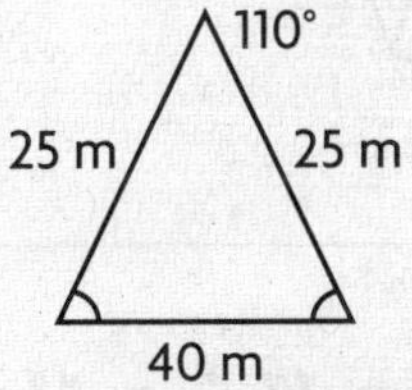

____

____

Lección 11.3

Clasifica los cuadriláteros de todas las formas que sea posible. Escribe *cuadrilátero, paralelogramo, rectángulo, rombo, cuadrado* o *trapecio*.

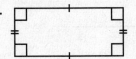

1. 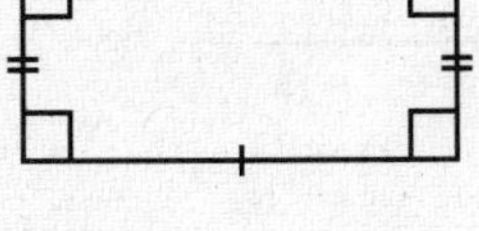

____

____

____

2. 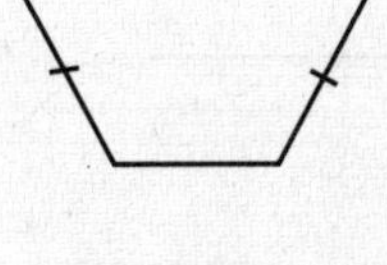

____

____

____

Lesson 11.4

1. Sasha tiene un triángulo con los vértices *A*, *B* y *C*. El triángulo tiene tres ángulos congruentes. Sasha quiere mostrar que el triángulo *ABC* tiene tres lados congruentes, pero no tiene una regla para medir la longitud de los lados. ¿Cómo puede mostrar que el triángulo tiene tres lados congruentes?

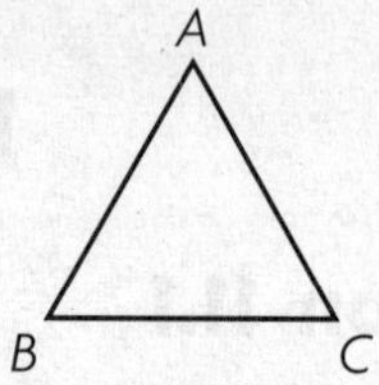

____

____

____

____

Lección 11.5

Clasifica el cuerpo geométrico. Escribe *prisma, pirámide, cono, cilindro* o *esfera*.

1. 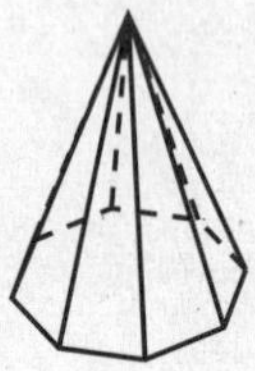

____

2. 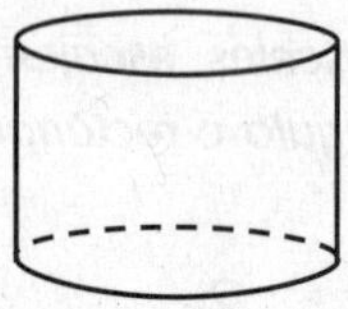

____

Lecciones 11.6 a 11.10

Halla el volumen.

1. 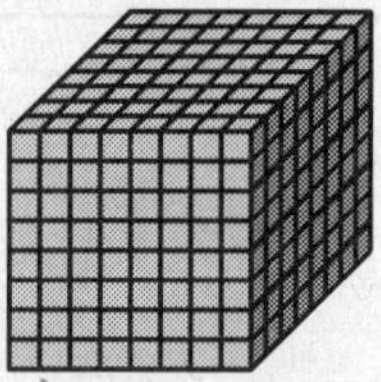

Volumen = ______________

2. 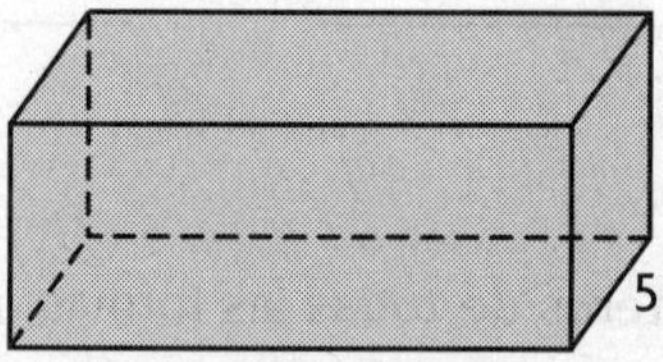

Volumen = ______________

Lección 11.11

Resuelve.

1. Un acuario mide 12 pulgadas de longitud, otro mide 15 pulgadas de longitud y otro mide 18 pulgadas de longitud. Todos tienen 18 pulgadas de profundidad y 12 pulgadas de ancho. ¿Qué acuario puede contener exactamente 3,240 pulgadas cúbicas de agua?

____

Nombre ______________________________

Comparar fracciones y números decimales

Pregunta esencial ¿Cómo puedes comparar números decimales, fracciones y números mixtos en una recta numérica?

SOLUCIONA el problema EN EL MUNDO

El Club de Tecnología comparó los pesos de tres teléfonos celulares. El teléfono de Esteban pesó 4.7 onzas. El teléfono de Jill pesó $4\frac{3}{5}$ onzas. El de Mónica pesó 4.35 onzas. ¿Quién tiene el teléfono más liviano?

Puedes usar una recta numérica para comparar fracciones y números decimales.

Recuerda: Los valores más altos en una recta numérica se ubican a la derecha.

- ¿Cómo puedes identificar el número con el menor valor?

____

____

____

____

Compara los valores en una recta numérica.

PASO 1 Ubica algunos puntos de referencia.

- Números decimales de referencia: 4, 4.25, 4.5, 4.75, 5...
- Números mixtos de referencia: 4, $4\frac{1}{4}$, $4\frac{1}{2}$, $4\frac{3}{4}$, 5...

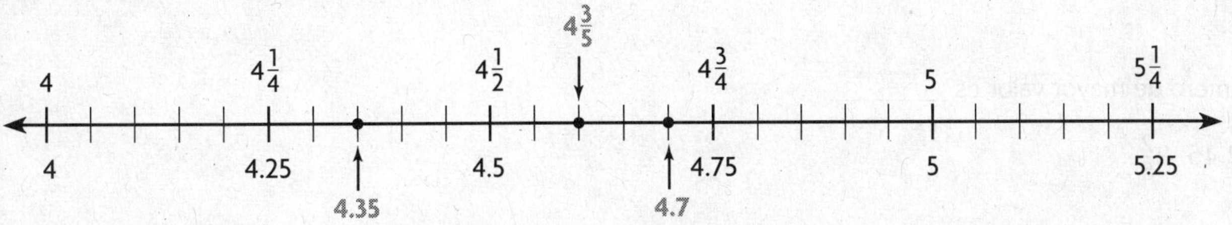

PASO 2 Marca el peso de cada teléfono celular en la recta numérica.

- Halla la ubicación de 4.7, $4\frac{3}{5}$ y 4.35.

Como $4.35 < 4\frac{3}{5} < 4.7$, el teléfono de Mónica es el más liviano.

¡Inténtalo! **Compara $\frac{1}{5}$, $\frac{5}{8}$ y 0.2. ¿Qué número tiene el valor mayor?**

- Marca cada valor en una recta numérica.

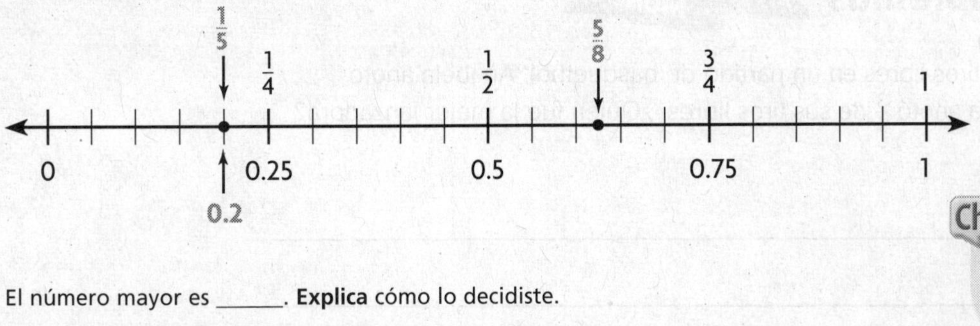

El número mayor es ______. **Explica** cómo lo decidiste.

Charla matemática **Explica** cómo puedes saber que $\frac{1}{5}$ y 0.2 son iguales.

Comunicar y mostrar MATH BOARD

Identifica los puntos en la recta numérica para resolver los ejercicios 1 y 2. Luego escribe el número mayor.

1. el punto *A* como número decimal

____

2. el punto *B* como fracción

____

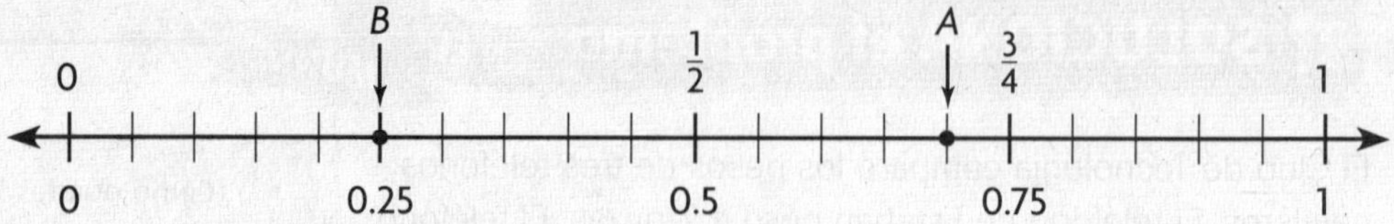

________________ es mayor.

Ubica los números en la recta numérica. Luego completa la oración.

3. $0.55, \frac{2}{5}, 0.46$

El número de mayor valor es ________.

Por tu cuenta

Ubica los números en la recta numérica. Luego completa la oración.

4. $0.4, \frac{3}{4}, 0.15$

El número de mayor valor es ________.

5. $2\frac{2}{3}, 2.45, 2\frac{2}{5}$

El número de menor valor es ________.

6 $3.95, 3\frac{5}{6}, 3\frac{4}{5}$

El número de mayor valor es ________.

Resolución de problemas EN EL MUNDO

7. Hannah anotó 0.7 de sus tiros libres en un partido de básquetbol. Anabela anotó $\frac{9}{10}$ de sus tiros libres. Dena anotó $\frac{3}{4}$ de sus tiros libres. ¿Quién fue la mejor lanzadora? **Explícalo.**

____

____

Nombre ________________________________

Ordenar fracciones y números decimales

Pregunta esencial ¿Cómo puedes ordenar números decimales, fracciones y números mixtos en una recta numérica?

SOLUCIONA el problema EN EL MUNDO

En un partido de tenis, el servicio de Jocelyn tarda 0.97 segundos en llegar a su oponente. El servicio de Dave tarda $\frac{4}{5}$ segundo. El servicio de Mónica tarda 0.85 segundos. Ordena los tres servicios de menor a mayor tiempo.

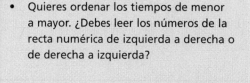

- Quieres ordenar los tiempos de menor a mayor. ¿Debes leer los números de la recta numérica de izquierda a derecha o de derecha a izquierda?

____

____

____

Ordena las fracciones y los números decimales en la recta numérica.

PASO 1 Ubica los puntos de referencia en la recta numérica.

- Números decimales de referencia: 0, 0.25, 0.5, 0.75, 1.
- Fracciones de referencia: 0, $\frac{1}{4}$, $\frac{1}{2}$, $\frac{3}{4}$, 1.

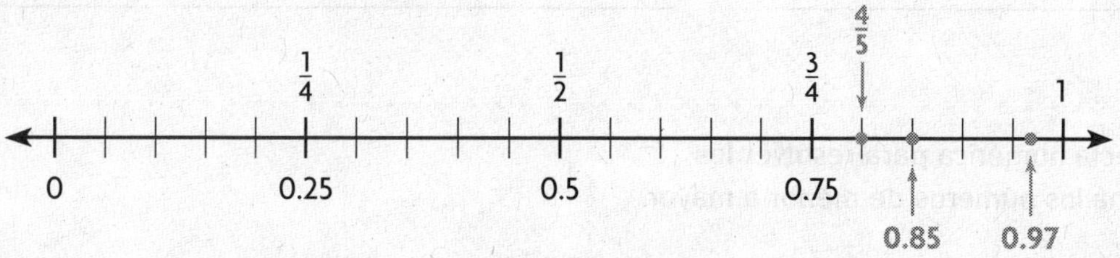

PASO 2 Ubica 0.97, $\frac{4}{5}$ y 0.85 en la recta numérica.

PASO 3 Ordena las fracciones y los números decimales.

Recuerda: El punto más a la izquierda es el de menor valor.

Entonces, los tiempos en orden de menor a mayor son: $\frac{4}{5}$, 0.85, 0.97.

¡Inténtalo! **Ordena 6.03, $5\frac{9}{10}$, $5\frac{3}{4}$ y 6.2 de mayor a menor.**

- Ubica las fracciones y los números decimales en la recta numérica. Usa los puntos de referencia como ayuda.

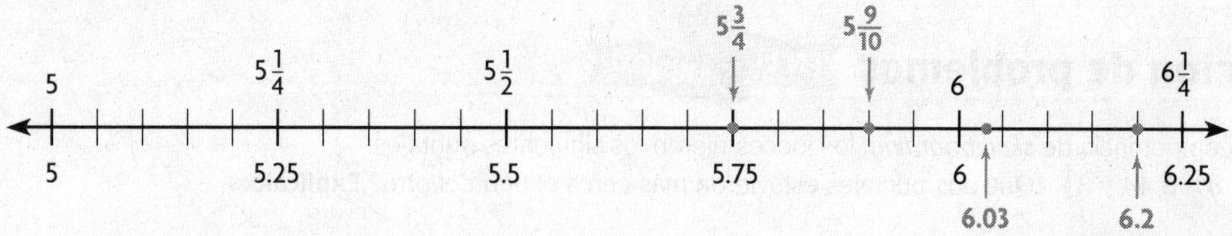

De mayor a menor: ________, ________, ________, ________

Charla matemática ¿De qué manera te ayuda la recta numérica a ordenar los números de mayor a menor?

Comunicar y mostrar

Ubica los números en la recta numérica. Luego ordena los números de menor a mayor.

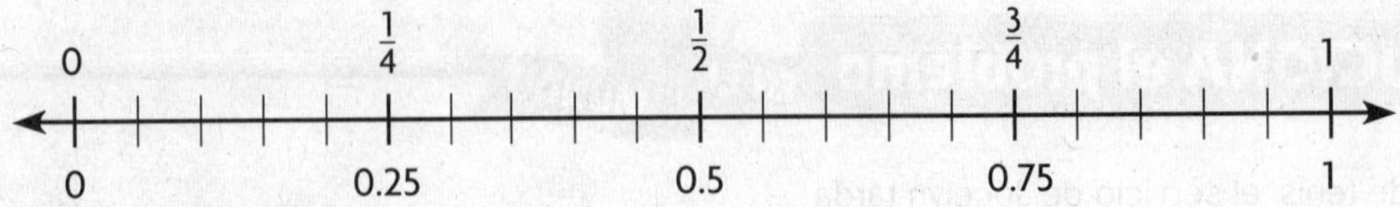

1. $\frac{3}{5}$, 0.54, 0.35

____

Ubica cada conjunto de números en una recta numérica para resolver los ejercicios 2 y 3. Luego ordena los números de mayor a menor.

2. 1.16, $1\frac{1}{4}$, 1.37, $1\frac{1}{10}$

____

3. $\frac{5}{8}$, 0.5, $\frac{2}{5}$, 0.78

____

Por tu cuenta

Ubica los números en una recta numérica para resolver los ejercicios 4 y 5. Luego ordena los números de menor a mayor.

4. 0.6, $\frac{1}{2}$, $\frac{2}{3}$, 0.39

____

5. $7\frac{1}{4}$, 7.4, $7\frac{3}{4}$, 7.77

____

Ubica los números en una recta numérica para resolver los ejercicios 6 y 7. Luego ordena los números de mayor a menor.

6. $\frac{3}{10}$, 0.222, $\frac{3}{5}$, 0.53

____

7. 2.96, $3\frac{1}{5}$, 3.48, $3\frac{1}{4}$

____

Resolución de problemas EN EL MUNDO

8. En una competencia de *skateboarding*, los jueces dieron los siguientes puntajes: 8.2, $8\frac{1}{3}$, $8\frac{4}{5}$, 8.44 y $8\frac{1}{5}$. ¿Qué dos puntajes estuvieron más cerca el uno del otro? **Explícalo.**

____

____

Nombre ______________________________

Árboles de factores

Pregunta esencial ¿Cómo puedes descomponer un número en factores mediante un árbol de factores?

SOLUCIONA el problema EN EL MUNDO

El maestro Shu plantea el siguiente problema a los estudiantes de su clase de matemáticas.

"Escribe 24 como un producto de factores que son primos. Recuerda que un número primo debe ser mayor que 1 y puede tener solamente al número 1 y a sí mismo como factores".

Puedes usar un diagrama llamado **árbol de factores** para hallar los factores de un número.

- Da un ejemplo de un número mayor que 1 que tenga solamente a 1 y a sí mismo como factores.

  ____

Usa un árbol de factores para hallar los factores de números primos que tienen un producto de 24.

PASO 1

Escribe el número que se descompondrá en factores en la cima del árbol de factores.

___

/ \

PASO 2

Escríbelo como un producto de dos factores cualesquiera.

Piensa: 4 × 6 = 24

24

/ \

___ × ___

PASO 3

Escribe cada factor como el producto de dos factores.

Piensa: 2 × 2 = 4 y 2 × 3 = 6

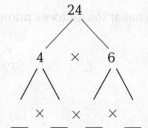

24

/ \

4 × 6

/ \ / \

___ × ___ × ___ × ___

PASO 4

Continúa hasta que cada factor sea un número primo.

Piensa: 2 × 1 = 2 y 3 × 1 = 3

Escribe los factores que son números primos ordenados de menor a mayor.

___ × ___ × ___ × ___

Entonces, 24 = ______________________________.

¡Inténtalo! **Haz un árbol de factores diferente para 24.**

- ¿El producto de los factores es igual al del ejemplo? **Explícalo.**

  ____

  ____

  ____

24

/ \

×

Charla matemática **Explica** cómo puedes usar números descompuestos en factores para hallar los factores comunes.

Comunicar y mostrar

1. Usa un árbol de factores para hallar los factores primos con un producto de 210.

- Escribe 210 como un producto de dos factores cualesquiera.

_______ = ______ × 21

- Escribe cada factor como el producto de factores.

10 = ______ × ______ 21 = ______ × ______

Ahora cada factor tiene solamente al número ______ y a sí mismo como factores.

Entonces, 210 = ______ × ______ × ______ × ______.

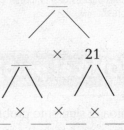

___ × 21

___ × ___ × ___ × ___

> **Para evitar errores**
>
> Recuerda que debes seguir descomponiendo un número en factores si aún tiene factores distintos de 1 y de sí mismo.

Usa un árbol de factores para hallar los factores primos.

2. 8

3. 45

4. 350

Por tu cuenta

Usa un árbol de factores para hallar los factores primos.

5. 36

6. 72

7. 540

Resolución de problemas EN EL MUNDO

El maestro Shu planteó estos problemas a los estudiantes de su clase de matemáticas. Resuelve.

8. Escribe 500 como un producto de factores primos. Cada factor debe ser mayor que 1 y puede tener solamente a 1 y a sí mismo como factores.

9. Halla un número que tenga cuatro factores pares iguales. Cada factor debe ser mayor que 1 y puede tener solamente a 1 y a sí mismo como factores.

Nombre ________________________________

Representar porcentajes

Pregunta esencial ¿Cómo puedes expresar cantidades del mundo real como porcentajes y usarlos para resolver problemas?

SOLUCIONA el problema

Porcentaje significa "por ciento" o "de cada 100". Entonces, cuando hallas un porcentaje, hallas una parte de 100. El 60 por ciento, por ejemplo, significa 60 de cada 100. Puedes escribir porcentajes con el signo de porcentaje, %. Entonces, 60 por ciento se escribe 60%.

- ¿Qué número se compara siempre en un porcentaje?

  ____

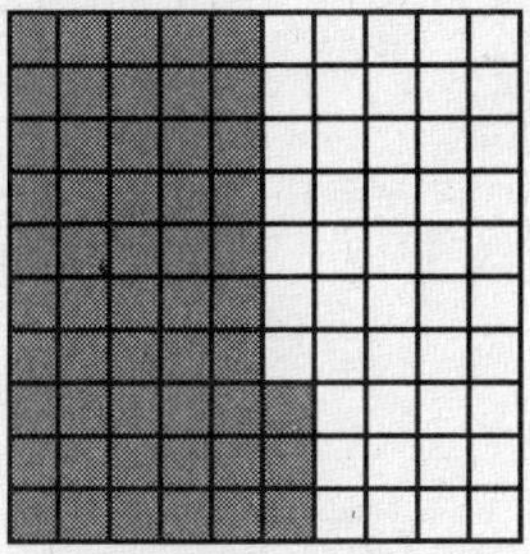

Ejemplo 1 Indica el porcentaje que está sombreado.

- 5 columnas: $5 \times 10 = 50$
- 3 cuadrados: $3 \times 1 = 3$
- Total: $50 + 3 = 53$ de cada 100, o el 53 por ciento está sombreado.

Ejemplo 2 Indica el porcentaje que no está sombreado.

- 4 columnas: $4 \times 10 = 40$
- 7 cuadrados: $7 \times 1 = 7$
- Total: $40 + 7 = 47$ de cada 100, o el 47 por ciento no está sombreado.

¡Inténtalo! **Usa la recta numérica. Indica qué significan estos porcentajes: 0 por ciento, 50 por ciento, 100 por ciento.**

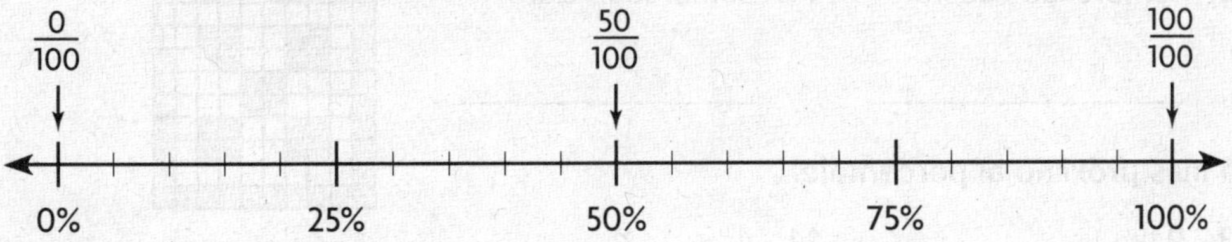

A. 0 por ciento significa ______ de cada 100, o nada del total.

B. 50 por ciento significa ______ de cada 100, o la mitad del total.

C. 100 por ciento significa ______ de cada 100, o todo el total.

Charla matemática ¿De qué punto de referencia está más cerca el 33%? **Explica** cómo lo sabes.

Comunicar y mostrar

Usa el diagrama para escribir el porcentaje.

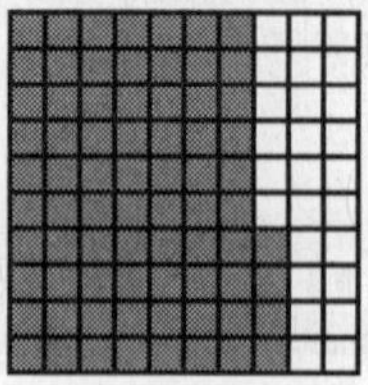

1. ¿Cuántas columnas enteras y cuántos cuadrados individuales están sombreados?

____

2. ¿Qué porcentaje está sombreado?

____

3. ¿Qué porcentaje no está sombreado?

____

Sombrea la cuadrícula para mostrar el porcentaje.

4. 20 por ciento

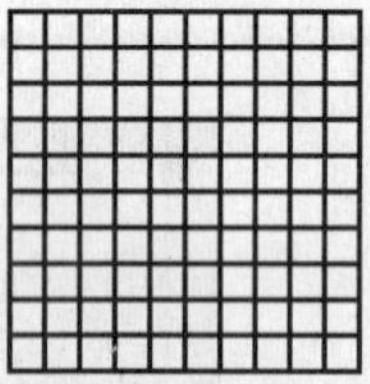

5. 86 por ciento

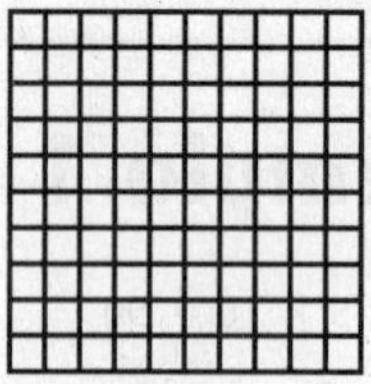

Por tu cuenta

Usa el diagrama para escribir el porcentaje.

6. sombreado claro ______________

7. sombreado oscuro ______________

8. sin sombrear ______________

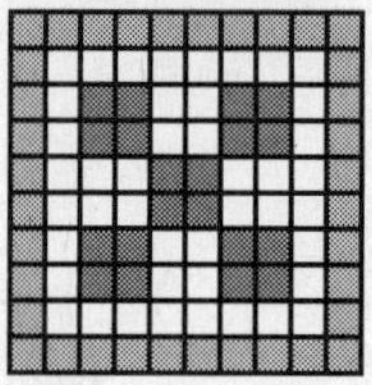

9. sin sombrear ______________

10. sombreado oscuro ______________

11. sombreado claro ______________

Escribe el punto de referencia más próximo al porcentaje.

12. 48% ______________

13. 94% ______________

14. 4% ______________

Resolución de problemas EN EL MUNDO

15. En una elección entre Warren y Jorge, Warren se declaró vencedor porque obtuvo el 58 por ciento de los votos. ¿Tiene razón? **Explícalo.**

____

____

Nombre ______________________________

Relacionar números decimales y porcentajes

Pregunta esencial ¿Cómo puedes expresar números decimales como porcentajes y porcentajes como números decimales?

SOLUCIONA el problema EN EL MUNDO

Los números decimales y los porcentajes son dos maneras diferentes de expresar el mismo número. Puedes escribir un porcentaje como un número decimal. También puedes escribir un número decimal como un porcentaje.

- En un porcentaje, el "entero" es 100. ¿Cuál es el "entero" en la forma decimal?

____

Ejemplo 1 Representa 0.42. Escríbelo como un porcentaje.

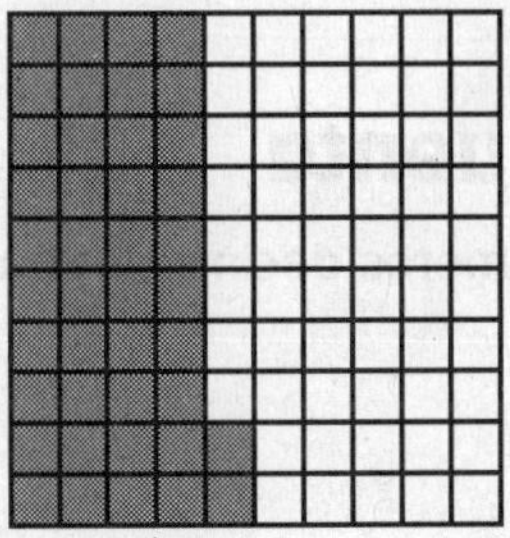

PASO 1 Escribe el número decimal como una razón.

0.42 = 42 centésimos = 42 de 100

PASO 2 Haz un modelo que muestre 42 de 100.

PASO 3 Usa el modelo para escribir un porcentaje.

42 cuadrados sombreados = **42** por ciento o **42**%

Ejemplo 2 Representa el 19 por ciento. Escribe 19% como un número decimal.

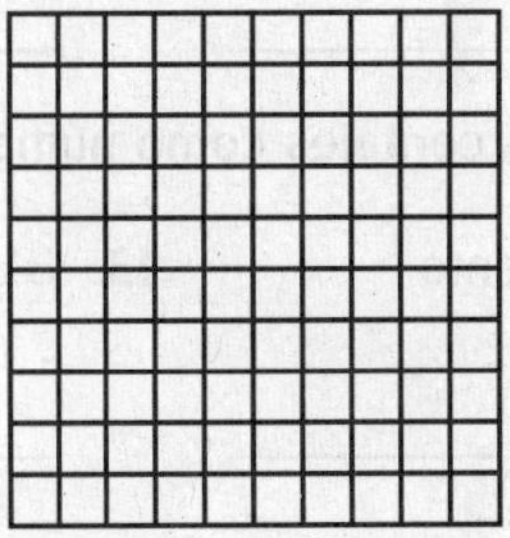

PASO 1 Escribe el porcentaje como una fracción.

$19\% = \frac{19}{100}$

PASO 2 Haz un modelo que muestre 19 de 100.

PASO 3 Usa el modelo para escribir un número decimal.

19 cuadrados sombreados de 100 cuadrados = __________

Charla matemática Imagina que una tienda hace una rebaja del 50% sobre sus precios. ¿Qué significa esto?

Comunicar y mostrar

Usa el modelo. Completa los enunciados.

1a. 0.68 = ______ de 100

1b. ¿Cuántos cuadrados están sombreados?

______

1c. ¿Qué porcentaje está sombreado?

______

Escribe los porcentajes como números decimales.

2. 47 por ciento ______

3. 11 por ciento ______

Por tu cuenta

Escribe los números decimales como porcentajes.

4. 0.20 ______

5. 0.39 ______

6. 0.44 ______

7. 0.93 ______

8. 0.07 ______

9. 0.7 ______

10. 0.06 ______

11. 0.6 ______

Escribe los porcentajes como números decimales.

12. 12 por ciento ______

13. 31% ______

14. 99 por ciento ______

15. 13 por ciento ______

16. 4 por ciento ______

17. 14 por ciento ______

18. 90 por ciento ______

19. 9% ______

Resolución de problemas EN EL MUNDO

20. En un partido de básquetbol, Linda encestó 0.56 de sus tiros. ¿Qué porcentaje de sus tiros falló Linda?

______

Nombre ____________________

Fracciones, números decimales y porcentajes

Pregunta esencial ¿Cómo puedes convertir entre fracciones, números decimales y porcentajes?

SOLUCIONA el problema EN EL MUNDO

Todos los porcentajes y los números decimales también pueden escribirse como fracciones. Todas las fracciones pueden escribirse como números decimales y porcentajes. Por ejemplo, $\frac{2}{5}$ de las canciones de la colección de Bonnie son canciones de música country. ¿Qué porcentaje de su colección de canciones es de música country?

Escribe el porcentaje equivalente a $\frac{2}{5}$.

PASO 1 Desarrolla la fracción equivalente con 100 como denominador.

$$\frac{2 \times ?}{5 \times ?} = \frac{\quad}{100}$$

PASO 2 Pregunta: ¿Por qué factor se puede multiplicar el denominador para obtener 100?

$$\frac{2 \times ?}{5 \times 20} = \frac{\quad}{100}$$ ⟵ Multiplica el denominador por 20.

PASO 3 Multiplica el numerador por el mismo factor, 20.

$$\frac{2 \times 20}{5 \times 20} = \frac{40}{100}$$

PASO 4 Escribe la fracción como un porcentaje.

$\frac{40}{100}$ = 40 por ciento

Entonces, $\frac{2}{5}$ es igual al 40 por ciento.

Más ejemplos

A. Escribe $\frac{8}{25}$ como un número decimal.

PASO 1 Escribe una fracción equivalente con 100 como denominador.

$$\frac{8 \times 4}{25 \times 4} = \frac{32}{100}$$ ⟵ Multiplica el denominador y el numerador por 4.

PASO 2 Escribe la fracción como un número decimal.

$\frac{32}{100} = 0.32$

B. Escribe 90 por ciento como una fracción en su mínima expresión.

PASO 1 Escribe 90% como una fracción.

$90\% = \frac{90}{100}$

PASO 2 Simplifica.

$90\% = \frac{90 \div 10}{100 \div 10} = \frac{9}{10}$

Charla matemática ¿En qué se parecen el 9% y el 90% cuando se escriben como números decimales? ¿En qué se diferencian?

Comunicar y mostrar MATH BOARD

Completa los pasos para escribir $\frac{7}{20}$ como un porcentaje.

1. ¿Por qué factor debes multiplicar el denominador y el numerador? ______

$$\frac{7 \times ?}{20 \times ?} = \frac{?}{100}$$

2. ¿Qué fracción es equivalente a $\frac{7}{20}$ y tiene un denominador 100?

____

3. ¿Qué porcentaje es equivalente a $\frac{7}{20}$?

____

Escribe un número decimal, un porcentaje o una fracción simplificada.

4. $\frac{1}{4}$ como un número decimal ______

5. $\frac{3}{10}$ como un porcentaje ______

6. 80% como una fracción ______

Por tu cuenta

Escribe un número decimal, un porcentaje o una fracción simplificada.

7. $\frac{1}{2}$ como un porcentaje ______

8. $\frac{9}{10}$ como un número decimal ______

9. $\frac{11}{20}$ como un porcentaje ______

10. 75% como una fracción ______

11. $\frac{3}{5}$ como un porcentaje ______

12. $\frac{9}{25}$ como un número decimal ______

13. $\frac{29}{50}$ como un porcentaje ______

14. $\frac{1}{20}$ como un porcentaje ______

15. 4% como una fracción ______

16. $\frac{4}{5}$ como un porcentaje ______

17. $\frac{24}{25}$ como un número decimal ______

18. $\frac{41}{50}$ como un porcentaje ______

Resolución de problemas EN EL MUNDO

19. Whitney ha leído $\frac{9}{20}$ de su libro. ¿Qué porcentaje del libro le queda por leer?

____

20. Roger ha completado $\frac{4}{25}$ de su tarea de matemáticas. ¿Qué porcentaje de su tarea de matemáticas le queda por completar?

____

Nombre ______________________

Revisión

Conceptos y destrezas

Ubica los números en la recta numérica. Luego completa la oración. (págs. P245 y P246)

1. $0.4, \frac{3}{5}, 0.35$

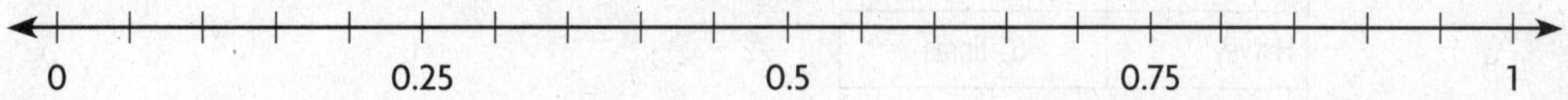

El número de menor valor es __________.

Ordena los números de menor a mayor. (págs. P247 y P248)

2. $0.4, \frac{3}{5}, 0.55, \frac{1}{4}$

____

3. $\frac{3}{4}, 0.7, \frac{1}{2}, 0.1$

____

Usa un árbol de factores para hallar los factores primos. (págs. P249 y P250)

4. 16

____

5. 36

____

6. 42

____

Escribe un número decimal, un porcentaje o una fracción simplificada. (págs. P251 a P256)

7. 0.08 como un porcentaje

____

8. $\frac{3}{5}$ como un número decimal

____

9. 80% como una fracción

____

10. $\frac{13}{20}$ como un porcentaje

____

Resolución de problemas EN EL MUNDO

Usa los datos de la tabla para responder las preguntas 11 y 12. (págs. P251 a P256)

11. ¿Qué porcentaje de los simios del zoológico Vida Silvestre son orangutanes?

____

12. El 40% de los simios del zoológico pertenecen a una misma especie. ¿Cuál es esa especie?

____

Simios del zoológico Vida Silvestre	
Especies	**Número**
Bonobo	4
Chimpancé	20
Gorila	15
Orangután	11
Total	**50**

Rellena el círculo o la cuadrícula completamente para indicar tu respuesta.

PREPARACIÓN PARA LA PRUEBA

13. A continuación se muestra el peso de los ejemplares que pescaron los participantes del Concurso de Pesca de Lubina Lago Manatí. El primer premio es para el participante que haya pescado el ejemplar más pesado.

Concurso de Lubina Lago Manatí	
Participante	**Peso del ejemplar**
George	6.25 libras
Marina	$6\frac{2}{5}$ libras
Harvey	$6\frac{1}{3}$ libras

¿Cuál es el orden correcto, del primer al tercer lugar? **(págs. P247 y P248)**

Ⓐ primero: George, segunda: Marina, tercero: Harvey

Ⓑ primera: Marina, segundo: George, tercero: Harvey

Ⓒ primera: Marina, segundo: Harvey, tercero: George

Ⓓ primero: Harvey, segunda: Marina, tercero: George

14. Ric usó un árbol de factores para escribir 180 como el producto de factores que son números primos. ¿Cuántos factores había en el producto de Ric? **(págs. P249 y P250)**

Ⓐ 2

Ⓑ 3

Ⓒ 4

Ⓓ 5

15. El lunes, el 6% de los estudiantes de la Escuela Riverside estuvieron ausentes. ¿Qué porción de los estudiantes de Riverside asistieron a la escuela ese día, expresado como un número decimal? **(págs. P253 y P254)**

Ⓐ 0.06

Ⓑ 0.6

Ⓒ 0.94

Ⓓ 9

16. En el primer día de sus vacaciones, la familia Hastings recorrió $\frac{12}{25}$ de la distancia que debían recorrer para llegar al Parque Nacional Yellowstone. ¿Qué porcentaje de la distancia les quedó por recorrer? **(págs. P255 y P256)**

Ⓐ 12%

Ⓑ 13%

Ⓒ 48%

Ⓓ 52%

Nombre ______________________________

Dividir fracciones entre un número natural

Pregunta esencial ¿Cómo puedes dividir una fracción entre un número natural?

SOLUCIONA el problema EN EL MUNDO

Cuatro amigos comparten $\frac{2}{3}$ de un cuarto de helado en partes iguales. ¿Qué fracción de un cuarto de helado recibe cada uno?

- ¿Qué operación usarás para resolver el problema?

  ____

Divide. $\frac{2}{3} \div 4$

PASO 1

Sea el rectángulo 1 cuarto de helado. Traza líneas verticales para dividirlo en tercios. Sombrea 2 de los tercios.

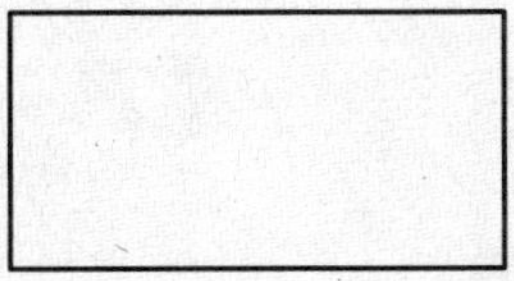

PASO 2

Traza líneas horizontales para dividir el rectángulo en cuartos. Sombrea $\frac{1}{4}$ de los $\frac{2}{3}$ ya sombreados.

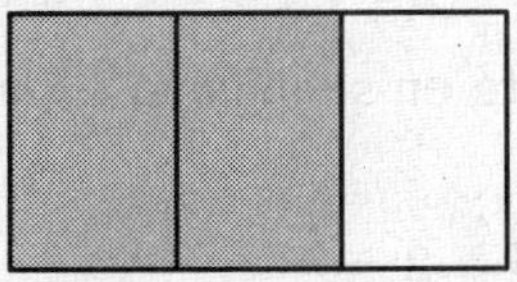

PASO 3

Ahora, el rectángulo está dividido en ______ partes iguales.

Cada parte es ______ del rectángulo. De las 12 partes iguales, ______ partes están sombreadas dos veces. Entonces,

______________ del rectángulo está sombreado dos veces.

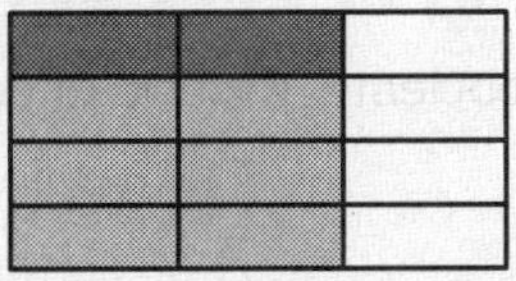

Entonces, cada amigo recibe ____________ de un cuarto de helado.

Charla matemática **Explica** por qué dividiste el rectángulo en cuartos en el Paso 2.

¡Inténtalo! Divide. $\frac{3}{4} \div 2$

PASO 1

Divide el rectángulo en cuartos. Sombrea 3 de los cuartos.

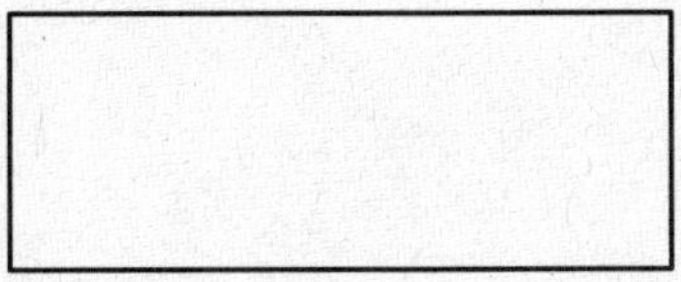

PASO 2

Divide el rectángulo en medios. Sombrea $\frac{1}{2}$ de los $\frac{3}{4}$ ya sombreados.

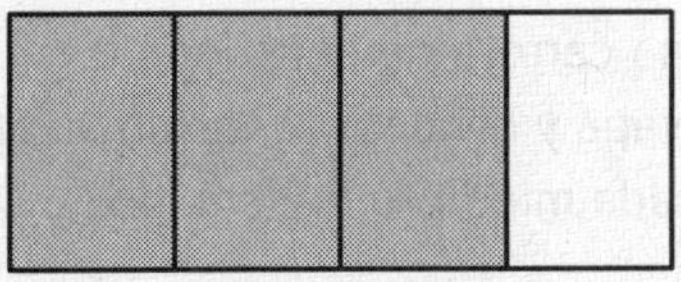

PASO 3

De las 8 partes iguales, ______ partes están sombreadas dos veces. Entonces,

______ del rectángulo está sombreado dos veces.

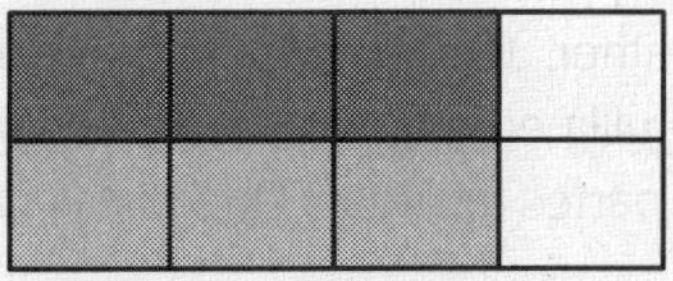

Entonces, $\frac{3}{4} \div 2 =$ ______.

Comunicar y mostrar MATH BOARD

Completa el modelo para hallar el cociente. Escribe el cociente en su mínima expresión.

1. $\frac{5}{6} \div 2 =$ ________

Divide el rectángulo en sextos.
Sombrea 5 de los sextos.

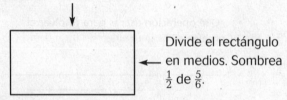

Divide el rectángulo en medios. Sombrea $\frac{1}{2}$ de $\frac{5}{6}$.

2. $\frac{3}{4} \div 3 =$ ________

3. $\frac{2}{3} \div 3 =$ ________

4. $\frac{3}{5} \div 2 =$ ________

Por tu cuenta

Completa el modelo para hallar el cociente. Escribe el cociente en su mínima expresión.

5. $\frac{2}{5} \div 2 =$ ________

6. $\frac{5}{8} \div 3 =$ ________

Dibuja un modelo para hallar el cociente. Escribe el cociente en su mínima expresión.

7. $\frac{4}{9} \div 2 =$ ________

8. $\frac{4}{5} \div 3 =$ ________

Resolución de problemas EN EL MUNDO

9. Heather, Jocelyn y Dane participarán en una carrera de natación de $\frac{9}{10}$ milla en etapas. Cada una nadará una etapa y dividirán la distancia total en partes iguales. ¿Qué distancia nadará cada miembro del equipo?

____

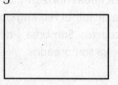

Nombre ______________________________

Razones

Pregunta esencial ¿Cómo puedes expresar cantidades del mundo real como razones?

SOLUCIONA el problema EN EL MUNDO

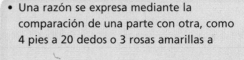

Max vende ramos de rosas. Los ramos tienen 3 rosas amarillas y 2 rosas rojas. ¿Cuál es la razón de rosas amarillas a rojas?

Una razón es una comparación de dos cantidades.

- Una razón se expresa mediante la comparación de una parte con otra, como 4 pies a 20 dedos o 3 rosas amarillas a ______________________.

Actividad

Materiales ■ fichas de dos colores

Representa los datos.

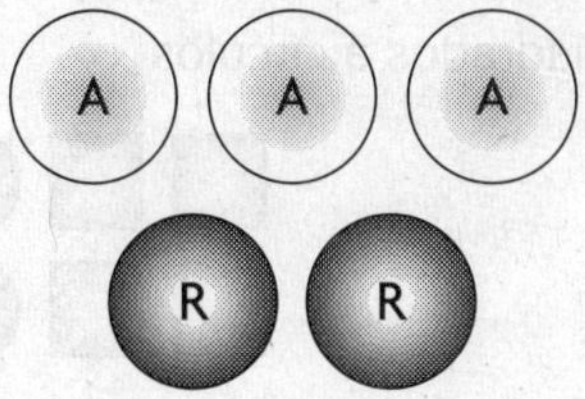

PASO 1 Usa 3 fichas con el lado amarillo hacia arriba para representar las rosas amarillas y 2 fichas con el lado rojo hacia arriba para representar las rosas rojas.

PASO 2 Escribe la razón de rosas amarillas a rosas rojas.

- Las razones se pueden escribir de diferentes maneras.

3 a 2 ó 3:2 ó $\frac{3}{2}$ (como una fracción)

Entonces, la razón de rosas amarillas a rosas rojas es **3 a 2**, **3:2** ó $\frac{3}{2}$.

En el ejemplo de arriba, comparaste una parte con otra parte. También puedes usar una razón para comparar una parte con un todo o un todo con una parte.

¡Inténtalo! **Representa una razón de fichas rojas al total de fichas.**

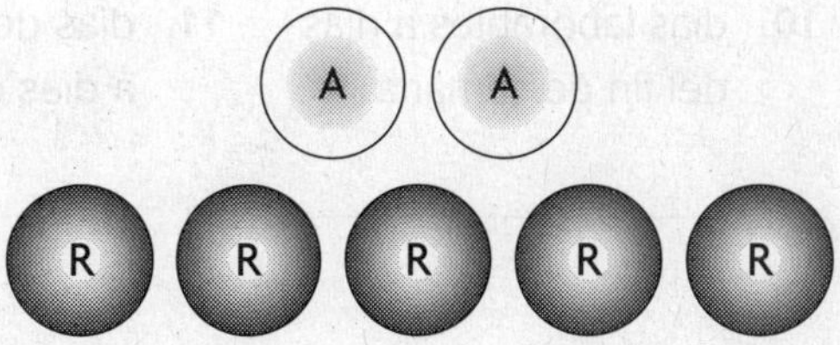

PASO 1 Cuenta para hallar el número de fichas rojas. ______

PASO 2 Cuenta para hallar el número total de fichas. ______

PASO 3 Escribe la razón. ______________________

Charla matemática ¿Cómo cambiaría la razón si hallaras la razón del total de fichas a fichas rojas?

Comunicar y mostrar

Halla la razón de fichas rojas a fichas amarillas.

1a. ¿Cuántas fichas rojas hay?

____

1b. ¿Cuántas fichas amarillas hay?

____

1c. ¿Cuál es la razón de fichas rojas a amarillas?

____

Escribe la razón.

2. cuadrados a círculos

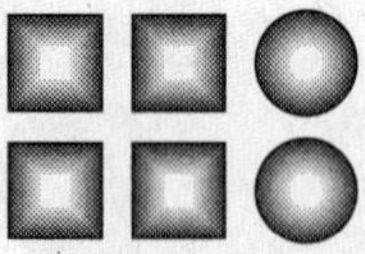

____

3. el total de cuadrados a cuadrados oscuros

____

Por tu cuenta

Usa el dibujo para escribir la razón para resolver los ejercicios 4 a 6.

4. oscuros a claros ____________

5. claros a oscuros ____________

6. claros al total ____________

Usa el dibujo para escribir la razón para resolver los ejercicios 7 a 9.

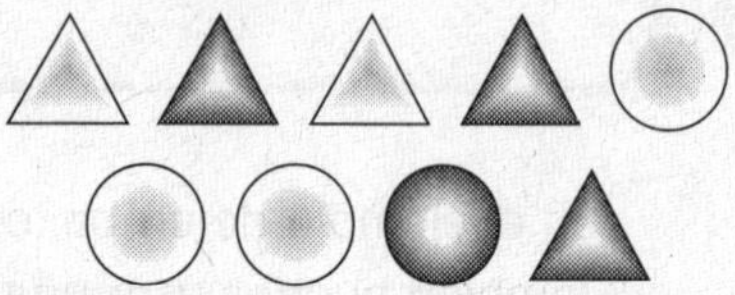

7. triángulos a círculos ____________

8. oscuros a claros ____________

9. total de figuras a círculos ____________

Escribe la razón para resolver los ejercicios 10 a 12.

10. días laborables a días del fin de semana ____________

11. días del fin de semana a días de la semana ____________

12. días de la semana a días de enero ____________

Resolución de problemas EN EL MUNDO

13. La razón de longitud a ancho de la entrada para carros de la casa de Gus es 13 yardas a 4 yardas. ¿Cuál es la razón en pies? (Pista: 3 pies = 1 yarda)

____

Nombre ______________________________

Razones equivalentes

Pregunta esencial ¿Cómo puedes determinar si dos razones son equivalentes?

SOLUCIONA el problema EN EL MUNDO

Para producir latón, puedes mezclar 2 partes de cinc por 3 partes de cobre, una razón de 2 a 3. Si tienes 12 barras de cobre y las usas todas, ¿cuántas barras de cinc necesitas para producir latón?

- Sabes que cada grupo de barras de cinc a barras de cobre necesarias para producir latón tiene una razón de 2 a 3. ¿Cómo puedes usar este grupo para hallar una razón equivalente?

Puesto que las razones se pueden escribir como fracciones, 2 a 3 podría escribirse como $\frac{2}{3}$. Usa lo que sabes sobre fracciones equivalentes para hallar razones equivalentes.

Usa un diagrama para hallar una razón equivalente.

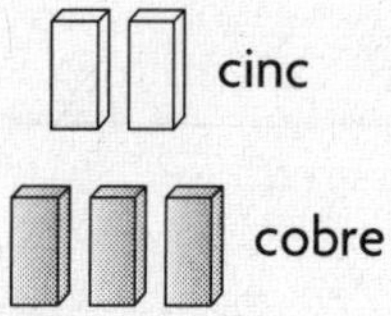

PASO 1 Dibuja barras para representar una razón de 2 a 3 de cinc a cobre.

PASO 2 Suma grupos hasta que haya 12 barras de cobre.

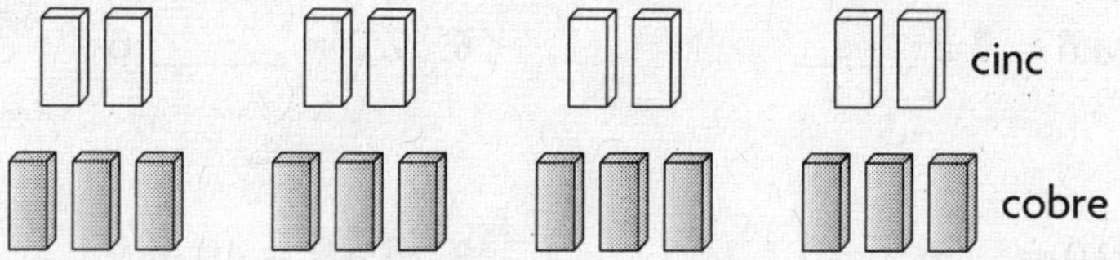

PASO 3 Cuenta las barras de cinc. Escribe una razón equivalente.

Hay 8 barras de cinc. Entonces, 2 a 3 es equivalente a la razón 8 a 12.

¡Inténtalo! Usa razones equivalentes para averiguar si 6:8 es equivalente a 18:24.

PASO 1 Escribe las razones como fracciones.

$6:8 = \frac{6}{8}$ $\quad 18:24 = \frac{18}{24}$

PASO 2 Escribe las fracciones en su mínima expresión. Luego compáralas.

$\frac{6 \div 2}{8 \div 2} = \frac{3}{4}$ $\quad \frac{18 \div 6}{24 \div 6} = \frac{3}{4}$

Ambas razones equivalen a $\frac{3}{4}$, entonces son equivalentes.

Charla matemática ¿De qué manera saber simplificar fracciones te ayuda a decidir si dos razones son equivalentes?

Comunicar y mostrar MATH BOARD

¿Las razones 3:5 y 12:20 son equivalentes?

1a. Escribe ambas razones como fracciones.

______

1b. ¿Las dos razones están en su mínima expresión?

______

1c. Escribe ambas razones en su mínima expresión.

______

1d. ¿Las razones son equivalentes?

______

Escribe *equivalentes* o *no equivalentes*.

2. 1 a 3 y 2 a 6

______

3. 3 a 7 y 12 a 21

______

Por tu cuenta

Escribe la razón equivalente.

4. 5 a 2 = ______ a 4

5. 3 a 6 = 7 a ______

6. 7:2 = ______:6

7. 14 a 21 = ______ a 15

8. 6:10 = ______:30

9. 8 a 9 = 40 a ______

Escribe *equivalentes* o *no equivalentes*.

10. 3:5 y 21:35

______

11. 4 a 3 y 36 a 24

______

12. 27:72 y 9:24

______

Resolución de problemas EN EL MUNDO

13. Tres de cada 5 pizzas que se venden en la pizzería Miggy son de queso. Hoy se vendieron 80 pizzas. ¿Cuántas pizzas crees que eran de queso?

______

Nombre ______________________

Tasas

Pregunta esencial ¿Cómo puedes hallar tasas y tasas por unidad?

SOLUCIONA el problema EN EL MUNDO

CONECTAR Sabes cómo escribir razones para comparar dos cantidades. Una **tasa** es una razón que compara dos cantidades que tienen unidades de medida diferentes. Una **tasa por unidad** es una tasa que tiene 1 unidad como segundo término.

Rafael está de compras en una tienda de libros y CD usados. En un cartel se promocionan 4 CD por $12. ¿Cuál es la tasa por unidad para el costo de 1 CD?

- ¿Cuáles son las unidades de las cantidades que se comparan?

____

- ¿Qué operaciones puedes usar para escribir razones equivalentes?

____

____

Escribe la tasa en forma de fracción. Luego halla la tasa por unidad.

PASO 1

Escribe la tasa en forma de fracción para comparar dólares y CD.

$\frac{\text{dólares}}{\text{CD}} \rightarrow \frac{12}{\square}$

PASO 2

Divide para hallar una tasa equivalente de manera que 1 sea el segundo término.

$\frac{12}{4} = \frac{12 \div \square}{4 \div \square} = \frac{\square}{1}$ ← tasa por unidad

Entonces, la tasa por unidad para los CD es __________ por 1 CD.

Charla matemática ¿Tendría sentido comparar CD a dólares para hallar una tasa por unidad? **Explícalo.**

- **¿Qué pasaría si** el precio normal de los CD fuera 5 por $20? ¿Cuál es la tasa por unidad de los CD al precio normal? **Explica** cómo hallaste tu respuesta.

____

____

____

Comunicar y mostrar MATH BOARD

1. Halla la tasa por unidad de velocidad para 120 millas en 2 horas.

$$\frac{120}{\square} = \frac{\square \div 2}{2 \div \square} = \frac{\square}{\square}$$

(millas → numerador; horas → denominador)

La tasa por unidad de velocidad es ______ por ______.

Halla la tasa por unidad.

2. $5.00 por 2 camisetas
3. 200 palabras en 4 minutos
4. 150 mi con 10 gal de combustible

Por tu cuenta

Escribe la tasa en forma de fracción.

5. 90 palabras en 2 minutos
6. $1.20 por 6 peces de colores
7. $0.05 por página

Halla la tasa por unidad.

8. $208 por 4 neumáticos
9. 300 mi por 15 gal
10. 240 personas por 2 mi cuad

Resolución de problemas EN EL MUNDO

11. Una pista de patinaje sobre hielo cobra $1.50 por alquilar patines durante 30 minutos. ¿Cuál es la tasa por unidad por hora para alquilar patines?

Nombre ______________________________

Distancia, tasa y tiempo

Pregunta esencial ¿Cómo puedes resolver problemas relacionados con la distancia, la tasa y el tiempo?

SOLUCIONA el problema EN EL MUNDO

Puedes usar la fórmula $d = t \times T$ para resolver problemas relacionados con la distancia, la tasa y el tiempo. En la fórmula, d representa la distancia, t representa la tasa y T representa el tiempo. La tasa es, por lo general, una tasa por unidad que compara la distancia y el tiempo, como las millas por hora.

- ¿Qué palabra se usa en lugar de tasa?

  ____

- ¿Cuáles son los valores dados?

  ____

- ¿Cuál es el valor desconocido?

  ____

Ejemplo 1

El ganador de una carrera de automóviles recorrió 500 millas a una velocidad promedio de 150 millas por hora. ¿Cuánto tardó en terminar la carrera?

PASO 1

Escribe la fórmula.

$d = t \times T$

PASO 2

Reemplaza d por 500 y t por 150.

$d = t \times T$

$500 = \square \times T$

PASO 3

Usa lo que sabes sobre las operaciones inversas para hallar el valor de T.

$500 \div \square = T$

$3\frac{1}{3} = T$

Entonces, el ganador tardó __________ horas o __________ horas y __________ minutos en terminar la carrera.

Ejemplo 2

Un conductor de carreras de automóviles manejó a una velocidad promedio de 120 millas por hora para terminar una carrera en 2 horas. ¿Cuál era la distancia de la carrera?

PASO 1

Escribe la fórmula.

$d = t \times T$

PASO 2

Reemplaza t por 120 y T por 2.

$d = t \times T$

$d = \square \times \square$

PASO 3

Multiplica para hallar el valor de d.

$d = 120 \times 2$

$d = \square$

Entonces, la distancia de la carrera era __________ millas de longitud.

Charla matemática ¿Por qué se usaron diferentes operaciones en el Paso 3 de los ejemplos 1 y 2?

Comunicar y mostrar MATH BOARD

1. Un ciclista recorrió 45 millas en 3 horas. ¿Cuál es la velocidad del ciclista?

Escribe la fórmula: $d = \square \times \square$

Reemplaza *d* por ______.

Reemplaza *T* por ______.

La tasa es ______ millas por hora.

Usa la fórmula $d = t \times T$ para resolver los ejercicios. Incluye las unidades en tus respuestas.

2. Un tren viaja a una velocidad promedio de 80 millas por hora durante 5 horas. ¿Qué distancia recorre?

____

3. La velocidad promedio de un caballo es 12 millas por hora. ¿Cuánto tarda el caballo en recorrer 60 millas?

____

Por tu cuenta

Usa la fórmula $d = t \times T$ para resolver los ejercicios. Incluye las unidades en tus respuestas.

4. La velocidad de un excursionista es 3 millas por hora durante 3 horas. ¿Qué distancia recorre en ese tiempo?

____

5. La velocidad de un caracol es 2 centímetros por minuto. ¿Cuánto tarda en recorrer 30 centímetros?

____

6. Un barco recorre 6 millas en 24 minutos. ¿Cuál es su velocidad promedio?

____

7. $d = 320$ cm

$t =$ ______________

$T = 8$ seg

8. $d =$ ______________

$t = 50$ km por h

$T = 6$ h

9. $d = 150$ pies

$t = 20$ pies por min

$T =$ ______________

____

Resolución de problemas EN EL MUNDO

10. Durante un experimento, Ava descubrió que una pelota tarda 5 segundos en rodar hacia abajo por una rampa de 80 pies. ¿Cuál es la velocidad promedio de la pelota?

____

11. La familia de Jason recorre 1,375 millas hasta el Parque Nacional del Gran Cañón. Planean viajar a una velocidad promedio de 55 millas por hora. ¿Cuánto tardarán en llegar al parque?

____

Nombre ______________________________

Revisión

Conceptos y destrezas

Dibuja un modelo para hallar el cociente. Escribe el cociente en su mínima expresión. (págs. P259 y P260)

1. $\frac{3}{4} \div 3$ ____________

2. $\frac{2}{3} \div 5$ ____________

3. $\frac{3}{7} \div 2$ ____________

Usa el dibujo para escribir la razón en los ejercicios 4 a 6. (págs. P261 y P262)

4. cuadrados a triángulos ____________

5. el total a lo sombreado ____________

6. triángulos al total ____________

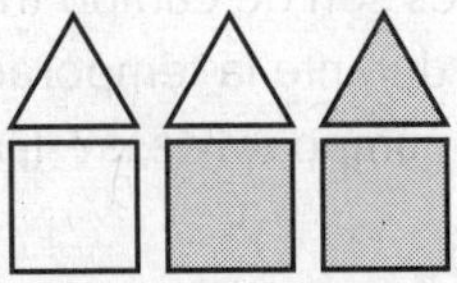

Escribe la razón equivalente. (págs. P263 y P264)

7. 8 a 3 = ____ a 12

8. 2 a 6 = 4 a ____

9. 11:4 = ____ :16

Halla la tasa por unidad. (págs. P265 y P266)

10. 45 visitantes con 5 guías turísticos ____________

11. 450 mi con 15 gal de combustible ____________

12. $56 en 8 h ____________

Usa la fórmula $d = t \times T$ para resolver los ejercicios. Incluye las unidades en tus respuestas. (págs. P267 y P268)

13. $d =$ ____________

$t = 40$ km por h

$T = 3$ h

14. $d = 90$ pies

$t = 10$ pies por seg

$T =$ ____________

15. $d = 300$ mi

$t =$ ____________

$T = 4$ h

Resolución de problemas EN EL MUNDO

Usa la tabla para resolver los ejercicios 16 y 17. (págs. P265 a P268)

16. La eficacia de un combustible puede escribirse como una tasa que compara la distancia recorrida con los galones de combustible usados. ¿Cuál es la eficacia del combustible del Carro A escrita como una tasa por unidad?

____

17. Durante la prueba, la velocidad del Carro B fue 48 millas por hora. ¿Cuánto duró la prueba?

____

Resultados de la prueba de combustible

Carro	Distancia (en mi)	Combustible (en gal)
A	308	14
B	288	12

Rellena el círculo completamente para indicar tu respuesta.

PREPARACIÓN PARA LA PRUEBA

18. Para preparar refresco de frutas para una fiesta, Alison usó 3 cuartos de jugo de piña y 2 galones de jugo de naranja. En un galón hay 4 cuartos. ¿Cuál es la razón, en cuartos, de jugo de piña a jugo de naranja? **(págs. P261 y P262)**

Ⓐ 3 a 2

Ⓑ 3 a 5

Ⓒ 3 a 8

Ⓓ 8 a 3

19. Tres de cada 10 pares de esquíes que se venden en la tienda Deportes Invernales son de campo traviesa. En la tienda se vendieron 450 pares de esquíes durante la temporada invernal. ¿Cuántos de los pares de esquíes eran de campo traviesa? **(págs. P263 y P264)**

Ⓐ 443

Ⓑ 135

Ⓒ 45

Ⓓ 30

20. En la Escuela Primaria Greentree hay 72 estudiantes de quinto grado en 3 salones de clases. ¿Qué tasa por unidad describe esta situación? **(págs. P265 y P266)**

Ⓐ $14\frac{2}{5}$ estudiantes de quinto grado por clase

Ⓑ 18 estudiantes de quinto grado por clase

Ⓒ 24 estudiantes de quinto grado por clase

Ⓓ 216 estudiantes de quinto grado por clase

21. Eduardo monta en bicicleta durante 6 horas. ¿Cuál fue su velocidad promedio si recorrió una distancia de 84 millas? Usa la fórmula $d = t \times T$. **(págs. P267 y P268)**

Ⓐ 504 mi por h

Ⓑ 90 mi por h

Ⓒ 78 mi por h

Ⓓ 14 mi por h

Nombre ______________________________

Comprender los números enteros

Pregunta esencial ¿Cómo puedes representar cantidades del mundo real con números positivos y números negativos?

SOLUCIONA el problema EN EL MUNDO

Conectar Has usado una recta numérica para representar el 0 y los números naturales. Puedes ampliar la recta numérica hacia la izquierda del 0 para representar los **opuestos** de los números naturales. Por ejemplo, el opuesto de $^{+}3$ es $^{-}3$. Cualquier número natural o el opuesto de un número natural se llama **número entero**.

- ¿Cómo puedes saber si un número es un número entero o no lo es?

____

____

____

números enteros negativos ← | → números enteros positivos

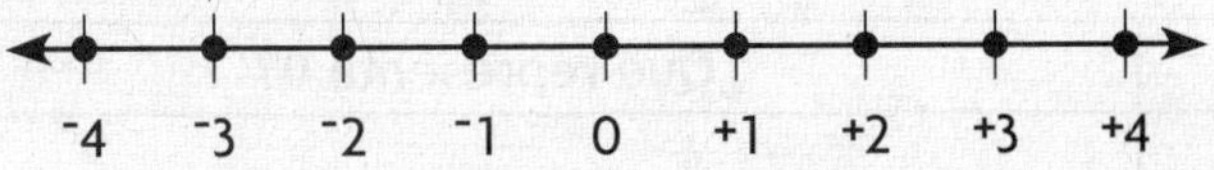

Los números enteros negativos se escriben con un signo negativo, $^{-}$.
Los números enteros positivos se escriben con un signo positivo, $^{+}$, o sin él.

Ejemplo 1

La temperatura en Fairbanks, en Alaska, fue 37 grados bajo cero. Representa la situación con un número entero.

PASO 1 Decide si el número entero es positivo o negativo.

La palabra ____________ me indica que el número entero es ______________.

____

PASO 2 Escribe el número entero: ______________.

Entonces, la temperatura en Fairbanks fue ______________ grados.

Ejemplo 2

Los Osos Koala avanzaron 11 yardas en una jugada de fútbol americano. Representa la situación con un número entero. Luego indica qué representa 0 en esa situación.

PASO 1 Decide qué representan los números enteros positivos y negativos.

Los números enteros positivos representan las yardas que se ______________.

Los números enteros negativos representan las yardas que se ______________.

____

PASO 2 Decide qué representa 0.

Entonces, 0 indica que no se ______________

ni se ______________ yardas.

Charla matemática **Identifica algunas palabras que podrían indicar que un número entero es negativo.**

Comunicar y mostrar

Representa la situación con un número entero.

1. una pérdida de $25

   La palabra *pérdida* representa un número entero

   que es ______________.

   El número entero que representa la situación

   es __________.

2. 73 grados sobre cero __________

3. 200 pies bajo el nivel del mar __________

4. una ganancia de $76 __________

Representa la situación con un número entero. Luego indica qué representa 0.

Situación	Número entero	¿Qué representa 0?
5. El avión de pasajeros voló a una altitud de 34,000 pies.		
6. Zack perdió 45 puntos en el primer turno.		
7. Craig llegó 20 minutos antes a su cita.		

Por tu cuenta

Representa la situación con un número entero.

8. La temperatura subió 2 grados. ______

9. 11 pies bajo el nivel del mar __________

10. un aumento de 37 estudiantes __________

11. 15 segundos antes del lanzamiento del cohete __________

Representa la situación con un número entero. Luego indica qué representa 0.

Situación	Número entero	¿Qué representa 0?
12. Amelia ganó $1,200 en una semana.		
13. El carbón estaba 2 millas bajo el nivel del suelo.		
14. La alarma del reloj sonó 5 minutos antes.		

Resolución de problemas EN EL MUNDO

15. Gina retiró $600 de su cuenta corriente para pagar su guitarra nueva. ¿Con qué número entero puedes representar la extracción? ¿Qué representa 0?

____

Nombre ______________________

Escribir y evaluar expresiones

Pregunta esencial ¿Cómo puedes escribir y evaluar expresiones?

SOLUCIONA el problema EN EL MUNDO

Montel contrata a Shea para que le compre algunas herramientas en la ferretería. Montel le pagará a Shea \$5 más que el costo de las herramientas que compre.

A. ¿Cómo puedes representar ese pago como una expresión?

B. ¿Cómo puedes usar la expresión para calcular la cantidad que Montel le pagará a Shea?

- En el problema se plantea que Montel pagará \$5 *más que el costo*. ¿Qué operación sugieren las palabras *más que*?

____

Escribe una expresión para la cantidad que pagará Montel.

PASO 1 Elige una variable y explica qué representa.

Sea *c* el costo de las herramientas.

PASO 2 Escribe una expresión en palabras.

\$5 más que el costo

PASO 3 Reemplaza la expresión en palabras con una expresión de suma en la que uses *c*.

$5 + c$

5 dólares más que el costo → $5 + c$

Entonces, una expresión que indica cuánto le debe Montel a Shea es $5 + c$.

¡Inténtalo! **Si las herramientas cuestan un total de \$18, ¿cuánto le pagará Montel a Shea? Evalúa la expresión $5 + c$ para $c = 18$.**

PASO 1 Escribe la expresión. ________

PASO 2 Reemplaza *c* con ________. $5 +$ ______

PASO 3 Suma para evaluar. $5 + 18 =$ ______

Entonces, Montel le pagará a Shea ________.

Charla matemática ¿Qué palabras clave podrían indicarte que debes usar la suma en un problema?

Comunicar y mostrar

Escribe una expresión.

La temperatura de Tallahassee es 15 grados menor que la temperatura de Miami.

1a. ¿Qué operación sugiere la frase *menor que*?

1b. Escribe una expresión en palabras.

1c. Escribe una expresión para la temperatura de Tallahassee. Sea m la temperatura de Miami.

1d. Evalúa la expresión para la temperatura de Tallahassee para $m = 90$.

Evalúa cada expresión para el valor dado.

2. $b - 45$ para $b = 70$

3. $13 + a$ para $a = 40$

Por tu cuenta

Escribe una expresión.

4. Zeke tiene algunos peces tropicales, p. Dean le dio a Zeke 5 peces nuevos. ¿Cuántos peces tiene Zeke ahora?

5. Myra tenía algunas velas, v. Ya usó 12 de esas velas. ¿Cuántas velas tiene Myra ahora?

Evalúa cada expresión para el valor dado.

6. $s - 18$ para $s = 80$

7. $49 + k$ para $k = 31$

8. $w \times 6$ para $w = 13$

9. $60 \div n$ para $n = 20$

10. $t \times 12$ para $t = 8$

11. $r - 25$ para $r = 110$

Resolución de problemas EN EL MUNDO

12. Keith es 2 pulgadas más bajo que su hermana. Si h representa la estatura de su hermana, ¿qué expresión puedes escribir para representar la estatura de Keith?

Nombre ____

Comprender las desigualdades

Pregunta esencial ¿Cómo puedes usar desigualdades para resolver problemas?

SOLUCIONA el problema EN EL MUNDO

Cada mañana, en la tienda Roscas Calientes de Bobbi se garantiza la frescura de los productos. Todas las roscas de pan que se vendan estarán calientes y el tiempo que lleven fuera del horno será menor que 9 minutos. ¿Qué **desigualdad** puedes escribir para representar en minutos enteros cuán frescas son las roscas de pan de Bobbi?

- ¿Qué palabras clave te indican que este problema contiene una desigualdad?

  ____

Una desigualdad es un enunciado numérico que compara dos cantidades desiguales y usa los signos $<$, $>$, $\leq$ ó $\geq$.

Escribe una desigualdad usando una variable.

PASO 1 Escribe la desigualdad en palabras. tiempo ⟶ es menor que ⟶ 9

PASO 2 Reemplaza *tiempo* con la variable *t*. t ⟶ menor que ⟶ 9

PASO 3 Reemplaza las palabras *menor que* con un signo de *menor que* ($<$). $t < 9$

¡Inténtalo! **Represente gráficamente las soluciones en la recta numérica. De 3, 6, 9 y 12, ¿qué números son soluciones de $t < 9$?**

PASO 1 En $t < 9$, reemplaza t con 3.
Repite el proceso para $t = 6, 9, 12$.

$t < 9$
$3 < 9$ ⟵ verdadero

PASO 2 Identifica los valores que hacen que $t < 9$ sea verdadero.
Los valores verdaderos son soluciones: $t = 3, 6$.
Los valores falsos no son soluciones: $t \neq 9, 12$.

$6 < 9$ ⟵ verdadero
$9 < 9$ ⟵ falso
$12 < 9$ ⟵ falso

PASO 3 Representa gráficamente las soluciones en una recta numérica.
Representa los valores verdaderos con círculos rellenos.

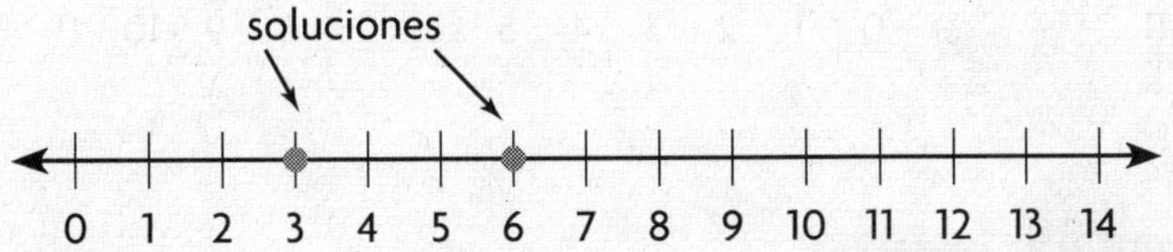

Charla matemática ¿Cómo cambia el resultado del problema si la desigualdad es "*t* es menor que o igual a 9"?

Comunicar y mostrar

De 2, 5 y 8, ¿qué números son soluciones de la desigualdad $x \geq 5$? Representa gráficamente las soluciones en la recta numérica.

1a. Reemplaza x con 2. ¿Verdadero o falso?

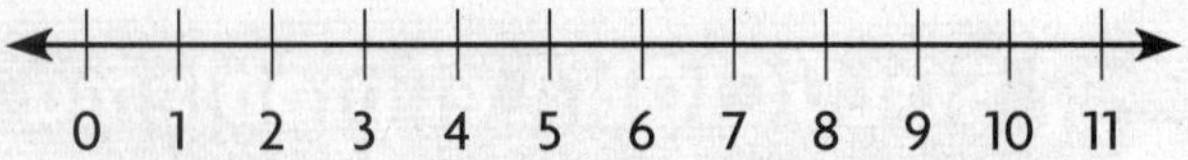

____

1b. Reemplaza x con 5. ¿Verdadero o falso?

____

1c. Reemplaza x con 8. ¿Verdadero o falso?

____

Muestra dos soluciones de la desigualdad en una recta numérica.

2. $a < 6$

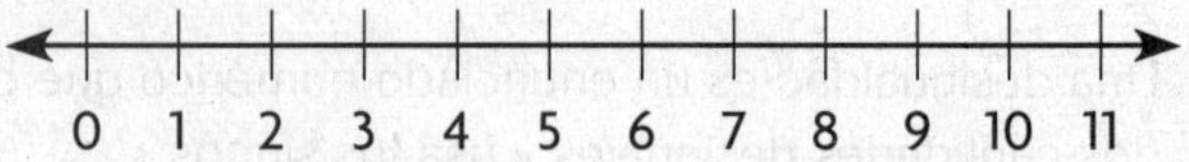

____

Por tu cuenta

De 7, 10 y 13, ¿qué números son soluciones de la desigualdad?

3. $m > 8$ ______________________

4. $b \leq 10$ ______________________

5. $c < 15$ ______________________

De 0, 4, 6 y 11, ¿qué números son soluciones de la desigualdad?

6. $d \geq 8$ ______________________

7. $r < 1$ ______________________

8. $s > 4$ ______________________

Muestra dos soluciones de la desigualdad en una recta numérica.

9. $n \leq 6$

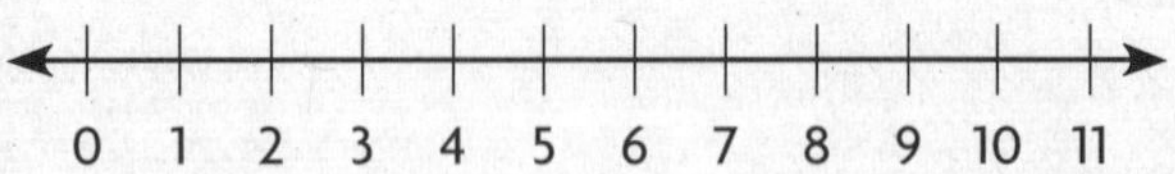

10. $x > 2$

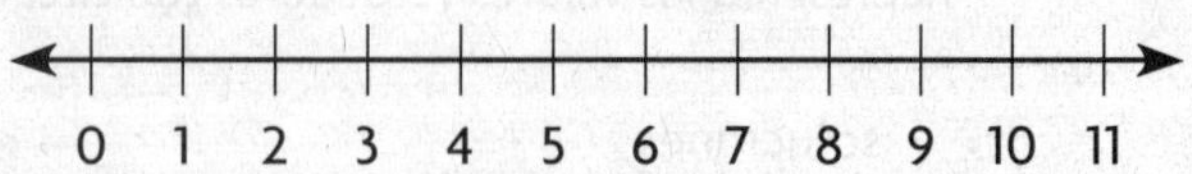

Resolución de problemas EN EL MUNDO

11. Para su fiesta de cumpleaños, Dina quiere invitar por lo menos a 8 personas, pero no más de 12 personas. ¿Cuántas personas podría invitar? Escribe todas las posibilidades.

____

Nombre ______________________________

Revisión

Conceptos y destrezas

Representa la situación con un número entero. (págs. P271 y P272)

1. un tiburón que está a 125 pies bajo el nivel del mar ____________

2. un depósito bancario de 300 dólares ____________

Representa la situación con un número entero. Luego indica qué representa 0. (págs. P271 y P272)

Situación	Número entero	¿Qué representa 0?
3. un avance de 13 yardas en una jugada de fútbol americano	________	
4. una temperatura de 25 grados bajo cero	________	

Escribe una expresión. Luego evalúa la expresión para el valor dado. (págs. P273 y P274)

5. Miki tiene n dólares. Dora tiene 3 dólares más que Miki. ¿Cuántos dólares tiene Dora? Evalúa para $n = 14$.

____

6. Chip tiene c conchas. Gina tiene 4 veces más conchas que Chip. ¿Cuántas conchas tiene Gina? Evalúa para $c = 6$.

____

De 1, 3, 4 y 8, ¿qué números son soluciones de la desigualdad? (págs. P275 y P276)

7. $a < 7$ ____________

8. $b \geq 3$ ____________

9. $c > 4$ ____________

10. $d \leq 8$ ____________

Resolución de problemas EN EL MUNDO

Se usan filtros para separar las monedas de 1¢, 10¢ y 5¢. Una moneda de 1¢ tiene 19 mm de ancho, una moneda de 10¢ tiene 17.9 mm de ancho y una moneda de 5¢ tiene 21 mm de ancho. Las monedas de menos de 20 mm de ancho pasarán por el primer nivel y las monedas de menos de 18.5 mm de ancho pasarán por el segundo nivel. **(págs. P275 y P276)**

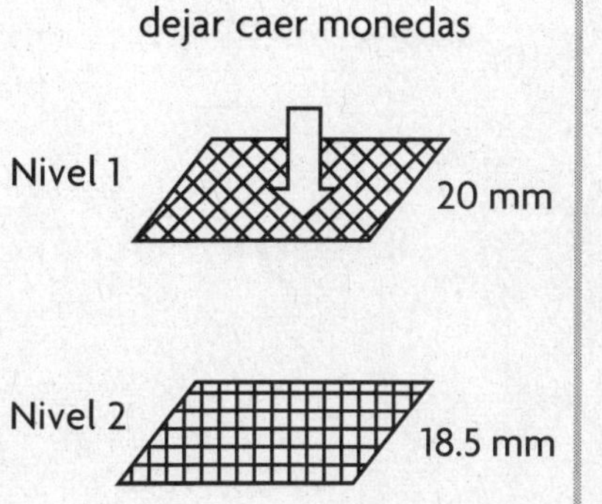

11. Si dejas caer una cantidad grande de los 3 tipos de monedas de arriba, ¿qué monedas quedarán atrapadas en el Nivel 1? ¿Qué monedas pasarán?

____

12. ¿Qué monedas quedarán atrapadas en el Nivel 2? ¿Qué monedas pasarán?

____

Rellena el círculo completamente para indicar tu respuesta.

PREPARACIÓN PARA LA PRUEBA

13. La temperatura más baja registrada hasta ahora en North Dakota fue 60 grados Fahrenheit bajo cero. ¿Qué número entero representa esa temperatura? **(págs. P271 y P272)**

Ⓐ 0

Ⓑ 60

Ⓒ $^{-}60$

Ⓓ $^{-}0$

14. En el fútbol americano, un equipo recibe 3 puntos por cada gol de campo que anota. ¿En qué expresión se muestra la cantidad de puntos que recibirá un equipo por anotar *g* goles de campo? **(págs. P273 y P274)**

Ⓐ $3 + g$

Ⓑ $3 \times g$

Ⓒ $g - 3$

Ⓓ $g \div 3$

15. La altitud de Central City es 84 pies sobre el nivel del mar. ¿Qué número entero es el opuesto de 84? **(págs. P271 y P272)**

Ⓐ 48

Ⓑ $^{+}84$

Ⓒ $^{-}48$

Ⓓ $^{-}84$

16. El tío Louie es por lo menos 1 pulgada más bajo que Miriam y por lo menos 2 pulgadas más alto que Jeffrey. La estatura de Jeffrey es 64 pulgadas. Miriam es no más de 5 pulgadas más alta que Jeffrey. ¿Qué opción podría representar la estatura del tío Louie? **(págs. P275 y P276)**

Ⓐ 65 pulgadas

Ⓑ 67 pulgadas

Ⓒ 69 pulgadas

Ⓓ 70 pulgadas

Nombre ____________________________________

Polígonos en una cuadrícula de coordenadas

Pregunta esencial ¿Cómo puedes trazar polígonos en una cuadrícula de coordenadas?

Conectar Has aprendido a marcar puntos en una cuadrícula de coordenadas. Puedes usar esa destreza para trazar polígonos en una cuadrícula de coordenadas.

SOLUCIONA el problema EN EL MUNDO

Camille está diseñando un invernadero de interior en una cuadrícula de coordenadas. El piso del invernadero es un polígono. Los vértices del polígono se pueden representar gráficamente con las coordenadas que se muestran en la tabla. Traza y describe el piso del invernadero.

x	*y*
10	1
2	6
2	1
6	10
10	6

- ¿Qué representan *x* e *y* en la tabla?

____

____

____

Traza el polígono en una cuadrícula de coordenadas.

PASO 1 Escribe pares ordenados.

Usa cada hilera de la tabla para escribir un par ordenado.

(10, 1), (2, ______), (______, ______),

(______, ______), (______, ______)

PASO 2 Representa gráficamente un punto para cada par en la cuadrícula de coordenadas.

PASO 3 Conecta los puntos.

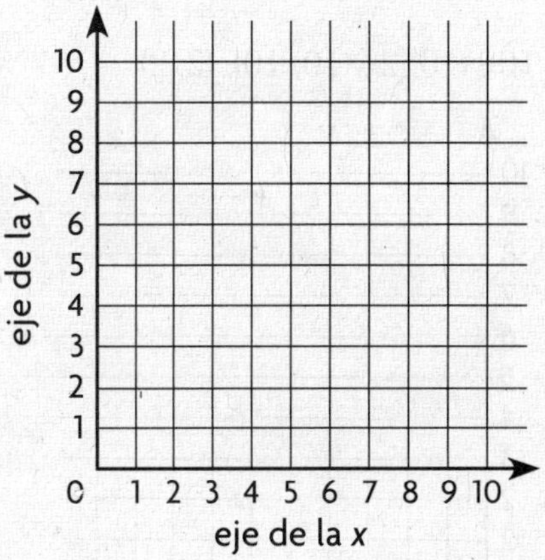

Entonces, el piso del invernadero es un ______________.

- **¿Qué pasaría si** el piso del invernadero tuviera solo cuatro de los cinco vértices dados en la tabla y no incluyera (6, 10)? ¿Qué forma tendría el piso? ______________

- Un paralelogramo que está en una cuadrícula de coordenadas tiene vértices en (3, 4), (6, 1) y (8, 4). ¿Cuáles son las coordenadas del cuarto vértice? **Explica** cómo hallaste la respuesta.

____

____

____

____

____

Charla matemática **Imagina** que conoces los vértices de un polígono. ¿Cómo puedes identificar qué tipo de polígono es sin marcar los vértices en una cuadrícula de coordenadas?

Comunicar y mostrar

Traza el polígono que tiene los vértices dados en una cuadrícula de coordenadas. Identifica el polígono.

1. (9, 6), (1, 7), (3, 1)

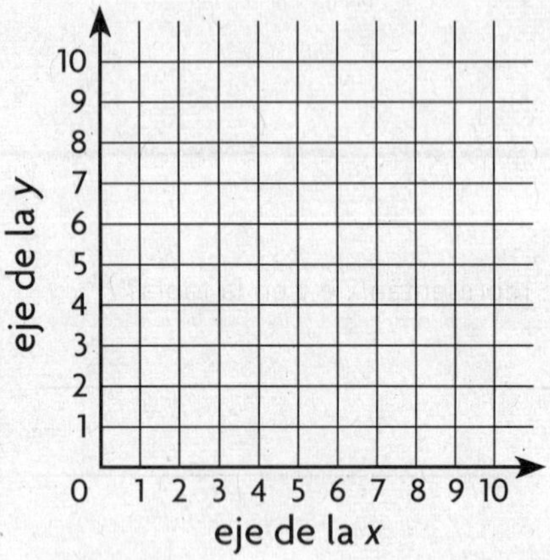

2. (1, 6), (8, 4), (1, 4), (8, 6)

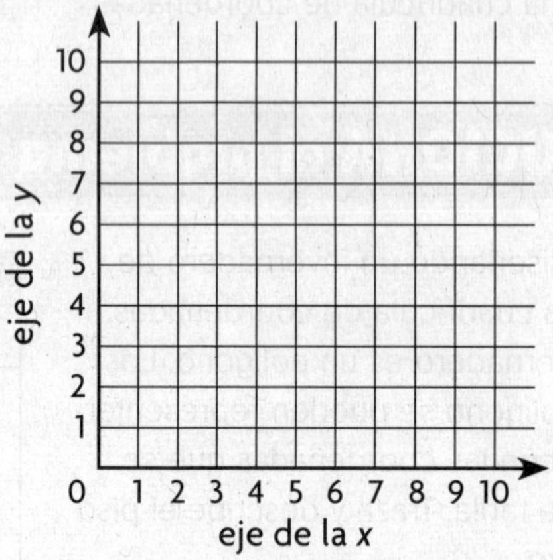

Por tu cuenta

Traza el polígono que tiene los vértices dados en una cuadrícula de coordenadas. Identifica el polígono.

3. (2, 10), (10, 2), (10, 10), (2, 2)

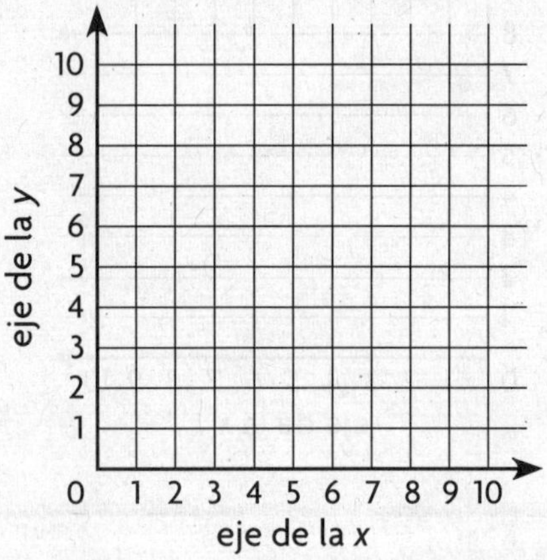

4. (10, 4), (2, 10), (3, 1), (8, 0), (7, 10), (1, 7)

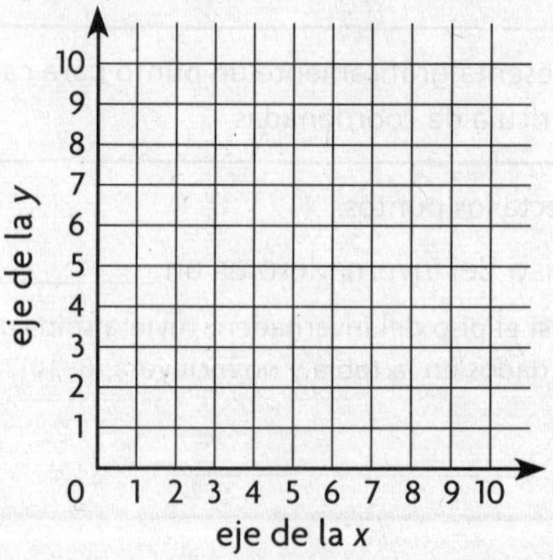

Resolución de problemas EN EL MUNDO

5. Una cancha de fútbol americano es un rectángulo que mide 300 pies por 160 pies. Cada unidad de una cuadrícula de coordenadas representa 1 pie. (0, 0) y (0, 160) son dos de las coordenadas de la cancha de fútbol americano que se trazó en la cuadrícula. ¿Cuáles son las coordenadas de los otros dos vértices?

Nombre ____________________

Área de los paralelogramos

Pregunta esencial ¿Cómo puedes hallar el área de un paralelogramo?

Conectar Has aprendido que el área de un rectángulo con base *b* y altura *h* es $A = b \times h$. El rectángulo que se muestra tiene una base de 5 unidades y una altura de 3 unidades. Entonces, su área es $A = 5 \times 3 = 15$ unidades cuadradas. Puedes usar lo que has aprendido sobre el área de un rectángulo para hallar el área de un paralelogramo.

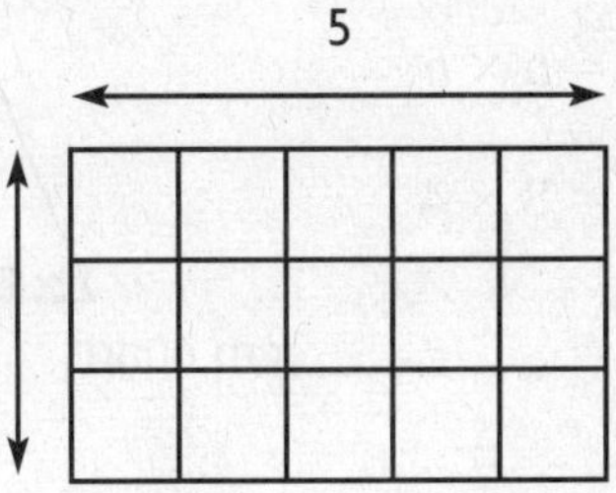

SOLUCIONA el problema EN EL MUNDO

En el puesto de recuerdos de los juegos de básquetbol Gran Saltamontes se venden banderines con forma de paralelogramo. Cada banderín tiene una base de 12 pulgadas y una altura de 5 pulgadas.

Actividad Halla el área del paralelogramo.

Materiales ■ papel cuadriculado ■ tijeras

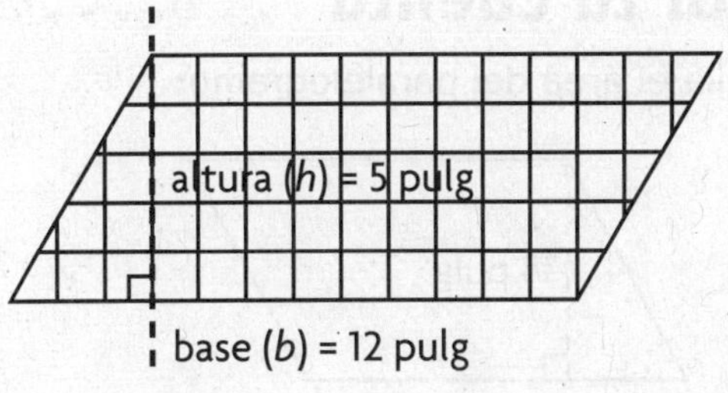

PASO 1 Traza el paralelogramo en papel cuadriculado y recórtalo.

PASO 2 Corta por la línea discontinua para recortar un triángulo rectángulo.

PASO 3 Mueve el triángulo rectángulo hacia el lado derecho del paralelogramo para formar un rectángulo.

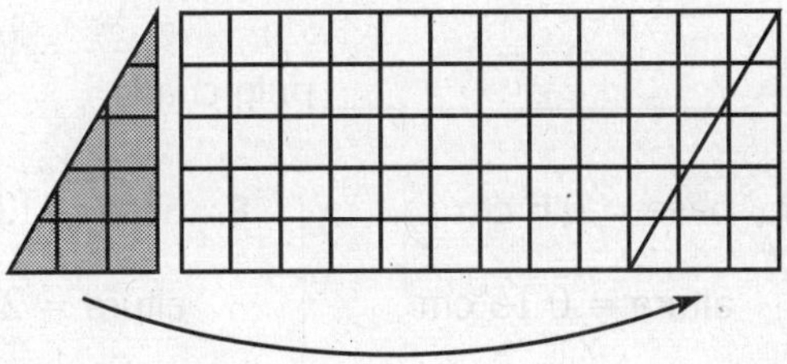

PASO 4 La base del rectángulo mide __________ pulgadas.

La altura del rectángulo mide __________ pulgadas.

El área del rectángulo es

12 × __________ = __________ pulgadas cuadradas.

- **Explica** por qué el área de un paralelogramo debe ser igual al área de un rectángulo.

____

Charla matemática **Explica** cómo hallar el área de un paralelogramo si conoces la base y la altura de la figura.

Entonces, el área del banderín es

__________ × __________ = __________ pulgadas cuadradas.

Comunicar y mostrar

Halla el área del paralelogramo.

1. $A = b \times h$

$A = 8 \times 4$

$A =$ ________ cm cuad

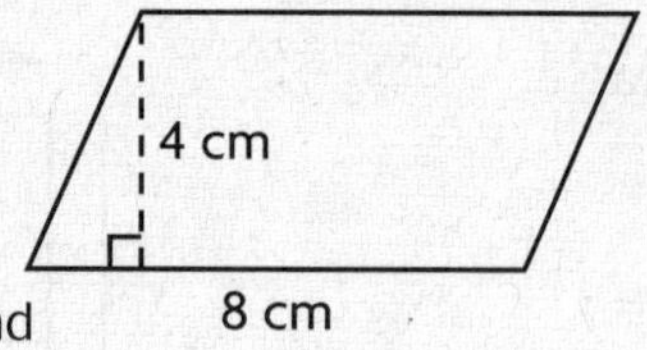

2.

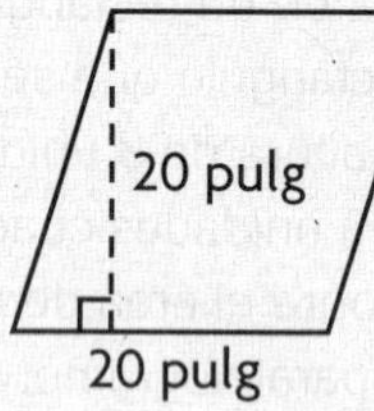

$A =$ ________ pulg cuad

3.

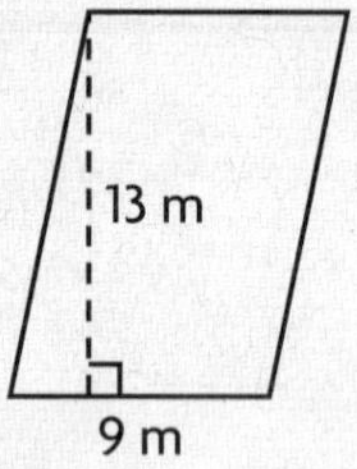

$A =$ ________ m cuad

4.

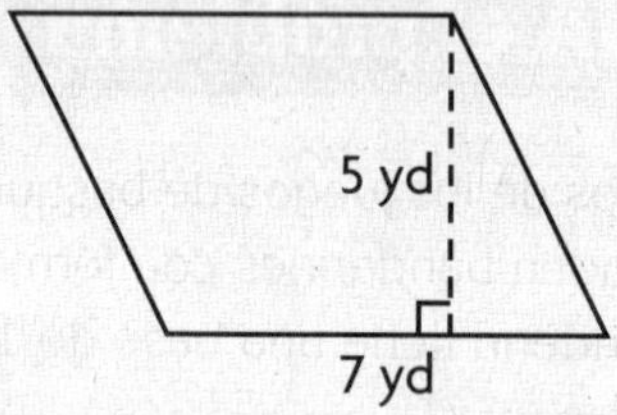

$A =$ ________ yd cuad

Por tu cuenta

Halla el área del paralelogramo.

5.

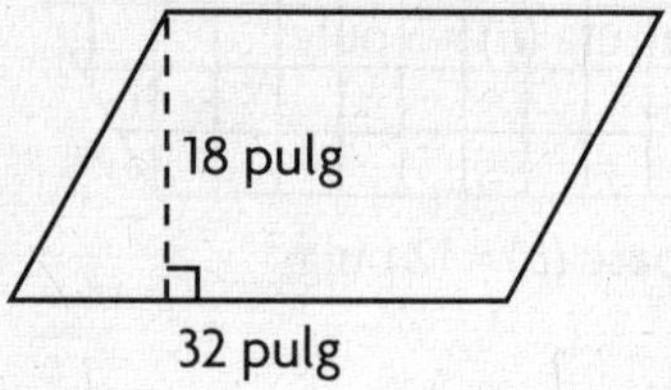

$A =$ ________ pulg cuad

6.

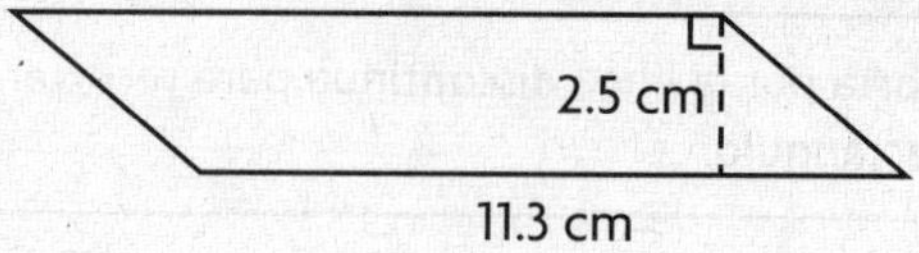

$A =$ ________ cm cuad

7. base = 0.6 cm

altura = 0.15 cm

$A =$ ______ cm cuad

8. base = 1.8 m

altura = 2.9 m

$A =$ ______ m cuad

9. base = $\frac{1}{2}$ pie

altura = $\frac{3}{8}$ pie

$A =$ ______ pie cuad

10. base = $4\frac{1}{4}$ pulg

altura = 20 pulg

$A =$ ______ pulg cuad

Resolución de problemas EN EL MUNDO

11. Carla hizo un borde para su jardín con losetas con forma de paralelogramo. Cada loseta tenía una base de 4 pulg y una altura de $2\frac{1}{2}$ pulg. Usó 85 losetas. ¿Cuál fue el área total del borde?

____

Nombre ______________________

Mediana y moda

Pregunta esencial ¿Cómo puedes describir un conjunto de datos mediante la mediana y la moda?

La **mediana** de un conjunto de datos es el valor del centro cuando los datos están ordenados. Por ejemplo, un equipo de béisbol anotó 6, 2, 6, 0 y 3 carreras en cinco partidos. La mediana es 3 carreras: 0, 2, (3), 6, 6.

Si el número de datos es par, la mediana es la suma de los dos elementos del centro dividida entre 2.

La **moda** de un conjunto de datos es el valor o los valores que aparecen con más frecuencia. Un conjunto de datos puede tener una moda, varias modas o ninguna moda. La moda del conjunto de datos de carreras de béisbol es 6.

SOLUCIONA el problema EN EL MUNDO

Para la feria de ciencias, Ronni cultivó 9 plantas de chícharos dulces en diferentes condiciones. Estas son las alturas de las plantas en centímetros: 11, 13, 6, 9, 15, 7, 9, 17, 12.

¿Cuáles son la mediana y la moda de los datos?

- ¿Cómo puedes hallar la mediana si el número de datos es par?

____

Halla la mediana y la moda.

PASO 1 Ordena las alturas de menor a mayor.

6, 7, ______, ______, ______, ______, ______, ______, ______

PASO 2 Encierra en un círculo el valor del centro.

Entonces, la mediana es ______ centímetros.

PASO 3 Identifica el valor que aparece con más frecuencia. ______ aparece dos veces.

Entonces, la moda es ______ centímetros.

Charla matemática Da un ejemplo de un conjunto de datos que tenga dos modas.

¡Inténtalo! **Halla la mediana y la moda de los números: 8, 11, 13, 6, 4, 3.**

PASO 1 Ordena los números de menor a mayor.

______, ______, ______, ______, ______, 13

PASO 2 El número de datos es par, entonces divide la suma de los dos elementos del centro entre 2. $\frac{6 + \_\_}{2} = \frac{\_\_}{2} = \_\_\_$

Entonces, la mediana es ______.

PASO 3 ______________ valor aparece más de una vez.

Entonces, el conjunto de datos ______ tiene moda.

Comunicar y mostrar MATH BOARD

Halla la mediana y la moda de los datos.

1. peso de cachorritos (libras): 8, 3, 5, 3, 2, 6, 3

orden de los pesos: ______________________

La mediana, o valor del centro, es ______ libras.

La moda, o el valor que aparece con más frecuencia, es ______ libras.

2. cantidad de estudiantes en clases de matemáticas: 25, 21, 22, 18, 23, 24, 25

mediana: ______________ estudiantes

moda: ______________ estudiantes

3. cantidad de canastas de 3 puntos en básquetbol: 2, 0, 5, 4, 5, 2, 5, 2

mediana: ______________ canastas de 3 puntos

moda: ______________ canastas de 3 puntos

4. precio de boletos de cine ($): 8, 8, 6, 8, 7, 6, 8, 10, 8, 6

mediana: $______________

moda: $______________

Por tu cuenta

Halla la mediana y la moda de los datos.

5. edad de los primeros 10 presidentes estadounidenses al comenzar su mandato: 57, 61, 57, 57, 58, 57, 61, 54, 68, 51

mediana: ______________ años

moda: ______________ años

6. peso de muestras de rocas (libras): 39, 28, 21, 47, 40, 33

mediana: ______________ libras

moda: ______________ libras

7. duración de cantos de ballena jorobada (minutos): 25, 29, 31, 22, 33, 31, 26, 22

mediana: ______________ minutos

moda: ______________ minutos

8. puntuación de pruebas de Sascha: 90, 88, 79, 97, 100, 97, 92, 88, 85, 92

mediana: ______________

moda: ______________

Resolución de problemas EN EL MUNDO

9. Adrián anotó las temperaturas máximas diarias durante las primeras dos semanas de julio. ¿Cuáles fueron la mediana y la moda de sus datos?

mediana: ______________ ºF

moda: ______________ ºF

Temperaturas máximas diarias (ºF)

101	99	98	96	102	101	98
101	98	95	100	102	98	102

Nombre ________________________

Hallar el promedio

Pregunta esencial ¿Cómo puedes hallar el promedio de un conjunto de valores?

Para obtener el promedio de un conjunto de datos, hay que hallar la suma del grupo de números de los datos y luego dividir esa suma entre la cantidad de sumandos.

Por ejemplo, si Anne anota 21 puntos, 22 puntos y 17 puntos en 3 partidos de básquetbol, obtiene un promedio de 20 puntos por partido. Esto se debe a que $21 + 22 + 17 = 60$, y $60 \div 3$, el número total de puntos dividido entre la cantidad de partidos, es 20.

SOLUCIONA el problema EN EL MUNDO

Jonathan y Pilar están practicando malabares juntos. En la tabla se muestra la cantidad de segundos que pudieron mantener 4 pelotas en el aire sin cometer un error. ¿Cuál fue el tiempo promedio en segundos durante el que hicieron malabares?

Intento	Segundos
a	32
b	8
c	62
d	55
e	13

- ¿De cuántos intentos anotaron los resultados?

  ____

Halla el tiempo promedio.

PASO 1 Halla la suma de los segundos. $32 + 8 + 62 + 55 + 13 = 170$

PASO 2 ¿Cuántos números sumaste? 5 números

PASO 3 Divide la suma entre la cantidad de sumandos. $5\overline{)170}$ = 34

Entonces, el tiempo promedio que Jonathan y Pilar mantuvieron 4 pelotas en el aire fue **34** segundos por intento.

¡Inténtalo! **Halla el promedio de 61, 99, 106, 3, 44 y 89.**

PASO 1 Halla la suma.

$61 + 99 + 106 + 3 + 44 + 89 =$ __________

PASO 2 Divide la suma entre la cantidad de sumandos.

$402 \div 6 =$ __________

Entonces, el promedio de 61, 99, 106, 3, 44 y 89 es __________.

Charla matemática Usa el tiempo promedio de los malabaristas en cada intento. ¿Cómo crees que les irá en su próximo intento?

Comunicar y mostrar

Se muestra el registro de los puntos que anotó Tommy este mes jugando al básquetbol. ¿Cuál es la cantidad promedio de puntos que anotó Tommy por partido?

Partido	1	2	3	4	5	6	7	8
Puntos	24	11	31	14	9	21	18	8

1a. Halla la suma de los puntos que anotó Tommy.

____

1b. ¿Cuántos números sumaste para hallar el total en el Ejercicio 1?

____

1c. Divide el total de la suma entre la cantidad de partidos. ¿Cuál es la cantidad promedio de puntos que anotó por partido?

____

Halla el promedio del conjunto de números.

2. 6, 9, 14, 4, 12

____

3. 44, 55, 33, 22, 40, 40

____

Por tu cuenta

Halla el promedio del conjunto de números.

4. 4, 8, 12, 14, 15, 19

____

5. 28, 20, 31, 17

____

6. 100, 140, 60, 120, 180

____

7. 17, 91, 49, 73, 115, 27

____

8. 5, 8, 13, 4, 22, 6, 0, 5, 9

____

9. 637, 492, 88, 743

____

10. 2,439; 801; 1,508; 0

____

11. 13, 12, 11, 13, 15, 13, 19, 22, 13, 19

____

12. 78, 61, 51, 99, 8, 112, 76, 32, 59

____

13. Halla la temperatura promedio.

Día	1	2	3	4	5	6	7
Temperatura (°F)	48	59	38	53	61	61	44

____

Resolución de problemas EN EL MUNDO

14. En la tabla de temperaturas de arriba, imagina que la temperatura para los próximos 2 días es 70 grados. ¿En cuántos grados cambiaría esto la temperatura promedio de todo el período?

____

Nombre ______________________________

Histogramas

Pregunta esencial ¿Cómo puedes usar un histograma para organizar datos?

Actividad

En la siguiente tabla se muestran las edades de los miembros de un club de ciclismo. Haz un **histograma** de los datos. Un histograma es una gráfica de barras que muestra la frecuencia de los datos por intervalos.

Idea matemática
En un histograma, las barras se tocan porque representan intervalos continuos.

Edades de los miembros del club de ciclismo													
34	38	29	41	40	35	50	20	47	22	19	21	18	17
26	30	41	43	52	45	28	25	39	24	23	25	50	59

PASO 1 Haz una tabla de frecuencia con intervalos de 10. Complétala con las frecuencias.

PASO 2 Elige una escala y un intervalo apropiados para el eje vertical y escribe los intervalos sobre el eje horizontal. Rotula cada eje.

PASO 3 Dibuja una barra para representar cada intervalo. Escribe un título para el histograma.

Edades	Conteo	Frecuencia
10-19	|||	
20-29	𝍸 𝍸	
30-39	𝍸	
40-49	𝍸		
50-59	||||	

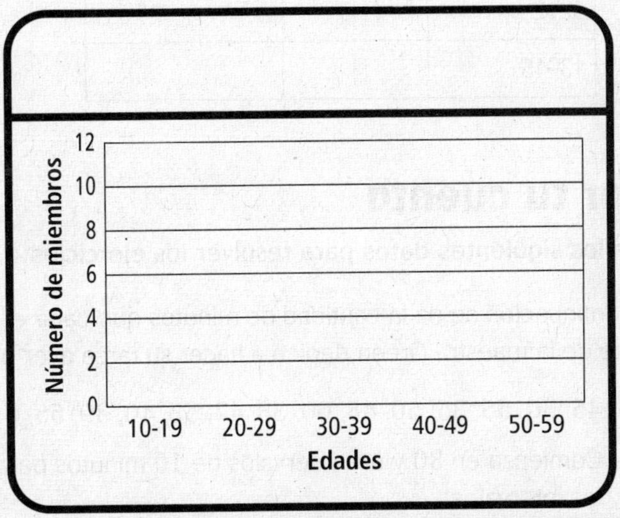

- **¿Qué pasaría si** modificaras el histograma para mostrar cuatro grupos de edades diferentes con intervalos de 12 años?

¿Cómo cambiaría el histograma?

____

____

____

Charla matemática Explica en qué se diferencian un histograma y una gráfica de barras con categorías.

Comunicar y mostrar

Usa los siguientes datos para resolver los ejercicios 1 a 3.

A continuación se indica la cantidad de días de vacaciones que tomó cada empleado de una empresa el verano pasado.

2, 5, 6, 11, 3, 5, 7, 8, 10, 1, 4, 6, 10, 5, 12, 15, 6, 8, 7, 14

1. Comienza en el día 1 y usa 4 días para cada intervalo. Escribe los intervalos.

____

2. Completa la tabla de frecuencia.

Cantidad de días	Conteo	Frecuencia
1–4	||||	
5–8	卌 卌	
9–12	||||	
13–16	||	

3. Completa el histograma.

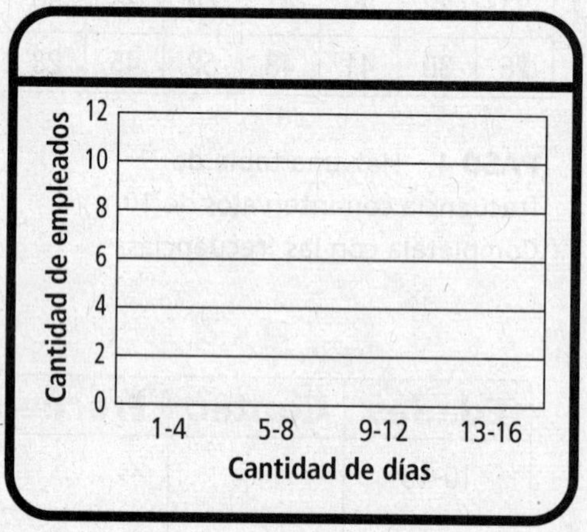

Por tu cuenta

Usa los siguientes datos para resolver los ejercicios 4 a 6.

A continuación se da la cantidad de minutos que cada estudiante de la clase de la maestra Green dedicó a hacer su tarea ayer por la noche.

45, 30, 55, 35, 50, 48, 60, 38, 47, 56, 40, 39, 55, 65, 49, 34, 35

4. Comienza en 30 y usa intervalos de 10 minutos para representar los datos. Escribe los intervalos.

____

5. Haz una tabla de frecuencia con los datos.

6. Haz un histograma con los datos.

Resolución de problemas

7. A continuación se indica la cantidad de palabras por minuto que escribieron a máquina los estudiantes en una clase.

30, 45, 28, 35, 48, 37, 41, 44, 34, 29, 25, 32, 40, 45, 39, 49

¿Cuáles son intervalos razonables para los datos?

____

Nombre ______________________________

Analizar histogramas

Pregunta esencial ¿Cómo puedes analizar los datos de un histograma?

SOLUCIONA el problema EN EL MUNDO

En el histograma se muestra la cantidad de objetos que se vendieron en una venta de garaje dentro de cada rango de precios.

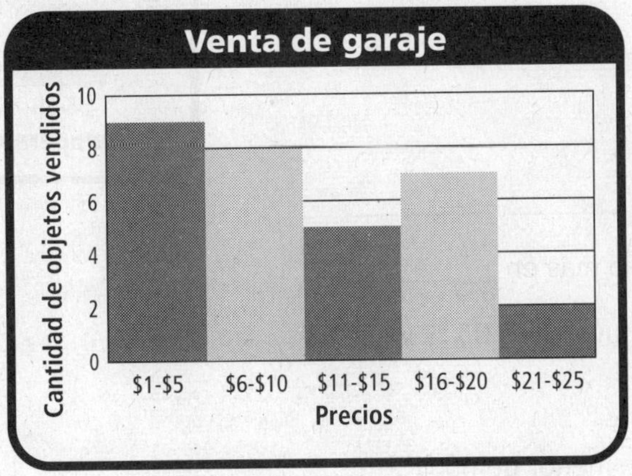

Para evitar errores
Recuerda leer los intervalos. Para responder algunas preguntas, es posible que debas combinar datos de dos o más intervalos.

¿Cuántos de los objetos vendidos costaban entre $6 y $10?

- Halla el intervalo rotulado $6-$10.
- Halla la frecuencia.
- En la barra de $6-$10 se muestra que se vendieron ______ objetos.

Entonces, _______ de los objetos vendidos costaban entre $6 y $10.

¿Cuántos de los objetos vendidos costaban entre $16 y $25?

- Halla la frecuencia de los intervalos rotulados $16-$20 y $21-$25.
- En la barra de $16-$20 se muestra que se vendieron ______ objetos. En la barra de $21-$25 se muestra que se vendieron _______ objetos.
- Suma las frecuencias.

7 + _______ = _______

Entonces, _______ de los objetos vendidos costaban entre $16 y $25.

Charla matemática Explica por qué con el histograma no puedes saber cuál es la cantidad total de dinero que se recaudó durante la venta de garaje.

Comunicar y mostrar

Usa el histograma de la derecha para resolver los ejercicios 1 a 3.

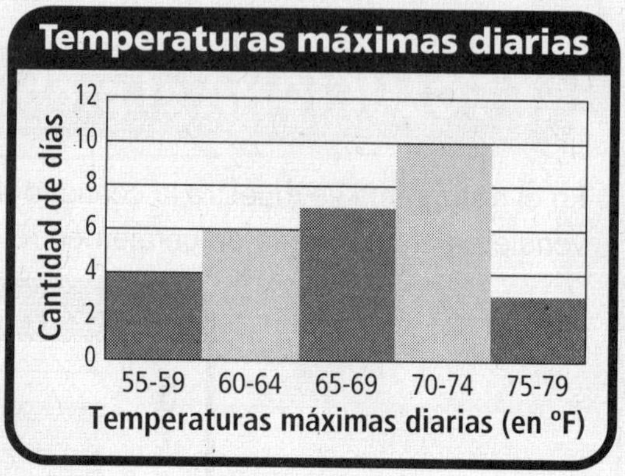

1. En el histograma se muestra la cantidad de días de un mes en los que las temperaturas estuvieron dentro de cada rango de temperaturas. ¿En cuántos días la temperatura fue 70 °F o más?

   - Escribe las barras que representan temperaturas de 70 °F o más.

     ____________ y ____________

   - La frecuencia del intervalo 70-74 es ________, y la frecuencia del intervalo 75-79 es ________.

   - Suma las frecuencias. ________ + ________ = ________

La temperatura máxima diaria fue 70 °F o más en ________ días.

2. ¿En cuántos días la temperatura estuvo entre 65 °F y 69 °F?

   ____

3. ¿En cuántos días la temperatura fue menor de 65 °F?

   ____

Por tu cuenta

Usa el histograma de la derecha para resolver los ejercicios 4 y 5.

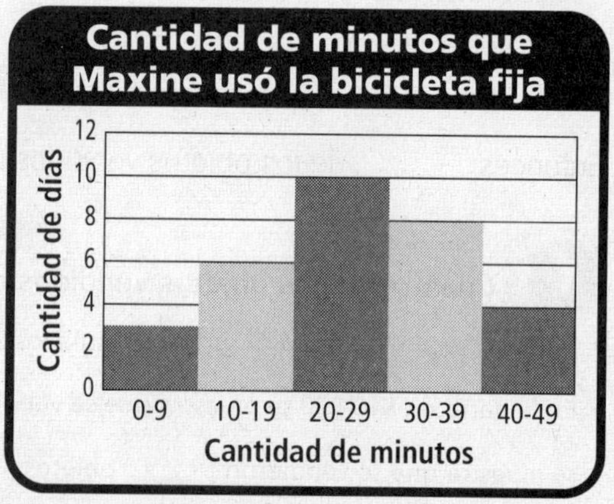

4. ¿Qué intervalo tiene la frecuencia mayor? ____________

5. ¿Cuántos días usó Maxine la bicicleta fija por 30 minutos o más? ____________

Resolución de problemas EN EL MUNDO

Usa el histograma de la derecha para resolver los ejercicios 6 y 7.

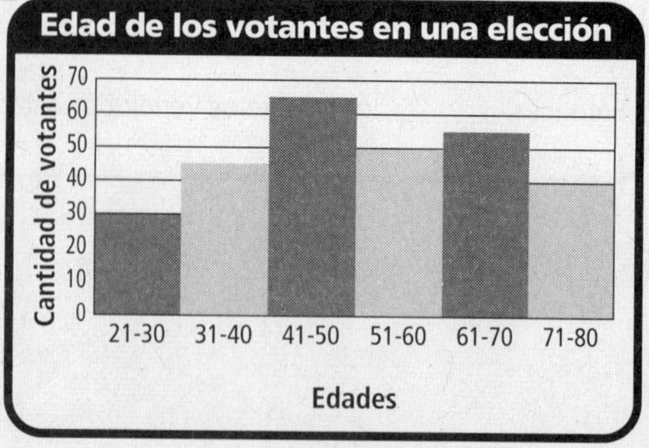

6. ¿Cuántas personas votaron en la elección?

   ____

7. ¿Cuántos votantes más había con edades de 41-50 que de 21-30?

   ____

Nombre ______________________________

Revisión

Conceptos y destrezas

1. Traza e identifica el polígono con vértices en (4, 0), (8, 7), (4, 7) y (8, 0). **(págs. P279 y P280)**

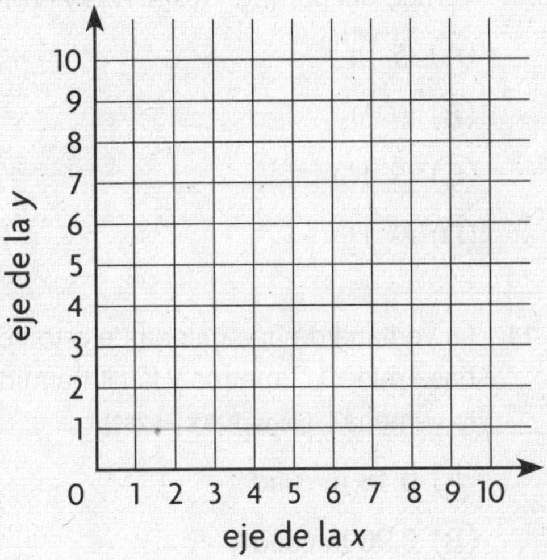

____

2. Un paralelogramo tiene una base de 8.5 cm y una altura de 6 cm. ¿Cuál es el área del paralelogramo? **(págs. P281 y P282)**

____

3. Halla la mediana y la moda de las puntuaciones de Erin en matemáticas: 93, 88, 85, 93, 100, 94, 85, 89. **(págs. P283 y P284)**

mediana ______________________ moda ______________________

4. Halla el promedio de las siguientes temperaturas:
59 °F, 66 °F, 59 °F, 67 °F, 54 °F, 64 °F, 72 °F. **(págs. P285 y P286)**

promedio ______________________

Usa los siguientes datos para resolver los ejercicios 5 a 7. (págs. P287 a P290)

A continuación, se indican las puntuaciones de la prueba de matemáticas de la clase de la maestra Jackson.

88, 94, 86, 78, 65, 83, 71, 74, 92, 73,
95, 71, 100, 98, 68, 85, 81, 93, 89, 84

5. Haz un histograma de los datos usando intervalos de 10.

6. ¿Qué intervalo tiene la frecuencia mayor?

____

7. ¿Cuántos estudiantes recibieron puntuaciones mayores que 80? ________

Resolución de problemas EN EL MUNDO

Usa el histograma para resolver los ejercicios 8 y 9. En el histograma se muestran los horarios en los que se despiertan las personas por la mañana. (págs. P287 a P290)

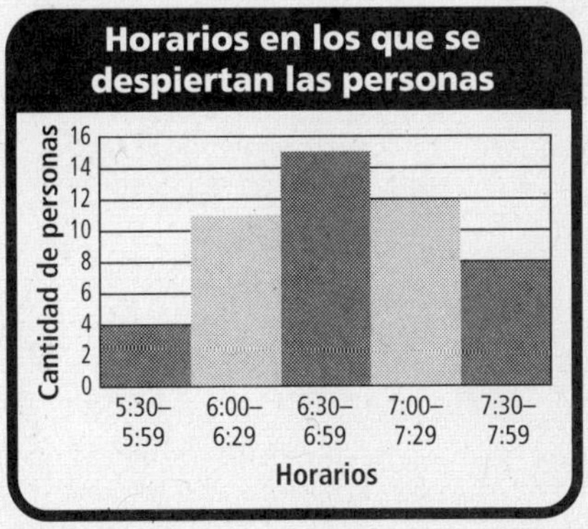

8. ¿A cuántas personas se encuestó? ______________________

9. ¿Cuántas personas encuestadas más se despiertan entre las 6:30 y las 6:59 que entre las 7:30 y las 7:59?

____

Rellena el círculo completamente para indicar tu respuesta.

PREPARACIÓN PARA LA PRUEBA

10. En un mapa de la ciudad de Barton, el parque del ayuntamiento tiene tres de sus cuatro vértices en (15, 0), (5, 0) y (15, 9). El parque del ayuntamiento es un rectángulo. ¿Cuáles son las coordenadas del cuarto vértice del parque? **(págs. P279 y P280)**

Ⓐ (5, 9)

Ⓑ (9, 5)

Ⓒ (5, 15)

Ⓓ (9, 15)

11. La ventana de una galería de arte tiene forma de paralelogramo. La base mide 1.2 metros y la altura mide 0.8 metros. ¿Cuál es el área de la ventana? **(págs. P281 y P282)**

Ⓐ 0.48 m cuad

Ⓑ 0.96 m cuad

Ⓒ 1.92 m cuad

Ⓓ 2.0 m cuad

12. A continuación, se indica la edad de los miembros del club de ajedrez. ¿Cuál es la mediana de las edades? **(págs. P283 y P284)**
13, 9, 10, 9, 14, 13, 8, 9

Ⓐ 9

Ⓑ 9.5

Ⓒ 10

Ⓓ 10.5

13. En el histograma se muestra la edad de los corredores de una media maratón. ¿Cuántos corredores tienen edades entre 21 y 40? **(págs. P289 y P290)**

Ⓐ 24

Ⓑ 30

Ⓒ 42

Ⓓ 54

Edad de los corredores de la media maratón

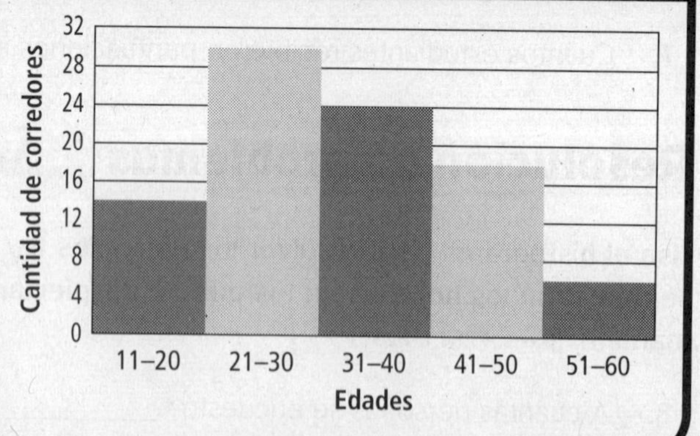

GO MATH!

¡VIVAN LAS MATEMÁTICAS!

HOUGHTON MIFFLIN HARCOURT

GO MATH!

¡VIVAN LAS MATEMÁTICAS!

HOUGHTON MIFFLIN HARCOURT

Printed in the U.S.A.

ISBN 978-0-547-65074-6

10 0877 20 19 18 17 16 15 14

4500464546 ^ B C D E F G

Estimados estudiantes y familiares:

Bienvenidos a **Go Math! ¡Vivan las Matemáticas!** para 5.º grado. En este interesante programa, encontrarán actividades prácticas y problemas del mundo real que tendrán que resolver. Y lo mejor de todo es que podrán escribir sus ideas y sus respuestas directamente en el libro. El hecho de que puedan escribir y dibujar en las páginas les ayudará a percibir más detalladamente lo que están aprendiendo y ¡verán qué bien entienden las matemáticas!

A propósito, todas las páginas de este libro están hechas con papel reciclado. Queremos que sepan que al participar en el programa **Go Math! ¡Vivan las Matemáticas!** están ayudando a proteger el medio ambiente.

Atentamente,

Los autores

Hecho en los Estados Unidos
100% impreso en papel reciclado
Con la tirada en este tipo de papel,
los beneficios para el medio ambiente fueron:*

- Árboles que salvamos: 463
- Emisión de gases tóxicos que evitamos: 28,074 libras
- Agua que ahorramos: 311,402 galones
- Residuos sólidos que eliminamos: 35,816 libras

*Para determinar el impacto en el medio ambiente se utilizó la calculadora de empleo de papel del Fondo de Defensa del Medio Ambiente (Environmental Defense Fund Paper Calculator). Si desea encontrar más información, visite la página www.papercalculator.org

GO MATH!

¡VIVAN LAS MATEMÁTICAS!

Autores

Juli K. Dixon
Professor of Mathematics Education
University of Central Florida
Orlando, Florida

Miriam A. Leiva
Founding President, TODOS:
Mathematics for All
Distinguished Professor
of Mathematics Emerita
University of North Carolina Charlotte
Charlotte, North Carolina

Matt Larson
Curriculum Specialist for Mathematics
Lincoln Public Schools
Lincoln, Nebraska

Thomasenia Lott Adams
Professor of Mathematics Education
University of Florida
Gainesville, Florida

Fluidez con números naturales y decimales

ÁREA DE ATENCIÓN

COMMON CORE **Critical Area** Extending division to 2-digit divisors, integrating decimal fractions into the place value system and developing understanding of operations with decimals to hundredths, and developing fluency with whole number and decimal operations

1 Valor posicional, multiplicación y expresiones 3

Áreas Operaciones y razonamiento algebraico
Operaciones con números de base diez

Estándares comunes CC.5.OA.1, CC.5.OA.2, CC.5.NBT.1, CC.5.NBT.2, CC.5.NBT.5, CC.5.NBT.6

SENDERO DIGITAL
¡Aprende en línea! Tus lecciones de matemáticas son interactivas. Usa *i*Tools, Modelos matemáticos animados y el Glosario multimedia.

Busca estas secciones:

Proyecto En la cocina del chef

EN EL MUNDO

H.O.T. Higher Order Thinking

Conectar con la Salud

pág. 24

Úsalo todos los días para reforzar la práctica de los estándares.

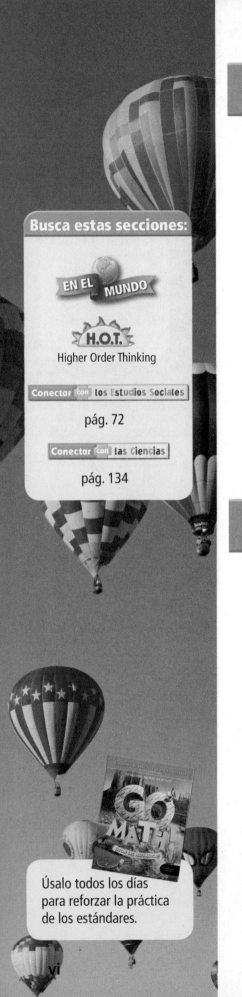

Busca estas secciones:

EN EL MUNDO

H.O.T.
Higher Order Thinking

Conectar con los Estudios Sociales
pág. 72

Conectar con las Ciencias
pág. 134

Úsalo todos los días para reforzar la práctica de los estándares.

4 Multiplicar números decimales 159

Área Operaciones con números de base diez

Estándares comunes CC.5.NBT.2, CC.5.NBT.7

5 Dividir números decimales 199

Área Operaciones con números de base diez

Estándares comunes CC.5.NBT.2, CC.5.NBT.7

Busca estas secciones:

EN EL MUNDO

H.O.T. Higher Order Thinking

Conectar con las Ciencias

pág. 230

Úsalo todos los días para reforzar la práctica de los estándares.

ÁREA DE ATENCIÓN

Operaciones con fracciones

COMMON CORE

Critical Area Developing fluency with addition and subtraction of fractions, and developing understanding of the multiplication of fractions and of division of fractions in limited cases (unit fractions divided by whole numbers and whole numbers divided by unit fractions)

6 Sumar y restar fracciones con denominadores distintos 241

Área Números y operaciones: Fracciones

Estándares comunes CC.5.NF.1, CC.5.NF.2

SENDERO DIGITAL
¡Aprende en línea! Tus lecciones de matemáticas son interactivas. Usa *i*Tools, Modelos matemáticos animados y el Glosario multimedia.

Busca estas secciones:

Proyecto Seguir el ritmo

EN EL MUNDO

H.O.T. Higher Order Thinking

Conectar con la Lectura

pág. 272

Úsalo todos los días para reforzar la práctica de los estándares.

Busca estas secciones:

EN EL MUNDO

H.O.T.

Higher Order Thinking

Conectar con el Arte

pág. 310

Conectar con la Salud

pág. 328

Úsalo todos los días para reforzar la práctica de los estándares.

ÁREA DE ATENCIÓN

Geometría y medición

COMMON CORE **Critical Area** Developing understanding of volume

9 Álgebra: Patrones y confección de gráficas 367

Áreas Operaciones y razonamiento algebraico
Medición y datos
Geometría

Estándares comunes CC.5.OA.3, CC.5.MD.2, CC.5.G.1, CC.5.G.2

SENDERO DIGITAL
¡Aprende en línea! Tus lecciones de matemáticas son interactivas. Usa *i*Tools, Modelos matemáticos animados y el Glosario multimedia.

Busca estas secciones:

Proyecto Arquitectura espacial

EN EL MUNDO

H.O.T.
Higher Order Thinking

Conectar con las Ciencias

pág. 384

Úsalo todos los días para reforzar la práctica de los estándares.

10 Convertir unidades de medida 403

Área Medición y datos

Estándar común CC.5.MD.1

Busca estas secciones:

EN EL MUNDO

H.O.T.

Higher Order Thinking

Conectar con la Lectura

pág. 408

Úsalo todos los días para reforzar la práctica de los estándares.

Busca estas secciones:

EN EL MUNDO

H.O.T.
Higher Order Thinking

Conectar con las Ciencias

pág. 448

Conectar con la Lectura

pág. 460

Conectar con el Arte

pág. 466

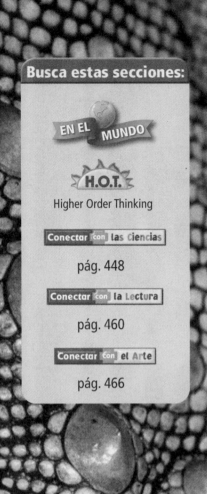

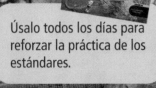

11 Geometría y volumen 439

Áreas Medición y datos
Geometría

Estándares comunes CC.5.MD.3, CC.5.MD.3a, CC.5.MD.3b, CC.5.MD.4, CC.5.MD.5a, CC.5.MD.5b, CC.5.MD.5c, CC.5.G.3, CC.5.G.4

Úsalo todos los días para reforzar la práctica de los estándares.

ÁREA DE ATENCIÓN

Fluidez con números naturales y decimales

COMMON CORE

CRITICAL AREA Extending division to 2-digit divisors, integrating decimal fractions into the place value system and developing understanding of operations with decimals to hundredths, and developing fluency with whole number and decimal operations

Un chef prepara el almuerzo en un restaurante.

Proyecto

En la cocina del chef

Los chefs de restaurantes estiman la cantidad de comida que deben comprar según el número de comensales que esperan. Suelen usar recetas con las que preparan suficiente comida para servir a un gran número de personas.

Para comenzar

Aunque las manzanas se pueden cultivar en cualquiera de los 50 estados, el estado de Pennsylvania es uno de los mayores productores de manzanas. Para preparar 100 porciones de bollos de manzana, se necesitan los ingredientes que se muestran a la derecha. Supón que un compañero y tú quieren hacer esta receta para 25 amigos. Ajusten la cantidad de cada ingrediente para preparar solo 25 porciones.

Datos importantes

Bollos de manzana (100 porciones)

- 100 manzanas para hornear
- 72 cucharadas de azúcar ($4\frac{1}{2}$ tazas)
- 14 tazas de harina común
- 6 cucharaditas de polvo para hornear
- 24 huevos
- 80 cucharadas de mantequilla (10 barras de mantequilla)
- 50 cucharadas de nueces picadas ($3\frac{1}{8}$ tazas)

Bollos de manzana (25 porciones)

Completado por ____________________

Capítulo 1

Valor posicional, multiplicación y expresiones

Muestra lo que sabes

Comprueba tu comprensión de destrezas importantes.

Nombre ______________________________

▶ Valor posicional **Escribe el valor de cada dígito del número dado.**

1. 2,904

2 ____________

9 ____________

0 ____________

4 ____________

2. 6,423

6 ____________

4 ____________

2 ____________

3 ____________

▶ Reagrupar hasta los millares **Reagrupa. Escribe los números que faltan.**

3. 40 decenas = ______ centenas

4. 60 centenas = ______ millares

5. ______ decenas y 15 unidades = 6 decenas y 5 unidades

6. 18 decenas y 20 unidades = ______ centenas

▶ Factores que faltan **Halla el factor que falta.**

7. 4 × ______ = 24

8. 6 × ______ = 48

9. ______ × 9 = 63

Piensa como un detective matemático y usa las pistas del cuadro que está a la derecha para hallar el número de 7 dígitos. ¿Qué número es?

Pistas

- **Este número de 7 dígitos redondeado a la decena de millar más próxima es 8,920,000.**
- **Los dígitos en el lugar de las decenas y centenas son los de menor valor y tienen el mismo valor.**
- **El valor del dígito en el lugar de los millares es el doble del valor del dígito en el lugar de las decenas de millar.**
- **La suma de todos los dígitos es igual a 24.**

Desarrollo del vocabulario

▶ Visualizar

Clasifica las palabras de repaso en el diagrama de Venn.

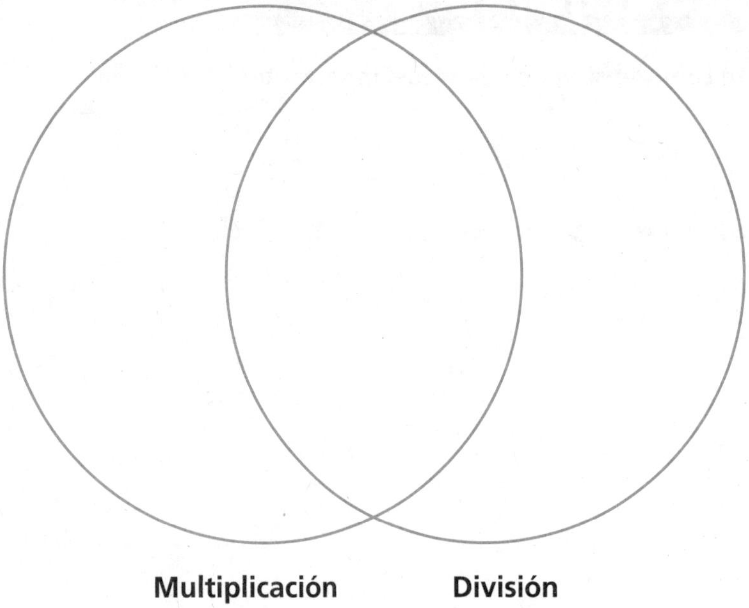

Palabras de repaso

- cociente
- estimar
- factor
- multiplicar
- producto
- valor posicional

Palabras nuevas

- base
- evaluar
- exponente
- expresión numérica
- operaciones inversas
- orden de las operaciones
- período
- propiedad distributiva

▶ Comprender el vocabulario

Escribe las palabras nuevas que respondan la pregunta "¿Qué soy?".

1. Soy un grupo de 3 dígitos separados por comas en un número de varios dígitos. ______________________

2. Soy una expresión matemática que tiene números y signos de operaciones, pero que no tiene un signo de la igualdad.

   ____

3. Somos operaciones que se cancelan entre sí, como la multiplicación y la división. ______________________

4. Soy la propiedad que establece que multiplicar una suma por un número es lo mismo que multiplicar cada sumando de la suma por el número y luego sumar los productos. ______________________

5. Soy un número que indica cuántas veces se usa la base como factor.

   ____

Nombre ______________________________

Valor posicional y patrones

Pregunta esencial ¿Cómo puedes describir la relación que existe entre dos valores posicionales?

ESTÁNDAR COMÚN CC.5.NBT.1
Understand the place value system.

Investigar

Materiales ■ bloques de base diez

Puedes usar bloques de base diez para comprender las relaciones que existen entre valores posicionales. Usa un cubo grande para representar 1,000, un marco para representar 100, una barra para representar 10 y un cubo pequeño para representar 1.

Número	1,000	100	10	1
Modelo	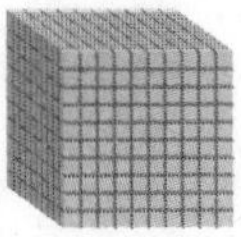	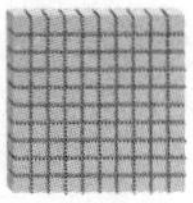		
Descripción	cubo grande	marco	barra	cubo pequeño

Completa las siguientes comparaciones para describir la relación que existe entre un valor posicional y el siguiente.

A. • Observa la barra y compárala con el cubo pequeño.

La barra es ______ veces más grande que el cubo pequeño.

• Observa el marco y compáralo con la barra.

El marco es ______ veces más grande que la barra.

• Observa el cubo grande y compáralo con el marco.

El cubo grande es ______ veces más grande que el marco.

B. • Observa el marco y compáralo con el cubo grande.

El marco es ______ del cubo grande.

• Observa la barra y compárala con el marco.

La barra es ______ del marco.

• Observa el cubo pequeño y compáralo con la barra.

El cubo pequeño es ______ de la barra.

MÉTODOS MATEMÁTICOS

Charla matemática ¿Cuántas veces más pequeño es el cubo pequeño que el marco? ¿Y que el cubo grande? **Explícalo.**

Sacar conclusiones

1. **Describe** el patrón que ves cuando pasas de un valor posicional menor a un valor posicional mayor.

____

____

____

2. **Describe** el patrón que ves cuando pasas de un valor posicional mayor a un valor posicional menor.

____

____

____

Hacer conexiones

Puedes usar tu comprensión de los patrones del valor posicional y una tabla de valor posicional para escribir números que sean 10 veces más que o $\frac{1}{10}$ de cualquier número dado.

Centenas de millar	Decenas de millar	Millares	Centenas	Decenas	Unidades
		?	300	?	

10 veces más que ← → $\frac{1}{10}$ de

_______ es 10 veces más que 300.

_______ es $\frac{1}{10}$ de 300.

Usa los siguientes pasos para completar la tabla.

PASO 1 Escribe el número dado en una tabla de valor posicional.

PASO 2 Usa la tabla de valor posicional para escribir un número que sea 10 veces más que el número dado.

PASO 3 Usa la tabla de valor posicional para escribir un número que sea $\frac{1}{10}$ del número dado.

Número	10 veces más que	$\frac{1}{10}$ de
10		
70		
9,000		

Nombre ______________________

Comunicar y mostrar MATH BOARD

Completa la oración.

1. 500 es 10 veces más que ________.

2. 20,000 es $\frac{1}{10}$ de ________.

3. 900 es $\frac{1}{10}$ de ________.

4. 600 es 10 veces más que ________.

Completa la tabla con patrones del valor posicional.

Número	10 veces más que	$\frac{1}{10}$ de
5. 10		
6. 3,000		
7. 800		
8. 50		

Número	10 veces más que	$\frac{1}{10}$ de
9. 400		
10. 90		
11. 6,000		
12. 200		

H.O.T. **Completa la oración con 100 ó 1,000.**

13. 200 es ________ veces más que 2.

14. 4,000 es ________ veces más que 4.

15. 700,000 es ________ veces más que 700.

16. 600 es ________ veces más que 6.

17. 50,000 es ________ veces más que 500.

18. 30,000 es ________ veces más que 30.

19. Escribe **Explica** de qué manera puedes usar patrones del valor posicional para describir qué relación hay entre 50 y 5,000.

____

____

Resolución de problemas

H.O.T. ¿Tiene sentido?

20. Mark y Robyn usaron bloques de base diez para mostrar que 300 es 100 veces más que 3. ¿Cuál de los modelos tiene sentido? ¿Cuál no tiene sentido? **Explica** tu razonamiento.

Trabajo de Mark

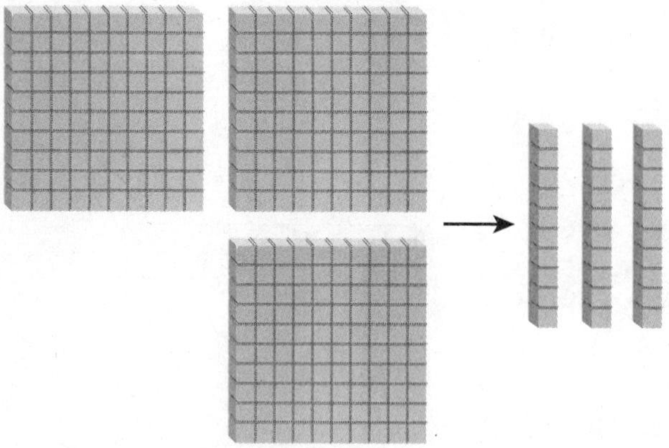

300 ______ ______

Trabajo de Robyn

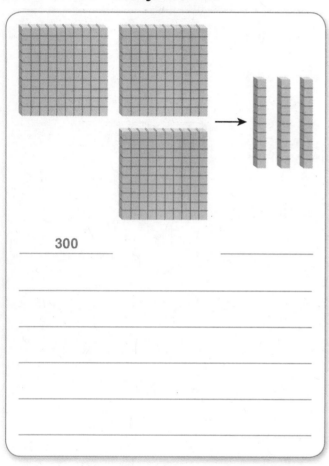

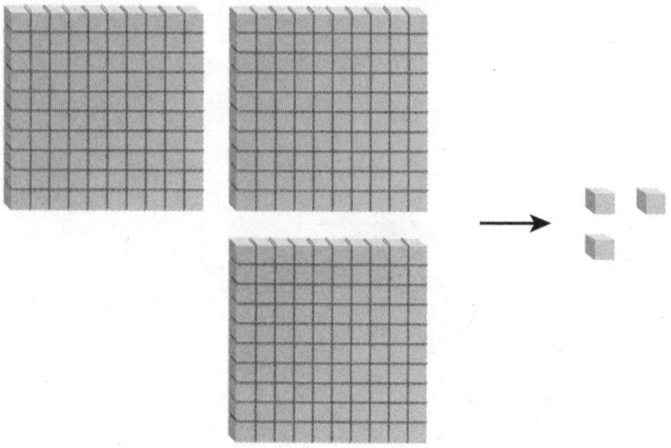

300 ______ ______

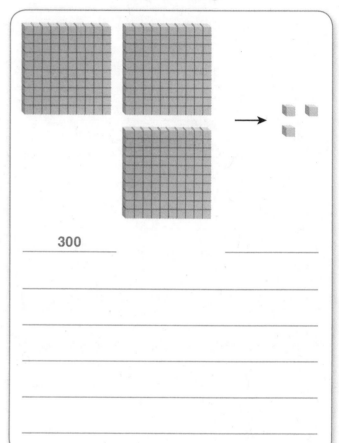

- **Explica** cómo ayudarías a Mark a comprender por qué debería haber usado cubos pequeños en lugar de barras.

Nombre ____________________

Valor posicional de números naturales

ESTÁNDAR COMÚN CC.5.NBT.1
Understand the place value system.

Pregunta esencial ¿Cómo lees, escribes y representas números naturales hasta las centenas de millón?

SOLUCIONA el problema EN EL MUNDO

El Sol mide 1,392,000 kilómetros de diámetro. Para comprender esta distancia, debes comprender el valor posicional de cada dígito del número 1,392,000.

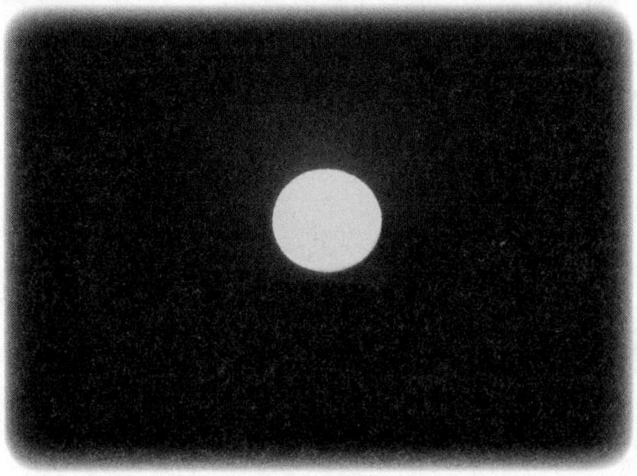

Una tabla de valor posicional contiene períodos. Un **período** es un grupo de tres dígitos separados por comas en un número de varios dígitos. El período de los millones está a la izquierda del período de los millares. Un millón es igual a 1,000 millares y se escribe 1,000,000.

Períodos

MILLONES			MILLARES			UNIDADES		
Centenas	**Decenas**	**Unidades**	**Centenas**	**Decenas**	**Unidades**	**Centenas**	**Decenas**	**Unidades**
		1,	3	9	2,	0	0	0
		1 × 1,000,000	3 × 100,000	9 × 10,000	2 × 1,000	0 × 100	0 × 10	0 × 1
		1,000,000	300,000	90,000	2,000	0	0	0

El valor posicional del dígito 1 en 1,392,000 es el de los millones.
El valor de 1 en 1,392,000 es 1 × 1,000,000 = 1,000,000.

Forma normal: 1,392,000
Forma en palabras: un millón trescientos noventa y dos mil
Forma desarrollada:
(1 × 1,000,000) + (3 × 100,000) + (9 × 10,000) + (2 × 1,000)

Idea matemática

Al escribir un número en forma desarrollada, si no hay dígitos en un valor posicional, no es necesario incluirlos en la expresión.

¡Inténtalo! Usa el valor posicional para leer y escribir números.

Forma normal: 582,030

Forma en palabras: quinientos ochenta y dos ______ ______

Forma desarrollada: (5 × 100,000) + (______ × ______) + (2 × 1,000) + (______ × ______)

- La distancia promedio entre Júpiter y el Sol es cuatrocientas ochenta y tres millones seiscientas mil millas. Escribe el número que representa esta distancia. ____________

Patrones del valor posicional

Canadá tiene un área continental de aproximadamente 4,000,000 de millas cuadradas. Islandia tiene un área continental de aproximadamente 40,000 millas cuadradas. Compara las dos áreas.

Ejemplo 1 **Usa una tabla de valor posicional.**

PASO 1 Escribe los números en una tabla de valor posicional.

MILLONES			MILLARES			UNIDADES		
Centenas	Decenas	Unidades	Centenas	Decenas	Unidades	Centenas	Decenas	Unidades

PASO 2

Cuenta la cantidad de valores posicionales de números naturales.

4,000,000 tiene ______ lugares de números naturales más que 40,000.

Piensa: 2 lugares más es 10 × 10 ó 100

4,000,000 es ______ veces más que 40,000.

Entonces, el área continental estimada de Canadá es ______ veces mayor que el área continental estimada de Islandia.

Recuerda

El valor de cada lugar es 10 veces más que el valor del siguiente lugar a su derecha o $\frac{1}{10}$ del valor del siguiente lugar a su izquierda.

Puedes usar patrones del valor posicional para convertir un número.

Ejemplo 2 **Usa patrones del valor posicional.**

Usa otros valores posicionales para convertir 40,000.

40,000	4 decenas de millar	4 × 10,000
40,000	____ millares	____ × 1,000
40,000	______	______

Nombre ____________________

Comunicar y mostrar

1. Completa la tabla de valor posicional para hallar el valor de cada dígito.

MILLONES			MILLARES			UNIDADES		
Centenas	Decenas	Unidades	Centenas	Decenas	Unidades	Centenas	Decenas	Unidades
		7,	3	3	3,	8	2	0
		7 × 1,000,000	3 × ______	3 × 10,000	___ × 1,000	8 × 100	______	0 × 1
		______	______	30,000	3,000	______	20	0

Escribe el valor del dígito subrayado.

2. 1,57$\underline{4}$,833 ______

3. 598,$\underline{1}$02 ______

4. 7,0$\underline{9}$3,455 ______

5. $\underline{3}$01,256,878 ______

Escribe el número de otras dos formas.

6. (8 × 100,000) + (4 × 1,000) + (6 × 1)

______

______

7. siete millones veinte mil treinta y dos

______

______

Por tu cuenta

Escribe el valor del dígito subrayado.

8. 8$\underline{4}$9,567,043 ______

9. 9,$\underline{4}$22,850 ______

10. $\underline{9}$6,283 ______

11. $\underline{4}$98,354,021 ______

12. 791,$\underline{3}$50 ______

13. 2$\underline{7}$,911,534 ______

14. 105,9$\underline{8}$0,774 ______

15. 8,26$\underline{5}$,178 ______

Escribe el número de otras dos formas.

16. 345,000

______

______

______

17. 119,000,003

______

______

______

Resolución de problemas EN EL MUNDO

Usa la tabla para responder las preguntas 18 y 19.

Distancia promedio desde el Sol (en miles de km)			
Mercurio	57,910	Júpiter	778,400
Venus	108,200	Saturno	1,427,000
Tierra	149,600	Urano	2,871,000
Marte	227,900	Neptuno	4,498,000

18. ¿Qué planeta se encuentra aproximadamente 10 veces más lejos del Sol que la Tierra?

____

19. ¿Qué planeta se encuentra aproximadamente a $\frac{1}{10}$ de la distancia que separa a Urano del Sol?

____

20. **¿Cuál es el error?** Matt escribió el número cuatro millones trescientos cinco mil setecientos sesenta y dos así: 4,350,762. **Describe** su error y corrígelo.

____

____

21. Escribe **Explica** cómo sabes que los valores del dígito 5 en los números 150,000 y 100,500 no son iguales.

____

____

____

____

____

22. **Preparación para la prueba** En el número 869,653,214, ¿cuál de las opciones describe la relación que hay entre el dígito 6 que está en el lugar de las decenas de millón y el dígito 6 que está en el lugar de las centenas de millar?

Ⓐ 10 veces más que

Ⓑ 100 veces más que

Ⓒ 1,000 veces más que

Ⓓ $\frac{1}{10}$ de

MUESTRA TU TRABAJO

PARA PRACTICAR MÁS:
Cuaderno de práctica de los estándares, págs. P5 y P6

Nombre ______________________________

Propiedades

Pregunta esencial ¿Cómo puedes usar las propiedades de las operaciones para resolver problemas?

ESTÁNDAR COMÚN CC.5.NBT.6
Perform operations with multi-digit whole numbers and with decimals to hundredths.

Puedes usar las propiedades de las operaciones para evaluar expresiones numéricas más fácilmente.

Propiedades de la suma

Propiedad conmutativa de la suma Al cambiar el orden de los sumandos, la suma queda igual.	$12 + 7 = 7 + 12$
Propiedad asociativa de la suma Al cambiar la agrupación de los sumandos, la suma queda igual.	$5 + (8 + 14) = (5 + 8) + 14$
Propiedad de identidad de la suma La suma de cualquier número y 0 es igual a ese número.	$13 + 0 = 13$

Propiedades de la multiplicación

Propiedad conmutativa de la multiplicación Al cambiar el orden de los factores, el producto queda igual.	$4 \times 9 = 9 \times 4$
Propiedad asociativa de la multiplicación Al cambiar la agrupación de los factores, el producto queda igual.	$11 \times (3 \times 6) = (11 \times 3) \times 6$
Propiedad de identidad de la multiplicación El producto de cualquier número y 1 es igual a ese número.	$4 \times 1 = 4$

SOLUCIONA el problema EN EL MUNDO

En la tabla se muestra el número de huesos que hay en distintas partes del cuerpo humano. ¿Cuál es el número total de huesos que hay en las costillas, el cráneo y la columna?

Parte	Número de huesos
Tobillo	7
Costillas	24
Cráneo	28
Columna	26

Puedes usar las propiedades conmutativa y asociativa para hallar la suma de los sumandos usando el cálculo mental.

Usa propiedades para hallar 24 + 28 + 26.

24 + 28 + 26 = 28 + _______ + 26 — Usa la propiedad ______________________ para reordenar los sumandos.

= 28 + (24 + _______) — Usa la propiedad ______________________ para agrupar los sumandos.

= 28 + _______ — Usa el cálculo mental para sumar.

= _______

Entonces, hay _______ huesos en las costillas, el cráneo y la columna.

MÉTODOS MATEMÁTICOS

Charla matemática **Explica** por qué agrupar 24 y 26 facilita la resolución del problema.

Propiedad distributiva

Multiplicar una suma por un número es lo mismo que multiplicar cada sumando por el número y luego sumar los productos.	5 × (7 + 9) = (5 × 7) + (5 × 9)

La propiedad distributiva también se puede usar con la multiplicación y la resta. Por ejemplo, $2 \times (10 - 8) = (2 \times 10) - (2 \times 8)$.

Ejemplo 1 Usa la propiedad distributiva para hallar el producto.

De una manera Usa la suma.

8 × 59 = 8 × (_______ + 9)	Usa un múltiplo de 10 para escribir 59 como una suma.
= (_______ × 50) + (8 × _______)	Usa la propiedad distributiva.
= _______ + _______	Usa el cálculo mental para multiplicar.
= _______	Usa el cálculo mental para sumar.

De otra manera Usa la resta.

8 × 59 = 8 × (_______ − 1)	Usa un múltiplo de 10 para escribir 59 como una diferencia.
= (_______ × 60) − (8 × _______)	Usa la propiedad distributiva.
= _______ − _______	Usa el cálculo mental para multiplicar.
= _______	Usa el cálculo mental para restar.

Ejemplo 2 Completa la ecuación e indica qué propiedad usaste.

A 23 × _______ = 23

Piensa: Un número multiplicado por 1 es igual a sí mismo.

Propiedad: _______________________________

____

B 47 × 15 = 15 × _______

Piensa: Cambiar el orden de los factores no altera el producto.

Propiedad: _______________________________

____

MÉTODOS MATEMÁTICOS

Charla matemática Explica cómo usarías el cálculo mental para hallar el producto 3 × 299.

Nombre ______________________________

Comunicar y mostrar MATH BOARD

1. Usa propiedades para hallar $4 \times 23 \times 25$.

$23 \times$ ______ $\times 25$ — propiedad __________________ de la multiplicación

$23 \times ($______ $\times$ ______$)$ — propiedad __________________ de la multiplicación

$23 \times$ ______

______

Usa propiedades para hallar la suma o el producto.

2. $89 + 27 + 11$ ______

3. 9×52 ______

4. $107 + 0 + 39 + 13$ ______

Completa la ecuación e indica qué propiedad usaste.

5. $9 \times (30 + 7) = (9 \times$ ______$) + (9 \times 7)$ ______

6. $0 +$ ______ $= 47$ ______

MÉTODOS MATEMÁTICOS

Charla matemática Describe cómo puedes usar propiedades para resolver problemas más fácilmente.

Por tu cuenta

Práctica: Copia y resuelve **Usa propiedades para hallar la suma o el producto.**

7. 3×78

8. $4 \times 60 \times 5$

9. $21 + 25 + 39 + 5$

Completa la ecuación e indica qué propiedad usaste.

10. $11 + (19 + 6) = (11 +$ ______$) + 6$ ______

11. $25 + 14 =$ ______ $+ 25$ ______

12. H.O.T. Muestra cómo puedes usar la propiedad distributiva para volver a escribir y hallar $(32 \times 6) + (32 \times 4)$.

______

Resolución de problemas EN EL MUNDO

13. Los platos de tres amigos en un restaurante cuestan \$13, \$14 y \$11. Usa paréntesis para escribir dos expresiones diferentes que muestren cuánto gastaron en total los amigos. ¿Qué propiedad demuestra tu par de expresiones?

____

____

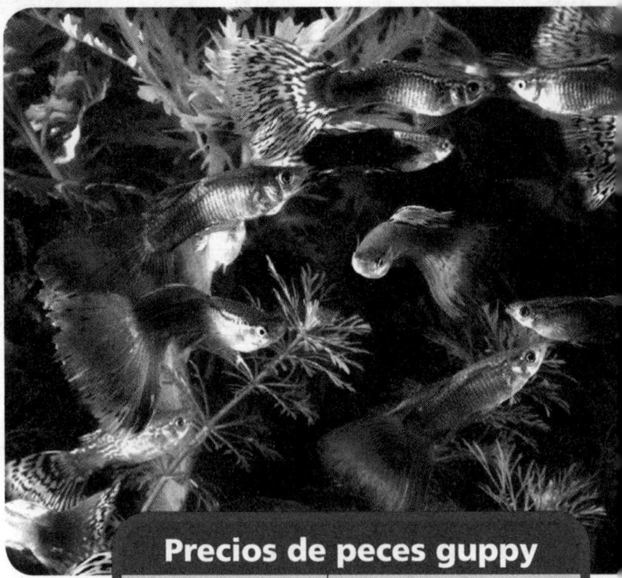

Precios de peces guppy	
Azul neón	\$11
Rubio rojizo	\$22
Anaranjado	\$18
Amarillo	\$19

14. Jacob está diseñando un acuario para un consultorio médico. Planea comprar peces guppy: 6 de color rubio rojizo, 1 azul neón y 1 amarillo. En la tabla se muestra la lista de precios de los peces guppy. ¿Cuánto costarán los peces guppy para el acuario?

____

15. Silvia compró 8 boletos para un concierto. Cada boleto costó \$18. Para hallar el costo total en dólares, sumó el producto 8×10 al producto 8×8 y obtuvo un total de 144. ¿Qué propiedad usó Silvia?

____

16. H.O.T. **¿Tiene sentido?** Julie escribió $(15 - 6) - 3 = 15 - (6 - 3)$. ¿Tiene sentido la ecuación de Julie? ¿Crees que la propiedad asociativa funciona para la resta? **Explícalo.**

____

____

____

17. **Preparación para la prueba** Las canoas se alquilan a \$29 por día. ¿Qué expresión se puede usar para hallar el costo en dólares de alquilar 6 canoas por un día?

Ⓐ $(6 + 20) + (6 + 9)$

Ⓑ $(6 \times 20) + (6 \times 9)$

Ⓒ $(6 + 20) \times (6 + 9)$

Ⓓ $(6 \times 20) \times (6 \times 9)$

MUESTRA TU TRABAJO

PARA PRACTICAR MÁS:
Cuaderno de práctica de los estándares, págs. P7 y P8

Nombre ______________________________

Potencias de 10 y exponentes

Pregunta esencial ¿Cómo puedes usar un exponente para mostrar potencias de 10?

ESTÁNDAR COMÚN CC.5.NBT.2
Understand the place value system.

SOLUCIONA el problema

Las expresiones con factores que se repiten, como $10 \times 10 \times 10$, pueden escribirse usando una base con un exponente. La **base** es el número que se usa como factor que se repite. El **exponente** es el número que indica cuántas veces se usa la base como factor.

exponente

$$10 \times 10 \times 10 = 10^3 = 1{,}000$$

3 factores base

Forma en palabras: la tercera potencia de diez

Como exponente: 10^3

Usa [M] para representar 1,000.

Actividad Usa bloques de base diez.

Materiales ■ bloques de base diez

¿Cómo escribes 10 × 1,000 con un exponente?

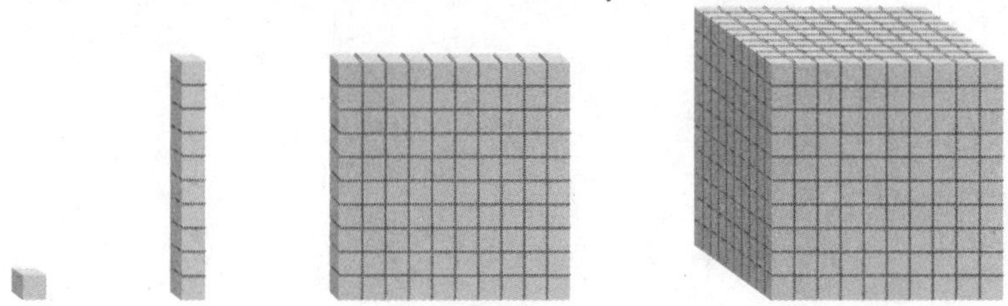

1 unidad	10 unidades	100 unidades	1,000 unidades
1	1 × 10	1 × 10 × 10	1 × 10 × 10 × 10
10^0	10^1	10^2	10^3

- ¿Cuántas unidades hay en 1? ______
- ¿Cuántas unidades hay en 10? ______
- ¿Cuántas decenas hay en 100? ______
  Piensa: 10 grupos de 10 ó 10 × 10
- ¿Cuántas centenas hay en 1,000? ______
  Piensa: 10 grupos de 100 ó 10 × (10 × 10)
- ¿Cuántos millares hay en 10,000? ______

En el recuadro de la derecha, haz un dibujo rápido para representar 10,000.

10,000 unidades
1 × 10 × 10 × 10 × 10
$10^{\square}$

Entonces, $10 \times 1{,}000$ es $10^{\square}$.

Ejemplo Multiplica un número natural por una potencia de diez.

Los colibríes baten sus alas muy rápidamente. Cuanto más pequeño es el colibrí, más rápido bate sus alas. El colibrí promedio bate sus alas alrededor de 3×10^3 veces por minuto. ¿A cuántas veces por minuto equivale esta expresión si se escribe como un número natural?

Multiplica 3 por potencias de diez. Busca un patrón.

$3 \times 10^0 = 3 \times 1 =$ ______________

$3 \times 10^1 = 3 \times 10 =$ ______________

$3 \times 10^2 = 3 \times 10 \times 10 =$ ______________

$3 \times 10^3 = 3 \times 10 \times 10 \times 10 =$ ______________

Entonces, el colibrí promedio bate sus alas alrededor de

______________ veces por minuto.

MÉTODOS MATEMÁTICOS

Charla matemática Explica por qué se simplifica una expresión al usar un exponente.

- ¿Qué patrón observas?

____

____

Comunicar y mostrar MATH BOARD

Escríbelos como exponente y en palabras.

1. 10×10

Como exponente: ______________

En palabras: ______________

____

2. $10 \times 10 \times 10 \times 10$

Como exponente: ______________

En palabras: ______________

____

Halla el valor.

3. 10^2

____

4. 4×10^2

____

5. 7×10^3

____

Nombre ______________________________

Por tu cuenta

Escríbelos como exponente y en palabras.

6. $10 \times 10 \times 10$

Como exponente: ____________________

En palabras: ____________________

____

7. $10 \times 10 \times 10 \times 10 \times 10$

Como exponente: ____________________

En palabras: ____________________

____

Halla el valor.

8. 10^4

____

9. 2×10^3

____

10. 6×10^4

____

Completa el patrón.

11. $7 \times 10^0 = 7 \times 1 =$ ____________

$7 \times 10^1 = 7 \times 10 =$ ____________

$7 \times 10^2 = 7 \times 100 =$ ____________

$7 \times 10^3 = 7 \times 1{,}000 =$ ____________

$7 \times 10^4 = 7 \times 10{,}000 =$ ____________

12. $9 \times 10^0 =$ ____________ $= 9$

$9 \times 10^1 =$ ____________ $= 90$

$9 \times 10^2 =$ ____________ $= 900$

$9 \times 10^3 =$ ____________ $= 9{,}000$

$9 \times 10^4 =$ ____________ $= 90{,}000$

13. $12 \times 10^0 = 12 \times 1 =$ ____________

$12 \times 10^1 = 12 \times 10 =$ ____________

$12 \times 10^2 = 12 \times 100 =$ ____________

$12 \times 10^3 = 12 \times 1{,}000 =$ ____________

$12 \times 10^4 = 12 \times 10{,}000 =$ ____________

14. H.O.T. $10^3 = 10 \times 10^n$ ¿Cuál es el valor de n?

Piensa: $10^3 = 10 \times$ ________ $\times$ ________

ó $10 \times$ ____________

El valor de n es = ____________

15. Escribe **Explica** cómo usar exponentes para escribir 50,000.

____

____

SOLUCIONA el problema EN EL MUNDO

PREPARACIÓN PARA LA PRUEBA

16. El lago Superior es el mayor de los Grandes Lagos. Cubre un área total de alrededor de 30,000 millas cuadradas. ¿Cómo puedes representar el área estimada del lago Superior como un número natural multiplicado por una potencia de diez?

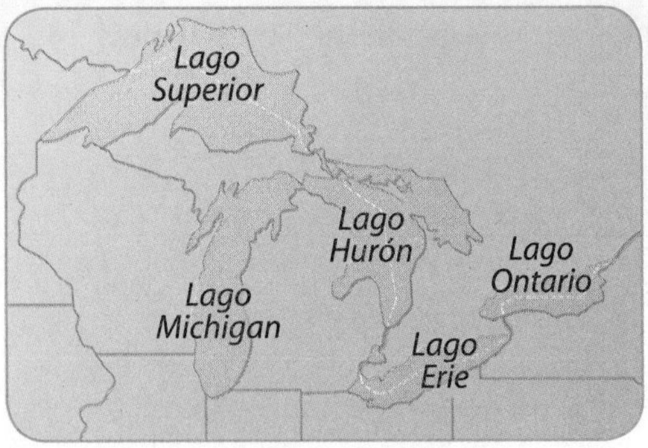

Ⓐ 3×10^2 mi cuad
Ⓑ 3×10^3 mi cuad
Ⓒ 3×10^4 mi cuad
Ⓓ 3×10^5 mi cuad

a. ¿Qué se te pide que halles?

____

b. ¿Cómo puedes usar un patrón para hallar el resultado?

____

c. Usa el número natural 3 y potencias de diez para escribir un patrón.

$3 \times 10^0 = 3 \times 1 =$ ________

$3 \times 10^1 = 3 \times 10 =$ ________

$3 \times 10^2 =$ ________ $=$ ________

$3 \times 10^3 =$ ________ $=$ ________

$3 \times 10^4 =$ ________ $=$ ________

d. Rellena el círculo del resultado correcto arriba.

17. El diámetro de la Tierra a la altura del ecuador es aproximadamente 8,000 millas. ¿Cuál es el diámetro estimado de la Tierra, expresado como un número natural multiplicado por una potencia de diez?

Ⓐ 8×10^1 millas
Ⓑ 8×10^2 millas
Ⓒ 8×10^3 millas
Ⓓ 8×10^4 millas

18. La circunferencia de la Tierra alrededor del ecuador es aproximadamente 25×10^3 millas. ¿Cuál es la circunferencia estimada de la Tierra expresada como un número natural?

Ⓐ 250,000 millas
Ⓑ 25,000 millas
Ⓒ 2,500 millas
Ⓓ 250 millas

PARA PRACTICAR MÁS:
Cuaderno de práctica de los estándares, págs. P9 y P10

Nombre ______________________________

Patrones de multiplicación

Pregunta esencial ¿Cómo puedes usar una operación básica y un patrón para multiplicar por un número de 2 dígitos?

ESTÁNDAR COMÚN CC.5.NBT.2
Understand the place value system.

SOLUCIONA el problema EN EL MUNDO

¿Has visto un abejorro de cerca alguna vez?

La longitud real de un abejorro reina es aproximadamente 20 milímetros. En la fotografía se muestra una parte de un abejorro ampliada con un microscopio, 10 veces más grande que su tamaño real. ¿Cuál sería la longitud aparente del abejorro al ampliar su tamaño real 300 veces?

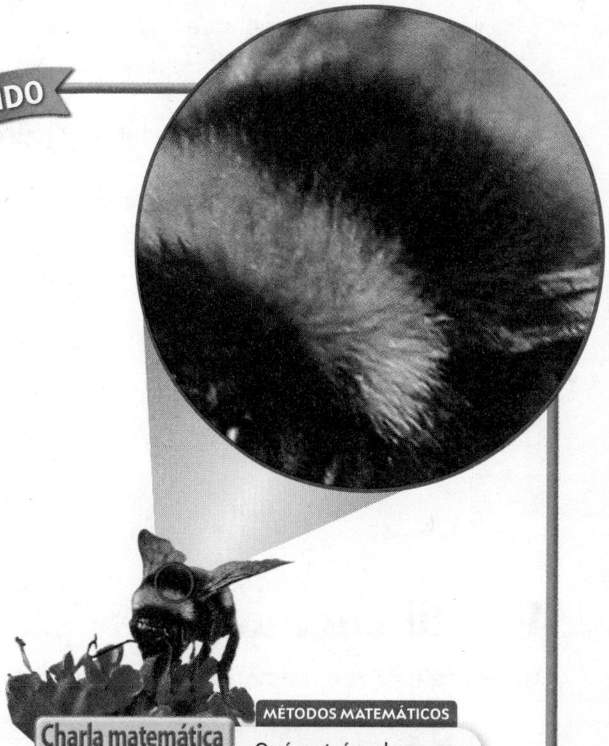

Usa una operación básica y un patrón.

Multiplica. 300×20

$3 \times 2 = 6$ ← operación básica

$30 \times 2 = (3 \times 2) \times 10^1 = 60$

$300 \times 2 = (3 \times 2) \times 10^2 =$ ____________

$300 \times 20 = (3 \times 2) \times (100 \times 10) = 6 \times 10^3 =$ ____________

Entonces, la longitud aparente del abejorro sería

alrededor de ____________ milímetros.

- ¿Cuál sería la longitud aparente del abejorro de la fotografía si el microscopio ampliara su tamaño real 10 veces?

____

MÉTODOS MATEMÁTICOS
Charla matemática ¿Qué patrón observas en los enunciados numéricos y los exponentes?

Ejemplo Usa el cálculo mental y un patrón.

Multiplica. $50 \times 8{,}000$

$5 \times 8 = 40$ ← operación básica

$5 \times 80 = (5 \times 8) \times 10^1 = 400$

$5 \times 800 = (5 \times 8) \times 10^2 =$ ____________

$50 \times 800 = (5 \times 8) \times (10 \times 100) = 40 \times 10^3 =$ ____________

$50 \times 8{,}000 = (5 \times 8) \times (10 \times 1{,}000) = 40 \times 10^4 =$ ____________

Comunicar y mostrar MATH BOARD

Usa el cálculo mental y un patrón para hallar el producto.

1. $30 \times 4{,}000 =$ ______

- ¿Qué operación básica puedes usar para hallar $30 \times 4{,}000$? ______

Usa el cálculo mental para completar el patrón.

2. $1 \times 1 = 1$

$1 \times 10^1 =$ ______

$1 \times 10^2 =$ ______

$1 \times 10^3 =$ ______

3. $7 \times 8 = 56$

$(7 \times 8) \times 10^1 =$ ______

$(7 \times 8) \times 10^2 =$ ______

$(7 \times 8) \times 10^3 =$ ______

4. $6 \times 5 =$ ______

$(6 \times 5) \times$ ______ $= 300$

$(6 \times 5) \times$ ______ $= 3{,}000$

$(6 \times 5) \times$ ______ $= 30{,}000$

MÉTODOS MATEMÁTICOS

Charla matemática Explica cómo usas una operación básica y un patrón para hallar $50 \times 9{,}000$.

Por tu cuenta

Usa el cálculo mental para completar el patrón.

5. $9 \times 5 = 45$

$(9 \times 5) \times 10^1 =$ ______

$(9 \times 5) \times 10^2 =$ ______

$(9 \times 5) \times 10^3 =$ ______

6. $3 \times 7 = 21$

$(3 \times 7) \times 10^1 =$ ______

$(3 \times 7) \times 10^2 =$ ______

$(3 \times 7) \times 10^3 =$ ______

7. $5 \times 4 =$ ______

$(5 \times 4) \times$ ______ $= 200$

$(5 \times 4) \times$ ______ $= 2{,}000$

$(5 \times 4) \times$ ______ $= 20{,}000$

8. $5 \times 7 =$ ______

$(5 \times 7) \times$ ______ $= 350$

$(5 \times 7) \times$ ______ $= 3{,}500$

$(5 \times 7) \times$ ______ $= 35{,}000$

9. $4 \times 2 = 8$

$(4 \times 2) \times 10^2 =$ ______

$(4 \times 2) \times 10^3 =$ ______

$(4 \times 2) \times 10^4 =$ ______

10. $6 \times 7 = 42$

$(6 \times 7) \times 10^2 =$ ______

$(6 \times 7) \times 10^3 =$ ______

$(6 \times 7) \times 10^4 =$ ______

Usa el cálculo mental y un patrón para hallar el producto.

11. $(6 \times 6) \times 10^1 =$ ______

12. $(7 \times 4) \times 10^3 =$ ______

13. $(9 \times 8) \times 10^2 =$ ______

14. $(4 \times 3) \times 10^2 =$ ______

15. $(2 \times 5) \times 10^3 =$ ______

16. $(2 \times 8) \times 10^2 =$ ______

17. $(6 \times 5) \times 10^3 =$ ______

18. $(8 \times 8) \times 10^4 =$ ______

19. $(7 \times 8) \times 10^4 =$ ______

Nombre ______________________________

Usa el cálculo mental para completar la tabla.

20. 1 rollo = 50 monedas de 10¢ **Piensa:** 50 monedas de 10¢ por rollo × 20 rollos = (5 × 2) × (10 × 10).

Rollos	20	30	40	50	60	70	80	90	100
Monedas de 10¢	10×10^2								

21. 1 rollo = 40 monedas de 25¢ **Piensa:** 40 monedas de 25¢ por rollo × 20 rollos = (4 × 2) × (10 × 10).

Rollos	20	30	40	50	60	70	80	90	100
Monedas de 25¢	8×10^2								

	×	6	70	800	9,000
22.	**80**			64×10^3	
23.	**90**				81×10^4

Resolución de problemas EN EL MUNDO

Usa la tabla para resolver los problemas 24 a 26.

Longitud de los artrópodos

Artrópodo	Longitud (en milímetros)
Mosca de grupo	9
Araña cangrejo	5
Hormiga de fuego	4
Saltahojas	6

24. **¿Qué pasaría si** ampliaras la imagen de una mosca de grupo en 9×10^3? ¿Cuál sería su longitud aparente?

____

25. Si ampliaras la imagen de una hormiga de fuego en 4×10^3 y la de un saltahojas en 3×10^3, ¿qué artrópodo parecería más largo? ¿Cuánto más largo?

____

26. H.O.T. John quiere ampliar la imagen de una hormiga de fuego y la de una araña cangrejo para que los artrópodos parezcan tener la misma longitud. ¿Cuántas veces debería ampliar el tamaño real de cada imagen?

____

____

MUESTRA TU TRABAJO

27. H.O.T. ¿Qué tiene siempre el producto de cualquier factor que sea un número natural multiplicado por 100? **Explícalo.**

____

____

____

____

28. ★ **Preparación para la prueba** ¿Cuántos ceros hay en el producto $(5 \times 4) \times 10^4$?

Ⓐ 3

Ⓑ 4

Ⓒ 5

Ⓓ 6

Conectar con la Salud

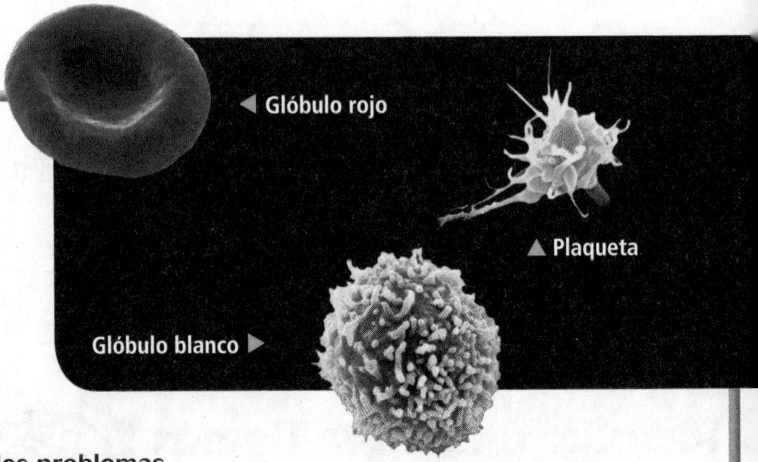

Glóbulos

La sangre es necesaria para la vida humana. Está formada por glóbulos rojos y glóbulos blancos que nutren y limpian el cuerpo, y por plaquetas que detienen las hemorragias. El adulto promedio tiene alrededor de 5 litros de sangre.

Usa patrones y el cálculo mental para resolver los problemas.

29. El cuerpo humano tiene alrededor de 30 veces más plaquetas que glóbulos blancos. Una pequeña muestra de sangre tiene 8×10^3 glóbulos blancos. ¿Alrededor de cuántas plaquetas hay en la muestra?

____

30. Los basófilos y los monocitos son tipos de glóbulos blancos. Una muestra de sangre tiene alrededor de 5 veces más monocitos que basófilos. Si hay 60 basófilos en la muestra, ¿alrededor de cuántos monocitos hay?

____

31. Los linfocitos y los eosinófilos son tipos de glóbulos blancos. Una muestra de sangre tiene alrededor de 10 veces más linfocitos que eosinófilos. Si hay 2×10^2 eosinófilos en la muestra, ¿alrededor de cuántos linfocitos hay?

____

32. H.O.T. Una persona promedio tiene 6×10^2 veces más glóbulos rojos que glóbulos blancos. Una pequeña muestra de sangre tiene 7×10^3 glóbulos blancos. ¿Alrededor de cuántos glóbulos rojos hay en la muestra?

____

PARA PRACTICAR MÁS:
Cuaderno de práctica de los estándares, págs. P11 y P12

Nombre ________________________________

Revisión de la mitad del capítulo

Vocabulario

Elige el término del recuadro que mejor corresponda.

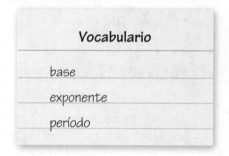

Vocabulario
base
exponente
período

1. Un grupo de tres dígitos separados por comas en un número de varios dígitos es un ____________. (pág. 9)

2. Un ____________ es el número que indica cuántas veces se usa una base como factor. (pág. 17)

Conceptos y destrezas

Completa la oración. (CC.5.NBT.1)

3. 7 es $\frac{1}{10}$ de ____________.

4. 800 es 10 veces más que ____________.

Escribe el valor del dígito subrayado. (CC.5.NBT.1)

5. 6,5<u>8</u>1,678 ____________

6. 125,<u>6</u>34 ____________

7. 3<u>4</u>,634,803 ____________

8. 2,<u>7</u>64,835 ____________

Completa la ecuación e indica qué propiedad usaste. (CC.5.NBT.6)

9. $8 \times (14 + 7) =$ ____________ $+ (8 \times 7)$

____

10. $7 + (8 + 12) =$ ____________ $+ 12$

____

Halla el valor. (CC.5.NBT.2)

11. 10^3 ____________

12. 6×10^2 ____________

13. 4×10^4 ____________

Usa el cálculo mental y un patrón para hallar el producto. (CC.5.NBT.2)

14. $70 \times 300 =$ ____________

15. $(3 \times 4) \times 10^3 =$ ____________

Rellena el círculo completamente para indicar tu respuesta.

PREPARACIÓN PARA LA PRUEBA

16. Los DVD se venden a $24 cada uno. ¿Qué expresión se puede usar para hallar el costo en dólares de 4 DVD? (CC.5.NBT.6)

Ⓐ $(4 + 20) + (4 + 4)$

Ⓑ $(4 \times 20) + (4 \times 4)$

Ⓒ $(4 + 20) \times (4 + 4)$

Ⓓ $(4 \times 20) \times (4 \times 4)$

17. La cadena de panaderías Tienda de Panecillos vendió 745,305 panecillos el año pasado. ¿Qué opción muestra ese número en forma desarrollada? (CC.5.NBT.1)

Ⓐ $(7 \times 100{,}000) + (45 \times 10{,}000) + (3 \times 100) + (5 \times 10)$

Ⓑ $(7 \times 100{,}000) + (4 \times 10{,}000) + (5 \times 1{,}000) + (5 \times 10)$

Ⓒ $(7 \times 100{,}000) + (4 \times 10{,}000) + (5 \times 1{,}000) + (3 \times 100) + (5 \times 1)$

Ⓓ $(7 \times 100{,}000) + (4 \times 10{,}000) + (3 \times 100) + (5 \times 1)$

18. La cancha de fútbol de la escuela de Mario tiene un área de 6,000 metros cuadrados. ¿Cómo puede Mario representar el área como un número natural multiplicado por una potencia de diez? (CC.5.NBT.2)

Ⓐ 6×10^4 m cuad

Ⓑ 6×10^3 m cuad

Ⓒ 6×10^2 m cuad

Ⓓ 6×10^1 m cuad

19. La Sra. Alonzo encargó 4,000 marcadores para su tienda. Solo le entregaron $\frac{1}{10}$ de su pedido. ¿Cuántos marcadores recibió? (CC.5.NBT.1)

Ⓐ 4

Ⓑ 40

Ⓒ 400

Ⓓ 1,400

20. Mark escribió el puntaje más alto que logró en su nuevo videojuego como el producto de $70 \times 6{,}000$. ¿Cuál fue su puntaje? (CC.5.NBT.2)

Ⓐ 420

Ⓑ 4,200

Ⓒ 42,000

Ⓓ 420,000

Nombre ______________________________

Multiplicar por números de 1 dígito

Pregunta esencial ¿Cómo multiplicas por números de 1 dígito?

ESTÁNDAR COMÚN CC.5.NBT.5
Perform operations with multi-digit whole numbers and with decimals to hundredths.

SOLUCIONA el problema EN EL MUNDO

Todos los días, 9 aviones comerciales de una aerolínea vuelan de New York a Londres, Inglaterra. En cada avión pueden viajar 293 pasajeros. Si se ocupan todos los asientos en todos los vuelos, ¿cuántas personas viajan en esta aerolínea de New York a Londres en 1 día?

▲ La Guardia de la Reina protege a la Familia Real de Gran Bretaña y sus residencias.

Usa el valor posicional y la reagrupación.

PASO 1 Estima: 293×9

Piensa: $300 \times 9 =$ ________

PASO 2 Multiplica las unidades.

$$\begin{array}{r} {\scriptstyle 2} \\ 293 \\ \times\ \ 9 \\ \hline 7 \end{array}$$

9×3 unidades = ______ unidades

Escribe las unidades y las decenas reagrupadas.

PASO 3 Multiplica las decenas.

$$\begin{array}{r} {\scriptstyle 82} \\ 293 \\ \times\ \ 9 \\ \hline 37 \end{array}$$

9×9 decenas = ______ decenas

Suma las decenas reagrupadas.

______ decenas + 2 decenas = ______ decenas

Escribe las decenas y las centenas reagrupadas.

PASO 4 Multiplica las centenas.

$$\begin{array}{r} {\scriptstyle 82} \\ 293 \\ \times\ \ 9 \\ \hline 2{,}637 \end{array}$$

9×2 centenas = ______ centenas

Suma las centenas reagrupadas.

______ centenas + 8 centenas = ______ centenas

Escribe las centenas.

Entonces, en 1 día, ____________ pasajeros vuelan de New York a Londres.

MÉTODOS MATEMÁTICOS

Charla matemática **Explica** cómo anotas las 27 unidades cuando multiplicas 3 por 9 en el Paso 2.

- ¿Cómo puedes saber si tu resultado es razonable? ______________________________

____

Ejemplo

Una aerolínea comercial hace varios vuelos por semana de New York a París, Francia. Si la aerolínea sirve 1,978 comidas por día en sus vuelos, ¿cuántas comidas se sirven por semana?

▲ **La Torre Eiffel de París, Francia, construida para la Feria Mundial de 1889, fue la estructura más alta construida por el hombre durante 40 años.**

Para multiplicar un número mayor por un número de 1 dígito, repite el proceso de multiplicar y reagrupar hasta haber multiplicado cada valor posicional.

PASO 1 **Estima.** 1,978 × 7

Piensa: 2,000 × 7 = ______________

PASO 2 Multiplica las unidades.

```
     5
 1,978
×    7
     6
```

7 × 8 unidades = _______ unidades

Escribe las unidades y las decenas reagrupadas.

PASO 3 Multiplica las decenas.

```
    55
 1,978
×    7
    46
```

7 × 7 decenas = _______ decenas

Suma las decenas reagrupadas.

_______ decenas + 5 decenas = _______ decenas

Escribe las decenas y las centenas reagrupadas.

PASO 4 Multiplica las centenas.

```
  6 55
 1,978
×    7
   846
```

7 × 9 centenas = _______ centenas

Suma las centenas reagrupadas.

_______ centenas + 5 centenas = _______ centenas

Escribe las centenas y los millares reagrupados.

PASO 5 Multiplica los millares.

```
  6 55
 1,978
×    7
13,846
```

7 × 1 millar = _______ millares

Suma los millares reagrupados.

_______ millares + 6 millares = _______ millares

Escribe los millares. Compara tu resultado con la estimación para ver si es razonable.

Entonces, en 1 semana, se sirven ______________ comidas en los vuelos de New York a París.

Nombre ______________________

Comunicar y mostrar MATH BOARD

Completa para hallar el producto.

1. 6×796 **Estima:** $6 \times$ ________ = ________

$$\begin{array}{r} 796 \\ \times\ \ 6 \\ \hline \end{array}$$

Multiplica las unidades y reagrupa.

$$\begin{array}{r} {\scriptstyle 3}\ \\ 796 \\ \times\ \ 6 \\ \hline 6 \end{array}$$

Multiplica las decenas y suma las decenas reagrupadas. Reagrupa.

$$\begin{array}{r} {\scriptstyle 53}\ \\ 796 \\ \times\ \ 6 \\ \hline 76 \end{array}$$

Multiplica las centenas y suma las centenas reagrupadas.

Estima. Luego halla el producto.

2. Estimación: ________

$$\begin{array}{r} 608 \\ \times\ \ 8 \\ \hline \end{array}$$

3. Estimación: ________

$$\begin{array}{r} 556 \\ \times\ \ 4 \\ \hline \end{array}$$

4. Estimación: ________

$$\begin{array}{r} 1,925 \\ \times\ \ \ \ 7 \\ \hline \end{array}$$

Por tu cuenta

Estima. Luego halla el producto.

5. Estimación: ________

$$\begin{array}{r} 794 \\ \times\ \ 3 \\ \hline \end{array}$$

6. Estimación: ________

$$\begin{array}{r} 822 \\ \times\ \ 6 \\ \hline \end{array}$$

7. Estimación: ________

$$\begin{array}{r} 3,102 \\ \times\ \ \ \ 5 \\ \hline \end{array}$$

H.O.T. **Álgebra** **Resuelve para hallar el número desconocido.**

8.

$$\begin{array}{r} 396 \\ \times\ \ 6 \\ \hline 2,3\square 6 \end{array}$$

9.

$$\begin{array}{r} 5,12\square \\ \times\ \ \ \ 8 \\ \hline \square 16 \end{array}$$

10.

$$\begin{array}{r} 8,5\square 6 \\ \times\ \ \ \ 7 \\ \hline 60,03\square \end{array}$$

Práctica: Copia y resuelve **Estima. Luego halla el producto.**

11. 116×3 **12.** 338×4 **13.** 6×219 **14.** 7×456

15. $5 \times 1,012$ **16.** $2,921 \times 3$ **17.** $8,813 \times 4$ **18.** $9 \times 3,033$

Resolución de problemas EN EL MUNDO

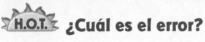

H.O.T. ¿Cuál es el error?

19. El Coro de Plattsville envía a 8 de sus integrantes a una competencia en Cincinnati, Ohio. El costo será de $588 por persona. ¿Cuánto costará enviar al grupo de 8 estudiantes?

Brian y Jermaine resuelven el problema. Brian dice que el resultado es $40,074. El resultado de Jermaine es $4,604.

Estima el costo. Una estimación razonable es _______.

Aunque el resultado de Jermaine parece razonable, ni Brian ni Jermaine resolvieron el problema correctamente. Halla los errores en sus trabajos. Luego resuelve el problema correctamente.

Brian	Jermaine	Resultado correcto
6 $ 5 8 8 × 8 $ 4 0, 7 0 4	6 6 $ 5 8 8 × 8 $ 4, 6 0 4	

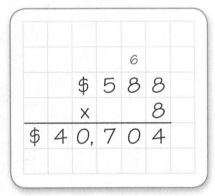

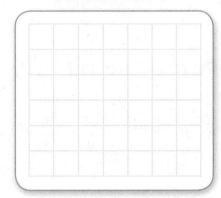

- ¿Qué error cometió Brian? **Explícalo.** ____________________
____
____

- ¿Qué error cometió Jermaine? **Explícalo.** ____________________
____

- ¿Cómo podrías usar tu estimación para predecir que el resultado de Jermaine podría ser incorrecto? ____________________
____
____

PARA PRACTICAR MÁS:
Cuaderno de práctica de los estándares, págs. P13 y P14

Nombre ________________________________

Multiplicar por números de 2 dígitos

Pregunta esencial ¿Cómo multiplicas por números de 2 dígitos?

ESTÁNDAR COMÚN CC.5.NBT.5
Perform operations with multi-digit whole numbers and with decimals to hundredths.

SOLUCIONA el problema EN EL MUNDO

Un tigre puede comer hasta 40 libras de alimento de una vez, aunque también puede pasar varios días sin comer. Supón que un tigre siberiano que vive en el bosque come un promedio de 18 libras de alimento por día. ¿Cuánto alimento comerá el tigre en 28 días si come esa cantidad cada día?

Usa el valor posicional y la reagrupación.

PASO 1 Estima: 28 × 18

Piensa: 30 × 20 = ______________

PASO 2 Multiplica por las unidades.

```
  28
× 18
```

28 × 8 unidades = _______ unidades

PASO 3 Multiplica por las decenas.

```
  28
× 18
```

28 × 1 decena = _______ decenas ó _______ unidades

PASO 4 Suma los productos parciales.

```
    28
  × 18
  ____   ← 28 × 8
+ ____   ← 28 × 10
  ____
```

Recuerda

Usa patrones de ceros para hallar el producto de los múltiplos de 10.

3 × 4 = 12

3 × 40 = 120   30 × 40 = 1,200

3 × 400 = 1,200   300 × 40 = 12,000

Entonces, en promedio, un tigre siberiano puede comer ______________ libras de alimento en 28 días.

Ejemplo

Un tigre siberiano puede dormir hasta 18 horas por día, o 126 horas por semana. ¿Alrededor de cuántas horas duerme un tigre por año? Un año tiene 52 semanas.

PASO 1 **Estima:** 126 × 52

Piensa: 100 × 50 = ________

PASO 2 Multiplica por las unidades.

$$\begin{array}{r} 126 \\ \times\ 52 \\ \hline \end{array}$$

126 × 2 unidades = ________ unidades

PASO 3 Multiplica por las decenas.

$$\begin{array}{r} 126 \\ \times\ 52 \\ \hline \end{array}$$

126 × 5 decenas = ________ decenas ó ________ unidades

PASO 4 Suma los productos parciales.

$$\begin{array}{r} 126 \\ \times\ 52 \\ \hline \\ + \quad \\ \hline \end{array}$$

← 126 × 2

← 126 × 50

Entonces, un tigre siberiano duerme alrededor de ________ horas por año.

MÉTODOS MATEMÁTICOS

Charla matemática ¿Podrías haber usado números distintos en el Paso 1 para hallar una estimación que estuviera más cerca del resultado real? **Explícalo.**

- Cuando multiplicas 126 por 5 decenas en el Paso 3, ¿por qué el producto tiene un cero en el lugar de las unidades? **Explícalo.** ________________

____

Nombre ______________________________

Comunicar y mostrar

Completa para hallar el producto.

1.

			6	4
	×		4	3
+				

← 64 × ______
← 64 × ______

2.

		5	7	1
	×		3	8
+				

← 571 × ______
← 571 × ______

Estima. Luego halla el producto.

3. Estimación: ______________

$$\begin{array}{r} 24 \\ \times\ 15 \\ \hline \end{array}$$

4. Estimación: ______________

$$\begin{array}{r} 37 \\ \times\ 63 \\ \hline \end{array}$$

5. Estimación: ______________

$$\begin{array}{r} 384 \\ \times\ 45 \\ \hline \end{array}$$

Por tu cuenta

Estima. Luego halla el producto.

6. Estimación: ______________

$$\begin{array}{r} 28 \\ \times\ 22 \\ \hline \end{array}$$

7. Estimación: ______________

$$\begin{array}{r} 93 \\ \times\ 76 \\ \hline \end{array}$$

8. Estimación: ______________

$$\begin{array}{r} 295 \\ \times\ 51 \\ \hline \end{array}$$

Práctica: Copia y resuelve Estima. Luego halla el producto.

9. 54×31
10. 42×26
11. 38×64
12. 63×16
13. 204×41
14. 534×25
15. 722×39
16. 957×43

Resolución de problemas EN EL MUNDO

Usa la tabla para resolver los problemas 17 a 20.

Cantidad de horas que duermen los animales	
Animal	**Cantidad (horas habituales por semana)**
Jaguar	77
Armadillo gigante	127
Mono nocturno	119
Ornitorrinco	98
Perezoso de tres dedos	101

17. ¿Cuántas horas duerme un jaguar en 1 año?

____

18. En 1 año, ¿cuántas horas más duerme un armadillo gigante que un ornitorrinco?

____

19. H.O.T. Los monos nocturnos duermen durante el día y se despiertan alrededor de 15 minutos después de la puesta del sol para buscar alimento. A la medianoche, descansan una o dos horas y después siguen alimentándose hasta el amanecer. Viven alrededor de 27 años. ¿Cuántas horas duerme en toda su vida un mono nocturno que vive 27 años?

____

20. Los perezosos de tres dedos se mueven muy lentamente, usando la menor cantidad de energía posible. Comen, duermen y hasta dan a luz cabeza abajo. La cría puede llegar a mantenerse colgada de su madre hasta 36 semanas después de su nacimiento. ¿Cuánto tiempo de esas 36 semanas duerme el perezoso?

____

21. **Preparación para la prueba** La velocidad máxima a la que puede caminar un perezoso en el suelo es 15 pies en 1 minuto. Si bien es poco probable que un perezoso se mantenga en movimiento por más de unos instantes, ¿qué distancia podría recorrer un perezoso que caminara a esa velocidad durante 45 minutos?

Ⓐ 60 pies

Ⓑ 270 pies

Ⓒ 675 pies

Ⓓ 6,750 pies

MUESTRA TU TRABAJO

PARA PRACTICAR MÁS:
Cuaderno de práctica de los estándares, págs. P15 y P16

Nombre ______________________________

Relacionar la multiplicación con la división

Pregunta esencial ¿Cómo se usa la multiplicación para resolver un problema de división?

ESTÁNDAR COMÚN CC.5.NBT.6
Perform operations with multi-digit whole numbers and with decimals to hundredths.

Puedes usar la relación que existe entre la multiplicación y la división para resolver un problema de división. Cuando se usan los mismos números, la multiplicación y la división son **operaciones inversas** u opuestas.

$3 \times 8 = 24$ (3: factor; 8: factor; 24: producto)

$24 \div 3 = 8$ (24: dividendo; 3: divisor; 8: cociente)

SOLUCIONA el problema EN EL MUNDO

Joel y 5 amigos juntaron 126 canicas. Se repartieron las canicas en partes iguales. ¿Cuántas canicas le tocarán a cada uno?

- Subraya el dividendo.
- ¿Cuál es el divisor? _____

De una manera Haz una matriz.

- Traza el contorno de una matriz rectangular en la cuadrícula para representar 126 cuadrados dispuestos en 6 hileras de la misma longitud. Sombrea cada hilera con un color diferente.

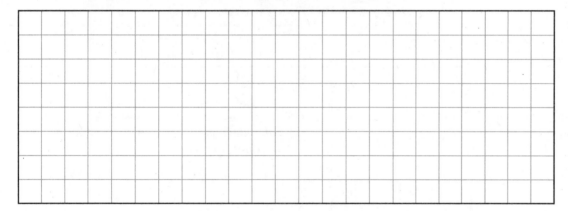

- ¿Cuántos cuadrados sombreados hay en cada hilera? _____

- Usa la matriz para completar el enunciado de multiplicación. Luego usa el enunciado de multiplicación para completar el enunciado de división.

$6 \times$ _____ $= 126$ $126 \div 6 =$ _____

Entonces, a cada uno de los 6 amigos le tocarán _____ canicas.

De otra manera Usa la propiedad distributiva.

Divide. 52 ÷ 4

Puedes usar la propiedad distributiva y un modelo de área para resolver problemas de división. Recuerda que la propiedad distributiva establece que multiplicar una suma por un número es lo mismo que multiplicar cada sumando de la suma por el número y luego sumar los productos.

PASO 1

Escribe un enunciado de multiplicación relacionado para el problema de división.

Piensa: Usa el divisor como un factor y el dividendo como el producto. El cociente será el factor desconocido.

52 ÷ 4 = ■

4 × ■ = 52

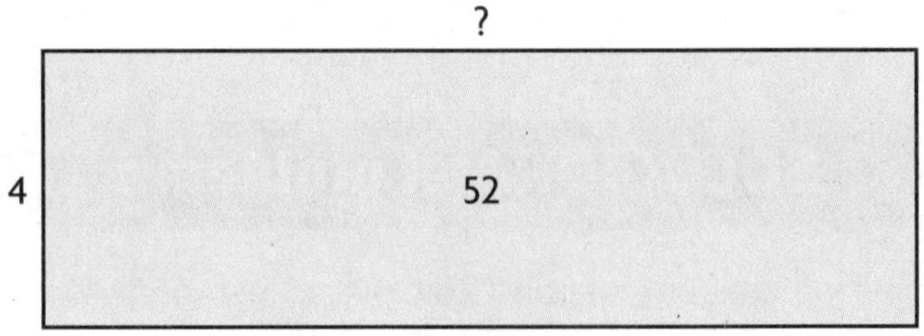

4 × ? = 52

PASO 2

Usa la propiedad distributiva para dividir el área grande en áreas más pequeñas para los productos parciales que conoces.

(40 + 12) = 52

(4 × ____) + (4 × ____) = 52

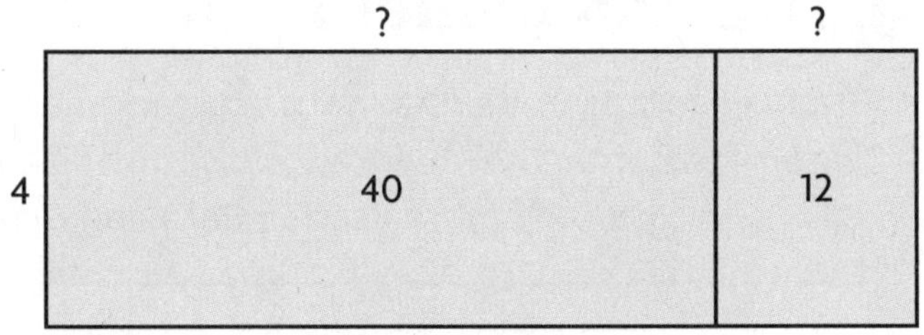

(4 × ?) + (4 × ?) = 52

PASO 3

Halla la suma de los factores desconocidos de las áreas más pequeñas.

____ + ____ = ____

PASO 4

Escribe el enunciado de multiplicación con el factor desconocido que hallaste. Luego usa el enunciado de multiplicación para hallar el cociente.

4 × ____ = 52

52 ÷ 4 = ____

- **Explica** cómo puedes usar la propiedad distributiva para hallar el cociente de 96 ÷ 8.

____

____

____

Nombre ______________________________

Comunicar y mostrar MATH BOARD

1. Brad tiene 72 carritos de juguete y los divide en 4 grupos iguales. ¿Cuántos carritos tiene Brad en cada grupo? Usa la matriz para mostrar tu resultado.

$4 \times$ ______ $= 72$ $72 \div 4 =$ ______

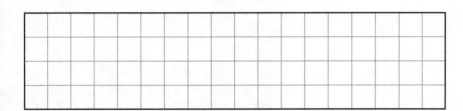

Usa la multiplicación y la propiedad distributiva para hallar el cociente.

2. $108 \div 6 =$ ______

3. $84 \div 6 =$ ______

4. $184 \div 8 =$ ______

MÉTODOS MATEMÁTICOS

Charla matemática Explica cómo usar la multiplicación como la operación inversa te ayuda a resolver un problema de división.

Por tu cuenta

Usa la multiplicación y la propiedad distributiva para hallar el cociente.

5. $60 \div 4 =$ ______

6. $144 \div 6 =$ ______

7. $252 \div 9 =$ ______

H.O.T. **Halla los cocientes. Luego compara. Escribe <, > ó =.**

8. $51 \div 3$ ◯ $68 \div 4$

______ ______

9. $252 \div 6$ ◯ $135 \div 3$

______ ______

10. $110 \div 5$ ◯ $133 \div 7$

______ ______

Resolución de problemas

Usa la tabla para resolver los problemas 11 a 13.

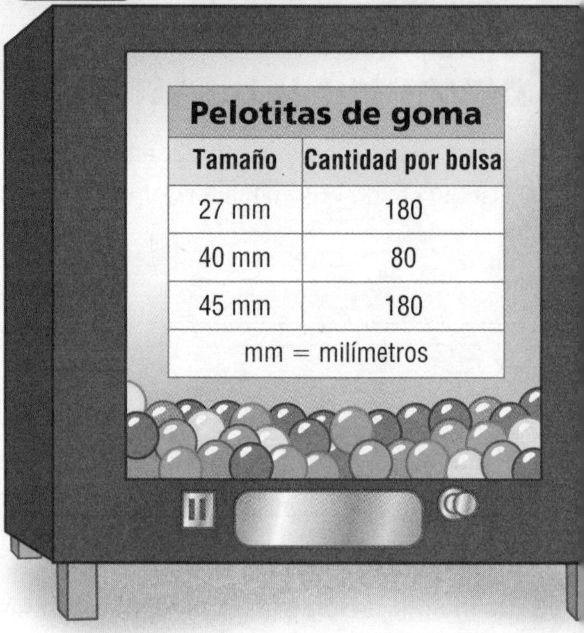

Pelotitas de goma	
Tamaño	**Cantidad por bolsa**
27 mm	180
40 mm	80
45 mm	180
mm = milímetros	

11. Un grupo de 6 amigos reparten una bolsa de pelotitas de goma de 45 milímetros en partes iguales. ¿Cuántas pelotitas le corresponden a cada uno?

____

12. H.O.T. El Sr. Henderson tiene 2 máquinas expendedoras de pelotitas de goma. Compra una bolsa de pelotitas de 27 milímetros y una bolsa de pelotitas de 40 milímetros. Pone la misma cantidad de cada tamaño en las 2 máquinas. ¿Cuántas pelotitas pone en cada máquina?

____

13. Lindsey compra una bolsa de cada tamaño de pelotitas de goma. Quiere colocar la misma cantidad de cada tamaño de pelotitas en 5 bolsitas de cumpleaños. ¿Cuántas pelotitas de cada tamaño colocará en cada bolsita?

____

14. **¿Cuál es el error?** Sandy escribe $(4 \times 30) + (4 \times 2)$ y dice que el cociente de $128 \div 4$ es 8. ¿Tiene razón? **Explícalo.**

____

____

____

____

15. **Preparación para la prueba** ¿Cuál de las siguientes opciones se puede usar para hallar $150 \div 6$?

Ⓐ $(6 \times 20) + (6 \times 5)$

Ⓑ $(6 \times 10) + (6 \times 5)$

Ⓒ $(2 \times 75) + (2 \times 3)$

Ⓓ $(6 \times 15) + (6 \times 5)$

MUESTRA TU TRABAJO

Nombre ______________________________

Resolución de problemas • Multiplicación y división

Pregunta esencial ¿Cómo puedes usar la estrategia *resolver un problema más sencillo* para resolver un problema de división?

ESTÁNDAR COMÚN CC.5.NBT.6
Perform operations with multi-digit whole numbers and with decimals to hundredths.

SOLUCIONA el problema EN EL MUNDO

Mark trabaja en un refugio para animales. Para alimentar a 9 perros, Mark vacía ocho latas de 18 onzas de alimento para perros en un tazón grande. Si divide el alimento en partes iguales entre los perros, ¿cuántas onzas de alimento le corresponderán a cada perro?

Usa el siguiente organizador gráfico como ayuda para resolver el problema.

Lee el problema

¿Qué debo hallar?

Debo hallar ______________________________

______________________________.

¿Qué información debo usar?

Debo usar la cantidad de ____________, la cantidad de ____________ que contiene cada lata y la cantidad de perros que deben alimentarse.

¿Cómo usaré la información?

Puedo ____________ para hallar la cantidad total de onzas. Luego puedo resolver un problema más sencillo para ____________ ese total entre 9.

Resuelve el problema

- Primero, multiplico para hallar la cantidad total de onzas de alimento para perros.

$8 \times 18 =$ ______

- Para hallar la cantidad de onzas que le corresponde a cada perro, debo dividir.

$144 \div$ ______ $=$ ■

- Para hallar el cociente, descompongo 144 en dos números más sencillos que sean más fáciles de dividir.

$144 \div 9 =$ ■

$(90 +$ ______ $) \div 9 =$ ■

$($ ______ $\div 9) + ($ ______ $\div 9) =$ ■

______ $+ 6 =$ ______

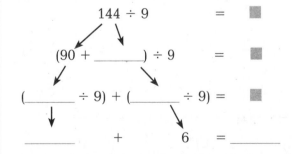

Entonces, a cada perro le corresponden ______ onzas de alimento.

Haz otro problema

Michelle está haciendo unos estantes para su recámara. Tiene una tabla de 137 pulgadas de longitud y la quiere cortar para hacer 7 estantes de la misma longitud. La tabla tiene bordes desparejos, entonces Michelle comenzará por cortar 2 pulgadas de cada borde. ¿Cuánto medirá cada estante?

137 pulgadas

Lee el problema	Resuelve el problema
¿Qué debo hallar?	
¿Qué información debo usar?	
¿Cómo usaré la información?	

Entonces, cada estante medirá ______ pulgadas de longitud.

Charla matemática MÉTODOS MATEMÁTICOS Explica cómo te ayudó a resolver el problema la estrategia que usaste.

Nombre ________________________________

Comunicar y mostrar MATH BOARD

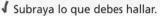

1. Para preparar una mezcla de concreto, Mónica vierte en una carretilla grande 34 libras de cemento, 68 libras de arena, 14 libras de piedras pequeñas y 19 libras de piedras grandes. Si reparte la mezcla en 9 bolsas del mismo tamaño, ¿cuánto pesará cada bolsa?

Primero, halla el peso total de la mezcla.

____

Luego, divide el peso total entre la cantidad de bolsas. Si es necesario, descompón el total en dos números más sencillos para que sea más fácil hacer la división.

Por último, halla el cociente y resuelve el problema.

Entonces, cada bolsa pesará ______ libras.

2. **¿Qué pasaría si** Mónica repartiera la mezcla en 5 bolsas del mismo tamaño? ¿Cuánto pesaría cada bolsa?

____

3. Taylor está construyendo casas para perros para vender. Para cada casa usa 3 planchas de contrachapado que corta de diferentes formas. El contrachapado se envía en lotes de 14 planchas enteras. ¿Cuántas casas para perros puede construir Taylor con 12 lotes de contrachapado?

____

4. Eileen está sembrando una huerta. Tiene semillas para 60 plantas de tomate, 55 plantas de maíz y 21 plantas de pepino. Hace 8 hileras, todas con la misma cantidad de plantas. ¿Cuántas semillas se plantan en cada hilera?

____

Pistas

SOLUCIONA el problema

- ✓ Subraya lo que debes hallar.
- ✓ Encierra en un círculo los números que debes usar.

MUESTRA TU TRABAJO

Por tu cuenta

5. Keith comienza a hacer saltos de tijera dando 1 salto el día 1. Todos los días duplica la cantidad de saltos que hace. ¿Cuántos saltos de tijera hará Keith el día 10?

6. H.O.T. Si comienzas en el cuadrado azul, ¿cuántas maneras diferentes hay de trazar una línea que pase a través de cada cuadrado sin levantar el lápiz ni cruzar una línea que ya hayas trazado? Muestra todas las maneras posibles.

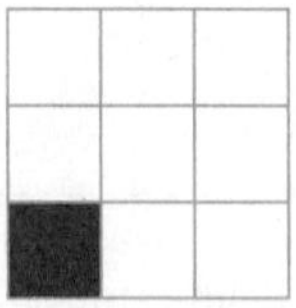

7. El 11 de abril, Millie compró una cortadora de césped con una garantía de 50 días. Si la garantía comienza el día de la compra, ¿cuál será el primer día en que la cortadora ya no tendrá garantía?

8. H.O.T. El tablero de anuncios de un salón de clases mide 7 pies por 4 pies. Si hay una fotografía de un estudiante cada 6 pulgadas a lo largo del borde, incluida una en cada vértice, ¿cuántas fotografías hay en el tablero de anuncios?

9. Dave quiere hacer un sendero de piedras. El sendero es rectangular y mide 4 pies de ancho por 12 pies de longitud. Cada piedra mide 2 pies por 2 pies y cubre un área de 4 pies cuadrados. ¿Cuántas piedras necesitará Dave para hacer el sendero?

10. **Preparación para la prueba** Delia tiene 112 minutos de tiempo de grabación. ¿Cuántas canciones de 4 minutos puede grabar?

Ⓐ 28 Ⓒ 18

Ⓑ 27 Ⓓ 17

Elige una ESTRATEGIA

- Representar
- Hacer un diagrama
- Hacer una tabla
- Resolver un problema más sencillo
- Trabajar de atrás para adelante
- Adivinar, comprobar y revisar

PARA PRACTICAR MÁS:
Cuaderno de práctica de los estándares, págs. P19 y P20

Nombre ______________________________

Expresiones numéricas

Pregunta esencial ¿Cómo puedes usar una expresión numérica para describir una situación?

ESTÁNDAR COMÚN CC.5.OA.2
Write and interpret numerical expressions.

SOLUCIONA el problema EN EL MUNDO

Una **expresión numérica** es una expresión matemática que tiene números y signos de operaciones, pero no tiene un signo de la igualdad.

En el Torneo Memorial Bass que se realiza en Tidioute, Pennsylvania, Tyler pescó 15 lubinas pequeñas y su papá pescó 12. Escribe una expresión numérica para representar la cantidad de peces que pescaron en total.

Elige qué operación usar.

Debes juntar grupos de diferentes tamaños, entonces usa la suma.

15 lubinas pequeñas	más	12 lubinas pequeñas
↓	↓	↓
15	+	12

Entonces, 15 + 12 representa la cantidad de peces que pescaron en total.

Ejemplo 1 Escribe una expresión que se relacione con las palabras.

A Suma

Emma tiene 11 peces en su pecera. Compra 4 peces más.

peces	más	más peces
↓	↓	↓
11	+	4

B Resta

Lucía tiene 128 estampillas. Usa 38 estampillas para enviar invitaciones para una fiesta.

estampillas	menos	estampillas usadas
↓	↓	↓
128	−	______

C Multiplicación

Carla compra 5 libros. Cada libro cuesta $3.

libros	multiplicado por	costo por libro
↓	↓	↓
______	×	______

D División

Cuatro jugadores se reparten 52 tarjetas en partes iguales.

tarjetas	dividido entre	jugadores
↓	↓	↓
______	÷	______

MÉTODOS MATEMÁTICOS

Charla matemática Describe lo que representa cada expresión.

Expresiones con paréntesis El significado de las palabras de un problema te indicará dónde debes colocar los paréntesis en una expresión.

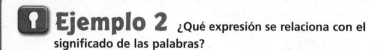

Ejemplo 2 ¿Qué expresión se relaciona con el significado de las palabras?

- Subraya los sucesos de cada día.
- Encierra en un círculo la cantidad de días en que ocurrieron estos sucesos.

Doug se fue a pescar por 3 días. Cada día ponía $15 en su bolsillo. Al final del día, le quedaban $5. ¿Cuánto dinero gastó Doug en su viaje de pesca?

Piensa: Cada día llevaba $15 y le quedaban $5. Hizo esto durante 3 días.

($15 − $5) ← **Piensa:** ¿Qué expresión puedes escribir para mostrar la cantidad de dinero que Doug gasta en un día?

3 × ($15 − $5) ← **Piensa:** ¿Qué expresión puedes escribir para mostrar la cantidad de dinero que Doug gasta en tres días?

MÉTODOS MATEMÁTICOS

Charla matemática Explica qué relación hay entre la expresión de lo que Doug gastó en tres días y la expresión de lo que gastó en un día.

Ejemplo 3 ¿Qué problema se relaciona con la expresión $20 − ($12 + $3)?

Kim tiene $20 para gastar en su viaje de pesca. Gasta $12 en una caña de pescar. Luego encuentra $3. ¿Cuánto dinero tiene Kim ahora?

Ordena los sucesos.

Primero: Kim tiene $20.

A continuación: ______________________.

Luego: ______________________.

¿Esta situación se relaciona con la expresión? ____________.

Kim tiene $20 para gastar en su viaje de pesca. Gasta $12 en una caña de pescar y $3 en carnada. ¿Cuánto dinero tiene Kim ahora?

Ordena los sucesos.

Primero: Kim tiene $20.

A continuación: ______________________.

Luego: ______________________.

¿Esta situación se relaciona con la expresión? ____________.

Comunicar y mostrar MATH BOARD

Encierra en un círculo la expresión que se relaciona con las palabras.

1. Teri tenía 18 lombrices. Le dio 4 lombrices a Susie y 3 lombrices a Jamie.

$(18 - 4) + 3$ $18 - (4 + 3)$

2. Rick tenía $8. Luego trabajó 4 horas y le pagaron $5 por hora.

$8 + (4 × $5) ($8 + 4) × $5

Nombre ______________________________

Escribe una expresión que se relacione con las palabras.

3. Greg maneja 26 millas el lunes y 90 millas el martes.

____

4. Lynda tiene 27 peces menos que Jack. Jack tiene 80 peces.

____

Escribe palabras que se relacionen con la expresión.

5. $34 - 17$

____

____

6. $6 \times (12 - 4)$

____

____

MÉTODOS MATEMÁTICOS

Charla matemática ¿Es $4 \times 8 = 32$ una expresión? Explica por qué.

Por tu cuenta

Escribe una expresión que se relacione con las palabras.

7. José repartió 12 bolsitas de cumpleaños en partes iguales entre 6 amigos.

____

8. Braden tiene 14 tarjetas de béisbol. Encuentra otras 5 tarjetas de béisbol.

____

9. Isabelle compró 12 botellas de agua a $2 cada una.

____

10. Monique tenía $20. Gastó $5 en su almuerzo y $10 en la librería.

____

Escribe palabras que se relacionen con la expresión.

11. $36 \div 9$

____

____

12. $35 - (16 + 11)$

____

____

Traza una línea para emparejar la expresión con las palabras.

13. Fred pesca 25 peces. Luego deja en libertad a 10 peces y pesca 8 más. •

Nick tiene 25 bolígrafos. Regala 10 bolígrafos a un amigo y 8 bolígrafos a otro amigo. •

Jan pesca 15 peces y deja en libertad a 6 peces. •

Libby pesca 15 peces y deja en libertad a 6 peces durante tres días seguidos. •

• $3 \times (15 - 6)$

• $15 - 6$

• $25 - (10 + 8)$

• $(25 - 10) + 8$

Resolución de problemas EN EL MUNDO

Usa la regla y la tabla para resolver el problema 14.

Peces de acuario	
Tipo de pez	**Longitud (en pulgadas)**
Tetra limón	2
Tetra fresa	3
Danio gigante	5
Barbo tigre	3
Cola de espada	5

▲ **La regla para la cantidad de peces que se pueden tener en un acuario es que debe haber 1 galón de agua por cada pulgada de longitud.**

14. Escribe una expresión numérica para representar la cantidad total de peces tetra limón que podría haber en un acuario de 20 galones de agua.

____

15. H.O.T. Escribe un problema para una expresión que es el triple de (15 + 7). Luego escribe la expresión.

____

____

____

____

____

16. **¿Cuál es la pregunta?** Lucy tiene 3 peces cola de espada en su acuario. Compra otros 2 peces cola de espada.

____

____

17. H.O.T. Tammy regala 45 estampillas a sus 9 amigas. Las reparte en partes iguales entre sus amigas. Escribe una expresión que se relacione con las palabras. ¿Cuántas estampillas le corresponden a cada amiga?

____

18. **Preparación para la prueba** Josh tiene 5 cubetas con 3 peces en cada una. Luego deja en libertad a 4 peces. ¿Qué expresión se relaciona con las palabras?

Ⓐ $(3 \times 4) - 5$

Ⓑ $(5 \times 4) - 3$

Ⓒ $(5 \times 3) - 4$

Ⓓ $(5 - 3) \times 4$

MUESTRA TU TRABAJO

PARA PRACTICAR MÁS:
Cuaderno de práctica de los estándares, págs. P21 y P22

Nombre ______________________________

Evaluar expresiones numéricas

Pregunta esencial ¿En qué orden deben evaluarse las operaciones para hallar la solución a un problema?

ESTÁNDAR COMÚN CC.5.OA.1
Write and interpret numerical expressions.

CONECTAR Recuerda que una expresión numérica es una expresión matemática que solo tiene números y signos de operaciones.

$(5 - 2) \times 7$ $72 \div 9 + 16$ $(24 - 15) + 32$

Para **evaluar**, o hallar el valor de, una expresión numérica con más de una operación, debes seguir reglas que se conocen como **orden de las operaciones**. El orden de las operaciones te indica en qué orden debes evaluar una expresión.

Orden de las operaciones

1. Haz las operaciones que están entre paréntesis.
2. Multiplica y divide de izquierda a derecha.
3. Suma y resta de izquierda a derecha.

SOLUCIONA el problema EN EL MUNDO

Para la receta de un pastel se necesitan 4 tazas de harina y 2 tazas de azúcar. Para triplicar la receta, ¿cuántas tazas de harina y de azúcar se necesitan en total?

Evalúa $3 \times 4 + 3 \times 2$ para hallar la cantidad total de tazas.

A Heather no siguió el orden de las operaciones correctamente.

Heather

$3 \times 4 + 3 \times 2$ Primero, sumé.

$3 \times 7 \times 2$ Luego, multipliqué.

42

B Sigue el orden de las operaciones multiplicando primero y sumando después.

Nombre ______

$3 \times 4 + 3 \times 2$

Explica por qué el resultado de Heather no es correcto.

____

Entonces, se necesitan ______ tazas de harina y azúcar.

Evalúa expresiones con paréntesis Para evaluar una expresión con paréntesis, sigue el orden de las operaciones. Haz las operaciones que están entre paréntesis primero. Multiplica de izquierda a derecha. Luego suma y resta de izquierda a derecha.

Ejemplo

Linda usa 3 tazas de harina, 1 taza de leche y 2 tazas de azúcar para cada tanda de magdalenas que prepara. Linda quiere preparar 5 tandas de magdalenas. ¿Cuántas tazas de harina, leche y azúcar necesitará en total?

Escribe la expresión.	$5 \times (3 + 1 + 2)$
Primero, haz las operaciones entre paréntesis.	$5 \times$ (______)
Luego multiplica.	______

Entonces, Linda usará ______ tazas de harina, leche y azúcar en total.

- **¿Qué pasaría si** Linda preparara 4 tandas? ¿Cambiaría la expresión numérica? **Explícalo.**

____

¡Inténtalo! **Vuelve a escribir la expresión con paréntesis para igualar el valor dado.**

A $6 + 12 \times 8 - 3$; valor: 141

- Evalúa la expresión sin los paréntesis. ______________
- Intenta colocar los paréntesis en la expresión, de tal manera que el valor sea igual a 141.

Piensa: ¿La ubicación de los paréntesis aumenta o disminuye el valor de la expresión?

- Usa el orden de las operaciones para comprobar tu trabajo.

$6 + 12 \times 8 - 3$

B $5 + 28 \div 7 - 4$; valor: 11

- Evalúa la expresión sin los paréntesis. ______________
- Intenta colocar los paréntesis en la expresión, de tal manera que el valor sea igual a 11.

Piensa: ¿La ubicación de los paréntesis aumenta o disminuye el valor de la expresión?

- Usa el orden de las operaciones para comprobar tu trabajo.

$5 + 28 \div 7 - 4$

Nombre ______________________

Comunicar y mostrar MATH BOARD

Evalúa la expresión numérica.

1. $10 + 36 \div 9$

Piensa: Primero debo dividir.

______

2. $10 + (25 - 10) \div 5$

______

3. $9 - (3 \times 2) + 8$

______

MÉTODOS MATEMÁTICOS

Charla matemática Raina sumó primero y multiplicó después para evaluar la expresión $5 \times 2 + 2$. ¿Su resultado será correcto? **Explícalo.**

Por tu cuenta

Evalúa la expresión numérica.

4. $(4 + 49) - 4 \times 10$

______

5. $5 + 17 - 100 \div 5$

______

6. $36 - (8 + 5)$

______

7. $125 - (68 + 7)$

______

8. $(4 \times 6) - 12$

______

9. $3 \times (22 - 2)$

______

10. $23 + (16 - 7)$

______

11. $(25 - 4) \div 3$

______

Vuelve a escribir la expresión con paréntesis para igualar el valor dado.

12. $100 - 30 \div 5$
valor: 14

______

13. $12 + 17 - 3 \times 2$
valor: 23

______

14. $9 + 5 \div 5 + 2$
valor: 2

______

SOLUCIONA el problema EN EL MUNDO

15. Un cine tiene 4 grupos de butacas. El grupo más grande de butacas, que está en el centro, tiene 20 hileras de 20 butacas cada una. Hay 2 grupos más pequeños de butacas a los lados con 20 hileras de 6 butacas cada una. Al fondo hay un grupo de butacas que tiene 5 hileras de 30 butacas cada una. ¿Cuántas butacas hay en el cine?

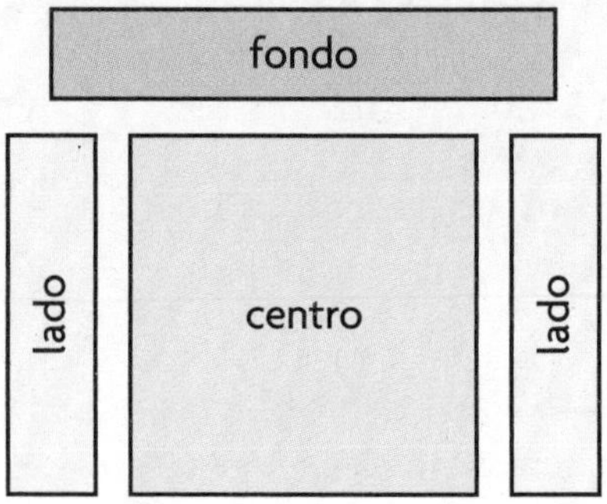

a. ¿Qué debes saber? ______________________________

____

b. ¿Qué operación puedes usar para hallar la cantidad total de butacas del grupo del fondo? Escribe la expresión. ______________________________

c. ¿Qué operación puedes usar para hallar la cantidad total de butacas de los grupos ubicados a los lados? Escribe la expresión.

____

d. ¿Qué operación puedes usar para hallar la cantidad de butacas del grupo del centro? Escribe la expresión.

____

e. Escribe una expresión para representar la cantidad total de butacas del cine.

____

____

f. ¿Cuántas butacas hay en el cine? Muestra los pasos que sigues para resolver el problema.

____

____

16. ★ **Preparación para la prueba** En su hábitat natural, un panda gigante adulto come alrededor de 30 libras de alimento por día. ¿Qué expresión representa cuántas libras de alimento comen 6 pandas en 3 días?

Ⓐ $3 + (30 \times 6)$

Ⓑ $3 \times (30 \times 6)$

Ⓒ $(30 \times 6) \div 3$

Ⓓ $(30 \times 6) - 3$

17. ★ **Preparación para la prueba** ¿Qué expresión tiene un valor de 6?

Ⓐ $(6 \div 3) \times 4 + 8$

Ⓑ $27 - 9 \div 3 \times (4 + 1)$

Ⓒ $(18 + 12) \times 6 - 4$

Ⓓ $71 - 5 \times (9 + 4)$

PARA PRACTICAR MÁS:
Cuaderno de práctica de los estándares, págs. P23 y P24

Nombre ____________________________

Agrupar símbolos

Pregunta esencial ¿En qué orden deben evaluarse las operaciones para hallar una solución cuando hay paréntesis dentro de paréntesis?

ESTÁNDAR COMÚN CC.5.OA.1
Write and interpret numerical expressions.

SOLUCIONA el problema EN EL MUNDO

La mesada semanal de Mary es $8 y la mesada semanal de David es $5. Todas las semanas cada uno gasta $2 en el almuerzo. Escribe una expresión numérica que muestre cuántas semanas tardarán en ahorrar entre los dos el dinero suficiente para comprar un videojuego que cuesta $45.

- Subraya la mesada semanal de Mary y lo que gasta.
- Encierra en un círculo la mesada semanal de David y lo que gasta.

Usa paréntesis y corchetes para escribir una expresión.

Puedes usar paréntesis y corchetes para agrupar las operaciones que van juntas. Las operaciones que están entre paréntesis y corchetes se hacen primero.

PASO 1 Escribe una expresión que represente cuánto ahorran Mary y David cada semana.

- ¿Cuánto dinero ahorra Mary cada semana?

  Piensa: Cada semana Mary recibe $8 y gasta $2.

  (____________)

- ¿Cuánto dinero ahorra David cada semana?

  Piensa: Cada semana David recibe $5 y gasta $2.

  (____________)

- ¿Cuánto dinero ahorran cada semana Mary y David entre los dos? ____________________________

PASO 2 Escribe una expresión que represente la cantidad de semanas que tardarán Mary y David en ahorrar el dinero suficiente para comprar el videojuego.

- ¿Cuántas semanas tardarán Mary y David en ahorrar lo suficiente para comprar un videojuego?

  Piensa: Puedo usar corchetes para agrupar las operaciones una segunda vez. Los $45 se dividen entre la cantidad total de dinero ahorrado cada semana.

  __________ ÷ [____________________________]

MÉTODOS MATEMÁTICOS

Charla matemática Explica por qué los corchetes encierran la parte de la expresión que representa la cantidad de dinero que Mary y David ahorran cada semana.

Evalúa expresiones con símbolos de agrupación Cuando evalúes una expresión con diferentes símbolos de agrupación (paréntesis, corchetes y llaves), haz primero la operación encerrada entre los símbolos de agrupación que estén más adentro y evalúa la expresión de adentro hacia fuera.

Ejemplo

John recibe una mesada semanal de $6 y gasta $4. Su hermana Tina recibe una mesada semanal de $7 y gasta $3. El cumpleaños de su mamá es dentro de 4 semanas. Si gastan la misma cantidad cada semana, ¿cuánto dinero pueden ahorrar juntos en ese tiempo para comprarle un regalo?

- Usa paréntesis y corchetes para escribir la expresión. 4 × [($6 − $4) + ($7 − $3)]
- Haz las operaciones que están entre paréntesis primero. 4 × [______ + ______]
- A continuación, haz las operaciones que están entre corchetes. 4 × ______
- Luego multiplica. ______

Entonces, John y Tina podrán ahorrar ____________ para el regalo de cumpleaños de su mamá.

- **¿Qué pasaría si** solamente Tina ahorrara dinero? ¿Cambiaría la expresión numérica? **Explícalo.**

____

¡Inténtalo! Sigue el orden de las operaciones.

A 4 × {[(5 − 2) × 3] + [(2 + 4) × 2]}

- Haz las operaciones que están entre paréntesis. 4 × {[3 × 3] + [______ × ______]}
- Haz las operaciones que están entre corchetes. 4 × {9 + ______}
- Haz las operaciones que están entre llaves. 4 × ______
- Multiplica. ______

B 32 ÷ {[(3 × 2) + 7] − [(6 − 4) + 7]}

- Haz las operaciones que están entre paréntesis. 32 ÷ {[______ + ______] − [______ + ______]}
- Haz las operaciones que están entre corchetes. 32 ÷ {______ − ______}
- Haz las operaciones que están entre llaves. 32 ÷ ______
- Divide. ______

Nombre ______________________

Comunicar y mostrar MATH BOARD

Evalúa la expresión numérica.

1. $12 + [(15 - 5) + (9 - 3)]$

   $12 + [10 +$ ______ $]$

   $12 +$ ______

   ______

2. $5 \times [(26 - 4) - (4 + 6)]$

   ______

3. $36 \div [(18 - 10) - (8 - 6)]$

   ______

Por tu cuenta

Evalúa la expresión numérica.

4. $4 + [(16 - 4) + (12 - 9)]$

   ______

5. $24 - [(10 - 7) + (16 - 9)]$

   ______

6. $16 \div [(13 + 7) - (12 + 4)]$

   ______

7. $5 \times [(7 - 2) + (10 - 8)]$

   ______

8. $[(17 + 8) + (29 - 12)] \div 6$

   ______

9. $[(6 \times 7) + (3 \times 4)] - 28$

   ______

10. $3 \times \{[(12 - 8) \times 2] + [(11 - 9) \times 3]\}$

    ______

11. $\{[(3 \times 4) + 18] + [(6 \times 7) - 27]\} \div 5$

    ______

SOLUCIONA el problema EN EL MUNDO

12. Dani tiene una florería. Cada día pone 24 rosas en exhibición. Regala 10 y vende el resto. Cada día pone 36 claveles en exhibición. Regala 12 y vende el resto. ¿Qué expresión puedes usar para hallar la cantidad de rosas y claveles que vende Dani en una semana?

a. ¿Qué información tienes? ______________________

____

____

b. ¿Qué debes hacer? ______________________

____

____

c. ¿Qué expresión representa la cantidad de rosas que vende Dani en un día? ____________

d. ¿Qué expresión representa la cantidad de claveles que vende Dani en un día? ____________

e. Escribe una expresión que represente la cantidad total de rosas y de claveles que vende Dani en un día. ____________

f. Escribe la expresión que representa la cantidad total de rosas y de claveles que vende Dani en una semana. ____________

13. Evalúa la expresión para hallar la cantidad de rosas y claveles que vende Dani en una semana.

____

14. ★ **Preparación para la prueba** ¿Qué expresión tiene un valor de 4?

Ⓐ $[(4 \times 5) + (9 + 7)] + 9$

Ⓑ $[(4 \times 5) + (9 + 7)] \div 9$

Ⓒ $[(4 \times 5) - (9 + 7)] \times 9$

Ⓓ $[(4 + 5) + (9 + 7)] - 9$

PARA PRACTICAR MÁS:
Cuaderno de práctica de los estándares, págs. P25 y P26

Nombre ______________________________

Repaso y prueba del Capítulo 1

Vocabulario

Vocabulario
operaciones inversas
propiedad distributiva

1. La ______________________ establece que multiplicar una suma por un número es lo mismo que multiplicar cada sumando de la suma por el número y luego sumar los productos. (pág. 14)

Conceptos y destrezas

Completa la oración. (CC.5.NBT.1)

2. 7,000 es 10 veces más que ________.

3. 50 es $\frac{1}{10}$ de ________.

Completa la ecuación e indica qué propiedad usaste. (CC.5.NBT.6)

4. $4 \times (12 + 14) =$ ________ $+ (4 \times 14)$

____

5. $45 + 16 =$ ________ $+ 45$

____

Halla el valor. (CC.5.NBT.2)

6. 10^2 ________

7. 3×10^4 ________

8. 8×10^3 ________

Estima. Luego halla el producto. (CC.5.NBT.5)

9. Estimación: ________

$$\begin{array}{r} 579 \\ \times \quad 6 \\ \hline \end{array}$$

10. Estimación: ________

$$\begin{array}{r} 7{,}316 \\ \times \quad 9 \\ \hline \end{array}$$

11. Estimación: ________

$$\begin{array}{r} 436 \\ \times \ 32 \\ \hline \end{array}$$

Usa la multiplicación y la propiedad distributiva para hallar el cociente. (CC.5.NBT.6)

12. $54 \div 3 =$ ________

13. $90 \div 5 =$ ________

14. $96 \div 6 =$ ________

Evalúa la expresión numérica. (CC.5.OA.1)

15. $42 - (9 + 6)$ ________

16. $15 + (22 - 4) \div 6$ ________

17. $6 \times [(5 \times 7) - (7 + 8)]$ ________

APRENDE en línea Opciones de evaluación Prueba del capítulo

Rellena el círculo completamente para indicar tu respuesta.

PREPARACIÓN PARA LA PRUEBA

18. El récord de Érica en su nuevo videojuego es 30,000 puntos. El récord de María es $\frac{1}{10}$ del récord de Érica. ¿Cuántos puntos hizo María? (CC.5.NBT.1)

   Ⓐ 30
   Ⓑ 300
   Ⓒ 3,000
   Ⓓ 30,000

19. Rich gana $35 por semana por cortar el césped de los jardines de su vecindario. ¿Qué expresión puede usarse para mostrar la cantidad de dinero que gana en 8 semanas? (CC.5.NBT.5, CC.5.NBT.6)

   Ⓐ $(8 + 30) + (8 + 5)$
   Ⓑ $(8 \times 30) + (8 \times 5)$
   Ⓒ $(8 + 30) \times (8 + 5)$
   Ⓓ $(8 \times 30) \times (8 \times 5)$

20. El Sr. Rodríguez compró 20 resmas de papel para impresora. Cada resma contiene 500 hojas de papel. ¿Cuántas hojas de papel para impresora compró en total? (CC.5.NBT.2)

   Ⓐ 1,000
   Ⓑ 5,000
   Ⓒ 10,000
   Ⓓ 100,000

21. Las hormigas recolectoras son comunes en el sudoeste de los Estados Unidos. Una sola colonia puede albergar hasta 90,000 hormigas recolectoras. ¿Cuál de las opciones representa ese número escrito como un número natural multiplicado por una potencia de 10? (CC.5.NBT.2)

   Ⓐ 9×10^4
   Ⓑ 9×10^3
   Ⓒ 9×10^2
   Ⓓ 9×10^1

Nombre ______________________________

PREPARACIÓN PARA LA PRUEBA

Rellena el círculo completamente para indicar tu respuesta.

22. Megan usó la siguiente expresión para hallar el cociente de un problema de división.

$$(4 \times 12) + (4 \times 6)$$

¿Cuál era el problema de división y el cociente? (CC.5.NBT.6)

Ⓐ $24 \div 4 = 6$

Ⓑ $48 \div 4 = 12$

Ⓒ $64 \div 4 = 16$

Ⓓ $72 \div 4 = 18$

23. La escuela de Kinsey queda a 1,325 pies de su casa. Kinsey va caminando a la escuela cada mañana y vuelve a su casa en carro a la tarde. ¿Cuántos pies camina Kinsey en 5 días para ir a la escuela? (CC.5.NBT.5)

Ⓐ 6,725 pies

Ⓑ 6,625 pies

Ⓒ 6,525 pies

Ⓓ 5,625 pies

24. Un elefante adulto come alrededor de 300 libras de alimento por día. ¿Qué expresión muestra la cantidad aproximada de libras de alimento que come una manada de 12 elefantes en 5 días? (CC.5.OA.2)

Ⓐ $5 + (300 \times 12)$

Ⓑ $5 \times (300 \times 12)$

Ⓒ $(300 \times 12) \div 5$

Ⓓ $(300 \times 12) - 5$

25. Carla puede escribir 265 caracteres por minuto en el teclado de su computadora. A esa tasa, ¿cuántos caracteres podrá escribir en 15 minutos? (CC.5.NBT.5)

Ⓐ 2,975

Ⓑ 3,875

Ⓒ 3,905

Ⓓ 3,975

▶ Respuesta de desarrollo

26. Donavan copió el siguiente problema del pizarrón, pero se olvidó de copiar uno de los números necesarios para mostrar su trabajo. ¿Qué número falta en su trabajo? **Explica** cómo hallaste el número que falta. (CC.5.NBT.6)

$17 \times 5 = (\square + 7) \times 5$

$= (\square \times 5) + (7 \times 5)$

$= 50 + 35$

$= 85$

____

____

____

▶ Tarea de rendimiento (CC.5.OA.1, CC.5.OA.2)

27. La mesada semanal de Drew es $8.00. La mesada semanal de su amiga Jan es $10. Drew gasta $3 por semana y Jan gasta $4 por semana.

A Escribe dos expresiones para mostrar la cantidad de dinero que le queda a cada persona al final de la semana. Usa paréntesis.

A Drew le quedan ____________.

A Jan le quedan ____________.

B Drew y Jan deciden juntar el dinero que tienen para comprar un videojuego. Escribe una expresión para mostrar cuánto pueden ahorrar cada semana entre las dos. **Explícalo**.

____

____

C El videojuego que Drew y Jan quieren comprar cuesta $55. Escribe una expresión para mostrar cuántas semanas tardarán en ahorrar lo suficiente para comprar el videojuego. Usa paréntesis y corchetes en tu expresión. Luego evalúa la expresión.

____

____

Capítulo 2 Dividir números naturales

Muestra lo que sabes

Comprueba tu comprensión de destrezas importantes.

Nombre ______________________________

▶ **Significado de la división** **Usa fichas para resolver los problemas.**

1. Divide 18 fichas en 3 grupos iguales. ¿Cuántas fichas hay en cada grupo?

   _____ fichas

2. Divide 21 fichas en 7 grupos iguales. ¿Cuántas fichas hay en cada grupo?

   _____ fichas

▶ **Multiplicar números de 3 y 4 dígitos** **Multiplica.**

3. $\begin{array}{r} 321 \\ \times \quad 4 \\ \hline \end{array}$

4. $\begin{array}{r} 518 \\ \times \quad 7 \\ \hline \end{array}$

5. $\begin{array}{r} 4{,}092 \\ \times \quad 6 \\ \hline \end{array}$

6. $\begin{array}{r} 8{,}264 \\ \times \quad 9 \\ \hline \end{array}$

▶ **Estimar con divisores de 1 dígito** **Estima el cociente.**

7. $2\overline{)312}$

8. $4\overline{)189}$

9. $6\overline{)603}$

10. $3\overline{)1{,}788}$

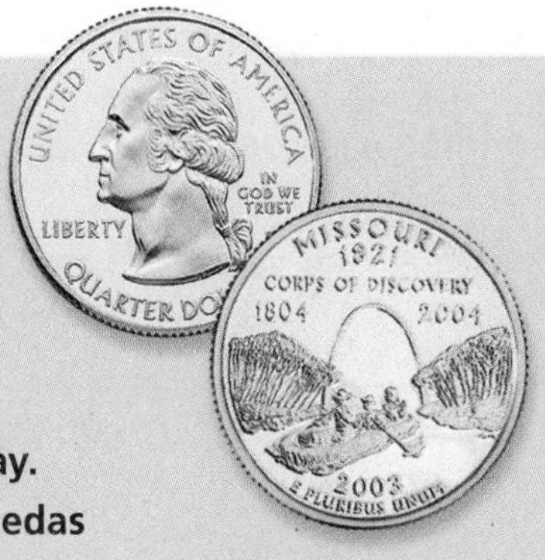

En la moneda de 25¢ de Missouri se muestra el arco Gateway, que mide 630 pies, o 7,560 pulgadas, de altura. Piensa como un detective matemático y halla cuántas pilas de 4 pulgadas de monedas de 25¢ se necesitan para igualar la altura del arco Gateway. Si hay 58 monedas de 25¢ en una pila de 4 pulgadas, ¿cuántas monedas de 25¢ apiladas se necesitan para igualar la altura del arco?

Desarrollo del vocabulario

▶ Visualizar

Completa el diagrama de flujo con las palabras que tienen una ✓.

Operaciones inversas

Multiplicación

factor		______		______
4	×	3	=	12

División

______		______		______
12	÷	3	=	4

Palabras de repaso

✓cociente
cocientes parciales
✓dividendo
✓divisor
estimar
✓factor
números compatibles
✓producto
residuo

▶ Comprender el vocabulario

Usa las palabras de repaso para completar las oraciones.

1. Puedes ______________________ para hallar un número próximo a la cantidad exacta.

2. Los números que se pueden calcular mentalmente con facilidad se llaman ______________________.

3. El ______________________ es la cantidad que queda cuando un número no se puede dividir en partes iguales.

4. El método de división en el que los múltiplos del divisor se restan del dividendo y luego se suman los cocientes se llama ______________________.

5. El número que se va a dividir en un problema de división es el ______________________.

6. El ______________________ es el número que resulta de la división, sin incluir el residuo.

Nombre ______________________________

Hallar el lugar del primer dígito

Pregunta esencial ¿Cómo puedes saber dónde colocar el primer dígito de un cociente sin dividir?

ESTÁNDAR COMÚN CC.5.NBT.6

Perform operations with multi-digit whole numbers and with decimals to hundredths.

SOLUCIONA el problema EN EL MUNDO

Tania tiene 8 margaritas moradas. En total, cuenta 128 pétalos en sus flores. Si cada flor tiene el mismo número de pétalos, ¿cuántos pétalos hay en una flor?

- Subraya la oración que indica lo que debes hallar.
- Encierra en un círculo los números que debes usar.
- ¿Cómo usarás estos números para resolver el problema?

____

Divide. 128 ÷ 8

PASO 1 Usa una estimación para hallar el lugar del primer dígito del cociente.

Estima. 160 ÷ ______ = ______

El primer dígito del cociente estará en el

lugar de las ____________.

PASO 2 Divide las decenas.

```
   1
8)128
 -
 ---
```

Divide. 12 decenas ÷ 8

Multiplica. 8 × 1 decena

Resta. 12 decenas − ______ decenas

Comprueba. ______ decenas no se pueden dividir entre 8 grupos sin reagrupar.

PASO 3 Reagrupa las decenas restantes en unidades. Luego divide las unidades.

```
   16
8)128
 -8↓

 -
 ---
```

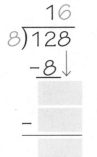

Divide. 48 unidades ÷ 8

Multiplica. 8 × 6 unidades

Resta. 48 unidades − ______ unidades

Comprueba. ______ unidades no se pueden dividir entre 8 grupos.

Puesto que 16 está cerca de la estimación de ______, el resultado es razonable.

Entonces, hay 16 pétalos en una flor.

Charla matemática MÉTODOS MATEMÁTICOS

Explica de qué manera estimar el cociente te ayuda tanto al principio como al final de un problema de división.

Ejemplo

Divide. Usa el valor posicional para hallar el lugar del primer dígito. 4,236 ÷ 5

Recuerda

Recuerda estimar el cociente primero.

Estimación: 4,000 ÷ 5 = ______

PASO 1 Usa el valor posicional para hallar el lugar del primer dígito.

$5\overline{)4{,}236}$

Observa los millares.

4 millares no se pueden dividir entre 5 grupos sin reagrupar.

Observa las centenas.

______ centenas se pueden dividir entre 5 grupos.

El primer dígito está en el lugar de las __________.

PASO 2 Divide las centenas.

$$\begin{array}{r} 8 \\ 5\overline{)4{,}236} \\ - \quad\; \\ \hline \end{array}$$

Divide. ______ centenas ÷ ______

Multiplica. ______ × ______ centenas

Resta. ______ centenas − ______ centenas

Comprueba. ______ centenas no se pueden dividir entre 5 grupos sin reagrupar.

PASO 3 Divide las decenas.

$$\begin{array}{r} 84 \\ 5\overline{)4{,}236} \\ -40\downarrow \\ 23 \\ -20 \\ 3 \end{array}$$

Divide. ______________________

Multiplica. ______________________

Resta. ______________________

Comprueba. ______________________

____

PASO 4 Divide las unidades.

$$\begin{array}{r} 847 \\ 5\overline{)4{,}236} \\ -40 \\ 23 \\ -20\downarrow \\ 36 \\ -35 \\ 1 \end{array}$$

Divide. ______________________

Multiplica. ______________________

Resta. ______________________

Comprueba. ______________________

____

Entonces, 4,236 ÷ 5 es igual a ______ r ______.

MÉTODOS MATEMÁTICOS

Charla matemática Explica cómo sabes si tu resultado es razonable.

Nombre ____________________________

Comunicar y mostrar

Divide.

1. $3\overline{)579}$

2. $5\overline{)1{,}035}$

3. $8\overline{)1{,}766}$

MÉTODOS MATEMÁTICOS

Charla matemática Al dividir, explica cómo sabes cuándo debes colocar un cero en el cociente.

Por tu cuenta

Divide.

4. $8\overline{)275}$

5. $3\overline{)468}$

6. $4\overline{)3{,}220}$

7. $6\overline{)618}$

8. $4\overline{)716}$

9. $9\overline{)1{,}157}$

10. $6\overline{)6{,}827}$

11. $7\overline{)8{,}523}$

Práctica: Copia y resuelve **Divide.**

12. $645 \div 8$

13. $942 \div 6$

14. $723 \div 7$

15. $3{,}478 \div 9$

16. $3{,}214 \div 5$

17. $492 \div 4$

18. $2{,}403 \div 9$

19. $2{,}205 \div 6$

20. $2{,}426 \div 3$

21. $1{,}592 \div 8$

22. $926 \div 4$

23. $6{,}033 \div 5$

SOLUCIONA el problema EN EL MUNDO

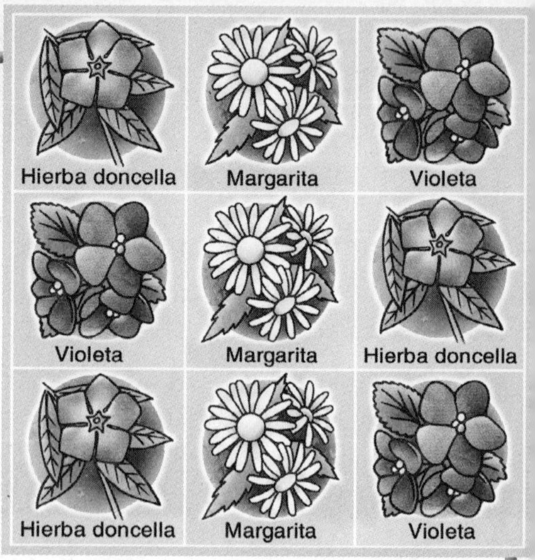

24. Rosa tiene un jardín dividido en secciones. Tiene 125 plantas de margaritas. Si planta el mismo número de plantas de margaritas en cada sección de margaritas, ¿le sobrarán algunas? Si es así, ¿cuántas plantas de margaritas le sobrarán?

a. ¿Qué información usarás para resolver el problema? ______

______

b. ¿Cómo usarás la división para hallar el número de plantas de margaritas que sobran?

______

______

c. Muestra los pasos que sigues para resolver el problema. Estimación: $120 \div 3 =$ ______

d. Completa las oraciones:

Rosa tiene ______ plantas de margaritas. Coloca el mismo número en cada una de las ______ secciones de su jardín.

Cada sección tiene ______ plantas.

A Rosa le sobran ______ plantas de margaritas.

25. En un envase se pueden guardar 6 cajas de cereal. ¿Cuántos envases se necesitan para guardar 126 cajas de cereal?

______

26. **Preparación para la prueba** ¿En qué lugar está el primer dígito del cociente de $1{,}497 \div 5$?

Ⓐ en el de los millares

Ⓑ en el de las centenas

Ⓒ en el de las decenas

Ⓓ en el de las unidades

PARA PRACTICAR MÁS:
Cuaderno de práctica de los estándares, págs. P31 y P32

Nombre ______________________________

Dividir entre divisores de 1 dígito

Pregunta esencial ¿Cómo resuelves y compruebas problemas de división?

ESTÁNDAR COMÚN CC.5.NBT.6
Perform operations with multi-digit whole numbers and with decimals to hundredths.

SOLUCIONA el problema EN EL MUNDO

La familia de Jenna planea hacer un viaje a Oceanside, California. Comenzarán el viaje en Scranton, Pennsylvania, y recorrerán 2,754 millas en 9 días. Si la familia recorre el mismo número de millas por día, ¿cuánto recorrerán cada día?

- Subraya la oración que indica lo que debes hallar.
- Encierra en un círculo los números que debes usar.

Divide. 2,754 ÷ 9

PASO 1

Usa una estimación para hallar el lugar del primer dígito del cociente.

Estima. 2,700 ÷ 9 = ______________

El primer dígito del cociente está en el lugar

de las ______________.

PASO 2

Divide las centenas.

PASO 3

Divide las decenas.

PASO 4

Divide las unidades.

9)2, 7 5 4
−
−
−

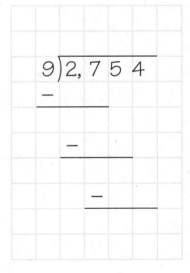

Puesto que ______________ está cerca de la estimación de ______________, el resultado es razonable.

Entonces, la familia de Jenna recorrerá ______________ millas por día.

MÉTODOS MATEMÁTICOS

Charla matemática Explica cómo sabes que el cociente es 306 y no 36.

CONECTAR La división y la multiplicación son operaciones inversas. Las operaciones inversas son operaciones opuestas que se cancelan entre sí. Puedes usar la multiplicación para comprobar el resultado de un problema de división.

Ejemplo Divide. Comprueba tu resultado.

Para comprobar el resultado de un problema de división, multiplica el cociente por el divisor. Si hay un residuo, súmalo al producto. El resultado debería ser igual al dividendo.

$$\begin{array}{r} 102 \text{ r}2 \\ 6\overline{)614} \\ -6 \\ \hline 01 \\ -0 \\ \hline 14 \\ -12 \\ \hline 2 \end{array} \qquad \begin{array}{rl} 102 & \leftarrow \text{cociente} \\ \times\ \ 6 & \leftarrow \text{divisor} \\ \hline \square & \\ +\ \ 2 & \leftarrow \text{residuo} \\ \hline \square & \leftarrow \text{dividendo} \end{array}$$

Puesto que el resultado de la comprobación es igual al dividendo, la división es correcta.

Entonces, $614 \div 6$ es igual a ________.

Puedes usar lo que sabes sobre cómo comprobar una división para hallar un valor desconocido.

¡Inténtalo! **Halla el valor de *n* en la ecuación relacionada para hallar el número desconocido.**

A

$$\begin{array}{r} 63 \\ 7\overline{)\square} \end{array}$$

$n = 7 \times 63$

↑ dividendo ↖ divisor ↖ cociente

Multiplica el divisor por el cociente.

$n =$ ________

B

$$\begin{array}{r} 125 \text{ r} \square \\ 6\overline{)752} \end{array}$$

$752 = 6 \times 125 + n$

↑ dividendo ↑ divisor ↑ cociente ↖ residuo

Multiplica el divisor por el cociente.

$752 = 750 + n$

Piensa: ¿Qué número sumado a 750 es igual a 752?

$n =$ ________

Nombre ______________________________

Comunicar y mostrar MATH BOARD

Divide. Comprueba tu resultado.

1. $8\overline{)624}$ Comprueba.

2. $4\overline{)3,220}$ Comprueba.

3. $4\overline{)1,027}$ Comprueba.

MÉTODOS MATEMÁTICOS

Charla matemática **Explica** de qué manera la multiplicación puede ayudarte a comprobar un cociente.

Por tu cuenta

Divide.

4. $6\overline{)938}$

5. $4\overline{)762}$

6. $3\overline{)5,654}$

7. $8\overline{)475}$

Práctica: Copia y resuelve Divide.

8. $4\overline{)671}$

9. $9\overline{)2,023}$

10. $3\overline{)4,685}$

11. $8\overline{)948}$

12. $1,326 \div 4$

13. $5,868 \div 6$

14. $566 \div 3$

15. $3,283 \div 9$

Álgebra Halla el valor de *n* en cada ecuación. Escribe lo que representa *n* en el problema de división relacionado.

16. $n = 4 \times 58$

$n =$ ______________

17. $589 = 7 \times 84 + n$

$n =$ ______________

18. $n = 5 \times 67 + 3$

$n =$ ______________

Resolución de problemas EN EL MUNDO

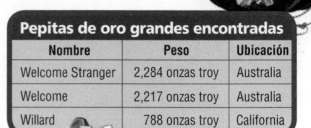

Usa la tabla para resolver los problemas 19 y 20.

Pepitas de oro grandes encontradas

Nombre	Peso	Ubicación
Welcome Stranger	2,284 onzas troy	Australia
Welcome	2,217 onzas troy	Australia
Willard	788 onzas troy	California

19. Si con la pepita de oro Welcome se hicieran 3 lingotes de oro del mismo tamaño, ¿cuántas onzas troy pesaría cada lingote?

____

20. **Plantea un problema** Vuelve a mirar el Problema 19. Escribe un problema similar, cambiando la pepita y el número de lingotes. Luego resuelve el problema.

____

____

____

____

____

21. H.O.T. Para una excursión en busca de oro, hay 246 estudiantes. Si van en camionetas con capacidad para 9 estudiantes cada una, ¿cuántas camionetas se necesitan? ¿Cuántos estudiantes viajarán en la camioneta que no se llenará?

____

22. En un cajón se pueden guardar 8 paquetes de tarjetas de colección. ¿Cuántos cajones se necesitan para guardar 128 paquetes de tarjetas?

____

23. **Preparación para la prueba** En una feria de pastelería, una clase de quinto grado vendió 324 magdalenas en paquetes de 6 magdalenas cada uno. ¿Cuántos paquetes de magdalenas vendió la clase?

Ⓐ 1,944 Ⓒ 64

Ⓑ 108 Ⓓ 54

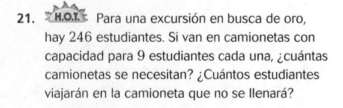

MUESTRA TU TRABAJO

Nombre ______________________________

División con divisores de 2 dígitos

Pregunta esencial ¿Cómo puedes usar bloques de base diez para representar y comprender la división de números naturales?

ESTÁNDAR COMÚN CC.5.NBT.6
Perform operations with multi-digit whole numbers and with decimals to hundredths.

Investigar

Materiales ■ bloques de base diez

Hay 156 estudiantes en el coro de la Escuela Intermedia Carville. El director del coro quiere formar hileras de 12 estudiantes cada una para el próximo concierto. ¿Cuántas hileras habrá?

A. Usa bloques de base diez para representar el dividendo, 156.

B. Coloca 2 decenas debajo de la centena para formar un rectángulo. ¿Cuántos grupos de 12 representa el rectángulo? ¿Qué parte del dividendo no se representa en este rectángulo?

____

C. Combina las decenas y unidades restantes para formar la mayor cantidad posible de grupos de 12. ¿Cuántos grupos de 12 hay?

____

D. Coloca estos grupos de 12 a la derecha del rectángulo para formar un rectángulo más grande.

E. El rectángulo final representa ______ grupos de 12.

Entonces, habrá ______ hileras de 12 estudiantes.

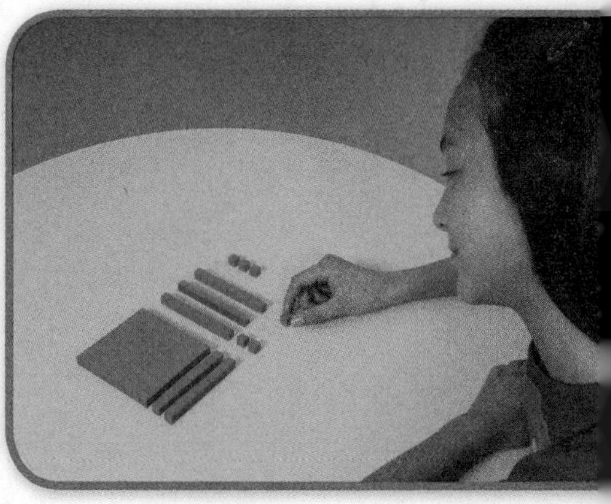

Sacar conclusiones

1. **Explica** por qué debes formar más grupos de 12 después del Paso B.

____

____

2. **Describe** cómo puedes usar bloques de base diez para hallar el cociente de $176 \div 16$.

____

____

____

Hacer conexiones

Los dos conjuntos de grupos de 12 que hallaste en la sección Investigar son cocientes parciales. Primero hallaste 10 grupos de 12 y luego hallaste 3 grupos más de 12. Es posible que, a veces, debas reagrupar para poder representar un cociente parcial.

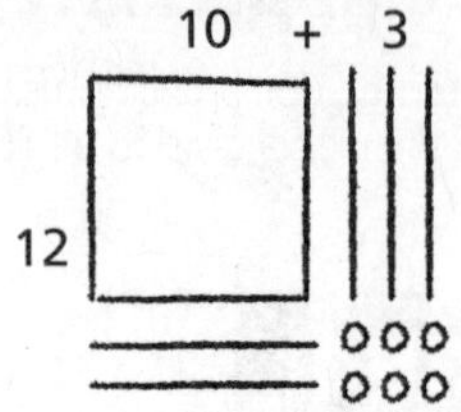

Puedes usar un dibujo rápido para anotar los productos parciales.

Divide. 180 ÷ 15

REPRESENTA Usa bloques de base diez.

PASO 1 Representa el dividendo, 180, como 1 centena y 8 decenas.

Forma un rectángulo con la centena y 5 decenas para representar el primer cociente parcial. En la sección Anota, tacha la centena y las decenas que uses.

El rectángulo representa ______ grupos de 15.

PASO 2 No se pueden hacer grupos adicionales de 15 sin reagrupar.

Reagrupa 1 decena en 10 unidades. En la sección Anota, tacha la decena reagrupada.

Ahora hay ______ decenas y ______ unidades.

PASO 3 Decide cuántos grupos adicionales de 15 se pueden hacer con las decenas y unidades restantes. El número de grupos es el segundo cociente parcial.

Incluye estos grupos de 15 para agrandar tu rectángulo. En la sección Anota, tacha las decenas y las unidades que uses.

Ahora hay ______ grupos de 15.

ANOTA Usa dibujos rápidos.

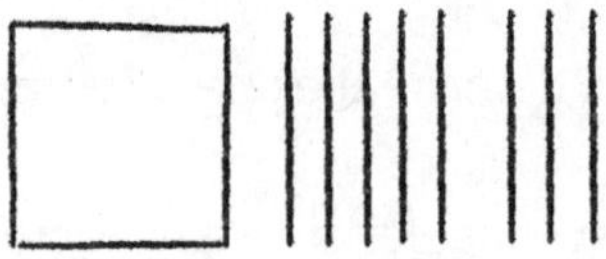

Dibuja el primer cociente parcial.

Dibuja el primer cociente parcial y el segundo.

Entonces, 180 ÷ 15 es igual a ______.

MÉTODOS MATEMÁTICOS

Charla matemática Explica de qué manera tu modelo representa el cociente.

Comunicar y mostrar MATH BOARD

Usa el dibujo rápido para dividir.

1. 143 ÷ 13

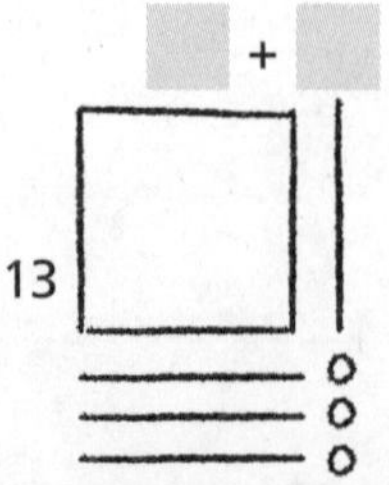

Nombre ______________________________

Divide. Usa bloques de base diez.

2. $168 \div 12$

3. $154 \div 14$

4. $187 \div 11$

Divide. Haz un dibujo rápido.

5. $165 \div 11$

6. $216 \div 18$

7. $196 \div 14$

8. $195 \div 15$

9. $182 \div 13$

10. $228 \div 12$

MÉTODOS MATEMÁTICOS

Charla matemática Explica en qué se diferencia el Ejercicio 10 de los Ejercicios 7 a 9.

Conectar con los Estudios Sociales

El Pony Express

El Pony Express contaba con hombres a caballo que entregaban la correspondencia entre St. Joseph, Missouri, y Sacramento, California, entre abril de 1860 y octubre de 1861. El camino entre las ciudades medía aproximadamente 2,000 millas de longitud. El primer viaje de St. Joseph a Sacramento les llevó 9 días y 23 horas. El primer viaje de Sacramento a St. Joseph les llevó 11 días y 12 horas.

Antes de que el Pony Express dejara de funcionar en 1861, hubo 100 estaciones, 80 jinetes y entre 400 y 500 caballos. Los jinetes eran hombres jóvenes de unos 20 años que pesaban alrededor de 120 libras. Cada jinete cabalgaba de 10 a 15 millas antes de cambiar el caballo. En total, cabalgaban entre 75 y 100 millas por viaje.

Resuelve.

11. Imagina que dos jinetes del Pony Express cabalgaron un total de 165 millas. Si reemplazaron los caballos cada 11 millas, ¿cuántos caballos usaron?

____

12. Imagina que a un jinete del Pony Express le pagaban $192 por 12 semanas de trabajo. Si le pagaban la misma cantidad todas las semanas, ¿cuánto le pagaban por cada semana de trabajo?

____

13. Imagina que tres jinetes cabalgaron un total de 240 millas. Si usaron un total de 16 caballos y cabalgaron en cada caballo igual número de millas, ¿cuántas millas cabalgaron antes de reemplazar cada caballo?

____

14. H.O.T. Imagina que 19 jinetes tardaron un total de 11 días y 21 horas en cabalgar desde St. Joseph hasta Sacramento. Si todos cabalgaron igual número de horas, ¿cuántas horas cabalgó cada jinete?

____

PARA PRACTICAR MÁS:
Cuaderno de práctica de los estándares, págs. P35 y P36

Nombre ______________________________

Cocientes parciales

Pregunta esencial ¿Cómo puedes usar cocientes parciales para dividir entre divisores de 2 dígitos?

ESTÁNDAR COMÚN CC.5.NBT.6

Perform operations with multi-digit whole numbers and with decimals to hundredths.

SOLUCIONA el problema EN EL MUNDO

En los Estados Unidos, cada persona consume alrededor de 23 libras de pizza al año. Si comieras esa cantidad de pizza por año, ¿en cuántos años comerías 775 libras de pizza?

- Vuelve a escribir en una oración el problema que debes resolver.

____

____

Usa cocientes parciales para dividir.

775 ÷ 23

PASO 1

Resta múltiplos del divisor del dividendo hasta que el número que queda sea menor que el múltiplo. Los cocientes parciales más fáciles de usar son los múltiplos de 10.

PASO 2

Resta múltiplos más pequeños del divisor hasta que el número que queda sea menor que el divisor. Luego suma los cocientes parciales para hallar el cociente.

COMPLETA EL PROBLEMA DE DIVISIÓN.

23)775		
− ____	10 × 23	10
545		

775 ÷ 23 es igual a ______ r ______.

Entonces, tardarías más de 33 años en comer 775 libras de pizza.

Recuerda

Según la pregunta, se puede usar o no un residuo para responderla. A veces, el cociente se ajusta según el residuo.

Ejemplo

Matías ayuda a su padre con el pedido de provisiones para su pizzería. Para la próxima semana, la pizzería necesitará 1,450 onzas de queso *mozzarella*. Cada paquete de queso pesa 32 onzas. Completa el trabajo de Matías y halla cuántos paquetes de queso *mozzarella* debe pedir.

32)1,450		
− 320	____ × 32	▢
1,130		
− 320	____ × 32	▢
810		
−320	____ × 32	▢
490		
−320	____ × 32	▢
170		
−160	____ × 32	+ ▢
10		

1,450 ÷ 32 es igual a ______ r ______.

Entonces, debe pedir ______ paquetes de queso *mozzarella*.

MÉTODOS MATEMÁTICOS

Charla matemática ¿Qué representa el residuo? **Explica** de qué manera el residuo afectará el resultado.

¡Inténtalo! **Usa cocientes parciales diferentes para resolver el problema de arriba.**

32)1,450

Idea matemática

Usar diferentes múltiplos del divisor para hallar cocientes parciales ofrece muchas maneras de resolver un problema de división. Algunas son más rápidas, pero con todas se llega al mismo resultado.

Nombre ______________________________

Comunicar y mostrar MATH BOARD

Divide. Usa cocientes parciales.

1. $18\overline{)648}$

2. $62\overline{)3,186}$

3. $858 \div 57$

Charla matemática MÉTODOS MATEMÁTICOS Explica qué número natural es el mayor residuo posible si divides cualquier número entre 23.

Por tu cuenta

Divide. Usa cocientes parciales.

4. $73\overline{)584}$

5. $51\overline{)1,831}$

6. $82\overline{)2,964}$

7. $892 \div 26$

8. $1,056 \div 48$

9. $2,950 \div 67$

Práctica: Copia y resuelve Divide. Usa cocientes parciales.

10. $653 \div 42$ **11.** $946 \div 78$ **12.** $412 \div 18$ **13.** $871 \div 87$

14. $1,544 \div 34$ **15.** $2,548 \div 52$ **16.** $2,740 \div 83$ **17.** $4,135 \div 66$

Resolución de problemas EN EL MUNDO

Usa la tabla para resolver los problemas 18 a 20 y 22.

Por año, cada estadounidense come alrededor de...
- 68 cuartos de palomitas de maíz
- 53 libras de pan
- 19 libras de manzanas
- 14 libras de pavo

18. ¿Cuántos años tardaría un estadounidense en comer 855 libras de manzanas?

____

19. ¿Cuántos años tardaría un estadounidense en comer 1,120 libras de pavo?

____

20. Si 6 estadounidenses comen cada uno la cantidad promedio de palomitas de maíz durante 5 años, ¿cuántos cuartos de palomitas de maíz comerán en total?

____

21. H.O.T. Según un estudio, 9 personas comieron un total de 1,566 libras de papas en 2 años. Si cada persona comió la misma cantidad cada año, ¿cuántas libras de papas comió cada persona en 1 año?

____

22. Escribe **¿Tiene sentido?** En los Estados Unidos, si una persona alcanza los 80 años de edad, habrá comido más de 40,000 libras de pan en su vida. ¿Tiene sentido este enunciado? **Explícalo.**

____

____

____

23. **Preparación para la prueba** El auditorio escolar tiene 448 butacas dispuestas en 32 hileras iguales. ¿Cuántas butacas hay en cada hilera?

Ⓐ 14,336 Ⓒ 416

Ⓑ 480 Ⓓ 14

MUESTRA TU TRABAJO

PARA PRACTICAR MÁS:
Cuaderno de práctica de los estándares, págs. P37 y P38

Nombre ______________________________

Revisión de la mitad del capítulo

Conceptos y destrezas

1. **Explica** de qué manera estimar el cociente te ayuda a hallar el lugar del primer dígito del cociente en un problema de división. (CC.5.NBT.6)

____

____

2. **Explica** cómo usar la multiplicación para comprobar el resultado de un problema de división. (CC.5.NBT.6)

____

____

____

Divide. (CC.5.NBT.6)

3. $633 \div 3$	**4.** $487 \div 8$	**5.** $1{,}641 \div 4$	**6.** $2{,}765 \div 9$
________	________	________	________

Divide. Usa cocientes parciales. (CC.5.NBT.6)

7. $156 \div 13$	**8.** $318 \div 53$	**9.** $1{,}562 \div 34$	**10.** $4{,}024 \div 68$
________	________	________	________

Rellena el círculo completamente para indicar tu respuesta.

PREPARACIÓN PARA LA PRUEBA

11. Emma organiza una fiesta para 128 invitados. Si se pueden sentar 8 invitados por mesa, ¿cuántas mesas se necesitarán en la fiesta? (CC.5.NBT.6)

Ⓐ 8

Ⓑ 14

Ⓒ 16

Ⓓ 17

12. Cada boleto para el partido de básquetbol cuesta $14. Si se recaudaron $2,212 con la venta de los boletos, ¿cuántos boletos se vendieron? (CC.5.NBT.6)

Ⓐ 150

Ⓑ 158

Ⓒ 168

Ⓓ 172

13. Marga usó 864 cuentas para hacer collares para el club de arte. Hizo 24 collares con las cuentas. Si cada collar tiene igual número de cuentas, ¿cuántas cuentas usó Marga en cada collar? (CC.5.NBT.6)

Ⓐ 24

Ⓑ 36

Ⓒ 37

Ⓓ 60

14. Angie necesita comprar 156 velas para una fiesta. Cada paquete tiene 8 velas. ¿Cuántos paquetes debería comprar Angie? (CC.5.NBT.6)

Ⓐ 17

Ⓑ 18

Ⓒ 19

Ⓓ 20

Nombre ______________________________

Estimar con divisores de 2 dígitos

Pregunta esencial ¿Cómo puedes usar números compatibles para estimar cocientes?

ESTÁNDAR COMÚN CC.5.NBT.6
Perform operations with multi-digit whole numbers and with decimals to hundredths.

CONECTAR Para estimar cocientes, puedes usar números compatibles que se hallan usando operaciones básicas y patrones.

$35 \div 5 = 7$ ← operación básica

$350 \div 50 = 7$

$3{,}500 \div 50 = 70$

$35{,}000 \div 50 = 700$

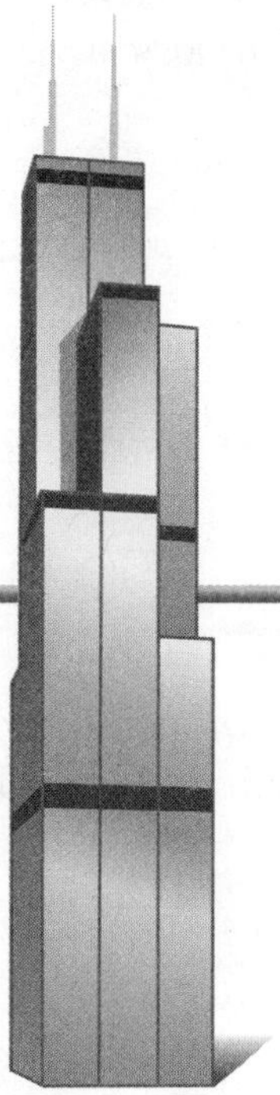

◀ La torre Willis, antes conocida como la torre Sears, es el edificio más alto de los Estados Unidos.

SOLUCIONA el problema EN EL MUNDO

La plataforma de observación de la torre Willis de Chicago, Illinois, está a 1,353 pies de altura. Los elevadores llevan a los visitantes hasta ese nivel en 60 segundos. ¿Alrededor de cuántos pies suben los elevadores por segundo?

Estima. 1,353 ÷ 60

PASO 1

Usa dos conjuntos de números compatibles para hallar dos estimaciones diferentes.

Usa dos conjuntos de números compatibles para hallar dos estimaciones diferentes.	1,353 ÷ 60 ↓ 1,200 ÷ 60	1,353 ÷ 60 ↓ 1,800 ÷ 60

PASO 2

Usa patrones y operaciones básicas como ayuda para hacer la estimación.	12 ÷ 6 = ______ 120 ÷ 60 = ______ 1,200 ÷ 60 = ______	18 ÷ 6 = ______ ______ ÷ ______ = ______ ______ ÷ ______ = ______

Los elevadores suben aproximadamente entre ______ y ______ pies por segundo.

La estimación más razonable es ______________ porque

______________ está más cerca de 1,353 que ______________.

Entonces, los elevadores de la plataforma de observación de la torre Willis suben alrededor de ______ pies por segundo.

Ejemplo Estima la cantidad de dinero.

Miriam ha ahorrado $650 para usar durante un viaje de 18 días a Chicago. No quiere quedarse sin dinero antes de terminar el viaje, entonces planea gastar aproximadamente la misma cantidad todos los días. Estima cuánto dinero puede gastar por día.

Estima. $18\overline{)\$650}$

$600 ÷ ______ = $30 ó ____________ ÷ 20 = $40

Entonces, Miriam puede gastar alrededor de ____________ a ____________ por día.

MÉTODOS MATEMÁTICOS

Charla matemática ¿Sería más razonable buscar una estimación o un resultado exacto para este ejemplo? **Explica** tu razonamiento.

- Dada la situación de Miriam, ¿qué estimación crees que sería mejor que use? **Explica** tu razonamiento. ____________________

____

____

¡Inténtalo! Usa números compatibles.

Halla dos estimaciones.

$52\overline{)415}$

Estima el cociente.

$38\overline{)\$2,764}$

Comunicar y mostrar MATH BOARD

Usa números compatibles para hallar dos estimaciones.

1. $22\overline{)154}$

$140 \div 20 =$ ______

$160 \div 20 =$ ______

2. $68\overline{)503}$

3. $81\overline{)7,052}$

4. $33\overline{)291}$

5. $58\overline{)2,365}$

6. $19\overline{)5,312}$

Nombre ______________________

Por tu cuenta

Usa números compatibles para hallar dos estimaciones.

7. $42\overline{)396}$

8. $59\overline{)413}$

9. $28\overline{)232}$

10. $22\overline{)368}$

11. $78\overline{)375}$

12. $88\overline{)6{,}080}$

13. $5{,}821 \div 71$

14. $1{,}565 \div 67$

15. $7{,}973 \div 91$

Usa números compatibles para estimar el cociente.

16. $19\overline{)228}$

17. $25\overline{)\$595}$

18. $86\overline{)7{,}130}$

19. $83\overline{)462}$

20. $27\overline{)9{,}144}$

21. $68\overline{)710}$

22. $707 \div 36$

23. $1{,}198 \div 41$

24. $5{,}581 \div 72$

Resolución de problemas EN EL MUNDO

Usa la ilustración para responder las preguntas 25 y 26.

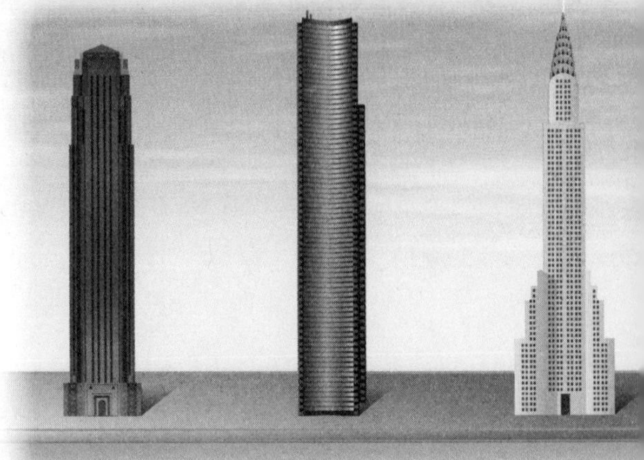

275 metros, 64 pisos, torre Williams, Texas

295 metros, 76 pisos, Columbia Center, Washington

319 metros, 77 pisos, edificio Chrysler, New York

25. ¿Alrededor de cuántos metros de altura tiene cada piso de la torre Williams?

____

26. ¿Alrededor de cuántos metros de altura tiene cada piso del edificio Chrysler?

____

27. H.O.T. Eli necesita ahorrar $235. Para ganar dinero, planea cortar el césped y cobrar $21 por cada jardín. Escribe dos estimaciones que podría usar Eli para determinar en cuántos jardines debe cortar el césped. Decide qué estimación sería mejor para que use Eli. **Explica** tu razonamiento.

____

____

____

____

____

28. Escribe **Explica** cómo sabes si el cociente de 298 ÷ 31 está más cerca de 9 o de 10.

____

____

____

29. **Preparación para la prueba** Anik construyó una torre de cubos que medía 594 milímetros de altura. La altura de cada cubo era 17 milímetros. ¿Cuántos cubos usó Anik aproximadamente?

Ⓐ 10 Ⓒ 30

Ⓑ 16 Ⓓ 300

MUESTRA TU TRABAJO

PARA PRACTICAR MÁS:
Cuaderno de práctica de los estándares, págs. P39 y P40

Nombre ______________________

Dividir entre divisores de 2 dígitos

Pregunta esencial ¿Cómo puedes dividir entre divisores de 2 dígitos?

ESTÁNDAR COMÚN CC.5.NBT.6

Perform operations with multi-digit whole numbers and with decimals to hundredths.

SOLUCIONA el problema EN EL MUNDO

El Sr. Yates tiene una tienda de batidos. Para preparar una tanda de sus famosos batidos de naranja, usa 18 onzas de jugo de naranja recién exprimido. Exprime 560 onzas de jugo de naranja fresco por día. ¿Cuántas tandas de batido de naranja puede preparar el Sr. Yates por día?

- Subraya la oración que indica lo que debes hallar.
- Encierra en un círculo los números que debes usar.

Divide. 560 ÷ 18 **Estima.** ____________

PASO 1 Usa la estimación para hallar el lugar del primer dígito del cociente.

$18\overline{)560}$

El primer dígito del cociente estará en el lugar

de las ____________.

PASO 2 Divide las decenas.

$$\begin{array}{r} 3 \\ 18\overline{)560} \\ -54 \\ \hline 2 \end{array}$$

Divide. 56 decenas ÷ 18

Multiplica. ____________

Resta. ____________

Comprueba. 2 decenas no pueden dividirse entre 18 grupos sin reagrupar.

PASO 3 Divide las unidades.

$$\begin{array}{r} 31 \text{ r2} \\ 18\overline{)560} \\ -54\downarrow \\ \hline 20 \\ -18 \\ \hline 2 \end{array}$$

Divide. ____________

Multiplica. ____________

Resta. ____________

Comprueba. ____________

____

MÉTODOS MATEMÁTICOS

Charla matemática Explica qué representa el residuo 2.

Puesto que 31 está cerca de la estimación de 30, el resultado es razonable. Entonces, el Sr. Yates puede preparar 31 tandas de batido de naranja por día.

Ejemplo

Todos los miércoles, el Sr. Yates hace un pedido de frutas. Tiene guardados $1,250 para comprar naranjas de Valencia. Cada caja de naranjas de Valencia cuesta $41. ¿Cuántas cajas de naranjas de Valencia puede comprar el Sr. Yates?

Puedes usar la multiplicación para comprobar tu resultado.

Divide. 1,250 ÷ 41

DIVIDE

Estima. ______

$$41\overline{)1{,}250} = 30 \text{ r}20$$

− ___

___

− ___

___

COMPRUEBA TU TRABAJO

$$\begin{array}{r} 30 \\ \times 41 \\ \hline 30 \\ +\,1{,}200 \\ \hline \_\_\_ \end{array} \qquad \begin{array}{r} \_\_\_ \\ +\ \_\_\_ \\ \hline 1{,}250\ ✓ \end{array}$$

Entonces, el Sr. Yates puede comprar ______ cajas de naranjas de Valencia.

¡Inténtalo! **Divide. Comprueba tu resultado.**

A $63\overline{)756}$

B $22\overline{)4{,}692}$

Nombre ______________________________

Comunicar y mostrar MATH BOARD

Divide. Comprueba tu resultado.

1. $28\overline{)620}$

2. $64\overline{)842}$

3. $53\overline{)2{,}340}$

4. $723 \div 31$

5. $1{,}359 \div 45$

6. $7{,}925 \div 72$

MÉTODOS MATEMÁTICOS

Charla matemática Explica por qué puedes usar la multiplicación para comprobar la división.

Por tu cuenta

Divide. Comprueba tu resultado.

7. $16\overline{)346}$

8. $34\overline{)421}$

9. $77\overline{)851}$

10. $21\overline{)1{,}098}$

11. $32\overline{)6{,}466}$

12. $45\overline{)9{,}500}$

13. $483 \div 21$

14. $2{,}292 \div 19$

15. $4{,}255 \div 30$

Práctica: Copia y resuelve Divide. Comprueba tu resultado.

16. $775 \div 35$

17. $820 \div 41$

18. $805 \div 24$

19. $1{,}166 \div 53$

20. $1{,}989 \div 15$

21. $3{,}927 \div 35$

Resolución de problemas EN EL MUNDO

Usa la lista que está a la derecha para resolver los problemas 22 a 24.

Ingredientes principales de los batid

Batido Tango Anaranjado
18 onzas de jugo de naranja
12 onzas de jugo de mango

Batido Morad Real
22 onzas de jugo de
8 onzas de jugo de manzana

Batido Arándano Loco
20 onzas de jugo de arándano
10 onzas de jugo de maracuyá

22. Una tienda de batidos recibe un pedido de 980 onzas de jugo de uva. ¿Cuántos batidos Morado Real se pueden preparar con el jugo de uva?

______

23. La tienda tiene 1,260 onzas de jugo de arándano y 650 onzas de jugo de maracuyá. Si estos jugos se usan para hacer los batidos Arándano Loco, ¿qué jugo se terminará primero? ¿Qué cantidad del otro jugo sobrará?

______

______

24. H.O.T. Hay 680 onzas de jugo de naranja y 410 onzas de jugo de mango en el refrigerador. ¿Cuántos batidos Tango Anaranjado se pueden preparar en total? **Explica** tu razonamiento.

______

______

______

______

______

______

25. **Preparación para la prueba** James tiene 870 figuras de acción. Decide dividirlas en 23 cajas en partes iguales. ¿Cuántas figuras de acción le sobrarán?

Ⓐ 19 Ⓒ 31

Ⓑ 23 Ⓓ 37

MUESTRA TU TRABAJO

PARA PRACTICAR MÁS:
Cuaderno de práctica de los estándares, págs. P41 y P42

Nombre ______________________________

Interpretar el residuo

Pregunta esencial Al resolver un problema de división, ¿cuándo escribes el residuo como una fracción?

ESTÁNDAR COMÚN CC.5.NF.3
Apply and extend previous understandings of multiplication and division to multiply and divide fractions.

SOLUCIONA el problema EN EL MUNDO

Scott y su familia quieren hacer una caminata por un sendero de 1,365 millas de longitud. Recorrerán partes iguales del sendero en 12 caminatas diferentes. ¿Cuántas millas recorrerá la familia de Scott en cada caminata?

- Encierra en un círculo el dividendo que usarás para resolver el problema de división.
- Subraya el divisor que usarás para resolver el problema de división.

Cuando resuelves un problema de división que tiene un residuo, la manera de interpretar el residuo depende de la situación y de la pregunta. A veces, debes usar tanto el cociente como el residuo. Puedes hacerlo escribiendo el residuo como una fracción.

De una manera Escribe el residuo como una fracción.

Primero, divide para hallar el cociente y el residuo.

Luego, decide cómo usar el cociente y el residuo para responder la pregunta.

$12\overline{)1,365}$

- El ____________ representa el número de caminatas que Scott y su familia tienen planeado hacer.
- El ____________ representa la parte entera del número de millas que Scott y su familia recorrerán en cada caminata.
- El ____________ representa el número de millas que sobran.
- El residuo representa 9 millas, que también pueden dividirse en 12 partes y escribirse como una fracción.

$\frac{\text{residuo}}{\text{divisor}} \rightarrow$ ____________

- Escribe el cociente con el residuo expresado como una fracción en su mínima expresión.

____

Entonces, Scott y su familia recorrerán ____________ millas en cada caminata.

De otra manera Usa solo el cociente.

El segmento del sendero de los Apalaches que atraviesa Pennsylvania mide 232 millas de longitud. Scott y su familia quieren caminar 9 millas del sendero por día. ¿Cuántos días caminarán exactamente 9 millas?

$9\overline{)2\;3\;2}$

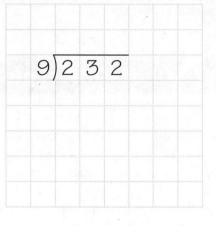

- Divide para hallar el cociente y el residuo.
- Como el residuo indica que no hay suficientes millas restantes para poder caminar 9 millas otro día, no se usa en el resultado.

Entonces, caminarán exactamente 9 millas por día durante _______ días.

Otras maneras

A Suma 1 al cociente.

¿Cuál es el número total de días que Scott necesitará para recorrer 232 millas?

- Para recorrer las 7 millas restantes, necesitará 1 día más.

Entonces, Scott necesitará _______ días para recorrer 232 millas.

B Usa el residuo como resultado.

Si Scott camina 9 millas todos los días excepto el último, ¿cuántas millas caminará el último día?

- El residuo es 7.

Entonces, Scott caminará _______ millas el último día.

¡Inténtalo!

Una tienda de artículos deportivos va a hacer un envío de 1,252 bolsas de dormir. En cada caja caben 8 bolsas de dormir. ¿Cuántas cajas se necesitan para enviar todas las bolsas de dormir?

```
       1▢
   8)1,252
    -8
     45
    -▢
     ▢2
    -▢
     ▢
```

Puesto que sobran _______ bolsas de dormir, se necesitarán _______ cajas para todas las bolsas de dormir.

MÉTODOS MATEMÁTICOS

Charla matemática Explica por qué no escribirías el residuo como una fracción cuando halles la cantidad de cajas necesarias en la sección Inténtalo.

Nombre ______________________________

Comunicar y mostrar

Interpreta el residuo para resolver los problemas.

1. Erika y Bradley quieren recorrer el sendero Big Cypress caminando. Caminarán 75 millas en total. Si Erika y Bradley tienen planeado caminar durante 12 días, ¿cuántas millas caminarán por día?

a. Divide para hallar el cociente y el residuo.

b. Decide cómo usar el cociente y el residuo para responder la pregunta.

$$12\overline{)75}\quad r$$

$-$

____

2. **¿Qué pasaría si** Erika y Bradley quisieran caminar 14 millas por día? ¿Cuántos días caminarían exactamente 14 millas?

____

3. El club de excursionistas de Dylan tiene planeado pasar la noche en un alojamiento para campistas. Cada habitación grande tiene capacidad para 15 excursionistas. Hay 154 excursionistas. ¿Cuántas habitaciones van a necesitar?

____

Por tu cuenta

Interpreta el residuo para resolver los problemas.

4. Los 24 estudiantes de una clase se reparten 84 galletas en partes iguales. ¿Cuántas galletas comió cada estudiante?

____

5. Un campamento tiene cabañas con capacidad para 28 campistas cada una. Hay 148 campistas en el campamento. ¿Cuántas cabañas estarán completas si hay 28 campistas en cada una?

____

6. Un total de 123 estudiantes de quinto grado visitarán el Parque Histórico Estatal Fort Verde. En cada autobús caben 38 estudiantes. Todos los autobuses están completos excepto uno. ¿Cuántos estudiantes habrá en el autobús que no está completo?

____

7. Escribe **¿Cuál es el error?** Sheila dividirá una cinta de 36 pulgadas en 5 trozos iguales. Dice que cada trozo medirá 7 pulgadas de longitud.

____

____

____

SOLUCIONA el problema EN EL MUNDO

PREPARACIÓN PARA LA PRUEBA

8. Maureen tiene 243 onzas de frutos secos surtidos. Reparte los frutos en 15 bolsas con la misma cantidad de onzas cada una. ¿Cuántas onzas de frutos secos surtidos le sobran?

Ⓐ 3 onzas Ⓑ 15 onzas Ⓒ 16 onzas Ⓓ 17 onzas

a. ¿Qué debes hallar? ______________________________

____

b. ¿Cómo usarás la división para hallar cuántas onzas de frutos secos surtidos sobran?

____

____

c. Muestra los pasos que seguiste para resolver el problema.

d. Completa las oraciones.

Maureen tiene ______ onzas de frutos secos surtidos.

Coloca la misma cantidad de frutos en cada una de las ______ bolsas.

Cada bolsa contiene ______ onzas.

Le sobran ______ onzas de frutos secos surtidos.

e. Rellena el círculo completamente para indicar tu respuesta.

9. El Sr. Field quiere entregar a cada uno de sus 72 campistas un certificado por completar un curso de obstáculos. Si hay 16 certificados en un paquete, ¿cuántos paquetes necesitará el Sr. Field?

Ⓐ 4 Ⓒ 16

Ⓑ 5 Ⓓ 17

10. James tiene 884 pies de cuerda. Hay 12 equipos de excursionistas. Si James le da la misma cantidad de cuerda a cada equipo, ¿cuántos pies de cuerda recibirá cada uno?

Ⓐ 12 pies Ⓒ $73\frac{2}{3}$ pies

Ⓑ 73 pies Ⓓ 74 pies

PARA PRACTICAR MÁS:
Cuaderno de práctica de los estándares, págs. P43 y P44

Nombre ____________________

Ajustar cocientes

Pregunta esencial ¿Cómo puedes ajustar el cociente si tu estimación es demasiado alta o demasiado baja?

ESTÁNDAR COMÚN CC.5.NBT.6
Perform operations with multi-digit whole numbers and with decimals to hundredths.

CONECTAR Cuando haces una estimación para decidir dónde colocar el primer dígito, también puedes usar el primer dígito de tu estimación para hallar el primer dígito de tu cociente. A veces, una estimación es demasiado baja o demasiado alta.

Divide. 3,382 ÷ 48

Estima. 3,000 ÷ 50 = 60

Intenta con 6 decenas.

Si una estimación es demasiado baja, la diferencia será mayor que el divisor.

$$\begin{array}{r} 6 \\ 48\overline{)3{,}382} \\ -2\,88 \\ \hline 50 \end{array}$$

Como la estimación es demasiado baja, aumenta el número en el cociente para ajustar.

Divide. 453 ÷ 65

Estima. 490 ÷ 70 = 7

Intenta con 7 unidades.

Si una estimación es demasiado alta, el producto con el primer dígito será demasiado grande y no podrá restarse.

$$\begin{array}{r} 7 \\ 65\overline{)453} \\ -455 \\ \hline \end{array}$$

Como la estimación es demasiado alta, reduce el número en el cociente para ajustar.

SOLUCIONA el problema EN EL MUNDO

Un nuevo grupo musical hace 6,127 copias de su primer CD. El grupo vende 75 copias del CD en cada uno de sus conciertos. ¿Cuántos conciertos debe dar el grupo para vender todos los CD?

Divide. 6,127 ÷ 75 **Estima.** 6,300 ÷ 70 = 90

PASO 1 Usa la estimación, 90. Intenta con 9 decenas.

- ¿La estimación es demasiado alta, demasiado baja o correcta?

  ____

- Si es necesario, ajusta el número en el cociente.

$$75\overline{)6{,}127}$$

PASO 2 Estima el dígito que sigue en el cociente.
Divide las unidades.
Estima: 140 ÷ 70 = 2. Intenta con 2 unidades.

- ¿La estimación es demasiado alta, demasiado baja o correcta?

  ____

- Si es necesario, ajusta el número en el cociente.

Entonces, el grupo debe dar _____ conciertos para vender todos los CD.

¡Inténtalo! Cuando la diferencia es igual al divisor o mayor que él, la estimación es demasiado baja.

Divide. $336 \div 48$ Estima. $300 \div 50 = 6$

Usa la estimación.

Intenta con 6 unidades.

$$48\overline{)336}\quad 6$$

Puesto que ____________, la estimación

es ________________.

$336 \div 48 =$ ______

Ajusta el dígito estimado en el cociente si es necesario. Luego divide.

Intenta con ____________.

MÉTODOS MATEMÁTICOS

Charla matemática Explica por qué podría resultar útil usar la estimación más cercana para resolver un problema de división.

Comunicar y mostrar MATH BOARD

Ajusta el dígito estimado en el cociente si es necesario. Luego divide.

1. $41\overline{)1,546}$ (4)

2. $16\overline{)416}$ (2)

3. $34\overline{)2,831}$ (9)

Divide.

4. $19\overline{)915}$

5. $28\overline{)1,825}$

6. $45\overline{)3,518}$

MÉTODOS MATEMÁTICOS

Charla matemática Explica cómo sabes si un cociente estimado es demasiado bajo o demasiado alto.

Nombre ______________________________

Por tu cuenta

Ajusta el dígito estimado en el cociente si es necesario. Luego divide.

7. $26\overline{)541}$ (cociente estimado: 2)

8. $43\overline{)688}$ (cociente estimado: 1)

9. $67\overline{)4{,}873}$ (cociente estimado: 6)

Divide.

10. $15\overline{)975}$

11. $37\overline{)264}$

12. $22\overline{)6{,}837}$

13. $49\overline{)2{,}405}$

14. $59\overline{)126}$

15. $83\overline{)5{,}146}$

Práctica: Copia y resuelve **Divide.**

16. $452 \div 31$

17. $592 \div 74$

18. $785 \div 14$

19. $601 \div 66$

20. $1{,}067 \div 97$

21. $2{,}693 \div 56$

22. $1{,}488 \div 78$

23. $2{,}230 \div 42$

24. $4{,}295 \div 66$

SOLUCIONA el problema EN EL MUNDO

PREPARACIÓN PARA LA PRUEBA

25. Un salón de banquetes sirve 2,394 libras de pavo durante un período de 3 semanas. Si se sirve la misma cantidad cada día, ¿cuántas libras de pavo se sirven por día en el salón de banquetes?

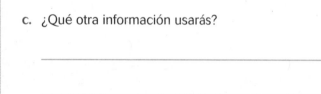

Ⓐ 50,274 libras
Ⓑ 798 libras
Ⓒ 342 libras
Ⓓ 114 libras

a. ¿Qué debes hallar? ______________________________

____

b. ¿Qué información tienes? ______________________________

____

c. ¿Qué otra información usarás?

____

____

____

d. Halla cuántos días hay en 3 semanas.

Hay ______ días en 3 semanas.

e. Divide para resolver el problema.

f. Rellena el círculo del resultado correcto.

26. Marcos prepara 624 onzas de limonada. Quiere llenar los 52 vasos que tiene con cantidades iguales de limonada. ¿Cuánta limonada debería servir en cada vaso?

Ⓐ 8 onzas
Ⓑ 12 onzas
Ⓒ 18 onzas
Ⓓ 20 onzas

27. La compañía Calza Calcetines empaca los calcetines en cajas con 18 pares cada una. ¿Cuántas cajas se necesitarán para empacar 810 pares de calcetines?

Ⓐ 40
Ⓑ 45
Ⓒ 55
Ⓓ 56

PARA PRACTICAR MÁS:
Cuaderno de práctica de los estándares, págs. P45 y P46

Nombre ______________________________

Resolución de problemas • División

Pregunta esencial ¿Cómo puede ayudarte la estrategia *hacer un diagrama* a resolver un problema de división?

ESTÁNDAR COMÚN CC.5.NBT.6
Perform operations with multi-digit whole numbers and with decimals to hundredths.

SOLUCIONA el problema EN EL MUNDO

Juan y su familia alquilaron un barco de pesca por un día. Juan pescó un pez aguja azul y una serviola. El peso del pez aguja azul era 12 veces mayor que el peso de la serviola. El peso de ambos peces era de 273 libras. ¿Cuánto pesaba cada pez?

Lee el problema

¿Qué debo hallar?	¿Qué información debo usar?	¿Cómo usaré la información?
Debo hallar ______________ ______________.	Debo saber que Juan pescó un total de ______ libras y que el peso del pez aguja azul era ______ veces mayor que el peso de la serviola.	Puedo usar la estrategia ______________ y luego dividir. Puedo dibujar un modelo de barras y usarlo para escribir el problema de división que me ayude a hallar el peso de cada pez.

Resuelve el problema

Dibujaré una casilla para indicar el peso de la serviola. Luego dibujaré una barra con 12 casillas de igual tamaño para indicar el peso del pez aguja azul. Divido el peso total de los dos peces entre la cantidad total de casillas.

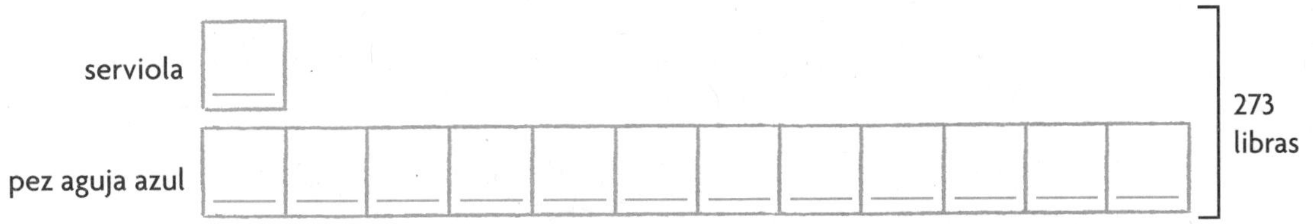

$$\begin{array}{r} 2 \\ 13\overline{)273} \\ -26 \\ \underline{} \\ - \underline{} \\ \end{array}$$

Escribe el cociente en cada casilla. Multiplícalo por 12 para hallar el peso del pez aguja azul.

Entonces, la serviola pesaba ____________ libras y el pez aguja azul pesaba ____________ libras.

Haz otro problema

Jason, Murray y Dana fueron a pescar. Dana pescó un pargo rojo. Jason pescó un atún que pesaba 3 veces más que el pargo rojo. Murray atrapó un pez vela que pesaba 12 veces más que el pargo rojo. Si el peso de los tres peces juntos era de 208 libras, ¿cuánto pesaba el atún?

Lee el problema		
¿Qué debo hallar?	**¿Qué información debo usar?**	**¿Cómo usaré la información?**

Resuelve el problema

Entonces, el atún pesaba ______ libras.

- ¿Cómo puedes comprobar tu resultado? ______

MÉTODOS MATEMÁTICOS

Charla matemática Explica cómo podrías usar otra estrategia para resolver este problema.

Nombre ______________________

Comunicar y mostrar MATH BOARD

1. Paula pescó un sábalo que pesaba 10 veces más que un pámpano que también había pescado. El peso total de los dos peces era de 132 libras. ¿Cuánto pesaba cada pez?

Primero, dibuja una casilla para representar el peso del pámpano y diez casillas para representar el peso del sábalo.

A continuación, divide el peso total de los dos peces entre la cantidad total de casillas que dibujaste. Escribe el cociente en cada casilla.

Por último, halla el peso de cada pez.

El pámpano pesaba ______ libras.

El sábalo pesaba ______ libras.

2. **¿Qué pasaría si** el sábalo pesara 11 veces más que el pámpano, y el peso total de ambos peces fuera de 132 libras? ¿Cuánto pesaría cada pez?

pámpano: ______ libras

sábalo: ______ libras

3. Jon atrapó cuatro peces que pesaban 252 libras en total. El carite pesaba el doble que la serviola y el pez aguja blanco pesaba el doble que el carite. El sábalo pesaba 5 veces más que la serviola. ¿Cuánto pesaba cada pez?

serviola: ______ libras

carite: ______ libras

pez aguja blanco: ______ libras

sábalo: ______ libras

Elige una ESTRATEGIA

- Representar
- Hacer un diagrama
- Hacer una tabla
- Resolver un problema más sencillo
- Trabajar de atrás para adelante
- Adivinar, comprobar y revisar

MUESTRA TU TRABAJO

Por tu cuenta

Usa la tabla para resolver los problemas 4 a 7.

Lista de compras de Kevin para su acuario	
Pecera de 40 galones	$170
Luz para acuario	$30
Sistema de filtración	$65
Termómetro	$2
Bolsa de grava de 15 lb	$13
Piedras grandes	$3 por lb
Peces payaso	$20 cada uno
Peces damisela	$7 cada uno

4. Kevin comenzó a armar un acuario de agua salada con 36 peces. Quiere comenzar con 11 peces damisela más que peces payaso. ¿Cuántos peces de cada especie deberá comprar? ¿Cuánto le costarán los peces?

____

5. Kevin usó un cupón de descuentos para comprar una pecera de 40 galones, una luz para acuario y un sistema de filtración. Pagó $240 en total. ¿Cuánto dinero ahorró Kevin con el cupón?

____

6. H.O.T. Kevin compró 3 bolsas de grava para cubrir el fondo de su pecera. Le sobraron 8 libras de grava. ¿Cuánta grava usó Kevin para cubrir el fondo?

____

7. Escribe **Plantea un problema** Vuelve a mirar el Problema 6. Escribe un problema similar cambiando la cantidad de bolsas de grava y la cantidad de grava que sobra.

____

____

____

____

____

8. **Preparación para la prueba** El capitán James ofrece una excursión de pesca por el fondo del mar. Cobra $2,940 por 14 horas de excursión. ¿Cuánto cuesta cada hora de excursión?

Ⓐ $138 Ⓒ $210

Ⓑ $201 Ⓓ $294

PARA PRACTICAR MÁS:
Cuaderno de práctica de los estándares, págs. P47 y P48

Nombre ____________________

Repaso y prueba del Capítulo 2

Vocabulario

Elige el término del recuadro que mejor corresponda.

Vocabulario
cocientes parciales
números compatibles
valor posicional

1. Puedes usar ____________ para estimar cocientes porque se pueden calcular mentalmente con facilidad. (pág. 79)

2. Para decidir dónde colocar el primer dígito de un cociente, puedes estimar o usar el ____________. (pág. 61)

Conceptos y destrezas

Usa números compatibles para estimar el cociente. (CC.5.NBT.6)

3. $522 \div 6$ ____________

4. $1{,}285 \div 32$ ____________

5. $6{,}285 \div 89$ ____________

Divide. Comprueba tu resultado. (CC.5.NBT.6)

6. $2\overline{)554}$

7. $8\overline{)680}$

8. $5\overline{)462}$

9. $522 \div 18$

10. $529 \div 37$

11. $987 \div 15$

12. $1{,}248 \div 24$

13. $5{,}210 \div 17$

14. $8{,}808 \div 42$

APRENDE en línea Opciones de evaluación Prueba del capítulo

Rellena el círculo completamente para indicar tu respuesta.

PREPARACIÓN PARA LA PRUEBA

15. Samira compró 156 onzas de frutos secos surtidos y quiere dividirlos en 24 porciones iguales. ¿Cuántas onzas de frutos secos surtidos tendrá cada porción? (CC.5.NF.3)

Ⓐ 6 onzas

Ⓑ $6\frac{1}{2}$ onzas

Ⓒ 7 onzas

Ⓓ 12 onzas

16. Una banda escolar dio 6 conciertos. Se vendieron todas las localidades para todos los conciertos. Si se vendieron 1,248 localidades en total para los 6 conciertos, ¿cuántas localidades se vendieron por concierto? (CC.5.NBT.6)

Ⓐ 28

Ⓑ 200

Ⓒ 206

Ⓓ 208

17. El perro de Dylan pesa 12 veces más que su conejo. El perro y el conejo pesan 104 libras en total. ¿Cuánto pesa el perro de Dylan? (CC.5.NBT.6)

Ⓐ 104 libras

Ⓑ 96 libras

Ⓒ 88 libras

Ⓓ 8 libras

18. Jamie está haciendo 14 disfraces idénticos para una obra de teatro escolar. Necesita 210 botones para completar todos los disfraces. ¿Cuántos botones coserá en cada disfraz? (CC.5.NBT.6)

Ⓐ 15

Ⓑ 14

Ⓒ 11

Ⓓ 9

Nombre ________________________________

PREPARACIÓN PARA LA PRUEBA

Rellena el círculo completamente para indicar tu respuesta.

19. Una editorial va a hacer un envío de 300 libros. Los libros se embalan en cajas. En cada caja caben 24 libros. ¿Cuántas cajas se necesitan para enviar el pedido completo de libros? (CC.5.NBT.6)

Ⓐ 10

Ⓑ 11

Ⓒ 12

Ⓓ 13

20. Richard está planeando un viaje a Italia. Piensa que necesitará $2,750 para su viaje. Si faltan 40 semanas para el viaje, ¿cuál es la mejor estimación de la cantidad de dinero que Richard debe ahorrar por semana? (CC.5.NBT.6)

Ⓐ $60

Ⓑ $70

Ⓒ $600

Ⓓ $700

21. Un club escolar recauda $506 para gastar en una excursión. Irán 23 personas a esta excursión. ¿Cuánto dinero recaudó el club para cada persona que viajará? (CC.5.NBT.6)

Ⓐ $27

Ⓑ $22

Ⓒ $18

Ⓓ $12

22. Este año, un productor local de naranjas procesa 2,330 naranjas de su naranjal. Las naranjas se embalan en cajones. En cada cajón caben 96 naranjas. Todos los cajones están llenos excepto uno. ¿Cuántas naranjas hay en este último cajón? (CC.5.NBT.6)

Ⓐ 24

Ⓑ 25

Ⓒ 26

Ⓓ 27

▶ Respuesta de desarrollo

23. El lunes, se envían 1,900 botellas de perfume a un depósito. Las botellas están embaladas en cajas. En cada caja caben 32 botellas. ¿Cuántas cajas se enviaron? **Explica** cómo hallaste tu resultado. (CC.5.NBT.6)

____

____

____

▶ Tarea de rendimiento (CC.5.NBT.6)

24. Quincy necesita 322 yardas de cinta para decorar edredones para una feria de artesanías. La cinta viene en rollos de 15 yardas.

A ¿Cuántos rollos de cinta debería comprar Quincy? **Explica** tu respuesta.

____

____

B Alice necesita el doble de yardas de cinta que Quincy. ¿Cuántos rollos de cinta necesita Alice? **Explica** tu respuesta.

____

____

____

C Elena necesita cinta amarilla, roja y azul. Necesita 285 yardas de los tres colores juntos. Sugiere cantidades de rollos de cada color con las que conseguiría tener la cinta necesaria. (PISTA: Divide las 285 yardas en cualquier combinación de 3 grupos que sumados den esta cantidad).

____

____

____

____

Capítulo 3

Sumar y restar números decimales

Muestra lo que sabes

Comprueba tu comprensión de destrezas importantes.

Nombre ______________________________

▶ **Sumar y restar con números de 2 dígitos** Halla la suma o la diferencia.

1.

	Centenas	Decenas	Unidades
	☐	☐	
		5	8
+		7	6

2.

	Centenas	Decenas	Unidades
		☐	☐
		8	2
−		4	7

▶ **Números decimales mayores que uno** Escribe la forma en palabras y la forma desarrollada de cada número.

3. 3.4 ______________________________ ______________________________

4. 2.51 ______________________________ ______________________________

▶ **Relacionar fracciones y números decimales** Escribe el número decimal o la fracción.

5. 0.8 ______

6. $\frac{5}{100}$ ______

7. 0.46 ______

8. $\frac{6}{10}$ ______

9. 0.90 ______

10. $\frac{35}{100}$ ______

Jason tiene 4 fichas. Cada ficha tiene un número. Los números son 2, 3, 6 y 8. Con las fichas y las pistas se forma un número decimal. Piensa como un detective matemático y halla el número.

Pistas

- El dígito que está en el lugar de las decenas es el número mayor.
- El dígito que está en el lugar de los décimos es menor que el dígito que está en el lugar de los centésimos.
- El dígito que está en el lugar de las unidades es mayor que el dígito que está en el lugar de los centésimos.

Desarrollo del vocabulario

▶ Visualizar

Usa las palabras marcadas con ✓ para completar el diagrama de árbol.

Palabras de repaso

- ✓ centésimo
- ✓ décimo
- ✓ punto de referencia
- ✓ redondear
- ✓ valor posicional

Palabras nuevas

- ✓ milésimo
- secuencia
- término

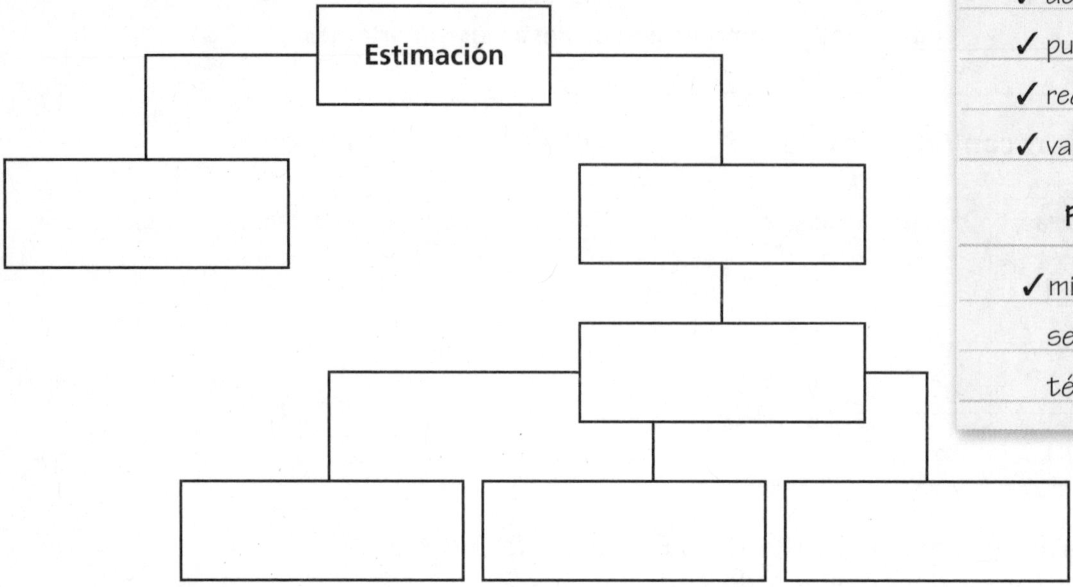

▶ Comprender el vocabulario

Lee la descripción. ¿Qué palabra crees que se describe?

1. Una de cien partes iguales ________________
2. El valor de cada dígito de un número según la ubicación del dígito ________________
3. Reemplazar un número con uno que es más sencillo y tiene aproximadamente el mismo valor que el número original ________________
4. Una lista ordenada de números ________________
5. Una de diez partes iguales ________________
6. Un número conocido que se usa como referencia ________________
7. Una de mil partes iguales ________________
8. Cada uno de los números de una secuencia ________________

Nombre ______________________

Milésimos

Pregunta esencial ¿Cómo puedes describir la relación entre dos valores posicionales en números decimales?

ESTÁNDAR COMÚN CC.5.NBT.1
Understand the place value system.

Investigar

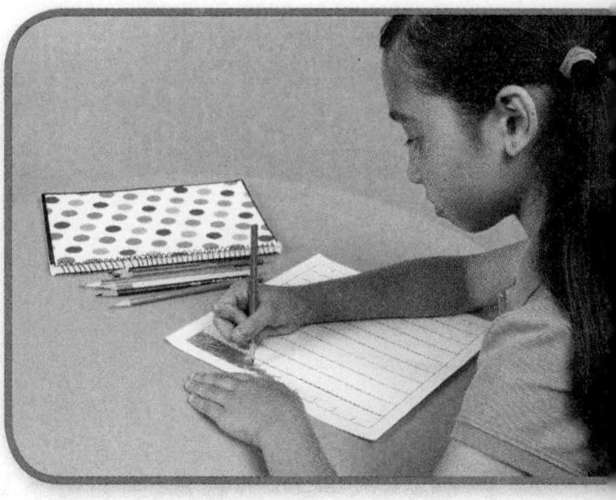

Materiales ■ lápices de colores ■ escuadra

Los milésimos son partes más pequeñas que los centésimos. Si un centésimo se divide en diez partes iguales, cada parte es un **milésimo**.

Usa el modelo que está a la derecha para representar décimos, centésimos y milésimos.

A. Divide el cuadrado más grande en 10 columnas o rectángulos iguales. Sombrea un rectángulo. ¿Qué parte del entero representa el rectángulo sombreado? Escribe esa parte como un número decimal y como una fracción.

____

B. Divide cada rectángulo en 10 cuadrados iguales. Usa otro color para sombrear uno de los cuadrados. ¿Qué parte del entero representa el cuadrado sombreado? Escribe esa parte como un número decimal y como una fracción.

____

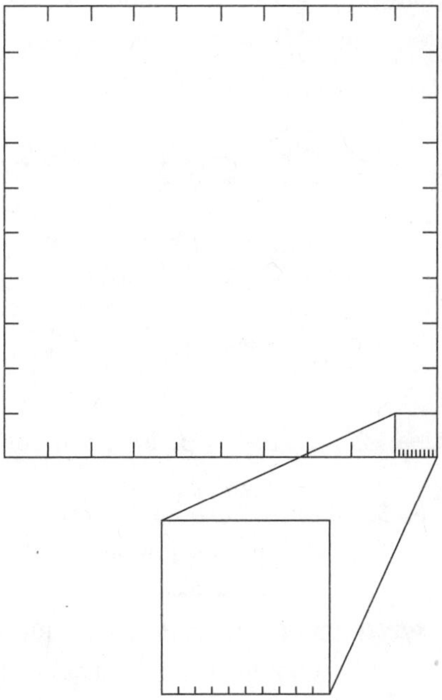

C. Divide el cuadrado de centésimos ampliado en 10 columnas o rectángulos iguales. Si cada cuadrado de centésimos se divide en diez rectángulos iguales, ¿cuántas partes tendrá el modelo?

____

Usa un tercer color para sombrear un rectángulo del cuadrado de centésimos ampliado. ¿Qué parte del entero representa el rectángulo sombreado? Escribe esa parte como un número decimal y como una fracción.

____

MÉTODOS MATEMÁTICOS

Charla matemática **Explica** de qué manera el modelo representa que hay 10 veces más centésimos que décimos.

Sacar conclusiones

1. **Explica** qué representa cada parte sombreada de tu modelo de la sección Investigar. ¿Qué fracción puedes escribir para relacionar cada parte sombreada con la parte sombreada más grande que le sigue? ________________

2. **Identifica** y describe una parte de tu modelo que represente un milésimo. **Explica** cómo lo sabes.

Hacer conexiones

La relación de un dígito en valores posicionales diferentes es la misma con números decimales que con números naturales. Puedes usar lo que sabes sobre patrones del valor posicional y una tabla de valor posicional para escribir números decimales 10 veces mayores o que sean $\frac{1}{10}$ de cualquier número decimal dado.

Unidades •	Décimos	Centésimos	Milésimos
	?	0.04	?

10 veces más $\frac{1}{10}$ de

________ es 10 veces más que 0.04.

________ es $\frac{1}{10}$ de 0.04.

Usa los siguientes pasos para completar la tabla.

PASO 1 Escribe el número decimal dado en una tabla de valor posicional.

PASO 2 Usa la tabla de valor posicional para escribir un número decimal que sea 10 veces mayor que el número decimal dado.

PASO 3 Usa la tabla de valor posicional para escribir un número decimal que sea $\frac{1}{10}$ del número decimal dado.

Número decimal	10 veces más	$\frac{1}{10}$ de
0.03		
0.1		
0.07		

MÉTODOS MATEMÁTICOS

Charla matemática **Describe** el patrón que ves cuando pasas un valor posicional decimal a la derecha y un valor posicional decimal a la izquierda.

Nombre ______________________________

Comunicar y mostrar

Escribe el número decimal que indican las partes sombreadas de cada modelo.

1.

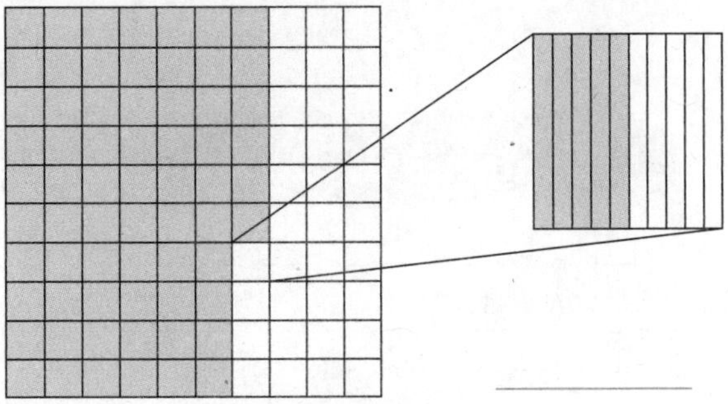

____

2.

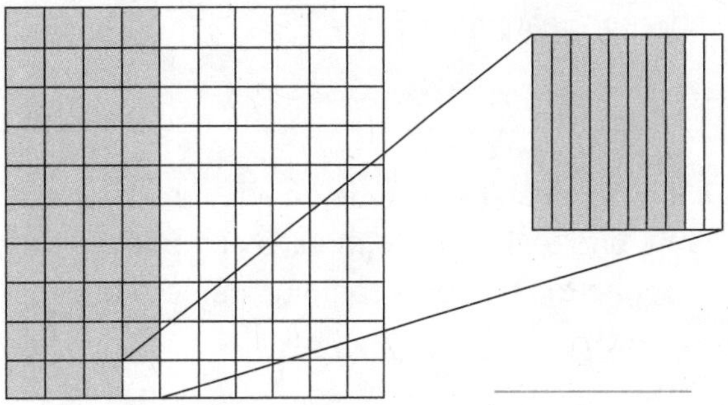

____

3.

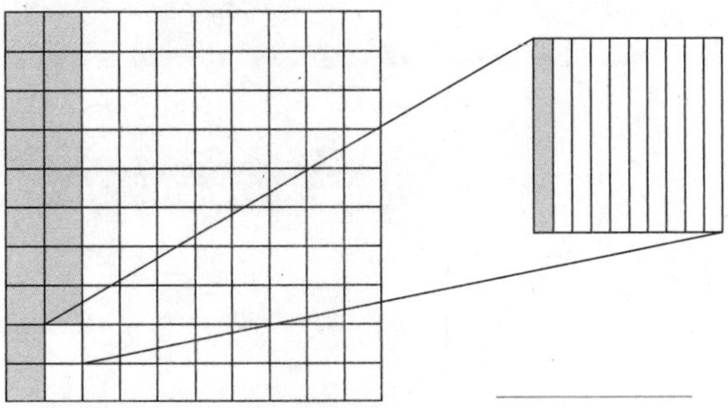

____

4.

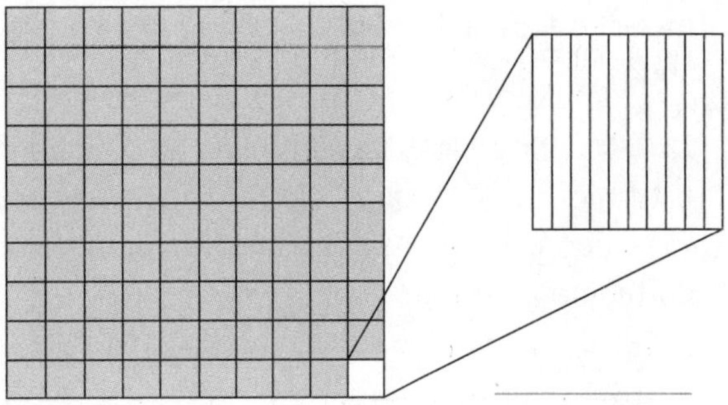

____

Completa las oraciones.

5. 0.6 es 10 veces más que ______________.

6. 0.007 es $\frac{1}{10}$ de ______________.

7. 0.008 es $\frac{1}{10}$ de ______________.

8. 0.5 es 10 veces más que ______________.

Completa la tabla con patrones del valor posicional.

	Número decimal	10 veces más que	$\frac{1}{10}$ de
9.	0.2		
10.	0.07		
11.	0.05		
12.	0.4		

	Número decimal	10 veces más que	$\frac{1}{10}$ de
13.	0.06		
14.	0.9		
15.	0.3		
16.	0.08		

Resolución de problemas EN EL MUNDO

Usa la tabla para resolver los problemas 17 a 20.

Longitud de abejas (en metros)	
Abejorro	0.019
Abejorro carpintero	0.025
Abeja cortadora de hojas	0.014
Abeja de las orquídeas	0.028
Abeja del sudor	

17. ¿Cuál es el valor del dígito 2 en la longitud del abejorro carpintero?

18. Si hicieras un modelo de un abejorro 10 veces mayor que uno real, ¿cuánto mediría el modelo en metros? Escribe tu respuesta como un número decimal.

19. La longitud de la abeja del sudor es 6 milésimos de metro. Anota en la tabla la longitud de la abeja del sudor.

20. H.O.T. Un escarabajo atlas mide aproximadamente 0.14 metros de longitud. ¿Qué relación hay entre la longitud del escarabajo atlas y la longitud de una abeja cortadora de hojas?

21. Escribe **Explica** cómo puedes usar el valor posicional para describir la relación que hay entre 0.05 y 0.005.

22. **Preparación para la prueba** ¿Cuál es la relación entre 1.0 y 0.1?

Ⓐ 0.1 es 10 veces más que 1.0.

Ⓑ 1.0 es $\frac{1}{10}$ de 0.1.

Ⓒ 0.1 es $\frac{1}{10}$ de 1.0.

Ⓓ 1.0 es igual a 0.1.

MUESTRA TU TRABAJO

 PARA PRACTICAR MÁS:
Cuaderno de práctica de los estándares, págs. P53 y P54

Nombre ______________________________

Valor posicional de los números decimales

ESTÁNDAR COMÚN CC.5.NBT.3a
Understand the place value system.

Pregunta esencial ¿Cómo lees, escribes y representas los números decimales hasta los milésimos?

SOLUCIONA el problema EN EL MUNDO

El túnel Brooklyn Battery de New York mide 1.726 millas de longitud. Es el túnel submarino para vehículos más largo de los Estados Unidos. Para comprender esta distancia, debes comprender el valor posicional de cada dígito de 1.726.

▲ El túnel Brooklyn Battery pasa por debajo del río East.

Puedes usar una tabla de valor posicional para comprender los números decimales. La parte entera de un número está a la izquierda del punto decimal. La parte decimal está a la derecha del punto decimal. El lugar de los milésimos está a la derecha del lugar de los centésimos.

Decenas	Unidades	Décimos	Centésimos	Milésimos
	1 •	7	2	6

1	1×1	$7 \times \frac{1}{10}$	$2 \times \frac{1}{100}$	$6 \times \frac{1}{1{,}000}$	Valor
	1.0	0.7	0.02	0.006	

El valor posicional del dígito 6 en 1.726 es el de los milésimos.
El valor de 6 en 1.726 es $6 \times \frac{1}{1{,}000}$ ó 0.006.

Forma normal: 1.726
Forma en palabras: uno con setecientos veintiséis milésimos

Forma desarrollada: $1 \times 1 + 7 \times \left(\frac{1}{10}\right) + 2 \times \left(\frac{1}{100}\right) + 6 \times \left(\frac{1}{1{,}000}\right)$

MÉTODOS MATEMÁTICOS
Charla matemática Explica de qué manera el valor del último dígito de un número decimal te ayuda a leer el número.

¡Inténtalo! Usa el valor posicional para leer y escribir números decimales.

A **Forma normal:** 2.35
Forma en palabras: dos con ______________________________

Forma desarrollada: $2 \times 1 +$ ______________________________

B **Forma normal:** ______________
Forma en palabras: tres con seiscientos catorce milésimos

Forma desarrollada: ____________ $+ 6 \times \left(\frac{1}{10}\right) +$ ____________ $+$ ____________

Ejemplo Usa una tabla de valor posicional.

La araña común de jardín teje una tela de alrededor de 0.003 milímetros de grosor. El hilo de coser que se usa habitualmente mide alrededor de 0.3 milímetros de grosor. ¿Qué relación hay entre el grosor de la tela de araña y el del hilo común?

PASO 1 Escribe los números en una tabla de valor posicional.

Unidades	Décimos	Centésimos	Milésimos
•			
•			

PASO 2

Cuenta el número de valores posicionales decimales al dígito 3 en 0.3 y 0.003.

0.3 tiene ________ lugares decimales menos que 0.003.

2 lugares decimales menos: $10 \times 10 =$ ______________

0.3 es ______________ veces más que 0.003.

0.003 es ______________ de 0.3.

Entonces, el hilo es ______________ veces más grueso que la tela de la araña de jardín. El grosor de la tela de la araña de jardín es

______________ del grosor del hilo.

Puedes usar patrones del valor posicional para convertir un número decimal.

¡Inténtalo! Usa patrones del valor posicional.

Usa otros valores posicionales para convertir 0.3.

0.300	3 décimos	$3 \times \frac{1}{10}$
0.300	________ centésimos	________ $\times \frac{1}{100}$
0.300	______________	______________

Nombre ____________________

Comunicar y mostrar MATH BOARD

1. Completa la tabla de valor posicional para hallar el valor de cada dígito.

Unidades	Décimos	Centésimos	Milésimos
3 •	5	2	4

3×1		$2 \times \frac{1}{100}$		Valor
	0.5			

Escribe el valor del dígito subrayado.

2. $0.5\underline{4}3$ ____________________

3. $6.\underline{2}34$ ____________________

4. $3.95\underline{4}$ ____________________

Escribe el número de otras dos formas.

5. 0.253

____

____

____

6. 7.632

____

____

____

Por tu cuenta

Escribe el valor del dígito subrayado.

7. $0.4\underline{9}6$ ____________________

8. $2.\underline{7}26$ ____________________

9. $1.06\underline{6}$ ____________________

10. $6.\underline{3}99$ ____________________

11. $0.00\underline{2}$ ____________________

12. $14.37\underline{1}$ ____________________

Escribe el número de otras dos formas.

13. 0.489

____

____

____

14. 5.916

____

____

____

Resolución de problemas EN EL MUNDO

Usa la tabla para resolver los problemas 15 a 17.

Promedio de precipitaciones anuales (en metros)	
California	0.564
New Mexico	0.372
New York	1.041
Wisconsin	0.820
Maine	

15. ¿Cuál es el valor del dígito 7 en el promedio de precipitaciones anuales de New Mexico?

____

16. El promedio de precipitaciones anuales de Maine es uno con setenta y cuatro milésimos de metro por año. Escribe esa cantidad de forma normal para completar la tabla.

17. ¿Cuál de los estados tiene, en su promedio de precipitaciones anuales, el número menor en el lugar de los milésimos?

____

18. **¿Cuál es el error?** Damián escribió el número cuatro con veintitrés milésimos así: 4.23. **Describe** y corrige su error.

____

____

____

19. Escribe **Explica** cómo sabes que el dígito 6 no tiene el mismo valor en los números 3.675 y 3.756.

____

____

____

____

____

20. **Preparación para la prueba** En 24.736, ¿qué dígito está en el lugar de los milésimos?

Ⓐ 3　　Ⓒ 6

Ⓑ 4　　Ⓓ 7

MUESTRA TU TRABAJO

PARA PRACTICAR MÁS:
Cuaderno de práctica de los estándares, págs. P55 y P56

Nombre ______________________________

Comparar y ordenar números decimales

ESTÁNDAR COMÚN CC.5.NBT.3b
Understand the place value system.

Pregunta esencial ¿Cómo puedes usar el valor posicional para comparar y ordenar números decimales?

SOLUCIONA el problema EN EL MUNDO

En la tabla se muestran algunas montañas de los Estados Unidos que superan las dos millas de altura. ¿Qué relación hay entre la altura de la montaña Cloud, en New York, y la altura de la montaña Boundary, en Nevada?

▲ Las montañas Teton se encuentran en el Parque Nacional Grand Teton.

Alturas de montañas

Montaña y estado	Altura (en millas)
Boundary, Nevada	2.488
Cloud, New York	2.495
Grand Teton, Wyoming	2.607
Wheeler, New Mexico	2.493

De una manera Usa el valor posicional.

Alinea los puntos decimales. Comienza por la izquierda. Compara los dígitos de cada valor posicional hasta encontrar dígitos que sean diferentes.

PASO 1 Compara las unidades.

2.495
↓
2.488

2 = 2

PASO 2 Compara los décimos.

2.495
↓
2.488

4 ◯ 4

PASO 3 Compara los centésimos.

2.495
↓
2.488

9 ◯ 8

Como 9 ◯ 8, entonces 2.495 ◯ 2.488 y 2.488 ◯ 2.495.

Entonces, la altura de la montaña Cloud es ____________ la altura de la montaña Boundary.

De otra manera Usa una tabla de valor posicional para comparar.

Compara la altura de la montaña Cloud con la de la montaña Wheeler.

Unidades •	Décimos	Centésimos	Milésimos
2 •	4	9	5
2 •	4	9	3

$2 = 2$ $4 =$ ______ $9 =$ ______ $5 >$ ______

Como 5 ◯ 3, entonces 2.495 ◯ 2.493 y 2.493 ◯ 2.495.

Entonces, la altura de la montaña Cloud es ____________ la altura de la montaña Wheeler.

MÉTODOS MATEMÁTICOS

Charla matemática Explica por qué es importante alinear los puntos decimales al comparar números decimales.

Ordenar números decimales Puedes usar el valor posicional para ordenar números decimales.

Ejemplo

El monte Whitney, en California, mide 2.745 millas de altura; el monte Rainier, en Washington, mide 2.729 millas de altura; y el monte Harvard, en Colorado, mide 2.731 millas de altura. Ordena las alturas de estas montañas de menor a mayor. ¿Cuál es la montaña de menor altura? ¿Cuál es la montaña de mayor altura?

PASO 1

Alinea los puntos decimales. El número en el lugar de las unidades es el mismo. Encierra en un círculo los décimos y compáralos.

2.745 **Whitney**

2.729 **Rainier**

2.731 **Harvard**

El número que está en el lugar de los décimos es el mismo.

PASO 2

Subraya los centésimos y compáralos. Ordénalos de menor a mayor.

2.745 **Whitney**

2.729 **Rainier**

2.731 **Harvard**

Como $\bigcirc < \bigcirc < \bigcirc$, las alturas ordenadas de menor a mayor son

__________, __________, __________.

Entonces, __________ es el más bajo y

__________ es el más alto.

MÉTODOS MATEMÁTICOS

Charla matemática Explica por qué no debes comparar los dígitos que están en el lugar de los milésimos para ordenar las alturas de las 3 montañas.

¡Inténtalo! **Usa una tabla de valor posicional.**

¿Cómo se ordenan los números 1.383, 1.321, 1.456 y 1.32 de mayor a menor?

- Escribe los números en la tabla de valor posicional. Compara los dígitos, comenzando con el de mayor valor posicional.

Unidades	•	Décimos	Centésimos	Milésimos
1	•	3	8	3
1	•			
1	•			
1	•			

- Compara las unidades. Las unidades son iguales.
- Compara los décimos. $4 > 3$.

El número mayor es __________.
Encierra en un círculo el número mayor en la tabla de valor posicional.

- Compara los centésimos restantes. $8 > 2$.

El siguiente número mayor es __________.
Traza un rectángulo alrededor del número.

- Compara los milésimos restantes. $1 > 0$.

Entonces, los números ordenados de mayor a menor son: ____________________.

Nombre ______________________

Comunicar y mostrar MATH BOARD

1. Usa la tabla de valor posicional para comparar los dos números. ¿Cuál es el mayor valor posicional en el que difieren los dígitos?

Unidades •	Décimos	Centésimos	Milésimos
3 •	4	7	2
3 •	4	4	5

____

Compara. Escribe <, > ó =.

2. 4.563 ◯ 4.536

3. 5.640 ◯ 5.64

4. 8.673 ◯ 8.637

Indica cuál es el mayor valor posicional en el que difieren los dígitos. Indica el número mayor.

5. 3.579; 3.564

6. 9.572; 9.637

7. 4.159; 4.152

Ordena de menor a mayor.

8. 4.08; 4.3; 4.803; 4.038

9. 1.703; 1.037; 1.37; 1.073

Por tu cuenta

Compara. Escribe <, > ó =.

10. 8.72 ◯ 8.720

11. 5.4 ◯ 5.243

12. 1.036 ◯ 1.306

13. 2.573 ◯ 2.753

14. 9.300 ◯ 9.3

15. 6.76 ◯ 6.759

Ordena de mayor a menor.

16. 2.007; 2.714; 2.09; 2.97

17. 0.386; 0.3; 0.683; 0.836

18. 5.249; 5.43; 5.340; 5.209

19. 0.678; 1.678; 0.587; 0.687

H.O.T. **Álgebra** **Halla el dígito desconocido para hacer que el enunciado sea verdadero.**

20. 3.59 > 3.5 ▢ 1 > 3.572

21. 6.837 > 6.83 ▢ > 6.835

22. 2.45 < 2. ▢ 6 < 2.461

Resolución de problemas EN EL MUNDO

Usa la tabla para resolver los problemas 23 a 26.

Montañas que superan las tres millas de altura	
Montaña y ubicación	**Altura (en metros)**
Blackburn, Alaska	3.104
Bona, Alaska	3.134
Steele, Yukón	3.152

23. Al comparar la altura de las montañas, ¿cuál es el mayor valor posicional en el que difieren los dígitos?

24. ¿Qué relación hay entre la altura de la montaña Steele y la de la montaña Blackburn? Usa palabras para comparar las alturas.

25. Escribe **Explica** cómo ordenar la altura de las montañas de mayor a menor.

MUESTRA TU TRABAJO

26. H.O.T. **¿Qué pasaría si** la montaña Blackburn fuera 0.05 millas más alta? ¿Sería entonces la montaña más alta? **Explícalo.**

27. **Preparación para la prueba** El monte Logan, en el Yukón, mide 3.702 millas de altura. El monte McKinley, en Alaska, mide 3.848 millas de altura, y el Pico de Orizaba, en México, mide 3.571 millas de altura. Ordena estas montañas de mayor a menor, según su altura.

Ⓐ Logan, McKinley, Pico de Orizaba

Ⓑ McKinley, Logan, Pico de Orizaba

Ⓒ Pico de Orizaba, Logan, McKinley

Ⓓ Logan, Pico de Orizaba, McKinley

PARA PRACTICAR MÁS:
Cuaderno de práctica de los estándares, págs. P57 y P58

Nombre ______________________

Redondear números decimales

Pregunta esencial ¿Cómo puedes usar el valor posicional para redondear números decimales a un valor dado?

ESTÁNDAR COMÚN CC.5.NBT.4
Understand the place value system.

SOLUCIONA el problema EN EL MUNDO

La rana dorada de Sudamérica es una de las ranas más pequeñas del mundo. Mide 0.386 pulgadas de longitud. ¿Cuál es su longitud redondeada al centésimo de pulgada más próximo?

- Subraya la longitud de la rana dorada.
- ¿La longitud de la rana es aproximadamente igual a la longitud o al ancho de un clip grande?

____

De una manera Usa una tabla de valor posicional.

- Escribe el número en una tabla de valor posicional y encierra en un círculo el dígito del valor posicional al que quieres redondear.
- En la tabla de valor posicional, subraya el dígito que está a la derecha del lugar que estás redondeando.
- Si el dígito que está a la derecha es menor que 5, el dígito del valor posicional que estás redondeando se mantiene igual. Si el dígito que está a la derecha es igual o mayor que 5, el dígito del lugar de redondeo aumenta en 1.
- Elimina los dígitos que siguen al lugar del dígito que estás redondeando.

Unidades	Décimos	Centésimos	Milésimos
0 •	3	8	6

Piensa: ¿El dígito del lugar de redondeo se mantiene igual o aumenta en 1?

Entonces, al centésimo de pulgada más próximo, una rana dorada mide alrededor de ______ pulgadas de longitud.

De otra manera Usa el valor posicional.

La pequeña rana de los pastos es la rana más pequeña de Norteamérica. Mide 0.437 pulgadas de longitud.

A **¿Cuál es la longitud de la rana al centésimo de pulgada más próximo?**

0.437 $7 > 5$
↓
0.44

Entonces, al centésimo de pulgada más próximo, la rana mide alrededor de ______ pulgadas de longitud.

B **¿Cuál es la longitud de la rana al décimo de pulgada más próximo?**

0.437 $3 < 5$
↓
0.4

Entonces, al décimo de pulgada más próximo, la rana mide alrededor de ______ pulgadas de longitud.

Ejemplo

La rana Goliat es la rana más grande del mundo. Se encuentra en Camerún, en África occidental. La rana Goliat puede llegar a medir 11.815 pulgadas de longitud. ¿Cuánto mide la rana Goliat a la pulgada más próxima?

PASO 1 Escribe 11.815 en la tabla de valor posicional.

Decenas	Unidades	Décimos	Centésimos	Milésimos
	•			

PASO 2 Busca el lugar al que quieres redondear. Encierra el dígito en un círculo.

PASO 3 Subraya el dígito que está a la derecha del valor posicional que estás redondeando. Luego redondea.

Piensa: ¿El dígito del lugar de redondeo se mantiene igual o aumenta en 1?

Entonces, a la pulgada más próxima, la rana Goliat mide alrededor de

______ pulgadas de longitud.

- **Explica** por qué cualquier número menor que 12.5 y mayor que o igual a 11.5 se redondearía en 12 al redondear al número natural más próximo.

____

____

____

¡Inténtalo! **Redondea.** 14.603

A **Al centésimo más próximo:**

Decenas	Unidades	Décimos	Centésimos	Milésimos
	•			

Para redondear al centésimo más próximo, encierra en un círculo y subraya los dígitos, como lo hiciste arriba.

Entonces, 14.603 redondeado al centésimo más próximo es ______.

B **Al número natural más próximo:**

Decenas	Unidades	Décimos	Centésimos	Milésimos
	•			

Para redondear al número natural más próximo, encierra en un círculo y subraya los dígitos, como lo hiciste arriba.

Entonces, 14.603 redondeado al número natural más próximo es ______.

Nombre ______________________________

Comunicar y mostrar

Escribe el valor posicional del dígito subrayado. Redondea los números al valor del dígito subrayado.

1. $0.6\underline{7}3$

2. $4.\underline{2}82$

3. $1\underline{2}.917$

Indica el valor posicional al que se redondeó cada número.

4. 0.982 en 0.98

5. 3.695 en 4

6. 7.486 en 7.5

Por tu cuenta

Escribe el valor posicional del dígito subrayado. Redondea los números al valor del dígito subrayado.

7. $0.\underline{5}92$

8. $\underline{6}.518$

9. $0.8\underline{0}9$

10. $3.\underline{3}34$

11. $12.\underline{0}74$

12. $4.4\underline{9}4$

Indica el valor posicional al que se redondeó cada número.

13. 0.328 en 0.33

14. 2.607 en 2.61

15. 12.583 en 13

Redondea 16.748 al valor indicado.

16. décimos ____________

17. centésimos ____________

18. unidades ____________

19. Escribe **Explica** qué pasa cuando redondeas 4.999 al décimo más próximo.

Resolución de problemas EN EL MUNDO

Usa la tabla para resolver los problemas 20 a 22.

Velocidad de insectos (metros por segundo)	
Insecto	**Velocidad**
Libélula	6.974
Tábano	3.934
Abejorro	2.861
Abeja	2.548
Mosca común	1.967

20. Al redondear las velocidades de dos insectos al número natural más próximo, el resultado es el mismo. ¿Qué insectos son?

____

21. ¿Cuál es la velocidad de la mosca común, redondeada al centésimo más próximo?

____

22. **¿Cuál es el error?** Mark dijo que la velocidad de una libélula redondeada al décimo más próximo era 6.9 metros por segundo. ¿Tiene razón? Si no es así, ¿cuál es su error?

____

____

____

23. **Escribe** Un número redondeado para la velocidad de un insecto es 5.67 metros por segundo. ¿Cuáles son las velocidades máximas y mínimas, redondeadas a milésimos, que se podrían redondear en 5.67? **Explícalo.**

____

____

____

____

____

24. ★ **Preparación para la prueba** ¿A qué valor posicional está redondeado el número?

6.706 en 6.71

Ⓐ unidades Ⓒ centésimos

Ⓑ décimos Ⓓ milésimos

MUESTRA TU TRABAJO

PARA PRACTICAR MÁS:
Cuaderno de práctica de los estándares, págs. P59 y P60

Nombre ______________________________

Suma de números decimales

Pregunta esencial ¿Cómo puedes usar bloques de base diez para representar la suma de números decimales?

ESTÁNDAR COMÚN CC.5.NBT.7

Perform operations with multi-digit whole numbers and with decimals to hundredths.

CONECTAR Puedes usar bloques de base diez como ayuda para hallar sumas de números decimales.

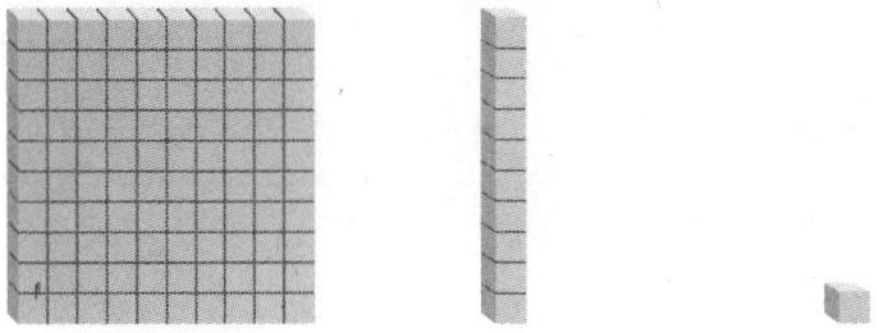

1 unidad | 0.1 un décimo | 0.01 un centésimo

Investigar

Materiales ■ bloques de base diez

A. Usa bloques de base diez para representar la suma de 0.34 y 0.27.

B. Primero combina los centésimos para sumarlos.

- ¿Debes reagrupar los centésimos? **Explícalo.**

____

____

____

C. Combina los décimos para sumarlos.

- ¿Debes reagrupar los décimos? **Explícalo.**

____

____

____

D. Anota el total. $0.34 + 0.27 =$ __________

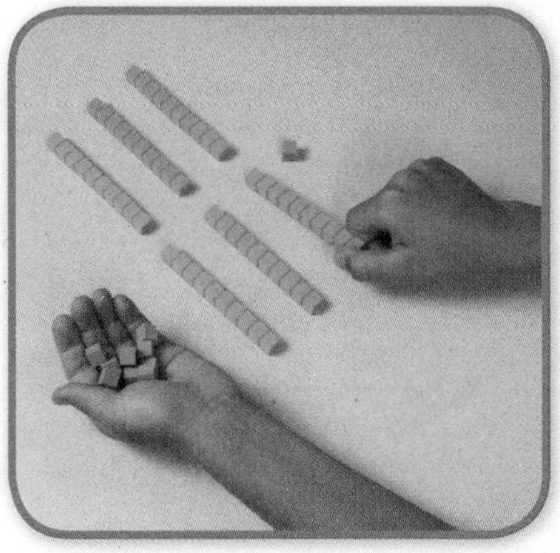

Sacar conclusiones

1. **¿Qué pasaría si** combinaras los décimos primero y luego los centésimos? **Explica** cómo reagruparías.

____

____

2. H.O.T. **Sintetiza** Si sumas dos números decimales mayores que 0.5, ¿el total será menor que o mayor que 1.0? **Explícalo.**

____

____

Hacer conexiones

Puedes usar un dibujo rápido para sumar números decimales mayores que 1.

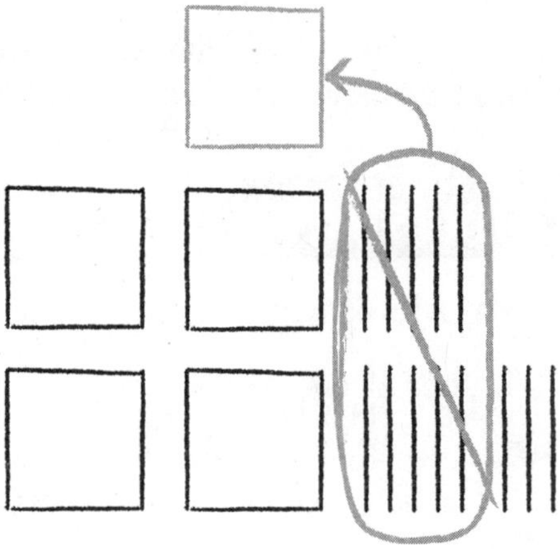

PASO 1

Haz un dibujo rápido para representar la suma de 2.5 y 2.8.

PASO 2

Suma los décimos.

- ¿Hay más de 9 décimos? ______
  Si hay más de 9 décimos, reagrupa.

Suma las unidades.

PASO 3

Haz un dibujo rápido de tu resultado. Luego anota.

$2.5 + 2.8 =$ ____________

Comunicar y mostrar

Completa el dibujo rápido para hallar la suma.

1. $1.37 + 1.85 =$ ____________

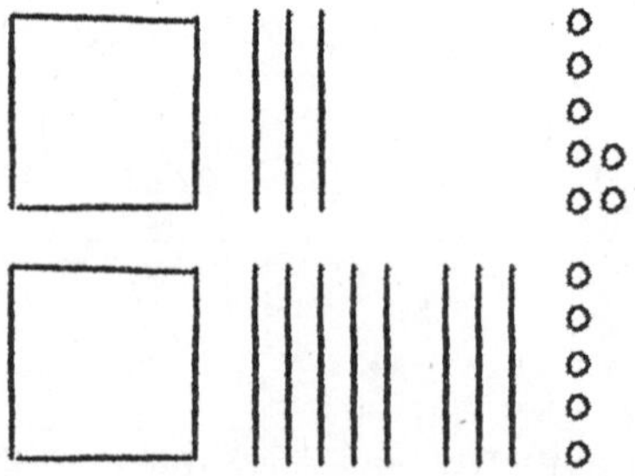

MÉTODOS MATEMÁTICOS

Charla matemática **Explica** cómo sabes dónde colocar el punto decimal en la suma.

Nombre ______________________

Suma. Haz un dibujo rápido.

2. $0.9 + 0.7 =$ ____________

3. $0.65 + 0.73 =$ ____________

4. $3.71 + 0.54 =$ ____________

5. $1.05 + 0.78 =$ ____________

6. $1.3 + 0.7 =$ ____________

7. $2.72 + 0.51 =$ ____________

MÉTODOS MATEMÁTICOS

Charla matemática Explica cómo resolviste el Ejercicio 6.

Resolución de problemas

H.O.T. ¿Tiene sentido?

8. Robyn y Jim hicieron dibujos rápidos para representar 1.85 + 2.73.

Modelo de Robyn

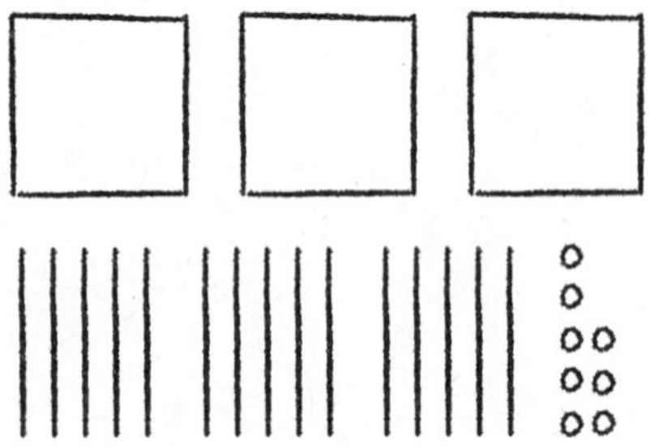

1.85 + 2.73 = 3.158

¿Tiene sentido el modelo de Robyn?
Explica tu razonamiento.

Modelo de Jim

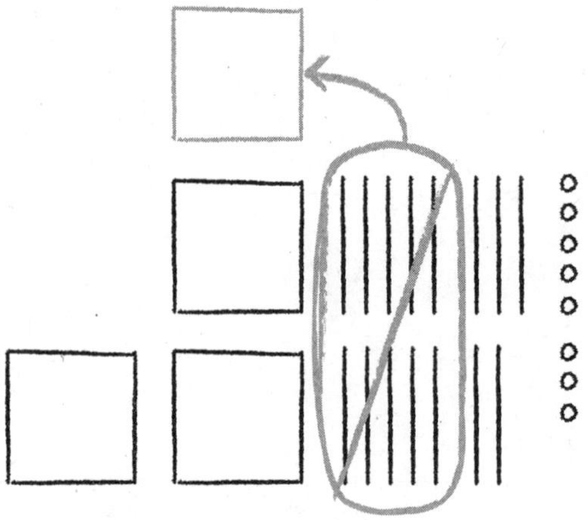

1.85 + 2.73 = 4.58

¿Tiene sentido el modelo de Jim?
Explica tu razonamiento.

- **Explica** cómo ayudarías a Robyn a comprender que es importante reagrupar al sumar números decimales.

 PARA PRACTICAR MÁS:
Cuaderno de práctica de los estándares, págs. P61 y P62

Nombre ______________________________

Resta de números decimales

Pregunta esencial ¿Cómo puedes usar bloques de base diez para representar la resta de números decimales?

ESTÁNDAR COMÚN CC.5.NBT.7
Perform operations with multi-digit whole numbers and with decimals to hundredths.

CONECTAR Puedes usar bloques de base diez como ayuda para hallar la diferencia entre dos números decimales.

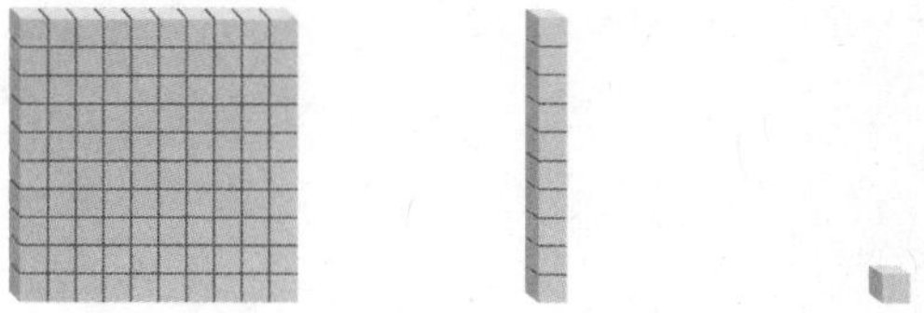

1 unidad | 0.1 un décimo | 0.01 un centésimo

Investigar

Materiales ■ bloques de base diez

A. Usa bloques de base diez para hallar 0.84 − 0.56. Representa 0.84.

B. Resta 0.56. Primero quita 6 centésimos.

- ¿Debes reagrupar para restar? **Explícalo.**

____

____

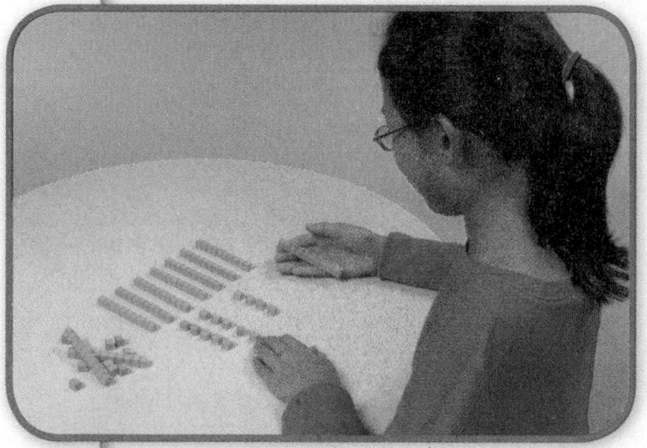

C. Resta los décimos. Quita 5 décimos.

D. Anota la diferencia. 0.84 − 0.56 = __________

Sacar conclusiones

1. **¿Qué pasaría si** quitaras los décimos primero y luego los centésimos? **Explica** cómo reagruparías.

____

____

2. H.O.T. **Sintetiza** Si dos números decimales son menores que 1.0, ¿qué sabes sobre la diferencia entre ellos? **Explícalo.**

____

____

Hacer conexiones

Puedes usar dibujos rápidos para restar números decimales que deben reagruparse.

PASO 1

- Usa un dibujo rápido para representar 2.82 − 1.47.
- Resta los centésimos.
- ¿Hay suficientes centésimos para quitar? ______
  Si no hay suficientes centésimos, reagrupa.

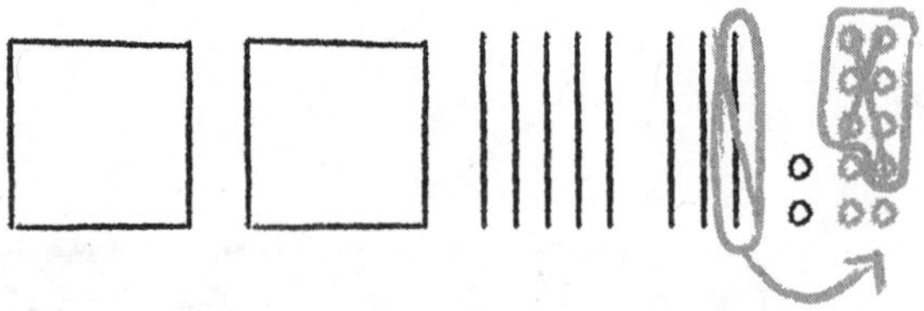

PASO 2

- Resta los décimos.
- ¿Hay suficientes décimos para quitar? ______
  Si no hay suficientes décimos, reagrupa.
- Resta las unidades.

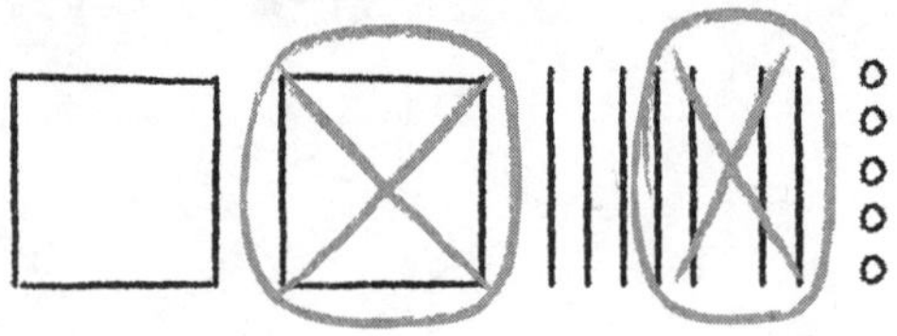

PASO 3

Haz un dibujo rápido de tu resultado. Luego anota.

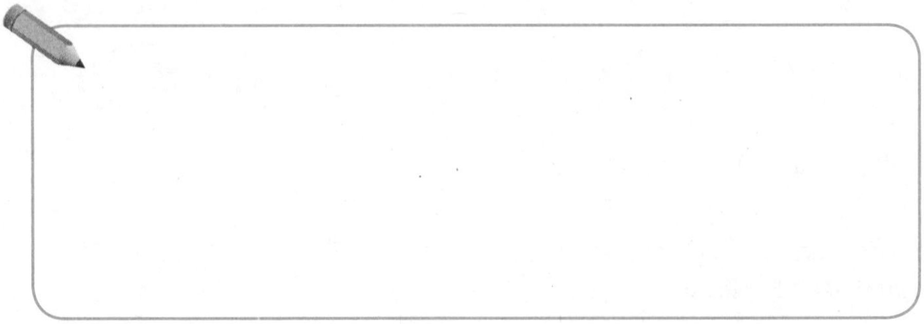

$2.82 - 1.47 =$ ________

MÉTODOS MATEMÁTICOS

Charla matemática Explica por qué debes reagrupar en el Paso 1.

Nombre ______________________

Comunicar y mostrar

Completa el dibujo rápido para hallar la diferencia.

1. $0.62 - 0.18 =$ ________

Resta. Haz un dibujo rápido.

2. $3.41 - 1.74 =$ ________

3. $0.84 - 0.57 =$ ________

4. $0.93 - 0.38 =$ ________

5. $2.71 - 1.34 =$ ________

6. $4.05 - 1.61 =$ ________

7. $1.37 - 0.52 =$ ________

MÉTODOS MATEMÁTICOS

Charla matemática Explica cómo puedes usar un dibujo rápido para hallar 0.81 − 0.46.

Resolución de problemas

H.O.T. Plantea un problema

8. Antonio dejó su pizarra en el escritorio durante el almuerzo. En el siguiente dibujo rápido se muestra el problema en el que estaba trabajando cuando se fue.

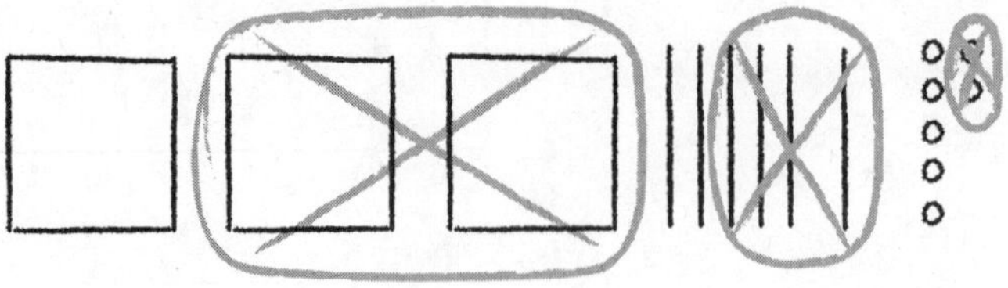

Escribe un problema que se pueda resolver con el dibujo rápido de arriba.

Plantea un problema.

Resuelve tu problema.

- **Describe** cómo puedes cambiar el dibujo rápido para cambiar el problema.

PARA PRACTICAR MÁS:
Cuaderno de práctica de los estándares, págs. P63 y P64

Nombre ______________________________

Revisión de la mitad del capítulo

Conceptos y destrezas

1. **Explica** cómo puedes usar bloques de base diez para hallar $1.54 + 2.37$. (CC.5.NBT.7)

____

____

____

Completa las oraciones. (CC.5.NBT.1)

2. 0.04 es $\frac{1}{10}$ de __________.

3. 0.06 es 10 veces más que __________.

Escribe el valor del dígito subrayado. (CC.5.NBT.3a)

4. $6.5\underline{4}$

5. $0.\underline{8}37$

6. $8.70\underline{2}$

7. $\underline{9}.173$

Compara. Escribe <, > ó =. (CC.5.NBT.3b)

8. 6.52 ◯ 6.520

9. 3.589 ◯ 3.598

10. 8.463 ◯ 8.483

Escribe el valor posicional del dígito subrayado. Redondea los números al valor del dígito subrayado. (CC.5.NBT.4)

11. $0.\underline{7}24$

12. $\underline{2}.576$

13. $4.7\underline{6}9$

Haz un dibujo rápido para hallar la suma o la diferencia. (CC.5.NBT.7)

14. $2.46 + 0.78 =$ __________

15. $3.27 - 1.84 =$ __________

Rellena el círculo completamente para indicar tu respuesta.

PREPARACIÓN PARA LA PRUEBA

16. Marco leyó que una abeja puede volar hasta 2.548 metros por segundo. Redondeó el número en 2.55 ¿A qué valor posicional redondeó Marco la velocidad de la abeja? (CC.5.NBT.4)

Ⓐ al de las unidades
Ⓑ al de los décimos
Ⓒ al de los centésimos
Ⓓ al de los milésimos

17. ¿Cuál es la relación entre 0.04 y 0.004? (CC.5.NBT.1)

Ⓐ 0.04 es 10 veces más que 0.004.
Ⓑ 0.04 es $\frac{1}{10}$ de 0.004.
Ⓒ 0.004 es 10 veces más que 0.04.
Ⓓ 0.04 es igual a 0.004.

18. Julia hizo un dibujo rápido para representar el resultado de 3.14 − 1.75. ¿Qué dibujo hizo Julia? (CC.5.NBT.7)

Ⓐ 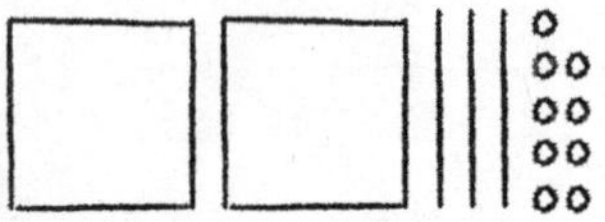

Ⓑ 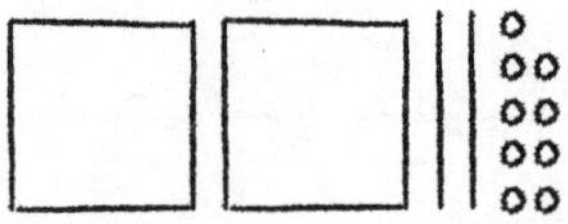

Ⓒ 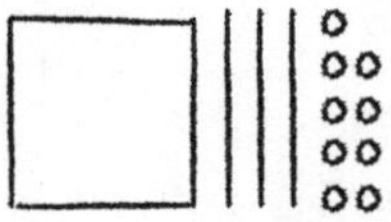

Ⓓ 

19. El promedio anual de precipitaciones de California es 0.564 metros por año. ¿Cuál es el valor del dígito 4 en ese número? (CC.5.NBT.3a)

Ⓐ 4×1
Ⓑ $4 \times \frac{1}{10}$
Ⓒ $4 \times \frac{1}{100}$
Ⓓ $4 \times \frac{1}{1{,}000}$

20. Jan corrió 1.256 millas el lunes, 1.265 millas el miércoles y 1.268 millas el viernes. ¿En qué opción se muestran estas distancias ordenadas de mayor a menor? (CC.5.NBT.3b)

Ⓐ 1.268 millas, 1.256 millas, 1.265 millas
Ⓑ 1.268 millas, 1.265 millas, 1.256 millas
Ⓒ 1.265 millas, 1.256 millas, 1.268 millas
Ⓓ 1.256 millas, 1.265 millas, 1.268 millas

Nombre ______________________________

Estimar sumas y diferencias con números decimales

ESTÁNDAR COMÚN CC.5.NBT.7
Perform operations with multi-digit whole numbers and with decimals to hundredths.

Pregunta esencial ¿Cómo puedes estimar sumas y diferencias con números decimales?

SOLUCIONA el problema EN EL MUNDO

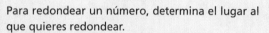

Un cantante está grabando un CD. Las tres canciones duran 3.4 minutos, 2.78 minutos y 4.19 minutos respectivamente. ¿Alrededor de cuánto tiempo de grabación incluirá el CD?

Redondea para estimar.

Redondea al número natural más próximo. Luego suma.

3.4	3
2.78	
+ 4.19	+

Entonces, el CD incluirá alrededor de _______ minutos de grabación.

Recuerda

Para redondear un número, determina el lugar al que quieres redondear.

- Si el dígito de la derecha es menor que 5, el dígito del lugar de redondeo se mantiene igual.
- Si el dígito de la derecha es igual a o mayor que 5, el dígito del lugar de redondeo aumenta en 1.

¡Inténtalo! **Usa el redondeo para estimar.**

A Redondea la cantidad de dólares al número natural más próximo. Luego resta.

\$27.95	
− \$11.72	−

Redondeado al número natural más próximo \$27.95 − \$11.72 es alrededor de _____________.

B Redondea a la decena de dólares más próxima. Luego resta.

\$27.95	
− \$11.72	−

Redondeado a la decena más próxima, \$27.95 − \$11.72 es alrededor de _____________.

- ¿Prefieres sobrestimar o subestimar cuando estimas el costo total de los objetos que quieres comprar? **Explícalo.**

____

____

____

Usa puntos de referencia Los puntos de referencia son números que se conocen y se usan como guía. Puedes usar los puntos de referencia 0, 0.25, 0.50, 0.75 y 1 para estimar sumas y diferencias con números decimales.

Ejemplo 1 **Usa puntos de referencia para estimar.** 0.18 + 0.43

Ubica y marca un punto en la recta numérica para cada número decimal.
Identifica qué punto de referencia está más cerca de cada número decimal.

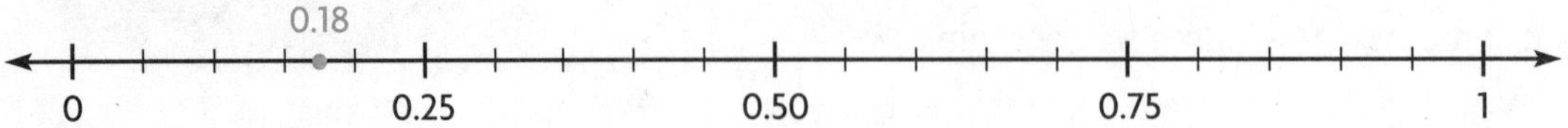

Piensa: 0.18 está entre 0 y 0.25.

Está más cerca de ____________.

Piensa: 0.43 está entre ____________ y ____________. Está más cerca de ____________.

$$0.18 + 0.43$$

$$\downarrow \quad \downarrow$$

_______ + _______ = _______

Entonces, 0.18 + 0.43 es alrededor de ____________.

Ejemplo 2 **Usa puntos de referencia para estimar.** 0.76 − 0.22

Ubica y marca un punto en la recta numérica para cada número decimal.
Identifica qué punto de referencia está más cerca de cada número decimal.

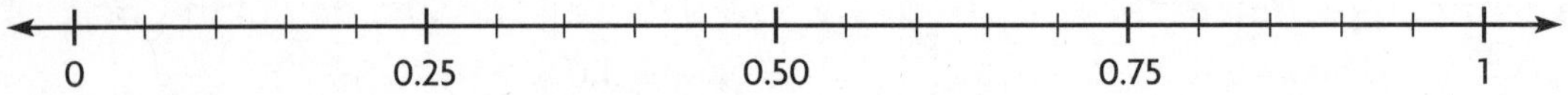

Piensa: 0.76 está entre ____________ y ____________. Está más cerca de ____________.

Piensa: 0.22 está entre 0 y 0.25.

Está más cerca de ____________.

$$0.76 - 0.22$$

$$\downarrow \quad \downarrow$$

_______ − _______ = _______

Entonces, 0.76 − 0.22 es alrededor de ____________.

MÉTODOS MATEMÁTICOS

Charla matemática Usa el Ejemplo 2 para **explicar** cómo puedes obtener distintos resultados si redondeas o usas puntos de referencia para estimar una diferencia con números decimales.

Nombre ________________________________

Comunicar y mostrar MATH BOARD

Usa el redondeo para estimar.

1. $\begin{array}{r} 2.34 \\ 1.9 \\ +\ 5.23 \\ \hline \end{array}$

2. $\begin{array}{r} 10.39 \\ -\ 4.28 \\ \hline \end{array}$

3. $\begin{array}{r} \$19.75 \\ +\ \$\ \ 3.98 \\ \hline \end{array}$

Usa puntos de referencia para estimar.

4. $\begin{array}{r} 0.34 \\ 0.1 \\ +\ 0.25 \\ \hline \end{array}$

5. $\begin{array}{r} 10.39 \\ -\ 4.28 \\ \hline \end{array}$

MÉTODOS MATEMÁTICOS

Charla matemática Describe la diferencia entre una estimación y un resultado exacto.

Por tu cuenta

Usa el redondeo para estimar.

6. $\begin{array}{r} 0.93 \\ +\ 0.18 \\ \hline \end{array}$

7. $\begin{array}{r} 7.41 \\ -\ 3.88 \\ \hline \end{array}$

8. $\begin{array}{r} 14.68 \\ -\ 9.93 \\ \hline \end{array}$

Usa puntos de referencia para estimar.

9. $\begin{array}{r} 12.41 \\ -\ 6.47 \\ \hline \end{array}$

10. $\begin{array}{r} 8.12 \\ +\ 5.52 \\ \hline \end{array}$

11. $\begin{array}{r} 9.75 \\ -\ 3.47 \\ \hline \end{array}$

Práctica: Copia y resuelve Usa el redondeo o puntos de referencia para estimar.

12. $12.83 + 16.24$

13. $\$26.92 - \$11.13$

14. $9.41 + 3.82$

H.O.T. Estima para comparar. Escribe < ó >.

15. $2.74 + 4.22$ ◯ $3.13 + 1.87$

_______ estimación _______ estimación

16. $6.25 - 2.39$ ◯ $9.79 - 3.84$

_______ estimación _______ estimación

Resolución de problemas EN EL MUNDO

Usa la tabla para resolver los problemas 17 y 18. Muestra tu trabajo.

17. Durante la semana del 4 de abril de 1964, las cuatro canciones más populares fueron de The Beatles. ¿Alrededor de cuánto tiempo tardarías en escuchar esas cuatro canciones?

Canciones más populares

Número	Título de la canción	Duración de la canción (en minutos)
1	"Can't Buy Me Love"	2.30
2	"She Loves You"	2.50
3	"I Want to Hold Your Hand"	2.75
4	"Please Please Me"	2.00

18. **¿Cuál es el error?** Isabelle dice que puede escuchar las tres primeras canciones de la tabla en 6 minutos.

19. **Preparación para la prueba** Fran compró un par de tenis a $54.26 y una camiseta a $34.34. Si antes de hacer estas compras Fran tenía $100, ¿alrededor de cuánto dinero le queda?

Ⓐ $5

Ⓑ $20

Ⓒ $35

Ⓓ $80

Conectar con las Ciencias

Nutrición

Tu cuerpo necesita proteínas para producir y reparar células. Todos los días debes ingerir una nueva dosis de proteínas. Un niño promedio de 10 años necesita 35 gramos de proteínas por día. Las proteínas se encuentran en alimentos como la carne, las verduras y los productos lácteos.

Gramos de proteínas por porción

Tipo de alimento	Proteínas (en gramos)
1 huevo revuelto	6.75
1 taza de cereal de trigo molido	5.56
1 panecillo de salvado	3.99
1 taza de leche semidescremada	8.22

Usa la estimación para resolver los problemas.

20. Gina comió un huevo revuelto, un panecillo de salvado y un vaso de leche semidescremada en su desayuno. ¿Alrededor de cuántos gramos de proteínas ingirió Gina en su desayuno?

21. Pablo comió una taza de cereal de trigo molido, bebió una taza de leche semidescremada y comió otro alimento en su desayuno. Ingirió alrededor de 21 gramos de proteínas. ¿Cuál es el tercer alimento que comió Pablo en su desayuno?

PARA PRACTICAR MÁS:
Cuaderno de práctica de los estándares, págs. P65 y P66

Nombre ______________________________

Sumar números decimales

Pregunta esencial ¿Cómo te puede ayudar el valor posicional a sumar números decimales?

ESTÁNDAR COMÚN CC.5.NBT.7

Perform operations with multi-digit whole numbers and with decimals to hundredths.

SOLUCIONA el problema EN EL MUNDO

Henry registró la cantidad de precipitaciones en el transcurso de 2 horas. Durante la primera hora, Henry midió 2.35 centímetros de lluvia. Durante la segúnda hora, midió 1.82 centímetros.

Henry estimó que llovieron alrededor de 4 centímetros en las 2 horas. ¿Cuál fue la cantidad total de precipitaciones? ¿Cómo puedes usar esta estimación para determinar si tu resultado es razonable?

Suma. 2.35 + 1.82

- Suma los centésimos primero.

  5 centésimos + 2 centésimos = ________ centésimos.

- Luego suma los décimos y las unidades. Reagrupa si es necesario.

  3 décimos + 8 décimos = ________ décimos. Reagrupa.

  2 unidades + 1 unidad + 1 unidad reagrupada = ________ unidades.

- Anota el resultado para cada valor posicional.

$$\begin{array}{r} 2.35 \\ +\ 1.82 \\ \hline \end{array}$$

Haz un dibujo rápido para comprobar tu trabajo.

MÉTODOS MATEMÁTICOS

Charla matemática Explica cómo sabes cuándo debes reagrupar en un problema de suma con números decimales.

Entonces, cayeron _______ centímetros de lluvia.

Puesto que _______ está cerca de la estimación, 4, el resultado es razonable.

Decimales equivalentes Cuando sumas números decimales, puedes usar decimales equivalentes para mantener los números alineados en cada lugar. Agrega ceros a la derecha del último dígito según sea necesario para que los sumandos tengan la misma cantidad de lugares decimales.

¡Inténtalo! **Estima. Luego halla la suma.**

PASO 1

Estima la suma.

$$20.4 + 13.76$$

Estimación: $20 + 14 =$ ______

$20.40 + 13.76 =$ ______

PASO 2

Halla la suma.

Suma los centésimos primero.
Luego, suma los décimos, las unidades y las decenas.
Reagrupa si es necesario.

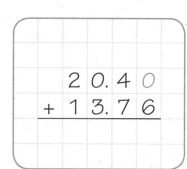

$$\begin{array}{r} 20.40 \\ +\ 13.76 \\ \hline \end{array}$$

Piensa: 20.4 = 20.40

- ¿Es razonable tu resultado? **Explícalo.**

______

Comunicar y mostrar MATH BOARD

Estima. Luego halla la suma.

1. Estimación: ______

$$\begin{array}{r} 2.5 \\ +\ 4.6 \\ \hline \end{array}$$

2. Estimación: ______

$$\begin{array}{r} 8.75 \\ +\ 6.43 \\ \hline \end{array}$$

3. Estimación: ______

$$\begin{array}{r} 2.03 \\ +\ 7.89 \\ \hline \end{array}$$

4. Estimación: ______

$6.34 + 3.8 =$ ______

5. Estimación: ______

$5.63 + 2.6 =$ ______

MÉTODOS MATEMÁTICOS

Charla matemática **Explica** por qué es importante recordar que se deben alinear los valores posicionales de cada número cuando sumas o restas números decimales.

Nombre ______________________________

Por tu cuenta

Estima. Luego halla la suma.

6. Estimación: ______

$$\begin{array}{r} 12.3 \\ +\ 4.9 \\ \hline \end{array}$$

7. Estimación: ______

$$\begin{array}{r} 19.2 \\ +\ 12.68 \\ \hline \end{array}$$

8. Estimación: ______

$$\begin{array}{r} 6.8 \\ +\ 7.4 \\ \hline \end{array}$$

9. Estimación: ______

$7.86 + 2.9 =$ __________

10. Estimación: ______

$4.3 + 2.49 =$ __________

11. Estimación: ______

$9.95 + 0.47 =$ __________

H.O.T. **Halla la suma.**

12. siete con veinticinco centésimos más nueve con cuatro décimos

____

13. doce con ocho centésimos más cuatro con treinta y cinco centésimos

____

14. diecinueve con siete décimos más cuatro con noventa y dos centésimos

____

15. uno con ochenta y dos centésimos más quince con ocho décimos

____

Práctica: Copia y resuelve Halla la suma.

16. $7.99 + 8.34$

17. $15.76 + 8.2$

18. $9.6 + 5.49$

19. $33.5 + 16.4$

20. $9.84 + 21.52$

21. $3.89 + 4.6$

22. $42.19 + 8.8$

23. $16.74 + 5.34$

24. $27.58 + 83.9$

SOLUCIONA el problema EN EL MUNDO

PREPARACIÓN PARA LA PRUEBA

25. En una ciudad, el promedio de precipitaciones durante el mes de agosto es 16.99 centímetros. Un año determinado, durante ese mes, llovieron 8.33 centímetros hasta el 15 de agosto. Luego cayeron otros 4.65 centímetros hasta finales del mes. ¿Cuántos centímetros de lluvia cayeron en total durante el mes de agosto de ese año?

Ⓐ 3.68 centímetros

Ⓑ 4.68 centímetros

Ⓒ 12.98 centímetros

Ⓓ 13.98 centímetros

a. ¿Qué debes hallar? ______

b. ¿Qué información tienes? ______

______

c. ¿De qué manera usarás la suma para hallar la cantidad total de centímetros de lluvia?

______

d. Muestra cómo resolviste el problema.

e. Rellena el círculo de la respuesta correcta arriba.

26. Cada semana, Tania midió el crecimiento de su planta. La primera semana, la planta medía 2.65 decímetros de altura. Durante la segunda semana, la planta de Tania creció 0.38 decímetros. ¿Cuál era la altura de la planta de Tania al final de la segunda semana?

Ⓐ 2.27 decímetros

Ⓑ 3.03 decímetros

Ⓒ 3.23 decímetros

Ⓓ 3.93 decímetros

27. Maggie tenía $35.13. Luego su mamá le dio $7.50 por cuidar a su hermanito. ¿Cuánto dinero tiene Maggie ahora?

Ⓐ $31.63

Ⓑ $32.63

Ⓒ $41.63

Ⓓ $42.63

PARA PRACTICAR MÁS:
Cuaderno de práctica de los estándares, págs. P67 y P68

Nombre ______________________

Restar números decimales

Pregunta esencial ¿Cómo te puede ayudar el valor posicional a restar números decimales?

ESTÁNDAR COMÚN CC.5.NBT.7
Perform operations with multi-digit whole numbers and with decimals to hundredths.

SOLUCIONA el problema EN EL MUNDO

Hannah tiene 3.36 kilogramos de manzanas y 2.28 kilogramos de naranjas. Hannah estima que tiene alrededor de 1 kilogramo más de manzanas que de naranjas. ¿Cuántos kilogramos más de manzanas tiene Hannah? ¿Cómo puedes usar esta estimación para determinar si tu resultado es razonable?

- ¿Qué operación usarás para resolver el problema?

  ____

- Encierra en un círculo la estimación de Hannah para comprobar si tu resultado es razonable.

Resta. 3.36 − 2.28

- Resta los centésimos primero. Si no hay suficientes centésimos, reagrupa 1 décimo en 10 centésimos.

  ______ centésimos − 8 centésimos = 8 centésimos

- Luego resta los décimos y las unidades. Reagrupa si es necesario.

  ______ décimos − 2 décimos = 0 décimos

  ______ unidades − 2 unidades = 1 unidades

- Anota el resultado para cada valor posicional.

$$\begin{array}{r} 3.36 \\ -\ 2.28 \\ \hline \end{array}$$

Haz un dibujo rápido para comprobar tu trabajo.

Entonces, Hannah tiene ______________ kilogramos más de manzanas que de naranjas.

Puesto que ______________ está cerca de 1, el resultado es razonable.

MÉTODOS MATEMÁTICOS

Charla matemática Explica cómo sabes cuándo debes reagrupar en un problema de resta con números decimales.

¡Inténtalo! Usa la suma para comprobar tu resultado.

Como la resta y la suma son operaciones inversas, puedes comprobar una resta sumando.

PASO 1

Halla la diferencia.

Resta los centésimos primero.

Luego resta los décimos, las unidades y las decenas. Reagrupa si es necesario.

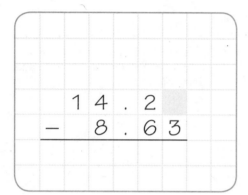

$$\begin{array}{r} 14.2\square \\ -\ 8.63 \\ \hline \end{array}$$

PASO 2

Comprueba tu resultado.

Suma la diferencia al número que restaste. Si el total es igual al número del cual restaste, tu resultado es correcto.

☐	← diferencia
+ 8.63	← número restado
☐	← número del que se restó

- ¿Es correcto tu resultado? **Explícalo.**

____

____

Comunicar y mostrar MATH BOARD

Estima. Luego halla la diferencia.

1. Estimación: ______

$$\begin{array}{r} 5.83 \\ -2.18 \\ \hline \end{array}$$

2. Estimación: ______

$$\begin{array}{r} 4.45 \\ -1.86 \\ \hline \end{array}$$

✓ **3.** Estimación: ______

$$\begin{array}{r} 4.03 \\ -2.25 \\ \hline \end{array}$$

Halla la diferencia. Comprueba tu resultado.

4.
$$\begin{array}{r} 0.70 \\ -\ 0.43 \\ \hline \end{array}$$

5.
$$\begin{array}{r} 13.2 \\ -\ 8.04 \\ \hline \end{array}$$

✓ **6.**
$$\begin{array}{r} 15.8 \\ -\ 9.67 \\ \hline \end{array}$$

Nombre ______________________

Por tu cuenta

Estima. Luego halla la diferencia.

7. Estimación: ______

$$\begin{array}{r} 4.08 \\ -1.74 \\ \hline \end{array}$$

8. Estimación: ______

$$\begin{array}{r} 13.54 \\ -\ 6.7 \\ \hline \end{array}$$

9. Estimación: ______

$$\begin{array}{r} 19.64 \\ -\ 8.12 \\ \hline \end{array}$$

Halla la diferencia. Comprueba tu resultado.

10.
$$\begin{array}{r} 16.05 \\ -\ 1.5 \\ \hline \end{array}$$

11.
$$\begin{array}{r} 7.3 \\ -5.4 \\ \hline \end{array}$$

12.
$$\begin{array}{r} 21.4 \\ -16.97 \\ \hline \end{array}$$

H.O.T. **Halla la diferencia.**

13. cinco con ochenta y un centésimos menos tres con setenta y dos centésimos

____

14. ocho con treinta y dos centésimos menos uno con seis centésimos

____

H.O.T. **Álgebra** **Escribe el número desconocido para *n*.**

15. $5.28 - 3.4 = n$

$n =$ ______

16. $n - 6.47 = 4.32$

$n =$ ______

17. $11.57 - n = 7.51$

$n =$ ______

Práctica: Copia y resuelve **Halla la diferencia.**

18. $8.42 - 5.14$

19. $16.46 - 13.87$

20. $34.27 - 17.51$

21. $15.83 - 11.45$

22. $12.74 - 10.54$

23. $48.21 - 13.65$

SOLUCIONA el problema EN EL MUNDO

24. ¿Cuántos gramos más de proteínas que de carbohidratos contiene la mantequilla de cacahuate? Usa el rótulo que está a la derecha para responder.

MANTEQUILLA DE CACAHUATE
Datos nutricionales
Tamaño de la porción: 2 cucharadas (32.0 g)

Cantidad por porción	
Calorías	190
Calorías grasas	190
% de ingesta diaria recomendada	
Grasas totales 16 g	**25%**
Grasas saturadas 3 g	**18%**
Grasas poliinsaturadas 4.4 g	
Grasas monoinsaturadas 7.8 g	
Colesterol 0 mg	**0%**
Sodio 5 mg	**0%**
Carbohidratos totales 6.2 g	**2%**
Fibra alimentaria 1.9 g	**8%**
Azúcares 2.5 g	**8%**
Proteínas 8.1 g	

*Sobre la base de una dieta de 2,000 calorías

a. ¿Qué debes saber? ____________________

____

____

b. ¿De qué manera usarás la resta para hallar cuántos gramos más de proteínas que de carbohidratos contiene la mantequilla de cacahuate?

____

____

c. Muestra cómo resolviste el problema.

d. Completa las oraciones.

La mantequilla de cacahuate contiene _______ gramos de proteínas.

La mantequilla de cacahuate contiene _______ gramos de carbohidratos.

La mantequilla de cacahuate contiene _______ gramos más de proteínas que de carbohidratos.

25. Kyle está armando una torre de bloques. En este momento, la torre mide 0.89 metros de altura. ¿Cuánto más alta debería ser la torre para alcanzar una altura de 1.74 metros?

____

26. **Preparación para la prueba** Allie mide 158.7 centímetros de estatura. Su hermanito es 9.53 centímetros más bajo que ella. ¿Cuánto mide el hermanito de Allie?

Ⓐ 159.27 centímetros

Ⓑ 159.23 centímetros

Ⓒ 149.27 centímetros

Ⓓ 149.17 centímetros

Nombre ____

Patrones con números decimales

Pregunta esencial ¿Cómo puedes usar la suma o la resta para describir un patrón o crear una secuencia con números decimales?

ESTÁNDAR COMÚN CC.5.NBT.7
Perform operations with multi-digit whole numbers and with decimals to hundredths.

SOLUCIONA el problema EN EL MUNDO

Un parque estatal alquila canoas para que los visitantes usen en el lago. El alquiler de una canoa cuesta $5.00 por 1 hora, $6.75 por 2 horas, $8.50 por 3 horas y $10.25 por 4 horas. Si este patrón continúa, ¿cuánto le costará a Jason alquilar una canoa por 7 horas?

Una **secuencia** es una lista ordenada de números. Un **término** es cada uno de los números de una secuencia. Puedes hallar el patrón de una secuencia comparando un término con el término que le sigue.

PASO 1

Escribe una secuencia con los términos que conoces. Luego busca un patrón hallando la diferencia entre cada término de la secuencia y el que le sigue.

+ $1.75 ______ ______ diferencia entre los términos

$5.00 → $6.75 → $8.50 → $10.25

↑ 1 hora ↑ 2 horas ↑ 3 horas ↑ 4 horas

PASO 2

Escribe una regla que describa el patrón de la secuencia.

Regla: ____

PASO 3

Amplía la secuencia para resolver el problema.

$5.00, $6.75, $8.50, $10.25, ________, ________, ________

Entonces, alquilar una canoa por 7 horas le costará ____________.

- ¿Qué puedes observar en el patrón de la secuencia que te sirva para escribir una regla?

____

____

Ejemplo Escribe una regla para el patrón de la secuencia. Luego halla los términos desconocidos de la secuencia.

29.6, 28.3, 27, 25.7, ______, ______, ______, 20.5, 19.2

PASO 1 Observa los primeros términos de la secuencia.

Piensa: ¿La secuencia aumenta o disminuye de un término al siguiente?

PASO 2 Escribe una regla que describa el patrón de la secuencia.

¿Qué operación se puede usar para describir una secuencia que aumenta?

____

¿Qué operación se puede usar para describir una secuencia que disminuye?

____

Regla: ______________________________

PASO 3 Usa tu regla para hallar los términos desconocidos. Luego completa la secuencia de arriba.

- **Explica** cómo sabes si debes usar la suma o la resta al escribir la regla para una secuencia. ______________________________

____

____

¡Inténtalo!

A **Escribe una regla para la secuencia. Luego halla el término desconocido.**

65.9, 65.3, ______, 64.1, 63.5, 62.9

Regla: ______________________________

B **Escribe los primeros cuatro términos de la secuencia.**

Regla: Comienza con 0.35, suma 0.15.

______, ______, ______, ______

Nombre ________________________________

Comunicar y mostrar

Escribe una regla para la secuencia.

1. 0.5, 1.8, 3.1, 4.4, ...

Piensa: ¿La secuencia aumenta o disminuye?

Regla: ____________________

2. 23.2, 22.1, 21, 19.9, ...

Regla: ____________________

Escribe una regla para la secuencia. Luego halla el término desconocido.

3. 31.5, 25.2, 18.9, ______, 6.3

Regla: ____________________

4. 0.25, 0.75, ______, 1.75, 2.25

Regla: ____________________

5. 0.3, 1.5, ______, 3.9, 5.1

Regla: ____________________

6. 19.5, 18.8, 18.1, 17.4, ______

Regla: ____________________

MÉTODOS MATEMÁTICOS

Charla matemática ¿Qué operación, además de la suma, indica un aumento de un término al siguiente?

Por tu cuenta

Escribe una regla para la secuencia. Luego halla el término desconocido.

7. 1.8, 4.1, ______, 8.7, 11

Regla: ____________________

8. 6.85, 5.73, 4.61, ______, 2.37

Regla: ____________________

9. 33.4, ______, 28.8, 26.5, 24.2

Regla: ____________________

10. 15.9, 16.1, 16.3, ______, 16.7

Regla: ____________________

Escribe los primeros cuatro términos de la secuencia.

11. **Regla:** Comienza con 10.64, resta 1.45.

______, ______, ______, ______

12. **Regla:** Comienza con 0.87, suma 2.15.

______, ______, ______, ______

13. **Regla:** Comienza con 19.3, suma 1.8.

______, ______, ______, ______

14. **Regla:** Comienza con 29.7, resta 0.4.

______, ______, ______, ______

Resolución de problemas EN EL MUNDO

H.O.T. Plantea un problema

15. Ben tiene una baraja de cartas. Como se muestra abajo, cada carta está rotulada con una regla que describe el patrón de una secuencia. Elige una carta y decide con qué número comenzar. Usa la regla para escribir los primeros cinco términos de tu secuencia.

Suma 1.6.	Suma 0.33.	Suma 6.5.	Suma 0.25.	Suma 1.15.

Secuencia: ______, ______, ______, ______, ______

Escribe un problema relacionado con tu secuencia en el cual se deba ampliar la secuencia para poder resolverlo.

Plantea un problema

Resuelve tu problema.

- **Explica** cómo resolviste tu problema. ______

 PARA PRACTICAR MÁS:
Cuaderno de práctica de los estándares, págs. P71 y P72

Nombre ______________________________

Resolución de problemas • Sumar y restar dinero

ESTÁNDAR COMÚN CC.5.NBT.7
Perform operations with multi-digit whole numbers and with decimals to hundredths.

Pregunta esencial ¿Cómo te puede ayudar la estrategia *hacer una tabla* a organizar y llevar un registro del saldo de tu cuenta bancaria?

SOLUCIONA el problema EN EL MUNDO

A finales de mayo, la Sra. Freeman tenía un saldo de $442.37 en su cuenta. Desde entonces, hizo un cheque por $63.92 y realizó un depósito de $350.00. La Sra. Freeman dice que tiene $729.45 en su cuenta. Haz una tabla para determinar si la Sra. Freeman está en lo cierto.

Lee el problema

¿Qué debo hallar?

Debo hallar ______________________________

____

¿Qué información debo usar?

Debo usar ______________________________

____

____

¿Cómo usaré la información?

Debo hacer una tabla y usar la información para

____

____

____

Resuelve el problema

Cuenta bancaria de la Sra. Freeman			
Saldo de mayo			$442.37
Cheque	$63.92		−$63.92
Depósito		$350.00	

−
____

+
____

El saldo correcto de la Sra. Freeman es ______.

1. ¿Cómo puedes saber si tu resultado es razonable? ______________________________

____

Haz otro problema

Nick va a comprar jugo para él y 5 amigos. Cada botella de jugo cuesta $1.25. ¿Cuánto costarán 6 botellas de jugo? Haz una tabla para hallar el costo de 6 botellas de jugo.

Usa la siguiente gráfica para resolver el problema.

Lee el problema

¿Qué debo hallar?

¿Qué información debo usar?

¿Cómo usaré la información?

Resuelve el problema

Entonces, el costo total de 6 botellas de jugo

es ____________________.

2. **¿Qué pasaría si** Ginny dijera que 12 botellas de jugo cuestan $25.00? ¿Es razonable el enunciado de Ginny? **Explícalo.** ____________________

____

____

3. Si Nick tuviera $10, ¿cuántas botellas de jugo podría comprar? ____________________

Charla matemática MÉTODOS MATEMÁTICOS
Explica cómo podrías usar otra estrategia para resolver este problema.

Nombre ______________________________

Comunicar y mostrar

1. Sara quiere comprar una botella de jugo de manzana de una máquina expendedora. Necesita pagar $2.30 con cambio exacto. Tiene los siguientes billetes y monedas:

Haz una tabla para hallar todas las maneras en que Sara podría pagar el jugo y complétala.

Primero, haz una tabla con una columna para cada tipo de billete o moneda.

A continuación, completa tu tabla de modo que cada fila muestre una manera diferente en que Sara puede reunir exactamente $2.30.

2. **¿Qué pasaría si** Sara decidiera comprar una botella de agua que cuesta $1.85? ¿Cuáles son las distintas maneras en que Sara podría reunir exactamente $1.85 con los billetes y las monedas que tiene? ¿Qué moneda debería usar?

3. A fines de agosto, el Sr. Díaz tenía un saldo de $441.62. Desde entonces, hizo dos cheques por $157.34 y $19.74 y realizó un depósito de $575.00. El Sr. Díaz dice que el saldo de su cuenta es $739.54. Halla el saldo correcto del Sr. Díaz.

Por tu cuenta

Usa la siguiente información para resolver los problemas 4 a 7.

El boleto para la noche de patinaje cuesta $3.75 para quienes tienen tarjeta de membresía y $5.00 para quienes no tienen tarjeta de membresía. El precio del alquiler de patines es $3.00.

4. Aidan pagó su boleto y el de dos amigos para la noche de patinaje. Aidan tenía una tarjeta de membresía, pero sus amigos no. Aidan pagó con un billete de $20. ¿Cuánto cambio debería recibir Aidan?

____

5. La familia Moore y la familia Cotter estuvieron en la noche de patinaje. La familia Moore pagó $6 más que la familia Cotter por el alquiler de sus patines. En total, las dos familias pagaron $30 por el alquiler de sus patines. ¿Cuántos pares de patines alquiló la familia Moore?

____

6. H.O.T. Jennie y 5 amigas van a ir a la noche de patinaje. Jennie no tiene tarjeta de membresía. Solo algunas de sus amigas tienen tarjetas de membresía. ¿Cuánto dinero en total podrían tener que pagar Jennie y sus amigas por sus boletos?

____

____

____

____

7. **Preparación para la prueba** John y Hope tienen cada uno una tarjeta de membresía para la noche de patinaje. John tiene sus propios patines, pero Hope deberá alquilar los suyos. John paga $15 por los boletos y el alquiler de los patines. ¿Cuánto cambio debería recibir?

Ⓐ $3.50 Ⓒ $5.00

Ⓑ $4.50 Ⓓ $6.50

Elige una ESTRATEGIA

- Representar
- Hacer un diagrama
- Hacer una tabla
- Resolver un problema más sencillo
- Trabajar de atrás para adelante
- Adivinar, comprobar y revisar

MUESTRA TU TRABAJO

 PARA PRACTICAR MÁS: Cuaderno de práctica de los estándares, págs. P73 y P74

Nombre ______________________________

Elegir un método

Pregunta esencial ¿Qué método podrías elegir para hallar sumas y diferencias con números decimales?

ESTÁNDAR COMÚN CC.5.NBT.7
Perform operations with multi-digit whole numbers and with decimals to hundredths.

SOLUCIONA el problema EN EL MUNDO

Steven participó en la prueba de salto en largo durante una competencia de atletismo. Sus saltos fueron de 2.25 metros, 1.81 metros y 3.75 metros respectivamente. ¿Cuál fue la distancia total que saltó Steven?

- Subraya la oración que indica lo que debes hallar.
- Encierra en un círculo los números que debes usar.
- ¿Qué operación usarás?

____

Para hallar sumas con números decimales, puedes usar propiedades y el cálculo mental, o bien puedes usar lápiz y papel.

De una manera Usa propiedades y el cálculo mental.

Suma. 2.25 + 1.81 + 3.75

$2.25 + 1.81 + 3.75$

$= 2.25 + 3.75 + 1.81$ Propiedad conmutativa

$= (\_\_\_\_ + \_\_\_\_) + 1.81$ Propiedad asociativa

$= \_\_\_\_ + 1.81$

$= \_\_\_\_$

De otra manera Usa el valor posicional.

Suma. 2.25 + 1.81 + 3.75

$$\begin{array}{r} 2.25 \\ 1.81 \\ +\underline{3.75} \end{array}$$

Entonces, la distancia total que saltó Steven fue ____________ metros.

MÉTODOS MATEMÁTICOS

Charla matemática Explica por qué elegirías usar las propiedades para resolver este problema.

¡Inténtalo!

En 1924, William DeHart Hubbard ganó la medalla de oro por hacer un salto de 7.44 metros de longitud. En el año 2000, Roman Schurenko ganó la medalla de bronce con un salto de 8.31 metros de longitud. ¿Cuánto más largo que el salto de Hubbard fue el salto de Schurenko?

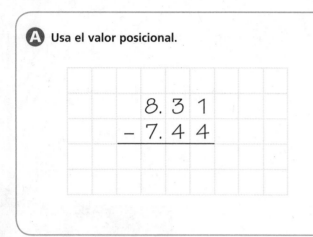

A **Usa el valor posicional.**

$$\begin{array}{r} 8.31 \\ -\ 7.44 \\ \hline \end{array}$$

B **Usa una calculadora.**

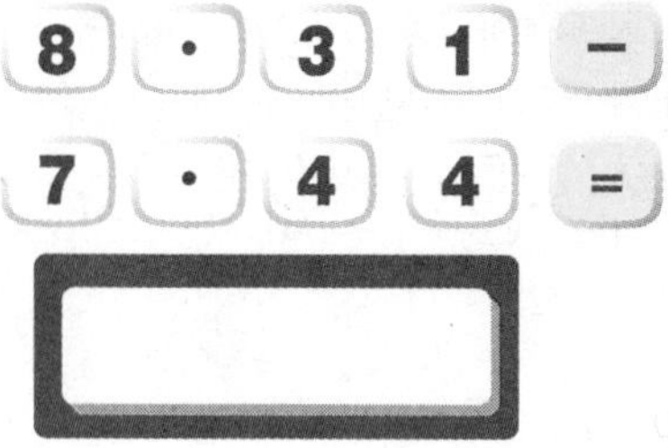

Entonces, el salto de Schurenko fue ____________ metros más largo que el de Hubbard.

- **Explica** por qué no puedes usar la propiedad conmutativa o la propiedad asociativa para hallar la diferencia entre dos números decimales.

____

____

Comunicar y mostrar

Halla la suma o la diferencia.

1. $4.19 + 0.58$

2. $9.99 - 4.1$

✓ **3.** $5.7 + 2.25 + 1.3$

4. $28.6 - 9.84$

5. $\$15.79 + \$32.81$

✓ **6.** $38.44 - 25.86$

Nombre ____________________

Por tu cuenta

Halla la suma o la diferencia.

7. $\begin{array}{r} \$18.39 \\ +\$\ \ 7.56 \\ \hline \end{array}$

8. $8.22 - 4.39$

9. $93.6 - 79.84$

10. $\begin{array}{r} 1.82 \\ 2.28 \\ +2.18 \\ \hline \end{array}$

11. $\begin{array}{r} 2.35 \\ -0.16 \\ \hline \end{array}$

12. $\begin{array}{r} 5.16 \\ +4.54 \\ \hline \end{array}$

13. $\begin{array}{r} 15.3 \\ -\ 6.53 \\ \hline \end{array}$

14. $\begin{array}{r} 2.64 \\ +8.41 \\ \hline \end{array}$

Práctica: Copia y resuelve Halla la suma o la diferencia.

15. $6.3 + 2.98 + 7.7$
16. $27.96 - 16.2$
17. $12.63 + 15.04$
18. $9.24 - 2.68$
19. $\$18 - \$3.55$
20. $9.73 - 2.52$
21. $\$54.78 + \$43.62$
22. $7.25 + 0.25 + 1.5$
23. $14.56 - 7.8$
24. $3.35 + 1.4 + 3.65$
25. $\$22.50 - \$8.99$
26. $9.77 + 5.54$

H.O.T. **Álgebra** Halla el número que falta.

27. $n - 9.02 = 3.85$

$n =$ ____________

28. $n + 31.53 = 62.4$

$n =$ ____________

29. $9.2 + n + 8.4 = 20.8$

$n =$ ____________

Resolución de problemas EN EL MUNDO

Usa la tabla para resolver los problemas 30 a 32.

Olimpiadas de 2008: Resultados de la competencia masculina de salto en largo	
Medalla	**Distancia (en metros)**
Oro	8.34
Plata	8.24
Bronce	8.20

30. ¿Cuánto mayor fue la distancia que saltó el ganador de la medalla de oro que la distancia que saltó el ganador de la medalla de plata?

____

31. Escribe El competidor que quedó en cuatro lugar realizó un salto de 8.19 metros. Si su salto hubiera sido 0.10 metros más largo, ¿qué medalla habría ganado?
Explica cómo resolviste el problema.

____

____

____

____

____

32. En las Olimpiadas de 2004, el ganador de la medalla de oro en la competencia masculina de salto en largo realizó un salto de 8.59 metros. ¿Cuánto más lejos saltó el ganador de la medalla de oro en 2004 que el ganador de la medalla de oro en 2008?

____

33. Jack corta 1.12 metros de una tabla que mide 3 metros de longitud. ¿Cuánto mide la tabla después del corte?

____

34. **Preparación para la prueba** En la prueba de salto en largo, el primer intento de Danny fue 5.47 metros. Su segundo intento fue 5.63 metros. ¿Cuánto más lejos saltó Danny en el segundo intento que en el primero?

Ⓐ 11.1 metros Ⓒ 5.16 metros

Ⓑ 10.1 metros Ⓓ 0.16 metros

MUESTRA TU TRABAJO

PARA PRACTICAR MÁS:
Cuaderno de práctica de los estándares, págs. P75 y P76

Nombre ______________________

Repaso y prueba del Capítulo 3

Vocabulario

Elige el término del recuadro que mejor corresponda.

Vocabulario
milésimo
secuencia
término

1. Si un centésimo se divide en diez partes iguales, cada parte es un

   un ____________. (pág. 105)

2. Una lista ordenada de números es una ____________. (pág. 143)

Conceptos y destrezas

3. **Explica** cómo cambia el valor de un número decimal a medida que te desplazas hacia la izquierda o la derecha en una tabla de valor posicional. (CC.5.NBT.3a)

____

____

Escribe el valor posicional del dígito subrayado. Redondea los números al valor del dígito subrayado. (CC.5.NBT.4)

4. 0.7<u>3</u>5 ____________ ____________

5. <u>9</u>.283 ____________ ____________

6. 4.<u>0</u>79 ____________ ____________

Halla la suma o la diferencia. (CC.5.NBT.7)

7. \$12.87 − \$5.75

8. \$32.64 + \$18.78

9. 9.28 − 0.54

10. 14.36 + 7.87

11. 10.05 − 6.38

12. 3.25 + 6.75 + 8.75

APRENDE en línea Opciones de evaluación **Prueba del capítulo**

Rellena el círculo completamente para indicar tu respuesta.

PREPARACIÓN PARA LA PRUEBA

13. Doug compró un par de tenis a $47.82 y una camiseta a $13.36. Si Doug tenía $100 antes de hacer estas compras, ¿cuánto dinero le queda ahora? (CC.5.NBT.7)

Ⓐ $29.00

Ⓑ $39.00

Ⓒ $48.00

Ⓓ $61.00

14. Desde septiembre, la Sra. Bishop ha hecho un cheque por $178.23 y ha realizado un depósito de $363.82. Su saldo era de $660.00. ¿Qué cantidad de dinero debería haber ahora en la cuenta de la Sra. Bishop? (CC.5.NBT.7)

Ⓐ $481.77

Ⓑ $483.77

Ⓒ $845.59

Ⓓ $847.59

15. Helen gana $12 por semana por cuidar a su hermanito. Después de la tercera semana, Helen compra un CD a $12.48. ¿Cuánto dinero le queda a Helen después de comprar el CD? (CC.5.NBT.7)

Ⓐ $36.00

Ⓑ $24.00

Ⓒ $23.52

Ⓓ $11.52

16. Morgan corrió 51.2 kilómetros en una semana. Karen corrió 53.52 kilómetros en la misma semana. ¿Cuántos kilómetros más que Morgan corrió Karen? (CC.5.NBT.7)

Ⓐ 48.4 kilómetros

Ⓑ 12.3 kilómetros

Ⓒ 2.32 kilómetros

Ⓓ 2.3 kilómetros

Nombre ______________________________

PREPARACIÓN PARA LA PRUEBA

17. Ángelo midió la cantidad de lluvia que cayó el 14 de julio. Su pluviómetro marcaba 1.54 centímetros. Si entre el 1 de julio y el 13 de julio cayeron 1.73 centímetros de lluvia, ¿qué modelo muestra la cantidad total de lluvia que cayó desde el 1 hasta el 14 de julio? (CC.5.NBT.7)

Ⓐ 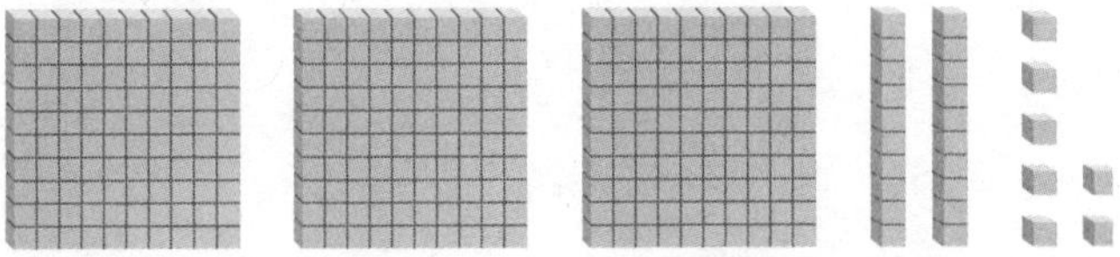

Ⓑ 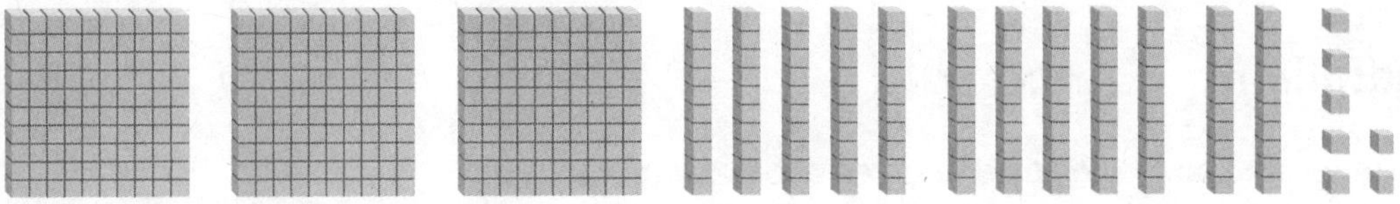

Ⓒ 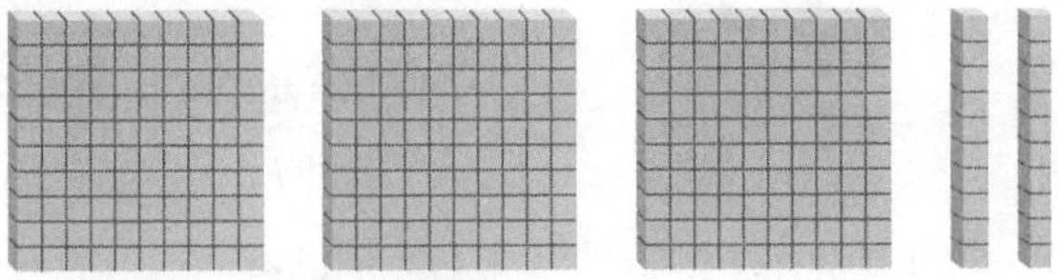

Ⓓ 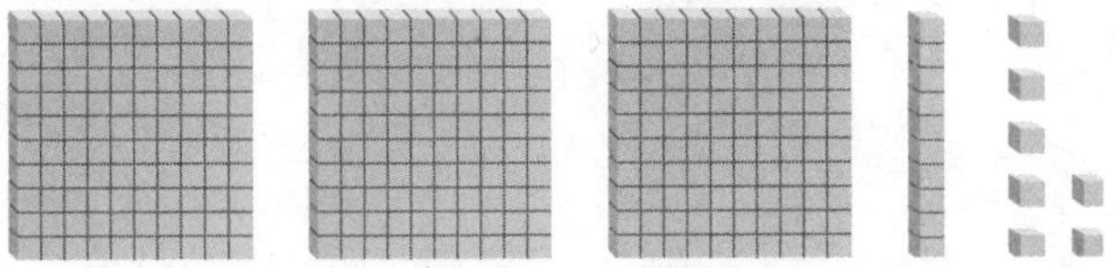

18. El colibrí de cuello rojo pesa solo 4.253 gramos en promedio. ¿Cuál es el peso promedio redondeado al décimo más próximo? (CC.5.NBT.4)

Ⓐ 4.3 gramos

Ⓑ 4.253 gramos

Ⓒ 4.25 gramos

Ⓓ 4.2 gramos

▶ Respuesta de desarrollo

19. Durante el verano, la familia Smith hacen un viaje por carretera. Viajan 10.9 horas el primer día, 8.6 horas el segundo día y 12.4 horas el último día. ¿Alrededor de cuántas horas viajó la familia Smith durante los 3 días? (CC.5.NBT.7)

____

Explica cómo hallaste tu resultado.

____

____

▶ Tarea de rendimiento (CC.5.NBT.3b, CC.5.NBT.7)

20. En la tabla se muestran los precios de diferentes bebidas y refrigerios que se venden en un puesto del parque.

Refrigerios del parque	
Refrigerio	**Precio**
Jugo de frutas	$0.89
Té helado	$1.29
Limonada	$1.49
Pretzel	$2.50
Palomitas de maíz	$1.25

A Blair compra un *pretzel* y jugo de frutas. Jenny compra palomitas de maíz y té helado. Halla la diferencia entre el costo de los refrigerios que compró Blair y el de los refrigerios que compró Jenny.

____

B ¿Entre qué dos bebidas existe la mayor diferencia de precio? ¿Cuál es la diferencia?

____

C **¿Qué pasaría si** una bebida helada que cuesta $0.20 más que el jugo de frutas se agregara al menú? ¿Cuánto costaría esa bebida helada? **Explica** cómo puedes usar el cálculo mental para determinar el costo.

____

____

____

Capítulo 4

Multiplicar números decimales

Muestra lo que sabes

Comprueba tu comprensión de destrezas importantes.

Nombre ______________________________

▶ **Significado de la multiplicación** **Completa.**

1. 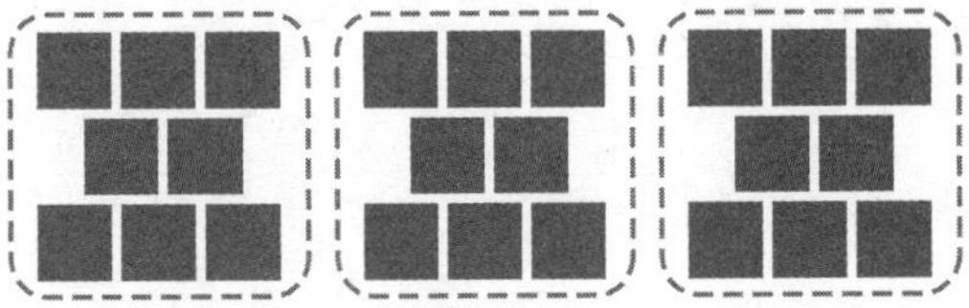

_____ grupos de _____ = _____

2. 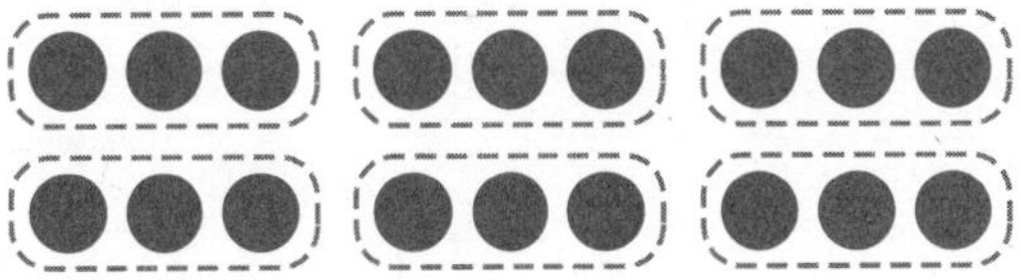

_____ grupos de _____ = _____

▶ **Números decimales mayores que uno** **Escribe la forma en palabras y la forma desarrollada de cada número.**

3. 1.7

____

____

4. 5.62

____

____

▶ **Multiplicar por números de 3 dígitos** **Multiplica.**

5. $\begin{array}{r} 321 \\ \times\ \ 4 \\ \hline \end{array}$

6. $\begin{array}{r} 387 \\ \times\ \ 5 \\ \hline \end{array}$

7. $\begin{array}{r} 126 \\ \times\ 13 \\ \hline \end{array}$

8. $\begin{array}{r} 457 \\ \times\ 35 \\ \hline \end{array}$

El coral cuerno de ciervo es una especie de coral ramificado. Sus ramas pueden crecer hasta 0.67 pies por año. Piensa como un detective matemático y halla cuánto puede crecer un coral cuerno de ciervo en 5 años.

Desarrollo del vocabulario

▶ **Visualizar**

Completa el diagrama de flujo con las palabras marcadas con ✓.

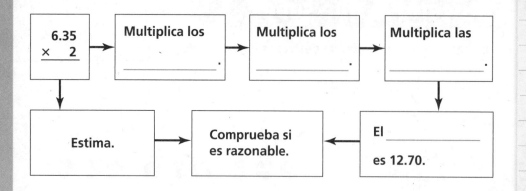

6.35 × 2	→	Multiplica los ______.	→	Multiplica los ______.	→	Multiplica las ______.
↓						↓
Estima.	→	Comprueba si es razonable.	←	El ______ es 12.70.		

Palabras de repaso

✓ centésimos
✓ décimos
forma desarrollada
milésimos
multiplicación
número decimal
patrón
✓ producto
✓ unidades
valor posicional

▶ **Comprender el vocabulario**

Lee la descripción. ¿Qué término crees que describe?

1. Es el proceso que se usa para hallar el número total de elementos que hay en un número determinado de grupos.

   ____

2. Es una manera de escribir un número que muestra el valor de cada dígito. ______________

3. Es una de cien partes iguales. ______________

4. Es el resultado que obtienes cuando multiplicas dos números. ______________

5. Es el valor que tiene un dígito en un número según la ubicación del dígito. ______________

Nombre ______________________

Patrones de multiplicación con números decimales

ESTÁNDAR COMÚN CC.5.NBT.2
Understand the place value system.

Pregunta esencial ¿Cómo pueden los patrones ayudarte a colocar el punto decimal en un producto?

SOLUCIONA el problema EN EL MUNDO

Cindy combina rectángulos del mismo tamaño de patrones de tela diferentes para hacer un edredón de retazos. Cada rectángulo tiene un área de 0.75 pulgadas cuadradas. Si usa un total de 1,000 rectángulos, ¿cuál será el área total del edredón?

Usa el patrón para hallar el producto.

1 × 0.75 = 0.75

10 × 0.75 = 7.5

100 × 0.75 = 75.

1,000 × 0.75 = 750.

El edredón tendrá un área total de ____________ pulgadas cuadradas.

1. A medida que multiplicas por potencias crecientes de 10, ¿cómo cambia la posición del punto decimal en el producto? ____________

____

Los patrones del valor posicional se pueden usar para hallar el producto de un número y los números decimales 0.1 y 0.01.

Ejemplo 1

Jorge está haciendo un modelo a escala de la torre Willis de Chicago para una escenografía de teatro. La altura de la torre es 1,353 pies. Si el modelo es $\frac{1}{100}$ del tamaño real del edificio, ¿cuál es la altura del modelo?

- ¿Qué fracción del tamaño real del edificio es el modelo?
____
- Escribe la fracción como un número decimal.
____

1 × 1,353 = 1,353

0.1 × 1,353 = 135.3

0.01 × 1,353 = ______ ← $\frac{1}{100}$ de 1,353

El modelo de Jorge de la torre Willis mide ____________ pies de altura.

2. A medida que multiplicas por potencias decrecientes de 10, ¿cómo cambia la posición del punto decimal en el producto?

____

____

Ejemplo 2

Tres amigos venden objetos en una feria de artes y oficios. José gana $45.75 vendiendo joyas. Mark gana 1,000 veces más de lo que gana José vendiendo muebles hechos a medida. Carlos gana un décimo del dinero que gana Mark vendiendo cuadros. ¿Cuánto dinero gana cada uno de los amigos?

José: $45.75

Mark: ______________ × $45.75

Piensa: 1 × $45.75 = ______________

10 × $45.75 = ______________

100 × $45.75 = ______________

Carlos: _______ × ______________

Piensa: 1 × ______________ = ______________

_______ × ______________ = ______________

Entonces, José gana $45.75, Mark gana ______________

y Carlos gana ______________.

¡Inténtalo! Completa el patrón.

A $10^0 \times 4.78 =$ ______________

$10^1 \times 4.78 =$ ______________

$10^2 \times 4.78 =$ ______________

$10^3 \times 4.78 =$ ______________

B $38 \times 1 =$ ______________

$38 \times 0.1 =$ ______________

$38 \times 0.01 =$ ______________

Comunicar y mostrar MATH BOARD

Completa el patrón.

1. $10^0 \times 17.04 = 17.04$

$10^1 \times 17.04 = 170.4$

$10^2 \times 17.04 = 1{,}704$

$10^3 \times 17.04 =$ ______________

Piensa: El punto decimal se desplaza un lugar hacia la ___________ para cada potencia creciente de 10.

Nombre ________________________________

Completa el patrón.

2. $1 \times 3.19 =$ ______

$10 \times 3.19 =$ ______

$100 \times 3.19 =$ ______

$1{,}000 \times 3.19 =$ ______

3. $45.6 \times 10^0 =$ ______

$45.6 \times 10^1 =$ ______

$45.6 \times 10^2 =$ ______

$45.6 \times 10^3 =$ ______

4. $1 \times 6{,}391 =$ ______

$0.1 \times 6{,}391 =$ ______

$0.01 \times 6{,}391 =$ ______

MÉTODOS MATEMÁTICOS

Charla matemática **Explica** cómo sabes que al multiplicar el producto de 10 × 34.1 por 0.1 el resultado será 34.1.

Por tu cuenta

Completa el patrón.

5. $1.06 \times 1 =$ ______

$1.06 \times 10 =$ ______

$1.06 \times 100 =$ ______

$1.06 \times 1{,}000 =$ ______

6. $1 \times 90 =$ ______

$0.1 \times 90 =$ ______

$0.01 \times 90 =$ ______

7. $10^0 \times \$0.19 =$ ______

$10^1 \times \$0.19 =$ ______

$10^2 \times \$0.19 =$ ______

$10^3 \times \$0.19 =$ ______

8. $580 \times 1 =$ ______

$580 \times 0.1 =$ ______

$580 \times 0.01 =$ ______

9. $10^0 \times 80.72 =$ ______

$10^1 \times 80.72 =$ ______

$10^2 \times 80.72 =$ ______

$10^3 \times 80.72 =$ ______

10. $1 \times 7{,}230 =$ ______

$0.1 \times 7{,}230 =$ ______

$0.01 \times 7{,}230 =$ ______

H.O.T. **Álgebra** Halla el valor de *n*.

11. $n \times \$3.25 = \$325.00$

$n =$ ____________

12. $0.1 \times n = 89.5$

$n =$ ____________

13. $10^3 \times n = 630$

$n =$ ____________

Resolución de problemas EN EL MUNDO

H.O.T. ¿Cuál es el error?

14. Kirsten está haciendo credenciales para una convención. Debe hacer 1,000 credenciales y sabe que necesita 1.75 pies de cuerda para 1 credencial. ¿Cuánta cuerda necesitará Kirsten?

El trabajo de Kirsten se muestra a continuación.

$1 \times 1.75 = 1.75$

$10 \times 1.75 = 10.75$

$100 \times 1.75 = 100.75$

$1{,}000 \times 1.75 = 1{,}000.75$

Halla y describe el error de Kirsten.

Usa el patrón correcto para resolver el problema.

Entonces, Kirsten necesita ______ pies de cuerda para hacer 1,000 credenciales.

- **Describe** cómo Kirsten podría haber resuelto el problema sin escribir el patrón necesario.

Nombre ______________________________

Multiplicar números decimales y números naturales

ESTÁNDAR COMÚN CC.5.NBT.7
Perform operations with multi-digit whole numbers and with decimals to hundredths.

Pregunta esencial ¿Cómo puedes usar un modelo para multiplicar un número natural por un número decimal?

Investigar

Materiales ■ modelos decimales ■ lápices de colores

Las tortugas gigantes se mueven muy despacio. Pueden recorrer una distancia de alrededor de 0.17 millas en 1 hora. A esa tasa, ¿qué distancia podría recorrer una tortuga gigante en 4 horas?

A. Completa el enunciado para describir el problema.

Debo hallar cuántas millas hay en total en ______ grupos

de __________.

- Escribe una expresión para representar el problema. __________

B. Usa el modelo decimal para hallar el resultado.

- ¿Qué representa cada cuadrado pequeño en el modelo decimal?

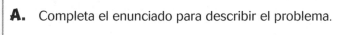

____

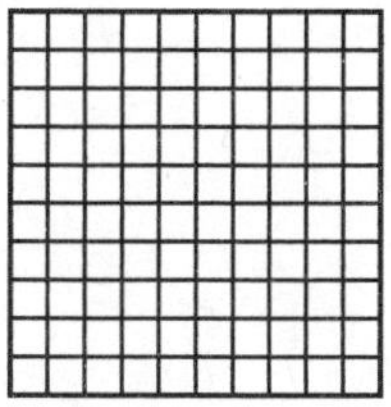

C. Sombrea un grupo de ______ cuadrados para representar la distancia que puede recorrer una tortuga gigante en 1 hora.

D. Sombrea con un color diferente cada grupo

adicional de ______ cuadrados hasta que

tengas ______ grupos de ______ cuadrados.

E. Anota el número total de cuadrados que sombreaste. ______ cuadrados

Entonces, la tortuga gigante puede recorrer __________ millas en 4 horas.

MÉTODOS MATEMÁTICOS

Charla matemática Explica cómo te ayuda el modelo a determinar si tu resultado es razonable.

Sacar conclusiones

1. **Explica** por qué usaste un solo modelo decimal para mostrar el producto.

2. **Explica** en qué se parecen el producto de 4 grupos de 0.17 y el producto de 4 grupos de 17. ¿En qué se diferencian?

3. **Compara** el producto de 0.17 y 4 con cada uno de los factores. ¿Qué número tiene el valor mayor? **Explica** en qué se diferencia de la multiplicación de dos números naturales.

Hacer conexiones

Puedes hacer un dibujo rápido para resolver problemas de multiplicación con números decimales.

Halla el producto. 3×0.46

PASO 1 Dibuja 3 grupos de 4 décimos y 6 centésimos. Recuerda que un cuadrado es igual a 1.

PASO 2 Combina los centésimos y conviértelos.

Hay ______ centésimos. Convertiré los

______ centésimos en ____________.

Tacha los centésimos que convertiste.

PASO 3 Combina los décimos y conviértelos.

Hay ______ décimos. Convertiré los

______ décimos en ____________.

Tacha los décimos que convertiste.

PASO 4 Anota el valor que se muestra en tu dibujo rápido terminado.

Entonces, $3 \times 0.46 =$ ____________.

MÉTODOS MATEMÁTICOS

Charla matemática Explica en qué se parecen la conversión de números decimales y la de números naturales.

Nombre ______________________________

Comunicar y mostrar MATH BOARD

Usa el modelo decimal para hallar el producto.

1. $5 \times 0.06 =$ ______

2. $2 \times 0.38 =$ ______

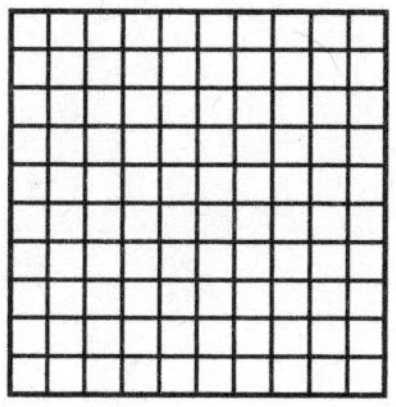

3. $4 \times 0.24 =$ ______

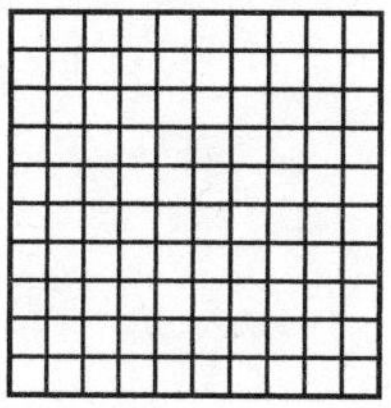

Halla el producto. Haz un dibujo rápido.

4. $4 \times 0.6 =$ ______

5. $2 \times 0.67 =$ ______

6. $3 \times 0.62 =$ ______

7. $4 \times 0.32 =$ ______

8. Escribe **Describe** cómo usaste el valor posicional y la conversión para resolver el Ejercicio 7.

____

____

____

Resolución de problemas EN EL MUNDO

Usa la tabla para resolver los problemas 9 a 11.

Consumo de agua

Animal	Cantidad promedio (litros por día)
Ganso de Canadá	0.24
Gato	0.15
Visón	0.10
Oposum	0.30
Águila calva	0.16

9. Un gato montés bebe alrededor de 3 veces más agua por día que un ganso de Canadá. ¿Aproximadamente cuánta agua bebe un gato montés en un día?

10. Las nutrias de río beben alrededor de 5 veces más agua por día que un águila calva. ¿Aproximadamente cuánta agua bebe una nutria de río en un día?

11. Escribe **Explica** cómo podrías usar un dibujo rápido para hallar la cantidad de agua que bebe un gato en 5 días.

12. ★ **Preparación para la prueba** Jared tiene un periquito que pesa 1.44 onzas. Susie tiene un loro de Senegal que pesa aproximadamente 3 veces más que el periquito de Jared. ¿Cuántas onzas pesa el loro de Susie aproximadamente?

Ⓐ 0.32 onzas
Ⓑ 0.43 onzas
Ⓒ 4.32 onzas
Ⓓ 43.2 onzas

 PARA PRACTICAR MÁS: Cuaderno de práctica de los estándares, págs. P83 y P84

Nombre ______________________________

Multiplicación con números decimales y números naturales

ESTÁNDARES COMUNES CC.5.NBT.2, CC.5.NBT.7
Perform operations with multi-digit whole numbers and with decimals to hundredths.

Pregunta esencial ¿Cómo puedes usar dibujos y el valor posicional para multiplicar un número decimal por un número natural?

SOLUCIONA el problema EN EL MUNDO

En 2010, la Casa de la Moneda de los Estados Unidos puso en circulación un diseño nuevo de la moneda de 1¢ con la imagen de Lincoln. Una moneda de 1¢ tiene una masa de 2.5 gramos. Si hay 5 monedas de 1¢ en una bandeja, ¿cuál es la masa total de las monedas de 1¢?

- ¿Cuál es la masa de una moneda de 1¢?

  ____

- ¿Cuántas monedas de 1¢ hay en la bandeja?

  ____

- Usa el lenguaje de agrupación para describir lo que se te pide que halles.

  ____

De una manera Usa el valor posicional.

Multiplica. 5 × 2.5

REPRESENTA

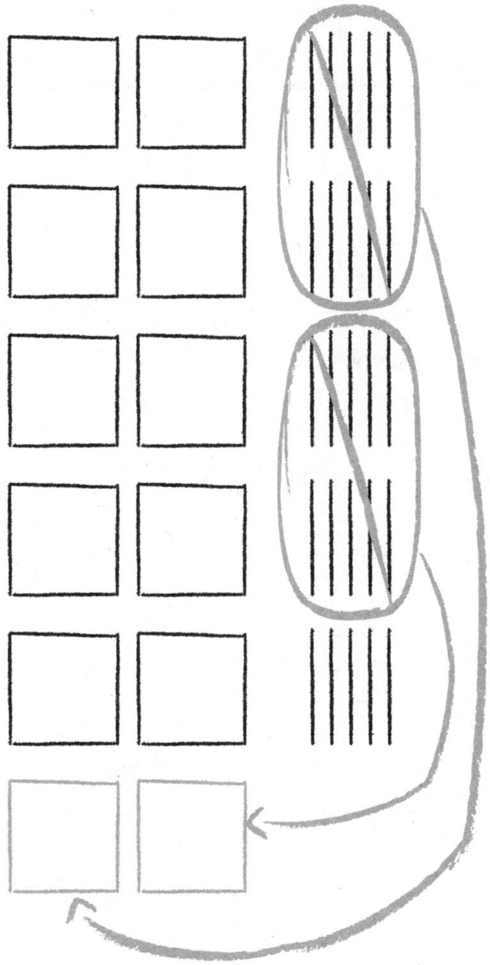

PIENSA Y ANOTA

PASO 1 Redondea el número decimal al número natural más próximo para estimar el producto.

5 × _____ = _____

PASO 2 Multiplica los décimos por 5.

$$\begin{array}{r} 2.5 \\ \times\ \ 5 \\ \hline \square \end{array}$$

← 5 × 5 décimos = 25 décimos o 2 unidades con 5 décimos

PASO 3 Multiplica las unidades por 5.

$$\begin{array}{r} 2.5 \\ \times\ \ 5 \\ \hline 2.5 \\ \square \end{array}$$

← 5 × 2 unidades = 10 unidades o 1 decena

PASO 4 Suma los productos parciales.

$$\begin{array}{r} 2.5 \\ \times\ \ 5 \\ \hline 2.5 \\ +\ 10 \\ \hline \square \end{array}$$

Entonces, 5 monedas de 1¢ tendrán una masa de __________ gramos.

MÉTODOS MATEMÁTICOS

Charla matemática Explica cómo te ayuda la estimación a determinar si el resultado es razonable.

De otra manera Usa patrones del valor posicional.

Con un espesor de 1.35 milímetros, la moneda de 10¢ es la moneda más delgada producida por la Casa de la Moneda de los Estados Unidos. Si apilaras 8 monedas de 10¢, ¿cuál sería el espesor total de la pila?

Multiplica. 8 × 1.35

PASO 1

Escribe el factor decimal como un número natural.

Piensa: 1.35 × 100 = 135

PASO 2

Multiplica como si fueran números naturales.

PASO 3

Coloca el punto decimal.

Piensa: 0.01 por 135 es igual a 1.35. Halla 0.01 por 1,080 y anota el producto.

$$\begin{array}{r} 1.35 \\ \times \quad 8 \\ \hline ? \end{array} \xrightarrow{\times 100} \begin{array}{r} 135 \\ \times \quad 8 \\ \hline 1{,}080 \end{array} \xrightarrow{\times 0.01} \begin{array}{r} 1.35 \\ \times \quad 8 \\ \hline \end{array}$$

Una pila de 15 monedas de 10¢ tendría un espesor de ____________ milímetros.

1. **Explica** cómo sabes que el producto de 8 × 1.35 es mayor que 8.

____

____

2. **¿Qué pasaría si** multiplicaras 0.35 por 8? ¿El producto sería menor o mayor que 8? **Explícalo.**

____

____

Comunicar y mostrar MATH BOARD

Coloca el punto decimal en el producto.

1. $\begin{array}{r} 6.81 \\ \times \quad 7 \\ \hline 4\,7\,6\,7 \end{array}$

Piensa: El valor posicional del factor decimal son los centésimos.

2. $\begin{array}{r} 3.7 \\ \times \; 2 \\ \hline 7\,4 \end{array}$

3. $\begin{array}{r} 19.34 \\ \times \quad 5 \\ \hline 9\,6\,7\,0 \end{array}$

Nombre ______________________

Halla el producto.

4. $\begin{array}{r} 6.32 \\ \times \quad 3 \\ \hline \end{array}$

5. $\begin{array}{r} 4.5 \\ \times \quad 8 \\ \hline \end{array}$

6. $\begin{array}{r} 40.7 \\ \times \quad 5 \\ \hline \end{array}$

MÉTODOS MATEMÁTICOS

Charla matemática Explica cómo puedes determinar si el resultado del Ejercicio 6 es razonable.

Por tu cuenta

Halla el producto.

7. $\begin{array}{r} 4.93 \\ \times \quad 7 \\ \hline \end{array}$

8. $\begin{array}{r} 8.2 \\ \times \quad 6 \\ \hline \end{array}$

9. $\begin{array}{r} 0.49 \\ \times \quad 4 \\ \hline \end{array}$

10. $\begin{array}{r} 9.08 \\ \times \quad 9 \\ \hline \end{array}$

11. $\begin{array}{r} 7.55 \\ \times \quad 8 \\ \hline \end{array}$

12. $\begin{array}{r} 15.37 \\ \times \quad 5 \\ \hline \end{array}$

Práctica: Copia y resuelve Halla el producto.

13. 8×7.2

14. 3×1.45

15. 9×8.6

16. 6×0.79

17. 4×9.3

18. 7×0.81

19. 6×2.08

20. 5×23.66

Resolución de problemas EN EL MUNDO

Usa la tabla para resolver los problemas 21 a 23.

Moneda	Peso (en gramos)
Moneda de 5¢	5.00
Moneda de 10¢	2.27
Moneda de 25¢	5.67
Moneda de 50¢	11.34
Moneda de 1 dólar	8.1

21. Sari tiene una bolsa con 6 monedas de 50¢. ¿Cuánto pesan las monedas de 50¢ que hay en la bolsa de Sari?

22. Felicia está atendiendo un puesto de juegos en una feria. Uno de los juegos consiste en que los participantes adivinen el peso, en gramos, de una bolsa con 9 monedas de 10¢. ¿Cuál es el peso real de las monedas de 10¢ que hay en la bolsa?

23. H.O.T. Carlos tiene $2 en monedas de 25¢. Blake tiene $5 en monedas de 1 dólar. ¿Quién tiene el grupo de monedas más pesado? **Explícalo.**

24. Escribe Julie multiplica 6.27 por 7 y sostiene que el producto es 438.9. **Explica** sin multiplicar cómo sabes que el resultado de Julie es incorrecto. Halla el resultado correcto.

25. ★ **Preparación para la prueba** Todos los días, en su camino de ida y vuelta a la escuela, Milo recorre un total de 3.65 millas. Si va caminando hasta la escuela 5 días, ¿cuántas millas habrá recorrido Milo?

Ⓐ 1.825 millas Ⓒ 182.5 millas

Ⓑ 18.25 millas Ⓓ 1,825 millas

MUESTRA TU TRABAJO

PARA PRACTICAR MÁS:
Cuaderno de práctica de los estándares, págs. P85 y P86

Nombre ______________________________

Multiplicar usando la forma desarrollada

Pregunta esencial ¿Cómo puedes usar la forma desarrollada y el valor posicional para multiplicar un número decimal por un número natural?

ESTÁNDARES COMUNES CC.5.NBT.2, CC.5.NBT.7
Perform operations with multi-digit whole numbers and with decimals to hundredths.

SOLUCIONA el problema EN EL MUNDO

La duración de un día representa la cantidad de tiempo que tarda un planeta en hacer una rotación completa sobre su eje. En Júpiter, un día dura 9.8 horas terrestres. ¿Cuántas horas terrestres hay en 46 días de Júpiter?

Puedes usar un modelo y productos parciales para resolver el problema.

▲ Un día de Júpiter se llama día joviano.

De una manera Usa un modelo.

Multiplica. 46 × 9.8

PIENSA

PASO 1

Vuelve a escribir los factores en forma desarrollada y rotula el modelo.

46 = ______ + ______

9.8 = ______ + ______

PASO 2

Multiplica para hallar el área de cada sección. El área de cada sección representa un producto parcial.

PASO 3

Suma los productos parciales.

REPRESENTA

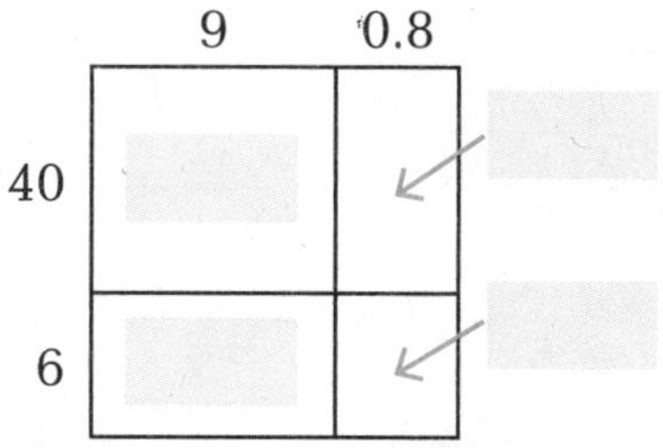

ANOTA

9.8
× 46
______ ← 40 × 9
______ ← 40 × 0.8
______ ← 6 × 9
+ ______ ← 6 × 0.8
______

Entonces, hay ______ horas terrestres en 46 días de Júpiter.

1. **¿Qué pasaría si** quisieras hallar el número de horas terrestres que hay en 125 días de Júpiter? ¿Cómo cambiaría tu modelo?

____

____

De otra manera Usa patrones del valor posicional.

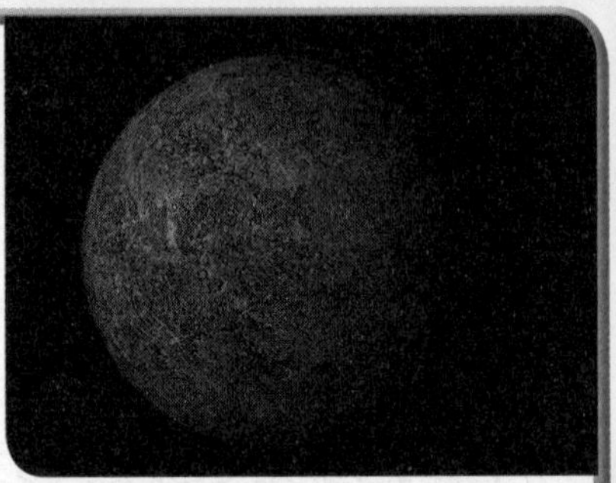

▲ Mercurio tarda 88 días terrestres en completar una órbita alrededor del Sol.

Un día en el planeta Mercurio dura alrededor de 58.6 días terrestres. ¿Cuántos días terrestres hay en 14 días de Mercurio?

Multiplica. 14×58.6

PASO 1

Escribe el factor decimal como un número natural.

____

PASO 2

Multiplica como si fueran números naturales.

____

PASO 3

Coloca el punto decimal.

El producto decimal es ______________ del producto del número natural.

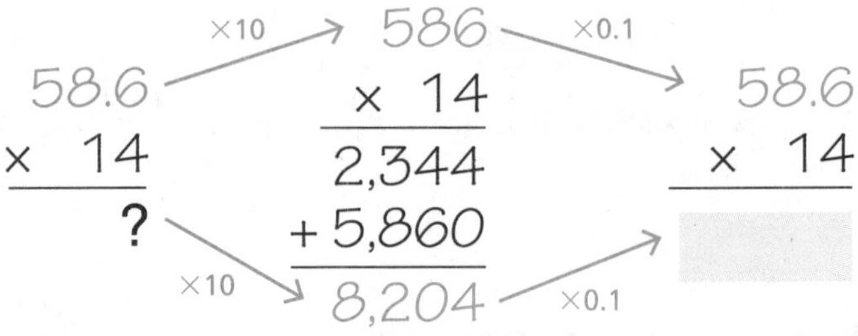

Entonces, hay ______________ días terrestres en 14 días de Mercurio.

2. **¿Qué pasaría si** volvieras a escribir el problema como $(10 + 4) \times 58.6$ y usaras la propiedad distributiva para resolverlo? **Explica** en qué se parece eso al uso del valor posicional en tu modelo. ____

____

¡Inténtalo! Halla el producto.

A Usa un modelo.

$52 \times 0.35 =$ ______________

B Usa patrones del valor posicional.

$16 \times 9.18 =$ ______________

Nombre ______________________________

Comunicar y mostrar MATH BOARD

Dibuja un modelo para hallar el producto.

1. $19 \times 0.75 =$ __________

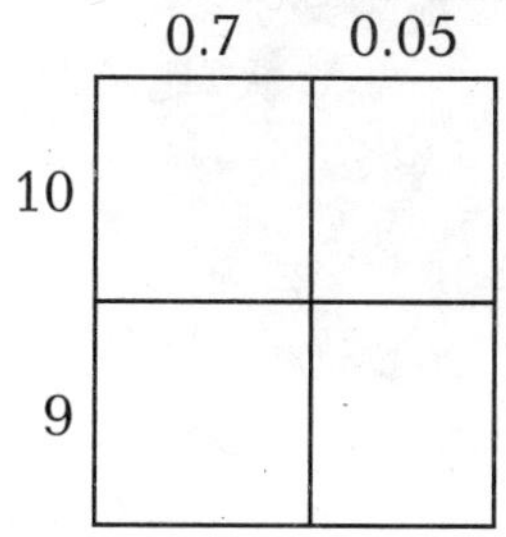

2. $27 \times 8.3 =$ __________

Halla el producto.

3. $18 \times 8.7 =$ __________

4. $23 \times 56.1 =$ __________

5. $47 \times 5.92 =$ __________

MÉTODOS MATEMÁTICOS

Charla matemática **Describe** cómo podrías usar una estimación para determinar si el resultado del Ejercicio 3 es razonable.

Por tu cuenta

Dibuja un modelo para hallar el producto.

6. $71 \times 8.3 =$ __________

7. $28 \times 0.19 =$ __________

Halla el producto.

8. $19 \times 0.65 =$ __________

9. $34 \times 98.3 =$ __________

10. $26 \times 16.28 =$ __________

SOLUCIONA el problema EN EL MUNDO

11. Mientras buscaba información sobre el planeta Tierra, Kate descubrió que, en realidad, un día terrestre dura alrededor de 23.93 horas. ¿Cuántas horas hay en 2 semanas terrestres?

a. ¿Qué debes hallar?

____

____

b. ¿Qué información debes saber para resolver el problema? ______________________________

____

____

c. Escribe una expresión para representar el problema que debes resolver. ______________________________

d. Muestra los pasos que seguiste para resolver el problema.

e. Completa las oraciones.

En la Tierra, un día dura alrededor de

__________ horas. Hay ______ días en

1 semana y ______ días en 2 semanas.

Puesto que ______ × __________ =

__________, hay alrededor de

__________ horas en 2 semanas terrestres.

12. La canción favorita de Michael dura 3.19 minutos. Si escucha la canción 15 veces seguidas en su reproductor, ¿cuánto tiempo habrá estado escuchando la canción?

____

13. ★ **Preparación para la prueba** Un carro recorre 56.7 millas en una hora. Si continúa a la misma tasa, ¿qué distancia recorrerá en 12 horas?

Ⓐ 68.004 millas

Ⓑ 680.04 millas

Ⓒ 680.4 millas

Ⓓ 6,804 millas

PARA PRACTICAR MÁS:
Cuaderno de práctica de los estándares, págs. P87 y P88

Nombre ______________________________

RESOLUCIÓN DE PROBLEMAS
Lección 4.5

Resolución de problemas • Multiplicar dinero

ESTÁNDAR COMÚN CC.5.NBT.7
Perform operations with multi-digit whole numbers and with decimals to hundredths.

Pregunta esencial ¿Cómo puede ayudarte la estrategia *hacer un diagrama* a resolver un problema de multiplicación con números decimales?

SOLUCIONA el problema EN EL MUNDO

Un grupo de amigos va a una feria local. Jayson gasta $3.75. Maya gasta 3 veces más de lo que gasta Jayson. Tina gasta $5.25 más que Maya. ¿Cuánto gasta Tina?

Usa el siguiente organizador gráfico como ayuda para resolver el problema.

Lee el problema

¿Qué debo hallar?

Debo hallar ______________________________

____

______________________________.

¿Qué información debo usar?

Debo usar la cantidad que gastó __________ para hallar la cantidad que gastaron __________ y __________ en la feria.

¿Cómo usaré la información?

Puedo hacer un diagrama para representar __________

____

______________________________.

Resuelve el problema

La cantidad de dinero que gastan Maya y Tina depende de la cantidad que gasta Jayson. Haz un diagrama para comparar las cantidades sin hacer cálculos. Luego usa el diagrama para hallar la cantidad que gasta cada persona.

Jayson	$3.75			
Maya	____	____	____	
Tina	____	____	____	$5.25

Jayson: $3.75

Maya: 3 × __________ = __________

Tina: __________ + $5.25 = __________

Entonces, Tina gastó __________ en la feria.

Haz otro problema

En enero, la cuenta de ahorros de Julie tiene un saldo de \$57.85. En marzo, su saldo es 4 veces mayor que el de enero. Entre marzo y noviembre, Julie deposita un total de \$78.45. Si no extrae dinero de su cuenta, ¿cuál debería ser el saldo de Julie en noviembre?

Lee el problema	Resuelve el problema
¿Qué debo hallar?	
¿Qué información debo usar?	
¿Cómo usaré la información?	Entonces, en noviembre, el saldo de la cuenta de ahorros de Julie será _______________.

- ¿Cómo te ayuda el diagrama a determinar si tu resultado es razonable? _______________

____

____

MÉTODOS MATEMÁTICOS

Charla matemática **Describe** un diagrama diferente que podrías usar para resolver el problema.

Nombre ________________________

Comunicar y mostrar MATH BOARD

1. Manuel recauda $45.18 para una campaña de caridad. Gerome recauda $18.07 más que Manuel. Cindy recauda 2 veces más que Gerome. ¿Cuánto dinero recauda Cindy para la campaña de caridad?

Primero, haz un diagrama para representar la cantidad que recauda Manuel.

Luego, haz un diagrama para representar la cantidad que recauda Gerome.

A continuación, haz un diagrama para representar la cantidad que recauda Cindy.

Por último, halla la cantidad que recauda cada persona.

Cindy recauda ______________ para la campaña de caridad.

MUESTRA TU TRABAJO

2. **¿Qué pasaría si** Gerome recaudara $9.23 más que Manuel? Si de todas maneras Cindy recaudara 2 veces más que Gerome, ¿cuánto dinero recaudaría Cindy?

____

3. En un parque estatal, el precio de alquiler de un kayak durante 1 hora es $5.15. El precio queda igual hasta 5 horas de alquiler. Después de las 5 horas, el costo disminuye a $3.75 por hora. ¿Cuánto costaría alquilar un kayak durante 6 horas?

____

4. Jenn compra un par de pantalones vaqueros a $24.99. Su amiga Karen gasta $3.50 más por el mismo par de pantalones. Vicki pagó el mismo precio que Karen por los pantalones pero compró 2 pares. ¿Cuánto gastó Vicki?

____

Por tu cuenta

Usa el letrero para resolver los problemas 5 a 8.

5. Antes de ir a la playa, Austin hace compras en la tienda de surf Joe, El Surfista. Compra 2 camisetas, un traje de baño y una toalla. Si le da $60 al cajero, ¿cuánto cambio recibe?

6. María compra 3 camisetas y 2 pares de sandalias en la tienda de surf Joe, El Surfista. ¿Cuánto gasta?

7. Nathan recibe por correo un cupón para un descuento de $10 en una compra de $100 o más. Si compra 3 trajes de baño, 2 toallas y un par de gafas de sol, ¿gastará lo suficiente para usar el cupón? ¿Cuánto costará su compra?

8. H.O.T. Moya gasta $33.90 en 3 artículos diferentes. Si no compró trajes de baño, ¿qué tres artículos compró Moya?

9. Preparación para la prueba En una tienda de rosquillas de la ciudad, cada rosquilla cuesta $0.79. Si el Sr. Thomas compra una caja con 8 rosquillas, ¿cuánto pagará por las rosquillas?

Ⓐ $6.32

Ⓑ $8.79

Ⓒ $63.20

Ⓓ $87.90

Elige una ESTRATEGIA

- Representar
- Hacer un diagrama
- Hacer una tabla
- Resolver un problema más sencillo
- Trabajar de atrás para adelante
- Adivinar, comprobar y revisar

MUESTRA TU TRABAJO

 PARA PRACTICAR MÁS: Cuaderno de práctica de los estándares, págs. P89 y P90

Nombre ____

Revisión de la mitad del capítulo

Conceptos y destrezas

1. **Explica** cómo puedes usar un dibujo rápido para hallar 3×2.7. (CC.5.NBT.7) ______________________

____

____

Completa el patrón. (CC.5.NBT.2)

2. $1 \times 3.6 =$ __________

   $10 \times 3.6 =$ __________

   $100 \times 3.6 =$ __________

   $1{,}000 \times 3.6 =$ __________

3. $10^0 \times 17.55 =$ __________

   $10^1 \times 17.55 =$ __________

   $10^2 \times 17.55 =$ __________

   $10^3 \times 17.55 =$ __________

4. $1 \times 29 =$ __________

   $0.1 \times 29 =$ __________

   $0.01 \times 29 =$ __________

Halla el producto. (CC.5.NBT.2, CC.5.NBT.7)

5. $\begin{array}{r} 3.14 \\ \times \quad 8 \\ \hline \end{array}$

6. 17×0.67

7. 29×7.3

Haz un diagrama para resolver el problema. (CC.5.NBT.7)

8. Julie gasta $5.62 en la tienda. Micah gasta 5 veces más que Julie. Jeremy gasta $6.72 más que Micah. ¿Cuánto dinero gasta cada persona?

   Julie: $5.62

   Micah: __________

   Jeremy: __________

Rellena el círculo completamente para indicar tu respuesta.

PREPARACIÓN PARA LA PRUEBA

9. Sarah está cortando cintas para un espectáculo de porristas. Cada cinta debe medir 3.68 pulgadas de longitud. Si necesita 1,000 cintas, ¿qué longitud total de cinta necesita Sarah? (CC.5.NBT.2)

   Ⓐ 3.68 pulgadas
   Ⓑ 36.8 pulgadas
   Ⓒ 368 pulgadas
   Ⓓ 3,680 pulgadas

10. Adam está llevando libros al salón de clases para dárselos a su maestra. Cada libro pesa 3.85 libras. Si lleva 4 libros, ¿cuántas libras está cargando Adam? (CC.5.NBT.2, CC.5.NBT.7)

   Ⓐ 12.2 libras
   Ⓑ 13.2 libras
   Ⓒ 15.2 libras
   Ⓓ 15.4 libras

11. Un carro recorre 54.9 millas en 1 hora. Si el carro mantiene la misma velocidad durante 12 horas, ¿cuántas millas recorrerá? (CC.5.NBT.7)

   Ⓐ 54.9 millas
   Ⓑ 549 millas
   Ⓒ 658.8 millas
   Ⓓ 6,588 millas

12. Charlie ahorra $21.45 por mes durante 6 meses. El séptimo mes, solo ahorra $10.60. ¿Cuánto dinero habrá ahorrado Charlie después de 7 meses? (CC.5.NBT.7)

   Ⓐ $150.15
   Ⓑ $139.30
   Ⓒ $128.70
   Ⓓ $118.10

Nombre ______________________________

Multiplicación de números decimales

ESTÁNDAR COMÚN CC.5.NBT.7
Perform operations with multi-digit whole numbers and with decimals to hundredths.

Pregunta esencial ¿Cómo puedes usar un modelo para multiplicar números decimales?

Investigar

Materiales ■ lápices de colores

La distancia entre la casa de Charlene y su escuela es 0.8 millas. Charlene recorre 7 décimos de la distancia en bicicleta y continúa a pie el resto del camino. ¿Qué distancia recorre Charlene en bicicleta cuando va a la escuela?

Puedes usar un cuadrado decimal para multiplicar números decimales.

Multiplica. 0.7×0.8

A. Dibuja un cuadrado con 10 columnas iguales.

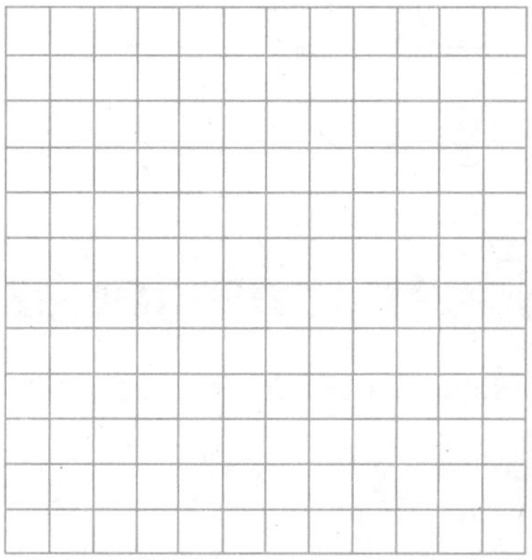

- ¿Qué valor decimal representa cada columna? ______

B. Con un lápiz de color, sombrea las columnas de la cuadrícula para representar la distancia total que hay hasta la escuela de Charlene.

- La distancia total que hay hasta la escuela es 0.8 millas.

  ¿Cuántas columnas sombreaste? ______________

C. Divide el cuadrado en 10 hileras iguales.

- ¿Qué valor decimal representa cada hilera? ______

D. Con otro color, sombrea las hileras que se superponen con las columnas sombreadas para representar la distancia que Charlene recorre en bicicleta hasta la escuela.

- ¿Qué parte de la distancia hasta la escuela recorre

  Charlene en bicicleta? __________

- De las columnas ya sombreadas, ¿cuántas hileras sombreaste?

  ____

E. Cuenta la cantidad de cuadrados que sombreaste dos veces.

Hay ______ cuadrados. Cada cuadrado representa ______.

Anota el valor de los cuadrados como el producto. $0.7 \times 0.8 =$ __________

Entonces, Charlene recorre __________ millas en bicicleta.

Sacar conclusiones

1. **Explica** la manera en que la división del cuadrado decimal en 10 columnas e hileras iguales muestra que los décimos multiplicados por décimos equivalen a centésimos.

___

___

___

2. H.O.T. **Comprensión** ¿Por qué la parte del modelo que representa el producto es menor que cualquiera de los factores?

___

___

___

Hacer conexiones

Puedes usar cuadrados decimales para multiplicar números decimales mayores que 1.

Multiplica. 0.3×1.4

PASO 1

Sombrea columnas para representar 1.4.

¿Cuántos décimos hay en 1.4?

___

PASO 2

Sombrea hileras que se superponen con la columna sombreada para representar 0.3.

De las columnas sombreadas,

¿cuántas hileras sombreaste? ___

PASO 3

Cuenta la cantidad de cuadrados que sombreaste dos veces. Anota el producto a la derecha.

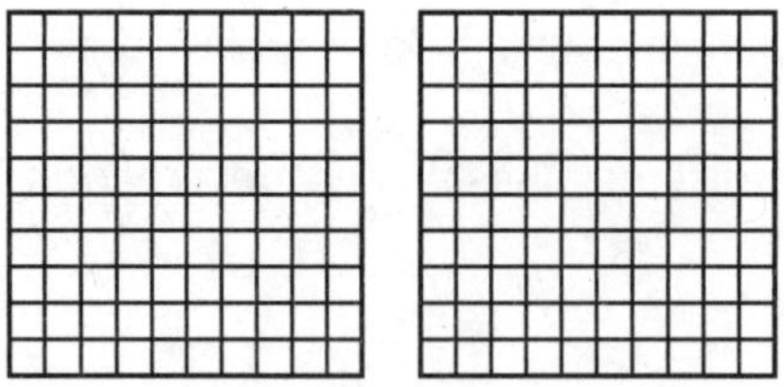

$0.3 \times 1.4 =$ ___

MÉTODOS MATEMÁTICOS

Charla matemática Explica por qué el producto es menor que solo uno de los factores decimales.

Nombre ______________________________

Comunicar y mostrar

Multiplica. Usa el modelo decimal.

1. $0.8 \times 0.4 =$ __________

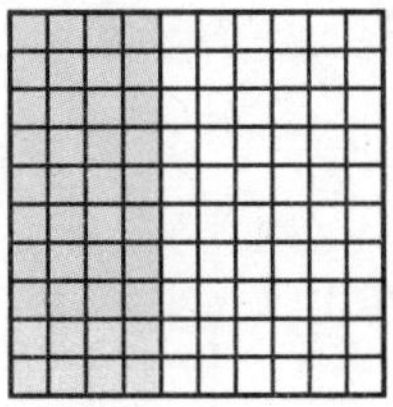

2. $0.1 \times 0.7 =$ __________

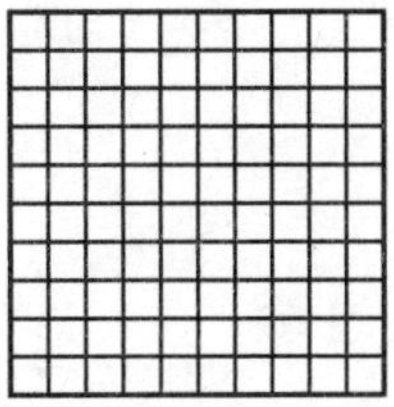

3. $0.4 \times 1.6 =$ __________

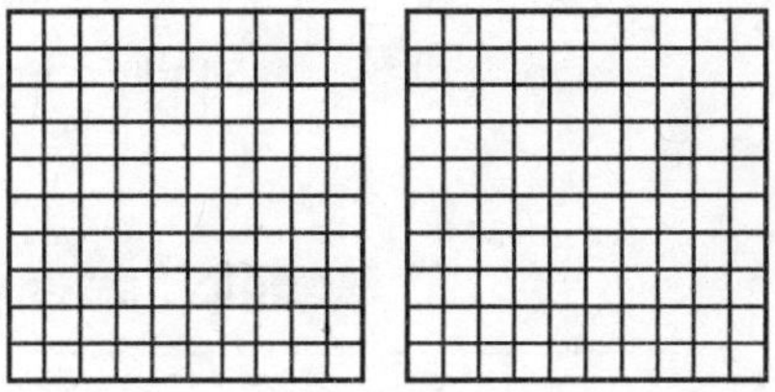

4. $0.3 \times 0.4 =$ __________

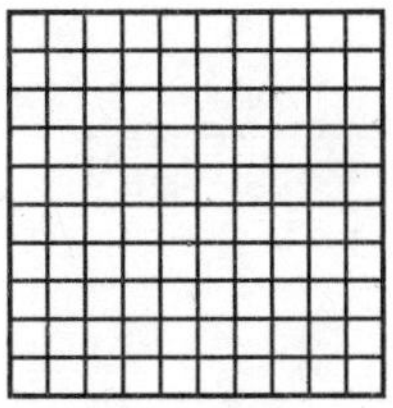

5. $0.9 \times 0.6 =$ __________

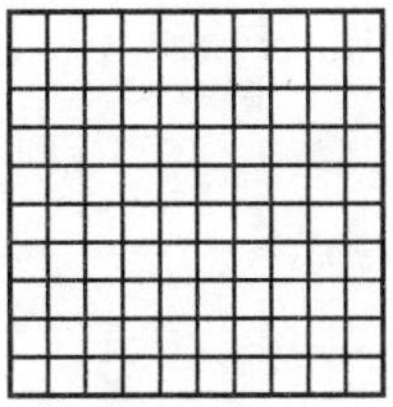

6. $0.5 \times 1.2 =$ __________

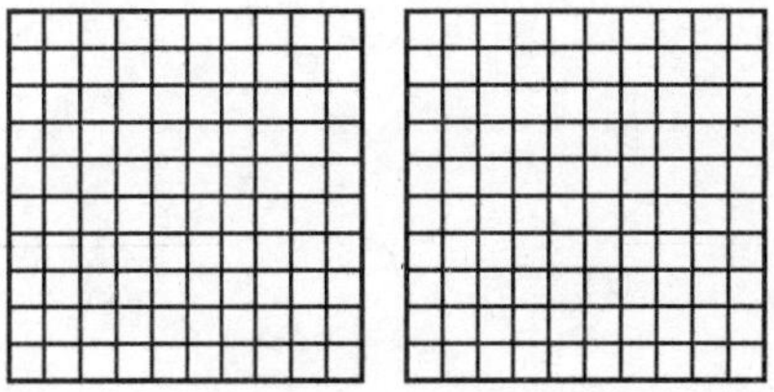

7. $0.8 \times 0.9 =$ __________

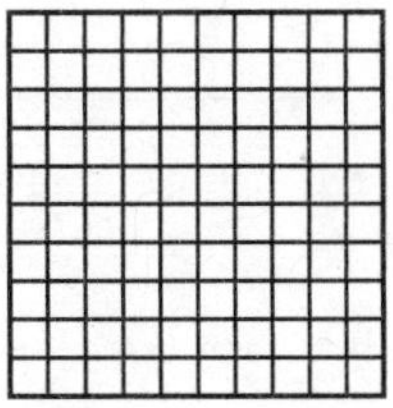

8. $0.5 \times 0.3 =$ __________

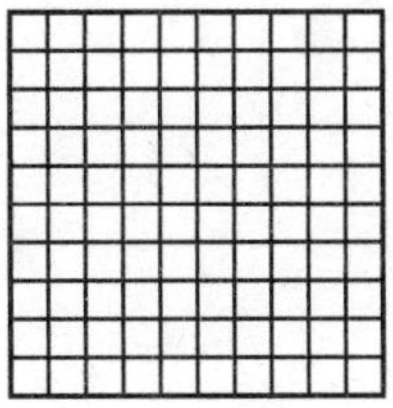

9. $0.5 \times 1.5 =$ __________

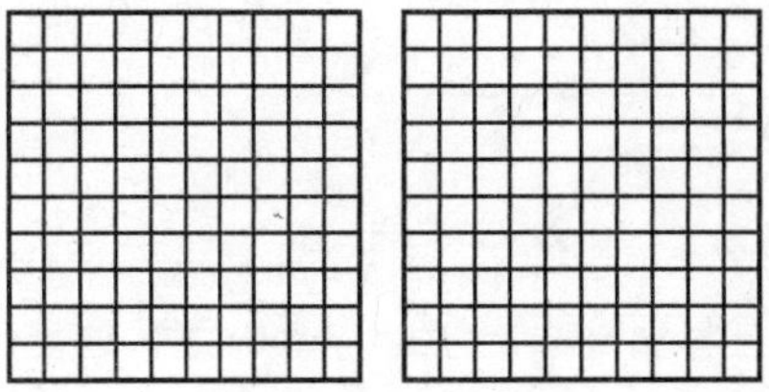

10. **Escribe** **Explica** por qué, al multiplicar y hallar un décimo de un décimo, el producto equivale a un centésimo.

____

____

____

Resolución de problemas EN EL MUNDO

H.O.T. ¿Tiene sentido?

11. Randy y Stacy usaron modelos para hallar 0.3 de 0.5. Los modelos de Randy y de Stacy se muestran a continuación. ¿Cuál de ellos tiene sentido? ¿Cuál no tiene sentido? **Explica** tu razonamiento debajo de cada modelo. Luego anota el resultado correcto.

Modelo de Randy

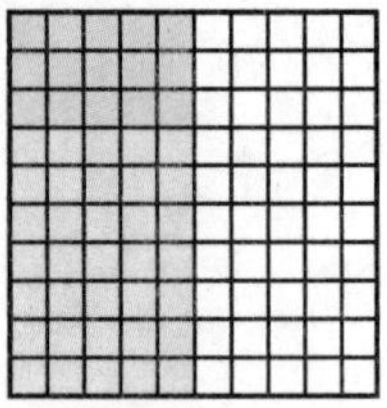

____
____
____
____
____
____
____
____

Modelo de Stacy

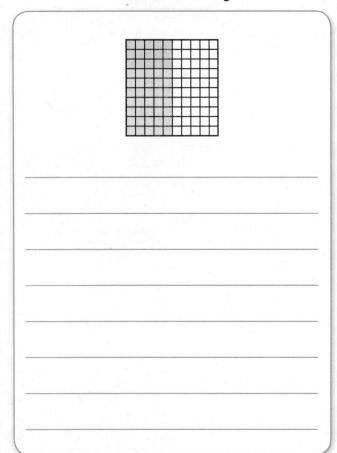

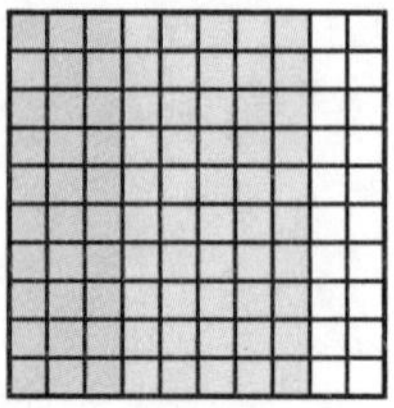

____
____
____
____
____
____
____
____

$0.3 \times 0.5 =$ __________

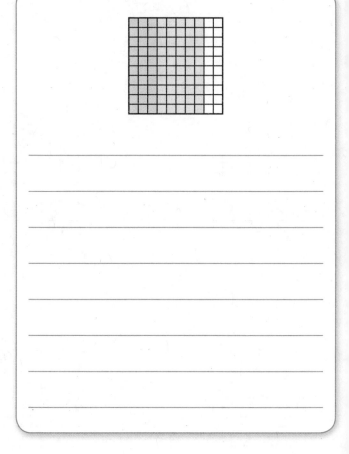

- Describe el error que cometió el estudiante en el resultado que no tiene sentido.

____
____

Nombre ______________________________

Multiplicar números decimales

Pregunta esencial ¿Qué estrategias puedes usar para colocar el punto decimal en un producto?

ESTÁNDARES COMUNES CC.5.NBT.2, CC.5.NBT.7
Perform operations with multi-digit whole numbers and with decimals to hundredths.

CONECTAR Puedes usar lo que has aprendido acerca de los patrones y el valor posicional para colocar el punto decimal en el producto cuando multiplicas dos números decimales.

$1 \times 0.1 = 0.1$

$0.1 \times 0.1 = 0.01$

$0.01 \times 0.1 = 0.001$

Recuerda
Cuando se multiplica un número por un número decimal, el punto decimal se desplaza un lugar hacia la izquierda en el producto por cada valor posicional decreciente que se está multiplicando.

SOLUCIONA el problema EN EL MUNDO

Un leopardo marino macho mide alrededor de 2.8 metros de longitud. Un elefante marino macho mide alrededor de 1.5 veces más que el leopardo marino macho. ¿Cuál es la longitud aproximada del elefante marino macho?

Multiplica. 1.5×2.8

De una manera Usa el valor posicional.

PASO 1

Multiplica como si fueran números naturales.

PASO 2

Coloca el punto decimal.

Piensa: Se están multiplicando décimos por décimos. Usa el patrón 0.1×0.1.

Coloca el punto decimal de manera que el valor del número decimal tenga

______________.

28	$\xrightarrow{\times 0.1}$	2.8	1 valor posicional
× 15	$\xrightarrow{\times 0.1}$	× 1.5	1 valor posicional
140			1 + 1 ó 2 valores posicionales
+ 280			
420	$\xrightarrow{\times 0.01}$		

Entonces, la longitud aproximada de un elefante marino macho es ______ metros.

- **¿Qué pasaría si** multiplicaras 2.8 por 1.74? ¿Cuál sería el valor posicional del producto? **Explica** tu respuesta.

____

____

De otra manera Usa la estimación.

Puedes usar una estimación para colocar el punto decimal en un producto.

Multiplica. 7.8×3.12

PASO 1

Redondea cada factor al número natural más próximo.

7.8×3.12

↓ ↓

_____ × _____ = _____

PASO 2

Multiplica como si fueran números naturales.

PASO 3

Usa la estimación para colocar el punto decimal.

Piensa: El producto debe estar cerca de tu estimación.

$7.8 \times 3.12 =$ ________

$$\begin{array}{r} 312 \\ \times\ 78 \\ \hline \end{array} \qquad \begin{array}{r} 3.12 \\ \times\ 7.8 \\ \hline \end{array}$$

Comunicar y mostrar MATH BOARD

Coloca el punto decimal en el producto.

1. $\begin{array}{r} 3.62 \\ \times\ 1.4 \\ \hline 5\,0\,6\,8 \end{array}$

Piensa: Se está multiplicando un centésimo por un décimo. Usa el patrón 0.01×0.1.

2. $\begin{array}{r} 6.8 \\ \times\ 1.2 \\ \hline 8\,1\,6 \end{array}$

Estimación: $1 \times 7 =$ ______

Halla el producto.

3. $\begin{array}{r} 0.9 \\ \times\ 0.8 \\ \hline \end{array}$

4. $\begin{array}{r} 84.5 \\ \times\ 5.5 \\ \hline \end{array}$

5. $\begin{array}{r} 2.39 \\ \times\ 2.7 \\ \hline \end{array}$

MÉTODOS MATEMÁTICOS

Charla matemática Explica cómo podrías saber el valor posicional del producto del Ejercicio 5 antes de resolverlo.

Nombre ____________________

Por tu cuenta

Halla el producto.

6. $\begin{array}{r} 7.9 \\ \times\ 3.4 \\ \hline \end{array}$

7. $\begin{array}{r} 9.2 \\ \times\ 5.6 \\ \hline \end{array}$

8. $\begin{array}{r} 3.45 \\ \times\ 9.7 \\ \hline \end{array}$

9. $\begin{array}{r} 45.3 \\ \times\ 0.8 \\ \hline \end{array}$

10. $\begin{array}{r} 6.98 \\ \times\ 2.5 \\ \hline \end{array}$

11. $\begin{array}{r} 7.02 \\ \times\ 3.4 \\ \hline \end{array}$

12. $\begin{array}{r} 14.9 \\ \times\ 0.35 \\ \hline \end{array}$

13. $\begin{array}{r} 50.99 \\ \times\ 3.7 \\ \hline \end{array}$

14. $\begin{array}{r} 18.43 \\ \times\ 1.9 \\ \hline \end{array}$

Práctica: Copia y resuelve Halla el producto.

15. 3.4×5.2 **16.** 0.9×2.46 **17.** 9.1×5.7 **18.** 4.8×6.01

19. 7.6×18.7 **20.** 1.5×9.34 **21.** 0.77×14.9 **22.** 3.3×58.14

Resolución de problemas EN EL MUNDO

23. Charlie tiene un conejo enano holandés adulto que pesa 1.2 kilogramos. Cliff tiene un conejo adulto de angora que pesa 2.9 veces más que el de Charlie. ¿Cuánto pesa el conejo de Cliff?

____

24. John tiene conejos domésticos en un recinto cuya área es 30.72 pies cuadrados. El recinto que Taylor planea construir para sus conejos será 2.2 veces más grande que el de John. ¿Cuánto medirá el área del recinto que Taylor planea construir?

____

25. H.O.T. Un zoológico planea construir un nuevo edificio para los pingüinos. Primero, armaron un modelo de 1.3 metros de altura. Luego armaron un modelo más detallado, cuya altura era 1.5 veces más que la del primer modelo. El edificio será 2.5 veces más alto que el modelo detallado. ¿Cuál será la altura del edificio?

____

26. Escribe Leslie y Paul resuelven el problema de multiplicación 5.5×4.6. Leslie dice que el resultado es 25.30. Paul dice que el resultado es 25.3. ¿Cuál de los dos resultados es correcto? **Explica** tu razonamiento.

____

____

____

____

27. **Preparación para la prueba** En el jardín del Sr. Jackson hay una parra de 3.6 pies de longitud. Al medirla de nuevo, su longitud es 2.1 veces mayor. ¿Cuál es la longitud de la parra?

Ⓐ 5.7 pies Ⓒ 7.5 pies

Ⓑ 6.6 pies Ⓓ 7.56 pies

MUESTRA TU TRABAJO

PARA PRACTICAR MÁS:
Cuaderno de práctica de los estándares, págs. P93 y P94

Nombre ______________________________

Ceros en el producto

ESTÁNDARES COMUNES CC.5.NBT.2, CC.5.NBT.7
Perform operations with multi-digit whole numbers and with decimals to hundredths.

Pregunta esencial ¿Cómo sabes si el producto tiene el número correcto de lugares decimales?

SOLUCIONA el problema EN EL MUNDO

CONECTAR Cuando se multiplican números decimales, el producto puede no tener suficientes dígitos para colocar el punto decimal. En estos casos, es posible que debas escribir ceros adicionales.

Los estudiantes están jugando una carrera con caracoles de jardín y midiendo la distancia que recorren los caracoles en 1 minuto. El caracol de Chris recorre una distancia de 0.2 pies. El caracol de Jamie llega 0.4 veces más lejos que el de Chris. ¿Qué distancia recorre el caracol de Jamie?

- Usa la información dada que necesites para describir lo que debes hallar.

____

____

____

Multiplica. 0.4×0.2

PASO 1

Multiplica como si fueran números naturales.

PASO 2

Determina la posición del punto decimal en el producto.

Puesto que se están multiplicando décimos por décimos, el producto mostrará ______________.

PASO 3

Coloca el punto decimal.

¿Hay suficientes dígitos en el producto para colocar el punto decimal? ________

Para colocar el punto decimal, escribe tantos ceros como sean necesarios a la izquierda del número natural obtenido como producto.

2	$\xrightarrow{\times 0.1}$	0.2	1 valor posicional
$\times 4$	$\xrightarrow{\times 0.1}$	$\times 0.4$	1 valor posicional
8	$\xrightarrow{\times 0.01}$	☐8	1 + 1 ó 2 valores posicionales

MÉTODOS MATEMÁTICOS

Charla matemática **Explica** cómo sabes la cantidad de ceros que debes escribir en el producto.

Entonces, el caracol de Jamie recorre una distancia de ______________ pies.

Ejemplo Multiplica dinero.

Multiplica. $0.2 \times \$0.30$

PASO 1 Multiplica como si fueran números naturales.

Piensa: Los factores son 30 centésimos y 2 décimos.

¿Cuáles son los números naturales que multiplicarás?

____

$$\begin{array}{r} \$0.30 \\ \times \quad 0.2 \\ \hline \end{array}$$

PASO 2 Determina la posición del punto decimal en el producto.

Puesto que se están multiplicando centésimos por décimos, el producto mostrará

______________________ .

PASO 3 Coloca el punto decimal. Escribe tantos ceros como sean necesarios a la izquierda del producto.

Puesto que el problema incluye dólares y centavos, ¿qué valor posicional deberías usar para mostrar centavos?

____

Entonces, $0.2 \times \$0.30$ es igual a _______________.

¡Inténtalo! Halla el producto.

$0.2 \times 0.05 =$ ______________________

¿Qué pasos seguiste para hallar el producto?

____

____

____

____

____

____

Charla matemática MÉTODOS MATEMÁTICOS

Explica por qué el resultado de la sección ¡Inténtalo! puede tener un dígito con un valor posicional de centésimos o milésimos y ser correcto de todas maneras.

Nombre ______________________________

Comunicar y mostrar MATH BOARD

Escribe ceros en el producto.

1. $\begin{array}{r} 0.05 \\ \times\ 0.7 \\ \hline \square 35 \end{array}$

Piensa: Se están multiplicando centésimos por décimos. ¿Cuál debería ser el valor posicional del producto?

2. $\begin{array}{r} 0.2 \\ \times\ 0.3 \\ \hline \square 6 \end{array}$

3. $\begin{array}{r} 0.02 \\ \times\ 0.2 \\ \hline \square 4 \end{array}$

Halla el producto.

4. $\begin{array}{r} \$0.05 \\ \times\ \ 0.8 \\ \hline \end{array}$

5. $\begin{array}{r} 0.09 \\ \times\ \ 0.7 \\ \hline \end{array}$

6. $\begin{array}{r} 0.2 \\ \times\ 0.1 \\ \hline \end{array}$

MÉTODOS MATEMÁTICOS

Charla matemática Explica por qué 0.04×0.2 tiene el mismo producto que 0.4×0.02.

Por tu cuenta

Halla el producto.

7. $\begin{array}{r} 0.3 \\ \times\ 0.3 \\ \hline \end{array}$

8. $\begin{array}{r} 0.05 \\ \times\ \ 0.3 \\ \hline \end{array}$

9. $\begin{array}{r} 0.02 \\ \times\ \ 0.4 \\ \hline \end{array}$

10. $\begin{array}{r} \$0.40 \\ \times\ 0.1 \\ \hline \end{array}$

11. $\begin{array}{r} 0.09 \\ \times\ \ 0.2 \\ \hline \end{array}$

12. $\begin{array}{r} \$0.05 \\ \times\ \ \ 0.6 \\ \hline \end{array}$

13. $\begin{array}{r} 0.04 \\ \times\ \ 0.5 \\ \hline \end{array}$

14. $\begin{array}{r} 0.06 \\ \times\ \ 0.8 \\ \hline \end{array}$

H.O.T. **Álgebra** Halla el valor de *n*.

15. $0.03 \times 0.6 = n$

$n =$ ______________

16. $n \times 0.2 = 0.08$

$n =$ ______________

17. $0.09 \times n = 0.063$

$n =$ ______________

SOLUCIONA el problema EN EL MUNDO

PREPARACIÓN PARA LA PRUEBA

18. En un día promedio, un caracol de jardín puede recorrer alrededor de 0.05 millas. Si un caracol recorre 0.2 veces más que la distancia promedio en un día, ¿qué distancia recorre aproximadamente?

Ⓐ 0.7 millas

Ⓑ 0.25 millas

Ⓒ 0.1 millas

Ⓓ 0.01 millas

a. ¿Qué debes hallar? ______________________

b. ¿Qué información usarás para resolver el problema? ______________________

____

____

c. ¿Cómo usarás la multiplicación y el valor posicional para resolver el problema? ______________________

____

d. Muestra cómo resolverás el problema.

e. Rellena el círculo del resultado correcto arriba.

19. En un experimento de ciencias, Tania usa 0.8 onzas de agua para generar una reacción. Si quiere que la magnitud de la reacción sea 0.1 veces mayor que la reacción anterior, ¿cuánta agua debería usar?

Ⓐ 0.08 onzas

Ⓑ 0.09 onzas

Ⓒ 0.8 onzas

Ⓓ 0.9 onzas

20. Michael multiplica 0.2 por un número. Anota el producto como 0.008. ¿Qué número usó Michael?

Ⓐ 0.016

Ⓑ 0.04

Ⓒ 0.28

Ⓓ 0.4

PARA PRACTICAR MÁS:
Cuaderno de práctica de los estándares, págs. P95 y P96

Nombre ______________________________

Repaso y prueba del Capítulo 4

Revisa conceptos

1. **Explica** de qué manera la estimación te ayuda a colocar el punto decimal al multiplicar 3.9×5.3. (CC.5.NBT.2, CC.5.NBT.7) ______________________________

____

Completa el patrón. (CC.5.NBT.2)

2. $1 \times 7.45 =$ ______

   $10 \times 7.45 =$ ______

   $100 \times 7.45 =$ ______

   $1{,}000 \times 7.45 =$ ______

3. $10^0 \times 376.2 =$ ______

   $10^1 \times 376.2 =$ ______

   $10^2 \times 376.2 =$ ______

   $10^3 \times 376.2 =$ ______

4. $1 \times 191 =$ ______

   $0.1 \times 191 =$ ______

   $0.01 \times 191 =$ ______

Halla el producto. (CC.5.NBT.2, CC.5.NBT.7)

5. $5 \times 0.89 =$ ______

6. $9 \times 2.35 =$ ______

7. $23 \times 8.6 =$ ______

8. $7.3 \times 0.6 =$ ______

9. $0.09 \times 0.7 =$ ______

10. $0.8 \times \$0.40 =$ ______

Haz un diagrama para resolver el problema. (CC.5.NBT.7)

11. En enero, Dawn recibe una mesada de $9.25. En febrero, recibe 3 veces más. Si durante marzo recibe $5.75 más que en febrero, ¿qué mesada recibe Dawn en marzo?

____

APRENDE en línea Opciones de evaluación Prueba del capítulo

Rellena el círculo completamente para indicar tu respuesta.

PREPARACIÓN PARA LA PRUEBA

12. Todos los días, Janet recorre el sendero de un bosque local. El sendero mide 3.6 millas de longitud. La semana pasada, Janet recorrió el sendero 5 días. ¿Cuántas millas recorrió Janet la semana pasada? (CC.5.NBT.2, CC.5.NBT.7)

Ⓐ 18 millas

Ⓑ 15.3 millas

Ⓒ 11 millas

Ⓓ 8.6 millas

13. Para ganar dinero para sus vacaciones, Grayson trabaja los fines de semana en una tienda local. Su trabajo consiste en cortar barras de caramelo en cuadrados de 0.25 libras. Si corta 36 cuadrados iguales el sábado, ¿cuántas libras de caramelo ha cortado? (CC.5.NBT.2, CC.5.NBT.7)

Ⓐ 7.25 libras

Ⓑ 9 libras

Ⓒ 90 libras

Ⓓ 72.5 libras

14. James está haciendo un modelo a escala de su recámara. El modelo mide 0.6 pies de ancho. Si la recámara real es 17.5 veces más ancha que el modelo, ¿cuál es el ancho de la recámara de James? (CC.5.NBT.2, CC.5.NBT.7)

Ⓐ 18.1 pies

Ⓑ 17.11 pies

Ⓒ 16.9 pies

Ⓓ 10.5 pies

15. En un cine, el costo del boleto para la proyección matutina es $6.75. Si 7 amigos quieren asistir a la proyección matutina de su película favorita, ¿cuál será el costo total? (CC.5.NBT.2, CC.5.NBT.7)

Ⓐ $11.25

Ⓑ $14.75

Ⓒ $42.75

Ⓓ $47.25

Nombre ______________________________

PREPARACIÓN PARA LA PRUEBA

Rellena el círculo completamente para indicar tu respuesta.

16. El viernes, Gail habla por su celular durante 38.4 minutos. El sábado habla 5.5 veces más minutos que el viernes. ¿Durante cuánto tiempo habla por su celular el sábado? (CC.5.NBT.2, CC.5.NBT.7)

Ⓐ 2.112 minutos

Ⓑ 21.12 minutos

Ⓒ 211.2 minutos

Ⓓ 2,112 minutos

17. Harry va a un mercado de frutas y verduras a comprar plátanos. Si una libra de plátanos cuesta $0.49, ¿cuánto pagará Harry por 3 libras de plátanos? (CC.5.NBT.2, CC.5.NBT.7)

Ⓐ $1.47

Ⓑ $3.49

Ⓒ $5.49

Ⓓ $10.47

18. En el Emporio de las Telas de Anne, una yarda de gasa cuesta $7.85. Laura planea comprar 0.8 yardas para un proyecto artesanal. ¿Cuánto gastará Laura en gasa? (CC.5.NBT.2, CC.5.NBT.7)

Ⓐ $0.63

Ⓑ $6.28

Ⓒ $7.05

Ⓓ $8.65

19. Mitchell tiene $18.79 en su cuenta de ahorros. Jeremy tiene 3 veces más que Mitchell. Maritza tiene $4.57 más que Jeremy. ¿Cuánto dinero tiene Maritza en su cuenta de ahorros? (CC.5.NBT.7)

Ⓐ $13.71

Ⓑ $32.50

Ⓒ $56.37

Ⓓ $60.94

▶ Respuesta de desarrollo

20. Una nutria de río come alrededor de 0.15 veces su peso por día. En el zoológico de Baytown, la nutria macho pesa 5 libras. ¿Alrededor de cuánto alimento consumirá la nutria del zoológico por día?
Explica cómo hallaste tu resultado. (CC.5.NBT.2, CC.5.NBT.7)

▶ Tarea de rendimiento (CC.5.NBT.2, CC.5.NBT.7)

21. A continuación se muestra el costo de los boletos del zoológico de Baytown. Usa la tabla para responder las preguntas.

Boletos del zoológico de Baytown	
	(Costo por persona)
Adultos mayores	$10.50
Adultos	$15.75
Niños	$8.25

A Una familia de 2 adultos y 1 niño planea pasar el día en el zoológico de Baytown. ¿Cuánto cuestan los boletos para toda la familia?
Explica cómo hallaste el resultado.

B **Describe** otra manera de resolver el problema.

C **¿Qué pasaría si** se compraran 2 boletos más? Si los 2 boletos adicionales cuestan $16.50, determina qué clase de boletos compra la familia.
Explica cómo puedes determinar el resultado sin hacer cálculos.

Capítulo

5 Dividir números decimales

Muestra lo que sabes

Comprueba tu comprensión de destrezas importantes.

Nombre ______________________________

▶ **Operaciones de división** **Halla el cociente.**

1. $6\overline{)24} =$ ______ **2.** $7\overline{)56} =$ ______ **3.** $18 \div 9 =$ ______ **4.** $35 \div 5 =$ ______

▶ **Estimar con divisores de 1 dígito** **Estima el cociente.**

5. $6\overline{)253}$ **6.** $4\overline{)1{,}165}$ **7.** $7\overline{)1{,}504}$

______ ______ ______

▶ **División** **Divide.**

8. $34\overline{)785}$ **9.** $27\overline{)1{,}581}$ **10.** $41\overline{)4{,}592}$

En vez de decirle su edad a Carmen, Sora le dio esta pista. Piensa como un detective matemático y halla la edad de Sora.

Pista

Mi edad es 10 años más un décimo de un décimo de un décimo de 3,000.

Desarrollo del vocabulario

▶ Visualizar

Usa las palabras de repaso para completar el mapa conceptual.

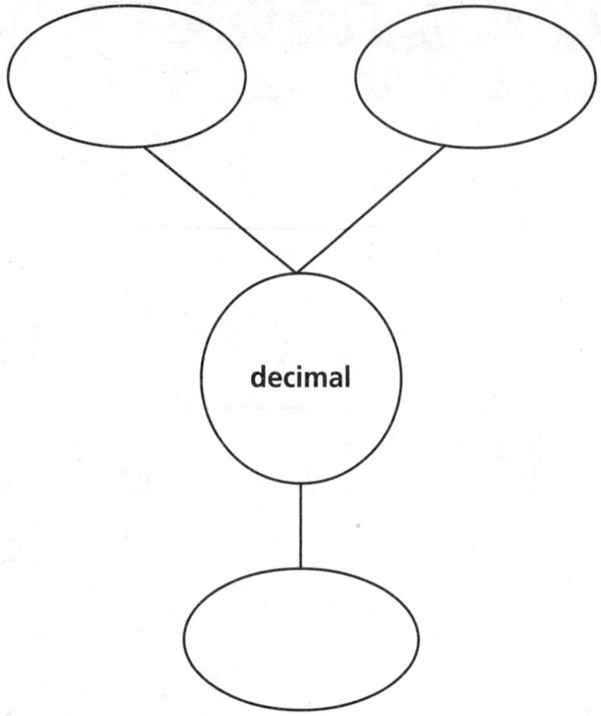

Palabras de repaso

- centésimo
- cociente
- décimo
- dividendo
- divisor
- estimar
- exponente
- fracciones equivalentes
- número decimal
- números compatibles
- punto decimal
- residuo

▶ Comprender el vocabulario

Completa las oraciones con las palabras de repaso.

1. Un ______________________ es un símbolo que se usa para separar el lugar de las unidades del lugar de los décimos en los números decimales.
2. Los números que se pueden calcular mentalmente con facilidad se llaman ______________________.
3. Un ______________________ es una de diez partes iguales.
4. Un número que tiene uno o más dígitos a la derecha del punto decimal se llama ______________________.
5. El ______________________ es el número que se debe dividir en un problema de división.
6. Un ______________________ es una de cien partes iguales.
7. Puedes ______________________ para hallar un número próximo a la cantidad exacta.

APRENDE en línea • Libro electrónico del estudiante • Glosario multimedia

Nombre ______________________________

Patrones de división con números decimales

Pregunta esencial ¿Cómo pueden ayudarte los patrones a colocar el punto decimal en un cociente?

ESTÁNDAR COMÚN CC.5.NBT.2
Understand the place value system.

SOLUCIONA el problema EN EL MUNDO

En la panadería Trigo Saludable se usan 560 libras de harina para preparar 1,000 barras de pan. Cada barra lleva la misma cantidad de harina. ¿Cuántas libras de harina lleva cada barra de pan?

- Subraya la oración que indica lo que debes hallar.
- Encierra en un círculo los números que debes usar.

Puedes usar potencias de diez para hallar los cocientes. Dividir entre una potencia de 10 es lo mismo que multiplicar por 0.1, 0.01 ó 0.001.

De una manera Usa patrones del valor posicional.

Divide. $560 \div 1{,}000$

Busca un patrón en estos productos y cocientes.

$560 \times 1 = 560$	$560 \div 1 = 560$
$560 \times 0.1 = 56.0$	$560 \div 10 = 56.0$
$560 \times 0.01 = 5.60$	$560 \div 100 = 5.60$
$560 \times 0.001 = 0.560$	$560 \div 1{,}000 = 0.560$

Entonces, cada barra de pan lleva _______ libras de harina.

1. A medida que divides entre potencias crecientes de 10, ¿cómo cambia la posición del punto decimal en los cocientes?

____

De otra manera Usa exponentes.

Divide. $560 \div 10^3$

Busca un patrón.

$560 \div 10^0 = 560$

$560 \div 10^1 = 56.0$

$560 \div 10^2 = 5.60$

$560 \div 10^3 =$ _______

2. Cada divisor, o potencia de 10, es 10 veces el divisor anterior. ¿Qué relación hay entre los cocientes?

____

Recuerda

10 elevado a la potencia cero es igual a 1.

$10^0 = 1$

10 elevado a la primera potencia es igual a 10.

$10^1 = 10$

CONECTAR Dividir entre 10 es lo mismo que multiplicar por 0.1 o lo mismo que hallar $\frac{1}{10}$ de un número.

Ejemplo

Liang usó 25.5 libras de tomates para preparar una gran cantidad de salsa. La cantidad de cebollas que usó es un décimo de la cantidad de tomates que usó. La cantidad de pimientos verdes que usó es un centésimo de la cantidad de tomates que usó. ¿Cuántas libras de cada ingrediente usó Liang?

Tomates: 25.5 libras

Cebollas: 25.5 libras ÷ ______

Piensa: 25.5 ÷ 1 = ______

25.5 ÷ 10 = ______

Pimientos verdes: 25.5 libras ÷ ______

Piensa: ______ ÷ 1 = ______

______ ÷ 10 = ______

______ ÷ 100 = ______

Entonces, Liang usó 25.5 libras de tomates, ______ libras de cebollas

y ______ libras de pimientos verdes.

¡Inténtalo! **Completa el patrón.**

A $32.6 \div 1 =$ ______

$32.6 \div 10 =$ ______

$32.6 \div 100 =$ ______

B $50.2 \div 10^0 =$ ______

$50.2 \div 10^1 =$ ______

$50.2 \div 10^2 =$ ______

MÉTODOS MATEMÁTICOS

Charla matemática Explica cómo puedes determinar dónde colocar el punto decimal en el cociente $47.3 \div 10^2$.

Comunicar y mostrar MATH BOARD

Completa el patrón.

1. $456 \div 10^0 = 456$

$456 \div 10^1 = 45.6$

$456 \div 10^2 = 4.56$

$456 \div 10^3 =$ ______

Piensa: El dividendo se está dividiendo entre una potencia creciente de 10; entonces, el punto decimal se desplazará un lugar hacia la

______ por cada potencia creciente de 10.

Nombre ______________________________

Completa el patrón.

2. $225 \div 10^0 =$ ______

$225 \div 10^1 =$ ______

$225 \div 10^2 =$ ______

$225 \div 10^3 =$ ______

3. $605 \div 10^0 =$ ______

$605 \div 10^1 =$ ______

$605 \div 10^2 =$ ______

$605 \div 10^3 =$ ______

4. $74.3 \div 1 =$ ______

$74.3 \div 10 =$ ______

$74.3 \div 100 =$ ______

MÉTODOS MATEMÁTICOS

Charla matemática Explica lo que sucede con el valor de un número cuando lo divides entre 10, 100 ó 1,000.

Por tu cuenta

Completa el patrón.

5. $156 \div 1 =$ ______

$156 \div 10 =$ ______

$156 \div 100 =$ ______

$156 \div 1{,}000 =$ ______

6. $32 \div 1 =$ ______

$32 \div 10 =$ ______

$32 \div 100 =$ ______

$32 \div 1{,}000 =$ ______

7. $16 \div 10^0 =$ ______

$16 \div 10^1 =$ ______

$16 \div 10^2 =$ ______

$16 \div 10^3 =$ ______

8. $12.7 \div 1 =$ ______

$12.7 \div 10 =$ ______

$12.7 \div 100 =$ ______

9. $92.5 \div 10^0 =$ ______

$92.5 \div 10^1 =$ ______

$92.5 \div 10^2 =$ ______

10. $86.3 \div 10^0 =$ ______

$86.3 \div 10^1 =$ ______

$86.3 \div 10^2 =$ ______

H.O.T. **Álgebra** Halla el valor de *n*.

11. $268 \div n = 0.268$

$n =$ ______________

12. $n \div 10^2 = 0.123$

$n =$ ______________

13. $n \div 10^1 = 4.6$

$n =$ ______________

Resolución de problemas EN EL MUNDO

Usa la tabla para resolver los problemas 14 a 16.

Ingredientes secos para 1,000 panecillos de harina de maíz	
Ingrediente	**Cantidad de kilogramos**
Harina de maíz	150
Harina	110
Azúcar	66.7
Polvo para hornear	10
Sal	4.17

14. Si cada panecillo tiene la misma cantidad de harina de maíz, ¿cuántos kilogramos de harina de maíz hay en cada panecillo?

____

15. H.O.T. Si cada panecillo tiene la misma cantidad de azúcar, ¿cuántos kilogramos de azúcar al milésimo más próximo hay en cada panecillo?

____

16. H.O.T. La panadería decide que los martes preparará solamente 100 panecillos de maíz. ¿Cuántos kilogramos de azúcar se necesitarán?

____

17. Escribe **Explica** cómo sabes que el cociente de $47.3 \div 10^1$ es igual al producto de 47.3×0.1.

____

____

____

____

____

18. **Preparación para la prueba** Ema usó 37.2 libras de manzanas para preparar puré de manzanas. La cantidad de azúcar que usó es un décimo de la cantidad de manzanas usadas. ¿Cuántas libras de azúcar usó Ema?

Ⓐ 372 libras

Ⓑ 3.72 libras

Ⓒ 0.372 libras

Ⓓ 0.0372 libras

MUESTRA TU TRABAJO

 PARA PRACTICAR MÁS:
Cuaderno de práctica de los estándares, págs. P101 y P102

Nombre ______________________________

Dividir números decimales entre números naturales

ESTÁNDAR COMÚN CC.5.NBT.7
Perform operations with multi-digit whole numbers and with decimals to hundredths.

Pregunta esencial ¿Cómo puedes usar un modelo para dividir un número decimal entre un número natural?

Investigar

Materiales ■ modelos decimales ■ lápices de colores

Ángela tiene suficiente madera para hacer un marco para cuadros con un perímetro de 2.4 metros. Quiere que el marco sea cuadrado. ¿Cuál será la longitud de cada lado del marco?

A. Sombrea modelos decimales para mostrar 2.4.

B. Debes dividir tu modelo entre ______ grupos iguales.

C. Puesto que 2 enteros no se pueden dividir entre 4 grupos sin reagrupar, corta tu modelo para mostrar los décimos.

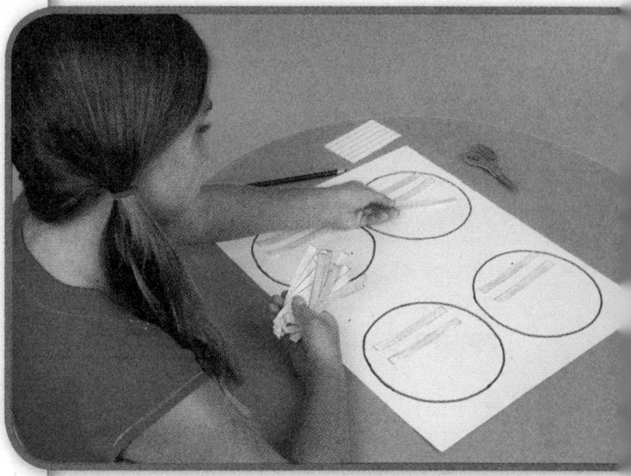

Hay ______ décimos en 2.4.

Divide los décimos en partes iguales entre los 4 grupos.

Hay ______ unidades y ______ décimos en cada grupo.

Escribe un número decimal para representar la cantidad de cada grupo. ______

D. Usa tu modelo para completar el enunciado numérico.

$2.4 \div 4 =$ ______

Entonces, la longitud de cada lado del marco será de ______ metros.

Sacar conclusiones

1. **Explica** por qué debiste cortar el modelo en el Paso C.

____

____

2. **Explica** cómo cambiaría tu modelo si el perímetro fuera de 4.8 metros.

____

____

Hacer conexiones

También puedes usar bloques de base diez para representar la división de un número decimal entre un número natural.

Materiales ■ bloques de base diez

Kyle tiene un rollo de cinta de 3.21 yardas de longitud. Corta la cinta en 3 pedazos de la misma longitud. ¿Cuánto mide cada pedazo de cinta?

Divide. 3.21 ÷ 3

PASO 1

Usa los bloques de base diez para mostrar 3.21.

Recuerda que un marco representa una unidad, una barra representa un décimo y un cubo pequeño representa un centésimo.

Hay _____ unidad(es), _____ décimo(s) y

_____ centésimo(s)

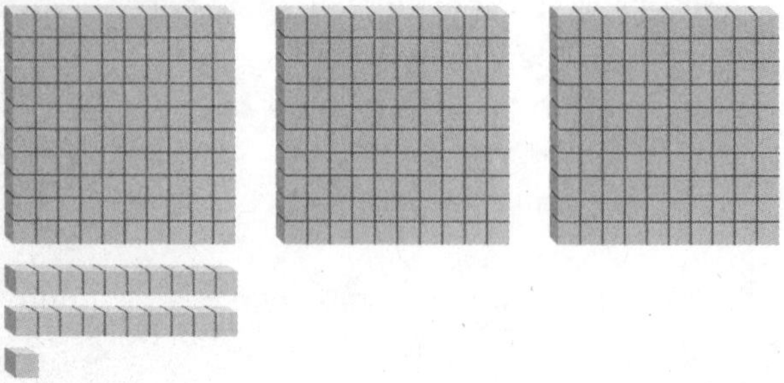

PASO 2 Divide las unidades.

Divide las unidades en partes iguales entre 3 grupos.

Hay _____ unidad(es) en cada grupo y sobra(n) _____ unidad(es).

PASO 3 Divide los décimos.

Dos décimos no se pueden dividir entre 3 grupos sin reagrupar. Reagrupa los décimos reemplazándolos con centésimos.

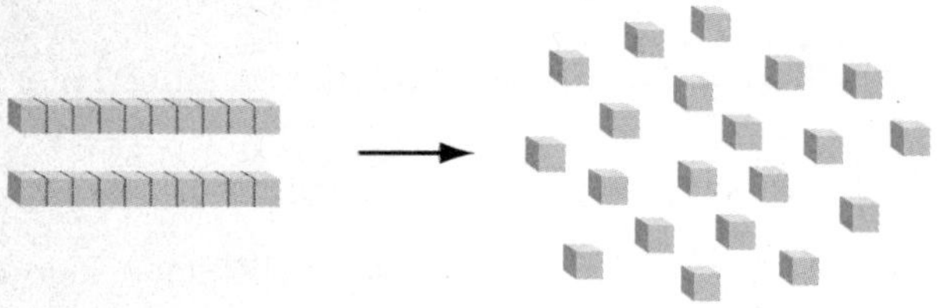

Hay _____ décimo(s) en cada grupo y sobra(n)

_____ décimo(s).

Ahora hay _____ centésimo(s).

PASO 4 Divide los centésimos.

Divide los 21 centésimos en partes iguales entre los 3 grupos.

Hay _____ centésimo(s) en cada grupo y sobra(n)

_____ centésimo(s).

Entonces, cada pedazo de cinta mide __________ yardas de longitud.

MÉTODOS MATEMÁTICOS

Charla matemática Explica por qué tu respuesta tiene sentido.

Nombre ____________________

Comunicar y mostrar MATH BOARD

Usa el modelo para completar el enunciado numérico.

1. $1.6 \div 4 =$ ________

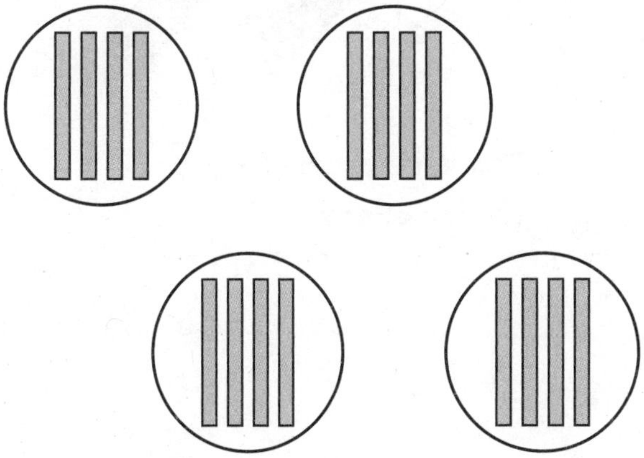

2. $3.42 \div 3 =$ ________

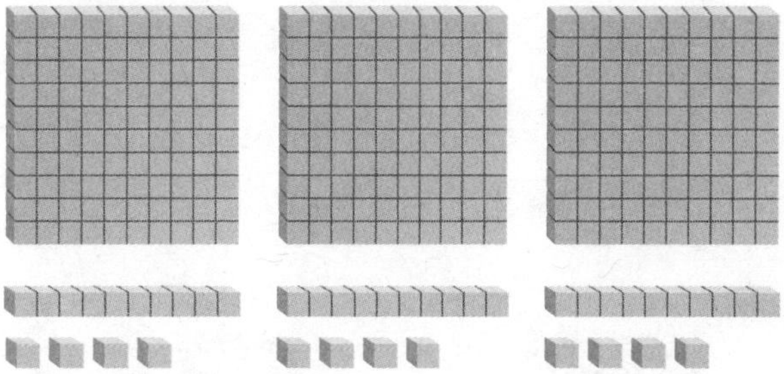

Divide. Usa bloques de base diez.

3. $1.8 \div 3 =$ ________

4. $3.6 \div 4 =$ ________

5. $2.5 \div 5 =$ ________

6. $2.4 \div 8 =$ ________

7. $3.78 \div 3 =$ ________

8. $1.33 \div 7 =$ ________

9. $4.72 \div 4 =$ ________

10. $2.52 \div 9 =$ ________

11. $6.25 \div 5 =$ ________

MÉTODOS MATEMÁTICOS

Charla matemática Explica cómo puedes usar operaciones inversas para hallar $1.8 \div 3$.

Resolución de problemas EN EL MUNDO

H.O.T. ¿Cuál es el error?

12. Aída está haciendo carteles con un rollo de papel que mide 4.05 metros de longitud. Va a cortar el papel en 3 partes de igual longitud. ¿Cuánto medirá cada cartel?

Observa cómo resolvió Aída el problema. Halla el error.

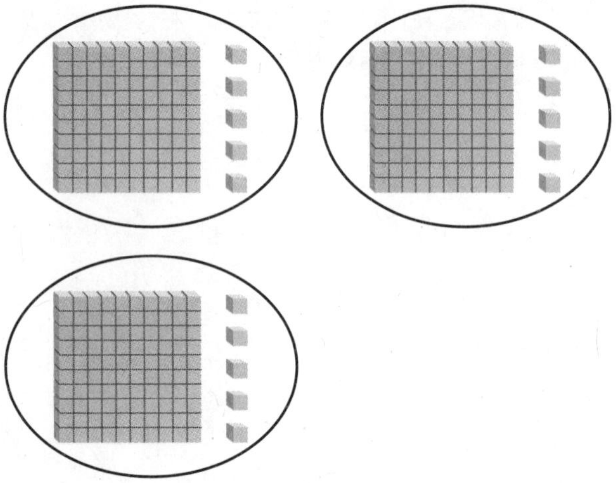

Resuelve el problema y corrige el error.

Entonces, Aída dijo que cada cartel mediría __________ metros de longitud,

pero cada cartel debería medir __________ metros de longitud.

- **Describe** el error de Aída: ______________________________

- **¿Qué pasaría si** el rollo de papel midiera 4.35 metros de longitud? ¿Cuánto mediría cada cartel?

Nombre ____________________

Estimar cocientes

Pregunta esencial ¿Cómo puedes estimar cocientes decimales?

ESTÁNDAR COMÚN CC.5.NBT.7
Perform operations with multi-digit whole numbers and with decimals to hundredths.

SOLUCIONA el problema EN EL MUNDO

A Carmen le gusta esquiar. En la estación de esquí donde suele ir a esquiar cayeron 3.2 pies de nieve durante un período de 5 días. El *promedio* diario de nevadas para una cantidad determinada de días es el cociente de la cantidad total de nieve y la cantidad de días. Estima el promedio diario de nevadas.

Para estimar los cocientes decimales, puedes usar números compatibles. Cuando eliges números compatibles, puedes observar la parte entera de un dividendo decimal o convertir el dividendo decimal en décimos o en centésimos.

Estima. $3.2 \div 5$

Carly y su amigo Marco hacen una estimación cada uno. Puesto que el divisor es mayor que el dividendo, ambos convierten primero 3.2 en décimos.

3.2 es igual a _______ décimos.

ESTIMACIÓN DE CARLY

30 décimos está cerca de 32 décimos y se puede dividir fácilmente entre 5. Usa una operación básica para hallar el resultado de 30 décimos ÷ 5.

30 décimos ÷ 5 es igual a _______ décimos o a _______.

Entonces, el promedio diario de nevadas es alrededor de _______ pies.

ESTIMACIÓN DE MARCO

35 décimos está cerca de 32 décimos y se puede dividir fácilmente entre 5. Usa una operación básica para hallar el resultado de 35 décimos ÷ 5.

35 décimos ÷ 5 es igual a _______ décimos o a _______.

Entonces, el promedio diario de nevadas es alrededor de _______ pies.

1. ¿Qué estimación crees que está más cerca del cociente exacto?

   Explica tu razonamiento. ____________________

2. **Explica** cómo convertirías el dividendo de $29.7 \div 40$ para elegir números compatibles y estimar el cociente.

Estima con divisores de 2 dígitos

Cuando estimas cocientes con números compatibles, el número que usas como dividendo puede ser mayor que el dividendo o menor que el dividendo.

Ejemplo

Un grupo de 31 estudiantes va a ir de visita a un museo. El costo total de los boletos es $144.15. ¿Alrededor de cuánto dinero deberá pagar cada estudiante por su boleto?

Estima. $144.15 ÷ 31

A **Usa un número natural que sea mayor que el dividendo.**

Usa 30 como divisor. Luego halla un número mayor que y cercano a $144.15 que se pueda dividir fácilmente entre 30.

$144.15 ÷ 31
↓ ↓
$150 ÷ 30 = $ ______

Entonces, cada estudiante deberá pagar alrededor de $ ______ por su boleto.

B **Usa un número natural que sea menor que el dividendo.**

Usa 30 como divisor. Luego halla un número menor que y cercano a $144.15 que se pueda dividir fácilmente entre 30.

$144.15 ÷ 31
↓ ↓
$120 ÷ 30 = $ ______

Entonces, cada estudiante deberá pagar alrededor de $ ______ por su boleto.

3. ¿Qué estimación crees que será una mejor estimación del costo de un boleto? **Explica** tu razonamiento. ______

______

______

Comunicar y mostrar MATH BOARD

Usa números compatibles para estimar el cociente.

1. $28.8 \div 9$

______ ÷ ______ = ______

2. $393.5 \div 41$

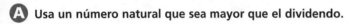

______ ÷ ______ = ______

Nombre ______________________________

Estima el cociente.

3. $161.7 \div 7$

4. $17.9 \div 9$

5. $145.4 \div 21$

MÉTODOS MATEMÁTICOS

Charla matemática Explica por qué querrías hallar una estimación de un cociente.

Por tu cuenta

Estima el cociente.

6. $15.5 \div 4$

7. $394.8 \div 7$

8. $410.5 \div 18$

9. $72.1 \div 7$

10. $32.4 \div 52$

11. $\$134.42 \div 28$

12. $21.8 \div 4$

13. $3.4 \div 5$

14. $\$759.92 \div 42$

15. $157.5 \div 38$

16. $379.2 \div 6$

17. $108.4 \div 21$

Resolución de problemas EN EL MUNDO

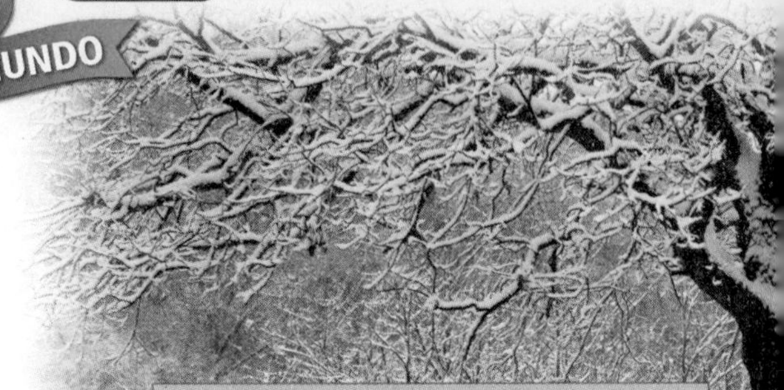

Usa la tabla para resolver los problemas 18 a 20.

Mayor nevada de 7 días	
Estado	**Cantidad (en pulgadas)**
Alaska	186.9
Wyoming	84.5
South Dakota	112.7

18. Estima el promedio diario de nevadas durante la mayor nevada de 7 días de Alaska.

19. ¿Qué relación hay entre la estimación del promedio diario de nevadas durante la mayor nevada de 7 días de Wyoming y la estimación del promedio diario de nevadas durante la mayor nevada de 7 días de South Dakota?

20. H.O.T. Durante la mayor nevada mensual registrada en Alaska, la cantidad total de nieve que cayó fue 297.9 pulgadas. Esto sucedió en febrero de 1953. Compara el promedio diario de nevadas de febrero de 1953 con el promedio diario de nevadas durante la mayor nevada de 7 días de Alaska. Usa la estimación.

21. Escribe **¿Cuál es el error?** Durante una tormenta de 3 horas, cayeron 2.5 pulgadas de nieve. Jacobo dijo que, en promedio, cayeron alrededor de 8 pulgadas de nieve por hora.

22. **Preparación para la prueba** Una planta creció 23.8 pulgadas en 8 semanas. ¿Cuál es la mejor estimación de la cantidad promedio de pulgadas que la planta creció por semana?

Ⓐ 0.2 pulgadas Ⓒ 2 pulgadas

Ⓑ 0.3 pulgadas Ⓓ 3 pulgadas

MUESTRA TU TRABAJO

PARA PRACTICAR MÁS:
Cuaderno de práctica de los estándares, págs. P105 y P106

Nombre ______________________________

División de números decimales entre números naturales

ESTÁNDARES COMUNES CC.5.NBT.2, CC.5.NBT.7
Perform operations with multi-digit whole numbers and with decimals to hundredths.

Pregunta esencial ¿Cómo puedes dividir números decimales entre números naturales?

SOLUCIONA el problema EN EL MUNDO

En una carrera de natación de relevos, cada nadadora nada la misma parte de la distancia total. Brianna y otras 3 nadadoras ganaron una carrera en 5.68 minutos. ¿Cuánto tiempo nadó cada una en promedio?

- ¿Cuántas nadadoras hay en el equipo de relevos?
____

De una manera Usa el valor posicional.

REPRESENTA

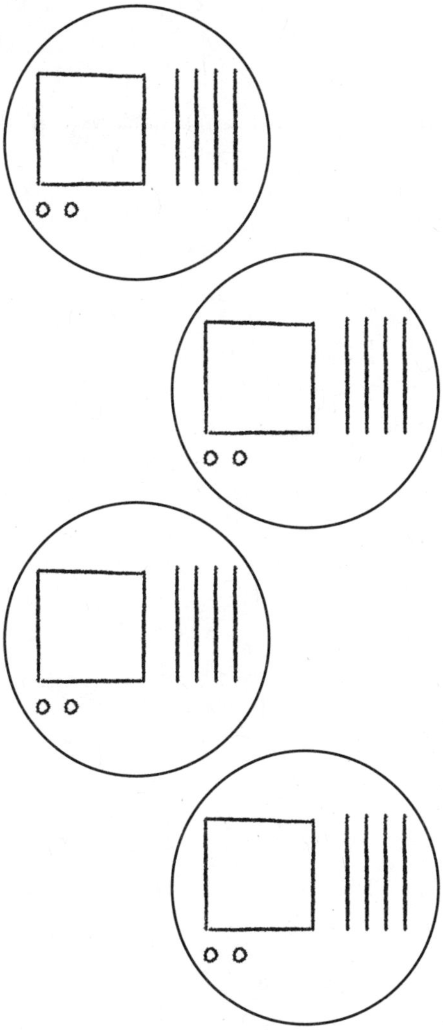

PIENSA Y ANOTA

PASO 1 Divide las unidades.

$$\begin{array}{r} 1 \\ 4\overline{)5.68} \\ -4 \\ \square \end{array}$$

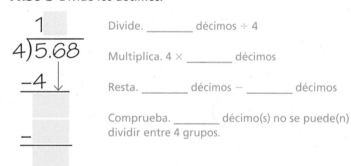

Divide. 5 unidades ÷ 4

Multiplica. 4 × 1 unidad(es)

Resta. 5 unidades − 4 unidades

Comprueba. _______ unidad(es) no se puede(n) dividir entre 4 grupos sin reagrupar.

PASO 2 Divide los décimos.

$$\begin{array}{r} 1\square \\ 4\overline{)5.68} \\ -4\downarrow \\ \square \\ -\square \\ \square \end{array}$$

Divide. _______ décimos ÷ 4

Multiplica. 4 × _______ décimos

Resta. _______ décimos − _______ décimos

Comprueba. _______ décimo(s) no se puede(n) dividir entre 4 grupos.

PASO 3 Divide los centésimos.

$$\begin{array}{r} 1\square \\ 4\overline{)5.68} \\ -4 \\ 16 \\ -16\downarrow \\ \square \\ -\square \\ \square \end{array}$$

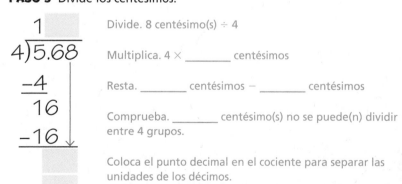

Divide. 8 centésimo(s) ÷ 4

Multiplica. 4 × _______ centésimos

Resta. _______ centésimos − _______ centésimos

Comprueba. _______ centésimo(s) no se puede(n) dividir entre 4 grupos.

Coloca el punto decimal en el cociente para separar las unidades de los décimos.

Entonces, cada nadadora nadó un promedio de _______ minutos.

De otra manera Usa una estimación.

Divide como lo harías con números naturales.

Divide. $40.89 ÷ 47

- Estima el cociente. 4,000 centésimos ÷ 50 = 80 centésimos u $0.80
- Divide los décimos.
- Divide los centésimos. Cuando el residuo es cero y no hay más dígitos en el dividendo, la división está completa.
- Usa tu estimación para colocar el punto decimal. Coloca un cero para mostrar que no hay unidades.

$47\overline{)40.89}$

Entonces, $40.89 ÷ 47 es ______.

- **Explica** cómo usaste la estimación para colocar el punto decimal en el cociente.

______

______

¡Inténtalo! **Divide. Usa la multiplicación para comprobar tu trabajo.**

$23\overline{)79.35}$

Comprueba.

× 23

\+

Comunicar y mostrar MATH BOARD

Escribe el cociente y coloca el punto decimal correctamente.

1. 4.92 ÷ 2 = 246 ______

2. 50.16 ÷ 38 = 132 ______

Nombre ___________________________

Divide.

3. $5\overline{)8.65}$

4. $3\overline{)2.52}$

5. $27\overline{)97.2}$

MÉTODOS MATEMÁTICOS

Charla matemática Explica cómo puedes comprobar que el punto decimal está correctamente colocado en el cociente.

Por tu cuenta

Divide.

6. $6\overline{)8.94}$

7. $5\overline{)3.75}$

8. $19\overline{)55.1}$

9. $23\overline{)52.9}$

10. $8\overline{)\$8.24}$

11. $5\overline{)44.5}$

12. $9\overline{)2.34}$

13. $47\overline{)159.8}$

14. $31\overline{)\$91.14}$

Práctica: Copia y resuelve Divide.

15. $3\overline{)\$7.71}$

16. $14\overline{)79.8}$

17. $33\overline{)25.41}$

18. $7\overline{)15.61}$

19. $14\overline{)137.2}$

20. $34\overline{)523.6}$

SOLUCIONA el problema EN EL MUNDO

PREPARACIÓN PARA LA PRUEBA

21. El ancho estándar de 8 carriles en las piscinas para competencias es 21.92 metros. El ancho estándar de 9 carriles es 21.96 metros. ¿Cuánto más ancho es cada carril cuando hay 8 carriles en vez de 9?

(A) 0.30 metros
(B) 2.44 metros
(C) 2.74 metros
(D) 22.28 metros

a. ¿Qué se te pide que halles? ______________________________

____

b. ¿Qué operaciones usarás para resolver el problema? ______________________________

____

c. Muestra los pasos que seguiste para resolver el problema.

d. Completa las oraciones.

Cada carril mide _______ metros de ancho cuando hay 8 carriles.

Cada carril mide _______ metros de ancho cuando hay 9 carriles.

Como _______ − _______ = _______, los

carriles son _______ metro(s) más anchos cuando hay 8 carriles que cuando hay 9.

e. Rellena el círculo de la respuesta correcta.

22. Roberto paga $32.04 por 6 boletos de estudiantes para el partido de básquetbol. ¿Cuánto cuesta cada boleto de estudiante?

(A) $192.24
(B) $53.40
(C) $26.04
(D) $5.34

23. Jasmine usa 14.24 libras de fruta para preparar 16 porciones de ensalada de frutas. Si cada porción tiene la misma cantidad de fruta, ¿cuánta fruta hay en cada porción?

(A) 0.089 libras
(B) 0.89 libras
(C) 1.76 libras
(D) 17.6 libras

PARA PRACTICAR MÁS:
Cuaderno de práctica de los estándares, págs. P107 y P108

Nombre ____________________

Revisión de la mitad del capítulo

Conceptos y destrezas

1. Explica cómo cambia la posición del punto decimal en un cociente al dividir entre potencias crecientes de 10. (CC.5.NBT.2)

____

2. Explica cómo puedes usar bloques de base diez para hallar $2.16 \div 3$. (CC.5.NBT.7)

____

____

____

____

Completa el patrón. (CC.5.NBT.2)

3. $223 \div 1 =$ ______

$223 \div 10 =$ ______

$223 \div 100 =$ ______

$223 \div 1{,}000 =$ ______

4. $61 \div 1 =$ ______

$61 \div 10 =$ ______

$61 \div 100 =$ ______

$61 \div 1{,}000 =$ ______

5. $57.4 \div 10^0 =$ ______

$57.4 \div 10^1 =$ ______

$57.4 \div 10^2 =$ ______

Estima el cociente. (CC.5.NBT.7)

6. $31.9 \div 4$

7. $6.1 \div 8$

8. $492.6 \div 48$

Divide. (CC.5.NBT.2, CC.5.NBT.7)

9. $5\overline{)4.35}$

10. $8\overline{)9.92}$

11. $61\overline{)207.4}$

Rellena el círculo completamente para indicar tu respuesta.

PREPARACIÓN PARA LA PRUEBA

12. La panadería Westside usa 440 libras de azúcar para hacer 1,000 pasteles. Cada pastel contiene la misma cantidad de azúcar. ¿Cuántas libras de azúcar se usan en cada pastel? (CC.5.NBT.2)

Ⓐ 0.044 libras

Ⓑ 0.44 libras

Ⓒ 4.4 libras

Ⓓ 44 libras

13. Elise paga $21.75 por 5 boletos de estudiantes para la feria. ¿Cuánto cuesta cada boleto de estudiante? (CC.5.NBT.2, CC.5.NBT.7)

Ⓐ $4.35

Ⓑ $16.75

Ⓒ $43.40

Ⓓ $108.75

14. Jasón tiene un pedazo de alambre que mide 62.4 pulgadas de longitud. Corta el alambre en 3 pedazos iguales. ¿Cuál es la mejor estimación de la longitud de cada pedazo de alambre? (CC.5.NBT.7)

Ⓐ 2 pulgadas

Ⓑ 3 pulgadas

Ⓒ 20 pulgadas

Ⓓ 30 pulgadas

15. Elizabeth usa 33.75 onzas de cereal para hacer 15 porciones de frutos secos surtidos. Si cada porción contiene la misma cantidad de cereal, ¿qué cantidad de cereal hay en cada porción? (CC.5.NBT.2, CC.5.NBT.7)

Ⓐ 0.225 onzas

Ⓑ 2.25 onzas

Ⓒ 18.75 onzas

Ⓓ 33.9 onzas

Nombre ____________________

División de números decimales

Pregunta esencial ¿Cómo puedes usar un modelo para dividir entre un número decimal?

ESTÁNDAR COMÚN CC.5.NBT.7
Perform operations with multi-digit whole numbers and with decimals to hundredths.

Investigar

Materiales ■ modelos decimales ■ lápices de colores

Leigh está haciendo bolsas de compras reutilizables. Tiene 3.6 yardas de tela. Necesita 0.3 yardas de tela para cada bolsa. ¿Cuántas bolsas de compras puede hacer con las 3.6 yardas de tela?

A. Sombrea los modelos decimales para mostrar 3.6.

B. Corta tu modelo para mostrar los décimos. Divide los décimos en la mayor cantidad de grupos de 3 décimos que puedas.

Hay ______ grupos de ______ décimos.

C. Usa tu modelo para completar el enunciado numérico.

$3.6 \div 0.3 =$ ______

Entonces, Leigh puede hacer ______ bolsas de compras.

Sacar conclusiones

1. **Explica** por qué hiciste que cada grupo fuera igual al divisor.

____

____

2. **Identifica** el problema que estarías representando si cada tira del modelo representara 1.

____

Recuerda

El divisor puede indicar la cantidad de grupos del mismo tamaño, o bien la cantidad de elementos que hay en cada grupo.

3. Dennis tiene 2.7 yardas de tela para hacer bolsas que llevan 0.9 yardas de tela cada una. **Describe** un modelo decimal que puedas usar para hallar la cantidad de bolsas que puede hacer Dennis.

____

____

Hacer conexiones

También puedes usar un modelo para dividir entre centésimos.

Materiales ■ modelos decimales ■ lápices de colores

Julie tiene $1.75 en monedas de 5¢. ¿Cuántas pilas de $0.25 puede hacer con $1.75?

PASO 1

Sombrea los modelos decimales para mostrar 1.75.

Hay ____ unidad(es) y ____ centésimo(s).

PASO 2

Corta tu modelo para mostrar grupos de 0.25.

Hay ____ grupos de ____ centésimos.

PASO 3

Usa tu modelo para completar el enunciado numérico.

1.75 ÷ 0.25 = ____

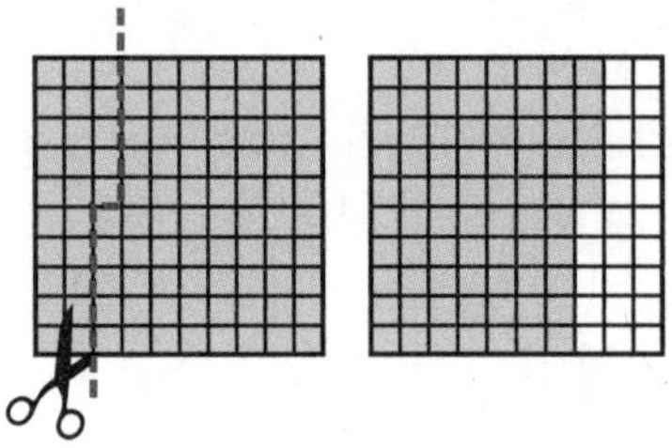

Entonces, Julie puede hacer ____ pilas de $0.25 con $1.75.

Charla matemática MÉTODOS MATEMÁTICOS

Explica cómo usar modelos decimales para hallar 3 ÷ 0.75.

Comunicar y mostrar MATH BOARD

Usa el modelo para completar el enunciado numérico.

1. 1.2 ÷ 0.3 = ____

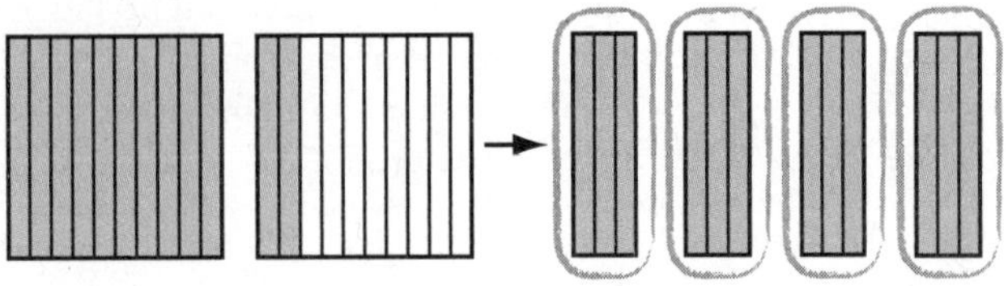

2. 0.45 ÷ 0.09 = ____

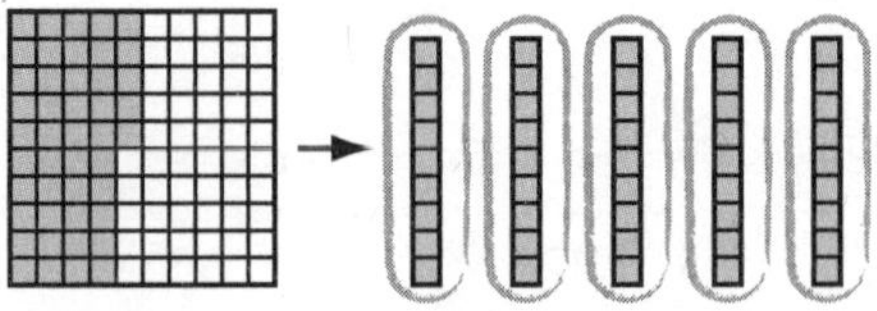

3. 0.96 ÷ 0.24 = ____

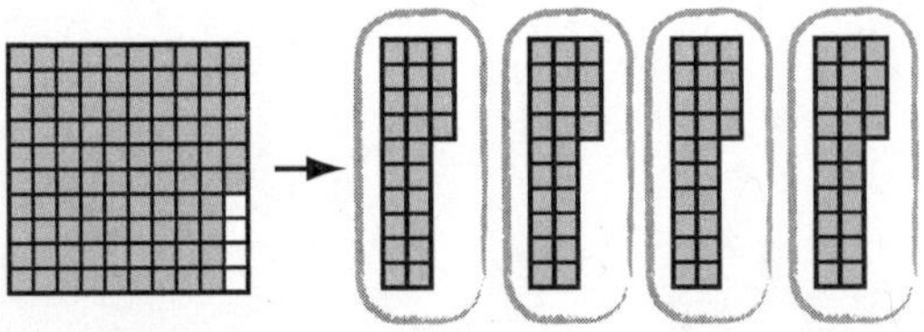

4. 1 ÷ 0.5 = ____

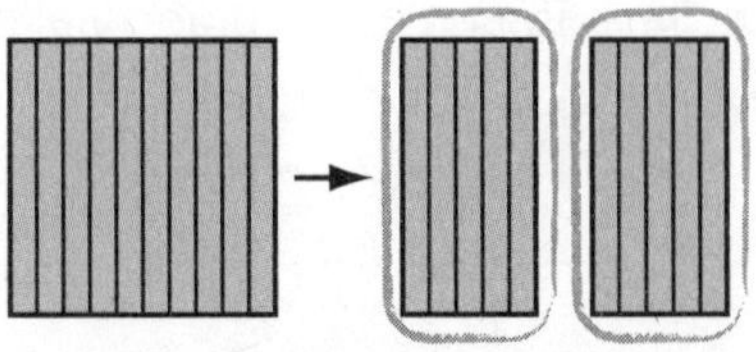

Nombre ______________________

Divide. Usa modelos decimales.

5. $1.8 \div 0.6 =$ ______

6. $1.2 \div 0.3 =$ ______

7. $0.24 \div 0.04 =$ ______

8. $1.75 \div 0.35 =$ ______

9. $2 \div 0.4 =$ ______

10. $2.7 \div 0.9 =$ ______

11. $1.24 \div 0.62 =$ ______

12. $0.84 \div 0.14 =$ ______

13. $1.6 \div 0.4 =$ ______

Usa el modelo para hallar el valor desconocido.

14. $2.4 \div$ ______ $= 3$

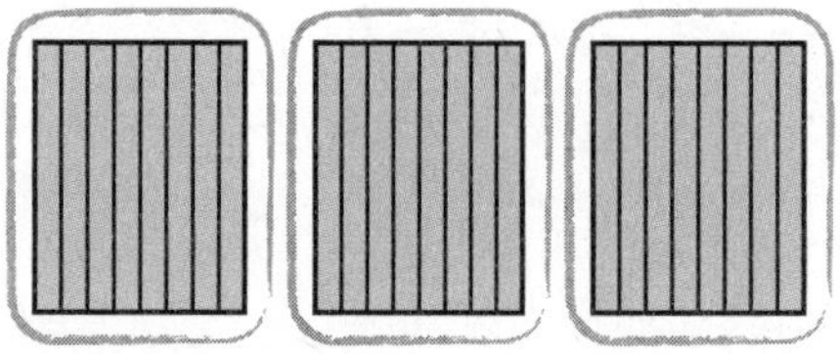

15. ______ $\div 0.32 = 4$

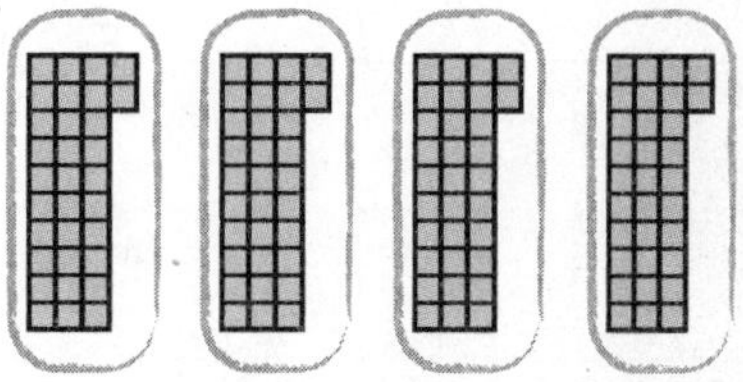

16. H.O.T. Haz un modelo para hallar el cociente de $0.6 \div 0.15$. **Describe** tu modelo.

____

____

17. Escribe **Explica** con el modelo lo que representa la ecuación en el Ejercicio 15.

____

____

Resolución de problemas EN EL MUNDO

H.O.T. Plantea un problema

18. Emilio compra 1.2 kilogramos de uvas. Las divide en paquetes que contienen 0.3 kilogramos de uvas cada uno. ¿Cuántos paquetes de uvas arma Emilio?

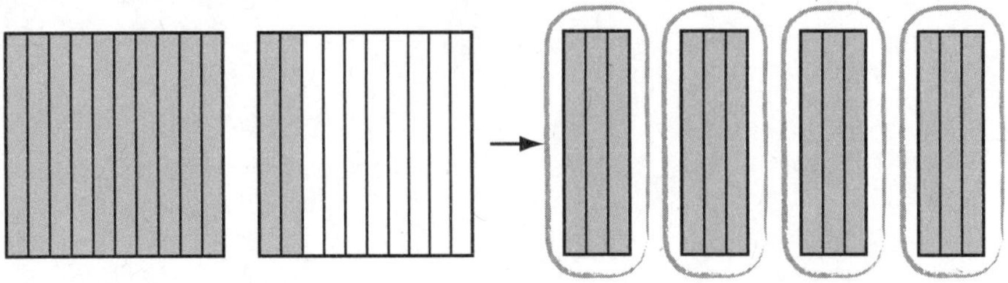

$1.2 \div 0.3 = 4$

Emilio armó 4 paquetes de uvas.

Escribe un nuevo problema con una cantidad diferente para el peso de cada paquete. La cantidad debe ser un número decimal con décimos. Usa una cantidad total de 1.5 kilogramos de uvas. Luego usa modelos decimales para resolver tu problema.

Plantea un problema.

Resuelve tu problema. Haz un dibujo del modelo que usaste para resolver tu problema.

- **Explica** por qué elegiste la cantidad que usaste para tu problema.

PARA PRACTICAR MÁS:
Cuaderno de práctica de los estándares, págs. P109 y P110

Nombre ____

Dividir números decimales

Pregunta esencial ¿Cómo puedes colocar el punto decimal en el cociente?

ESTÁNDARES COMUNES **CC.5.NBT.2, CC.5.NBT.7**
Perform operations with multi-digit whole numbers and with decimals to hundredths.

Cuando multiplicas el divisor y el dividendo por la misma potencia de 10, el cociente queda igual.

divisor		dividendo	divisor		dividendo
6	÷	3 = 2	120	÷	30 = 4
↓ × 10		↓ × 10	↓ × 0.1		↓ × 0.1
60	÷	30 = 2	12	÷	3 = 4
↓ × 10		↓ × 10	↓ × 0.1		↓ × 0.1
600	÷	300 = 2	1.2	÷	0.3 = 4

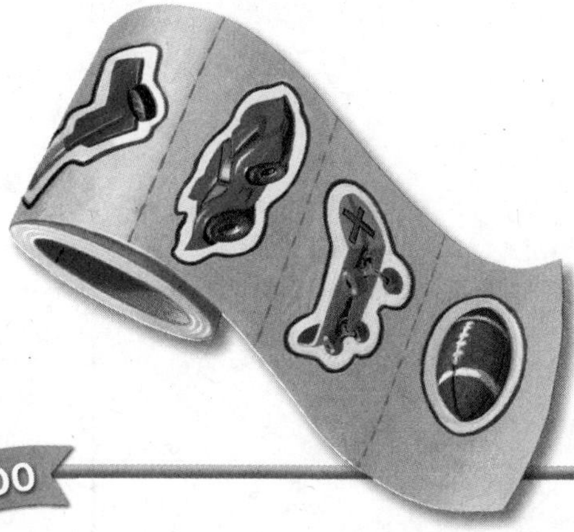

SOLUCIONA el problema EN EL MUNDO

Matthew tiene \$0.72. Quiere comprar adhesivos que cuestan \$0.08 cada uno. ¿Cuántos adhesivos puede comprar?

- Multiplica el dividendo y el divisor por la potencia de 10 que convierta al divisor en un número natural. Luego divide.

$0.72 \div 0.08 = \square$

↓ × 100 ↓ × 100

$72 \div 8 = \square$

Entonces, Matthew puede comprar _______ adhesivos.

- ¿Por qué número multiplicas los centésimos para obtener un número natural?

____

1. **Explica** cómo sabes que el cociente de $0.72 \div 0.08$ es igual al cociente de $72 \div 8$.

____

____

¡Inténtalo! **Divide.** $0.56 \div 0.7$

- Multiplica el divisor por una potencia de 10 para convertirlo en un número natural. Luego multiplica el dividendo por la misma potencia de 10.

$0.7 \times$ _______ = _______

$0.56 \times$ _______ = _______

- Divide.

$0.7\overline{)5.6}$

Ejemplo

Sherri hace una caminata por el sendero de la costa del Pacífico. Planea caminar 3.72 millas. Si camina a una velocidad promedio de 1.2 millas por hora, ¿cuánto tiempo caminará?

Divide. 3.72 ÷ 1.2

Estima. ______

PASO 1

Multiplica el divisor por una potencia de 10 para convertirlo en un número natural. Luego multiplica el dividendo por la misma potencia de 10.

1.2 × ______ = ______

3.72 × ______ = ______

PASO 2

Escribe el punto decimal en el cociente sobre el punto decimal del dividendo nuevo.

$12\overline{)37.2}$

PASO 3

Divide.

$12\overline{)37.2}$

−

−

Entonces, Sherri caminará ______ horas.

2. **Describe** qué sucede con el punto decimal del divisor y del dividendo cuando multiplicas por 10.

______

3. **Explica** cómo podrías haber usado la estimación para colocar el punto decimal.

______

______

¡Inténtalo!

Divide. Comprueba tu resultado.

$0.14\overline{)1.96}$

Multiplica el divisor y el dividendo por ______.

0.14

×

+

Nombre ______________________________

Comunicar y mostrar MATH BOARD

Copia el patrón y complétalo.

1. $45 \div 9 =$ ______

$4.5 \div$ ______ $= 5$

______ $\div 0.09 = 5$

2. $175 \div 25 =$ ______

$17.5 \div$ ______ $= 7$

______ $\div 0.25 = 7$

3. $164 \div 2 =$ ______

$16.4 \div$ ______ $= 82$

______ $\div 0.02 = 82$

Divide.

4. $1.6\overline{)9.6}$

5. $0.3\overline{)0.24}$

6. $3.45 \div 1.5$

Charla matemática MÉTODOS MATEMÁTICOS Explica cómo sabes que el cociente del Ejercicio 5 será menor que 1.

Por tu cuenta

Divide.

7. $0.6\overline{)13.2}$

8. $0.3\overline{)0.9}$

9. $0.26\overline{)1.56}$

10. $0.45\overline{)5.85}$

11. $0.3\overline{)0.69}$

12. $3.6 \div 0.4$

13. $1.26 \div 2.1$

14. $7.84 \div 0.28$

15. $9.28 \div 2.9$

Resolución de problemas EN EL MUNDO

Usa la tabla para resolver los problemas 16 a 19.

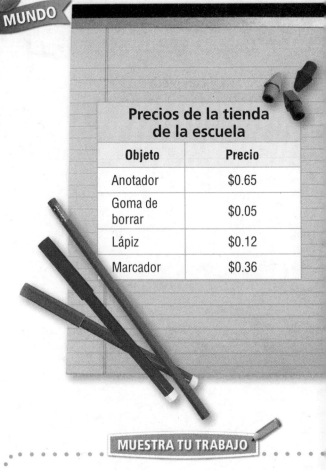

Precios de la tienda de la escuela

Objeto	Precio
Anotador	\$0.65
Goma de borrar	\$0.05
Lápiz	\$0.12
Marcador	\$0.36

16. Connie pagó \$1.08 por unos lápices. ¿Cuántos lápices compró?

____

17. Alberto tiene \$2.16. ¿Cuántos lápices más que marcadores puede comprar?

____

18. ¿Cuántas gomas de borrar puede comprar Ayita con la cantidad de dinero que pagaría por un anotador?

____

19. H.O.T. Ramón pagó \$3.25 por unos anotadores y \$1.44 por unos marcadores. ¿Cuál es la cantidad total de objetos que compró?

____

20. Escribe **¿Cuál es el error?** Katie dividió 4.25 entre 0.25 y obtuvo un cociente de 0.17.

____

____

____

____

MUESTRA TU TRABAJO

21. **Preparación para la prueba** Marcus compró manzanas que costaban \$0.45 por libra. Pagó \$1.35 por las manzanas. ¿Cuántas libras de manzanas compró?

Ⓐ 0.3 libras

Ⓑ 2.8 libras

Ⓒ 3 libras

Ⓓ 30 libras

 PARA PRACTICAR MÁS:
Cuaderno de práctica de los estándares, págs. P111 y P112

Nombre ____________________

Escribir ceros en el dividendo

Pregunta esencial ¿Cuándo debes escribir un cero en el dividendo para hallar el cociente?

ESTÁNDAR COMÚN CC.5.NBT.7
Perform operations with multi-digit whole numbers and with decimals to hundredths.

CONECTAR Cuando se dividen números decimales, es posible que el dividendo no tenga suficientes dígitos para completar la división. En estos casos, puedes escribir ceros a la derecha del último dígito.

SOLUCIONA el problema EN EL MUNDO

Las fracciones equivalentes demuestran que agregar ceros a la derecha de un decimal no cambia su valor.

$$90.8 = 90\,\frac{8 \times 10}{10 \times 10} = 90\,\frac{80}{100} = 90.80$$

Durante un evento para recolectar fondos, Adrián recorrió en bicicleta 45.8 millas en 4 horas. Divide la distancia entre el tiempo para hallar su velocidad en millas por hora.

Divide. 45.8 ÷ 4 **Estima.** 44 ÷ 4 = ______

PASO 1

Escribe el punto decimal en el cociente arriba del punto decimal del dividendo.

4)45.8

PASO 2

Divide las decenas, las unidades y los décimos.

4)45.8
−
−
−

PASO 3

Escribe un cero en el dividendo y continúa dividiendo.

4)45.80
−4
05
− 4
18
−16
−

Entonces, la velocidad de Adrián fue ______________ millas por hora.

Charla matemática MÉTODOS MATEMÁTICOS **Explica** cómo usarías bloques de base diez para representar este problema.

CONECTAR Cuando divides números naturales, puedes escribir un residuo o una fracción para mostrar la cantidad que sobra. Al escribir ceros en el dividendo, también puedes mostrar esa cantidad como un número decimal.

Ejemplo Escribe ceros en el dividendo.

Divide. 372 ÷ 15

- Divide hasta que obtengas una cantidad menor que el divisor que sobra.
- Agrega un punto decimal y un cero al final del dividendo.
- Coloca un punto decimal en el cociente arriba del punto decimal del dividendo.
- Sigue dividiendo.

Entonces, 372 ÷ 15 = ____________.

24.
15)372.0
−30
72
−60
−

- Sarah tiene 78 onzas de arroz. Las separa en 12 bolsas y coloca la misma cantidad de arroz en cada una. ¿Qué cantidad de arroz coloca en cada bolsa? **Explica** cómo escribirías el resultado con un número decimal.

____

____

¡Inténtalo! **Divide. Escribe un cero al final del dividendo según sea necesario.**

Divide. 1.23 ÷ 0.06

006.)123.

20.
6)123.0
−12
03
− 0
30
−

Divide. 10 ÷ 0.8

08.)100.

8.)100.

Nombre ____________________

Comunicar y mostrar MATH BOARD

Escribe el cociente y coloca el punto decimal correctamente.

1. $5 \div 0.8 = 625$

2. $26.1 \div 6 = 435$

3. $0.42 \div 0.35 = 12$

4. $80 \div 50 = 16$

Divide.

5. $4\overline{)32.6}$

6. $1.2\overline{)9}$

7. $15\overline{)42}$

8. $0.14\overline{)0.91}$

MÉTODOS MATEMÁTICOS

Charla matemática Explica por qué escribirías un cero en el dividendo al dividir números decimales.

Por tu cuenta

Divide.

9. $8\overline{)84}$

10. $2.5\overline{)4}$

11. $5\overline{)16.2}$

12. $0.6\overline{)2.7}$

13. $18 \div 7.5$

14. $34.8 \div 24$

15. $5.16 \div 0.24$

16. $81 \div 18$

Práctica: Copia y resuelve Divide.

17. $1.6\overline{)20}$

18. $15\overline{)4.8}$

19. $0.54\overline{)2.43}$

20. $28\overline{)98}$

21. $1.8 \div 12$

22. $3.5 \div 2.5$

23. $40 \div 16$

24. $2.24 \div 0.35$

Resolución de problemas EN EL MUNDO

Resuelve.

25. Jerry lleva frutos secos surtidos en sus caminatas. Un paquete de albaricoques secos pesa 25.5 onzas. Jerry divide los albaricoques en partes iguales entre 6 bolsas de frutos secos surtidos. ¿Cuántas onzas de albaricoques hay en cada bolsa?

____

26. H.O.T. Amy tiene 3 libras de pasas. Divide las pasas en partes iguales entre 12 bolsas. ¿Cuántas libras de pasas hay en cada bolsa? Indica cuántos ceros debiste escribir al final del dividendo.

____

27. Escribe Halla $65 \div 4$. Usa un residuo, una fracción y un número decimal para escribir tu resultado. Luego indica qué forma del resultado prefieres. **Explica** tu elección.

____

____

____

____

28. **Preparación para la prueba** Todd tiene un pedazo de cuerda de 1.6 metros de longitud. Corta la cuerda en 5 pedazos iguales. ¿Cuál es la longitud de cada pedazo?

Ⓐ 0.8 metros

Ⓑ 0.32 metros

Ⓒ 3.2 metros

Ⓓ 8 metros

Conectar con las Ciencias

La fórmula de la velocidad

La fórmula para calcular la velocidad es $v = d \div t$, donde v representa la velocidad, d representa la distancia y t representa el tiempo. Por ejemplo, si un objeto recorre 12 pies en 10 segundos, puedes usar la fórmula para hallar su velocidad.

$v = d \div t$

$v = 12 \div 10$

$v = 1.2$ pies por segundo

Usa la división y la fórmula de la velocidad para resolver los problemas.

29. Un carro recorre 168 millas en 3.2 horas. Halla la velocidad del carro en millas por hora.

____

30. Un submarino recorre 90 kilómetros en 4 horas. Halla la velocidad del submarino en kilómetros por hora.

____

PARA PRACTICAR MÁS:
Cuaderno de práctica de los estándares, págs. P113 y P114

Nombre ____

Resolución de problemas • Operaciones con números decimales

ESTÁNDAR COMÚN CC.5.NBT.7
Perform operations with multi-digit whole numbers and with decimals to hundredths.

Pregunta esencial ¿Cómo usas la estrategia *trabajar de atrás para adelante* para resolver problemas con números decimales de varios pasos?

SOLUCIONA el problema EN EL MUNDO

Carson gastó $15.99 en 2 libros y 3 bolígrafos. Los libros costaron $4.95 cada uno y el impuesto sobre las ventas fue $1.22. Carson también usó un vale de descuento de $0.50 en su compra. Si ambos bolígrafos costaban lo mismo, ¿cuánto costó cada bolígrafo?

Lee el problema

¿Qué debo hallar?	¿Qué información debo usar?	¿Cómo usaré la información?

Resuelve el problema

- Haz un organigrama para mostrar la información. Luego trabaja de atrás para adelante para resolver el problema con operaciones inversas.

Costo de 3 bolígrafos	más →	Costo de 2 libros	más →	Impuesto	menos →	Vale de descuento	es igual a →	Gasto total
3 × costo de cada bolígrafo	+	2 × ____	+	____	−	____	=	____

Gasto total	más →	Vale de descuento	menos →	Impuesto	menos →	Costo de 2 libros	es igual a →	Costo de 3 bolígrafos
____	+	____	−	____	−	____	=	____

- Divide el costo de 3 bolígrafos entre 3 para hallar el costo de cada uno.

______________ ÷ 3 = ______________

MÉTODOS MATEMÁTICOS

Charla matemática Explica por qué sumaste el valor del vale al trabajar de atrás para adelante.

Entonces, cada bolígrafo costó ______________.

Haz otro problema

La semana pasada, Vivian gastó un total de $20.00. Gastó $9.95 en boletos para la feria escolar, $5.95 en comida y el resto en 2 anillos que estaban en venta en la feria escolar. Si cada anillo costaba lo mismo, ¿cuánto costó cada anillo?

Lee el problema

¿Qué debo hallar?	¿Qué información debo usar?	¿Cómo usaré la información?

Resuelve el problema

Entonces, cada anillo costó ____________.

MÉTODOS MATEMÁTICOS

Charla matemática Explica cómo puedes comprobar tu resultado.

Nombre ______________________________

Comunicar y mostrar MATH BOARD

1. Héctor gastó $36.75 en 2 DVD que costaban lo mismo. El impuesto sobre las ventas fue $2.15. Héctor también usó un vale de descuento de $1.00 en su compra. ¿Cuánto costó cada DVD?

Primero, haz un organigrama para mostrar la información y cómo trabajarías de atrás para adelante.

MUESTRA TU TRABAJO

Luego, trabaja de atrás para adelante para hallar el costo de 2 DVD.

____

Por último, halla el costo de un DVD.

____

Entonces, cada DVD cuesta __________.

2. **¿Qué pasaría si** Héctor gastara $40.15 en los DVD, el impuesto sobre las ventas fuera $2.55 y no tuviera vale? ¿Cuánto costaría cada DVD?

____

3. Sophia gastó $7.30 en materiales escolares. Gastó $3.00 en un cuaderno y $1.75 en un bolígrafo. También compró 3 gomas de borrar grandes. Si cada goma de borrar costaba lo mismo, ¿cuánto gastó en cada goma de borrar?

____

Por tu cuenta

Elige una ESTRATEGIA
Representar
Hacer un diagrama
Hacer una tabla
Resolver un problema más sencillo
Trabajar de atrás para adelante
Adivinar, comprobar y revisar

4. Después de comprar un regalo, el cambio fue $3.90. 6 estudiantes pusieron cada uno la misma cantidad de dinero. ¿Cuánto cambio debe recibir cada estudiante?

5. Si divides este número misterioso entre 4, sumas 8 y multiplicas por 3, obtienes 42. ¿Cuál es el número misterioso?

6. H.O.T. Un camión del correo recoge dos cajas de correspondencia de la oficina de correos. El peso total de las cajas es de 32 libras. Una caja es 8 libras más pesada que la otra. ¿Cuánto pesa cada caja?

7. Stacy compra un paquete de 3 CD a $29.98. Ahorró $6.44 al comprarlos juntos en lugar de comprarlos por separado. Si cada CD cuesta lo mismo, ¿cuánto cuesta cada uno de los 3 CD cuando se los compra por separado?

8. La cafetería de una escuela vendió 1,280 trozos de pizza la primera semana, 640 la segunda semana y 320 la tercera semana. Si este patrón continúa, ¿en qué semana la cafetería venderá 40 trozos? **Explica** cómo llegaste a tu resultado.

9. **Preparación para la prueba** Mientras trabajaba en la tienda de la escuela, John vendió una chaqueta a $40.00 y cuadernos a $1.50 cada uno. Si recaudó $92.50, ¿cuántos cuadernos vendió?

Ⓐ 3.5　　Ⓒ 35

Ⓑ 6.1　　Ⓓ 61

MUESTRA TU TRABAJO

PARA PRACTICAR MÁS:
Cuaderno de práctica de los estándares, págs. P115 y P116

Nombre ______________________________

Repaso y prueba del Capítulo 5

Conceptos y destrezas

Completa el patrón. (CC.5.NBT.2)

1. $341 \div 1 =$ ______

$341 \div 10 =$ ______

$341 \div 100 =$ ______

$341 \div 1{,}000 =$ ______

2. $15 \div 1 =$ ______

$15 \div 10 =$ ______

$15 \div 100 =$ ______

$15 \div 1{,}000 =$ ______

3. $68.2 \div 10^0 =$ ______

$68.2 \div 10^1 =$ ______

$68.2 \div 10^2 =$ ______

Estima el cociente. (CC.5.NBT.7)

4. $49.3 \div 6$

______

5. $3.5 \div 4$

______

6. $396.5 \div 18$

______

Divide. (CC.5.NBT.2, CC.5.NBT.7)

7. $6\overline{)3.24}$

______

8. $5\overline{)6.55}$

______

9. $26\overline{)96.2}$

______

10. $1.08 \div 0.4$

______

11. $8.84 \div 0.68$

______

12. $7.31 \div 1.7$

______

13. $9.18 \div 0.9$

______

14. $12.7 \div 5$

______

15. $8.33 \div 0.34$

______

APRENDE en línea Opciones de evaluación Prueba del capítulo

Rellena el círculo completamente para indicar tu respuesta.

PREPARACIÓN PARA LA PRUEBA

16. En la empresa Tarta del Huerto se usan 95 libras de manzanas para hacer 100 tartas. Cada tarta contiene la misma cantidad de manzanas. ¿Cuántas libras de manzanas se usan en cada tarta? (CC.5.NBT.2)

Ⓐ 0.095 libras

Ⓑ 0.95 libras

Ⓒ 9.5 libras

Ⓓ 95 libras

17. Durante una venta con descuentos, todos los CD tienen el mismo precio. El Sr. Ortiz paga $228.85 por 23 CD. ¿Cuál es la mejor estimación del precio de cada CD? (CC.5.NBT.7)

Ⓐ $9

Ⓑ $10

Ⓒ $12

Ⓓ $13

18. Ryan gana $20.16 por 3 horas de trabajo. ¿Cuánto gana por hora? (CC.5.NBT.2, CC.5.NBT.7)

Ⓐ $60.48

Ⓑ $6.82

Ⓒ $6.72

Ⓓ $6.71

19. Anna hace una caminata de 6.4 millas durante 4 días de vacaciones. Si camina la misma distancia todos los días, ¿cuántas millas camina por día? (CC.5.NBT.2, CC.5.NBT.7)

Ⓐ 1.06 millas

Ⓑ 1.1 millas

Ⓒ 1.4 millas

Ⓓ 1.6 millas

Nombre ______________________________

PREPARACIÓN PARA LA PRUEBA

Rellena el círculo completamente para indicar tu respuesta.

20. Karina compra gomas de borrar a \$1.92. Cada goma cuesta \$0.08. ¿Cuántas gomas de borrar compra? (CC.5.NBT.2, CC.5.NBT.7)

Ⓐ 2.4

Ⓑ 2.5

Ⓒ 24

Ⓓ 25

21. Wyatt tiene 25.4 onzas de jugo de frutas. Divide el jugo en partes iguales entre 4 vasos. ¿Cuánto jugo hay en cada vaso? (CC.5.NBT.7)

Ⓐ 6 onzas

Ⓑ 6.35 onzas

Ⓒ 6.4 onzas

Ⓓ 6.45 onzas

22. Jacobo camina 70.4 pies en 0.2 horas. Si camina a la misma tasa todo el tiempo, ¿a qué velocidad camina en pies por hora? (CC.5.NBT.2, CC.5.NBT.7)

Ⓐ 352 pies por hora

Ⓑ 140.8 pies por hora

Ⓒ 35.2 pies por hora

Ⓓ 14.08 pies por hora

23. Meghan gana \$20.00 paseando perros. Con todo lo que gana, compra una camisa a \$12.85 y algunos adhesivos a \$0.65 cada uno. ¿Cuántos adhesivos compra? (CC.5.NBT.7)

Ⓐ 4.65

Ⓑ 11

Ⓒ 46

Ⓓ 110

▶ Respuesta de desarrollo

24. Percy compra tomates que cuestan $0.58 por libra. Paga $2.03 por los tomates. ¿Cuántas libras de tomates compra? Usa palabras, dibujos o números para mostrar tu trabajo. **Explica** cómo sabes que tu respuesta es razonable. (CC.5.NBT.2, CC.5.NBT.7)

▶ Tarea de rendimiento (CC.5.NBT.2, CC.5.NBT.7)

25. Isabella está comprando materiales de arte. En la tabla de la derecha se muestran los precios de los objetos que quiere comprar.

Materiales de arte	
Objeto	**Precio**
Cuentas de vidrio	$0.28 por onza
Pincel	$0.95
Cartón para cartel	$0.75
Tarro de pintura	$0.99

A Isabella gasta $2.25 en cartones para cartel. ¿Cuántos cartones para cartel compra?

B Isabella gasta $4.87 en pinceles y en pintura. ¿Qué cantidad de cada objeto compra? **Explica** cómo hallaste tu respuesta.

C Isabella gasta menos de $14.00 en cuentas de vidrio, en pinceles, en cartón para cartel y en pintura. Gasta $1.68 en cuentas y $3.96 en pintura. Compra más de 3 cartones para cartel y más de 3 pinceles. Halla cuántas onzas de cuentas de vidrio y cuántos tarros de pintura compra. Luego sugiere el número de cartones para cartel y pinceles que podría comprar con el total que gastó.

ÁREA DE ATENCIÓN

Operaciones con fracciones

COMMON CORE

CRITICAL AREA Developing fluency with addition and subtraction of fractions, and developing understanding of the multiplication of fractions and of division of fractions in limited cases (unit fractions divided by whole numbers and whole numbers divided by unit fractions)

Operador de tablero en un estudio de grabación ▶

Proyecto

Seguir el ritmo

Tanto en las matemáticas como en la música, encontramos números y patrones de cambio. En la música, estos patrones se denominan ritmo. Escuchamos el ritmo como un número de tiempos.

Para comenzar

La marca de tiempo que aparece al principio de la línea de un pentagrama se parece a una fracción. Indica el número de tiempos de cada compás y el tipo de nota que completa 1 tiempo. Cuando la marca de tiempo es $\frac{4}{4}$, cada nota de $\frac{1}{4}$, o negra, equivale a 1 tiempo.

En la siguiente melodía, cada compás está compuesto por diferentes tipos de notas. Los compases no están marcados. Comprueba la marca de tiempo. Luego traza líneas para marcar cada compás.

Datos importantes

𝅗𝅥 $= \frac{1}{2}$

♩ $= \frac{1}{4}$

♪ $= \frac{1}{8}$

𝅘𝅥𝅯 $= \frac{1}{16}$

Capítulo 6

Sumar y restar fracciones con denominadores distintos

Muestra lo que sabes

Comprueba tu comprensión de destrezas importantes.

Nombre ______________________________

▶ Parte de un entero **Escribe una fracción para indicar la parte sombreada.**

1. 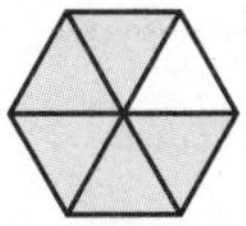

número de partes sombreadas ______

número de partes en total ______

fracción ______

2. 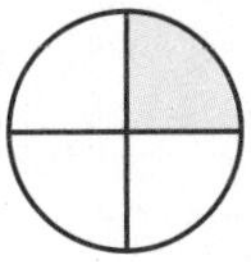

número de partes sombreadas ______

número de partes en total ______

fracción ______

▶ Sumar y restar fracciones **Escribe la suma o la diferencia en su mínima expresión.**

3. $\frac{3}{6} + \frac{1}{6} =$ ______ **4.** $\frac{4}{10} + \frac{1}{10} =$ ______ **5.** $\frac{7}{8} - \frac{3}{8} =$ ______ **6.** $\frac{9}{12} - \frac{2}{12} =$ ______

▶ Múltiplos **Escribe los primeros seis múltiplos distintos de cero.**

7. 5 ______________ **8.** 3 ______________ **9.** 7 ______________

Hay 30 senadores y 60 miembros de la Cámara de Representantes en la Legislatura de Arizona. Imagina que 20 senadores y 25 representantes asistieron a una reunión de comité. Piensa como un detective matemático y escribe una fracción para comparar el número de legisladores que asistieron con el número total de legisladores.

Desarrollo del vocabulario

▶ Visualizar

Usa las palabras marcadas con ✓ para completar el diagrama en forma de H.

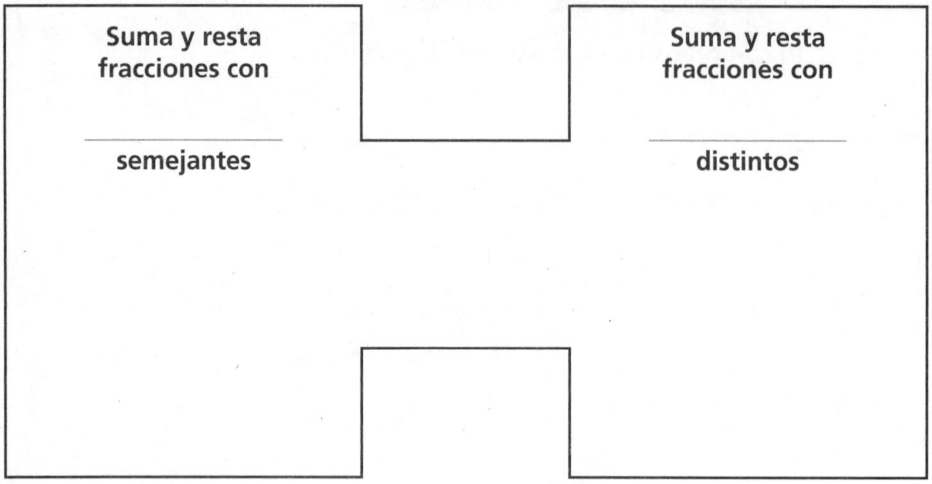

Palabras de repaso

- ✓denominadores
- ✓diferencia
- ✓fracciones equivalentes
- ✓mínima expresión
- ✓múltiplo común
- ✓numeradores
- número mixto
- punto de referencia
- ✓suma

Palabras nuevas

- ✓denominador común

▶ Comprender el vocabulario

Traza líneas para emparejar las palabras con sus definiciones.

1. múltiplo común
2. punto de referencia
3. mínima expresión
4. número mixto
5. denominador común
6. fracciones equivalentes

- un número formado por un número natural y una fracción
- un número que es múltiplo de dos o más números
- un múltiplo común de dos o más denominadores
- la forma de una fracción en la que 1 es el único factor común del numerador y el denominador
- un número conocido que se usa como punto de partida
- fracciones que indican la misma cantidad o parte

APRENDE en línea • Libro electrónico del estudiante • Glosario multimedia

Nombre ______________________________

Suma con denominadores distintos

Pregunta esencial ¿Cómo puedes usar modelos para sumar fracciones que tienen denominadores distintos?

ESTÁNDAR COMÚN CC.5.NF.2

Use equivalent fractions as a strategy to add and subtract fractions.

Investigar

Hilary está haciendo una bolsa de las compras para su amiga. Usa $\frac{1}{2}$ yarda de tela azul y $\frac{1}{4}$ de yarda de tela roja. ¿Cuánta tela usa Hilary?

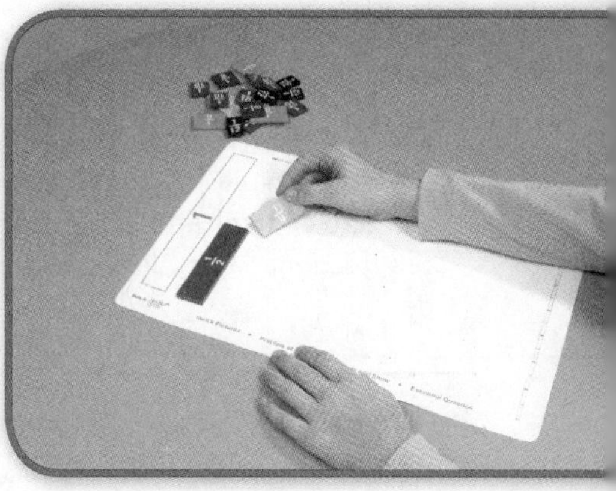

Materiales ■ tiras fraccionarias ■ pizarra

A. Halla $\frac{1}{2} + \frac{1}{4}$. Coloca una tira de $\frac{1}{2}$ y una tira de $\frac{1}{4}$ debajo de la tira de 1 entero en tu pizarra.

B. Halla tiras fraccionarias con el mismo denominador que sean equivalentes a $\frac{1}{2}$ y $\frac{1}{4}$ y que encajen exactamente debajo de la suma $\frac{1}{2} + \frac{1}{4}$. Usa denominadores semejantes para anotar los sumandos.

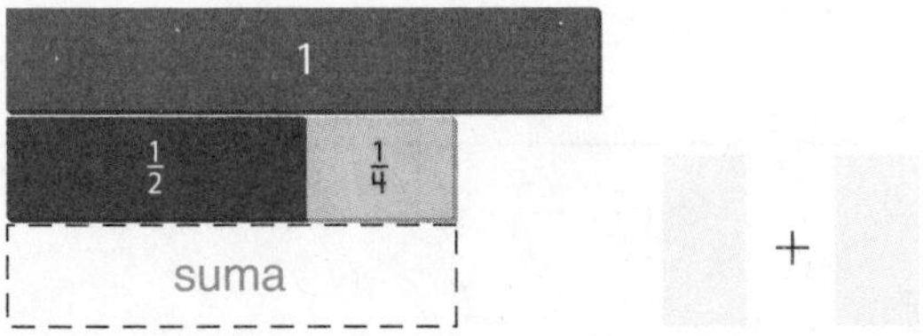

C. Anota la suma en su mínima expresión. $\frac{1}{2} + \frac{1}{4} =$ ______

Entonces, Hilary usa ______ de yarda de tela.

MÉTODOS MATEMÁTICOS

Charla matemática ¿Cómo sabes si la suma de las fracciones es menor que 1?

Sacar conclusiones

1. **Describe** cómo determinarías qué tiras fraccionarias con el mismo denominador encajarían exactamente debajo de $\frac{1}{2} + \frac{1}{3}$. ¿Cuáles son?

____

____

____

2. H.O.T. **Explica** la diferencia entre hallar tiras fraccionarias con el mismo denominador para $\frac{1}{2} + \frac{1}{3}$ y $\frac{1}{2} + \frac{1}{4}$.

____

____

____

Hacer conexiones

A veces, la suma de dos fracciones es mayor que 1. Al sumar fracciones con denominadores distintos, puedes usar la tira de 1 entero como ayuda para determinar si una suma es mayor o menor que 1.

Usa tiras fraccionarias para resolver el ejercicio. $\frac{3}{5} + \frac{1}{2}$

PASO 1

Trabaja con un compañero. Coloca tres tiras fraccionarias de $\frac{1}{5}$ debajo de la tira de 1 entero en tu pizarra. Luego coloca una tira fraccionaria de $\frac{1}{2}$ junto a las tres tiras de $\frac{1}{5}$.

PASO 2

Halla tiras fraccionarias con el mismo denominador que sean equivalentes a $\frac{3}{5}$ y $\frac{1}{2}$. Coloca las tiras fraccionarias debajo de la suma. A la derecha, haz un dibujo del modelo y escribe las fracciones equivalentes.

$\frac{3}{5} =$ _____ $\frac{1}{2} =$ _____

PASO 3

Suma las fracciones con denominadores semejantes. Usa la tira de 1 entero para convertir la suma a su mínima expresión.

Piensa: ¿Cuántas tiras fraccionarias con el mismo denominador equivalen a 1 entero?

$\frac{3}{5} + \frac{1}{2} =$ _____ + _____

= _____ ó _____

MÉTODOS MATEMÁTICOS

Charla matemática ¿En qué paso descubriste que el resultado es mayor que 1? Explícalo.

Comunicar y mostrar MATH BOARD

Usa tiras fraccionarias para hallar la suma. Escribe el resultado en su mínima expresión.

1.

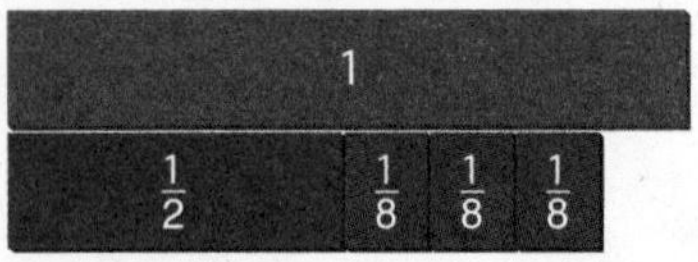

$\frac{1}{2} + \frac{3}{8} =$ _____ + _____ = _____

2.

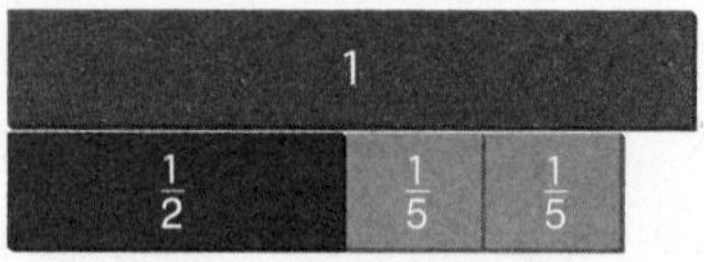

$\frac{1}{2} + \frac{2}{5} =$ _____ + _____ = _____

Nombre ____________________________

Usa tiras fraccionarias para hallar la suma. Escribe el resultado en su mínima expresión.

3.

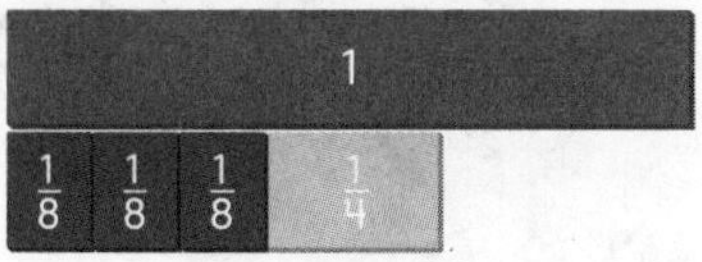

$\frac{3}{8} + \frac{1}{4} =$ ______ $+$ ______ $=$ ______

4.

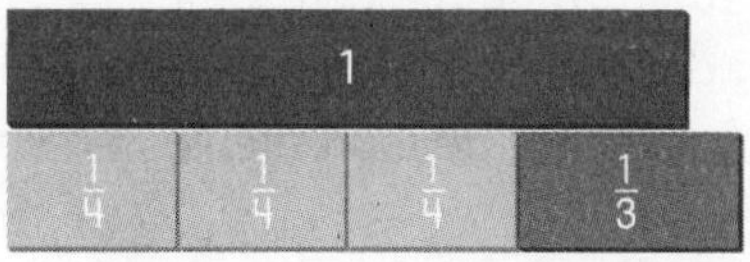

$\frac{3}{4} + \frac{1}{3} =$ ______ $+$ ______ $=$ ______

Usa tiras fraccionarias para hallar la suma. Escribe el resultado en su mínima expresión.

5. $\frac{2}{5} + \frac{3}{10} =$ ______

6. $\frac{1}{4} + \frac{1}{12} =$ ______

7. $\frac{1}{2} + \frac{3}{10} =$ ______

8. $\frac{2}{3} + \frac{1}{6} =$ ______

9. $\frac{5}{8} + \frac{1}{4} =$ ______

10. $\frac{1}{2} + \frac{1}{5} =$ ______

11. $\frac{3}{4} + \frac{1}{6} =$ ______

12. $\frac{1}{2} + \frac{2}{3} =$ ______

13. $\frac{7}{8} + \frac{1}{4} =$ ______

14. **Escribe** **Explica** de qué manera usar tiras fraccionarias con denominadores semejantes permite sumar fracciones con denominadores distintos.

____

____

____

Resolución de problemas

H.O.T. Plantea un problema

15. María mezcla $\frac{1}{3}$ de taza de nueces surtidas y $\frac{1}{4}$ de taza de frutas disecadas para hacer una mezcla de frutos secos. ¿Cuál es la cantidad total de ingredientes en su mezcla de frutos secos?

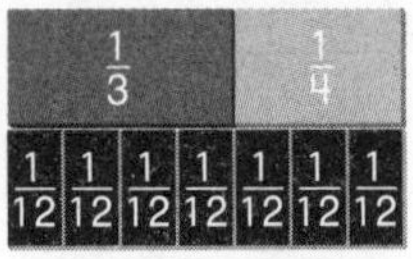

$$\frac{1}{3} + \frac{1}{4} = \frac{7}{12}$$

María usa $\frac{7}{12}$ de taza de ingredientes.

Escribe un problema nuevo con cantidades diferentes de cada ingrediente. Cada cantidad debe ser una fracción con un denominador de 2, 3 ó 4. Luego usa tiras fraccionarias para resolver tu problema.

Plantea un problema.

____

____

____

____

____

____

____

____

____

Resuelve tu problema. Dibuja las tiras fraccionarias que usaste para resolver el problema.

- **Explica** por qué elegiste las cantidades que usaste en el problema.

____

____

____

____

PARA PRACTICAR MÁS:
Cuaderno de práctica de los estándares, págs. P121 y P122

Nombre ______________________

Resta con denominadores distintos

Pregunta esencial ¿Cómo puedes usar modelos para restar fracciones que tienen denominadores distintos?

ESTÁNDAR COMÚN CC.5.NF.2
Use equivalent fractions as a strategy to add and subtract fractions.

Investigar

El viernes, Mario llena un comedero para colibríes con $\frac{3}{4}$ de taza de agua azucarada. El lunes, Mario observa que queda $\frac{1}{8}$ de taza de agua azucarada. ¿Cuánta agua azucarada bebieron los colibríes?

Materiales ■ tiras fraccionarias ■ pizarra

A. Halla $\frac{3}{4} - \frac{1}{8}$. Coloca tres tiras de $\frac{1}{4}$ debajo de la tira de 1 entero en tu pizarra. Luego coloca una tira de $\frac{1}{8}$ debajo de las tiras de $\frac{1}{4}$.

B. Halla tiras fraccionarias con el mismo denominador que encajen exactamente debajo de la diferencia $\frac{3}{4} - \frac{1}{8}$.

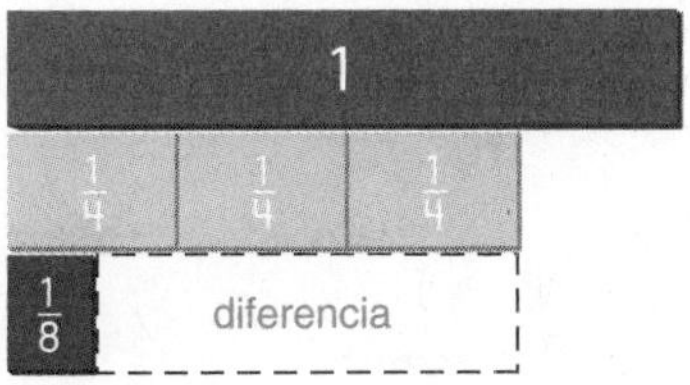

C. Anota la diferencia. $\frac{3}{4} - \frac{1}{8} =$ ______

Entonces, los colibríes bebieron ______ de taza de agua azucarada.

MÉTODOS MATEMÁTICOS

Charla matemática ¿Cómo sabes si la diferencia de las fracciones es menor que 1? **Explícalo.**

Sacar conclusiones

1. **Describe** cómo determinaste qué tiras fraccionarias con el mismo denominador encajarían exactamente debajo de la diferencia. ¿Cuáles son?

____

____

____

2. H.O.T. **Explica** si podrías haber usado tiras fraccionarias con cualquier otro denominador para hallar la diferencia. Si así fuera, ¿cuál es el denominador?

____

____

Hacer conexiones

A veces puedes usar diferentes conjuntos de tiras fraccionarias con el mismo denominador para hallar la diferencia. Todos los resultados serán correctos.

Resuelve. $\frac{2}{3} - \frac{1}{6}$

A Halla tiras fraccionarias con el mismo denominador que encajen exactamente debajo de la diferencia $\frac{2}{3} - \frac{1}{6}$.

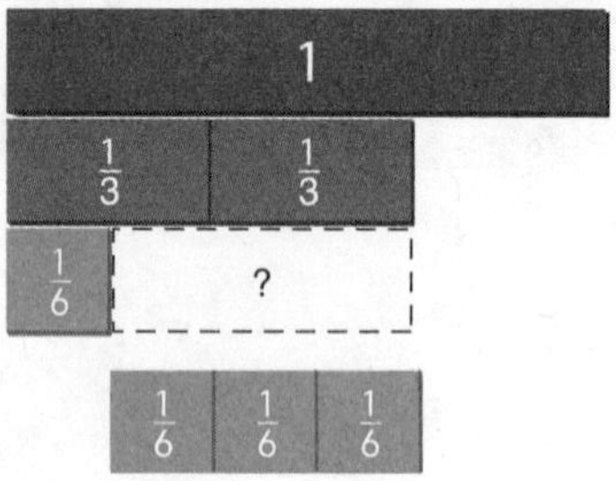

$\frac{2}{3} - \frac{1}{6} = \frac{3}{6}$

B Halla otro conjunto de tiras fraccionarias con el mismo denominador que encajen exactamente debajo de la diferencia $\frac{2}{3} - \frac{1}{6}$. Dibuja las tiras fraccionarias que usaste.

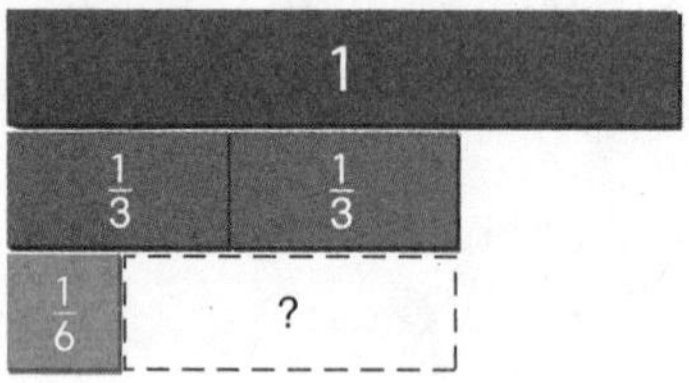

$\frac{2}{3} - \frac{1}{6} =$ _______

C Halla otras tiras fraccionarias con el mismo denominador que encajen exactamente debajo de la diferencia $\frac{2}{3} - \frac{1}{6}$. Dibuja las tiras fraccionarias que usaste.

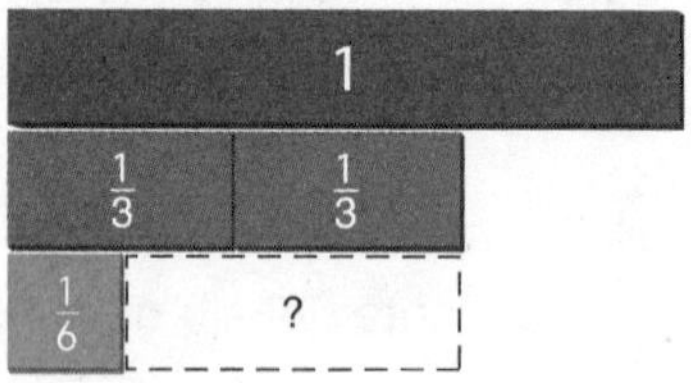

$\frac{2}{3} - \frac{1}{6} =$ _______

Aunque los resultados son diferentes, todos se pueden

simplificar a _______.

MÉTODOS MATEMÁTICOS

Charla matemática ¿Qué otras tiras fraccionarias con el mismo denominador podrían encajar exactamente debajo de la diferencia $\frac{2}{3} - \frac{1}{6}$?

Comunicar y mostrar MATH BOARD

Usa tiras fraccionarias para hallar la diferencia. Escribe el resultado en su mínima expresión.

1.

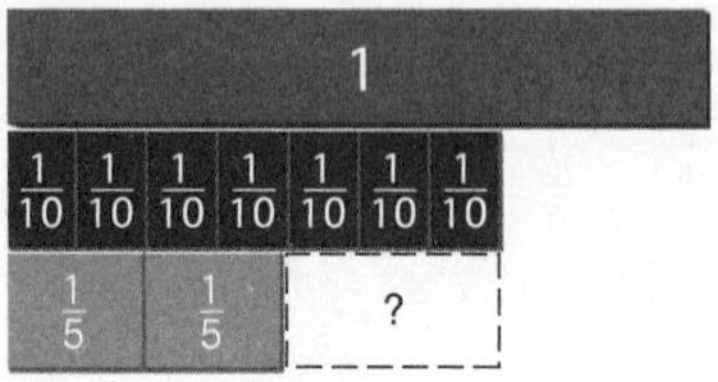

$\frac{7}{10} - \frac{2}{5} =$ _______

2.

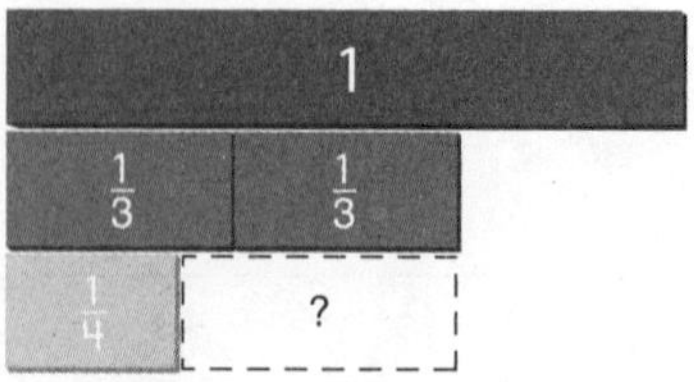

$\frac{2}{3} - \frac{1}{4} =$ _______

Nombre ______________________________

Usa tiras fraccionarias para hallar la diferencia. Escribe el resultado en su mínima expresión.

3.

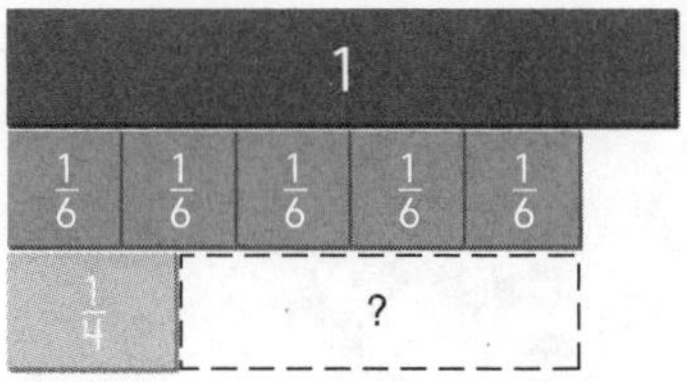

$\frac{5}{6} - \frac{1}{4} =$ ______

4.

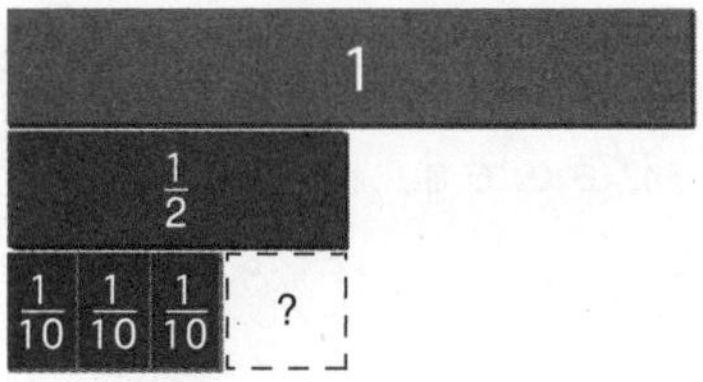

$\frac{1}{2} - \frac{3}{10} =$ ______

5.

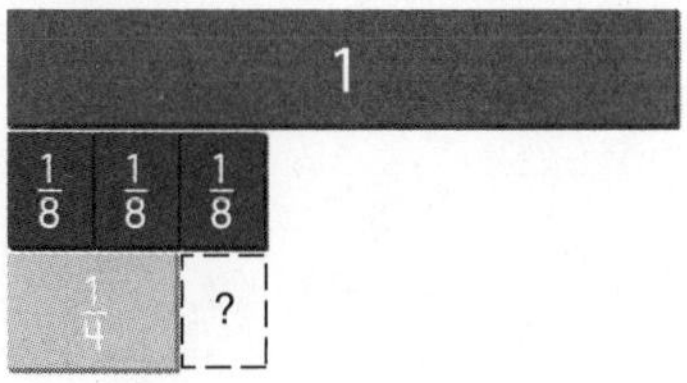

$\frac{3}{8} - \frac{1}{4} =$ ______

6.

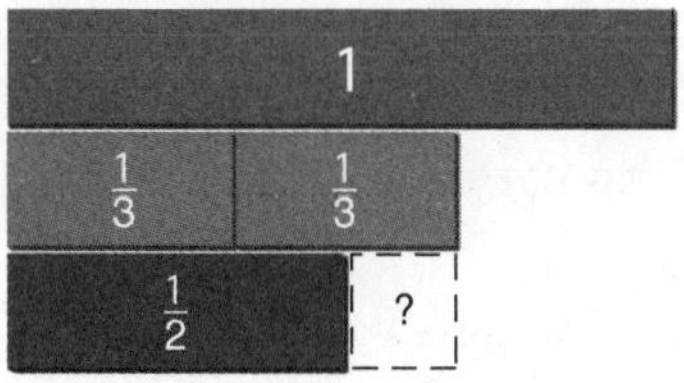

$\frac{2}{3} - \frac{1}{2} =$ ______

Usa tiras fraccionarias para hallar la diferencia. Escribe el resultado en su mínima expresión.

7. $\frac{3}{5} - \frac{3}{10} =$ ______

8. $\frac{5}{12} - \frac{1}{3} =$ ______

9. $\frac{1}{2} - \frac{1}{10} =$ ______

10. $\frac{3}{5} - \frac{1}{2} =$ ______

11. $\frac{7}{8} - \frac{1}{4} =$ ______

12. $\frac{5}{6} - \frac{2}{3} =$ ______

13. $\frac{3}{4} - \frac{1}{3} =$ ______

14. $\frac{5}{6} - \frac{1}{2} =$ ______

15. $\frac{3}{4} - \frac{7}{12} =$ ______

16. **Escribe** **Explica** de qué manera tu modelo de $\frac{3}{5} - \frac{1}{2}$ se diferencia de tu modelo de $\frac{3}{5} - \frac{3}{10}$.

____

____

____

SOLUCIONA el problema EN EL MUNDO

PREPARACIÓN PARA LA PRUEBA

17. En la ilustración de la derecha se muestra la cantidad de pizza que quedó del almuerzo. Jason come $\frac{1}{4}$ de la pizza entera durante la cena. ¿Qué enunciado de resta representa la cantidad de pizza que queda después de la cena?

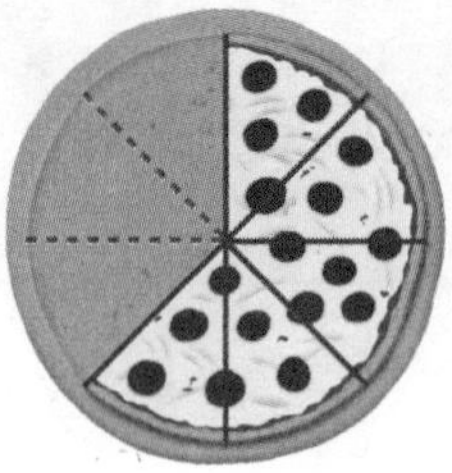

Ⓐ $1 - \frac{1}{4} = \frac{3}{4}$

Ⓑ $\frac{5}{8} - \frac{1}{4} = \frac{3}{8}$

Ⓒ $\frac{3}{8} - \frac{1}{4} = \frac{2}{8}$

Ⓓ $1 - \frac{3}{8} = \frac{5}{8}$

a. ¿Qué problema debes resolver? ______________________

____

b. ¿Cómo usarás el diagrama para resolver el problema? ______________________

____

____

c. Jason come $\frac{1}{4}$ de la pizza entera. ¿Cuántos trozos come? ______________________

d. Dibuja nuevamente el diagrama de la pizza. Sombrea las secciones de pizza que quedan después de que Jason cena.

e. Escribe una fracción que represente la cantidad de pizza que queda.

______

f. Rellena el círculo del resultado correcto arriba.

18. En el diagrama se muestra lo que le había quedado a Rita de una yarda de tela. Ahora usa $\frac{2}{3}$ de yarda de tela para un proyecto. ¿Qué cantidad de la yarda de tela original le queda a Rita después del proyecto?

Ⓐ $\frac{2}{3}$ yarda Ⓑ $\frac{1}{2}$ yarda Ⓒ $\frac{1}{3}$ yarda Ⓓ $\frac{1}{6}$ yarda

 PARA PRACTICAR MÁS:
Cuaderno de práctica de los estándares, págs. P123 y P124

Nombre ______________________________

Estimar sumas y diferencias de fracciones

ESTÁNDAR COMÚN CC.5.NF.2
Use equivalent fractions as a strategy to add and subtract fractions.

Pregunta esencial ¿Cómo puedes hacer estimaciones razonables de sumas y diferencias de fracciones?

SOLUCIONA el problema EN EL MUNDO

Este año, Kimberly irá a la escuela en bicicleta. La distancia entre su casa y el final de la calle es $\frac{1}{6}$ milla. La distancia entre el final de la calle y la escuela es $\frac{3}{8}$ milla. ¿A alrededor de qué distancia está la casa de Kimberly de la escuela?

Puedes redondear fracciones a 0, $\frac{1}{2}$ ó 1 y usarlas como puntos de referencia para hallar estimaciones razonables.

De una manera Usa una recta numérica.

Estima. $\frac{1}{6} + \frac{3}{8}$

PASO 1 Coloca un punto en $\frac{1}{6}$ sobre la recta numérica.

La fracción está entre ______ y ______.

La fracción $\frac{1}{6}$ está más cerca del punto de referencia ______.

Redondea a ______.

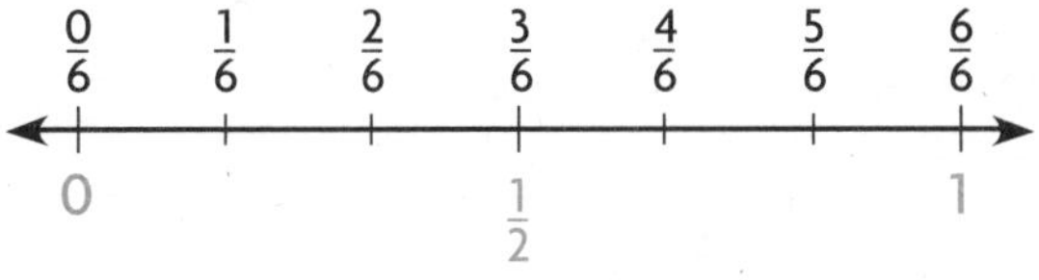

PASO 2 Coloca un punto en $\frac{3}{8}$ sobre la recta numérica.

La fracción está entre ______ y ______.

La fracción $\frac{3}{8}$ está más cerca del punto de referencia ______.

Redondea a ______.

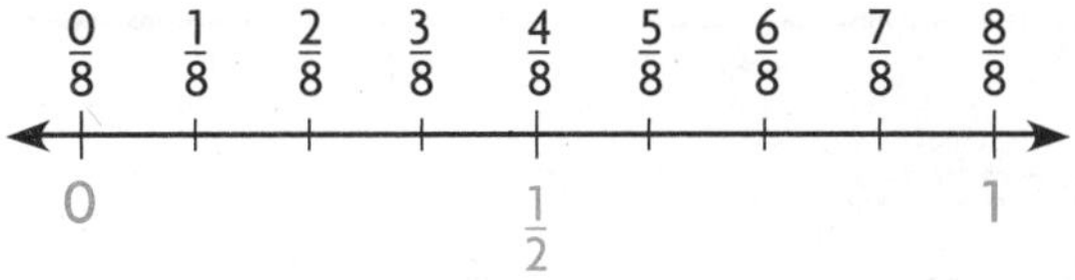

PASO 3 Suma las fracciones redondeadas.

$$\frac{1}{6} \rightarrow \quad \underline{}$$

$$+\frac{3}{8} \rightarrow \quad + \underline{}$$

Entonces, la casa de Kimberly está a alrededor de ______ milla de la escuela.

De otra manera Usa el cálculo mental.

Puedes comparar el numerador y el denominador para redondear una fracción y hallar una estimación razonable.

Estima. $\frac{9}{10} - \frac{5}{8}$

PASO 1 Redondea $\frac{9}{10}$. **Piensa:** El numerador es casi igual al denominador.

Redondea la fracción $\frac{9}{10}$ a ______.

PASO 2 Redondea $\frac{5}{8}$. **Piensa:** El numerador es alrededor de la mitad del denominador.

Redondea la fracción $\frac{5}{8}$ a ______.

PASO 3 Resta.

$$\frac{9}{10} \rightarrow \square$$

$$-\frac{5}{8} \rightarrow -\square$$

$$\overline{} \quad \overline{\square}$$

Entonces, $\frac{9}{10} - \frac{5}{8}$ es alrededor de ______.

Recuerda

Una fracción con el mismo numerador y denominador, como $\frac{2}{2}$, $\frac{5}{5}$, $\frac{12}{12}$ ó $\frac{96}{96}$, es igual a 1.

MÉTODOS MATEMÁTICOS

Charla matemática Explica otra manera de usar puntos de referencia para estimar $\frac{9}{10} - \frac{5}{8}$.

¡Inténtalo! Estima.

A $2\frac{7}{8} - \frac{2}{5}$

B $1\frac{8}{9} + 4\frac{8}{10}$

Nombre ______________________________

Comunicar y mostrar MATH BOARD

Estima la suma o la diferencia.

1. $\frac{5}{6} + \frac{3}{8}$

a. Redondea $\frac{5}{6}$ al punto de referencia más próximo. _______

b. Redondea $\frac{3}{8}$ al punto de referencia más próximo. _______

c. Suma para hallar la estimación. _______ + _______ = _______

2. $\frac{5}{9} - \frac{3}{8}$

3. $\frac{6}{7} + 2\frac{4}{5}$

4. $\frac{5}{6} + \frac{2}{5}$

5. $3\frac{9}{10} - 1\frac{2}{9}$

6. $\frac{4}{6} + \frac{1}{9}$

7. $\frac{9}{10} - \frac{1}{9}$

MÉTODOS MATEMÁTICOS

Charla matemática **Explica cómo sabes si tu estimación para $\frac{9}{10} + 3\frac{6}{7}$ sería mayor o menor que la suma real.**

Por tu cuenta

Estima la suma o la diferencia.

8. $\frac{5}{8} - \frac{1}{5}$

9. $\frac{1}{6} + \frac{3}{8}$

10. $\frac{6}{7} - \frac{1}{5}$

11. $\frac{11}{12} + \frac{6}{10}$

12. $\frac{9}{10} - \frac{1}{2}$

13. $\frac{3}{6} + \frac{4}{5}$

14. $\frac{5}{6} - \frac{3}{8}$

15. $\frac{1}{7} + \frac{8}{9}$

16. $3\frac{5}{12} - 3\frac{1}{10}$

Resolución de problemas EN EL MUNDO

MUESTRA TU TRABAJO

17. Elisa y Valerie hacen una merienda al aire libre en el Parque Estatal Trough Creek, en Pennsylvania. Elisa llevó una ensalada que hizo con $\frac{3}{4}$ de taza de fresas, $\frac{7}{8}$ de taza de duraznos y $\frac{1}{6}$ de taza de arándanos. ¿Alrededor de cuántas tazas de frutas en total hay en la ensalada?

____

18. En el Parque Estatal Trace, en Mississippi, hay un sendero para bicicletas de 25 millas. Si Tommy recorrió $\frac{1}{2}$ del sendero el sábado y $\frac{1}{5}$ del sendero el domingo, ¿alrededor de qué fracción del sendero recorrió?

____

19. H.O.T. **Explica** cómo sabes que $\frac{5}{8} + \frac{6}{10}$ es mayor que 1.

____

____

____

____

____

20. Escribe Nick estimó que $\frac{5}{8} + \frac{4}{7}$ es alrededor de 2. **Explica** cómo sabes que su estimación no es razonable.

____

____

____

21. **Preparación para la prueba** Jacobo agregó $\frac{1}{8}$ de taza de semillas de girasol y $\frac{4}{5}$ de taza de rodajas de plátano frito a su helado *sundae*. ¿Cuál es la mejor estimación de la cantidad total de cobertura que Jacobo agregó a su helado *sundae*?

Ⓐ alrededor de $\frac{1}{2}$ taza

Ⓑ alrededor de 1 taza

Ⓒ alrededor de $1\frac{1}{2}$ tazas

Ⓓ alrededor de 2 tazas

Nombre ______________________________________

Denominadores comunes y fracciones equivalentes

ESTÁNDAR COMÚN CC.5.NF.1

Use equivalent fractions as a strategy to add and subtract fractions.

Pregunta esencial ¿Cómo puedes volver a escribir un par de fracciones para que tengan un denominador común?

SOLUCIONA el problema EN EL MUNDO

Sara plantó dos jardines de 1 acre. Uno tenía tres secciones de flores y el otro tenía 4 secciones de flores. Planea dividir ambos jardines en más secciones para que tengan el mismo número de secciones de igual tamaño. ¿Cuántas secciones tendrá cada jardín?

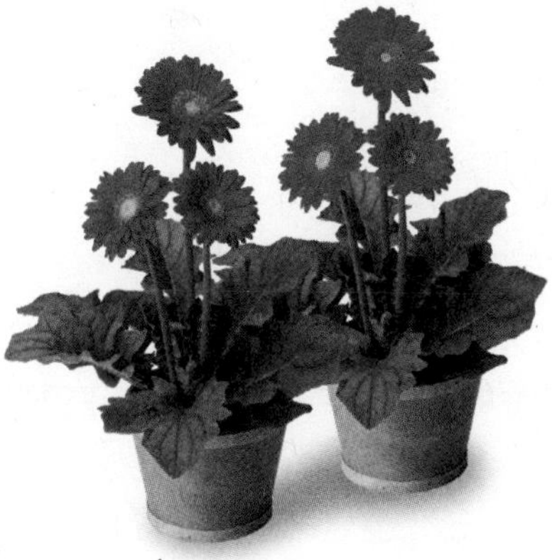

Puedes usar un **denominador común** o un múltiplo común de dos o más denominadores para escribir fracciones que indiquen la misma parte de un entero.

De una manera **Multiplica los denominadores.**

PIENSA

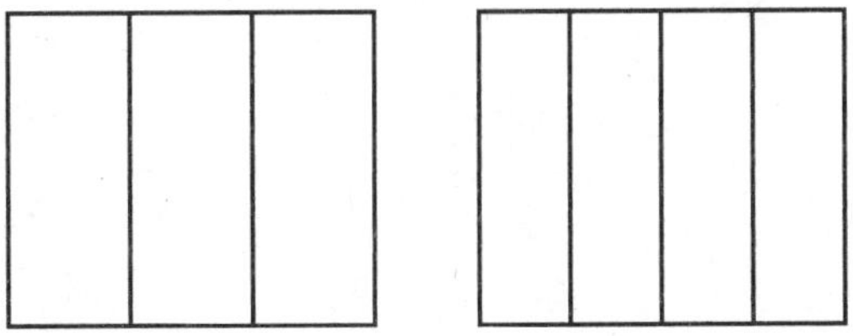

Divide cada $\frac{1}{3}$ en cuartos y cada $\frac{1}{4}$ en tercios; cada entero quedará dividido en partes del mismo tamaño, doceavos.

ANOTA

- Multiplica los denominadores para hallar un denominador común.

  Un denominador común de $\frac{1}{3}$ y $\frac{1}{4}$ es ______.

- Usa el denominador común para escribir $\frac{1}{3}$ y $\frac{1}{4}$ como fracciones equivalentes.

$\frac{1}{3} =$ ______ $\frac{1}{4} =$ ______

Entonces, ambos jardines tendrán ______ secciones.

De otra manera **Usa una lista.**

- Haz una lista de los primeros ocho múltiplos de 3 y 4 que sean distintos de cero.

  Múltiplos de 3: 3, 6, 9, ______, ______, ______, ______, ______

  Múltiplos de 4: 4, 8, ______, ______, ______, ______, ______, ______

- Encierra en un círculo los múltiplos comunes.
- Usa uno de los múltiplos comunes como denominador común y escribe fracciones equivalentes para $\frac{1}{3}$ y $\frac{1}{4}$.

$\frac{1}{3} = \frac{\square}{\square}$ $\frac{1}{4} = \frac{\square}{\square}$

Entonces, ambos jardines pueden tener ______ ó ______ secciones.

Mínimo común denominador Halla el mínimo común múltiplo de dos o más números para hallar el mínimo común denominador de dos o más fracciones.

Ejemplo Usa el mínimo común denominador.

Halla el mínimo común denominador de $\frac{3}{4}$ y $\frac{1}{6}$. Usa el mínimo común denominador y escribe una fracción equivalente para cada fracción.

PASO 1 Escribe múltiplos distintos de cero de los denominadores. Halla el mínimo común múltiplo.

Múltiplos de 4: ______________________________

Múltiplos de 6: ______________________________

Entonces, el mínimo común denominador de $\frac{3}{4}$ y $\frac{1}{6}$ es _____.

PASO 2 Usa el mínimo común denominador para escribir una fracción equivalente para cada fracción.

Piensa: ¿Qué número multiplicado por el denominador de la fracción dará como resultado el mínimo común denominador?

$$\frac{3}{4} = \frac{?}{12} = \frac{3 \times 3}{4 \times 3} = \frac{\square}{\square}$$ ← mínimo común denominador

$$\frac{1}{6} = \frac{?}{12} = \frac{1 \times \square}{6 \times \square} = \frac{\square}{\square}$$ ← mínimo común denominador

$\frac{3}{4}$ se puede volver a escribir como _____ y $\frac{1}{6}$ se puede volver a escribir como _____.

Comunicar y mostrar MATH BOARD

MÉTODOS MATEMÁTICOS

Charla matemática Explica dos métodos para hallar un denominador común de dos fracciones.

1. Halla un denominador común de $\frac{1}{6}$ y $\frac{1}{9}$. Vuelve a escribir el par de fracciones con el denominador común.
   - Multiplica los denominadores.
     Un denominador común de $\frac{1}{6}$ y $\frac{1}{9}$ es _____.
   - Vuelve a escribir el par de fracciones con el denominador común.

$$\frac{1}{6} = \frac{\square}{\square} \qquad \frac{1}{9} = \frac{\square}{\square}$$

Usa un denominador común y escribe una fracción equivalente para cada fracción.

2. $\frac{1}{3}, \frac{1}{5}$ denominador común: _____

____

3. $\frac{2}{3}, \frac{5}{9}$ denominador común: _____

____

4. $\frac{2}{9}, \frac{1}{15}$ denominador común: _____

____

Nombre ______________________________

Usa el mínimo común denominador y escribe una fracción equivalente para cada fracción.

5. $\frac{1}{4}, \frac{3}{8}$ mínimo común denominador: ______

____

6. $\frac{11}{12}, \frac{5}{8}$ mínimo común denominador: ______

____

7. $\frac{4}{5}, \frac{1}{6}$ mínimo común denominador: ______

____

MÉTODOS MATEMÁTICOS

Charla matemática Explica qué representa un denominador común de dos fracciones.

Por tu cuenta

Usa un denominador común y escribe una fracción equivalente para cada fracción.

8. $\frac{3}{5}, \frac{1}{4}$ denominador común: ______

____

9. $\frac{5}{8}, \frac{1}{5}$ denominador común: ______

____

10. $\frac{1}{12}, \frac{1}{2}$ denominador común: ______

____

Práctica: Copia y resuelve Usa el mínimo común denominador y escribe una fracción equivalente para cada fracción.

11. $\frac{1}{6}, \frac{4}{9}$

12. $\frac{7}{9}, \frac{8}{27}$

13. $\frac{7}{10}, \frac{3}{8}$

14. $\frac{1}{3}, \frac{5}{11}$

15. $\frac{5}{9}, \frac{4}{15}$

16. $\frac{1}{6}, \frac{4}{21}$

17. $\frac{5}{14}, \frac{8}{42}$

18. $\frac{7}{12}, \frac{5}{18}$

H.O.T. **Álgebra** Escribe el número desconocido para cada ■.

19. $\frac{1}{5}, \frac{1}{8}$ mínimo común denominador: ■

■ = ______________

20. $\frac{2}{5}, \frac{1}{■}$ mínimo común denominador: 15

■ = ______________

21. $\frac{3}{■}, \frac{5}{6}$ mínimo común denominador: 42

■ = ______________

SOLUCIONA el problema EN EL MUNDO

22. Katie hizo dos tartas para la feria de pastelería. Una la cortó en 3 trozos iguales y, la otra, en 5 trozos iguales. Seguirá cortando las tartas hasta que ambas tengan igual número de trozos del mismo tamaño. ¿Cuál es el menor número de trozos del mismo tamaño que podría tener cada tarta?

a. ¿Qué información tienes? ______________________________

____

b. ¿Qué problema debes resolver? ______________________________

____

c. Cuando Katie corte las tartas aún más, ¿podrá cortar cada tarta el mismo número de veces y lograr que todos los trozos tengan el mismo tamaño? **Explícalo.** ______________

____

____

d. Usa el diagrama para mostrar los pasos que seguiste para resolver el problema.

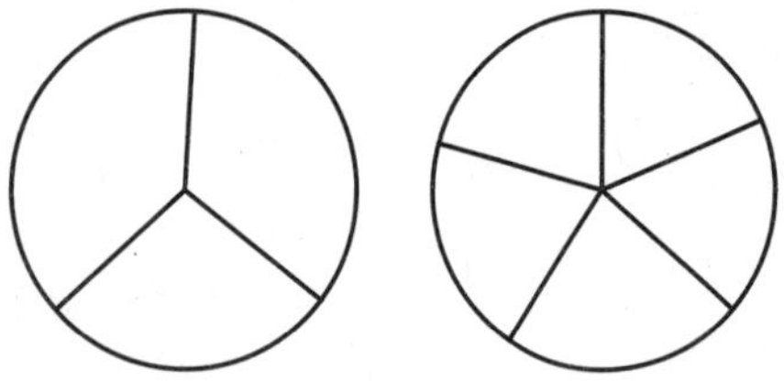

e. Completa las oraciones.

El mínimo común denominador de $\frac{1}{3}$ y $\frac{1}{5}$ es ______.

Katie puede cortar cada trozo de la primera tarta en ________ y cada trozo de la segunda tarta en ________.

Significa que Katie puede cortar cada tarta en trozos que sean ______ de la tarta entera.

23. Para una receta de galletas se necesita $\frac{1}{3}$ de taza de azúcar moreno y $\frac{1}{8}$ de taza de nueces. Halla el mínimo común denominador de las fracciones usadas en la receta.

____

24. ★ **Preparación para la prueba** ¿Qué fracciones usan el mínimo común denominador y son equivalentes a $\frac{5}{8}$ y $\frac{7}{10}$?

Ⓐ $\frac{10}{40}$ y $\frac{14}{40}$

Ⓑ $\frac{25}{40}$ y $\frac{28}{40}$

Ⓒ $\frac{25}{80}$ y $\frac{21}{80}$

Ⓓ $\frac{50}{80}$ y $\frac{56}{80}$

Nombre ______________________________

Sumar y restar fracciones

Pregunta esencial ¿Cómo puedes usar un denominador común para sumar y restar fracciones con denominadores distintos?

ESTÁNDAR COMÚN CC.5.NF.1

Use equivalent fractions as a strategy to add and subtract fractions.

CONECTAR Puedes usar lo que has aprendido sobre los denominadores comunes para sumar o restar fracciones con denominadores distintos.

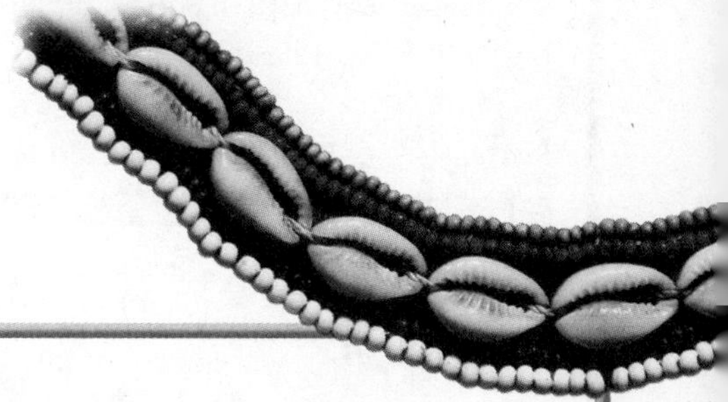

SOLUCIONA el problema EN EL MUNDO

Malia compró cuentas de conchas y cuentas de vidrio para aplicar diseños en sus canastas. Compró $\frac{1}{4}$ de libra de cuentas de conchas y $\frac{3}{8}$ de libra de cuentas de vidrio. ¿Cuántas libras de cuentas compró?

- Subraya la pregunta que debes responder.
- Encierra en un círculo la información que vas a usar.

Suma. $\frac{1}{4} + \frac{3}{8}$ **Escribe el resultado en su mínima expresión.**

De una manera

Multiplica los denominadores para hallar un denominador común.

$4 \times 8 =$ _____ ← denominador común

Usa el denominador común para escribir fracciones equivalentes con denominadores semejantes. Luego suma y escribe el resultado en su mínima expresión.

$$\frac{1}{4} = \frac{1 \times \square}{4 \times \square} = \square$$

$$+\frac{3}{8} = +\frac{3 \times \square}{8 \times \square} = +\square$$

$$\square = \square$$

De otra manera

Halla el mínimo común denominador.

El mínimo común denominador de $\frac{1}{4}$ y $\frac{3}{8}$ es _____.

$$\frac{1}{4} = \frac{1 \times \square}{4 \times \square} = \square$$

$$+\frac{3}{8} \qquad +\square$$

$$\square$$

Entonces, Malia compró _____ de libra de cuentas.

1. **Explica** cómo sabes si tu resultado es razonable. ______________________________

____

Ejemplo

Para restar dos fracciones con denominadores distintos, sigue los mismos pasos que seguiste al sumar dos fracciones, pero en lugar de sumar las fracciones, réstalas.

Resta. $\frac{9}{10} - \frac{2}{5}$ **Escribe el resultado en su mínima expresión.**

$$\frac{9}{10} =$$
$$-\ \frac{2}{5} =$$

Describe los pasos que seguiste para resolver el problema.

2. **Explica** cómo sabes si tu resultado es razonable.

Comunicar y mostrar MATH BOARD

Halla la suma o la diferencia. Escribe el resultado en su mínima expresión.

1. $\frac{5}{12} + \frac{1}{3}$

2. $\frac{2}{5} + \frac{3}{7}$

3. $\frac{1}{6} + \frac{3}{4}$

4. $\frac{3}{4} - \frac{1}{8}$

5. $\frac{1}{4} - \frac{1}{7}$

6. $\frac{9}{10} - \frac{1}{4}$

MÉTODOS MATEMÁTICOS

Charla matemática **Explica** por qué es importante comprobar si tu resultado es razonable.

Nombre ________________________

Por tu cuenta

Halla la suma o la diferencia. Escribe el resultado en su mínima expresión.

7. $\frac{3}{8} + \frac{1}{4}$

8. $\frac{7}{8} + \frac{1}{10}$

9. $\frac{2}{7} + \frac{3}{10}$

10. $\frac{5}{6} + \frac{1}{8}$

11. $\frac{5}{12} + \frac{5}{18}$

12. $\frac{7}{16} - \frac{1}{4}$

13. $\frac{5}{6} - \frac{3}{8}$

14. $\frac{3}{4} - \frac{1}{2}$

15. $\frac{5}{12} - \frac{1}{4}$

Práctica: Copia y resuelve Halla la suma o la diferencia. Escribe el resultado en su mínima expresión.

16. $\frac{1}{3} + \frac{4}{18}$

17. $\frac{3}{5} + \frac{1}{3}$

18. $\frac{3}{10} + \frac{1}{6}$

19. $\frac{1}{2} + \frac{4}{9}$

20. $\frac{1}{2} - \frac{3}{8}$

21. $\frac{5}{7} - \frac{2}{3}$

22. $\frac{4}{9} - \frac{1}{6}$

23. $\frac{11}{12} - \frac{7}{15}$

H.O.T. **Álgebra** Halla el número desconocido.

24. $\frac{9}{10} - \blacksquare = \frac{1}{5}$

$\blacksquare$ = ______

25. $\frac{5}{12} + \blacksquare = \frac{1}{2}$

$\blacksquare$ = ______

Resolución de problemas EN EL MUNDO

Usa la ilustración para resolver los problemas 26 y 27.

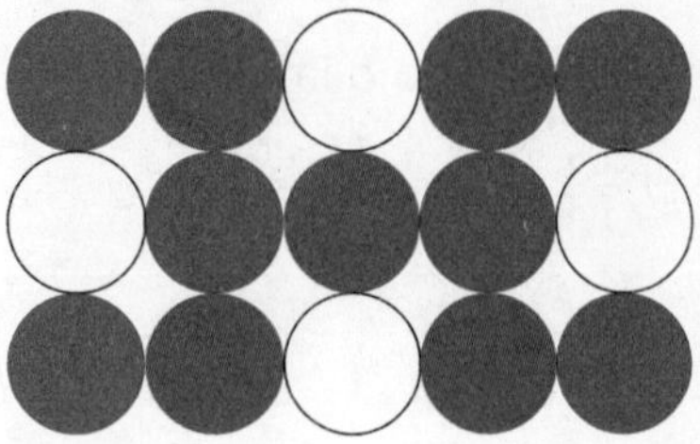

26. Sara está usando el diseño de cuentas que se muestra en la ilustración para hacer un llavero. ¿Qué fracción de cuentas azules y rojas juntas hay en su diseño?

27. H.O.T. Para hacer el llavero, Sara usa 3 veces el diseño de cuentas. Una vez que el llavero esté terminado, ¿cuál será la fracción de cuentas blancas y azules juntas del llavero?

MUESTRA TU TRABAJO

28. Escribe Jamie tenía $\frac{4}{5}$ de una bobina de cordel. Luego usó $\frac{1}{2}$ de la bobina de cordel para hacer nudos de la amistad. Jamie dice que le quedan $\frac{3}{10}$ de la bobina de cordel original. **Explica** cómo sabes si la afirmación de Jamie es razonable.

29. **Preparación para la prueba** ¿Qué ecuación representa la fracción de cuentas que son verdes y amarillas?

Ⓐ $\frac{1}{4} + \frac{1}{8} = \frac{3}{8}$

Ⓑ $\frac{1}{2} + \frac{1}{4} = \frac{3}{4}$

Ⓒ $\frac{1}{2} + \frac{1}{8} = \frac{5}{8}$

Ⓓ $\frac{3}{4} + \frac{2}{8} = 1$

PARA PRACTICAR MÁS:
Cuaderno de práctica de los estándares, págs. P129 y P130

Nombre ______________________________

Revisión de la mitad del capítulo

Vocabulario

Elige el término del recuadro que mejor corresponda.

Vocabulario
denominador común
fracciones equivalentes
múltiplo común

1. Un ______________________ es un número que es múltiplo de dos o más números. (pág. 255)

2. Un ______________________ es un múltiplo común de dos o más denominadores. (pág. 255)

Conceptos y destrezas

Estima la suma o la diferencia. (CC.5.NF.2)

3. $\frac{8}{9} + \frac{4}{7}$

4. $3\frac{2}{5} - \frac{5}{8}$

5. $1\frac{5}{6} + 2\frac{2}{11}$

Usa un denominador común para escribir una fracción equivalente para cada fracción. (CC.5.NF.1)

6. $\frac{1}{6}, \frac{1}{9}$ denominador común: ______

7. $\frac{3}{8}, \frac{3}{10}$ denominador común: ______

8. $\frac{1}{9}, \frac{5}{12}$ denominador común: ______

Usa el mínimo común denominador para escribir una fracción equivalente para cada fracción. (CC.5.NF.1)

9. $\frac{2}{5}, \frac{1}{10}$ mínimo común denominador: ______

10. $\frac{5}{6}, \frac{3}{8}$ mínimo común denominador: ______

11. $\frac{1}{3}, \frac{2}{7}$ mínimo común denominador: ______

Halla la suma o la diferencia. Escribe el resultado en su mínima expresión. (CC.5.NF.1)

12. $\frac{11}{18} - \frac{1}{6}$

13. $\frac{2}{7} + \frac{2}{5}$

14. $\frac{3}{4} - \frac{3}{10}$

Rellena el círculo completamente para indicar tu respuesta.

PREPARACIÓN PARA LA PRUEBA

15. La Sra. Michaels hornea una tarta para la reunión de su club de lectura. La parte sombreada del siguiente diagrama representa la cantidad de tarta que queda después de la reunión. Esa noche, el Sr. Michaels se come $\frac{1}{4}$ de la tarta entera. ¿Qué fracción representa la cantidad de tarta que queda? (CC.5.NF.2)

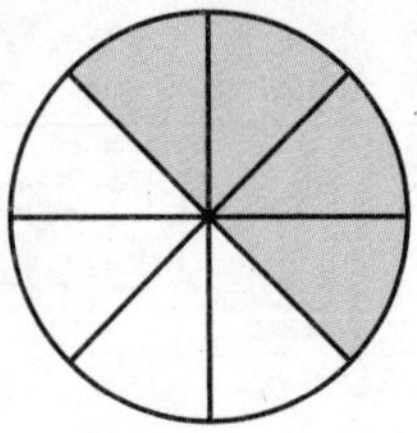

Ⓐ $\frac{1}{4}$

Ⓑ $\frac{3}{8}$

Ⓒ $\frac{5}{8}$

Ⓓ $\frac{3}{4}$

16. Keisha hornea una bandeja de *brownies* para una merienda familiar. Lleva $\frac{1}{2}$ de los *brownies* a la merienda. Durante la merienda, su familia come $\frac{3}{8}$ de la bandeja entera de *brownies*. ¿Qué fracción de la bandeja entera de *brownies* tiene Keisha al regresar de la merienda? (CC.5.NF.2)

Ⓐ $\frac{1}{8}$

Ⓑ $\frac{1}{4}$

Ⓒ $\frac{2}{5}$

Ⓓ $\frac{1}{2}$

17. Mario mezcla pintura para las paredes. Mezcla $\frac{1}{6}$ de galón de pintura azul y $\frac{5}{8}$ de galón de pintura verde en un recipiente grande. ¿Qué fracción representa la cantidad total de pintura que mezcla Mario? (CC.5.NF.1)

Ⓐ $\frac{2}{3}$ galón

Ⓑ $\frac{3}{7}$ galón

Ⓒ $\frac{9}{12}$ galón

Ⓓ $\frac{19}{24}$ galón

Nombre ______________________________

Sumar y restar números mixtos

Pregunta esencial ¿Cómo puedes sumar y restar números mixtos con denominadores distintos?

ESTÁNDAR COMÚN CC.5.NF.1
Use equivalent fractions as a strategy to add and subtract fractions.

SOLUCIONA el problema EN EL MUNDO

Denise mezcló $1\frac{4}{5}$ de onzas de pintura azul con $2\frac{1}{10}$ de onzas de pintura amarilla. ¿Cuántas onzas de pintura mezcló Denise en total?

- ¿Qué operación debes usar para resolver el problema?

____

- ¿Las fracciones tienen el mismo denominador?

____

Suma. $1\frac{4}{5} + 2\frac{1}{10}$

Puedes usar un denominador común para hallar la suma de números mixtos con denominadores distintos.

PASO 1 Estima la suma. ______________

PASO 2 Halla un denominador común. Usa el denominador común para escribir fracciones equivalentes con denominadores semejantes.

PASO 3 Suma las fracciones. Luego suma los números naturales. Escribe el resultado en su mínima expresión.

$$1\frac{4}{5} = \square$$
$$+2\frac{1}{10} = +\square$$
$$\overline{\quad\square\quad}$$

Entonces, Denise mezcló ______ de onzas de pintura en total.

MÉTODOS MATEMÁTICOS

Charla matemática ¿Usaste el mínimo común denominador? **Explícalo.**

1. **Explica** cómo sabes si tu resultado es razonable. ______________________________

____

____

2. ¿Qué otro denominador común podrías haber usado? ______________________________

____

Ejemplo

Resta. $4\frac{5}{6} - 2\frac{3}{4}$

También puedes usar un denominador común para hallar la diferencia entre números mixtos con denominadores distintos.

PASO 1 Estima la diferencia. ________

PASO 2 Halla un denominador común. Usa el denominador común para escribir fracciones equivalentes con denominadores semejantes.

PASO 3 Resta las fracciones. Resta los números naturales. Escribe el resultado en su mínima expresión.

$$4\frac{5}{6} = \square$$
$$-2\frac{3}{4} = -\square$$
$$\square$$

3. **Explica** cómo sabes si tu resultado es razonable. ________

____

____

Comunicar y mostrar MATH BOARD

1. Usa un denominador común para escribir fracciones equivalentes con denominadores semejantes y luego halla la suma. Escribe el resultado en su mínima expresión.

$$7\frac{2}{5} = \square$$
$$+4\frac{3}{4} = +\square$$
$$\square$$

Halla la suma. Escribe el resultado en su mínima expresión.

2. $2\frac{3}{4} + 3\frac{3}{10}$

3. $5\frac{3}{4} + 1\frac{1}{3}$

4. $3\frac{4}{5} + 2\frac{3}{10}$

Nombre ______________________________

Halla la diferencia. Escribe el resultado en su mínima expresión.

5. $9\frac{5}{6} - 2\frac{1}{3}$

6. $10\frac{5}{9} - 9\frac{1}{6}$

7. $7\frac{2}{3} - 3\frac{1}{6}$

MÉTODOS MATEMÁTICOS

Charla matemática Explica por qué debes escribir fracciones equivalentes con denominadores comunes para sumar $4\frac{5}{6}$ y $1\frac{1}{8}$.

Por tu cuenta

Halla la suma o la diferencia. Escribe el resultado en su mínima expresión.

8. $1\frac{3}{10} + 2\frac{2}{5}$

9. $3\frac{4}{9} + 3\frac{1}{2}$

10. $2\frac{1}{2} + 2\frac{1}{3}$

11. $5\frac{1}{4} + 9\frac{1}{3}$

12. $8\frac{1}{6} + 7\frac{3}{8}$

13. $14\frac{7}{12} - 5\frac{1}{4}$

14. $12\frac{3}{4} - 6\frac{1}{6}$

15. $2\frac{5}{8} - 1\frac{1}{4}$

16. $10\frac{1}{2} - 2\frac{1}{5}$

Práctica: Copia y resuelve Halla la suma o la diferencia. Escribe el resultado en su mínima expresión.

17. $1\frac{5}{12} + 4\frac{1}{6}$

18. $8\frac{1}{2} + 6\frac{3}{5}$

19. $2\frac{1}{6} + 4\frac{5}{9}$

20. $3\frac{5}{8} + \frac{5}{12}$

21. $3\frac{2}{3} - 1\frac{1}{6}$

22. $5\frac{6}{7} - 1\frac{2}{3}$

23. $2\frac{7}{8} - \frac{1}{2}$

24. $4\frac{7}{12} - 1\frac{2}{9}$

Resolución de problemas EN EL MUNDO

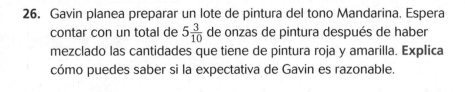

Usa la tabla para resolver los problemas 25 a 28.

Pintura que usa Gavin (en onzas)		
Roja	**Amarilla**	**Tono**
$2\frac{5}{8}$	$3\frac{1}{4}$	Amanecer
$3\frac{9}{10}$	$2\frac{3}{8}$	Mandarina
$5\frac{5}{6}$	$5\frac{5}{6}$	Mango

25. Gavin está preparando un lote de pintura del tono Amanecer para un proyecto artístico. ¿Qué cantidad de pintura prepara Gavin?

____

26. Gavin planea preparar un lote de pintura del tono Mandarina. Espera contar con un total de $5\frac{3}{10}$ de onzas de pintura después de haber mezclado las cantidades que tiene de pintura roja y amarilla. **Explica** cómo puedes saber si la expectativa de Gavin es razonable.

____

____

____

27. H.O.T. Gavin mezcla la pintura roja de un tono con la pintura amarilla de otro tono para un proyecto especial. Mezcla el lote para obtener la mayor cantidad de pintura posible. ¿Qué cantidades de pintura roja y amarilla de qué tonos se usan en la mezcla para este proyecto especial? **Explica** tu respuesta.

____

____

____

____

28. Gavin debe preparar 2 lotes de pintura del tono Mango. **Explica** cómo podrías hallar la cantidad total de pintura que preparó Gavin.

____

____

____

29. **Preparación para la prueba** Yolanda caminó $3\frac{6}{10}$ millas. Luego caminó $4\frac{1}{2}$ millas más. ¿Cuántas millas caminó en total?

Ⓐ $7\frac{1}{10}$ millas   Ⓒ $8\frac{1}{10}$ millas

Ⓑ $7\frac{7}{10}$ millas   Ⓓ $8\frac{7}{10}$ millas

MUESTRA TU TRABAJO

PARA PRACTICAR MÁS:
Cuaderno de práctica de los estándares, págs. P131 y P132

Nombre ____________________

Resta con conversión

Pregunta esencial ¿Cómo puedes usar la conversión para hallar la diferencia entre dos números mixtos?

ESTÁNDAR COMÚN CC.5.NF.1

Use equivalent fractions as a strategy to add and subtract fractions.

SOLUCIONA el problema EN EL MUNDO

Para practicar para una carrera, Kiara corre $2\frac{1}{2}$ millas. Cuando llega al final de su calle, sabe que ya ha recorrido $1\frac{5}{6}$ millas. ¿Cuántas millas le quedan por correr?

- Subraya la oración que indica lo que debes hallar.
- ¿Qué operación debes usar para resolver el problema?

____

De una manera Convierte el primer número mixto.

Resta. $2\frac{1}{2} - 1\frac{5}{6}$

PASO 1 Estima la diferencia. ________

PASO 2 Halla un denominador común. Usa el denominador común para escribir fracciones equivalentes con denominadores semejantes.

PASO 3 Convierte $2\frac{6}{12}$ en un número mixto con una fracción mayor que 1.

Piensa: $2\frac{6}{12} = 1 + 1 + \frac{6}{12} = 1 + \frac{12}{12} + \frac{6}{12} = 1\frac{18}{12}$

$2\frac{6}{12} =$ ________

PASO 4 Halla la diferencia entre las fracciones. Luego halla la diferencia entre los números naturales. Escribe el resultado en su mínima expresión. Comprueba si tu resultado es razonable.

$$2\frac{1}{2} = 2\frac{6}{12} = \square$$

$$-1\frac{5}{6} = -1\frac{10}{12} = -1\frac{10}{12}$$

$$\square = \square$$

Entonces, a Kiara le quedan por correr ______ milla.

- **Explica** por qué es importante escribir fracciones equivalentes antes de hacer la conversión. ____________________

____

De otra manera Convierte ambos números mixtos en fracciones mayores que 1.

Resta. $2\frac{1}{2} - 1\frac{5}{6}$

PASO 1 Escribe fracciones equivalentes con un denominador común.

Un denominador común de $\frac{1}{2}$ y $\frac{5}{6}$ es 6.

$2\frac{1}{2} \longrightarrow$ ▢

$1\frac{5}{6} \longrightarrow$ ▢

PASO 2 Convierte ambos números mixtos en fracciones mayores que 1.

$2\frac{3}{6} =$ ▢ Piensa: $\frac{6}{6} + \frac{6}{6} + \frac{3}{6}$

$1\frac{5}{6} =$ ▢ Piensa: $\frac{6}{6} + \frac{5}{6}$

PASO 3 Halla la diferencia entre las fracciones. Luego escribe el resultado en su mínima expresión.

▢ − ▢ = ▢

= ▢

$2\frac{1}{2} - 1\frac{5}{6} =$ ______

Comunicar y mostrar MATH BOARD

Estima. Luego halla la diferencia y escríbela en su mínima expresión.

1. Estimación: ______

$1\frac{3}{4} - \frac{7}{8}$

2. Estimación: ______

$12\frac{1}{9} - 7\frac{1}{3}$

Nombre ________________

Estima. Luego halla la diferencia y escríbela en su mínima expresión.

3. Estimación: __________

$4\frac{1}{2} - 3\frac{4}{5}$

4. Estimación: __________

$9\frac{1}{6} - 2\frac{3}{4}$

MÉTODOS MATEMÁTICOS

Charla matemática **Explica** la estrategia que podrías usar para resolver $3\frac{1}{9} - 2\frac{1}{3}$.

Por tu cuenta

Estima. Luego halla la diferencia y escríbela en su mínima expresión.

5. Estimación: __________

$3\frac{2}{3} - 1\frac{11}{12}$

6. Estimación: __________

$4\frac{1}{4} - 2\frac{1}{3}$

7. Estimación: __________

$5\frac{2}{5} - 1\frac{1}{2}$

8. Estimación: __________

$7\frac{5}{9} - 2\frac{5}{6}$

9. Estimación: __________

$7 - 5\frac{2}{3}$

10. Estimación: __________

$2\frac{1}{5} - 1\frac{9}{10}$

Práctica: Copia y resuelve Halla la diferencia y escríbela en su mínima expresión.

11. $11\frac{1}{9} - 3\frac{2}{3}$ **12.** $6 - 3\frac{1}{2}$ **13.** $4\frac{3}{8} - 3\frac{1}{2}$ **14.** $9\frac{1}{6} - 3\frac{5}{8}$

15. $1\frac{1}{5} - \frac{1}{2}$ **16.** $13\frac{1}{6} - 3\frac{4}{5}$ **17.** $12\frac{2}{5} - 5\frac{3}{4}$ **18.** $7\frac{3}{8} - 2\frac{7}{9}$

Conectar con la Lectura

Resume

Un parque de diversiones de Sandusky, Ohio, tiene 17 montañas rusas asombrosas. Una de ellas alcanza una velocidad de 60 millas por hora y tiene un recorrido de 3,900 pies con muchas curvas. Esta montaña rusa también tiene 3 trenes de 8 hileras cada uno. Caben 4 pasajeros por hilera, lo que da un total de 32 pasajeros por tren.

Los operadores de la montaña rusa registraron la cantidad de pasajeros en cada tren durante una vuelta. En el primer tren, los operadores informaron que se completaron $7\frac{1}{4}$ hileras. En el segundo, las 8 hileras estaban completas y, en el tercero, se llenaron $5\frac{1}{2}$ hileras. ¿Cuántas hileras más se completaron en el primer tren que en el tercer tren?

Cuando *resumes*, vuelves a escribir la información más importante de manera abreviada para comprender lo que leíste más fácilmente.

Resume la información dada.

____

____

____

____

____

Usa el resumen para resolver el problema.

19. Resuelve el problema de arriba.

____

____

20. ¿Cuántas hileras más se completaron en el segundo tren que en el tercer tren?

____

____

 PARA PRACTICAR MÁS:
Cuaderno de práctica de los estándares, págs. P133 y P134

Nombre ____________________________

ÁLGEBRA
Lección 6.8

Patrones con fracciones

Pregunta esencial ¿Cómo puedes usar la suma o la resta para describir un patrón o crear una secuencia con fracciones?

ESTÁNDAR COMÚN CC.5.NF.1
Use equivalent fractions as a strategy to add and subtract fractions.

SOLUCIONA el problema EN EL MUNDO

El Sr. Patrick quiere crear una nueva receta de chile para su restaurante. En cada tanda que prepara, usa una cantidad diferente de chile en polvo. En la primera tanda usa $3\frac{1}{2}$ onzas, en la segunda tanda usa $4\frac{5}{6}$ onzas, en la tercera usa $6\frac{1}{6}$ onzas y en la cuarta usa $7\frac{1}{2}$ onzas. Si continúa con este patrón, ¿cuánto chile en polvo usará en la sexta tanda?

Para hallar el patrón de una secuencia, puedes comparar un término con el término que le sigue.

PASO 1 Escribe los términos de la secuencia como fracciones equivalentes con un denominador común. Luego observa la secuencia y compara los términos consecutivos para hallar la regla que se usa para formar la secuencia de fracciones.

$+1\frac{2}{6}$ ______ ______ diferencia entre términos

$3\frac{1}{2}, 4\frac{5}{6}, 6\frac{1}{6}, 7\frac{1}{2}, \ldots \rightarrow$ ______ oz, ______ oz, ______ oz, ______ oz términos con denominador común

tanda 1 tanda 2 tanda 3 tanda 4

PASO 2 Escribe una regla para describir el patrón de la secuencia.

- ¿La secuencia aumenta o disminuye de un término al siguiente? **Explícalo.**

____

____

Regla: ____

PASO 3 Amplía la secuencia para resolver el problema.

$3\frac{1}{2}, 4\frac{5}{6}, 6\frac{1}{6}, 7\frac{1}{2},$ ______, ______

Entonces, el Sr. Patrick usará ______ de onzas de chile en polvo en la sexta tanda.

Ejemplo Halla los términos desconocidos de la secuencia.

$1\frac{3}{4}$, $1\frac{9}{16}$, $1\frac{3}{8}$, $1\frac{3}{16}$, ______, ______, ______, $\frac{7}{16}$, $\frac{1}{4}$

PASO 1 Escribe los términos de la secuencia como fracciones equivalentes con un denominador común.

______, ______, ______, ______, ?, ?, ?, ______, ______

PASO 2 Escribe una regla para describir el patrón de la secuencia.

- ¿Qué operación puedes usar para describir una secuencia que aumenta?

______

- ¿Qué operación puedes usar para describir una secuencia que disminuye?

______

Regla: ______

PASO 3 Usa tu regla para hallar los términos desconocidos. Luego completa la secuencia de arriba.

MÉTODOS MATEMÁTICOS

Charla matemática Explica cómo sabes si debes usar la suma o la resta al crear una regla para una secuencia.

¡Inténtalo!

A **Escribe una regla para la secuencia. Luego halla el término desconocido.**

$1\frac{1}{12}$, $\frac{5}{6}$, ______, $\frac{1}{3}$, $\frac{1}{12}$

Regla: ______

B **Escribe los primeros cuatro términos de la secuencia.**

Regla: Comienza con $\frac{1}{4}$, suma $\frac{3}{8}$.

______, ______, ______, ______

Nombre ______________________________

Comunicar y mostrar MATH BOARD

Escribe una regla para la secuencia.

1. $\frac{1}{4}, \frac{1}{2}, \frac{3}{4}, \ldots$

   Piensa: ¿La secuencia aumenta o disminuye?

   Regla: ______________

2. $\frac{1}{9}, \frac{1}{3}, \frac{5}{9}, \ldots$

   Regla: ______________

Escribe una regla para la secuencia. Luego halla el término desconocido.

3. $\frac{3}{10}, \frac{2}{5}$, ______________, $\frac{3}{5}, \frac{7}{10}$

   Regla: ______________

4. $10\frac{2}{3}, 9\frac{11}{18}, 8\frac{5}{9}$, ______________, $6\frac{4}{9}$

   Regla: ______________

5. $1\frac{1}{6}$, ________, $1, \frac{11}{12}, \frac{5}{6}$

   Regla: ______________

6. $2\frac{3}{4}, 4, 5\frac{1}{4}, 6\frac{1}{2}$, ________

   Regla: ______________

Por tu cuenta

Escribe una regla para la secuencia. Luego halla el término desconocido.

7. $\frac{1}{8}, \frac{1}{2}$, ________, $1\frac{1}{4}, 1\frac{5}{8}$

   Regla: ______________

8. $1\frac{2}{3}, 1\frac{3}{4}, 1\frac{5}{6}, 1\frac{11}{12}$, ________

   Regla: ______________

9. $12\frac{7}{8}, 10\frac{3}{4}$, ________, $6\frac{1}{2}, 4\frac{3}{8}$

   Regla: ______________

10. $9\frac{1}{3}$, ________, $6\frac{8}{9}, 5\frac{2}{3}, 4\frac{4}{9}$

   Regla: ______________

Escribe los primeros cuatro términos de la secuencia.

11. **Regla:** Comienza con $5\frac{3}{4}$, resta $\frac{5}{8}$.

   ________, ________, ________, ________

12. **Regla:** Comienza con $\frac{3}{8}$, suma $\frac{3}{16}$.

   ________, ________, ________, ________

13. **Regla:** Comienza con $2\frac{1}{3}$, suma $2\frac{1}{4}$.

   ________, ________, ________, ________

14. **Regla:** Comienza con $\frac{8}{9}$, resta $\frac{1}{18}$.

   ________, ________, ________, ________

Resolución de problemas EN EL MUNDO

15. Bill compró una caléndula que medía $\frac{1}{4}$ pulgada de altura. Una semana después, la planta medía $1\frac{1}{12}$ pulgadas de altura. Después de la segunda semana, medía $1\frac{11}{12}$ pulgadas. Después de tres semanas, alcanzó una altura de $2\frac{3}{4}$ pulgadas. Suponiendo que el crecimiento de la planta fue constante, ¿cuántas pulgadas midió al finalizar la cuarta semana?

16. H.O.T. **¿Qué pasaría si** la tasa de crecimiento de la planta de Bill fuera la misma, pero su altura al comprarla hubiera sido de $1\frac{1}{2}$ pulgadas? ¿Qué altura tendría la planta 3 semanas después?

17. Escribe Vicky quería comenzar a correr. La primera vez que salió a correr, corrió $\frac{3}{16}$ milla. La segunda vez, corrió $\frac{3}{8}$ milla y, la tercera vez, corrió $\frac{9}{16}$ milla. Si continuó con este patrón, ¿cuándo fue la primera vez que corrió más de 1 milla? **Explícalo.**

MUESTRA TU TRABAJO

18. El Sr. Conners manejó $78\frac{1}{3}$ millas el lunes, $77\frac{1}{12}$ millas el martes y $75\frac{5}{6}$ millas el miércoles. Si continúa con este patrón el jueves y el viernes, ¿cuántas millas manejará el viernes?

19. **Preparación para la prueba** Zack plantó un jardín y lo regó con $1\frac{3}{8}$ de galones de agua durante la primera semana. La segunda semana, lo regó con $1\frac{3}{4}$ de galones de agua y, la tercera semana, lo regó con $2\frac{1}{8}$ galones. Si continuó con este patrón de riego, ¿cuánta agua usó la quinta semana?

(A) $2\frac{1}{2}$ galones
(B) $2\frac{7}{8}$ galones
(C) $3\frac{1}{4}$ galones
(D) $6\frac{7}{8}$ galones

PARA PRACTICAR MÁS:
Cuaderno de práctica de los estándares, págs. P135 y P136

Nombre ______________________________

Resolución de problemas
Practicar la suma y la resta

Pregunta esencial ¿Cómo puede ayudarte la estrategia *trabajar de atrás para adelante* a resolver un problema en el que debes sumar y restar fracciones?

ESTÁNDAR COMÚN CC.5.NF.2
Use equivalent fractions as a strategy to add and subtract fractions.

SOLUCIONA el problema EN EL MUNDO

La familia Díaz está haciendo esquí de fondo a través de los senderos Big Tree, que tienen una longitud total de 4 millas. Ayer esquiaron en el sendero Oak, que mide $\frac{7}{10}$ milla. Hoy esquiaron en el sendero Pine, que tiene una longitud de $\frac{3}{5}$ milla. Si planean recorrer todos los senderos Big Tree, ¿cuántas millas más les quedan por esquiar?

Usa el organizador gráfico como ayuda para resolver el problema.

Lee el problema

¿Qué debo hallar?	¿Qué información debo usar?	¿Cómo usaré la información?
Debo hallar la distancia ______________________.	Debo usar la distancia ______________________ y la distancia total ______________________.	Puedo trabajar de atrás para adelante comenzando por la ____________ y ____________ cada una de las distancias que ya han esquiado para hallar la cantidad de millas que les queda por esquiar.

Resuelve el problema

La suma y la resta son operaciones inversas. Al trabajar de atrás para adelante usando los mismos números, una operación cancela la otra.

- Escribe una ecuación.

millas esquiadas ayer		millas esquiadas hoy		millas que les quedan por esquiar		distancia total
↓		↓		↓		↓
________	+	________	+	m	=	4

- Luego trabaja de atrás para adelante para hallar m.

______ − ______ − ______ $= m$

______ $= m$

Entonces, les quedan por esquiar ____________ millas.

- **Explica** cómo sabes si tu resultado es razonable. ______________________________

____

Haz otro problema

Como parte de sus estudios sobre el tejido de canastas en la cultura indígena, la clase de Liliana está haciendo canastas de mimbre. Liliana comienza con una tira de mimbre de 36 pulgadas de longitud. Primero corta un trozo de la tira, cuya longitud desconoce, y luego corta un trozo que mide $6\frac{1}{2}$ pulgadas de longitud. El trozo que queda mide $7\frac{3}{4}$ pulgadas de longitud. ¿Cuál es la longitud del primer trozo de tira que cortó?

Lee el problema

¿Qué debo hallar?	¿Qué información debo usar?	¿Cómo usaré la información?

Resuelve el problema

Entonces, el primer trozo que cortó medía _______ pulgadas de longitud.

MÉTODOS MATEMÁTICOS

Charla matemática ¿Qué otra estrategia podrías usar para resolver el problema?

Nombre ______________________________

Comunicar y mostrar MATH BOARD

1. Caitlin tiene $4\frac{3}{4}$ de libras de arcilla. Usa $1\frac{1}{10}$ libras para hacer una taza y otras 2 libras para hacer un frasco. ¿Cuántas libras le quedan?

Primero, escribe una ecuación para representar el problema.

____

A continuación, trabaja de atrás para adelante y vuelve a escribir la ecuación para hallar *x*.

____

Resuelve.

____

Entonces, le quedan ______ de libras de arcilla.

2. H.O.T. **¿Qué pasaría si** Caitlin hubiera usado más de 2 libras de arcilla para hacer el frasco? ¿La cantidad restante habría sido mayor o menor que el resultado del Ejercicio 1?

____

3. Una tienda de mascotas donó 50 libras de alimento para perros adultos, cachorros y gatos a un refugio para animales. Donó $19\frac{3}{4}$ de libras de alimento para perros adultos y $18\frac{7}{8}$ de libras de alimento para cachorros. ¿Cuántas libras de alimento para gatos donó la tienda de mascotas?

____

4. Thelma gastó $\frac{1}{6}$ de su mesada semanal en juguetes para perros, $\frac{1}{4}$ en un collar para perros y $\frac{1}{3}$ en alimento para perros. ¿Qué fracción de su mesada semanal le queda?

____

Pistas

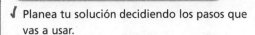

SOLUCIONA el problema

- Planea tu solución decidiendo los pasos que vas a usar.
- Comprueba el resultado exacto comparándolo con tu estimación.
- Comprueba si tu resultado es razonable.

MUESTRA TU TRABAJO

Por tu cuenta

Elige una ESTRATEGIA

- Representar
- Hacer un diagrama
- Hacer una tabla
- Resolver un problema más sencillo
- Trabajar de atrás para adelante
- Adivinar, comprobar y revisar

5. Martín está construyendo un modelo de una canoa indígena. Tiene $5\frac{1}{2}$ de pies de madera. Usa $2\frac{3}{4}$ pies para el casco y $1\frac{1}{4}$ para los remos y los puntales. ¿Cuánta madera le queda?

____

6. H.O.T. **¿Qué pasaría si** Martín construyera un casco y dos juegos de remos y de puntales? ¿Cuánta madera le quedaría?

____

7. Las vacaciones de Beth duraron 87 días. Al comienzo de sus vacaciones, pasó 3 semanas en un campamento de fútbol, 5 días en la casa de su abuela y 13 días de visita en el Parque Nacional Glacier con sus padres. ¿Cuántos días de vacaciones le quedaron?

____

8. Escribe Puedes comprar 2 DVD al mismo precio que pagarías por 3 CD que se venden a $13.20 cada uno. **Explica** cómo puedes hallar el precio de 1 DVD.

____

____

____

____

9. **Preparación para la prueba** De las 9 horas transcurridas entre las 8 a. m. y las 5 p. m., Bret pasó $5\frac{3}{4}$ horas en clase y $1\frac{1}{2}$ horas ensayando con la banda de música. ¿Cuánto tiempo pasó realizando otras actividades?

Ⓐ $\frac{3}{4}$ hora
Ⓑ $1\frac{1}{4}$ horas
Ⓒ $1\frac{1}{2}$ horas
Ⓓ $1\frac{3}{4}$ horas

MUESTRA TU TRABAJO

PARA PRACTICAR MÁS:
Cuaderno de práctica de los estándares, págs. P137 y P138

Nombre ______________________________

Usar propiedades de la suma

Pregunta esencial ¿Cómo pueden ayudarte las propiedades a sumar fracciones con denominadores distintos?

ESTÁNDAR COMÚN CC.5.NF.1
Use equivalent fractions as a strategy to add and subtract fractions.

CONECTAR Puedes usar las propiedades de la suma como ayuda para sumar fracciones con denominadores distintos.

Propiedad conmutativa: $\frac{1}{2} + \frac{3}{5} = \frac{3}{5} + \frac{1}{2}$

Propiedad asociativa: $\left(\frac{2}{9} + \frac{1}{8}\right) + \frac{3}{8} = \frac{2}{9} + \left(\frac{1}{8} + \frac{3}{8}\right)$

Recuerda
Los paréntesis ( ) indican qué operación debes hacer primero.

SOLUCIONA el problema EN EL MUNDO

Jane y su familia viajan en carro al Parque Estatal Big Lagoon. El primer día, recorren $\frac{1}{3}$ de la distancia total. El segundo día, recorren $\frac{1}{3}$ de la distancia total por la mañana y $\frac{1}{6}$ de la distancia total por la tarde. ¿Qué fracción de la distancia total ha recorrido la familia de Jane al final del segundo día?

Usa la propiedad asociativa.

Día 1 + **Día 2**

$\frac{1}{3} + \left(\frac{1}{3} + \frac{1}{6}\right) = (\square + \square) + \square$

Escribe el enunciado numérico para representar el problema. Usa la propiedad asociativa para agrupar las fracciones con denominadores semejantes.

$= \square + \square$

Usa el cálculo mental para sumar las fracciones con denominadores semejantes.

$= \square + \square$

Escribe fracciones equivalentes con denominadores semejantes. Luego suma.

$= \square$

Entonces, la familia de Jane ha recorrido ______ de la distancia total al final del segundo día.

Charla matemática MÉTODOS MATEMÁTICOS
Explica por qué al agrupar las fracciones de distinta manera resulta más fácil hallar el total.

Ejemplo Suma. $\left(2\frac{5}{8} + 1\frac{2}{3}\right) + 1\frac{1}{8}$

Usa la propiedad conmutativa y la propiedad asociativa.

$$\left(2\frac{5}{8} + 1\frac{2}{3}\right) + 1\frac{1}{8} = (\square + \square) + \square$$

Usa la propiedad conmutativa para colocar las fracciones con denominadores semejantes una al lado de la otra.

$$= \square + (\square + \square)$$

Usa la propiedad asociativa para agrupar las fracciones con denominadores semejantes.

$$= \square + \square$$

Usa el cálculo mental para sumar las fracciones con denominadores semejantes.

$$= \square + \square$$

Escribe fracciones equivalentes con denominadores semejantes. Luego suma.

$$= \square = \square$$

Convierte y simplifica.

¡Inténtalo! **Usa propiedades para resolver los ejercicios. Muestra cada paso y menciona la propiedad que usaste.**

A $5\frac{1}{4} + \left(\frac{3}{4} + 1\frac{5}{12}\right)$

B $\left(\frac{1}{5} + \frac{3}{10}\right) + \frac{2}{5}$

Nombre ______________________________

Comunicar y mostrar MATH BOARD

Usa propiedades y el cálculo mental para resolver los ejercicios. Escribe el resultado en su mínima expresión.

1. $\left(2\frac{5}{8} + \frac{5}{6}\right) + 1\frac{1}{8}$

✓2. $\frac{5}{12} + \left(\frac{5}{12} + \frac{3}{4}\right)$

✓3. $\left(3\frac{1}{4} + 2\frac{5}{6}\right) + 1\frac{3}{4}$

MÉTODOS MATEMÁTICOS

Charla matemática Explica en qué se diferencia resolver el Ejercicio 3 de resolver el Ejercicio 1.

Por tu cuenta

Usa propiedades y el cálculo mental para resolver los ejercicios. Escribe el resultado en su mínima expresión.

4. $\left(\frac{2}{7} + \frac{1}{3}\right) + \frac{2}{3}$

5. $\left(\frac{1}{5} + \frac{1}{2}\right) + \frac{2}{5}$

6. $\left(\frac{1}{6} + \frac{3}{7}\right) + \frac{2}{7}$

7. $\left(2\frac{5}{12} + 4\frac{1}{4}\right) + \frac{1}{4}$

8. $1\frac{1}{8} + \left(5\frac{1}{2} + 2\frac{3}{8}\right)$

9. $\frac{5}{9} + \left(\frac{1}{9} + \frac{4}{5}\right)$

Resolución de problemas EN EL MUNDO

Usa el mapa para resolver los problemas 10 a 12.

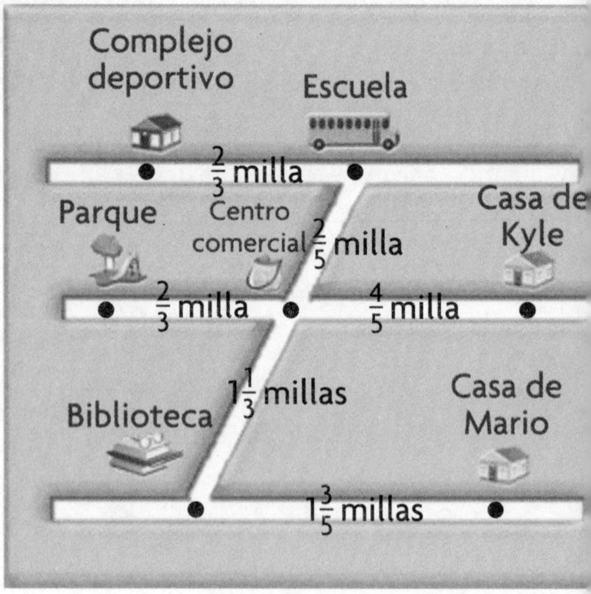

10. Por la mañana, Julie va en bicicleta desde el complejo deportivo hasta la escuela. Por la tarde, va en bicicleta desde la escuela hasta el centro comercial y luego, hasta la casa de Kyle. ¿Qué distancia recorre Julie en su bicicleta?

____

11. Una tarde, Mario camina desde su casa hasta la biblioteca. Más tarde, Mario camina desde la biblioteca hasta el centro comercial y luego, hasta la casa de Kyle. **Describe** de qué manera puedes usar propiedades para hallar la distancia que caminó Mario.

____

____

____

____

____

12. H.O.T. **Plantea un problema** Escribe y resuelve un nuevo problema en el que se usen las distancias entre cuatro lugares.

____

____

____

____

13. **Preparación para la prueba** ¿Qué propiedad o propiedades se usan en el siguiente ejercicio?

$$\frac{1}{9} + \left(\frac{4}{9} + \frac{1}{6}\right) = \left(\frac{1}{9} + \frac{4}{9}\right) + \frac{1}{6}$$

Ⓐ propiedad conmutativa

Ⓑ propiedad asociativa

Ⓒ propiedad conmutativa y propiedad asociativa

Ⓓ propiedad distributiva

MUESTRA TU TRABAJO

 PARA PRACTICAR MÁS:
Cuaderno de práctica de los estándares, págs. P139 y P140

Nombre ______________________________

Repaso y prueba del Capítulo 6

Vocabulario

Elige el término del recuadro que mejor corresponda.

Vocabulario
denominador común
múltiplo común

1. Un ______________________________ es un número que es múltiplo común de dos o más denominadores. (pág. 255)

Conceptos y destrezas

Usa un denominador común para escribir una fracción equivalente para cada fracción. (CC.5.NF.1)

2. $\frac{2}{5}, \frac{1}{8}$ denominador común: ______

____

3. $\frac{3}{4}, \frac{1}{2}$ denominador común: ______

____

4. $\frac{2}{3}, \frac{1}{6}$ denominador común: ______

____

Halla la suma o la diferencia. Escribe el resultado en su mínima expresión. (CC.5.NF.1)

5. $\frac{5}{6} + \frac{7}{8}$

6. $2\frac{2}{3} - 1\frac{2}{5}$

7. $7\frac{3}{4} + 3\frac{7}{20}$

Estima. Luego halla la diferencia y escríbela en su mínima expresión. (CC.5.NF.1)

8. Estimación: ______

$1\frac{2}{5} - \frac{2}{3}$

9. Estimación: ______

$7 - \frac{3}{7}$

10. Estimación: ______

$5\frac{1}{9} - 3\frac{5}{6}$

Usa propiedades y el cálculo mental para resolver los ejercicios. Escribe el resultado en su mínima expresión. (CC.5.NF.1)

11. $(\frac{3}{8} + \frac{2}{3}) + \frac{1}{3}$

12. $1\frac{4}{5} + (2\frac{3}{20} + \frac{3}{5})$

13. $3\frac{5}{9} + (1\frac{7}{9} + 2\frac{5}{12})$

APRENDE en línea Opciones de evaluación Prueba del capítulo

Rellena el círculo completamente para indicar tu respuesta.

PREPARACIÓN PARA LA PRUEBA

14. Ursula mezcló $3\frac{1}{8}$ de tazas de ingredientes secos con $1\frac{2}{5}$ de tazas de ingredientes líquidos. ¿Qué respuesta representa la mejor estimación de la cantidad total de ingredientes que mezcló Ursula? (CC.5.NF.2)

Ⓐ alrededor de 4 tazas

Ⓑ alrededor de $4\frac{1}{2}$ tazas

Ⓒ alrededor de 5 tazas

Ⓓ alrededor de $5\frac{1}{2}$ tazas

15. Samuel participa en el desfile del Día del Trabajo. Camina $3\frac{1}{4}$ millas por la ruta del desfile y $2\frac{5}{6}$ millas para volver a su casa. ¿Cuántas millas camina Samuel en total? (CC.5.NF.1)

Ⓐ $\frac{5}{10}$ milla

Ⓑ $5\frac{1}{12}$ millas

Ⓒ $5\frac{11}{12}$ millas

Ⓓ $6\frac{1}{12}$ millas

16. Un jardinero tiene un recipiente con $6\frac{1}{5}$ de onzas de fertilizante líquido para plantas. El domingo, el jardinero usa $2\frac{1}{2}$ onzas en un jardín de flores. ¿Cuántas onzas de fertilizante líquido para plantas le quedan? (CC.5.NF.1)

Ⓐ $3\frac{7}{10}$ onzas

Ⓑ $5\frac{7}{10}$ onzas

Ⓒ $6\frac{7}{10}$ onzas

Ⓓ $8\frac{7}{10}$ onzas

17. Aaron está practicando para un triatlón. El domingo, recorre $12\frac{5}{8}$ millas en bicicleta y nada $5\frac{2}{3}$ millas. El lunes, corre $6\frac{3}{8}$ millas. ¿Cuántas millas en total recorre Aaron en los dos días? (CC.5.NF.1)

Ⓐ $23\frac{1}{6}$ millas

Ⓑ $24\frac{7}{12}$ millas

Ⓒ $24\frac{2}{3}$ millas

Ⓓ $25\frac{7}{12}$ millas

Nombre ________________________________

PREPARACIÓN PARA LA PRUEBA

Rellena el círculo completamente para indicar tu respuesta.

18. La Sra. Friedmon horneó un pastel de nueces para su clase. En las siguientes ilustraciones, se muestra la cantidad de pastel que llevó a la escuela y la cantidad que le quedó al final del día.

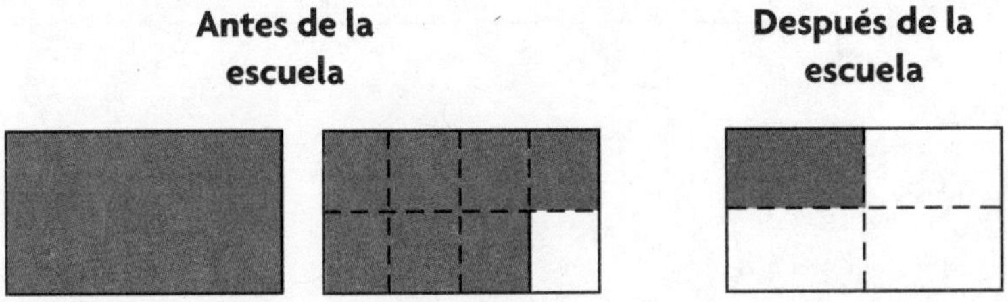

¿Qué fracción representa la diferencia entre las cantidades de pastel que tenía la Sra. Friedmon antes y después de ir a la escuela? (CC.5.NF.2)

Ⓐ $\frac{5}{8}$

Ⓑ $1\frac{1}{2}$

Ⓒ $1\frac{5}{8}$

Ⓓ $2\frac{1}{2}$

19. Cody está diseñando un patrón para la construcción de un piso de madera. Las longitudes de las tablas de madera son $1\frac{1}{2}$ pulgada, $1\frac{13}{16}$ pulgadas y $2\frac{1}{8}$ pulgadas. ¿Cuál será la longitud de la quinta tabla de madera si continúa con este patrón? (CC.5.NF.1)

Ⓐ $2\frac{7}{16}$ pulgadas

Ⓑ $2\frac{3}{4}$ pulgadas

Ⓒ $3\frac{1}{2}$ pulgadas

Ⓓ 4 pulgadas

20. Julie estudia $\frac{3}{4}$ hora el lunes y $\frac{1}{6}$ hora el martes. ¿Cuántas horas estudia Julie durante esos dos días? (CC.5.NF.1)

Ⓐ $\frac{1}{3}$ hora

Ⓑ $\frac{2}{5}$ hora

Ⓒ $\frac{5}{6}$ hora

Ⓓ $\frac{11}{12}$ hora

▶ Respuesta de desarrollo

21. En una clase se usan $8\frac{5}{6}$ de hojas de papel blanco y $3\frac{1}{12}$ de hojas de papel rojo para un proyecto. ¿Cuántas hojas de papel blanco más se usan? Muestra tu trabajo con palabras, dibujos o números. **Explica** cómo sabes si tu resultado es razonable. (CC.5.NF.1)

____

____

▶ Tarea de rendimiento (CC.5.NF.1, CC.5.NF.2)

22. Para una reunión familiar, Marcos prepara refrescos de lima limón con la siguiente receta.

Refresco de lima limón

$\frac{1}{4}$ de galón de jugo de lima

$\frac{2}{3}$ de galón de jugo de limón

$1\frac{1}{4}$ de galones de agua carbonatada

A ¿Cómo decidirías el tamaño del recipiente que necesitas para preparar una tanda de refrescos de lima limón?

____

____

B Si Marcos debe preparar dos tandas de la receta, ¿qué cantidad de cada ingrediente necesitará? ¿Cuántos galones tendrá en total? Muestra tu solución matemática y explica tu razonamiento para responder ambas preguntas.

____

____

C A Marcos le sobraron $1\frac{1}{3}$ de galones de refresco. Vertió todo en varios recipientes para dárselo a sus parientes. Usa partes fraccionarias de un galón para sugerir una manera en que Marcos podría haber dividido los refrescos entre tres recipientes de distintos tamaños.

____

____

Capítulo 7

Multiplicar fracciones

Muestra lo que sabes

Comprueba tu comprensión de destrezas importantes.

Nombre ______________________________

▶ Parte de un grupo **Escribe la fracción que indica la parte sombreada.**

1. 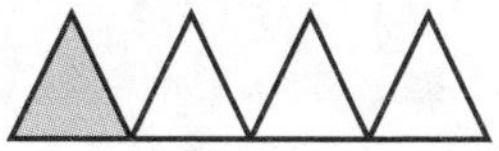

partes sombreadas ______

partes en total ______

fracción ______

2. 

partes sombreadas ______

partes en total ______

fracción ______

▶ Área **Escribe el área de cada figura.**

3. 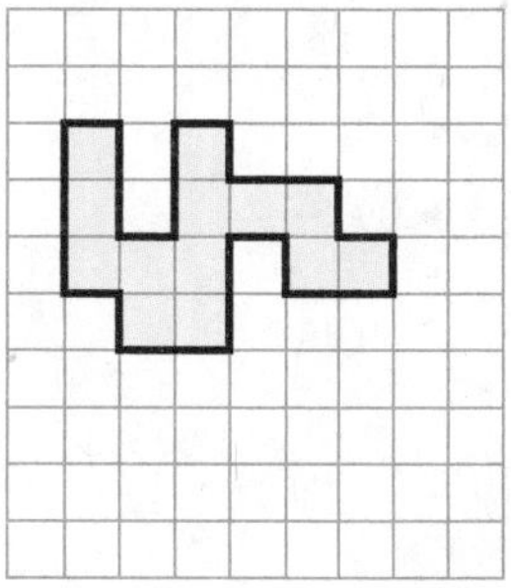

______ unidades cuadradas

4. 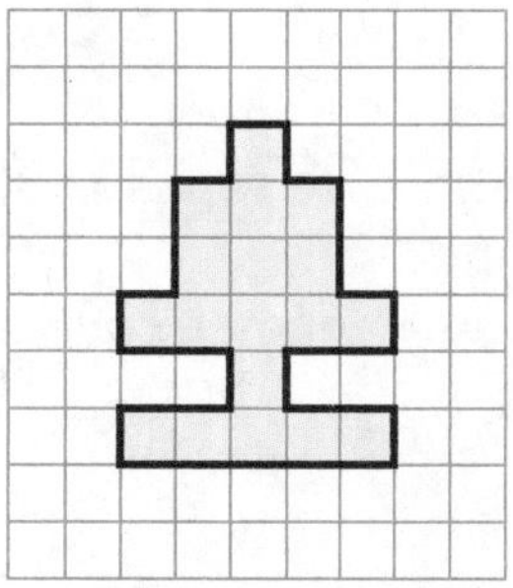

______ unidades cuadradas

5. 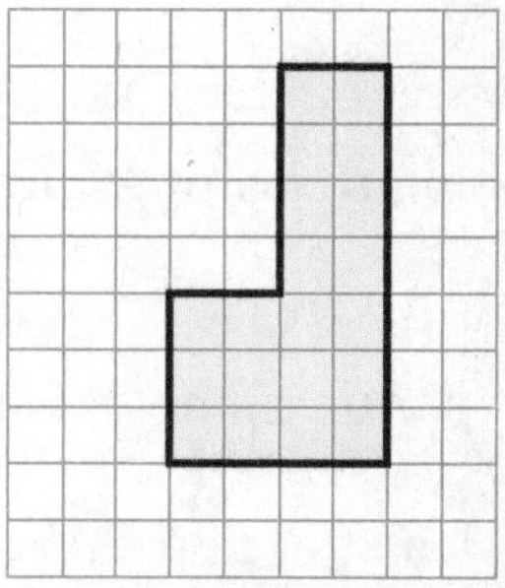

______ unidades cuadradas

▶ Fracciones equivalentes **Escribe una fracción equivalente.**

6. $\frac{3}{4}$ ______ 7. $\frac{9}{15}$ ______ 8. $\frac{24}{40}$ ______ 9. $\frac{5}{7}$ ______

Carmen recuperó 2 lingotes de oro que habían sido robados de una caja de seguridad. El primer lingote pesaba $2\frac{2}{5}$ libras. El segundo lingote pesaba $1\frac{2}{3}$ veces más que el primero. Piensa como un detective matemático y descubre cuánto oro se recuperó.

APRENDE en línea Opciones de evaluación: **Soar to Success Math**

Desarrollo del vocabulario

▶ Visualizar

Empareja cada palabra de repaso con el ejemplo que corresponda.

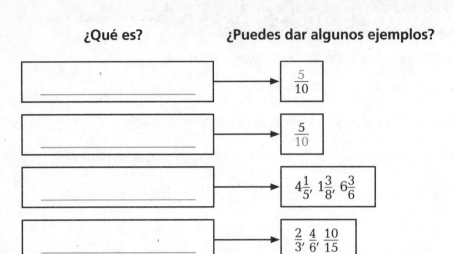

¿Qué es?		¿Puedes dar algunos ejemplos?
______________	→	$\frac{5}{10}$ (5)
______________	→	$\frac{5}{10}$ (10)
______________	→	$4\frac{1}{5}, 1\frac{3}{8}, 6\frac{3}{6}$
______________	→	$\frac{2}{3}, \frac{4}{6}, \frac{10}{15}$

Palabras de repaso

- *denominador*
- *fracciones equivalentes*
- *mínima expresión*
- *numerador*
- *número mixto*
- *producto*

▶ Comprender el vocabulario

Completa las oraciones con las palabras de repaso.

1. Un ______________ es un número que está formado por un número natural y una fracción.

2. Una fracción está en su ______________ cuando el único factor común que tienen el numerador y el denominador es 1.

3. El número que está debajo de la barra de una fracción e indica cuántas partes iguales hay en el entero o en el grupo es el

   ______________.

4. El ______________ es el resultado de un problema de multiplicación.

5. Las fracciones que indican la misma cantidad o parte se llaman

   ______________.

6. El ______________ es el número que está sobre la barra de una fracción e indica cuántas partes iguales de un entero se deben considerar.

APRENDE en línea • Libro electrónico del estudiante • Glosario multimedia

Nombre ______________________________

Hallar una parte de un grupo

Pregunta esencial ¿Cómo puedes hallar una parte fraccionaria de un grupo?

ESTÁNDAR COMÚN CC.5.NF.4a
Apply and extend previous understandings of multiplication and division to multiply and divide fractions.

SOLUCIONA el problema EN EL MUNDO

Maia colecciona estampillas. Tiene 20 estampillas en su colección. Cuatro quintos de sus estampillas han sido canceladas. ¿Cuántas estampillas de la colección de Maia se han cancelado?

▲ La oficina de correos cancela estampillas para evitar que vuelvan a usarse.

Halla $\frac{4}{5}$ de 20.

- Pon 20 fichas en tu pizarra.

  Como quieres hallar $\frac{4}{5}$ de las estampillas,

  debes disponer las 20 fichas en _______ grupos iguales.

- Dibuja abajo los grupos iguales de fichas.

  ¿Cuántas fichas hay en cada grupo? _______

- Cada grupo representa _______ de las estampillas. Encierra en un círculo $\frac{4}{5}$ de las fichas.

  ¿Cuántos grupos encerraste en un círculo? _______

  ¿Cuántas fichas encerraste en un círculo? _______

  $\frac{4}{5}$ de 20 = _______ ó $\frac{4}{5} \times 20$ = _______

Entonces, se han cancelado _______ estampillas.

Charla matemática MÉTODOS MATEMÁTICOS

¿Cuántos grupos encerrarías en un círculo si se cancelaran $\frac{3}{5}$ de las estampillas? **Explícalo.**

Ejemplo

Max tiene estampillas de diferentes países en su colección. Tiene 12 estampillas de Canadá. De esas doce, $\frac{2}{3}$ tienen ilustraciones de la reina Elizabeth II. ¿Cuántas estampillas tienen una ilustración de la reina?

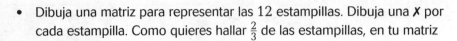

- Dibuja una matriz para representar las 12 estampillas. Dibuja una ✗ por cada estampilla. Como quieres hallar $\frac{2}{3}$ de las estampillas, en tu matriz

  debe haber _______ hileras del mismo tamaño.

- Encierra en un círculo _______ de las 3 hileras para mostrar $\frac{2}{3}$ de 12. Luego cuenta la cantidad de ✗ dentro del círculo.

  Hay _______ ✗ dentro del círculo.

- Completa los enunciados numéricos.

  $\frac{2}{3}$ de 12 = _______ ó $\frac{2}{3} \times 12 =$ _______

Entonces, hay _______ estampillas con una ilustración de la reina Elizabeth II.

- Usa tu pizarra y fichas para hallar $\frac{4}{6}$ de 12. **Explica** por qué el resultado es el mismo que cuando hallaste $\frac{2}{3}$ de 12.

____

____

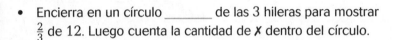

¡Inténtalo! **Dibuja una matriz.**

Susan tiene 16 estampillas. En su colección, $\frac{3}{4}$ de las estampillas son de los Estados Unidos. ¿Cuántas estampillas son de los Estados Unidos y cuántas no?

Entonces, _______ de las estampillas de Susan son de los Estados Unidos y _______ no lo son.

Nombre ______________________

Comunicar y mostrar

1. Completa el modelo para resolver el ejercicio.

$\frac{7}{8}$ de 16 ó $\frac{7}{8} \times 16$

- ¿Cuántas hileras de fichas hay? ______
- ¿Cuántas fichas hay en cada hilera? ______
- Encierra en un círculo ______ hileras para resolver el problema.
- ¿Cuántas fichas encerraste en un círculo? ______

$\frac{7}{8}$ de 16 = ______ ó $\frac{7}{8} \times 16 =$ ______

Usa un modelo para resolver los ejercicios.

2. $\frac{2}{3} \times 18 =$ ______

3. $\frac{2}{5} \times 15 =$ ______

4. $\frac{2}{3} \times 6 =$ ______

MÉTODOS MATEMÁTICOS

Charla matemática Explica cómo usaste un modelo para resolver el Ejercicio 4.

Por tu cuenta

Usa un modelo para resolver los ejercicios.

5. $\frac{5}{8} \times 24 =$ ______

6. $\frac{3}{4} \times 24 =$ ______

7. $\frac{4}{7} \times 21 =$ ______

8. $\frac{2}{9} \times 27 =$ ______

9. $\frac{3}{5} \times 20 =$ ______

10. $\frac{7}{11} \times 22 =$ ______

Resolución de problemas EN EL MUNDO

Usa la tabla para resolver los problemas 11 y 12.

Estampillas coleccionadas	
Nombre	**Número de estampillas**
Zack	30
Teri	18
Paco	24

11. Cuatro quintos de las estampillas de Zack tienen ilustraciones de animales. ¿Cuántas estampillas con ilustraciones de animales tiene Zack? Usa un modelo para resolver el problema.

____

12. H.O.T. **Escribe** Zack, Teri y Paco juntaron las estampillas extranjeras de sus colecciones para una exposición de estampillas. De las colecciones de cada uno, eran extranjeras $\frac{3}{10}$ de las estampillas de Zack, $\frac{5}{6}$ de las estampillas de Teri y $\frac{3}{8}$ de las estampillas de Paco. ¿Cuántas estampillas había en su muestra? **Explica** cómo resolviste el problema.

____

____

____

____

____

MUESTRA TU TRABAJO

13. Paula tiene 24 estampillas en su colección. Entre sus estampillas, $\frac{1}{3}$ tienen ilustraciones de animales. De sus estampillas con ilustraciones de animales, $\frac{3}{4}$ tienen ilustraciones de aves. ¿Cuántas estampillas tienen ilustraciones de aves?

____

14. **Preparación para la prueba** Barry compró 21 estampillas en una tienda de pasatiempos. Le dio $\frac{3}{7}$ a su hermana. ¿Cuántas estampillas le quedaron?

Ⓐ 3 estampillas

Ⓑ 6 estampillas

Ⓒ 9 estampillas

Ⓓ 12 estampillas

 PARA PRACTICAR MÁS:
Cuaderno de práctica de los estándares, págs. P145 y P146

Nombre ______________________________

Multiplicar fracciones y números naturales

Pregunta esencial ¿Cómo puedes usar un modelo para mostrar el producto de una fracción y un número natural?

ESTÁNDAR COMÚN CC.5.NF.4a
Apply and extend previous understandings of multiplication and division to multiply and divide fractions.

Investigar

Martín está plantando una huerta. Cada hilera mide dos metros de longitud. Quiere plantar zanahorias a lo largo de $\frac{3}{4}$ de cada hilera. ¿En cuántos metros de cada hilera plantará zanahorias?

Multiplica. $\frac{3}{4} \times 2$

Materiales ■ tiras fraccionarias ■ pizarra

A. Coloca dos tiras fraccionarias de 1 entero una al lado de la otra para representar la longitud de la huerta.

B. Busca 4 tiras fraccionarias con el mismo denominador que quepan exactamente debajo de los dos enteros.

C. Haz un dibujo de tu modelo.

1	1

D. En el modelo que dibujaste, encierra en un círculo $\frac{3}{4}$ de 2.

E. Completa el enunciado numérico. $\frac{3}{4} \times 2 =$ __________

Entonces, Martín plantará zanahorias a lo largo de __________ metros de cada hilera.

Sacar conclusiones

1. **Explica** por qué colocaste cuatro tiras fraccionarias con el mismo denominador debajo de las dos tiras de 1 entero.

____

____

2. **Explica** cómo representarías $\frac{3}{10}$ de 2.

____

____

Hacer conexiones

En la sección Investigar, multiplicaste un número natural por una fracción. También puedes usar un modelo para multiplicar una fracción por un número natural.

Margo estaba ayudando a limpiar el salón de clases después de una fiesta. Habían sobrado 3 cajas de pizza. En cada caja habían quedado $\frac{3}{8}$ de una pizza. ¿Cuánta pizza quedó en total?

Materiales ■ círculos fraccionarios

PASO 1 Halla $3 \times \frac{3}{8}$. Usa tres círculos fraccionarios de 1 entero para representar el número de cajas que contienen pizza.

PASO 2 Coloca partes de círculos fraccionarios de $\frac{1}{8}$ en cada círculo para representar la cantidad de pizza que quedó en cada caja.

- Sombrea los círculos fraccionarios para mostrar tu modelo.

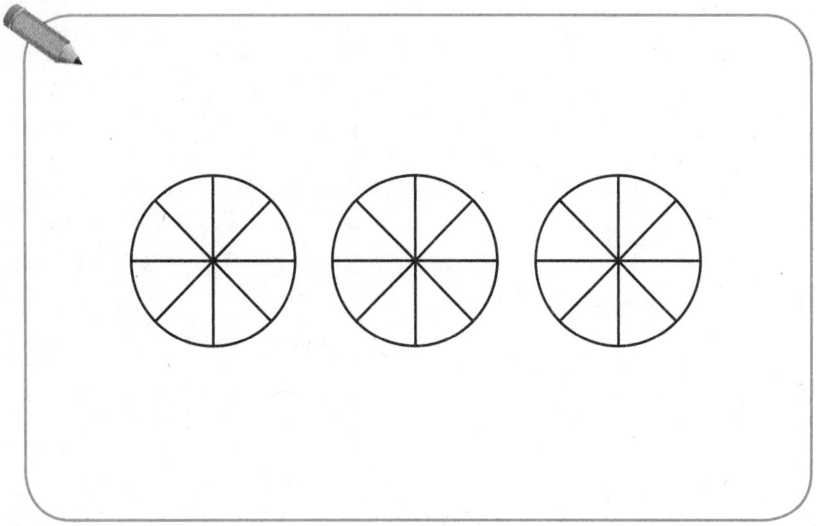

En cada círculo se muestran _____ octavos de un entero.

En los 3 círculos se muestran _____ octavos de un entero.

PASO 3 Completa los enunciados numéricos.

$\frac{3}{8} + \frac{3}{8} + \frac{3}{8} =$ __________

$3 \times \frac{3}{8} =$ __________

Entonces, a Margo le quedaron __________ cajas de pizza.

MÉTODOS MATEMÁTICOS

Charla matemática Explica cómo sabías que quedaría más de una pizza.

Nombre ______________________

Comunicar y mostrar MATH BOARD

Usa el modelo para hallar el producto.

1. $\frac{5}{6} \times 3 =$ ______

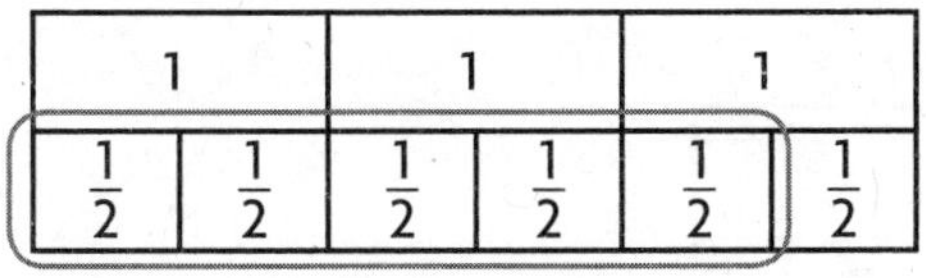

2. $2 \times \frac{5}{6} =$ ______

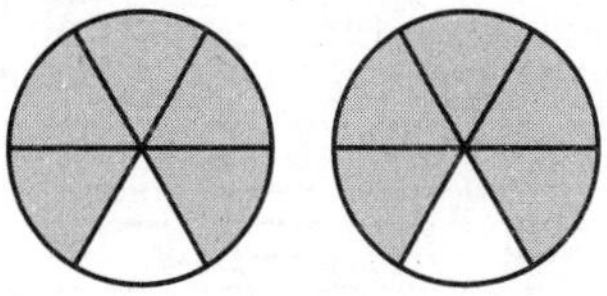

Halla el producto.

3. $\frac{5}{12} \times 3 =$ ______

4. $9 \times \frac{1}{3} =$ ______

5. $\frac{7}{8} \times 4 =$ ______

6. $4 \times \frac{3}{5} =$ ______

7. $\frac{7}{8} \times 2 =$ ______

8. $7 \times \frac{2}{5} =$ ______

9. $\frac{3}{8} \times 4 =$ ______

10. $11 \times \frac{3}{4} =$ ______

11. $\frac{4}{15} \times 5 =$ ______

12. **Escribe** Matt tiene una bolsa de manzanas que pesa 5 libras. Para preparar una tarta, necesita usar $\frac{3}{5}$ de la bolsa. ¿Cuántas libras de manzanas usará para la tarta? **Explica** cómo podría ser un modelo para este problema.

____

____

____

Resolución de problemas

H.O.T. Plantea un problema

13. Tarique dibujó el siguiente modelo para un problema. Escribe 2 problemas que puedan resolverse con este modelo. En uno de los problemas se debe multiplicar un número natural por una fracción y en el otro se debe multiplicar una fracción por un número natural.

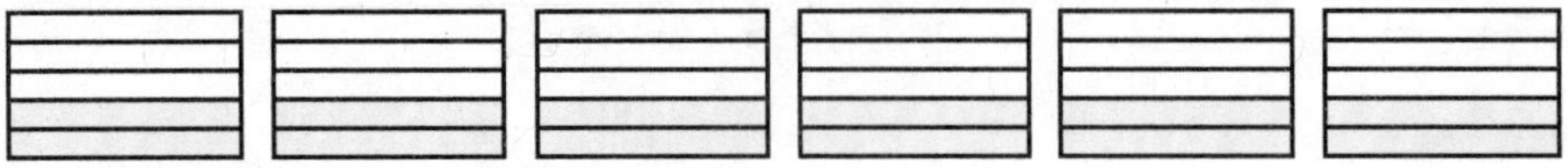

Plantea los problemas.

Resuelve los problemas.

- ¿Cómo podrías cambiar el modelo para que el resultado sea $4\frac{4}{5}$? **Explícalo** y escribe una nueva ecuación.

PARA PRACTICAR MÁS:
Cuaderno de práctica de los estándares, págs. P147 y P148

Nombre ______________________

Multiplicación de fracciones y números naturales

Pregunta esencial ¿Cómo puedes hallar el producto de una fracción y un número natural sin usar un modelo?

ESTÁNDAR COMÚN CC.5.NF.4a
Apply and extend previous understandings of multiplication and division to multiply and divide fractions.

SOLUCIONA el problema EN EL MUNDO

Charlene tiene cinco bolsas de 1 libra con arena de diferentes colores. Para un proyecto de arte, usará $\frac{3}{8}$ de libra de cada bolsa de arena para crear un frasco de arena decorativo. ¿Cuánta arena habrá en el frasco de Charlene?

- ¿Cuánta arena hay en cada bolsa?

  ____

- ¿Charlene usará toda la arena de cada bolsa? Explícalo.

  ____

  ____

Multiplica una fracción por un número natural.

REPRESENTA

- Sombrea el modelo para mostrar 5 grupos de $\frac{3}{8}$.

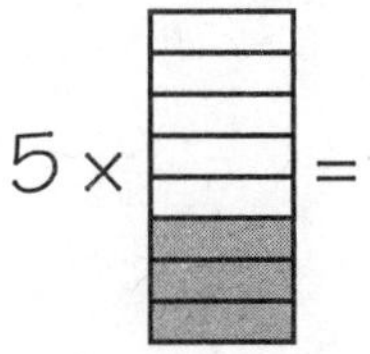

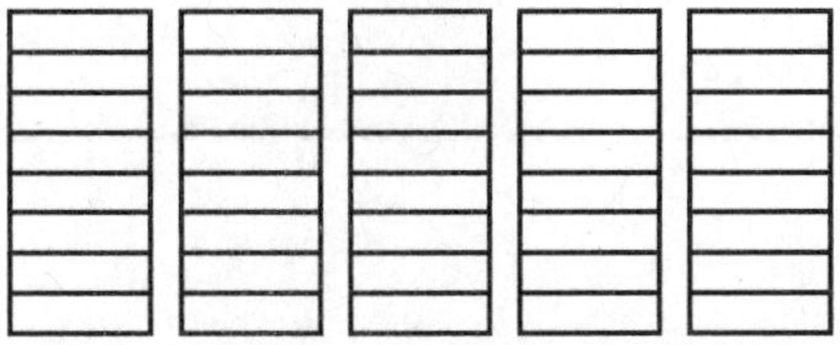

- Reorganiza las partes sombreadas para completar la mayor cantidad posible de enteros.

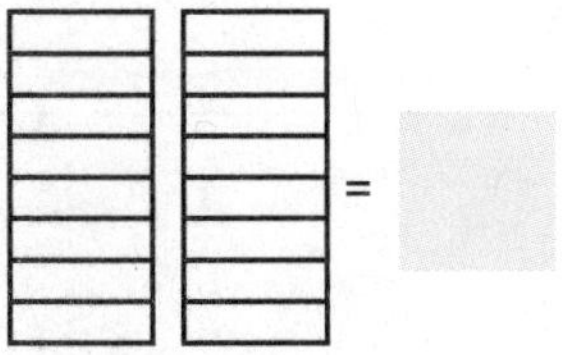

ANOTA

- Escribe una expresión para representar el problema.

$$5 \times \frac{3}{8}$$

Piensa: Debo hallar 5 grupos de 3 partes de un octavo.

- Multiplica el número de partes de un octavo de cada entero por 5. Luego escribe el resultado como el número total de partes de un octavo.

$$\frac{\square \times \square}{8} = \frac{\square}{\square}$$

- Escribe el resultado como un número mixto en su mínima expresión.

$$\frac{\square}{\square} = \square\frac{\square}{\square}$$

Entonces, hay _______ libras de arena en el frasco decorativo de Charlene.

Charla matemática MÉTODOS MATEMÁTICOS **Explica** cómo puedes hallar cuánta arena le queda a Charlene.

Ejemplo Multiplica un número natural por una fracción.

Kirsten llevó a la escuela 4 barras de pan para preparar emparedados para la merienda de la clase. Sus compañeros usaron $\frac{2}{3}$ del pan. ¿Cuántas barras de pan se usaron en total?

REPRESENTA

- Sombrea el modelo para mostrar $\frac{2}{3}$ de 4.

Piensa: Puedo cortar las barras de pan en tercios y mostrar los $\frac{2}{3}$ que se usaron.

- Reorganiza las partes sombreadas para completar la mayor cantidad posible de enteros.

ANOTA

- Escribe una expresión para representar el problema.

$$\frac{2}{3} \times 4$$

Piensa: Debo hallar $\frac{2}{3}$ de 4 enteros.

- Multiplica 4 por el número de partes de un tercio que hay en cada entero. Luego escribe el resultado como el número total de partes de un tercio.

$$\frac{\square \times \square}{\square} = \frac{\square}{\square}$$

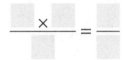

- Escribe el resultado como un número mixto.

$$\frac{\square}{\square} = \square\frac{\square}{\square}$$

Entonces, se usaron ______________ barras de pan.

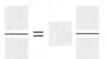

- ¿Tendríamos la misma cantidad de pan si hubiera 4 grupos de $\frac{2}{3}$ de una barra de pan? **Explícalo.**

____

¡Inténtalo! **Halla el producto. Escríbelo en su mínima expresión.**

A $4 \times \frac{7}{8}$

B $\frac{5}{9} \times 12$

Nombre ____________________

Comunicar y mostrar

Halla el producto. Escríbelo en su mínima expresión.

1. $3 \times \frac{2}{5} = $ ______

- Multiplica el numerador por el número natural. Escribe el producto sobre el denominador.

$\frac{\square \times \square}{\square} = \frac{\square}{\square}$

- Escribe el resultado como un número mixto en su mínima expresión.

$\frac{\square}{\square} = \square \frac{\square}{\square}$

2. $\frac{2}{3} \times 5 = $ ______

3. $6 \times \frac{2}{3} = $ ______

4. $\frac{5}{7} \times 4 = $ ______

Por tu cuenta

Halla el producto. Escríbelo en su mínima expresión.

5. $5 \times \frac{2}{3} = $ ______

6. $\frac{1}{4} \times 3 = $ ______

7. $7 \times \frac{7}{8} = $ ______

8. $2 \times \frac{4}{5} = $ ______

9. $4 \times \frac{3}{4} = $ ______

10. $\frac{7}{9} \times 2 = $ ______

Práctica: Copia y resuelve. **Halla el producto. Escríbelo en su mínima expresión.**

11. $\frac{3}{5} \times 11$

12. $3 \times \frac{3}{4}$

13. $\frac{5}{8} \times 3$

H.O.T. **Álgebra** **Halla el dígito desconocido.**

14. $\frac{\blacksquare}{2} \times 8 = 4$

$\blacksquare = $ ______

15. $\blacksquare \times \frac{5}{6} = \frac{20}{6}$ ó $3\frac{1}{3}$

$\blacksquare = $ ______

16. $\frac{1}{\blacksquare} \times 18 = 3$

$\blacksquare = $ ______

SOLUCIONA el problema EN EL MUNDO

PREPARACIÓN PARA LA PRUEBA

17. El cocinero quiere que haya suficiente pavo para 24 personas. Si quiere servir $\frac{3}{4}$ de libra de pavo a cada persona, ¿cuánto pavo necesita?

Ⓐ 72 libras Ⓒ 18 libras

Ⓑ 24 libras Ⓓ 6 libras

a. ¿Qué debes hallar? ______________________

____

b. ¿Qué operación usarás? ______________________

c. ¿Qué información tienes? ______________________

____

d. Resuelve el problema.

e. Completa las oraciones.

El cocinero quiere servir _______ de libra de pavo a cada una de 24 personas.

Necesitará _______ × _______ ó

_______ libras de pavo.

f. Rellena el círculo del resultado correcto.

18. Patty quiere correr $\frac{5}{6}$ milla todos los días durante 5 días. ¿Qué distancia recorrerá en ese período de tiempo?

Ⓐ 25 millas

Ⓑ 5 millas

Ⓒ $4\frac{1}{6}$ millas

Ⓓ $1\frac{2}{3}$ millas

19. Doug tiene una cuerda que mide 33 pies. Quiere usar $\frac{2}{3}$ para su canoa. ¿Cuántos pies de cuerda usará para su canoa?

Ⓐ 11 pies

Ⓑ 22 pies

Ⓒ 33 pies

Ⓓ 66 pies

 PARA PRACTICAR MÁS:
Cuaderno de práctica de los estándares, págs. P149 y P150

Nombre ______________________

Multiplicar fracciones

Pregunta esencial ¿Cómo puedes usar un modelo de área para mostrar el producto de dos fracciones?

ESTÁNDAR COMÚN CC.5.NF.4b
Apply and extend previous understandings of multiplication and division to multiply and divide fractions.

Investigar

Jane está haciendo bolsas de compras y bolsas de papel pequeñas, todas reutilizables. Necesita $\frac{3}{4}$ de yarda de tela para hacer una bolsa de compras. Para una bolsa de papel pequeña se necesitan $\frac{2}{3}$ de la cantidad de material que se necesita para hacer la bolsa de compras. ¿Cuánto material necesita para hacer una bolsa de papel pequeña?

Halla $\frac{2}{3}$ de $\frac{3}{4}$. **Materiales** ■ lápices de colores

A. Dobla una hoja de papel de forma vertical en 4 partes iguales. Usa los pliegues verticales como guía para sombrear $\frac{3}{4}$ de color amarillo.

B. Dobla el papel de forma horizontal en 3 partes iguales. Usa los pliegues horizontales como guía para sombrear de color azul $\frac{2}{3}$ de las secciones amarillas.

C. Cuenta el número de secciones en las que está doblado el papel entero.

- ¿Cuántos rectángulos se formaron al doblar el papel? ______
- ¿Qué fracción del papel entero representa un rectángulo? ______

D. Cuenta las secciones que están sombreadas dos veces y anota el resultado.

$$\frac{2}{3} \times \frac{3}{4} = \_\_\_\_\_\_$$

Entonces, Jane necesita ______ de yarda de material para hacer una bolsa de papel pequeña.

Sacar conclusiones

1. **Explica** por qué sombreaste de color azul $\frac{2}{3}$ de las secciones amarillas y no $\frac{2}{3}$ del papel entero.

____

____

2. **Analiza** qué debes hallar si un modelo muestra $\frac{1}{2}$ hoja de papel sombreada de amarillo y $\frac{1}{3}$ de la sección amarilla sombreada de azul.

____

Hacer conexiones

Puedes hallar una parte de una parte de diferentes maneras. Tanto Margo como James resolvieron correctamente el problema $\frac{1}{3} \times \frac{3}{4}$ usando los pasos que se muestran a continuación.

Usa los pasos para mostrar cómo cada persona halló $\frac{1}{3} \times \frac{3}{4}$.

Margo

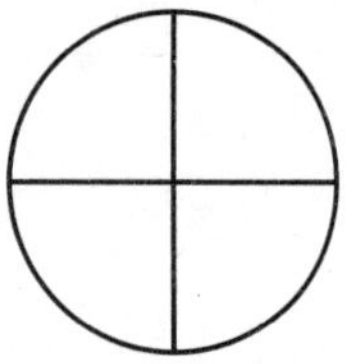

- Sombrea el modelo para mostrar $\frac{3}{4}$ del entero.
- ¿Cuántas partes de $\frac{1}{4}$ sombreaste?

  _______ partes de un cuarto
- Para hallar $\frac{1}{3}$ de $\frac{3}{4}$, encierra en un círculo $\frac{1}{3}$ de las tres partes de $\frac{1}{4}$ que están sombreadas.
- ¿Qué parte del entero representa $\frac{1}{3}$ de las partes sombreadas? _______ del entero

Entonces, $\frac{1}{3} \times \frac{3}{4}$ es _________.

James

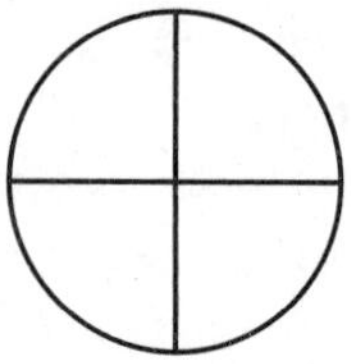

- Sombrea el modelo para mostrar $\frac{3}{4}$ del entero.
- Divide cada parte de $\frac{1}{4}$ en tercios.
- ¿Qué parte del entero representa cada parte pequeña? _______
- Para hallar $\frac{1}{3}$ de $\frac{3}{4}$, encierra en un círculo $\frac{1}{3}$ de cada una de las tres partes de $\frac{1}{4}$ que están sombreadas.
- ¿Cuántas partes de $\frac{1}{12}$ encerraste en un círculo?

  _______ partes de un doceavo

Entonces, $\frac{1}{3} \times \frac{3}{4}$ es _________.

- **Plantea un problema** que pueda resolverse con la ecuación de arriba.

____

____

Comunicar y mostrar MATH BOARD

Usa el modelo para hallar el producto.

1.

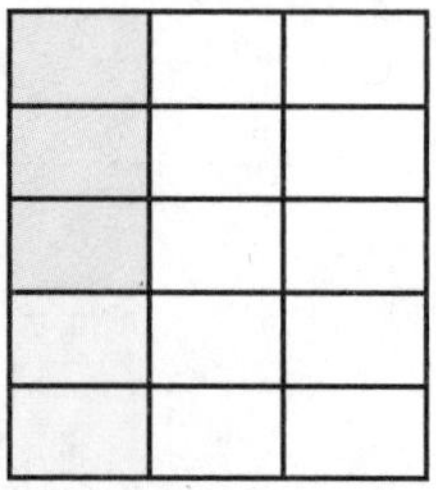

$\frac{3}{5} \times \frac{1}{3} =$ _________

2.

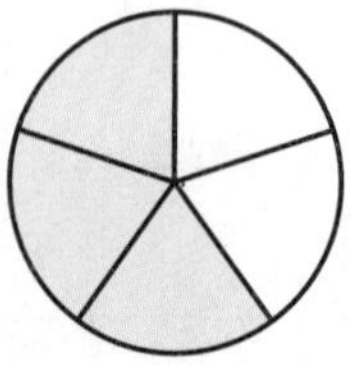

Encierra en un círculo $\frac{2}{3}$ de $\frac{3}{5}$.

$\frac{2}{3} \times \frac{3}{5} =$ _________

Nombre ______________________________

Halla el producto. Dibuja un modelo.

3. $\frac{2}{3} \times \frac{1}{5} =$ __________

4. $\frac{1}{2} \times \frac{5}{6} =$ __________

5. $\frac{3}{5} \times \frac{1}{3} =$ __________

6. $\frac{3}{4} \times \frac{1}{6} =$ __________

7. $\frac{2}{5} \times \frac{5}{6} =$ __________

8. $\frac{5}{6} \times \frac{3}{5} =$ __________

Resolución de problemas EN EL MUNDO

H.O.T. ¿Cuál es el error?

9. Cheryl y Marcus van a preparar un pastel de dos pisos. El tamaño del piso más pequeño es $\frac{2}{3}$ del tamaño del piso más grande. Para preparar la receta del piso de abajo, se necesitan $\frac{3}{5}$ de taza de agua. ¿Cuánta agua necesitarán para el piso más pequeño?

Hicieron un modelo para representar el problema. Cheryl dice que necesitan $\frac{6}{9}$ de taza de agua. Marcus dice que necesitan $\frac{2}{5}$ de taza de agua. ¿Quién tiene razón? **Explícalo.**

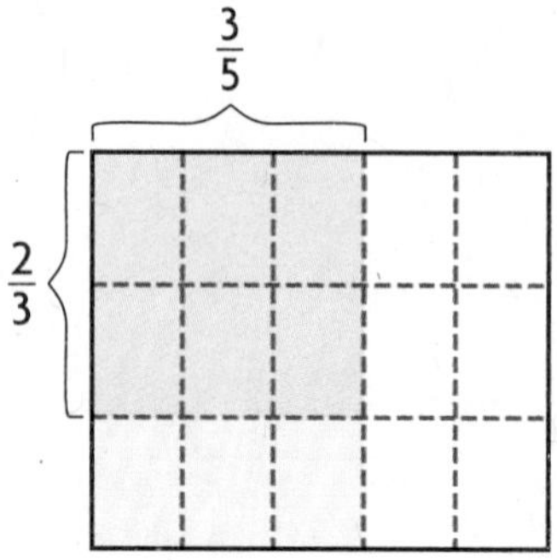

Respuesta de Cheryl

Respuesta de Marcus

Nombre ______________________________

Comparar factores y productos de fracciones

Pregunta esencial ¿Qué relación hay entre el tamaño del producto y el tamaño de un factor al multiplicar fracciones?

ESTÁNDARES COMUNES CC.5.NF.5a, CC.5.NF.5b
Apply and extend previous understandings of multiplication and division to multiply and divide fractions.

SOLUCIONA el problema EN EL MUNDO

La multiplicación puede pensarse como un número que cambia el tamaño de otro número. Por ejemplo, 2×3 tendrá como resultado un producto que es 2 veces mayor que 3.

¿Qué ocurre con el tamaño de un producto cuando un número se multiplica por una fracción y no por un número natural?

De una manera Usa un modelo.

A **Durante la semana, la familia Smith comió $\frac{3}{4}$ de una caja de cereal.**

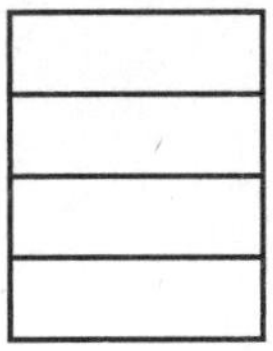

- Sombrea el modelo para mostrar $\frac{3}{4}$ de una caja de cereal.
- Escribe una expresión para $\frac{3}{4}$ de 1 caja de cereal. $\frac{3}{4} \times$ ______
- ¿El producto será *igual a, mayor que* o *menor que* 1?

____

B **La familia Ling tiene 4 cajas de cereal. Comieron $\frac{3}{4}$ de todo el cereal durante la semana.**

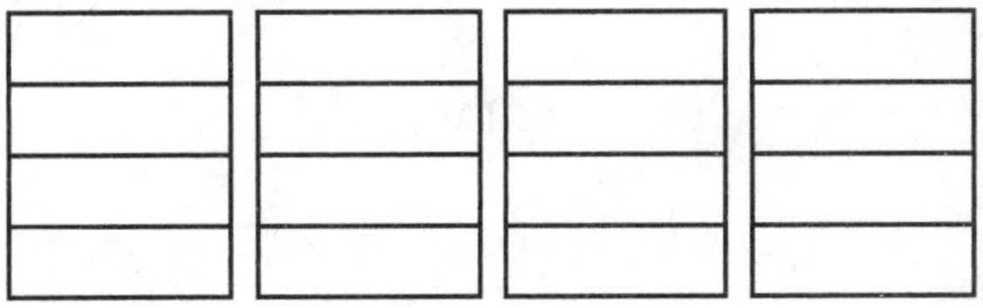

- Sombrea el modelo para mostrar $\frac{3}{4}$ de 4 cajas de cereal.
- Escribe una expresión para $\frac{3}{4}$ de 4 cajas de cereal. $\frac{3}{4} \times$ ______
- ¿El producto será *igual a, mayor que* o *menor que* 4?

____

C **La familia Carter tiene solamente $\frac{1}{2}$ de una caja de cereal al comenzar la semana. Comieron $\frac{3}{4}$ de la $\frac{1}{2}$ caja de cereal.**

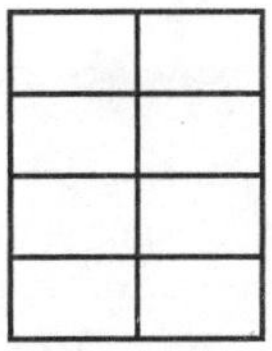

- Sombrea el modelo para mostrar $\frac{3}{4}$ de $\frac{1}{2}$ de caja de cereal.
- Escribe una expresión para mostrar $\frac{3}{4}$ de $\frac{1}{2}$ de caja de cereal. $\frac{3}{4} \times$ ______
- ¿El producto será *igual a, mayor que* o *menor que* $\frac{1}{2}$? ¿Y *que* $\frac{3}{4}$?

____

De otra manera Usa un diagrama.

Puedes usar un diagrama para mostrar la relación entre los productos cuando una fracción se multiplica, o se amplía o reduce (cambia el tamaño), por un número.

Marca un punto para mostrar $\frac{3}{4}$ ampliado o reducido por 1, por $\frac{1}{2}$ y por 4.

A $1 \times \frac{3}{4}$

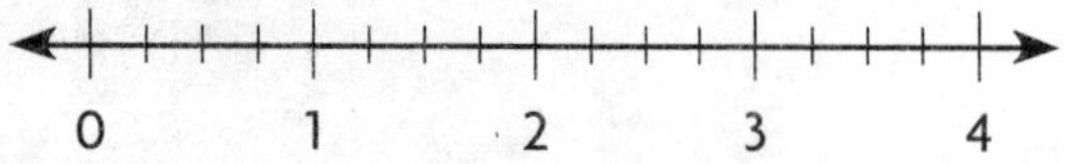

Piensa: Ubica $\frac{3}{4}$ en el diagrama y sombre esa distancia desde 0. Luego marca un punto para mostrar 1 de $\frac{3}{4}$.

B $\frac{1}{2} \times \frac{3}{4}$

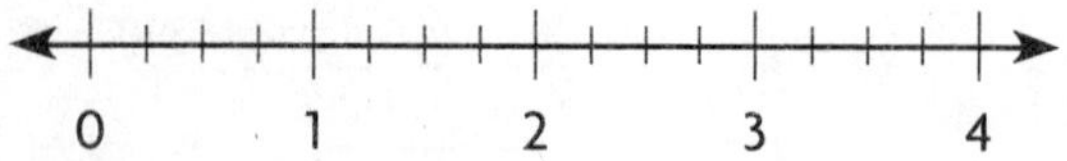

Piensa: Ubica $\frac{3}{4}$ en el diagrama y sombrea esa distancia desde 0. Luego marca un punto para mostrar $\frac{1}{2}$ de $\frac{3}{4}$.

C $4 \times \frac{3}{4}$

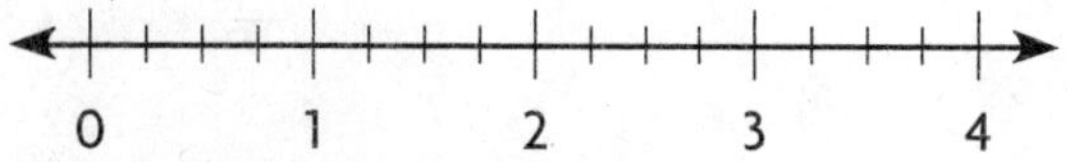

Piensa: Ubica $\frac{3}{4}$ en el diagrama y sombrea esa distancia desde 0. Luego marca un punto para mostrar 4 por $\frac{3}{4}$.

Completa los enunciados con *igual a, mayor que* o *menor que*.

- El producto de 1 y $\frac{3}{4}$ será ____________ $\frac{3}{4}$.
- El producto de un número menor que 1 y $\frac{3}{4}$ será ____________ $\frac{3}{4}$ y ____________ el otro factor.
- El producto de un número mayor que 1 y $\frac{3}{4}$ será ____________ $\frac{3}{4}$ y ____________ el otro factor.

MÉTODOS MATEMÁTICOS

Charla matemática **¿Qué pasaría si** se multiplicara $\frac{3}{5}$ por $\frac{1}{6}$ o por el número natural 7? ¿Los productos serían iguales a, mayores que o menores que $\frac{3}{5}$? **Explícalo.**

Nombre ____________________

Comunicar y mostrar

Completa el enunciado con *igual a, mayor que* o *menor que.*

1. $4 \times \frac{7}{8}$ será ____________ $\frac{7}{8}$.

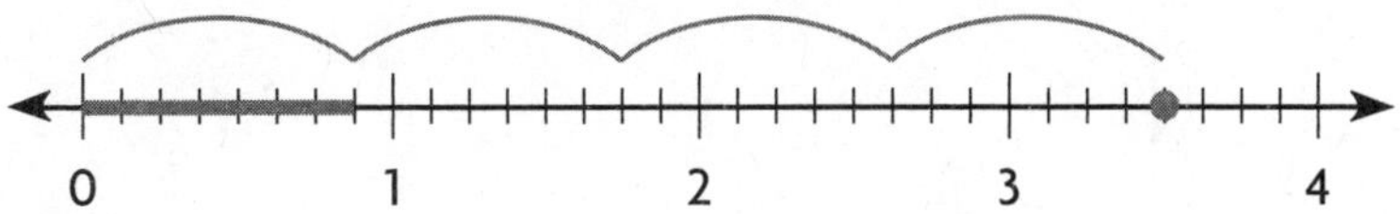

2. $\frac{3}{5} \times \frac{2}{7}$ será ____________ $\frac{3}{5}$.

3. $\frac{5}{8} \times 6$ será ____________ $\frac{5}{8}$.

4. $\frac{2}{3} \times \frac{5}{5}$ será ____________ $\frac{2}{3}$.

5. $8 \times \frac{7}{8}$ será ____________ 8.

Por tu cuenta

Completa el enunciado con *igual a, mayor que* o *menor que.*

6. $\frac{4}{9} \times \frac{3}{8}$ será ____________ $\frac{3}{8}$.

7. $7 \times \frac{9}{10}$ será ____________ $\frac{9}{10}$.

8. $5 \times \frac{1}{3}$ será ____________ $\frac{1}{3}$.

9. $\frac{6}{11} \times 1$ será ____________ $\frac{6}{11}$.

10. $\frac{1}{6} \times \frac{7}{7}$ será ____________ 1.

11. $4 \times \frac{3}{5}$ será ____________ $\frac{3}{5}$.

Resolución de problemas EN EL MUNDO

12. Lola está preparando galletas. Planea multiplicar la receta por 3 para poder hacer suficientes galletas para toda la clase. Si para la receta se necesitan $\frac{2}{3}$ de taza de azúcar, ¿necesitará más de $\frac{2}{3}$ o menos de $\frac{2}{3}$ de taza de azúcar para preparar todas las galletas?

______

13. Esta semana Peter planea ver televisión durante $\frac{2}{3}$ de las horas que vio televisión la semana pasada. ¿Peter verá televisión más horas o menos horas esta semana?

______

14. **Preparación para la prueba** Rochelle ahorra $\frac{1}{4}$ de su mesada. Si decide empezar a ahorrar $\frac{1}{2}$ de lo que ahorra, ¿cuál de los siguientes enunciados es verdadero?

Ⓐ Ahorrará la misma cantidad.
Ⓑ Ahorrará más.
Ⓒ Ahorrará menos.
Ⓓ Ahorrará el doble.

Conectar con el Arte

Un modelo a escala es una representación de un objeto con la misma forma que el objeto real. Los modelos pueden ser más grandes o más pequeños que el objeto real, pero suelen ser más pequeños.

Los arquitectos suelen hacer modelos a escala de los edificios o las estructuras que planean construir. Los modelos pueden darles una idea de cómo se verá la estructura una vez terminada. Todas las medidas del edificio se amplían o se reducen por el mismo factor.

Bob está construyendo un modelo a escala de su bicicleta. Quiere que su modelo tenga $\frac{1}{5}$ de la longitud de su bicicleta.

15. Si la bicicleta de Bob mide 60 pulgadas de longitud, ¿cuál será la longitud de su modelo? ______

16. H.O.T. Si una de las ruedas del modelo de Bob mide 4 pulgadas de ancho, ¿cuántas pulgadas de ancho mide la rueda real de su bicicleta? **Explícalo.**

______

______

PARA PRACTICAR MÁS:
Cuaderno de práctica de los estándares, págs. P153 y P154

Nombre ______________________________

Multiplicación de fracciones

Pregunta esencial ¿Cómo multiplicas fracciones?

ESTÁNDAR COMÚN CC.5.NF.4a
Apply and extend previous understandings of multiplication and division to multiply and divide fractions.

SOLUCIONA el problema EN EL MUNDO

A Sasha le falta tejer $\frac{3}{5}$ de una bufanda. Si hoy termina $\frac{1}{2}$ de lo que le falta, ¿qué parte de la bufanda tejerá Sasha hoy?

- ¿Qué parte de la bufanda le falta tejer a Sasha?

  ____

- De la parte que le falta tejer, ¿qué fracción terminará hoy?

  ____

Multiplica. $\frac{1}{2} \times \frac{3}{5}$

De una manera Usa un modelo.

- Sombrea $\frac{3}{5}$ del modelo de color amarillo.
- Traza una línea horizontal a través del rectángulo para dividirlo en 2 partes iguales.
- Sombrea de color azul $\frac{1}{2}$ de las secciones amarillas.
- Cuenta las secciones que están sombreadas dos veces y escribe una fracción para representar las partes del entero que están sombreadas dos veces.

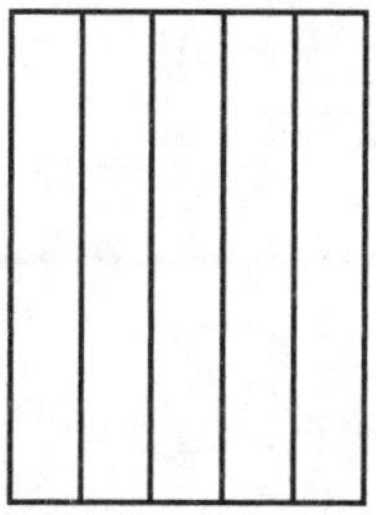

$\frac{1}{2} \times \frac{3}{5} =$ ______

- Compara el numerador y el denominador del producto con el numerador y el denominador de los factores. **Describe** lo que observas.

____

____

____

De otra manera Usa lápiz y papel.

Puedes multiplicar fracciones sin usar un modelo.

- Multiplica los numeradores.
- Multiplica los denominadores.

$$\frac{1}{2} \times \frac{3}{5} = \frac{1 \times \square}{2 \times \square}$$

$$= \frac{\square}{\square}$$

Entonces, Sasha tejerá hoy ______ de la bufanda.

CONECTAR Recuerda que puedes escribir un número natural como una fracción con 1 como denominador.

Ejemplo

Halla $4 \times \frac{5}{12}$. Escribe el producto en su mínima expresión.

$$4 \times \frac{5}{12} = \frac{4}{\square} \times \frac{5}{12}$$

Escribe el número natural como una fracción.

$$= \frac{4 \times \square}{\square \times \square} = \frac{\square}{\square}$$

Multiplica los numeradores.
Multiplica los denominadores.

$$= \frac{\square \div \square}{12 \div \square} = \frac{\square}{\square} \text{ ó } \square$$

Escribe el producto como una fracción o como un número mixto en su mínima expresión.

Entonces, $4 \times \frac{5}{12} =$ _______ ó _______.

MÉTODOS MATEMÁTICOS

Charla matemática **¿Es razonable el resultado? Explícalo.**

¡Inténtalo! **Evalúa $c \times \frac{4}{5}$ para $c = \frac{5}{8}$.**

- ¿Qué número representa c? _______
- En la expresión, reemplaza c con _______.
- Multiplica los numeradores.
- Multiplica los denominadores.
- Escribe el producto en su mínima expresión.

$$\frac{\square}{\square} \times \frac{4}{5}$$

$$\frac{\square \times \square}{\square \times \square} = \frac{\square}{\square}$$

$$= \frac{\square}{\square}$$

Entonces, $c \times \frac{4}{5}$ es igual a _______ para $c = \frac{5}{8}$.

- Como $\frac{4}{5}$ se multiplica por un número menor que uno, ¿el producto debe ser *mayor que* o *menor que* $\frac{4}{5}$? **Explícalo.** ____

____

____

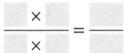

Nombre ______________________

Comunicar y mostrar MATH BOARD

Halla el producto. Escríbelo en su mínima expresión.

1. $6 \times \frac{3}{8}$

   $\frac{6}{1} \times \frac{3}{8} = \frac{\square}{\square}$

2. $\frac{3}{8} \times \frac{8}{9}$

3. $\frac{2}{3} \times 27$

4. $\frac{5}{12} \times \frac{3}{5}$

5. $\frac{1}{2} \times \frac{3}{5}$

6. $\frac{2}{3} \times \frac{4}{5}$

7. $\frac{1}{3} \times \frac{5}{8}$

8. $4 \times \frac{1}{5}$

MÉTODOS MATEMÁTICOS

Charla matemática Explica cómo hallar el producto $\frac{1}{6} \times \frac{2}{3}$ en su mínima expresión.

Por tu cuenta

Halla el producto. Escríbelo en su mínima expresión.

9. $2 \times \frac{1}{8}$

10. $\frac{4}{9} \times \frac{4}{5}$

11. $\frac{1}{12} \times \frac{2}{3}$

12. $\frac{1}{7} \times 30$

13. De las mascotas que hay en una exhibición de mascotas, $\frac{5}{6}$ son gatos. $\frac{4}{5}$ de los gatos tienen manchas. ¿Qué fracción de las mascotas son gatos con manchas?

14. Cada gato de un grupo de cinco comió $\frac{1}{4}$ de taza de alimento. ¿Cuánto alimento comieron en total los cinco gatos?

Álgebra **Evalúa la expresión para el valor dado.**

15. $\frac{2}{5} \times c$ para $c = \frac{4}{7}$

16. $m \times \frac{4}{5}$ para $m = \frac{7}{8}$

17. $\frac{2}{3} \times t$ para $t = \frac{1}{8}$

18. $y \times \frac{4}{5}$ para $y = 5$

Resolución de problemas EN EL MUNDO

El patinaje de velocidad es un deporte popular en los juegos olímpicos de invierno. Muchos atletas jóvenes de los Estados Unidos participan en clubes y en campamentos de patinaje de velocidad.

19. En un campamento de Green Bay, Wisconsin, $\frac{7}{9}$ de los participantes eran de Wisconsin. De ese grupo, $\frac{3}{5}$ tenían 12 años de edad. ¿Qué fracción del grupo era de Wisconsin y tenía 12 años de edad?

____

20. H.O.T. Maribel quiere patinar $1\frac{1}{2}$ millas el lunes. Si ella patina $\frac{9}{10}$ milla el lunes por la mañana y $\frac{2}{3}$ de esa distancia el lunes por la tarde, ¿logrará su objetivo? **Explícalo.**

____

____

21. Escribe El primer día de campamento, $\frac{5}{6}$ de los patinadores eran principiantes. De los principiantes, $\frac{1}{3}$ eran niñas. ¿Qué fracción de los patinadores eran niñas y principiantes? **Explica** por qué tu resultado es razonable.

____

____

____

____

____

22. **Preparación para la prueba** El miércoles, Danielle patinó $\frac{2}{3}$ de la pista en 2 minutos. Su hermano menor patinó $\frac{3}{4}$ de la distancia recorrida por Danielle en 2 minutos. ¿Qué fracción de la pista recorrió el hermano de Danielle en 2 minutos?

Ⓐ $\frac{1}{3}$ Ⓒ $\frac{5}{7}$

Ⓑ $\frac{1}{2}$ Ⓓ $\frac{3}{4}$

MUESTRA TU TRABAJO

Nombre ______________________________

Revisión de la mitad del capítulo

Conceptos y destrezas

1. **Explica** cómo representarías $5 \times \frac{2}{3}$. (CC.5.NF.4a)

____

____

2. Cuando multiplicas $\frac{2}{3}$ por una fracción menor que uno, ¿qué relación hay entre el producto y los factores? **Explícalo.** (CC.5.NF.5a)

____

____

Halla el producto. Escríbelo en su mínima expresión. (CC.5.NF.4a, CC.5.NF.4b)

3. $\frac{2}{3} \times 6$ ______

4. $\frac{4}{5} \times 7$ ______

5. $8 \times \frac{5}{7}$ ______

6. $\frac{7}{8} \times \frac{3}{8}$ ______

7. $\frac{1}{2} \times \frac{3}{4}$ ______

8. $\frac{7}{8} \times \frac{4}{7}$ ______

9. $2 \times \frac{3}{11}$ ______

10. $\frac{5}{8} \times \frac{2}{3}$ ______

11. $\frac{7}{12} \times 8$ ______

Completa el enunciado con ***igual a, mayor que*** **o** ***menor que.*** (CC.5.NF.5a)

12. $3 \times \frac{2}{3}$ será ______ 3.

13. $\frac{5}{7} \times 3$ será ______ $\frac{5}{7}$.

Rellena el círculo completamente para indicar tu respuesta.

PREPARACIÓN PARA LA PRUEBA

14. En la cena, quedaron $\frac{5}{6}$ de una tarta de manzana. Víctor planea comer mañana $\frac{1}{6}$ de la tarta que quedó. ¿Qué parte de la tarta entera comerá mañana? (CC.5.NF.4a)

Ⓐ $\frac{1}{36}$

Ⓑ $\frac{5}{36}$

Ⓒ $\frac{1}{3}$

Ⓓ $\frac{2}{3}$

15. Everett y María van a preparar *brownies* para una reunión familiar. Quieren preparar 4 veces la cantidad que indica la receta. Si para preparar la receta se necesitan $\frac{2}{3}$ de taza de aceite, ¿cuánto aceite necesitarán? (CC.5.NF.5a)

Ⓐ 8 tazas

Ⓑ $4\frac{2}{3}$ tazas

Ⓒ $2\frac{2}{3}$ tazas

Ⓓ 2 tazas

16. Matt hizo el siguiente modelo como ayuda para resolver su problema de matemáticas. ¿Con cuál de las expresiones es probable que haya trabajado? (CC.5.NF.4b)

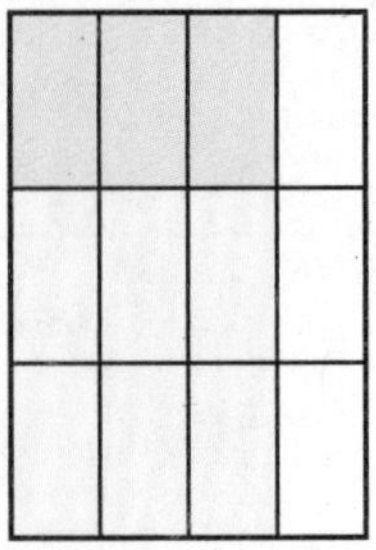

Ⓐ $\frac{3}{12} \times \frac{3}{4}$

Ⓑ $\frac{3}{4} \times 3$

Ⓒ $\frac{3}{12} \times \frac{3}{12}$

Ⓓ $\frac{1}{3} \times \frac{3}{4}$

Nombre ________________________________

Área y números mixtos

Pregunta esencial ¿Cómo puedes usar una ficha cuadrada unitaria para hallar el área de un rectángulo con longitud de los lados fraccionaria?

ESTÁNDAR COMÚN CC.5.NF.4b
Apply and extend previous understandings of multiplication and division to multiply and divide fractions.

Investigar

Puedes usar fichas cuadradas cuya longitud de los lados sea una fracción unitaria para hallar el área de un rectángulo.

Sonia quiere cubrir el piso rectangular de su armario con losetas. El piso mide $2\frac{1}{2}$ pies por $3\frac{1}{2}$ pies. Quiere usar la menor cantidad posible de losetas y no quiere cortar ninguna. Las losetas se fabrican en tres tamaños: 1 pie por 1 pie, $\frac{1}{2}$ pie por $\frac{1}{2}$ pie y $\frac{1}{4}$ pie por $\frac{1}{4}$ pie. Elige la loseta que debe usar Sonia. ¿Cuál es el área del piso del armario?

A. Elige la loseta más grande que pueda usar Sonia para cubrir el piso del armario y evitar que queden espacios entre las losetas o que estas se superpongan.

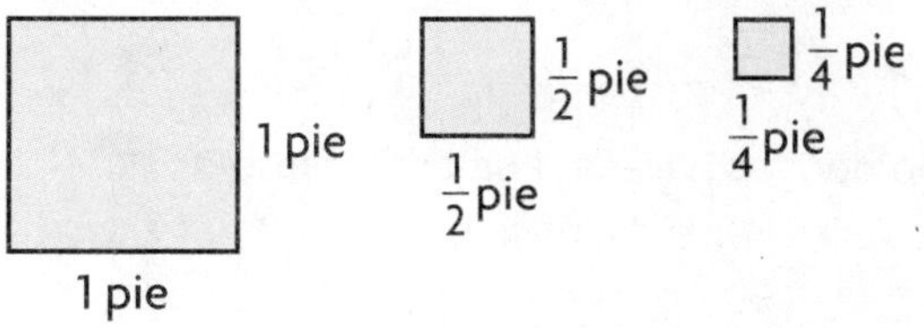

- ¿Qué loseta debe elegir Sonia? **Explícalo.**

____

____

____

B. En la cuadrícula, sea cada cuadrado las dimensiones de la loseta que elegiste. Haz un diagrama del piso.

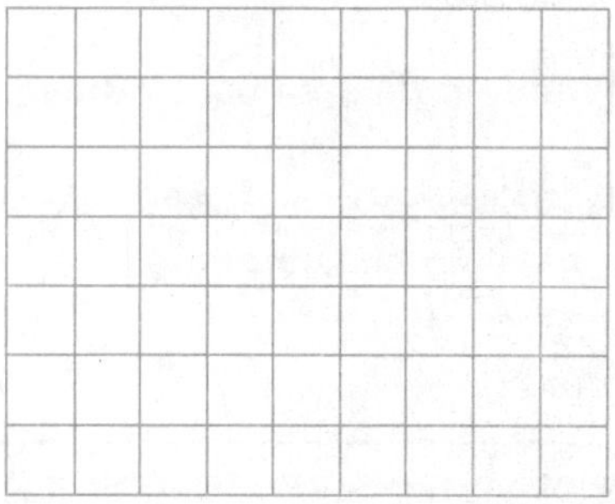

C. Cuenta los cuadrados que hay en tu diagrama.

- ¿Cuántos cuadrados cubren el diagrama?

  ______ × ______ ó ______ cuadrados

- ¿Cuál es el área de la loseta que elegiste? ________________

- Como 1 cuadrado de tu diagrama representa un área de ______ pie cuadrado,

  el área representada por ______ cuadrados es ______ × ______

  ó ______ pies cuadrados.

MÉTODOS MATEMÁTICOS
Charla matemática **Explica** cómo hallaste el área de la loseta que elegiste.

Entonces, el área del piso escrita como un número mixto es ______ pies cuadrados.

Sacar conclusiones

1. Escribe un enunciado numérico para el área del piso con fracciones mayores que 1. **Explica** cómo supiste qué operación usar en tu enunciado numérico.

____

____

2. **Explica** de qué manera usar fracciones mayores que 1 te podría ayudar a multiplicar números mixtos.

____

____

3. ¿Cuántas losetas de $\frac{1}{4}$ pie por $\frac{1}{4}$ pie necesitaría Sonia para cubrir una loseta de $\frac{1}{2}$ pie por $\frac{1}{2}$ pie? ________

4. ¿Cómo podrías hallar el número de losetas de $\frac{1}{4}$ pie por $\frac{1}{4}$ pie que se necesitan para cubrir el piso del mismo armario?

____

____

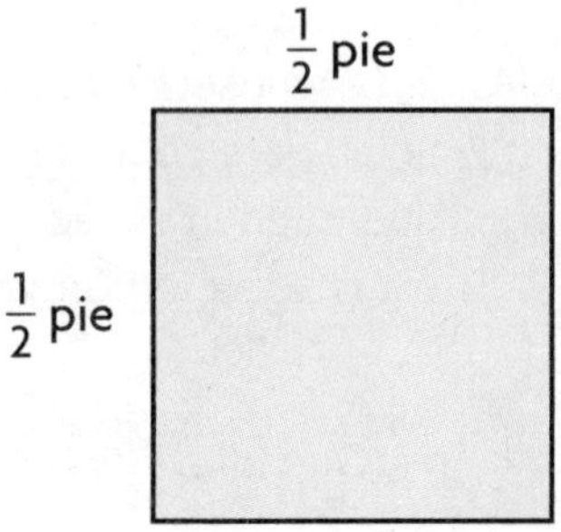

Hacer conexiones

A veces es más fácil multiplicar números mixtos si los descompones en números naturales y fracciones.

Usa un modelo de área para resolver el ejercicio. $1\frac{3}{5} \times 2\frac{3}{4}$

PASO 1 Vuelve a escribir cada número mixto como la suma de un número natural y una fracción.

$1\frac{3}{5}$ = ________ $2\frac{3}{4}$ = ________

PASO 2 Dibuja un modelo de área para mostrar el problema de multiplicación original.

PASO 3 Traza líneas discontinuas y rotula cada sección para mostrar cómo descompusiste los números mixtos en el Paso 1.

PASO 4 Halla el área de cada sección.

PASO 5 Suma el área de cada sección para hallar el área total del rectángulo.

____

Entonces, el producto de $1\frac{3}{5} \times 2\frac{3}{4}$ es ______.

Nombre ____________________

Comunicar y mostrar

Usa la cuadrícula para hallar el área. Sea cada cuadrado $\frac{1}{3}$ metro por $\frac{1}{3}$ metro.

1. $1\frac{2}{3} \times 1\frac{1}{3}$

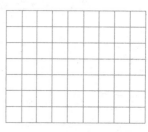

- Haz un diagrama para representar las dimensiones.
- ¿Cuántos cuadrados cubren el diagrama? ____________________
- ¿Cuál es el área de cada cuadrado? ____________________
- ¿Cuál es el área del diagrama? ____________________

Usa la cuadrícula para hallar el área. Sea cada cuadrado $\frac{1}{4}$ pie por $\frac{1}{4}$ pie.

2. $1\frac{3}{4} \times 1\frac{2}{4} =$ ______

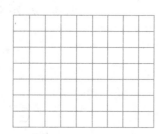

El área es ______ pies cuadrados.

3. $1\frac{1}{4} \times 1\frac{1}{2} =$ ______

El área es ______ pies cuadrados.

Usa un modelo de área para resolver los ejercicios.

4. $1\frac{3}{4} \times 2\frac{1}{2}$ ____________________

5. $1\frac{3}{8} \times 2\frac{1}{2}$ ____________________

6. $1\frac{1}{9} \times 1\frac{2}{3}$ ____________________

7. Escribe **Explica** qué relación hay entre hallar el área de un rectángulo en el que la longitud de los lados está expresada con un número natural y hallar el área de un rectángulo en el que la longitud de los lados está expresada con una fracción.

____

____

Resolución de problemas EN EL MUNDO

H.O.T. Plantea un problema

8. Terrance está diseñando un jardín. Hizo el siguiente diagrama de su jardín. Plantea un problema con números mixtos que se pueda resolver con su diagrama.

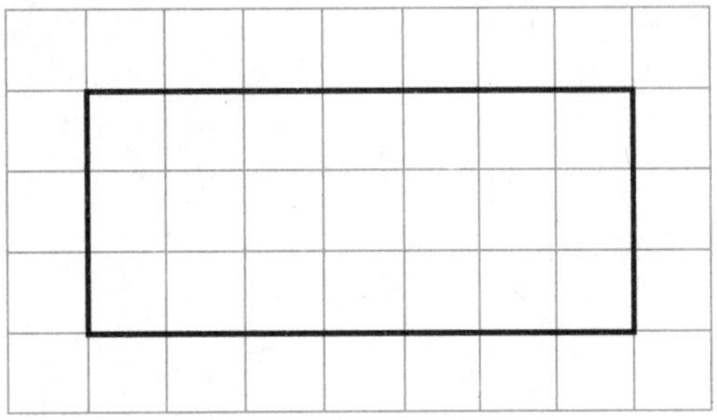

Plantea un problema.

Resuelve tu problema.

- **Describe** cómo calculaste las dimensiones del jardín de Terrance.

PARA PRACTICAR MÁS:
Cuaderno de práctica de los estándares, págs. P157 y P158

Nombre ______________________________

Comparar factores y productos de números mixtos

Pregunta esencial ¿Qué relación hay entre el tamaño del producto y un factor al multiplicar fracciones mayores que uno?

ESTÁNDARES COMUNES CC.5.NF.5a, CC.5.NF.5b
Apply and extend previous understandings of multiplication and division to multiply and divide fractions.

SOLUCIONA el problema EN EL MUNDO

Puedes hacer generalizaciones acerca del tamaño relativo de un producto cuando un factor es igual a 1, menor que 1 o mayor que 1.

De una manera Usa un modelo.

Jane tiene una receta para la que se necesitan $1\frac{1}{4}$ tazas de harina. Quiere saber cuánta harina necesitaría si preparara la receta como está escrita, si preparara la mitad de la receta y si preparara $1\frac{1}{2}$ veces la receta.

Sombrea los modelos para mostrar $1\frac{1}{4}$ ampliado o reducido por 1, por $\frac{1}{2}$ y por $1\frac{1}{2}$.

A $1 \times 1\frac{1}{4}$

Piensa: Puedo usar lo que sé acerca de la propiedad de identidad.

- ¿Qué puedes decir acerca del producto cuando $1\frac{1}{4}$ se multiplica por 1?

____

B $\frac{1}{2} \times 1\frac{1}{4}$

Piensa: El producto será igual a la mitad de la cantidad con la que comencé.

- ¿Qué puedes decir acerca del producto cuando $1\frac{1}{4}$ se multiplica por una fracción menor que 1? ______________________________

C $1\frac{1}{2} \times 1\frac{1}{4} = \left(1 \times 1\frac{1}{4}\right) + \left(\frac{1}{2} \times 1\frac{1}{4}\right)$

+

Piensa: El producto será igual a la cantidad con la que comencé y $\frac{1}{2}$ más.

- ¿Qué puedes decir acerca del producto cuando $1\frac{1}{4}$ se multiplica por un número mayor que 1?

____

MÉTODOS MATEMÁTICOS

Charla matemática ¿Qué expresión tiene el producto mayor? ¿Cuál tiene el producto menor?

CONECTAR También puedes usar un diagrama para mostrar la relación entre los productos cuando una fracción mayor que uno se multiplica o se amplía o se reduce (cambia el tamaño) por un número.

De otra manera Usa un diagrama.

Jake quiere entrenarse para una carrera en carretera. Planea correr $2\frac{1}{2}$ millas el primer día. El segundo día, planea correr $\frac{3}{5}$ de la distancia que corre el primer día. El tercer día, planea correr $1\frac{2}{5}$ de la distancia que corre el primer día. ¿Qué distancia es mayor: la distancia del día 2 cuando corre $\frac{3}{5}$ de las $2\frac{1}{2}$ millas, o la distancia del día 3 cuando corre $1\frac{2}{5}$ de las $2\frac{1}{2}$ millas?

Marca un punto en el diagrama para mostrar el tamaño del producto. Luego completa el enunciado con *igual a, mayor que* o *menor que*.

A $1 \times 2\frac{1}{2}$

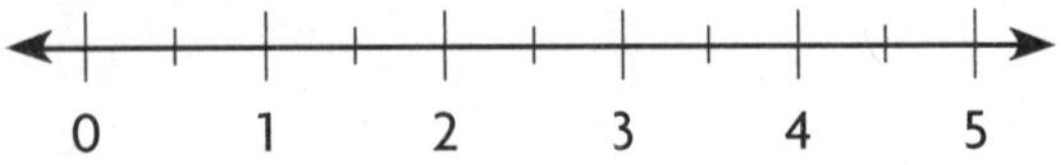

Piensa: Ubica $2\frac{1}{2}$ en el diagrama y sombrea esa distancia. Luego marca un punto para mostrar 1 de $2\frac{1}{2}$.

- El producto de 1 y $2\frac{1}{2}$ será _____________ $2\frac{1}{2}$.

B $\frac{3}{5} \times 2\frac{1}{2}$

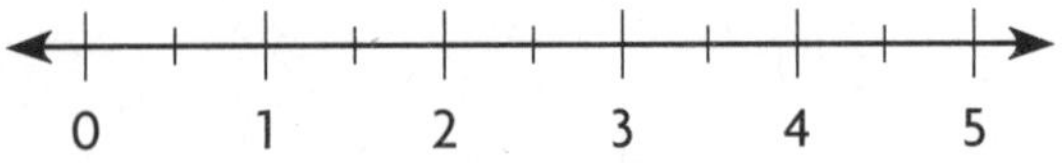

Piensa: Ubica $2\frac{1}{2}$ en el diagrama y sombrea esa distancia. Luego marca un punto para mostrar $\frac{3}{5}$ de $2\frac{1}{2}$.

- El producto de un número menor que 1 y $2\frac{1}{2}$ es _____________ $2\frac{1}{2}$.

C $1\frac{2}{5} \times 2\frac{1}{2} = \left(1 \times 2\frac{1}{2}\right) + \left(\frac{2}{5} \times 2\frac{1}{2}\right)$

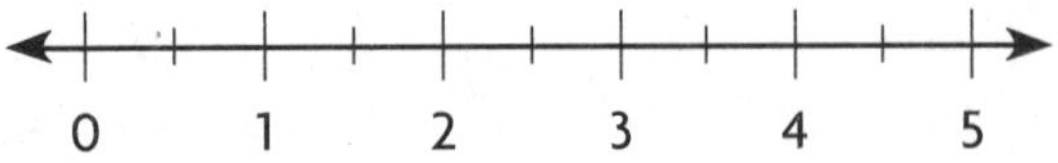

Piensa: Ubica $2\frac{1}{2}$ en el diagrama y sombrea esa distancia. Luego marca un punto para mostrar 1 de $2\frac{1}{2}$ y $\frac{2}{5}$ más de $2\frac{1}{2}$.

- El producto de un número mayor que 1 y $2\frac{1}{2}$ será _____________ $2\frac{1}{2}$ y _____________ el otro factor.

Entonces, _______ de _______ millas es una distancia mayor que _______ de _______ millas.

Nombre ______________________________

Comunicar y mostrar

Completa el enunciado con *igual a, mayor que* o *menor que.*

1. $\frac{5}{6} \times 2\frac{1}{5}$ será ______________ $2\frac{1}{5}$.

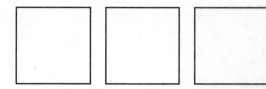

Sombrea el modelo para mostrar $\frac{5}{6} \times 2\frac{1}{5}$.

2. $1\frac{1}{5} \times 2\frac{2}{3}$ será ______________ $2\frac{2}{3}$.

3. $\frac{4}{5} \times 2\frac{2}{5}$ será ______________ $2\frac{2}{5}$.

Por tu cuenta

Completa el enunciado con *igual a, mayor que* o *menor que.*

4. $\frac{2}{2} \times 1\frac{1}{2}$ será ______________ $1\frac{1}{2}$.

5. $\frac{2}{3} \times 3\frac{1}{6}$ será ______________ $3\frac{1}{6}$.

6. $2 \times 2\frac{1}{4}$ será ______________ $2\frac{1}{4}$.

7. $4 \times 1\frac{3}{7}$ será ______________ $1\frac{3}{7}$.

H.O.T. **Álgebra** **Indica si el factor desconocido es *menor que* 1 o *mayor que* 1.**

8. $\blacksquare \times 1\frac{2}{3} = \frac{5}{6}$

El factor desconocido es ______________ 1.

9. $\blacksquare \times 1\frac{1}{4} = 2\frac{1}{2}$

El factor desconocido es ______________ 1.

Resolución de problemas EN EL MUNDO

MUESTRA TU TRABAJO

10. Kyle está haciendo un dibujo a escala de su libro de matemáticas. Las dimensiones de su dibujo serán $\frac{1}{3}$ de las dimensiones de su libro. Si el ancho del libro es $8\frac{1}{2}$ pulgadas, ¿el ancho de su dibujo será igual a, mayor que o menor que $8\frac{1}{2}$ pulgadas?

____

11. Escribe **¿Tiene sentido?** Penny quiere hacer un modelo de un escarabajo que sea mayor que su tamaño natural. Dice que va a usar un factor de escala de $\frac{7}{12}$. ¿Esto tiene sentido o no? **Explícalo.**

____

____

____

____

12. H.O.T. Shannon, Mary y John reciben una mesada semanal. Shannon recibe una cantidad que es $\frac{2}{3}$ de la cantidad que recibe John. Mary recibe una cantidad que es $1\frac{2}{3}$ de la cantidad que recibe John. John recibe $20 por semana. ¿Quién recibe la mesada mayor? ¿Quién recibe la mesada menor?

____

____

13. **Preparación para la prueba** El cachorro de Addie pesa $1\frac{2}{3}$ veces lo que pesaba cuando nació. Al nacer, pesaba $1\frac{1}{3}$ libras. ¿Cuál de los siguientes enunciados es verdadero?

Ⓐ El cachorro pesa lo mismo que pesaba al nacer.

Ⓑ El cachorro pesa menos que lo que pesaba al nacer.

Ⓒ El cachorro pesa más que lo que pesaba al nacer.

Ⓓ El cachorro pesa el doble de lo que pesaba al nacer.

 PARA PRACTICAR MÁS:
Cuaderno de práctica de los estándares, págs. P159 y P160

Nombre ____________________

Multiplicar números mixtos

Pregunta esencial ¿Cómo multiplicas números mixtos?

ESTÁNDAR COMÚN CC.5.NF.6
Apply and extend previous understandings of multiplication and division to multiply and divide fractions.

SOLUCIONA el problema EN EL MUNDO

Un tercio de un parque de $1\frac{1}{4}$ acres se ha destinado como parque para perros. Halla el número de acres que se usan como parque para perros.

Multiplica. $\frac{1}{3} \times 1\frac{1}{4}$

- ¿El área que se usa como parque para perros es menor o mayor que el área del parque de $1\frac{1}{4}$ acres?

____

De una manera Usa un modelo.

PASO 1 Sombrea el modelo para representar el parque entero.

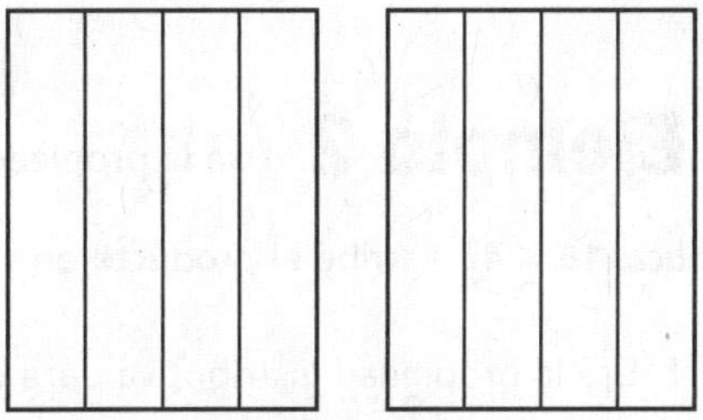

Piensa: El parque entero ocupa ________ acres.

PASO 2 Vuelve a sombrear el modelo para representar la parte del parque que es un parque para perros.

Piensa: El parque para perros es ________ del parque.

Traza líneas horizontales a través de cada rectángulo para representar ________.

- ¿Cuántas partes se muestran en cada rectángulo? ________
- ¿Qué fracción de cada rectángulo está sombreada dos veces?

  ________ y ________

- ¿Qué fracción representa todas las partes que están sombreadas dos veces?

  ________ + ________ = ________

Entonces, ________ acre se ha destinado como parque para perros.

De otra manera Convierte el número mixto en una fracción.

PASO 1 Escribe el número mixto como una fracción mayor que 1.

$$\frac{1}{3} \times 1\frac{1}{4} = \frac{1}{3} \times \frac{\square}{4}$$

PASO 2 Multiplica las fracciones.

$$= \frac{1 \times \square}{3 \times 4} = \frac{\square}{\square}$$

Entonces, $\frac{1}{3} \times 1\frac{1}{4} =$ ________.

MÉTODOS MATEMÁTICOS
Charla matemática Explica por qué tu resultado es razonable.

Ejemplo 1 Convierte el número natural.

Multiplica. $12 \times 2\frac{1}{6}$ Escribe el producto en su mínima expresión.

PASO 1 Determina qué relación hay entre el producto y el factor mayor.

$12 \times 2\frac{1}{6}$ será ________ 12.

PASO 2 Escribe el número natural y el número mixto como fracciones.

PASO 3 Multiplica las fracciones.

PASO 4 Escribe el producto en su mínima expresión.

$$12 \times 2\frac{1}{6} = \frac{\square}{1} \times \frac{\square}{6}$$

$$= \frac{\square}{\square} = \frac{\square}{\square} \text{ ó } \square$$

Entonces, $12 \times 2\frac{1}{6} =$ ______.

Ejemplo 2 Usa la propiedad distributiva.

Multiplica. $16 \times 4\frac{1}{8}$ Escribe el producto en su mínima expresión.

PASO 1 Usa la propiedad distributiva para volver a escribir la expresión.

PASO 2 Multiplica 16 por cada número.

PASO 3 Suma.

$$16 \times 4\frac{1}{8} = 16 \times \left(\_\_\_\_ + \frac{1}{8} \right)$$

$$= (16 \times 4) + \left(16 \times \frac{\square}{\square} \right)$$

$$= \_\_\_\_ + 2 = \_\_\_\_$$

Entonces, $16 \times 4\frac{1}{8} =$ ______.

MÉTODOS MATEMÁTICOS

Charla matemática Explica cómo sabes que tus resultados para ambos ejemplos son razonables.

1. **Explica** por qué elegirías usar la propiedad distributiva para resolver el Ejemplo 2.

2. Cuando multiplicas dos factores mayores que 1, ¿el producto es menor que los dos factores, es mayor o está entre los dos factores? **Explícalo.**

Nombre ____________________

Comunicar y mostrar MATH BOARD

Halla el producto. Escríbelo en su mínima expresión.

1. $1\frac{2}{3} \times 3\frac{4}{5} = \frac{\square}{3} \times \frac{\square}{5}$

$= \frac{\square}{\square}$

$=$ ______

2. $\frac{1}{2} \times 1\frac{1}{3}$

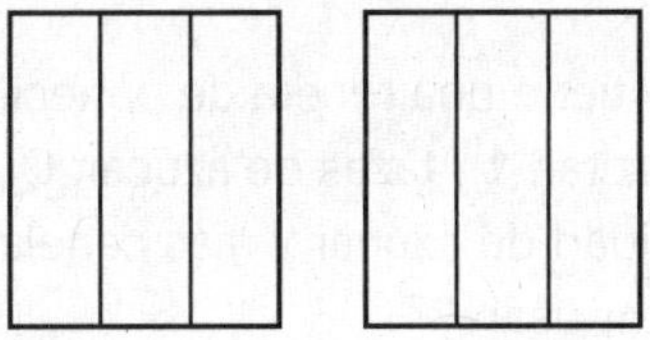

Sombrea el modelo para hallar el producto.

✓ 3. $1\frac{1}{8} \times 2\frac{1}{3}$ ______

✓ 4. $\frac{3}{4} \times 6\frac{5}{6}$ ______

5. $1\frac{2}{7} \times 1\frac{3}{4}$ ______

6. $\frac{3}{4} \times 1\frac{1}{4}$ ______

Usa la propiedad distributiva para hallar el producto.

7. $16 \times 2\frac{1}{2}$ ______

8. $1\frac{4}{5} \times 15$ ______

MÉTODOS MATEMÁTICOS

Charla matemática Explica en qué se parecen multiplicar un número mixto por un número natural y multiplicar dos números mixtos.

Por tu cuenta

Halla el producto. Escríbelo en su mínima expresión.

9. $\frac{3}{4} \times 1\frac{1}{2}$ ______

10. $4\frac{2}{5} \times 1\frac{1}{2}$ ______

11. $5\frac{1}{3} \times \frac{3}{4}$ ______

12. $2\frac{1}{2} \times 1\frac{1}{5}$ ______

13. $12\frac{3}{4} \times 2\frac{2}{3}$ ______

14. $3 \times 4\frac{1}{2}$ ______

15. $2\frac{3}{8} \times \frac{4}{9}$ ______

16. $1\frac{1}{3} \times 1\frac{1}{4} \times 1\frac{1}{5}$ ______

Usa la propiedad distributiva para hallar el producto.

17. $10 \times 2\frac{3}{5}$ ______

18. $3\frac{3}{4} \times 12$ ______

Conectar con la Salud

Modificar recetas

Puedes hacer que muchas recetas sean más saludables si reduces la cantidad de grasas, azúcar y sal.

Kelly tiene una receta de panecillos para la que se necesitan $1\frac{1}{2}$ tazas de azúcar. Quiere usar $\frac{1}{2}$ de esa cantidad de azúcar y más canela y vainilla. ¿Cuánta azúcar usará?

Multiplica $1\frac{1}{2}$ por $\frac{1}{2}$ para hallar qué parte de la cantidad original de azúcar debe usar.

Escribe el número mixto como una fracción mayor que 1. $$\frac{1}{2} \times 1\frac{1}{2} = \frac{1}{2} \times \frac{\square}{2}$$

Multiplica. $$= \frac{\square}{\square}$$

Entonces, Kelly usará ______ de taza de azúcar.

19. Michelle tiene una receta para la que se necesitan $2\frac{1}{2}$ tazas de aceite vegetal. Quiere usar $\frac{2}{3}$ de esa cantidad de aceite y reemplazar el resto con puré de manzanas. ¿Cuánto aceite vegetal usará?

____

20. Para preparar su receta de sopa, Tony necesita $1\frac{1}{4}$ cucharaditas de sal. Quiere usar $\frac{1}{2}$ de esa cantidad. ¿Cuánta sal usará?

____

21. Para preparar su receta de panecillos de avena, Jeffrey necesita $2\frac{1}{4}$ tazas de harina de avena para una docena de panecillos. Si quiere preparar $1\frac{1}{2}$ docenas de panecillos para una reunión del club, ¿cuánta harina de avena usará?

____

22. Para preparar su receta de panecillos, Carla necesita $1\frac{1}{2}$ tazas de harina para los panecillos y $\frac{1}{4}$ de taza de harina para la cobertura. Si prepara $\frac{1}{2}$ de la receta original, ¿cuánta harina usará en total?

____

 PARA PRACTICAR MÁS:
Cuaderno de práctica de los estándares, págs. P161 y P162

Nombre ______________________

Resolución de problemas • Hallar longitudes desconocidas

ESTÁNDAR COMÚN CC.5.NF.5b
Apply and extend previous understandings of multiplication and division to multiply and divide fractions.

Pregunta esencial ¿Cómo puedes usar la estrategia *adivinar, comprobar y revisar* para resolver problemas con fracciones?

SOLUCIONA el problema EN EL MUNDO

Sarah quiere diseñar un jardín rectangular con una sección para flores que atraigan mariposas. Quiere que el área de esta sección sea $\frac{3}{4}$ yarda cuadrada. Si quiere que el ancho sea $\frac{1}{3}$ de la longitud, ¿cuáles serán las dimensiones de la sección destinada a las mariposas?

Lee el problema

¿Qué debo hallar?

Debo hallar ______________________
____
____
____
______________________.

¿Qué información debo usar?

La parte del jardín para mariposas tiene un área de ______ yarda cuadrada y el ancho es ______ de la longitud.

¿Cómo usaré la información?

__________ los lados del área para mariposas. Luego __________ mi cálculo y lo __________ si no es correcto.

Resuelve el problema

Puedo probar diferentes longitudes y calcular los anchos si hallo $\frac{1}{3}$ de la longitud. Para cada longitud y ancho, hallo el área y luego comparo. Si el producto es menor que o mayor que $\frac{3}{4}$ yarda cuadrada, debo revisar la longitud.

Adivinar		Comprobar	Revisar
Longitud (en yardas)	**Ancho (en yardas) ($\frac{1}{3}$ de la longitud)**	**Área del jardín para mariposas (en yardas cuadradas)**	
$\frac{3}{4}$	$\frac{1}{3} \times \frac{3}{4} = \frac{1}{4}$	$\frac{3}{4} \times \frac{1}{4} = \frac{3}{16}$ demasiado bajo	Pruebo con una longitud mayor.
$2\frac{1}{4}$ ó $\frac{9}{4}$			

Entonces, las dimensiones del jardín para mariposas de Sarah serán ______ yarda por ______ yardas.

Haz otro problema

Marcus está construyendo una caja rectangular donde pueda dormir su gatito. Quiere que el área del fondo de la caja mida 360 pulgadas cuadradas y que la longitud de uno de los lados sea $1\frac{3}{5}$ de la longitud del otro lado. ¿Cuáles deben ser las dimensiones del fondo de la cama?

Lee el problema

¿Qué debo hallar?	¿Qué información debo usar?	¿Cómo usaré la información?

Resuelve el problema

Entonces, las dimensiones del fondo de la cama para el gatito serán ______ por ______.

- **¿Qué pasaría si** el lado más largo fuera $1\frac{3}{5}$ veces la longitud del lado más corto y el lado más corto midiera 20 pulgadas de longitud? ¿Cuál sería entonces el área del fondo de la cama? ______

Nombre ________________________________

Comunicar y mostrar MATH BOARD

1. Cuando Pascal construyó una casa para su perro, sabía que quería que el piso de la casa tuviera un área de 24 pies cuadrados. También quería que el ancho fuera $\frac{2}{3}$ de la longitud. ¿Cuáles son las dimensiones de la casa para su perro?

Primero, elige dos números cuyo producto sea 24.

Adivina: _______ pies y _______ pies.

Luego, comprueba esos números. ¿Es el número mayor $\frac{2}{3}$ del otro número?

Comprueba: $\frac{2}{3} \times$ _______ = _______

Mi cálculo es _____________.

Por último, si el cálculo no es correcto, revísalo y compruébalo otra vez. Continúa de esta manera hasta que halles el resultado correcto.

Entonces, las dimensiones de la casa para perros son __________________.

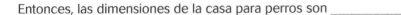

2. **¿Qué pasaría si** Pascal quisiera que el área del piso midiera 54 pies cuadrados y que el ancho fuera también $\frac{2}{3}$ de la longitud? ¿Cuáles serían las dimensiones del piso?

____

3. Leo quiere pintar un mural que cubra una pared cuya área es 1,440 pies cuadrados. La altura de la pared es $\frac{2}{5}$ de su longitud. ¿Cuáles son la longitud y la altura de la pared?

____

Por tu cuenta

4. Barry quiere hacer un dibujo que sea $\frac{1}{4}$ del tamaño del original. Si un árbol del dibujo original mide 14 pulgadas de altura, ¿qué altura tendrá el árbol del dibujo de Barry?

____

5. H.O.T. Un plano es un dibujo a escala de un edificio. Las dimensiones del plano para la casa de muñecas de Penny son $\frac{1}{4}$ de las medidas de la casa de muñecas real. El piso de la casa de muñecas tiene un área de 864 pulgadas cuadradas. Si el ancho de la casa de muñecas es $\frac{2}{3}$ de la longitud, ¿cuáles serán las dimensiones del piso en el plano de la casa de muñecas?

____

6. **Escribe** **Plantea un problema** Vuelve a mirar el Ejercicio 4. Escribe un problema similar con una medida diferente y una fracción diferente. Luego resuelve el problema.

____

____

____

____

____

7. **Preparación para la prueba** La fotografía de Albert tiene un área de 80 pulgadas cuadradas. La longitud de la foto es $1\frac{1}{4}$ de su ancho. ¿Cuál de las siguientes opciones podrían ser las dimensiones de la fotografía?

Ⓐ 5 pulgadas por 16 pulgadas

Ⓑ 12 pulgadas por 10 pulgadas

Ⓒ 6 pulgadas por 5 pulgadas

Ⓓ 10 pulgadas por 8 pulgadas

Elige una ESTRATEGIA

- Representar
- Hacer un diagrama
- Hacer una tabla
- Resolver un problema más sencillo
- Trabajar de atrás para adelante
- Adivinar, comprobar y revisar

MUESTRA TU TRABAJO

PARA PRACTICAR MÁS:
Cuaderno de práctica de los estándares, págs. P163 y P164

Nombre ________________________________

Repaso y prueba del Capítulo 7

Conceptos y destrezas

1. Cuando multiplicas $3\frac{1}{4}$ por un número mayor que uno, ¿qué relación hay entre el producto y $3\frac{1}{4}$? **Explícalo.** (CC.5.NF.5a, CC.5.NF.5b)

____

____

Usa un modelo para resolver los ejercicios. (CC.5.NF.4a)

2. $\frac{2}{3} \times 6$ ____________

3. $\frac{3}{7} \times 14$ ____________

4. $\frac{5}{8} \times 24$ ____________

Halla el producto. Escríbelo en su mínima expresión. (CC.5.NF.4a)

5. $\frac{3}{5} \times 8 =$ ____________

6. $\frac{1}{4} \times 10 =$ ____________

7. $\frac{5}{7} \times 15 =$ ____________

8. $\frac{5}{6} \times \frac{2}{3} =$ ____________

9. $\frac{1}{5} \times \frac{5}{7} =$ ____________

10. $\frac{3}{8} \times \frac{1}{6} =$ ____________

Completa el enunciado con ***igual a, mayor que*** **o** ***menor que*****.**
(CC.5.NF.5a, CC.5.NF.5b)

11. $\frac{7}{8} \times \frac{6}{6}$ será ____________ $\frac{7}{8}$.

12. $\frac{1}{2} \times \frac{8}{9}$ será ____________ $\frac{8}{9}$.

Rellena el círculo completamente para indicar tu respuesta.

PREPARACIÓN PARA LA PRUEBA

13. Wolfgang quiere ampliar una fotografía que reveló. ¿Cuál de los siguientes factores ampliaría al máximo su fotografía si lo usara para multiplicar sus dimensiones actuales? (CC.5.NF.5a)

Ⓐ $\frac{7}{8}$

Ⓑ $\frac{14}{14}$

Ⓒ $1\frac{4}{9}$

Ⓓ $\frac{3}{2}$

14. Rachel quiere reducir el tamaño de su fotografía. ¿Cuál de los siguientes factores reduciría al máximo su fotografía? (CC.5.NF.5a)

Ⓐ $\frac{5}{8}$

Ⓑ $\frac{11}{16}$

Ⓒ $\frac{3}{4}$

Ⓓ $\frac{8}{5}$

15. Marteen quiere pintar $\frac{2}{3}$ de su recámara hoy. Quiere pintar $\frac{1}{4}$ de esa superficie antes del almuerzo. ¿Qué parte de su recámara pintará hoy antes del almuerzo? (CC.5.NF.4a)

Ⓐ $\frac{1}{12}$

Ⓑ $\frac{1}{6}$

Ⓒ $\frac{5}{12}$

Ⓓ $\frac{11}{12}$

Nombre ____________________

PREPARACIÓN PARA LA PRUEBA

Rellena el círculo completamente para indicar tu respuesta.

16. El recorrido del autobús de Gia hasta la escuela es $5\frac{1}{2}$ millas. El recorrido del autobús de regreso a su casa es $1\frac{3}{5}$ veces esa distancia. ¿Cuál es la distancia que recorre el autobús de Gia de regreso a su casa? (CC.5.NF.6)

Ⓐ $5\frac{3}{10}$ millas

Ⓑ 8 millas

Ⓒ $8\frac{4}{5}$ millas

Ⓓ $17\frac{3}{5}$ millas

17. El perro de Carl pesa $2\frac{1}{3}$ veces lo que pesa el perro de Judy. Si el perro de Judy pesa $35\frac{1}{2}$ libras, ¿cuánto pesa el perro de Carl? (CC.5.NF.6)

Ⓐ $88\frac{3}{4}$ libras

Ⓑ $82\frac{5}{6}$ libras

Ⓒ $81\frac{2}{3}$ libras

Ⓓ 71 libras

18. En una clase de quinto grado, $\frac{4}{5}$ de las niñas tienen cabello color café. De las niñas con cabello café, $\frac{3}{4}$ tienen cabello largo. ¿Qué fracción de las niñas de la clase tiene cabello largo y color café? (CC.5.NF.4a)

Ⓐ $\frac{1}{20}$

Ⓑ $\frac{1}{5}$

Ⓒ $\frac{3}{5}$

Ⓓ $\frac{1}{4}$

▶ Respuesta de desarrollo

19. Tasha planea cubrir el piso de su recámara con losetas cuadradas cuyos lados miden $\frac{1}{4}$ pie de longitud. ¿Usará más o menos losetas si solamente puede comprar losetas cuadradas cuyos lados miden $\frac{1}{3}$ pie de longitud? **Explícalo.** (CC.5.NF.4b)

___

___

___

▶ Tarea de rendimiento (CC.5.NF.5b)

20. Para una feria de pastelería, Violet quiere usar la receta de la derecha.

Galletas azucaradas

$2\frac{3}{4}$ tazas de harina
1 cdta de bicarbonato de soda
$\frac{1}{2}$ cdta de polvo para hornear
$1\frac{1}{2}$ tazas de azúcar
1 taza de mantequilla
1 huevo
1 cdta de vainilla

A Si quiere duplicar la receta, ¿cuánta harina necesitará?

___

B Baxter quiere preparar $1\frac{1}{2}$ veces la receta. ¿Necesitará más o menos azúcar que la que necesita Violet para duplicar la receta? **Explícalo.**

___

___

___

C Con la receta que se muestra a la derecha, se pueden preparar 60 galletas. Jorge quiere llevar 150 galletas. ¿Cuánta harina necesitará para preparar 150 galletas? **Explica** cómo hallaste el resultado. (Pista: ¿Por qué número puedes multiplicar 60 para obtener 150?).

___

___

___

___

Capítulo 8 Dividir fracciones

Muestra lo que sabes

Comprueba tu comprensión de destrezas importantes.

Nombre ______________________________

Parte de un grupo **Escribe la fracción que indica la parte sombreada.**

1. fichas en total ______

   fichas sombreadas ______

   fracción ______

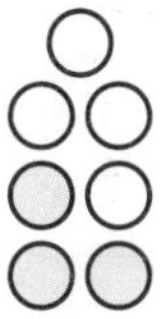

2. grupos en total ______

   grupos sombreados ______

   fracción ______

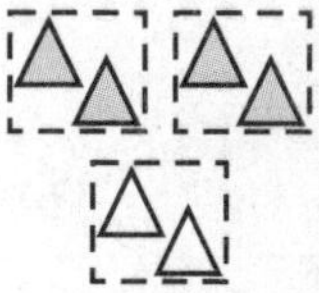

Relacionar la multiplicación y la división **Usa operaciones inversas y familias de operaciones para resolver los problemas.**

3. Puesto que $6 \times 4 = 24$,

   entonces ______ $\div 4 = 6$.

4. Puesto que ______ $\times 8 = 56$,

   entonces ______ $\div 7 = 8$.

5. Puesto que $9 \times 3 =$ ______,

   entonces ______ $\div 3 = 9$.

6. Puesto que ______ $\div 4 = 10$,

   entonces $4 \times 10 =$ ______.

Fracciones equivalentes **Escribe una fracción equivalente.**

7. $\frac{16}{20}$ ______
8. $\frac{3}{8}$ ______
9. $\frac{5}{12}$ ______
10. $\frac{25}{45}$ ______

DETECTIVE MATEMÁTICO CON CARMEN SANDIEGO™

Emily gastó $\frac{1}{2}$ de su dinero en la tienda de comestibles. Luego, gastó en la panadería $\frac{1}{2}$ de lo que sobró. A continuación, en la tienda de música, gastó $\frac{1}{2}$ de lo que sobró en un CD que estaba en oferta. Gastó los $6.00 restantes en un almuerzo en la cafetería. Piensa como un detective matemático y halla cuánto dinero tenía Emily al principio.

Desarrollo del vocabulario

▶ Visualizar

Completa el diagrama de flujo con las palabras de repaso.

Palabras de repaso
cociente
dividendo
divisor
ecuación
fracción

Operaciones inversas

Multiplicación

factor	×	factor	=	producto
$\frac{1}{3}$		6		2

División

	÷		=	
2		$\frac{1}{3}$		6

▶ Comprender el vocabulario

Completa las oraciones con las palabras de repaso.

1. El número que divide el dividendo es el ____________________.
2. Una expresión numérica o algebraica que muestra que dos cantidades son iguales es una ____________________.
3. Un número que indica una parte de un entero o una parte de un grupo se denomina ____________________.
4. El ____________________ es el número que se va a dividir en un problema de división.
5. El ____________________ es el número que resulta de la división, sin incluir el residuo.

Nombre ______________________________

Dividir fracciones y números naturales

Pregunta esencial ¿Cómo divides un número natural entre una fracción y una fracción entre un número natural?

ESTÁNDARES COMUNES CC.5.NF.7a, CC.5.NF.7b
Apply and extend previous understandings of multiplication and division to multiply and divide fractions.

Investigar

Materiales ■ tiras fraccionarias

A. María recorre un sendero de ejercicios físicos de 2 millas. Se detiene cada $\frac{1}{5}$ milla para hacer ejercicio. ¿Cuántas veces se detiene a hacer ejercicio?

- Dibuja una recta numérica de 0 a 2. Divide la recta numérica en quintos. Rotula cada quinto en la recta numérica.

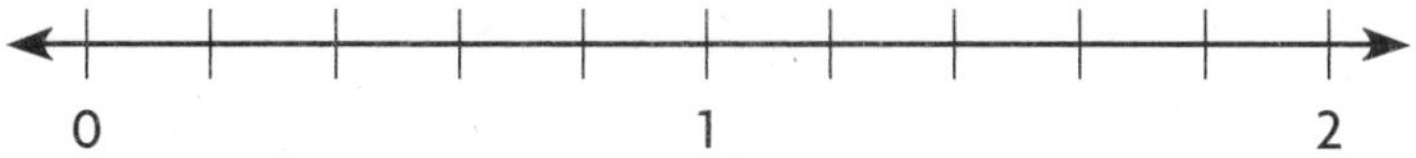

- Cuenta de quinto en quinto de 0 a 2 para hallar $2 \div \frac{1}{5}$.

  Hay ______ quintos en 2 enteros.

Puedes usar la relación que existe entre la multiplicación y la división para explicar y comprobar tu solución.

- Anota y comprueba el cociente.

  $2 \div \frac{1}{5} =$ ______ porque ______ $\times \frac{1}{5} = 2$.

Entonces, María se detiene a hacer ejercicio ______ veces.

B. Roger tiene 2 yardas de cuerda. Corta la cuerda en pedazos de $\frac{1}{3}$ yarda de longitud. ¿Cuántos pedazos de cuerda tiene Roger?

- Usa 2 tiras fraccionarias enteras para representar 2.

- Luego coloca suficientes tiras de $\frac{1}{3}$ que encajen exactamente debajo de los 2 enteros. Hay ______ pedazos de un tercio en 2 enteros.

- Anota y comprueba el cociente.

  $2 \div \frac{1}{3} =$ ______ porque ______ $\times \frac{1}{3} = 2$.

Entonces, Roger tiene ______ pedazos de cuerda.

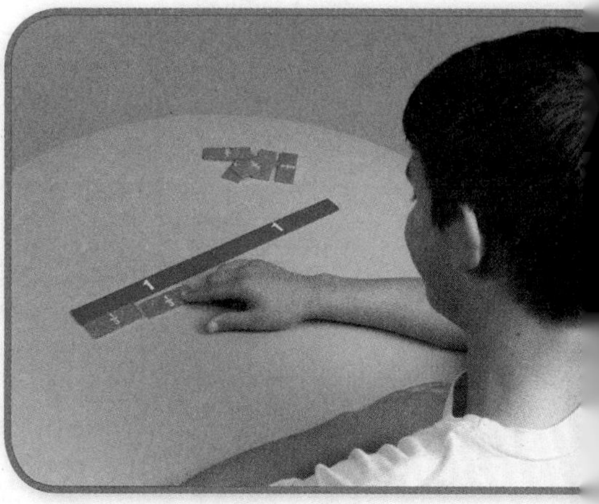

Sacar conclusiones

1. Cuando divides un número natural entre una fracción, ¿qué relación hay entre el cociente y el dividendo? **Explícalo.**

____

____

2. **Explica** de qué manera conocer el número de quintos que hay en 1 podría ayudarte a hallar el número de quintos que hay en 2.

____

____

3. **Describe** cómo hallarías $4 \div \frac{1}{5}$.

____

____

Hacer conexiones

Puedes usar tiras fraccionarias para dividir una fracción entre un número natural.

Calia reparte medio paquete de plastilina en partes iguales entre ella y 2 amigas. ¿Qué fracción del paquete de plastilina entero recibirá cada amiga?

PASO 1 Coloca un tira de $\frac{1}{2}$ debajo de una tira de 1 entero para representar $\frac{1}{2}$ de paquete de plastilina.

PASO 2 Halla 3 tiras fraccionarias, todas con el mismo denominador, que encajen exactamente debajo de la tira de $\frac{1}{2}$.

Cada pedazo es ______ del entero.

PASO 3 Anota y comprueba el cociente.

$\frac{1}{2} \div 3 =$ ______ porque ______ $\times 3 = \frac{1}{2}$.

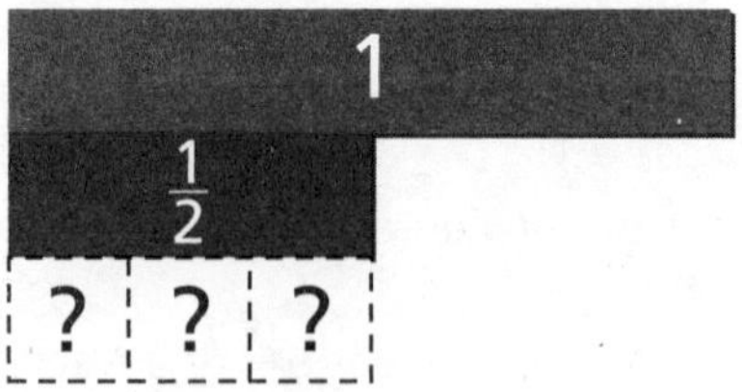

Piensa: ¿A cuánto del entero equivale cada pedazo cuando se divide $\frac{1}{2}$ entre 3 partes iguales?

Entonces, cada amiga recibirá ______ del paquete de plastilina entero.

MÉTODOS MATEMÁTICOS

Charla matemática Cuando divides una fracción entre un número natural, ¿qué relación hay entre el cociente y el dividendo? **Explícalo.**

Nombre ________________________________

Comunicar y mostrar

Divide y comprueba el cociente.

1.

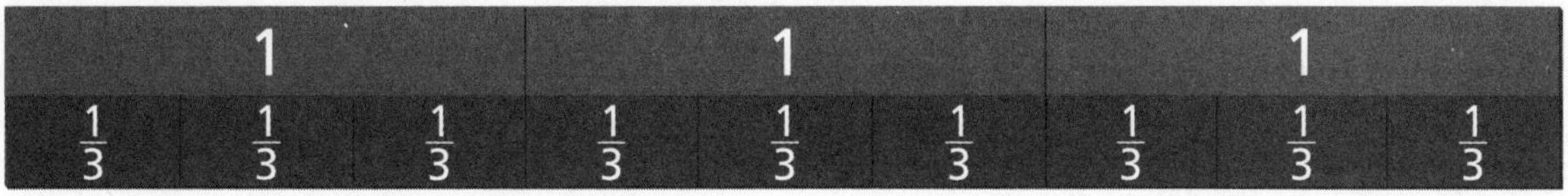

$3 \div \frac{1}{3} =$ ______ porque ______ $\times \frac{1}{3} = 3.$

2.

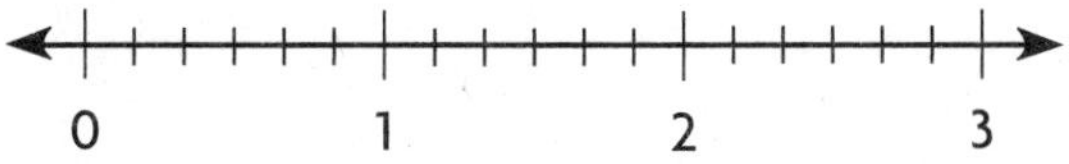

Piensa: ¿Qué rótulo debería escribir para cada marca?

$3 \div \frac{1}{6} =$ ______ porque

______ $\times \frac{1}{6} = 3.$

3.

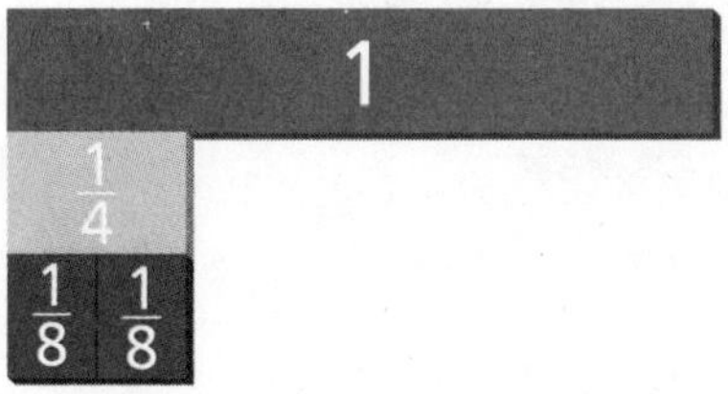

$\frac{1}{4} \div 2 =$ ______ porque

______ $\times 2 = \frac{1}{4}.$

Divide. Dibuja una recta numérica o usa tiras fraccionarias.

4. $1 \div \frac{1}{3} =$ ______

5. $3 \div \frac{1}{4} =$ ______

6. $\frac{1}{5} \div 2 =$ ______

7. $2 \div \frac{1}{2} =$ ______

8. $\frac{1}{4} \div 3 =$ ______

9. $5 \div \frac{1}{2} =$ ______

10. $4 \div \frac{1}{2} =$ ______

11. $\frac{1}{6} \div 2 =$ ______

12. $3 \div \frac{1}{5} =$ ______

Resolución de problemas

H.O.T. ¿Tiene sentido?

13. Emilio y Julia usaron maneras diferentes de hallar $\frac{1}{2} \div 4$. Emilio usó un modelo para hallar el cociente. Julia usó una ecuación de multiplicación relacionada para hallar el cociente. ¿Qué resultado tiene sentido? ¿Qué resultado no tiene sentido? **Explica** tu razonamiento.

Trabajo de Emilio

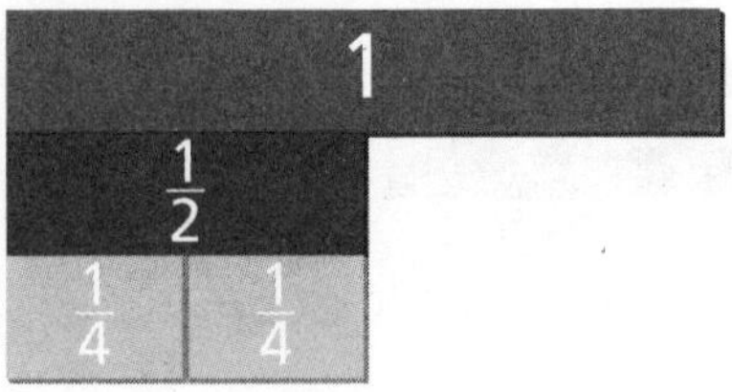

$\frac{1}{2} \div 4 = \frac{1}{4}$

____

____

____

____

____

Trabajo de Julia

Si $\frac{1}{2} \div 4 = \blacksquare$, entonces $\blacksquare \times 4 = \frac{1}{2}$.

Sé que $\frac{1}{8} \times 4 = \frac{1}{2}$.

Entonces, $\frac{1}{2} \div 4 = \frac{1}{8}$ porque $\frac{1}{8} \times 4 = \frac{1}{2}$.

____

____

____

____

____

- Para el resultado que no tiene sentido, describe cómo hallar el resultado correcto.

____

____

- Si quisieras hallar $\frac{1}{2} \div 5$, **explica** cómo usarías tiras fraccionarias para hallar el cociente.

____

____

____

PARA PRACTICAR MÁS:
Cuaderno de práctica de los estándares, págs. P169 y P170

Nombre ______________________________

Resolución de problemas • Usar la multiplicación

ESTÁNDAR COMÚN **CC.5.NF.7b**
Apply and extend previous understandings of multiplication and division to multiply and divide fractions.

Pregunta esencial ¿Cómo puede ayudarte la estrategia *hacer un diagrama* a resolver problemas de división de fracciones escribiendo un enunciado de multiplicación?

SOLUCIONA el problema EN EL MUNDO

Érica prepara 6 emparedados con una barra entera de pan y corta cada emparedado en tercios. ¿Cuántas partes de $\frac{1}{3}$ de emparedado tiene?

Lee el problema

¿Qué debo hallar?

Debo hallar ______________________________

____

______________________________.

¿Qué información debo usar?

Debo usar el tamaño de cada __________ de emparedado y el número de __________ que corta.

¿Cómo usaré la información?

Puedo ______________________ para organizar la información del problema. Luego puedo usar la información organizada para hallar

____

______________________________.

Resuelve el problema

Como Érica corta 6 emparedados con una barra entera de pan, en mi diagrama se deben mostrar 6 rectángulos que representen los emparedados. Puedo dividir cada uno de los 6 rectángulos en tercios.

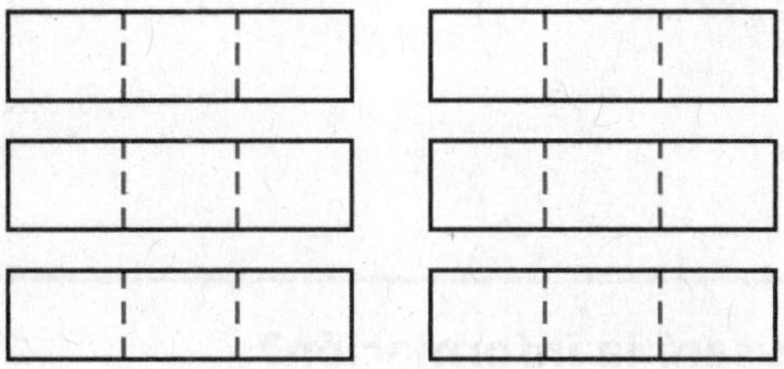

Para hallar el número total de tercios que hay en los 6 rectángulos, puedo multiplicar la cantidad de tercios que hay en cada rectángulo por la cantidad de rectángulos.

$6 \div \frac{1}{3} = 6 \times$ ______ = ______

Entonces, Érica tiene ______ partes de un tercio de emparedado.

MÉTODOS MATEMÁTICOS
Charla matemática Explica cómo puedes usar la multiplicación para comprobar tu resultado.

Haz otro problema

Roberto corta 3 tartas de arándanos en mitades para repartir entre sus vecinos. ¿Cuántos vecinos recibirán un trozo de $\frac{1}{2}$ de tarta?

Lee el problema	Resuelve el problema
¿Qué debo hallar?	
¿Qué información debo usar?	
¿Cómo usaré la información?	

Entonces, ________ vecinos recibirán un trozo de $\frac{1}{2}$ de tarta.

- **Explica** de qué manera el diagrama que hiciste para el problema de división te ayuda para escribir un enunciado de multiplicación.

Nombre ________________________________

Comunicar y mostrar

1. Una cocinera tiene 5 bloques de mantequilla. Cada bloque pesa 1 libra. Corta cada bloque en cuartos. ¿Cuántos trozos de $\frac{1}{4}$ de libra de mantequilla tiene la cocinera?

   Primero, traza rectángulos para representar los bloques de mantequilla.

   Luego, divide cada rectángulo en cuartos.

   Por último, multiplica la cantidad de cuartos de cada bloque por la cantidad de bloques.

   Entonces, la cocinera tiene _______ trozos de mantequilla de un cuarto de libra.

2. **¿Qué pasaría si** la cocinera tuviera 3 bloques de mantequilla y los cortara en tercios? ¿Cuántos trozos de $\frac{1}{3}$ de libra de mantequilla tendría la cocinera?

   ____

3. Jason tiene 2 pizzas y las corta en cuartos. ¿Cuántas trozos de $\frac{1}{4}$ de pizza hay?

   ____

4. Thomas prepara 5 emparedados y los corta en tercios. ¿Cuántos partes de $\frac{1}{3}$ de emparedado tiene?

   ____

5. Juana corta 3 bandejas de *brownies* en octavos. ¿Cuántos trozos de $\frac{1}{8}$ de *brownie* tiene?

   ____

MUESTRA TU TRABAJO

Por tu cuenta

Elige una ESTRATEGIA

- Representar
- Hacer un diagrama
- Hacer una tabla
- Resolver un problema más sencillo
- Trabajar de atrás para adelante
- Adivinar, comprobar y revisar

MUESTRA TU TRABAJO

6. Julie quiere hacer un dibujo que sea $\frac{1}{4}$ del tamaño del original. Si un árbol del dibujo original mide 8 pulgadas de altura, ¿cuál será la altura del árbol en el dibujo de Julie?

7. Tres amigos van a una feria de libros. Allen gasta \$2.60. María gasta 4 veces más que Allen. Akio gasta \$3.45 menos que María. ¿Cuánto gasta Akio?

8. H.O.T. Brianna tiene una hoja de papel que mide 6 pies de longitud. Corta la longitud del papel en sextos y luego corta la longitud de cada uno de estos pedazos de $\frac{1}{6}$ en tercios. ¿Cuántos pedazos tiene? ¿Cuántas pulgadas de longitud tiene cada pedazo?

9. Escribe **Plantea un problema** Vuelve a mirar el Problema 8. Cambia la longitud del papel y el tamaño de los pedazos y escribe un problema similar.

10. **Preparación para la prueba** Adrián hizo 3 pasteles de zanahoria. Cortó cada pastel en cuartos. ¿Cuántos trozos de $\frac{1}{4}$ de pastel tiene?

Ⓐ 16 Ⓒ $1\frac{1}{3}$

Ⓑ 12 Ⓓ 1

 PARA PRACTICAR MÁS:
Cuaderno de práctica de los estándares, págs. P171 y P172

Nombre ______________________________

Relacionar las fracciones con la división

Pregunta esencial ¿De qué manera una fracción representa la división?

ESTÁNDAR COMÚN CC.5.NF.3
Apply and extend previous understandings of multiplication and division to multiply and divide fractions.

CONECTAR Se puede escribir una fracción como un problema de división.

$\frac{3}{4} = 3 \div 4$ $\frac{12}{2} = 12 \div 2$

SOLUCIONA el problema EN EL MUNDO

En una clase de artesanías, hay 3 estudiantes y 2 hojas de cartulina para repartir en partes iguales. ¿Qué parte de la cartulina recibirá cada estudiante?

- Encierra en un círculo el dividendo.
- Subraya el divisor.

Usa un dibujo.

Divide. 2 ÷ 3

PASO 1 Traza líneas para dividir cada cartulina en 3 pedazos iguales.

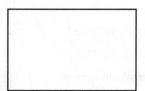

La parte de una hoja de cartulina que corresponde a cada estudiante es ______.

PASO 2 Cuenta el número de tercios que recibe cada estudiante. Como hay 2 hojas de cartulina, cada estudiante recibirá 2 de los

______________, o 2 × ______.

PASO 3 Completa el enunciado numérico.

$2 \div 3 = \frac{\quad}{\quad}$

PASO 4 Comprueba tu resultado.

Puesto que ______ × ______ = ______, el cociente es correcto.
cociente divisor dividendo

Entonces, cada estudiante recibirá ______ de una hoja de cartulina.

MÉTODOS MATEMÁTICOS

Charla matemática Describe un problema de división en el que cada estudiante reciba $\frac{3}{4}$ de una hoja de cartulina.

Ejemplo

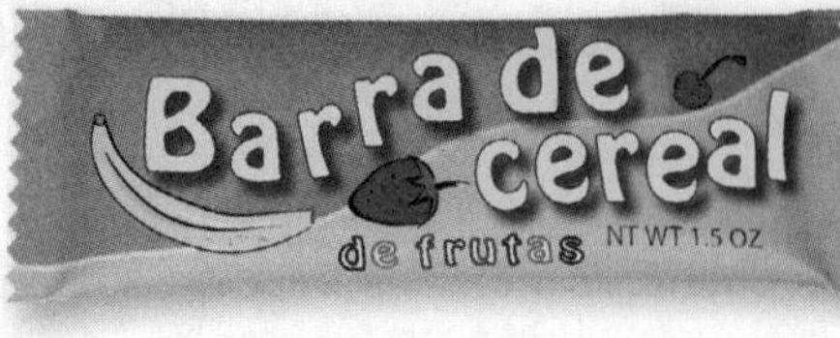

Cuatro amigos reparten 6 barras de cereal en partes iguales. ¿Cuántas barras de cereal recibe cada amigo?

Divide. $6 \div 4$

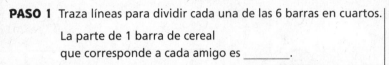

PASO 1 Traza líneas para dividir cada una de las 6 barras en cuartos.

La parte de 1 barra de cereal que corresponde a cada amigo es ______.

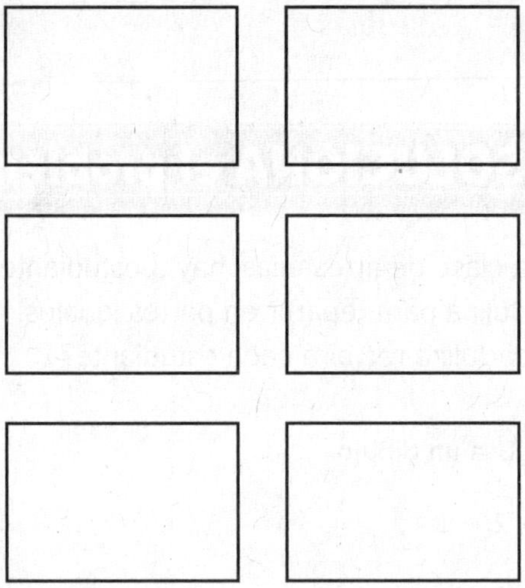

PASO 2 Cuenta el número de cuartos que recibe cada amigo. Como hay 6 barras de cereal, cada amigo recibirá

______ de los cuartos, o $\frac{\square}{\square}$.

PASO 3 Completa el enunciado numérico. Escribe la fracción como un número mixto en su mínima expresión.

$6 \div 4 = \frac{\square}{\square}$ ó $\square\frac{\square}{\square}$

PASO 4 Comprueba tu resultado.

Puesto que ______ $\times 4 =$ ______, el cociente es correcto.

Entonces, cada amigo recibirá ____________ barras de cereal.

MÉTODOS MATEMÁTICOS

Charla matemática **Describe** una manera diferente en la que las barras de cereal podrían dividirse en 4 partes iguales.

¡Inténtalo!

La maestra Ruiz tiene una cuerda que mide 125 pulgadas de longitud. La maestra divide la cuerda en partes iguales entre 8 grupos de estudiantes para un experimento de ciencias. ¿Cuánta cuerda recibirá cada grupo?

Puedes representar este problema como una ecuación de división o como una fracción.

- Divide. Escribe el residuo como una fracción. $125 \div 8 =$ ______
- Escribe $\frac{125}{8}$ como un número mixto en su mínima expresión. $\frac{125}{8} =$ ______

Entonces, cada grupo recibirá ______ pulgadas de cuerda.

- **Explica** por qué $125 \div 8$ da el mismo resultado que $\frac{125}{8}$.

____

____

Nombre ______________________________

Comunicar y mostrar

Traza líneas en el modelo para completar el enunciado numérico.

1. Seis amigos reparten 4 pizzas en partes iguales.

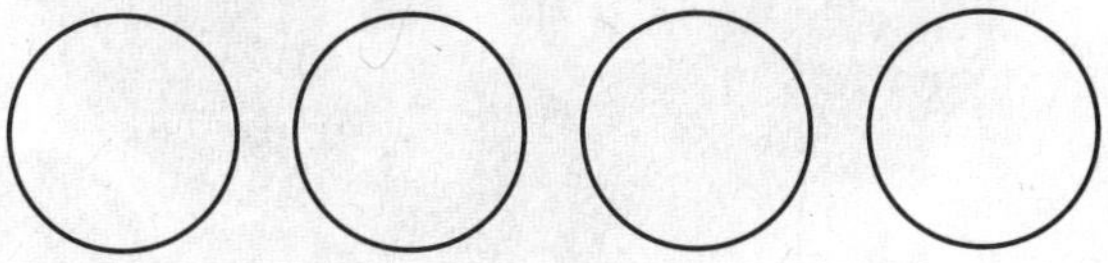

$4 \div 6 =$ ____________

La parte de cada amigo es ______ de una pizza.

2. Cuatro hermanos reparten 5 emparedados en partes iguales.

$5 \div 4 =$ ____________

La parte de cada hermano es ______ emparedados.

Completa el enunciado numérico para resolver el problema.

3. Doce amigos reparten 3 tartas en partes iguales. ¿Qué fracción de una tarta recibe cada amigo?

$3 \div 12 =$ ____________

La parte de cada amigo es ______ de una tarta.

4. Tres estudiantes reparten 8 bloques de plastilina en partes iguales. ¿Cuánta plastilina recibe cada estudiante?

$8 \div 3 =$ ____________

La parte de cada estudiante es ______ bloques de plastilina.

MÉTODOS MATEMÁTICOS

Charla matemática Explica cómo puedes comprobar tu resultado.

Por tu cuenta

Completa el enunciado numérico para resolver el problema.

5. Cuatro estudiantes reparten 7 naranjas en partes iguales. ¿Cuántas naranjas recibe cada estudiante?

$7 \div 4 =$ ____________

La parte de cada estudiante es ______ naranjas.

6. Ocho niñas reparten 5 barras de frutas en partes iguales. ¿Qué fracción de una barra de frutas recibe cada niña?

$5 \div 8 =$ ____________

La parte de cada niña es ______ de una barra de frutas.

7. Nueve amigos reparten 6 pizzas en partes iguales. ¿Qué fracción de una pizza recibe cada amigo?

$6 \div 9 =$ ____________

La parte de cada amigo es ______ de una pizza.

8. Dos niños reparten 9 pies de cuerda en partes iguales. ¿Cuántos pies de cuerda recibe cada niño?

$9 \div 2 =$ ____________

La parte de cada niño es ______ pies de cuerda.

Resolución de problemas EN EL MUNDO

9. A la casa de Sarah irán 3 adultos y 2 niños a comer el postre. Sarah va a servir 2 tartas pequeñas de manzana. Si planea darle a cada persona, incluida ella misma, la misma cantidad de tarta, ¿cuánta tarta recibirá cada persona?

____

10. El club de matemáticas tiene 36 miembros. Addison llevó 81 *brownies* para repartir entre todos los miembros. ¿Cuántos *brownies* recibe cada miembro?

____

11. H.O.T. Ocho estudiantes reparten 12 panecillos de avena en partes iguales y 6 estudiantes reparten 15 panecillos de manzana en partes iguales. Carmine está en ambos grupos de estudiantes. ¿Cuál es el número total de panecillos que recibe Carmine?

____

12. Escribe Nueve amigos piden 4 pizzas grandes. Cuatro de los amigos reparten 2 pizzas en partes iguales y los otros 5 amigos reparten 2 pizzas en partes iguales. ¿En qué grupo recibe más pizza cada miembro? **Explica** tu razonamiento.

____

____

____

____

13. **Preparación para la prueba** Jason horneó 5 tartas de cereza. Quiere repartirlas en partes iguales entre 3 de sus vecinos. ¿Cuántas tartas recibirá cada vecino?

Ⓐ $\frac{3}{8}$

Ⓑ $\frac{3}{5}$

Ⓒ $1\frac{2}{3}$

Ⓓ $2\frac{2}{3}$

MUESTRA TU TRABAJO

 PARA PRACTICAR MÁS:
Cuaderno de práctica de los estándares, págs. P173 y P174

Nombre ______________________________

Revisión de la mitad del capítulo

Conceptos y destrezas

1. **Explica** cómo puedes saber, sin calcular, si el cociente de $\frac{1}{2} \div 6$ es mayor que 1 o menor que 1. (CC.5.NF.7a, CC.5.NF.7b)

____

____

Divide. Dibuja una recta numérica o usa tiras fraccionarias. (CC.5.NF.7a, CC.5.NF.7b)

2. $3 \div \frac{1}{2} =$ ______

3. $1 \div \frac{1}{4} =$ ______

4. $\frac{1}{2} \div 2 =$ ______

5. $\frac{1}{3} \div 4 =$ ______

6. $2 \div \frac{1}{6} =$ ______

7. $\frac{1}{4} \div 3 =$ ______

Completa el enunciado numérico para resolver el problema. (CC.5.NF.3)

8. Dos estudiantes reparten 3 barras de cereal en partes iguales. ¿Cuántas barras recibe cada estudiante?

   $3 \div 2 =$ __________

   La parte de cada estudiante es ______ barras de cereal.

9. Cinco niñas reparten 4 emparedados en partes iguales. ¿Qué fracción de un emparedado recibe cada niña?

   $4 \div 5 =$ __________

   La parte de cada niña es ______ de un emparedado.

10. Nueve niños reparten 4 pizzas en partes iguales. ¿Qué fracción de una pizza recibe cada niño?

    $4 \div 9 =$ __________

    La parte de cada niño es ______ de una pizza.

11. Cuatro amigos reparten 10 galletas en partes iguales. ¿Cuántas galletas recibe cada amigo?

    $10 \div 4 =$ __________

    La parte de cada amigo es ______ galletas.

PREPARACIÓN PARA LA PRUEBA

Rellena el círculo completamente para indicar tu respuesta.

12. Carmine tiene 8 litros de refresco de frutas para una fiesta. Cada vaso puede contener $\frac{1}{5}$ litro de refresco. ¿Cuántos vasos de refresco puede llenar Carmine? **(CC.5.NF.7b)**

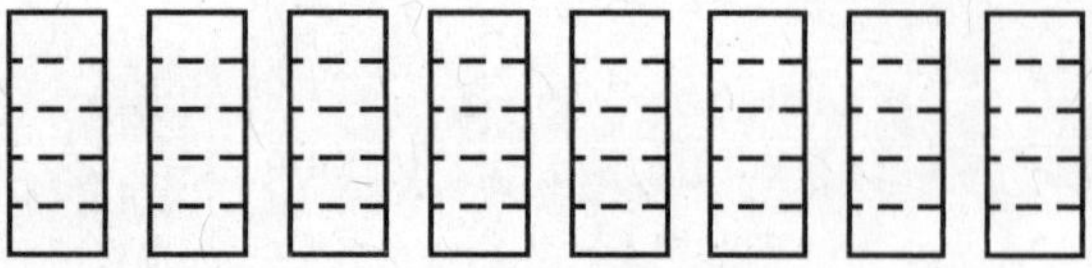

Ⓐ $\frac{5}{8}$

Ⓑ $1\frac{3}{5}$

Ⓒ 13

Ⓓ 40

13. Cuatro amigos reparten 3 barras de frutas en partes iguales. ¿Qué fracción de una barra de frutas recibe cada amigo? **(CC.5.NF.3)**

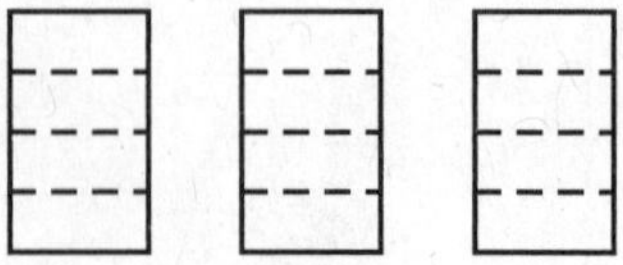

Ⓐ $\frac{3}{7}$

Ⓑ $\frac{3}{4}$

Ⓒ $1\frac{1}{3}$

Ⓓ $2\frac{1}{3}$

14. Caleb y 2 amigos reparten $\frac{1}{2}$ cuarto de leche en partes iguales. ¿Qué fracción del cuarto de leche recibe cada amigo? **(CC.5.NF.7a)**

Ⓐ $\frac{3}{2}$ cuartos

Ⓑ $\frac{2}{3}$ cuarto

Ⓒ $\frac{1}{4}$ cuarto

Ⓓ $\frac{1}{6}$ cuarto

15. Makayla tiene 3 yardas de cinta para usar en un proyecto de manualidades. Corta la cinta en pedazos que miden $\frac{1}{4}$ yarda de longitud. ¿Cuántos pedazos de cinta tiene Makayla? **(CC.5.NF.7b)**

Ⓐ $1\frac{1}{4}$

Ⓑ $2\frac{1}{3}$

Ⓒ 7

Ⓓ 12

Nombre ______________________

División de fracciones y números naturales

Pregunta esencial ¿Cómo puedes dividir fracciones resolviendo un enunciado de multiplicación relacionado?

ESTÁNDAR COMÚN CC.5.NF.7c

Apply and extend previous understandings of multiplication and division to multiply and divide fractions.

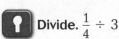

SOLUCIONA el problema EN EL MUNDO

Tres amigos reparten un bloque de caramelo de $\frac{1}{4}$ libra en partes iguales. ¿Qué fracción de una libra de caramelo recibe cada amigo?

Divide. $\frac{1}{4} \div 3$

- Sea el rectángulo un bloque de 1 libra de caramelo. Divide el rectángulo en cuartos y luego divide cada cuarto en tres partes iguales.

  El rectángulo ahora está dividido en ______ partes iguales.

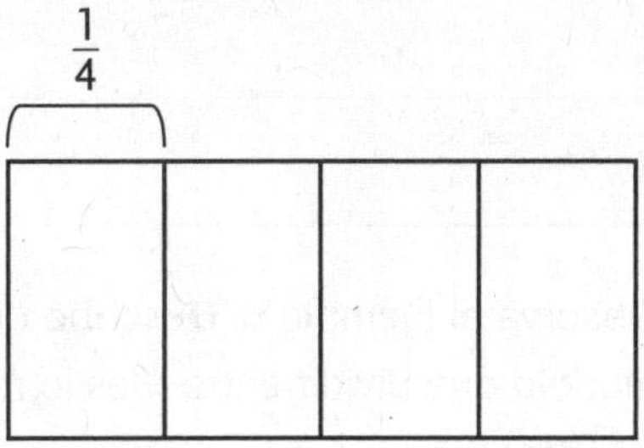

- Cuando divides un cuarto en 3 partes iguales, estás hallando una de tres partes iguales, o $\frac{1}{3}$ de $\frac{1}{4}$. Sombrea $\frac{1}{3}$ de $\frac{1}{4}$.

  La parte sombreada representa ______ del rectángulo entero.

- Completa el enunciado numérico.

$$\frac{1}{4} \div 3 = \frac{1}{3} \times \frac{1}{4} = \_\_\_\_\_\_$$

Entonces, cada amigo recibe ______ de una libra de caramelo.

Ejemplo

Brad tiene 9 libras de carne de pavo molida para preparar hamburguesas para una merienda. ¿Cuántas hamburguesas de $\frac{1}{3}$ libra puede preparar?

- ¿La cantidad de hamburguesas de pavo será menor o mayor que 9?

  ____

Divide. $9 \div \frac{1}{3}$

- Dibuja 9 rectángulos para representar cada libra de carne de pavo molida. Divide cada rectángulo en tercios.

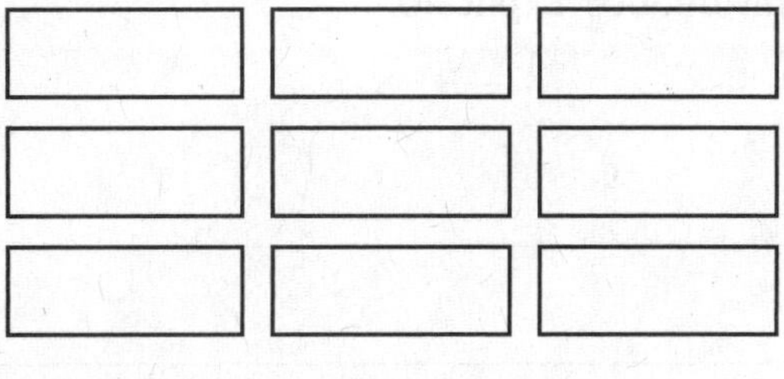

- Cuando divides los ______ rectángulos en tercios, estás hallando la cantidad de tercios que hay en 9 rectángulos, o bien, estás hallando 9 grupos de ______. Hay ______ tercios.

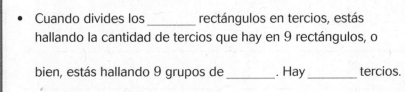

- Completa el enunciado numérico.

$$9 \div \frac{1}{3} = \_\_\_\_\_\_ \times \_\_\_\_\_\_ = \_\_\_\_\_\_$$

Entonces, Brad puede preparar ______ hamburguesas de pavo de un tercio de libra.

CONECTAR Has aprendido cómo usar un modelo y cómo escribir un enunciado de multiplicación para resolver un problema de división.

Ejemplos

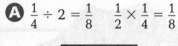

A $\frac{1}{4} \div 2 = \frac{1}{8}$ $\frac{1}{2} \times \frac{1}{4} = \frac{1}{8}$

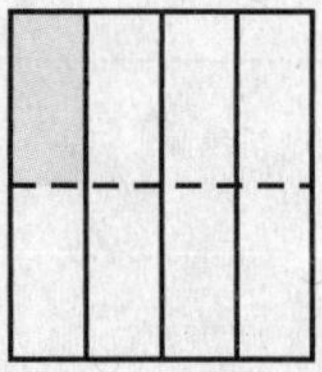

B $4 \div \frac{1}{2} = 8$ $4 \times 2 = 8$

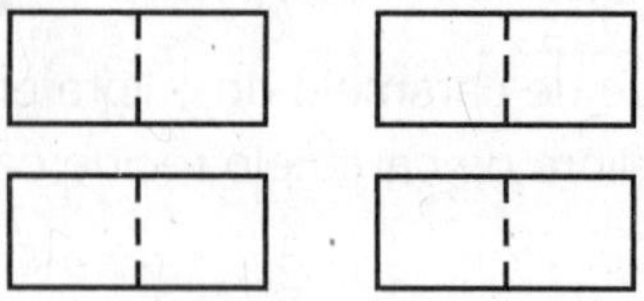

1. Observa el Ejemplo A. **Describe** de qué manera se muestra en el modelo que dividir entre 2 es lo mismo que multiplicar por $\frac{1}{2}$.

____

____

2. Observa el Ejemplo B. **Describe** de qué manera se muestra en el modelo que dividir entre $\frac{1}{2}$ es lo mismo que multiplicar por 2.

____

____

Cuando divides números naturales, el cociente siempre es menor que el dividendo. Por ejemplo, el cociente de $6 \div 2$ es menor que 6 y el cociente de $2 \div 3$ es menor que 2. Completa la sección ¡Inténtalo! para aprender sobre la relación que existe entre el cociente y el dividendo cuando divides fracciones y números naturales.

¡Inténtalo!

De las dos expresiones de abajo, ¿cuál tendrá un cociente mayor que el dividendo? Explícalo.

$\frac{1}{2} \div 3$ $3 \div \frac{1}{2}$

____

____

Entonces, cuando divido una fracción entre un número natural, el cociente es

_____________ el dividendo. Cuando divido un número natural entre una fracción

menor que 1, el cociente es _____________ el dividendo.

Nombre ______________________________

Comunicar y mostrar MATH BOARD

1. Usa el modelo para completar el enunciado numérico.

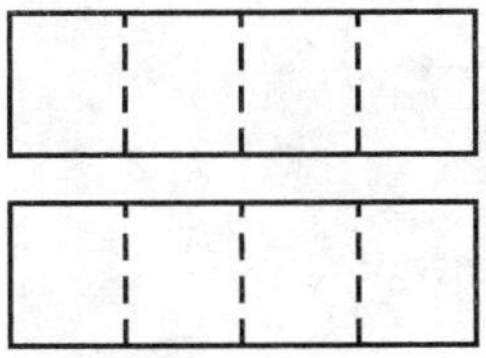

$2 \div \frac{1}{4} = 2 \times$ ______ $=$ ______

2. Usa el modelo para completar el enunciado numérico.

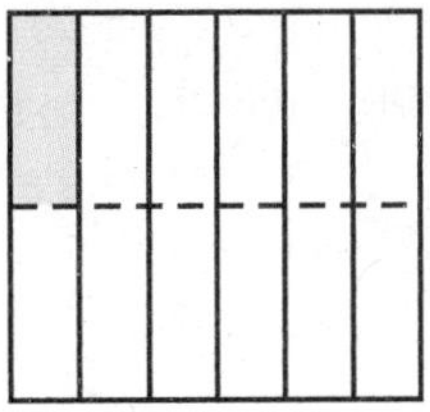

$\frac{1}{6} \div 2 =$ ______ $\times \frac{1}{6} =$ ______

Escribe un enunciado de multiplicación relacionado para resolver los ejercicios.

3. $3 \div \frac{1}{4}$

______

4. $\frac{1}{5} \div 4$

______

5. $\frac{1}{9} \div 3$

______

6. $7 \div \frac{1}{2}$

______

Por tu cuenta

Escribe un enunciado de multiplicación relacionado para resolver los ejercicios.

7. $5 \div \frac{1}{3}$

______

8. $8 \div \frac{1}{2}$

______

9. $\frac{1}{7} \div 4$

______

10. $\frac{1}{2} \div 9$

______

11. $\frac{1}{3} \div 4$

______

12. $\frac{1}{4} \div 12$

______

13. $6 \div \frac{1}{5}$

______

14. $5 \div \frac{1}{2}$

______

SOLUCIONA el problema EN EL MUNDO

PREPARACIÓN PARA LA PRUEBA

15. El mamífero más lento es el perezoso de tres dedos. La mayor velocidad de desplazamiento de un perezoso de tres dedos es aproximadamente $\frac{1}{4}$ pie por segundo. La mayor velocidad de desplazamiento de una tortuga gigante es aproximadamente $\frac{1}{3}$ pie por segundo. ¿Cuánto tiempo más tardaría un perezoso de tres dedos en avanzar 10 pies que una tortuga gigante?

Ⓐ 10 segundos
Ⓑ 30 segundos
Ⓒ 40 segundos
Ⓓ 70 segundos

a. ¿Qué debes hallar? ______________________________

____

b. ¿Qué operaciones usarás para resolver el problema? ______________________________

____

c. Muestra los pasos que seguiste para resolver el problema.

d. Completa las oraciones.

Un perezoso de tres dedos avanzaría 10 pies en

_______ segundos.

Una tortuga gigante avanzaría 10 pies en

_______ segundos.

Puesto que _______ − _______ = _______, un perezoso de tres dedos tardaría

_______ segundos más en avanzar 10 pies.

e. Rellena el círculo de la respuesta correcta.

16. Roberto divide 8 tazas de almendras en porciones de $\frac{1}{8}$ taza. ¿Cuántas porciones tiene?

Ⓐ 1
Ⓑ 16
Ⓒ 8
Ⓓ 64

17. Tina corta $\frac{1}{3}$ de yarda de tela en 4 partes iguales. ¿Cuál es la longitud de cada parte?

Ⓐ 12 yardas
Ⓑ $1\frac{1}{3}$ yardas
Ⓒ $\frac{3}{4}$ yarda
Ⓓ $\frac{1}{12}$ yarda

PARA PRACTICAR MÁS:
Cuaderno de práctica de los estándares, págs. P175 y P176

Nombre ____________________________________

Interpretar la división con fracciones

ESTÁNDAR COMÚN CC.5.NF.7c
Apply and extend previous understandings of multiplication and division to multiply and divide fractions.

Pregunta esencial ¿Cómo puedes usar diagramas, ecuaciones y problemas para representar la división?

SOLUCIONA el problema EN EL MUNDO

Elizabeth tiene 6 tazas de pasas y las divide en porciones de $\frac{1}{4}$ taza. ¿Cuántas porciones de pasas tiene?

Puedes usar diagramas, ecuaciones y problemas para representar la división.

- ¿Cuántas porciones de $\frac{1}{4}$ taza hay en 1 taza?

  ____

- ¿Cuántas tazas tiene Elizabeth?

  ____

Haz un diagrama para resolver el problema.

- Traza 6 rectángulos para representar las tazas de pasas. Traza líneas para dividir cada uno de los rectángulos en cuartos.

- Para hallar $6 \div \frac{1}{4}$, cuenta la cantidad total de cuartos que hay en los 6 rectángulos.

  $6 \div$ ______ $=$ ______

Entonces, Elizabeth tiene ______ porciones de pasas.

Ejemplo 1 Escribe una ecuación para resolver el problema.

Cuatro amigos reparten $\frac{1}{4}$ de galón de jugo de naranja. ¿Qué fracción de un galón de jugo de naranja recibe cada amigo?

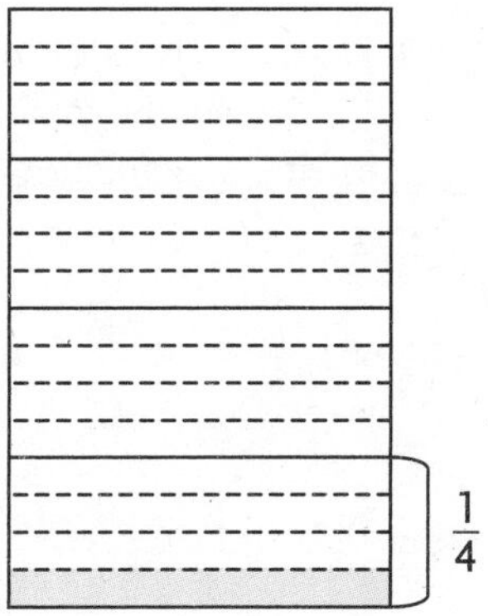

PASO 1

Escribe una ecuación.

$\frac{1}{4} \div$ ______ $= n$

PASO 2

Escribe una ecuación de multiplicación relacionada. Luego resuélvela.

$\frac{1}{4} \times$ ______ $= n$

______ $= n$

Entonces, cada amigo recibe ______ de galón de jugo de naranja.

Ejemplo 2 Escribe un problema. Luego haz un diagrama para resolverlo.

$4 \div \frac{1}{3}$

PASO 1 Elige el objeto que quieres dividir.

Piensa: Tu problema debería ser sobre la cantidad de grupos de $\frac{1}{3}$ que hay en 4 enteros.

Objetos posibles: 4 emparedados, 4 pies de cinta, 4 tartas

PASO 2 Usa el objeto que elegiste para escribir un problema que represente $4 \div \frac{1}{3}$. Describe cómo se divide el objeto en tercios. Luego escribe una pregunta sobre la cantidad de tercios que hay.

______

______

______

PASO 3 Haz un diagrama para resolver el problema.

$4 \div \frac{1}{3} =$ ______

Ejemplo 3 Escribe un problema. Luego haz un diagrama para resolverlo.

$\frac{1}{2} \div 5$

PASO 1 Elige el objeto que quieres dividir.

Piensa: Tu problema debería ser sobre $\frac{1}{2}$ de un objeto que se pueda dividir en 5 partes iguales.

Objetos posibles: $\frac{1}{2}$ de una pizza, $\frac{1}{2}$ yarda de cuerda, $\frac{1}{2}$ de galón de leche

PASO 2 Usa el objeto que elegiste para escribir un problema que represente $\frac{1}{2} \div 5$. Describe cómo se divide el objeto en 5 partes iguales. Luego escribe una pregunta sobre el tamaño de cada parte.

______

______

______

PASO 3 Haz un diagrama para resolver el problema.

$\frac{1}{2} \div 5 =$ ______

MÉTODOS MATEMÁTICOS

Charla matemática Explica cómo decidiste qué tipo de diagrama hacer para resolver tu problema.

Nombre ______________________________

Comunicar y mostrar MATH BOARD

1. Completa el problema para representar $3 \div \frac{1}{4}$.

Carmen tiene un rollo de papel que mide _______ pies de longitud.

Lo corta en pedazos que miden _______ de pie de longitud cada uno.
¿Cuántos pedazos de papel tiene Carmen?

2. Haz un diagrama para representar el problema. Luego resuélvelo.

April tiene 6 barras de frutas. Las corta en mitades. ¿Cuántas partes de $\frac{1}{2}$ barra tiene?

____

3. Escribe una ecuación para representar el problema. Luego resuélvelo.

Dos amigos reparten $\frac{1}{4}$ de una tarta grande de durazno. ¿Qué fracción de la tarta entera recibe cada amigo?

____

____

Por tu cuenta

4. Escribe una ecuación para representar el problema. Luego resuélvelo.

Benito tiene $\frac{1}{3}$ kilogramo de uvas. Reparte las uvas en partes iguales en 3 bolsas. ¿Qué fracción de un kilogramo de uvas contiene cada bolsa?

____

____

5. Haz un diagrama para representar el problema. Luego resuélvelo.

Sonia tiene 5 emparedados. Corta cada emparedado en cuartos. ¿Cuántas partes de $\frac{1}{4}$ de emparedado tiene Sonia?

____

6. Escribe un problema para representar $2 \div \frac{1}{8}$. Luego resuélvelo.

____

____

____

Resolución de problemas EN EL MUNDO

H.O.T. Plantea un problema

7. Amy escribió el siguiente problema para representar $4 \div \frac{1}{6}$.

Jacob tiene una tabla que mide 4 pies de longitud. La corta en pedazos que tienen una longitud de $\frac{1}{6}$ pie. ¿Cuántos pedazos tiene Jacob ahora?

Luego Amy hizo este diagrama para resolver su problema.

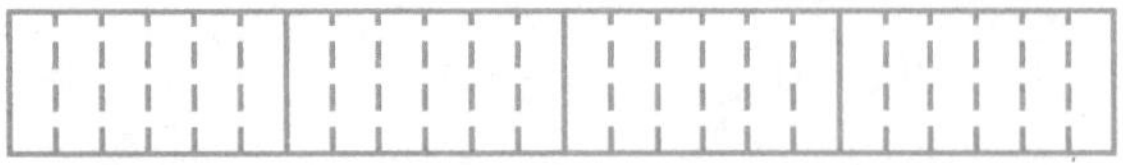

Entonces, Jacob tiene 24 pedazos.

Escribe otro problema en el que se divida un objeto diferente y que incluya partes fraccionarias diferentes. Luego haz un diagrama para resolver tu problema.

Plantea un problema.

Haz un diagrama para resolver tu problema.

8. **Preparación para la prueba** Melvin tiene $\frac{1}{4}$ de galón de refresco de frutas. Reparte el refresco en partes iguales entre él y 2 amigos. ¿Qué ecuación representa la fracción de galón de refresco que recibe cada amigo?

Ⓐ $\frac{1}{4} \div \frac{1}{3} = n$

Ⓑ $\frac{1}{4} \div 3 = n$

Ⓒ $3 \div \frac{1}{4} = n$

Ⓓ $3 \div 4 = n$

PARA PRACTICAR MÁS:
Cuaderno de práctica de los estándares, págs. P177 y P178

Nombre ______________________________

Repaso y prueba del Capítulo 8

Conceptos y destrezas

Divide. Dibuja una recta numérica o usa tiras fraccionarias. (CC.5.NF.7a, CC.5.NF.7b)

1. $2 \div \frac{1}{3} =$ ______

2. $1 \div \frac{1}{5} =$ ______

3. $\frac{1}{4} \div 3 =$ ______

Completa el enunciado numérico para resolver el problema. (CC.5.NF.3)

4. Tres estudiantes reparten 4 emparedados en partes iguales. ¿Cuántos emparedados recibe cada estudiante?

$4 \div 3 =$ ____________

La parte de cada estudiante es ______ emparedados.

5. Seis niñas reparten 5 pintas de leche en partes iguales. ¿Qué fracción de una pinta de leche recibe cada niña?

$5 \div 6 =$ ____________

Cada niña recibe ______ de pinta de leche.

Escribe un enunciado de multiplicación relacionado para resolver los ejercicios. (CC.5.NF.7c)

6. $\frac{1}{4} \div 5$

____

7. $\frac{1}{3} \div 9$

____

8. $8 \div \frac{1}{2}$

____

9. $5 \div \frac{1}{6}$

____

10. Escribe un problema para representar $\frac{1}{2} \div 3$. Luego resuélvelo. (CC.5.NF.7c)

____

____

11. Escribe un problema para representar $3 \div \frac{1}{2}$. Luego resuélvelo. (CC.5.NF.7c)

____

____

____

APRENDE en línea Opciones de evaluación Prueba del capítulo

Rellena el círculo completamente para indicar tu respuesta.

PREPARACIÓN PARA LA PRUEBA

12. Michelle corta $\frac{1}{4}$ de yarda de cinta en 4 pedazos iguales. ¿Qué longitud tiene cada pedazo? (CC.5.NF.7a, CC.5.NF.7c)

Ⓐ $\frac{1}{16}$ yarda

Ⓑ $\frac{1}{8}$ yarda

Ⓒ 1 yarda

Ⓓ 16 yardas

13. Ashton recolectó 6 libras de pecanes. Quiere repartir los pecanes en partes iguales entre 5 de sus vecinos. ¿Cuántas libras de pecanes recibirá cada vecino? (CC.5.NF.3)

Ⓐ $\frac{5}{11}$ libra

Ⓑ $\frac{5}{6}$ libra

Ⓒ $1\frac{1}{5}$ libras

Ⓓ $2\frac{1}{5}$ libras

14. Isabella tiene 5 libras de frutos secos surtidos. Divide el surtido en porciones de $\frac{1}{4}$ libra. ¿Cuántas porciones de $\frac{1}{4}$ libra tiene Isabella? (CC.5.NF.7b)

Ⓐ $1\frac{1}{4}$

Ⓑ 9

Ⓒ 16

Ⓓ 20

15. Melvin tiene $\frac{1}{2}$ de un pastel. Reparte el pastel en partes iguales entre él y dos amigos. ¿Qué ecuación representa la fracción del pastel entero que recibe cada uno de los amigos? (CC.5.NF.7c)

Ⓐ $\frac{1}{2} \div \frac{1}{3} = n$

Ⓑ $\frac{1}{2} \div 3 = n$

Ⓒ $2 \div \frac{1}{3} = n$

Ⓓ $2 \div 3 = n$

Nombre ______________________________

PREPARACIÓN PARA LA PRUEBA

Rellena el círculo completamente para indicar tu respuesta.

16. Camila tiene 8 pies de cuerda. Corta la cuerda en pedazos de $\frac{1}{3}$ pie para un proyecto de ciencias. ¿Cuántos pedazos de cuerda de $\frac{1}{3}$ pie tiene Camila? (CC.5.NF.7b)

Ⓐ 24

Ⓑ 8

Ⓒ 3

Ⓓ $2\frac{2}{3}$

17. Awan prepara 3 emparedados y corta cada uno en sextos. ¿Cuántos pedazos de $\frac{1}{6}$ de emparedado tiene Awan? (CC.5.NF.7b)

Ⓐ $\frac{1}{2}$

Ⓑ 2

Ⓒ 9

Ⓓ 18

18. Ocho estudiantes reparten 5 bloques de plastilina en partes iguales. ¿Qué fracción de un bloque de plastilina recibe cada estudiante? (CC.5.NF.3)

Ⓐ $\frac{1}{40}$

Ⓑ $\frac{1}{8}$

Ⓒ $\frac{5}{8}$

Ⓓ $1\frac{3}{5}$

19. ¿Qué problema de división se representa en el siguiente diagrama? (CC.5.NF.7.c)

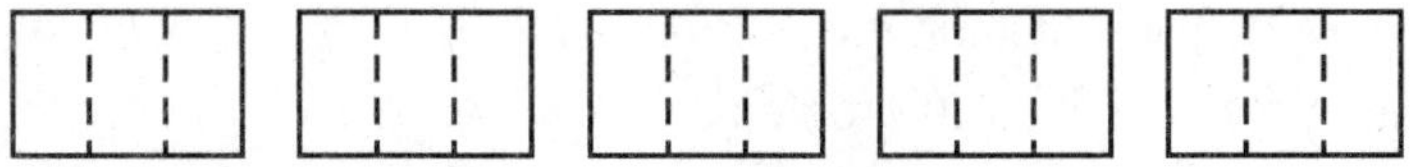

Ⓐ $5 \div \frac{1}{3}$

Ⓑ $\frac{1}{3} \div 5$

Ⓒ $5 \div \frac{1}{4}$

Ⓓ $\frac{1}{4} \div 5$

▶ Respuesta de desarrollo

20. Dora compra un paquete de carne molida de 1 libra, uno de 2 libras y otro de 4 libras para preparar hamburguesas. ¿Cuántas hamburguesas de $\frac{1}{4}$ libra puede preparar? Usa palabras, dibujos o números para mostrar tu trabajo. (CC.5.NF.7b)

____

Explica cómo hallaste la respuesta.

____

____

____

▶ Tarea de rendimiento (CC.5.NF.7c)

21. Imagina que tu maestro te da el problema de división $6 \div \frac{1}{5}$.

A En el espacio de abajo, haz un diagrama para representar $6 \div \frac{1}{5}$.

B Escribe un problema para representar $6 \div \frac{1}{5}$.

____

____

C Usa una expresión de multiplicación relacionada para resolver tu problema. Muestra tu trabajo.

____

D Escribe un problema de división que muestre una fracción unitaria dividida entre un número natural. Escribe un problema para representar tu problema de división. Luego resuélvelo.

____

____

____

ÁREA DE ATENCIÓN

Geometría y medición

COMMON CORE

CRITICAL AREA Developing understanding of volume.

Un *rover* lunar es un vehículo que se usa en la Luna para explorar su superficie. ▶

Proyecto

Arquitectura espacial

El Equipo de Arquitectura Lunar de la NASA desarrolla ideas para *rovers* y hábitats espaciales. Un hábitat espacial está formado por módulos unidos por esclusas de aire. Las esclusas tienen puertas dobles que permiten que las personas se muevan entre los módulos sin perder atmósfera.

Para comenzar

Con un compañero, diseña un hábitat espacial compuesto por 3 módulos. En el recuadro de Datos importantes se mencionan algunos módulos que puedes elegir para tu diseño. Recorta, dobla y pega con cinta adhesiva los patrones de los módulos que elegiste, y los del cubo para medir.

Usa una fórmula para hallar el volumen del cubo para medir en centímetros cúbicos. Para estimar el volumen de los módulos, llena cada módulo con arroz y luego echa el arroz en el cubo para medir. Sea cada centímetro cúbico del cubo para medir 32 pies cúbicos. Determina cuál sería el volumen de tu hábitat espacial en pies cúbicos.

Conecta los módulos para completar tu hábitat espacial.

Datos importantes

Módulos de un hábitat espacial

- recámara
- cocina
- habitación para hacer ejercicio
- baño
- habitación de trabajo
- esclusa de aire
- habitación de almacenamiento (para las provisiones de aire y agua)

____

____

____

____

____

____

____

____

Completado por ______________________________

Capítulo 9

Álgebra: Patrones y confección de gráficas

Muestra lo que sabes

Comprueba tu comprensión de destrezas importantes.

Nombre ____________________________________

▶ **Leer y usar una gráfica de barras** **Usa la gráfica para responder las preguntas.**

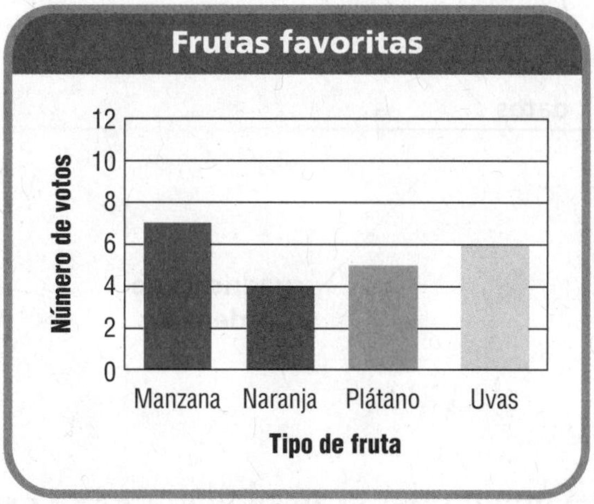

1. ¿Qué fruta obtuvo la mayor cantidad de votos?

   ____

2. ¿Qué fruta obtuvo 5 votos? ____________

3. Hubo ____________ votos en total.

▶ **Ampliar patrones** **Halla los números que faltan. Luego escribe una descripción para cada patrón.**

4. 0, 5, 10, 15, ______, ______, ______

   descripción: ____________________

5. 70, 60, 50, 40, ______, ______, ______

   descripción: ____________________

6. 12, 18, 24, 30, ______, ______, ______

   descripción: ____________________

7. 150, 200, 250, 300, ______, ______, ______

   descripción: ____________________

8. 200, 180, 160, 140, ______, ______, ______

   descripción: ____________________

DETECTIVE MATEMÁTICO CON CARMEN SANDIEGO™

Piensa como un detective matemático. Representa gráficamente las coordenadas del mapa y conéctalas para localizar los documentos secretos en el maletín perdido. (3, 3), (4, 2), (4, 4), (5, 3)

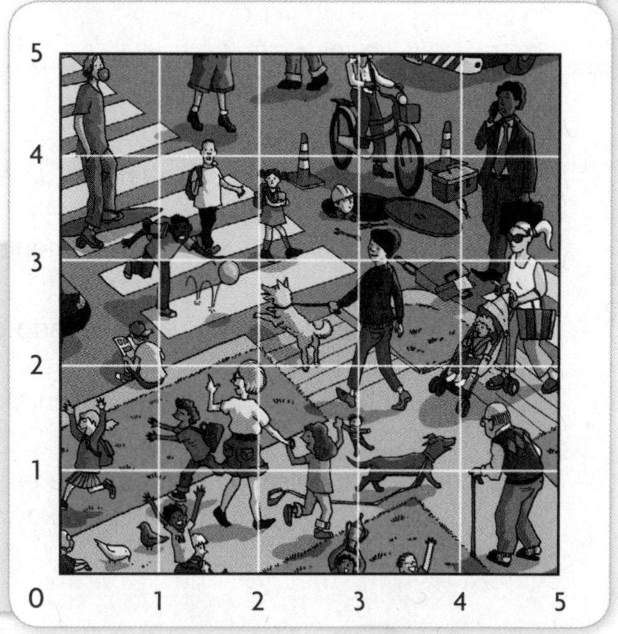

Desarrollo del vocabulario

▶ Visualizar

Usa las palabras marcadas para completar el diagrama de árbol.

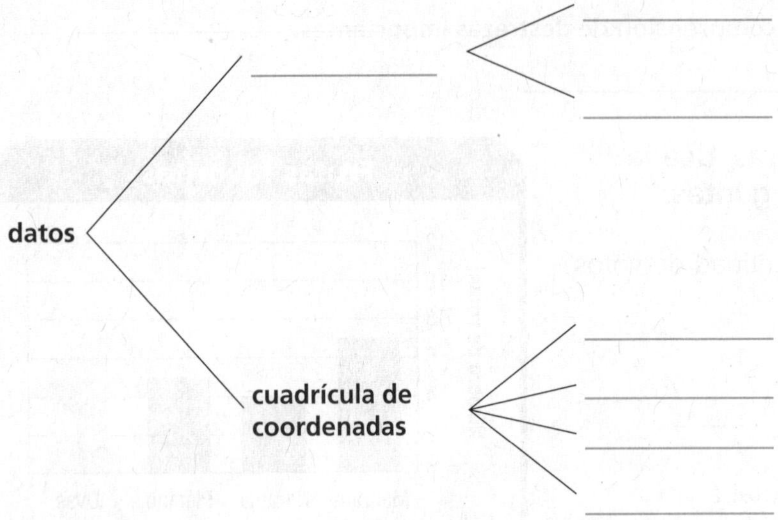

Palabras de repaso

datos

diagrama de puntos

Palabras nuevas

coordenada *x*

coordenada *y*

✓ eje de la *x*

✓ eje de la *y*

✓ escala

✓ gráfica lineal

✓ intervalo

✓ origen

✓ par ordenado

▶ Comprender el vocabulario

Completa las oraciones con las palabras nuevas.

1. Una gráfica en la que se usan segmentos para mostrar cómo cambian los datos a través del tiempo es una ________________.

2. El par de números que se usa para ubicar puntos en una cuadrícula se llama ________________.

3. El punto (0, 0), también llamado ________________, es donde se cruzan el eje de la *x* y el eje de la *y*.

4. En una cuadrícula de coordenadas, la recta numérica horizontal es el ________________ y la recta numérica vertical es el ________________.

5. El primer número de un par ordenado es la ________________ y el segundo número de un par ordenado es la ________________.

6. La diferencia entre los valores de la escala de una gráfica es un ________________.

APRENDE en línea • Libro electrónico del estudiante • Glosario multimedia

Nombre ______________________________

Diagramas de puntos

ESTÁNDAR COMÚN CC.5.MD.2
Represent and interpret data.

Pregunta esencial ¿Cómo puede un diagrama de puntos ayudarte a hallar un promedio en datos dados en fracciones?

SOLUCIONA el problema EN EL MUNDO

Los estudiantes midieron distintas cantidades de agua en vasos de precipitados para un experimento. A continuación se muestra la cantidad de agua que había en cada vaso de precipitados.

$\frac{1}{4}$ taza, $\frac{1}{4}$ taza, $\frac{1}{2}$ taza, $\frac{3}{4}$ taza, $\frac{1}{4}$ taza, $\frac{1}{4}$ taza,

$\frac{1}{4}$ taza, $\frac{1}{2}$ taza, $\frac{1}{4}$ taza, $\frac{3}{4}$ taza, $\frac{1}{4}$ taza, $\frac{3}{4}$ taza

Si la cantidad total de agua quedó igual, ¿cuál sería la cantidad de agua promedio en un vaso de precipitados?

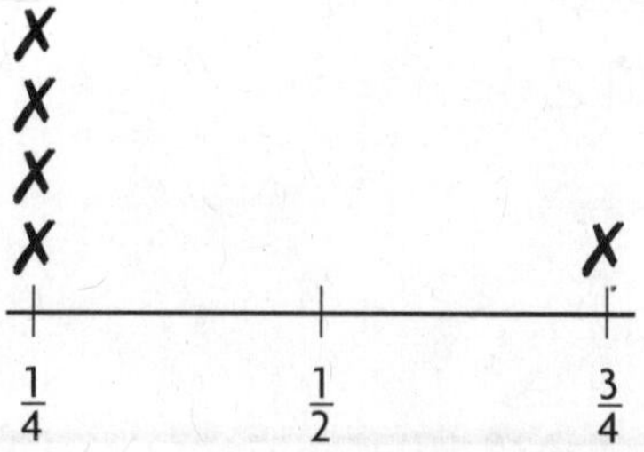

Agua usada (en tazas)

PASO 1 Cuenta el número de tazas para cada cantidad. Dibuja una ✗ para representar el número de veces que se registra cada cantidad en el diagrama de puntos.

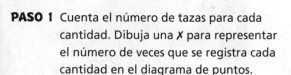

$\frac{1}{4}$: ______ $\frac{1}{2}$: ______ $\frac{3}{4}$: ______

PASO 2 Halla la cantidad total de agua en todos los vasos de precipitados que contienen $\frac{1}{4}$ de taza de agua.

Hay ______ vasos de precipitados con $\frac{1}{4}$ de taza de agua. Entonces, hay ______ cuartos, o

$\frac{\square}{\square}$ ó $\square\frac{\square}{\square}$ tazas.

PASO 3 Halla la cantidad total de agua en todos los vasos de precipitados que contienen $\frac{1}{2}$ taza de agua.

Hay ______ vasos de precipitados con $\frac{1}{2}$ taza de agua. Entonces, hay ______ mitades o

$\frac{\square}{\square}$ ó 1 taza.

PASO 4 Halla la cantidad total de agua en todos los vasos de precipitados que contienen $\frac{3}{4}$ de taza de agua.

$3 \times \frac{3}{4} = \frac{\square}{\square}$ ó $\square\frac{\square}{\square}$

PASO 5 Suma para hallar la cantidad total de agua en todos los vasos de precipitados.

$1\frac{3}{4} + 1 + 2\frac{1}{4} =$ ______

PASO 6 Para hallar el promedio, divide la suma que hallaste en el Paso 5 entre el número de vasos de precipitados.

$5 \div 12 = \frac{\square}{\square}$

Entonces, la cantidad de agua promedio en un vaso de precipitados es ______ taza.

¡Inténtalo!

Puedes usar el orden de las operaciones para hallar el promedio. Resuelve el problema como una serie de expresiones separadas con paréntesis y corchetes. Primero, haz las operaciones que están entre los paréntesis y luego las que están entre los corchetes.

$\left[\left(7 \times \frac{1}{4}\right) + \left(2 \times \frac{1}{2}\right) + \left(3 \times \frac{3}{4}\right)\right] \div 12$ — Haz las operaciones que están entre paréntesis.

$\left[\frac{\square}{\square} + \square + \frac{\square}{\square}\right] \div 12$ — A continuación, haz las operaciones que están entre corchetes.

$\square \div 12$ — Divide.

$\frac{\square}{\square}$ — Escribe la expresión como una fracción.

Ejemplo

Raine divide tres bolsas de arroz de 2 onzas en bolsas más pequeñas. La primera bolsa se divide en bolsas que pesan $\frac{1}{6}$ onza cada una, la segunda se divide en bolsas que pesan $\frac{1}{3}$ onza cada una y la tercera se divide en bolsas que pesan $\frac{1}{2}$ onza cada una.

Halla el número de bolsas de arroz de $\frac{1}{6}$ onza, $\frac{1}{3}$ onza y $\frac{1}{2}$ onza. Luego representa los resultados gráficamente en el diagrama de puntos.

PASO 1 Escribe un título para tu diagrama de puntos. Debe describir lo que estás contando.

PASO 2 Rotula $\frac{1}{6}$, $\frac{1}{3}$ y $\frac{1}{2}$ en el diagrama de puntos para representar las distintas cantidades en las que se dividen las tres bolsas de 2 onzas.

PASO 3 Usa la división para hallar el número de bolsas de $\frac{1}{6}$ onza, $\frac{1}{3}$ onza y $\frac{1}{2}$ onza que se hicieron a partir de las tres bolsas de arroz originales.

$2 \div \frac{1}{6}$ $\quad$ $2 \div \frac{1}{3}$ $\quad$ $2 \div \frac{1}{2}$

$2 \times \square = \square$ $\quad$ $2 \times \square = \square$ $\quad$ $2 \times \square = \square$

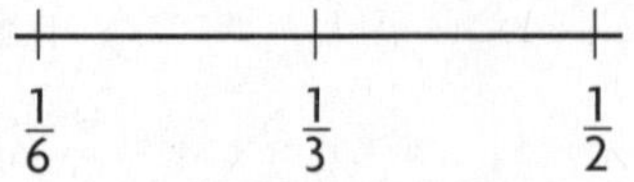

PASO 4 Dibuja una ✗ sobre $\frac{1}{6}$, $\frac{1}{3}$ ó $\frac{1}{2}$ para representar el número de bolsas de arroz.

MÉTODOS MATEMÁTICOS

Charla matemática Explica por qué hay más bolsas de arroz de $\frac{1}{6}$ onza que de $\frac{1}{2}$ onza.

Nombre ____________________________________

Comunicar y mostrar

MATH BOARD

Usa los datos para completar el diagrama de puntos. Luego responde las preguntas.

Lilly necesita comprar cuentas para un collar. Las cuentas se venden por masa. Lilly hace un diseño para determinar qué cuentas necesita y luego anota sus tamaños. Los tamaños son los siguientes:

$\frac{2}{5}$ g, $\frac{2}{5}$ g, $\frac{4}{5}$ g, $\frac{2}{5}$ g, $\frac{1}{5}$ g, $\frac{1}{5}$ g, $\frac{3}{5}$ g,

$\frac{4}{5}$ g, $\frac{1}{5}$ g, $\frac{2}{5}$ g, $\frac{3}{5}$ g, $\frac{3}{5}$ g, $\frac{2}{5}$ g

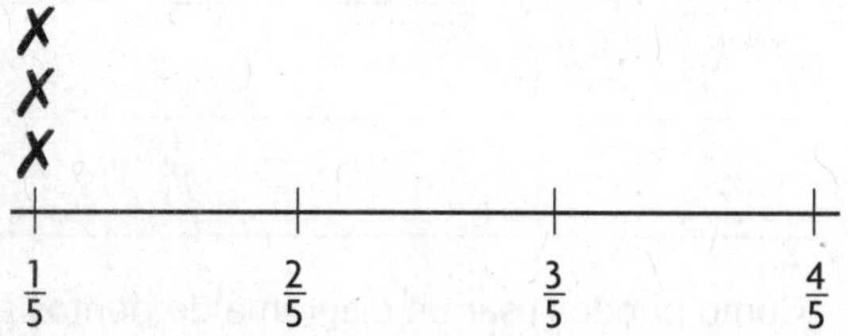

Masa de las cuentas (en gramos)

1. ¿Cuál es la masa combinada de las cuentas que tienen una masa de $\frac{1}{5}$ gramo?

   Piensa: Hay ________ X sobre $\frac{1}{5}$ en el diagrama de puntos, entonces la masa combinada de las cuentas

   es igual a ________ quintos o ________ gramo.

2. ¿Cuál es la masa combinada de todas las cuentas que tienen una masa de $\frac{2}{5}$ gramo?

   ____

3. ¿Cuál es la masa combinada de todas las cuentas del collar?

   ____

4. ¿Cuál es el peso promedio de las cuentas del collar?

   ____

Por tu cuenta

Usa los datos para completar el diagrama de puntos. Luego responde las preguntas.

Un cocinero usó distintas cantidades de leche para preparar un desayuno con panqueques, según el número de panqueques pedidos. A continuación se muestran los resultados.

$\frac{1}{2}$ tz, $\frac{1}{4}$ tz, $\frac{1}{2}$ tz, $\frac{3}{4}$ tz, $\frac{1}{2}$ tz, $\frac{3}{4}$ tz, $\frac{1}{2}$ tz, $\frac{1}{4}$ tz, $\frac{1}{2}$ tz, $\frac{1}{2}$ tz

5. ¿Cuánta leche combinada se usa en las cantidades de $\frac{1}{4}$ taza? ________

6. ¿Cuánta leche combinada se usa en las cantidades de $\frac{1}{2}$ taza? ________

7. ¿Cuánta leche combinada se usa en las cantidades de $\frac{3}{4}$ taza? ________

8. ¿Cuánta leche se usa para todos los pedidos

   de panqueques? ______________

9. ¿Cuál es la cantidad promedio de leche que se usa para un pedido

   de panqueques? ______________

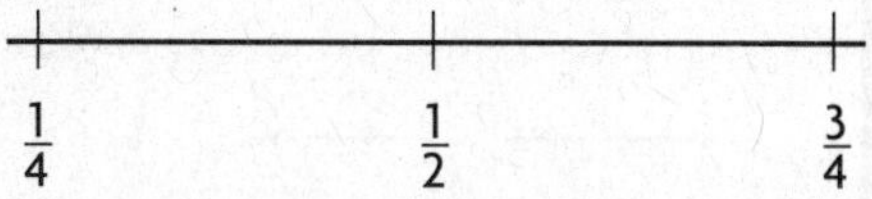

Leche usada en pedidos de panqueques (en tazas)

SOLUCIONA el problema EN EL MUNDO

10. Durante 10 días consecutivos, Samantha midió la cantidad de alimento que comió su gato Dewey y anotó los resultados que se muestran a continuación. Representa los resultados gráficamente en el diagrama de puntos. ¿Cuál es la cantidad promedio de alimento que Dewey comió por día?

$\frac{1}{2}$ tz, $\frac{3}{8}$ tz, $\frac{5}{8}$ tz, $\frac{1}{2}$ tz, $\frac{5}{8}$ tz, $\frac{1}{4}$ tz, $\frac{3}{4}$ tz, $\frac{1}{4}$ tz, $\frac{1}{2}$ tz, $\frac{5}{8}$ tz

a. ¿Qué debes saber? ______________________________

____

____

b. ¿Cómo puedes usar un diagrama de puntos para organizar la información?

____

____

____

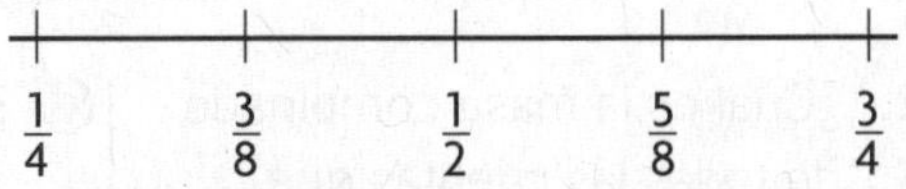

Cantidad de alimento para gatos que comió (en tazas)

c. ¿Qué pasos podrías seguir para hallar la cantidad promedio de alimento que Dewey comió por día?

____

____

____

____

____

d. Completa los espacios en blanco con los totales de cada cantidad medida.

$\frac{1}{4}$ taza: ______

$\frac{3}{8}$ taza: ______

$\frac{1}{2}$ taza: ______

$\frac{5}{8}$ taza: ______

$\frac{3}{4}$ taza: ______

e. Halla la cantidad total de alimento que comió en 10 días.

_____ + _____ + _____ + _____ +

_____ = _____

Entonces, la cantidad promedio de alimento que Dewey comió por día fue _____.

11. **Preparación para la prueba** ¿Cuántos días comió Dewey la menor cantidad de alimento?

Ⓐ 1 día

Ⓑ 2 días

Ⓒ 3 días

Ⓓ 4 días

 PARA PRACTICAR MÁS:
Cuaderno de práctica de los estándares, págs. P183 y P184

Nombre ______________________________

Pares ordenados

Pregunta esencial ¿Cómo puedes identificar y marcar puntos en una cuadrícula de coordenadas?

ESTÁNDAR COMÚN CC.5.G.1

Graph points on the coordinate plane to solve real-world and mathematical problems.

CONECTAR Ubicar un punto en una cuadrícula de coordenadas es como usar norte/sur y oeste/este para indicar direcciones. La recta numérica horizontal de la cuadrícula es el **eje de la *x***. La recta numérica vertical de la cuadrícula es el **eje de la *y***.

Cada punto de la cuadrícula de coordenadas se puede describir con un **par ordenado** de números. La **coordenada *x***, el primer número del par ordenado, representa la ubicación horizontal, o la distancia a la que se encuentra el punto del 0 en la dirección del eje de la *x*. La **coordenada *y***, el segundo número del par ordenado, representa la ubicación vertical, o la distancia a la que se encuentra el punto del 0 en la dirección del eje de la *y*.

(x, y)

coordenada *x* ↑ ↑ coordenada *y*

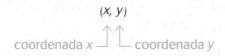

El eje de la *x* y el eje de la *y* se cruzan en el punto (0, 0), llamado **origen**.

SOLUCIONA el problema EN EL MUNDO

Escribe los pares ordenados que representan las ubicaciones del estadio y del acuario.

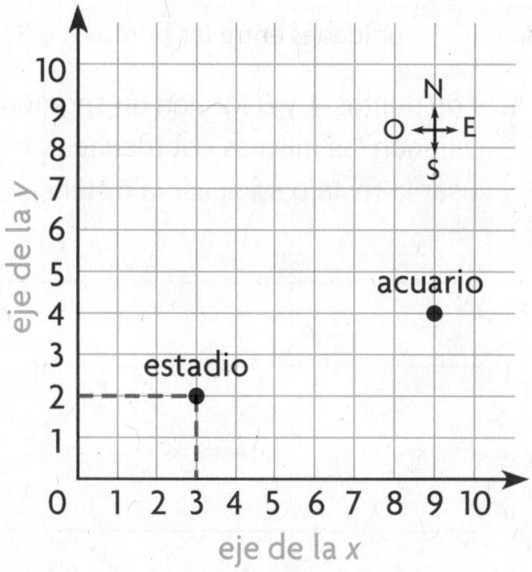

Ubica el punto para el que quieres escribir un par ordenado.

Observa el eje de la *x* abajo para identificar la distancia horizontal del punto desde 0, que es su coordenada *x*.

Observa el eje de la *y* a la izquierda para identificar la distancia vertical del punto desde 0, que es su coordenada *y*.

Entonces, el par ordenado del estadio es (3, 2) y el par ordenado del acuario es (______ , ______).

- Describe el camino que seguirías para llegar al acuario desde el origen, usando primero desplazamientos horizontales y luego verticales.

____

____

Ejemplo 1 Usa la gráfica.

Se puede rotular un punto de una cuadrícula de coordenadas con un par ordenado, una letra o ambos.

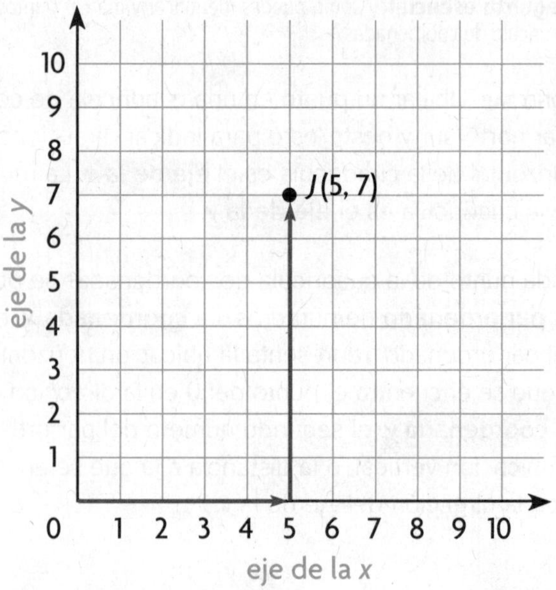

A **Marca el punto (5, 7) y rotúlalo con la letra *J*.**

Desde el origen, desplázate 5 unidades hacia la derecha y luego 7 unidades hacia arriba.

Marca y rotula el punto.

B **Marca el punto (8, 0) y rotúlalo con la letra *S*.**

Desde el origen, desplázate _____ unidades hacia la derecha y

luego _____ unidades hacia arriba.

Marca y rotula el punto.

Ejemplo 2 Halla la distancia entre dos puntos.

Puedes hallar la distancia entre dos puntos cuando se encuentran sobre la misma recta horizontal o vertical.

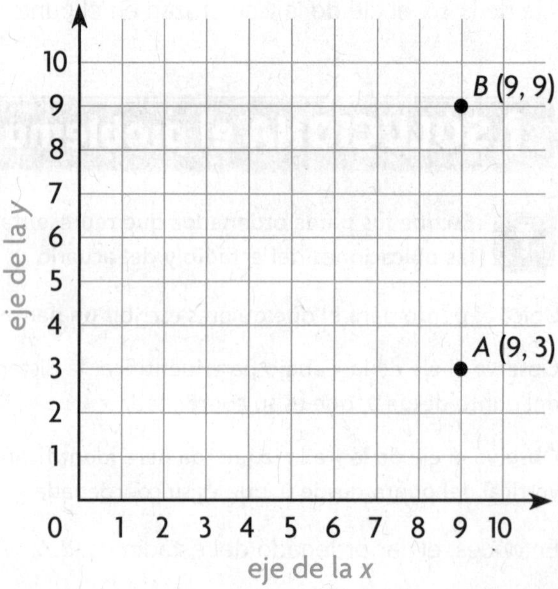

- Traza un segmento que conecte el punto *A* y el punto *B*.
- Cuenta las unidades verticales que hay entre los dos puntos.

Hay _____ unidades entre los puntos *A* y *B*.

1. Los puntos *A* y *B* forman un segmento vertical y tienen las mismas coordenadas *x*. ¿Cómo puedes usar la resta para hallar la distancia entre los puntos?

____

____

____

____

2. Representa gráficamente los puntos (3, 2) y (5, 2). **Explica** cómo puedes usar la resta para hallar la distancia horizontal entre los dos puntos.

____

____

Nombre ______________________________

Comunicar y mostrar

MATH BOARD

En la Cuadrícula de coordenadas A, escribe un par ordenado para el punto dado.

Cuadrícula de coordenadas A

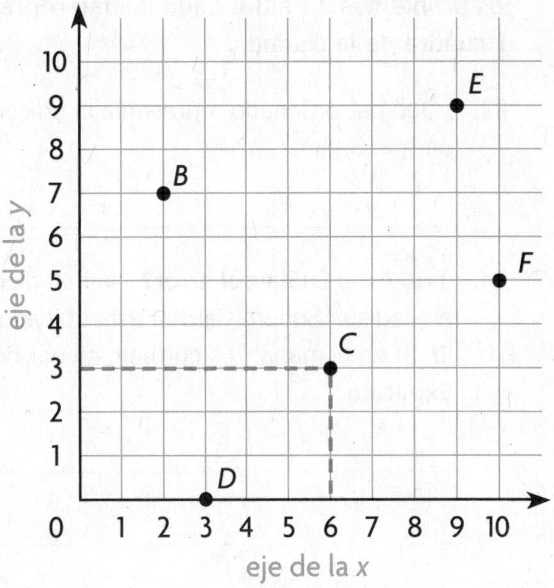

1. *C* ____________ 2. *D* ____________

3. *E* ____________ ✓ 4. *F* ____________

Marca y rotula los puntos en la Cuadrícula de coordenadas A.

5. *M*(0, 9) 6. *H*(8, 6)

7. *K*(10, 4) 8. *T*(4, 5)

9. *W*(5, 10) ✓ 10. *R*(1, 3)

MÉTODOS MATEMÁTICOS

Charla matemática Describe cómo hallar la distancia entre el punto *R* y el punto *C*.

Por tu cuenta

En la Cuadrícula de coordenadas B, escribe un par ordenado para el punto dado.

Cuadrícula de coordenadas B

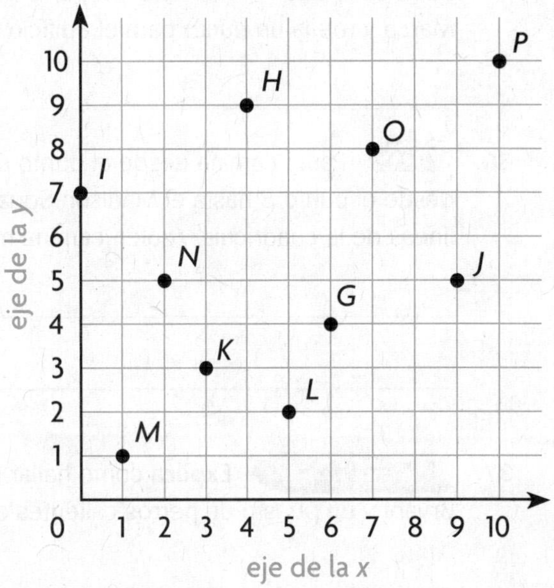

11. *G* ____________ 12. *H* ____________

13. *I* ____________ 14. *J* ____________

15. *K* ____________ 16. *L* ____________

17. *M* ____________ 18. *N* ____________

19. *O* ____________ 20. *P* ____________

Marca y rotula los puntos en la Cuadrícula de coordenadas B.

21. *W*(8, 2) 22. *E*(0, 4)

23. *X*(2, 9) 24. *B*(3, 4)

25. *R*(4, 0) 26. *F*(7, 6)

27. *T*(5, 7) 28. *A*(7, 1)

29. *S*(10, 8) 30. *Y*(1, 6)

31. *Q*(3, 8) 32. *V*(3, 1)

Resolución de problemas EN EL MUNDO

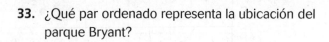

Nathan y sus amigos planean un viaje a la ciudad de New York. Usa el mapa para resolver los problemas 33 a 38. Cada unidad representa 1 cuadra de la ciudad.

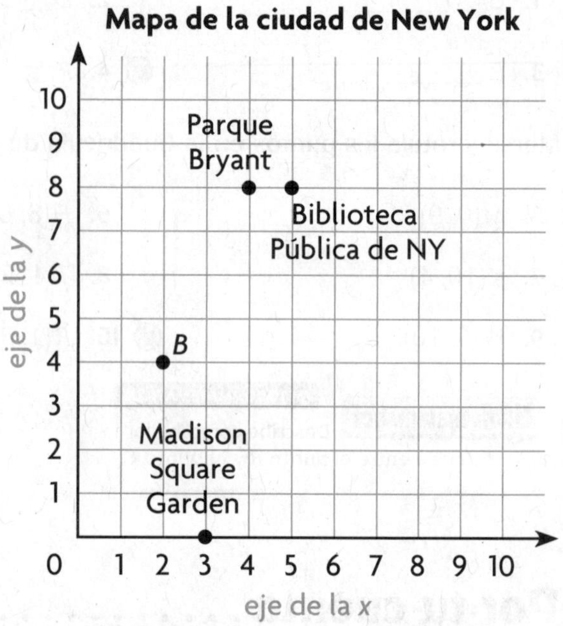

33. ¿Qué par ordenado representa la ubicación del parque Bryant?

34. H.O.T. **¿Cuál es el error?** Nathan dice que el Madison Square Garden está ubicado en (0, 3) en el mapa. ¿Es correcto su par ordenado? **Explícalo.**

35. El edificio Empire State está ubicado 5 cuadras a la derecha y 1 cuadra hacia arriba de (0, 0). Escribe el par ordenado que representa esta ubicación. Marca y rotula un punto para el edificio Empire State.

36. H.O.T. Paulo camina desde el punto *B* hasta el parque Bryant. Raúl camina desde el punto *B* hasta el Madison Square Garden. Si solo caminan por las líneas de la cuadrícula, ¿quién camina más? **Explícalo.**

37. Escribe **Explica** cómo hallar la distancia entre el parque Bryant y un puesto de perros calientes que está en el punto (4, 2).

38. **Preparación para la prueba** Usa el mapa de arriba. Imagina que una pizzería está ubicada en el punto *B*. ¿Qué par ordenado describe este punto?

Ⓐ (4, 2) Ⓑ (3, 4) Ⓒ (2, 4) Ⓓ (4, 4)

 PARA PRACTICAR MÁS:
Cuaderno de práctica de los estándares, págs. P185 y P186

Nombre ___________________________

Representar datos gráficamente

Pregunta esencial ¿Cómo puedes usar una cuadrícula de coordenadas para mostrar datos recopilados en un experimento?

ESTÁNDAR COMÚN CC.5.G.2
Graph points on the coordinate plane to solve real-world and mathematical problems.

Investigar

Materiales ■ vaso de papel ■ agua ■ termómetro en grados Fahrenheit ■ cubos de hielo ■ cronómetro

Al recopilar datos, estos se pueden organizar en una tabla.

A. Llena más de la mitad del vaso de papel con agua a temperatura ambiente.

B. Coloca el termómetro en grados Fahrenheit en el agua y mide su temperatura inicial antes de añadir hielo. Anota la temperatura en la tabla, en la hilera de los 0 segundos.

C. Coloca tres cubos de hielo en el agua e inicia el cronómetro. Mide la temperatura cada 10 segundos durante 60 segundos. Anota las temperaturas en la tabla.

Temperatura del agua

Tiempo (en segundos)	Temperatura (en °F)
0	
10	
20	
30	
40	
50	
60	

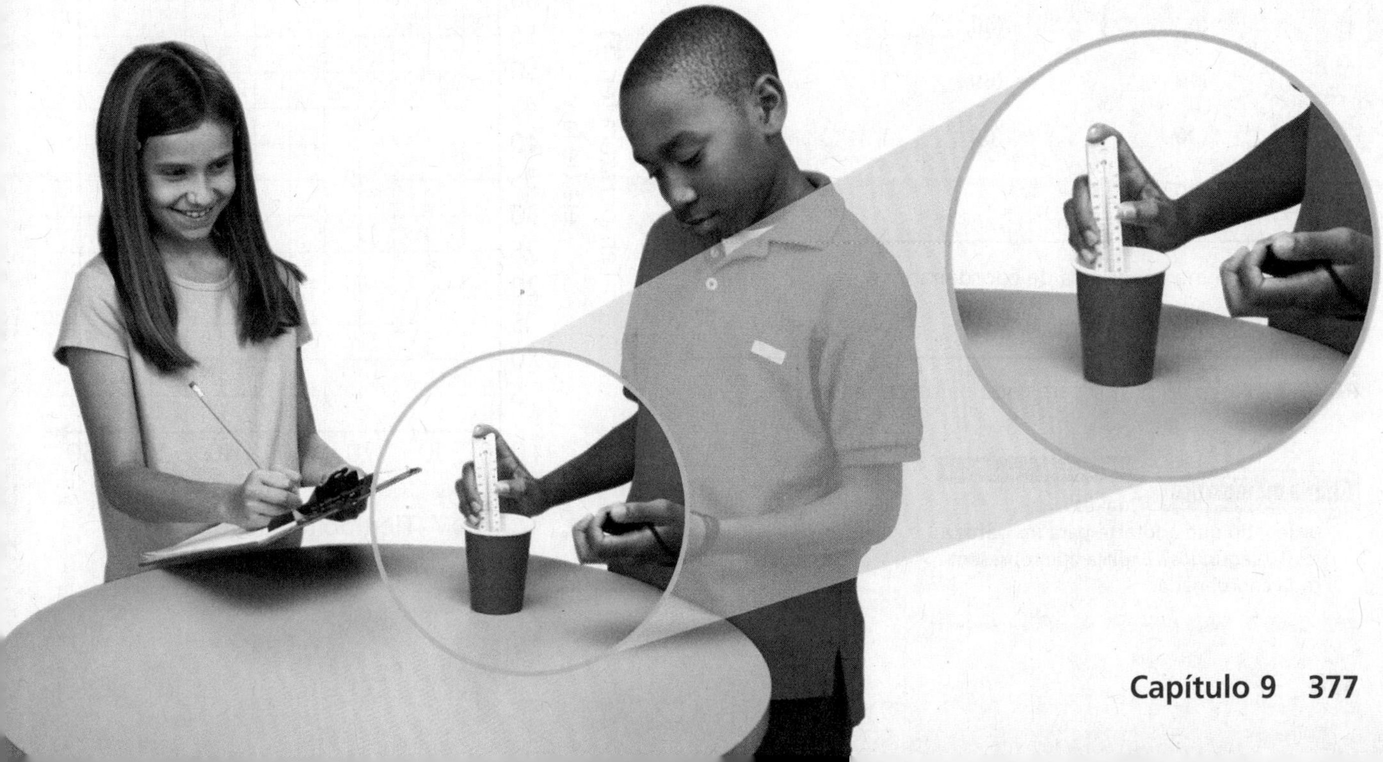

Sacar conclusiones

1. **Explica** por qué anotarías la temperatura inicial en la hilera de los 0 segundos.

____

____

2. **Describe** lo que sucede con la temperatura del agua a los 60 segundos, durante el experimento.

____

____

3. H.O.T. **Analiza** tus observaciones sobre la temperatura del agua durante los 60 segundos, y explica qué crees que sucedería con la temperatura si el experimento continuara durante 60 segundos más.

____

____

____

Hacer conexiones

Puedes usar una cuadrícula de coordenadas para representar gráficamente y analizar los datos que recopilaste en el experimento.

PASO 1 Escribe los pares de datos relacionados como pares ordenados.

(0, ______) (40, ______)

(10, ______) (50, ______)

(20, ______) (60, ______)

(30, ______)

PASO 2 Haz una cuadrícula de coordenadas y escribe un título para ella. Rotula los ejes.

PASO 3 Marca un punto para cada par ordenado.

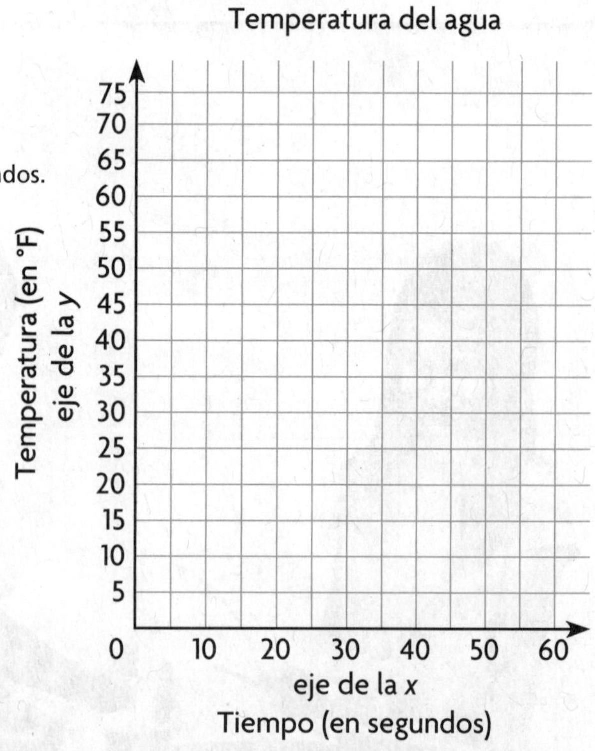

Charla matemática MÉTODOS MATEMÁTICOS

¿Cuál es el par ordenado que anotaste para los datos a los 10 segundos? **Explica** qué representa cada coordenada.

Nombre ______________________________

Comunicar y mostrar MATH BOARD

Representa los datos gráficamente en la cuadrícula de coordenadas.

1.

Estatura de Ryan					
Edad (en años)	1	2	3	4	5
Estatura (en pulgadas)	30	35	38	41	44

Estatura de Ryan

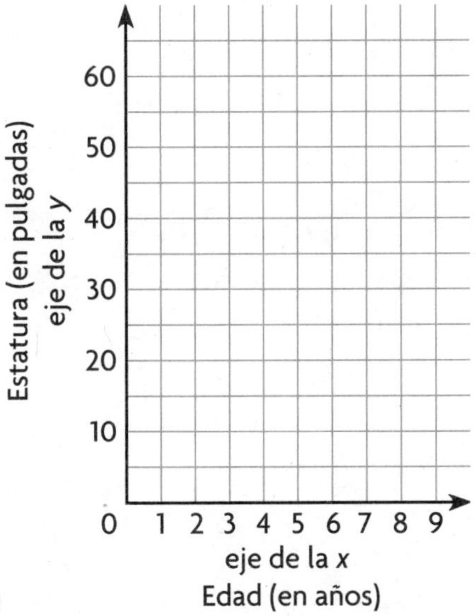

a. Escribe los pares ordenados para cada punto.

____

b. ¿Qué indica el par ordenado (3, 38) acerca de la edad y la estatura de Ryan?

____

____

c. ¿Por qué el punto (6, 42) no tendría sentido?

____

____

____

____

____

2.

Altura de la planta						
Día	5	10	15	20	25	30
Altura (en cm)	1	3	8	12	16	19

Altura de la planta

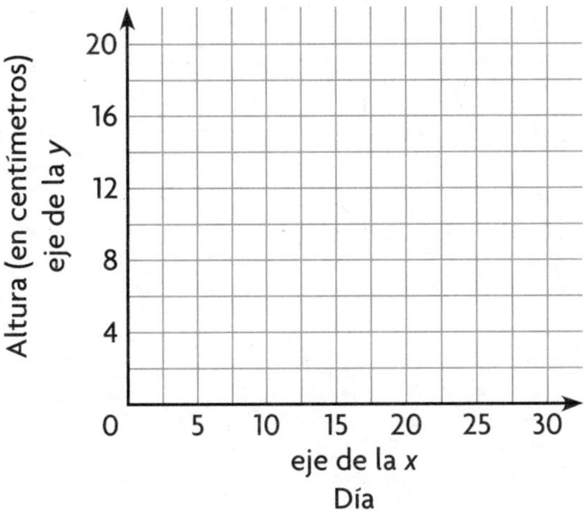

a. Escribe los pares ordenados para cada punto.

____

____

b. ¿Cómo cambiarían los pares ordenados si las alturas de las plantas se midieran cada 6 días durante 30 días en vez de cada 5 días?

____

____

____

____

____

Resolución de problemas EN EL MUNDO

H.O.T. ¿Cuál es el error?

3. Mary coloca un carro en miniatura en una pista con lanzadores. A cada pie, se anota la velocidad del carro. Algunos de los datos se muestran en la tabla. Mary representa los datos gráficamente en la siguiente cuadrícula de coordenadas.

Velocidad del carro en miniatura	
Distancia (en pies)	Velocidad (en millas por hora)
0	0
1	4
2	8
3	6
4	3

Observa los datos que Mary representó gráficamente. Halla su error.

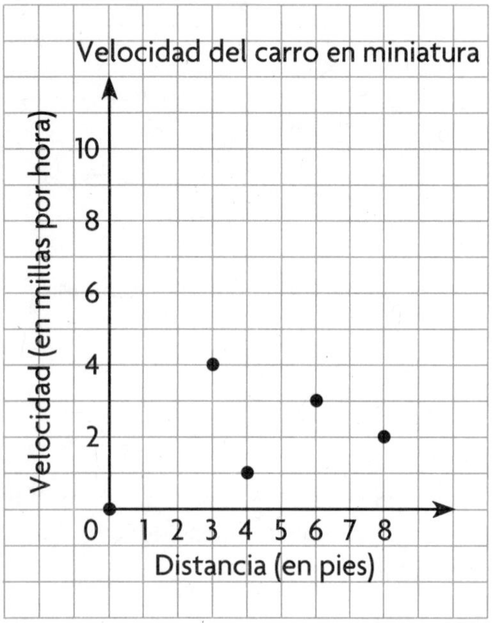

Representa los datos gráficamente y corrige el error.

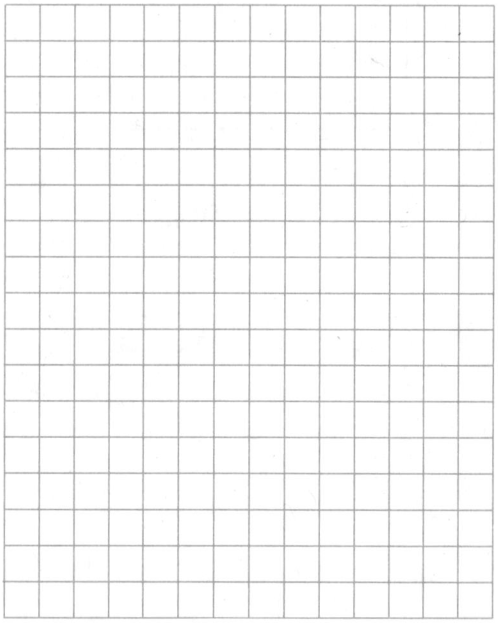

- Describe el error de Mary.

 PARA PRACTICAR MÁS:
Cuaderno de práctica de los estándares, págs. P187 y P188

Nombre ______________________

Gráficas lineales

Pregunta esencial ¿Cómo puedes usar una gráfica lineal para mostrar y analizar datos del mundo real?

ESTÁNDAR COMÚN CC.5.G.2

Graph points on the coordinate plane to solve real-world and mathematical problems.

SOLUCIONA el problema EN EL MUNDO

Una **gráfica lineal** es una gráfica en la que se usan segmentos para mostrar cómo cambian los datos a través del tiempo. Las series de números ubicados a distancias fijas que rotulan la gráfica son la **escala** de la gráfica. Los **intervalos**, o la diferencia entre los valores de una escala, deben ser iguales.

Representa los datos gráficamente. Usa la gráfica para determinar las horas entre las que se dieron los mayores cambios de temperatura.

Temperaturas registradas

Hora (a. m.)	1:00	2:00	3:00	4:00	5:00	6:00	7:00
Temperatura (en °F)	51	49	47	44	45	44	46

- Escribe los pares de números relacionados como pares ordenados.

(1:00, 51) (____, ____)

(____, ____) (____, ____)

(____, ____) (____, ____)

(____, ____)

PASO 1 Para el eje vertical, elige una escala y un intervalo que sean apropiados para los datos. Puedes representar una ruptura en la escala entre 0 y 40 debido a que no hay temperaturas entre 0 °F y 44 °F.

PASO 2 En el eje horizontal, escribe las horas del día. Escribe un título para la gráfica y rotula cada eje. Luego representa los pares ordenados gráficamente. Conecta los puntos con segmentos para completar la gráfica.

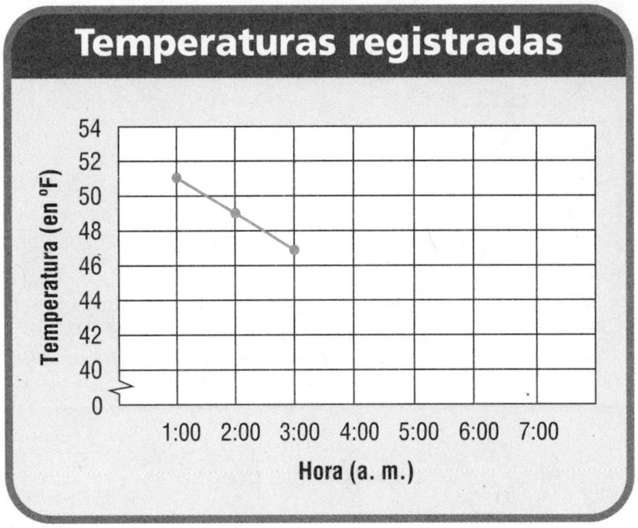

Observa cada segmento de la gráfica. Halla el segmento que muestra el mayor cambio de temperatura entre dos puntos consecutivos.

El mayor cambio de temperatura se dio entre las __________ y las __________.

¡Inténtalo! William usó un pluviómetro para recopilar datos sobre las precipitaciones que hubo durante 6 días en su casa, en Miami. Leyó la cantidad de lluvia que se almacenaba en el pluviómetro cada día, sin vaciarlo. Sus datos se muestran en la tabla. Haz una gráfica lineal para representar los datos de William.

PASO 1 Escribe los pares de datos relacionados como pares ordenados.

(Lun. , 2) (_____, _____) (_____, _____)

(_____, _____) (_____, _____) (_____, _____)

PASO 2 Elige una escala y un intervalo para los datos.

PASO 3 Rotula el eje horizontal y el eje vertical. Escribe un título para la gráfica. Representa los pares ordenados gráficamente. Conecta los puntos con segmentos.

Agua de lluvia recolectada

Día	Precipitaciones (en pulgadas)
Lun.	2
Mar.	2
Mié.	3
Jue.	6
Vie.	8
Sáb.	9

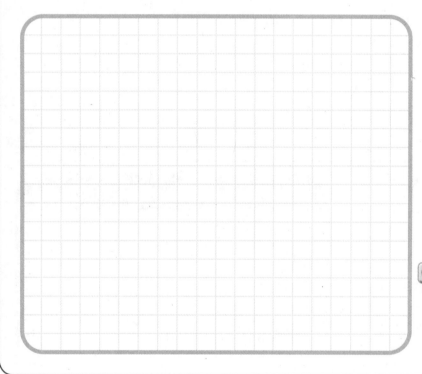

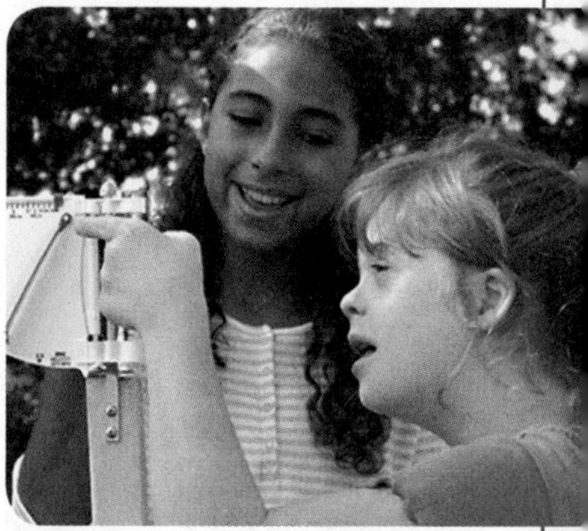

MÉTODOS MATEMÁTICOS

Charla matemática Explica cómo podrías usar la gráfica para identificar las dos lecturas entre las que no llovió.

Usa la gráfica para responder las preguntas.

1. ¿Qué día se registró la mayor cantidad de precipitaciones?

2. ¿Qué día registró William el mayor incremento en precipitaciones con respecto al día anterior?

Nombre ______________________

Comunicar y mostrar MATH BOARD

Usa la tabla de la derecha para responder las preguntas 1 a 3.

Temperatura mensual promedio en Tupelo, Mississippi					
Mes	Ene.	Feb.	Mar.	Abr.	May.
Temperatura (en °F)	40	44	54	62	70

1. ¿Qué escala e intervalos serían apropiados para representar los datos gráficamente?

____

____

2. Escribe los pares relacionados como pares ordenados.

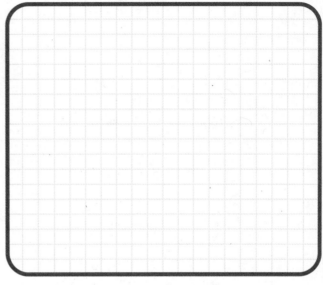

____

____

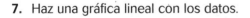

3. Haz una gráfica lineal con los datos.

4. Usa la gráfica para determinar entre qué dos meses se dio el menor cambio en la temperatura promedio.

____

Por tu cuenta

Usa la tabla de la derecha para responder las preguntas 5 a 7.

Altura de la planta				
Mes	1	2	3	4
Altura (en pulgadas)	20	25	29	32

5. Escribe los pares de números relacionados que indican la altura de la planta como pares ordenados.

____

6. ¿Qué escala e intervalos serían apropiados para representar los datos gráficamente?

____

____

7. Haz una gráfica lineal con los datos.

8. Usa la gráfica para hallar la diferencia de altura entre el Mes 1 y el Mes 2.

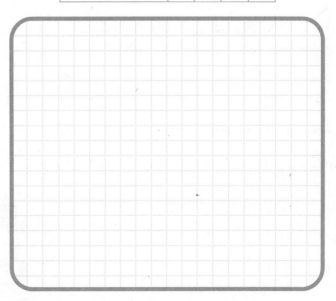

____

9. H.O.T. Usa la gráfica para estimar la altura de la planta a los $1\frac{1}{2}$ meses.

____

Conectar con las Ciencias

La evaporación convierte el agua en estado líquido de la superficie terrestre en vapor de agua. El vapor de agua se condensa en la atmósfera y vuelve a la superficie terrestre en forma de precipitaciones. Este proceso se llama ciclo del agua. El océano es una parte importante de este ciclo. Influye sobre la temperatura promedio y las precipitaciones de los distintos lugares.

En la siguiente gráfica superpuesta se usan dos escalas verticales para representar las precipitaciones y las temperaturas mensuales promedio de Redding, en California.

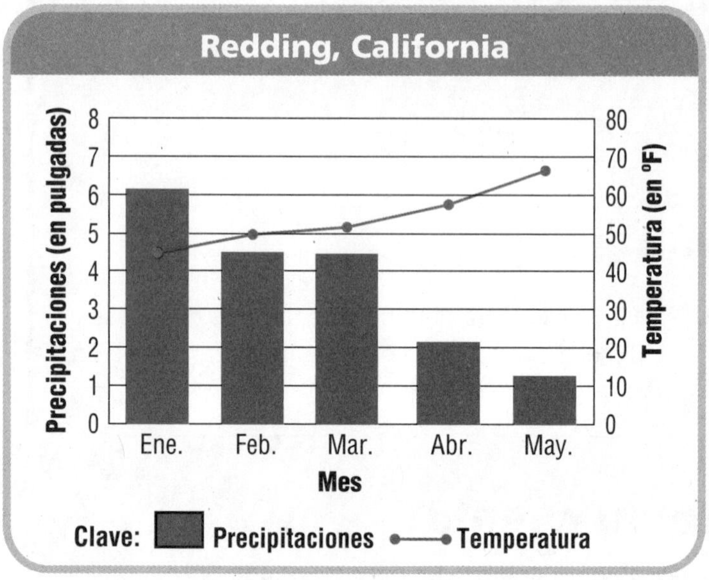

Usa la gráfica para responder las preguntas 10 a 13.

10. ¿Qué cantidad aproximada de precipitaciones cae en Redding, California, durante febrero?

11. ¿Cuál es la temperatura promedio en Redding, California, durante febrero?

12. **Explica** cómo te ayuda la gráfica superpuesta a relacionar las precipitaciones y las temperaturas de cada mes.

13. Escribe **Describe** cómo cambia la temperatura promedio en los primeros 5 meses del año.

14. **Preparación para la prueba** ¿Qué día hubo 3 pies de nieve más que el día anterior?

Ⓐ Día 2

Ⓑ Día 3

Ⓒ Día 5

Ⓓ Día 6

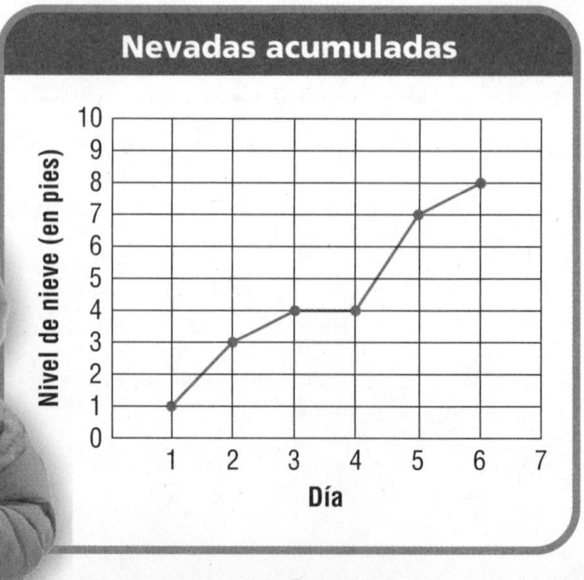

PARA PRACTICAR MÁS:
Cuaderno de práctica de los estándares, págs. P189 y P190

Nombre ____

Revisión de la mitad del capítulo

Vocabulario

Elige el término del recuadro que mejor corresponda.

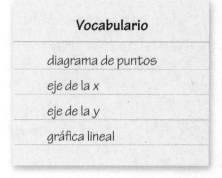

Vocabulario
diagrama de puntos
eje de la x
eje de la y
gráfica lineal

1. El ________________ es la recta numérica horizontal de la cuadrícula de coordenadas. (pág. 373)

2. Una ________________ es una gráfica en la que se usan segmentos para mostrar cómo cambian los datos a través del tiempo. (pág. 381)

Revisa conceptos

Usa el diagrama de puntos que está a la derecha para responder las preguntas 3 a 5. (CC.5.MD.2)

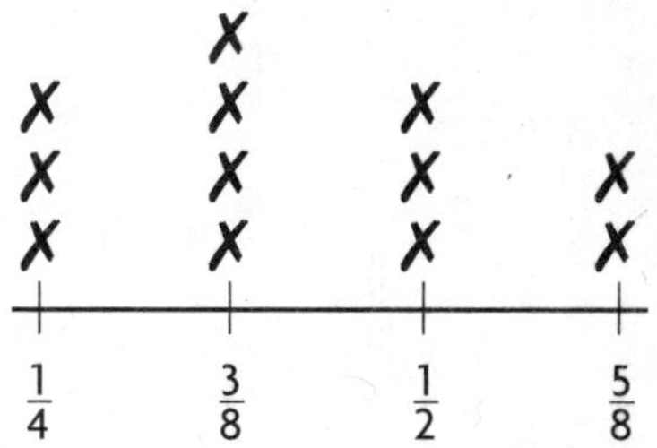

Peso de gatitos del refugio de animales (en lb)

3. ¿Cuántos gatitos pesan al menos $\frac{3}{8}$ libra?

____

4. ¿Cuál es el peso combinado de todos los gatitos?

____

5. ¿Cuál es el peso promedio de los gatitos del refugio?

____

Usa la cuadrícula de coordenadas que está a la derecha para resolver los ejercicios 6 a 13. (CC.5.G.1)

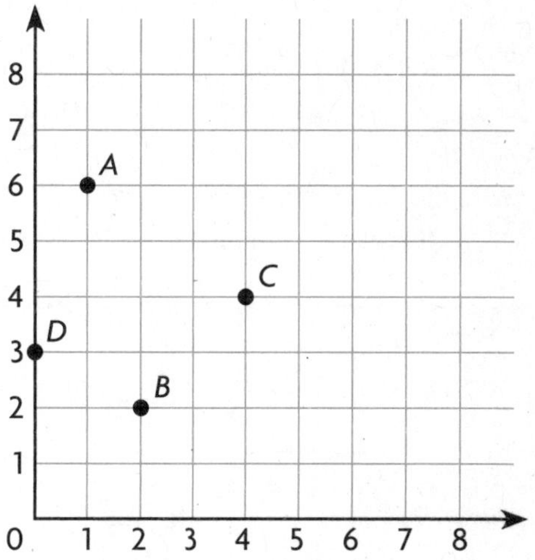

Escribe un par ordenado para el punto dado.

6. *A* __________ 7. *B* __________

8. *C* __________ 9. *D* __________

Marca y rotula los puntos en la cuadrícula de coordenadas.

10. *E* (6, 2) 11. *F* (5, 0)

12. *G* (3, 4) 13. *H* (3, 1)

Rellena el círculo completamente para indicar tu respuesta.

PREPARACIÓN PARA LA PRUEBA

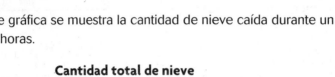

14. El par ordenado (0, 7) está (CC.5.G.1)

Ⓐ en el origen.

Ⓑ sobre el eje de la *x*.

Ⓒ sobre el eje de la *y*.

Ⓓ a 7 unidades del eje de la *y*.

15. En la siguiente gráfica se muestra la cantidad de nieve caída durante un período de 6 horas.

Cantidad total de nieve

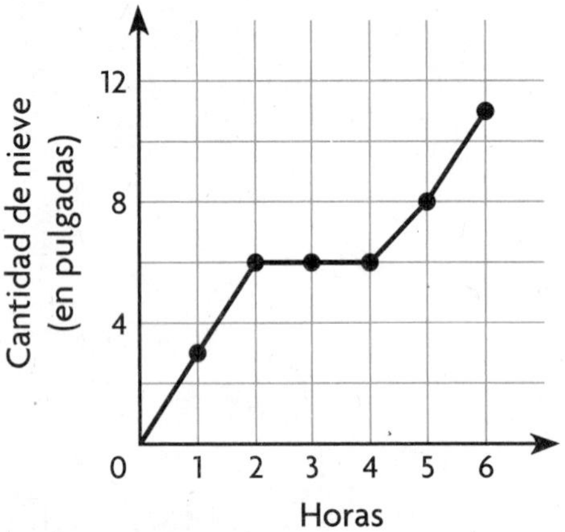

Según la gráfica, ¿qué enunciado describe mejor la cantidad de nieve que cayó durante ese período de tiempo? (CC.5.G.2)

Ⓐ La mayor cantidad de nieve cayó entre la hora 1 y la hora 2.

Ⓑ La mayor cantidad de nieve cayó entre la hora 5 y la hora 6.

Ⓒ La menor cantidad de nieve cayó entre la hora 2 y la hora 4.

Ⓓ La menor cantidad de nieve cayó entre la hora 4 y la hora 5.

16. Durante 5 días, Joy registró las distancias que caminó diariamente. ¿Qué distancia caminó en los 5 días? (CC.5.MD.2)

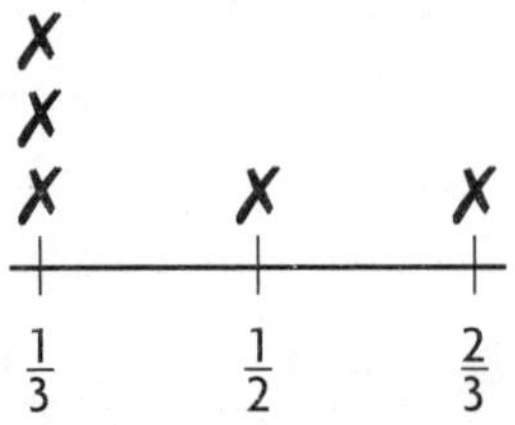

Distancia caminada por día (en millas)

Ⓐ $1\frac{1}{3}$ millas

Ⓑ $1\frac{2}{3}$ millas

Ⓒ 2 millas

Ⓓ $2\frac{1}{6}$ millas

Nombre ______________________________

Patrones numéricos

ESTÁNDAR COMÚN CC.5.OA.3
Analyze patterns and relationships.

Pregunta esencial ¿Cómo puedes identificar una relación entre dos patrones numéricos?

SOLUCIONA el problema EN EL MUNDO

Durante la primera semana de clases, Joel compra 2 películas y 6 canciones en su sitio multimedia favorito de Internet. Si compra la misma cantidad de películas y canciones todas las semanas, ¿qué relación hay entre la cantidad de canciones y la cantidad de películas compradas de una semana a la siguiente?

- ¿Cuántas películas compra Joel por semana?
  ____
- ¿Cuántas canciones compra Joel por semana?
  ____

PASO 1 Usa las dos reglas que se dan en el problema para crear los primeros 4 términos de la secuencia para la cantidad de películas y de la secuencia para la cantidad de canciones.

- La secuencia para la cantidad de películas por semana es:

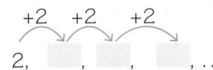

  +2 +2 +2

  2, ____, ____, ____, . . .

- La secuencia para la cantidad de canciones por semana es:

  +6 +6 +6

  6, ____, ____, ____, . . .

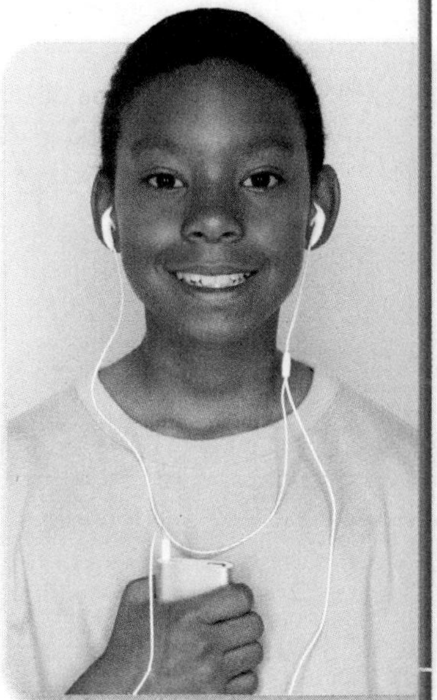

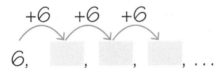

PASO 2 Escribe pares de números que relacionen la cantidad de películas con la cantidad de canciones.

Semana 1: 2, 6 Semana 2: ____________

Semana 3: ____________ Semana 4: ____________

PASO 3 Para cada par de números, compara la cantidad de películas con la cantidad de canciones. Escribe una regla para describir esta relación.

Piensa: En cada par de números relacionados, el segundo número es

________ veces mayor que el primero.

Regla: ______________________________

Entonces, de una semana a la siguiente, la cantidad de canciones que Joel compró es ________ veces mayor que la cantidad de películas compradas.

Ejemplo

Cada vez que Alice completa un nivel de su videojuego favorito, gana 3 vidas adicionales y 6 monedas de oro. ¿Qué regla puedes escribir para relacionar la cantidad de monedas de oro con la cantidad de vidas adicionales que ha ganado en cualquiera de los niveles? ¿Cuántas vidas adicionales habrá ganado Alice cuando complete 8 niveles?

	Nivel	0	1	2	3	4	8	
Suma ______.	**Vidas adicionales**	0	3	6	9	12		Multiplica por ______
Suma ______.	**Monedas de oro**	0	6	12	18	24	48	o divide entre ______.

PASO 1 A la izquierda de la tabla, completa la regla que describe cómo podrías hallar la cantidad de vidas adicionales que se ganan al pasar de un nivel al siguiente.

← diferencia entre términos consecutivos

0, 3, 6, 9, 12

De un nivel al siguiente, Alice gana ______ vidas adicionales más.

PASO 2 A la izquierda de la tabla, completa la regla que describe cómo podrías hallar la cantidad de monedas de oro que se ganan al pasar de un nivel al siguiente.

← diferencia entre términos consecutivos

0, 6, 12, 18, 24

De un nivel al siguiente, Alice gana ______ monedas de oro más.

PASO 3 Escribe los pares de números que relacionan la cantidad de monedas de oro con la cantidad de vidas adicionales ganadas en cada nivel.

Nivel 1: 6, 3 Nivel 2: ______

Nivel 3: ______ Nivel 4: ______

PASO 4 Completa la regla que está a la derecha de la tabla que describe cómo se relacionan los pares de números. Usa la regla para hallar la cantidad de vidas adicionales en el nivel 8.

Piensa: En cada nivel, la cantidad de vidas adicionales es ______ mayor que la cantidad de monedas de oro.

Regla: ______________________________.

Entonces, después de completar 8 niveles, Alice habrá ganado ______ vidas adicionales.

Charla matemática MÉTODOS MATEMÁTICOS
Explica cómo cambiaría la regla que escribiste si estuvieras relacionando las vidas adicionales con las monedas de oro en vez de relacionar las monedas de oro con las vidas adicionales.

Nombre ______________________________

Comunicar y mostrar MATH BOARD

Usa las reglas dadas para completar las secuencias. Luego completa la regla que describe la relación entre las monedas de 5¢ y las monedas de 10¢.

1.

	Cantidad de monedas	1	2	3	4	5
Suma 5.	Monedas de 5¢	5	10	15	20	
Suma 10.	Monedas de 10¢	10	20	30	40	

Multiplica por ______.

Completa la regla que describe la manera en que una secuencia se relaciona con la otra. Usa la regla para hallar el término desconocido.

2. Multiplica la cantidad de libros por ______ para hallar el dinero gastado.

Día	1	2	3	4	8
Cantidad de libros	3	6	9	12	24
Dinero gastado (en $)	12	24	36	48	

3. Divide el peso de la bolsa entre ______ para hallar la cantidad de canicas.

Bolsas	1	2	3	4	12
Cantidad de canicas	10	20	30	40	
Peso de la bolsa (en gramos)	30	60	90	120	360

Por tu cuenta

Completa la regla que describe la manera en que una secuencia se relaciona con la otra. Usa la regla para hallar el término desconocido.

4. Multiplica la cantidad de huevos por ______ para hallar la cantidad de panecillos.

Tandas	1	2	3	4	9
Cantidad de huevos	2	4	6	8	18
Panecillos	12	24	36	48	

5. Divide la cantidad de metros entre ______ para hallar la cantidad de vueltas.

Corredores	1	2	3	4
Cantidad de vueltas	4	8	12	
Cantidad de metros	1,600	3,200	4,800	6,400

6. H.O.T. Supón que la cantidad de huevos que se usan en el Ejercicio 4 cambia a 3 huevos por cada tanda de 12 panecillos, y que se usan 48 huevos en total. ¿Cuántas tandas y cuántos panecillos se obtendrán?

____

Resolución de problemas EN EL MUNDO

MUESTRA TU TRABAJO

7. Emily tiene un mapa de caminos con una clave que indica que una pulgada del mapa equivale a 5 millas de distancia real. Si una distancia medida en el mapa es igual a 12 pulgadas, ¿cuál es la distancia real? Escribe la regla que usaste para hallar la distancia real.

8. Para preparar un tono de pintura color lavanda, Jon mezcla 4 onzas de tinte rojo y 28 onzas de tinte azul con un galón de pintura blanca. Si se usan 20 galones de pintura blanca y 80 onzas de tinte rojo, ¿cuánto tinte azul debe agregarse? Escribe una regla que puedas usar para hallar la cantidad necesaria de tinte azul.

9. H.O.T. En la cafetería, las mesas están dispuestas en grupos de 4. En cada mesa se sientan 8 estudiantes. ¿Cuántos estudiantes pueden sentarse en 10 grupos de mesas? Escribe la regla que usaste para hallar la cantidad de estudiantes.

10. ¿Cuál es el número desconocido de la Secuencia 2 de la tabla? ¿Qué regla podrías escribir para relacionar la Secuencia 1 con la Secuencia 2?

Número de secuencia	1	2	3	5	7
Secuencia 1	5	10	15	25	35
Secuencia 2	15	30	45	75	?

Ⓐ 70; Multiplica por 2.

Ⓑ 100; Suma 25.

Ⓒ 105; Multiplica por 3.

Ⓓ 150; Suma 150.

 PARA PRACTICAR MÁS:
Cuaderno de práctica de los estándares, págs. P191 y P192

Nombre ______________________

Resolución de problemas • Hallar una regla

Pregunta esencial ¿Cómo puedes usar la estrategia *resolver un problema más sencillo* como ayuda para resolver un problema con patrones?

ESTÁNDAR COMÚN CC.5.OA.3
Analyze patterns and relationships.

SOLUCIONA el problema EN EL MUNDO

En una excavación arqueológica, Gabriel divide el sitio de excavación en secciones que tienen un área de 15 pies cuadrados cada una. Hay 3 miembros del equipo arqueológico excavando en cada sección. ¿Cuál es el área del sitio de excavación si hay 21 personas excavando al mismo tiempo?

15 pies cuad

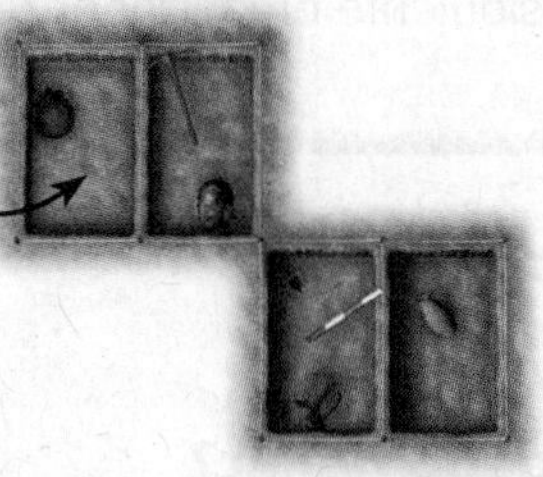

Lee el problema

¿Qué debo hallar?

Debo hallar el ______________________ ______________________ ______________________.

¿Qué información debo usar?

Puedo usar el área de cada sección, que es ______________________, que hay ______ miembros del equipo arqueológico en cada sección y que hay 21 personas excavando.

¿Cómo usaré la información?

Usaré la información para buscar patrones que me ayuden a resolver un problema ______________________.

Resuelve el problema

Multiplica por ______.

Secciones	1	2	3	4	5	6	7
Cantidad de miembros	3	6	9	12	15	18	21
Área (en pies cuadrados)	15	30	45	60	75	90	

Suma 3.
Suma 15.

Multiplica por ______.

Entonces, el área del sitio de excavación si hay 21 miembros excavando es ______ pies cuadrados.

Reglas posibles:

- Multiplica el número de secciones por ______ para hallar la cantidad de miembros del equipo arqueológico.
- Multiplica la cantidad de miembros del equipo arqueológico por ______ para hallar el área total. Completa la tabla.

MÉTODOS MATEMÁTICOS

Charla matemática Explica cómo puedes usar la división para hallar la cantidad de miembros del equipo arqueológico si sabes que el área del sitio de excavación es 135 pies cuadrados.

Haz otro problema

Casey está haciendo un diseño para un disfraz con triángulos y cuentas. En su diseño, cada unidad de patrón tiene en total 3 triángulos y 18 cuentas. Si Casey usa 72 triángulos en su diseño, ¿cuántas veces repite la unidad de patrón? ¿Cuántas cuentas usa Casey?

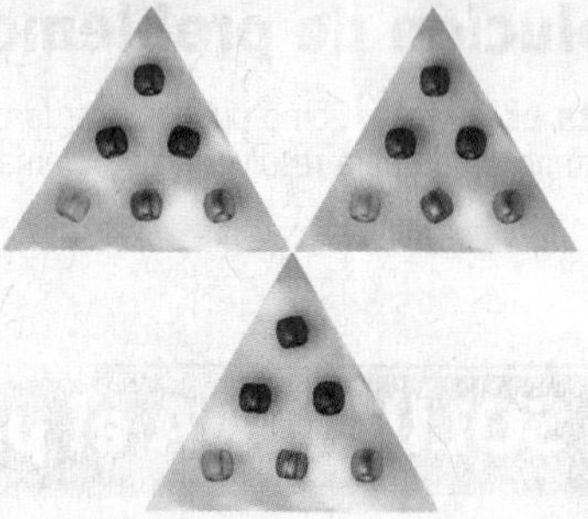

Usa el siguiente organizador gráfico para resolver el problema.

Lee el problema

¿Qué debo hallar?	¿Qué información debo usar?	¿Cómo usaré la información?

Resuelve el problema

Entonces, Casey repite la unidad de patrón ______ veces y

usa ___________ cuentas.

- ¿Qué regla puedes usar para hallar el número desconocido de cuentas si conoces la cantidad de triángulos relacionada?

____

____

Nombre ______________________

Comunicar y mostrar

1. Max construye cercas de madera. Para un estilo de cerca, usa 3 postes verticales y 6 travesaños horizontales en cada sección. ¿Cuántos postes y travesaños necesita para una cerca de 9 secciones de longitud?

1 sección

2 secciones

3 secciones

Primero, piensa en la pregunta del problema y en lo que ya sabes. A medida que se agrega cada sección de cerca, ¿cómo cambia la cantidad de postes y de travesaños?

A continuación, haz una tabla y busca un patrón. Usa lo que ya sabes sobre 1, 2 y 3 secciones. Escribe una regla para la cantidad de postes y travesaños necesarios para 9 secciones de cerca.

Cantidad de secciones	1	2	3	9
Cantidad de postes	3	6	9	
Cantidad de travesaños	6	12	18	

Regla posible para los postes: ______________________

____

Regla posible para los travesaños: ______________________

____

Por último, usa la regla para resolver el problema.

2. H.O.T. **¿Qué pasaría si** otro estilo de cerca tuviera 6 travesaños entre cada par de postes? ¿Cuántos travesaños se necesitarían para 9 secciones de esta cerca?

Regla posible: ______________________

____

Cantidad de secciones	1	2	3	9
Cantidad de postes	3	6	9	
Cantidad de travesaños	12	24	36	

3. Leslie paga un depósito para dejar reservado un abrigo que cuesta \$135. Va a pagar \$15 por semana hasta terminar de pagarlo. ¿Cuánto le quedará por pagar después de 8 semanas?

Cantidad de semanas	1	2	3	8
Suma pagada (en \$)	15	30	45	

____

Por tu cuenta

Elige una ESTRATEGIA
- Representar
- Hacer un diagrama
- Hacer una tabla
- Resolver un problema más sencillo
- Trabajar de atrás para adelante
- Adivinar, comprobar y revisar

4. Jane trabaja como chofer de limusina. Gana $50 cada 2 horas trabajadas. ¿Cuánto dinero gana Jane en una semana si trabaja 40 horas semanales? Escribe una regla y completa la tabla.

Regla posible: ____________________

Horas trabajadas	2	4	6	40
Paga de Jane (en $)	50	100	150	

5. H.O.T. Rosa se une a un club de lectura de libros. Los miembros del club pagan $8 para comprar 2 vales, y pueden cambiar 2 vales por 4 libros. Rosa compra 30 vales y los cambia por 60 libros de tapa blanda. ¿Cuánto dinero gastó? Escribe una regla y completa la tabla.

Vales	2	4	6	8	30
Costo (en $)	8	16	24	32	
Libros	4	8	12	16	60

Regla posible: ____________________

____

____

6. H.O.T. Paul toma un taxi para ir al museo. El conductor del taxi le cobra una tarifa de $3, más $2 por cada milla recorrida. ¿Cuánto cuesta el viaje al museo si se encuentra a 8 millas de distancia?

____

7. **Preparación para la prueba** ¿Qué expresión podría describir la figura que sigue en el patrón, es decir, la Figura 4?

Figura 1 Figura 2 Figura 3

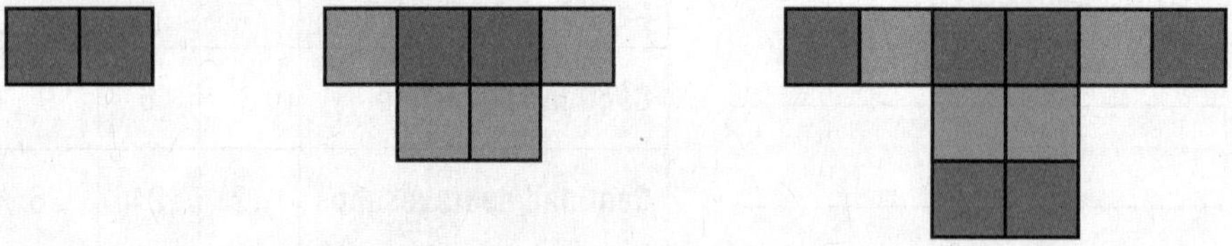

2 cuadrados 6 cuadrados 10 cuadrados

Ⓐ 2×5

Ⓑ $2 + 4 + 4$

Ⓒ $2 + 4 + 4 + 4$

Ⓓ 16

 PARA PRACTICAR MÁS: Cuaderno de práctica de los estándares, págs. P193 y P194

Nombre ______________________

Representar relaciones gráficamente y analizarlas

ESTÁNDAR COMÚN CC.5.OA.3
Analyze patterns and relationships.

Pregunta esencial ¿Cómo puedes escribir y representar gráficamente pares ordenados en una cuadrícula de coordenadas usando dos patrones numéricos?

SOLUCIONA el problema EN EL MUNDO

Sasha está preparando chocolate caliente para una fiesta. Para cada taza de chocolate, usa 3 cucharadas de chocolate en polvo y 6 onzas fluidas de agua caliente. Si Sasha usa un recipiente entero que contiene 18 cucharadas de chocolate en polvo, ¿cuántas onzas fluidas de agua usará?

- ¿Cuántas cucharadas de chocolate en polvo usa Sasha para cada taza de chocolate?

  ____

- ¿Cuántas onzas fluidas de agua usa Sasha para cada taza de chocolate?

  ____

PASO 1 Usa las dos reglas dadas en el problema para crear los primeros cuatro términos para el número de cucharadas de chocolate en polvo y el número de onzas fluidas de agua.

Chocolate en polvo (cda)	3				18
Agua (oz fl)	6				

PASO 2 Escribe los pares de números como pares ordenados, relacionando el número de cucharadas de chocolate en polvo con el número de onzas fluidas de agua.

(3, 6) ______ ______ ______

PASO 3 Representa gráficamente y rotula los pares ordenados. Luego escribe una regla que describa la relación entre los pares de números.

- ¿Qué regla que describa la relación entre la cantidad de chocolate en polvo y la cantidad de agua puedes escribir?

  ____

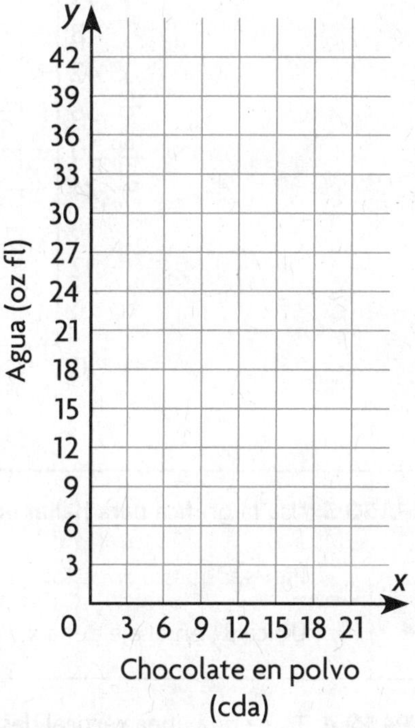

Entonces, si Sasha usa todo el contenido del recipiente de chocolate en polvo, usará ______ onzas fluidas de agua.

- Escribe el par de números final como un par ordenado. Luego represéntalo gráficamente y rotúlalo. Comenzando por el origen, conecta los puntos con segmentos rectos. ¿Qué forman los puntos conectados? **Explica** por qué.

____

____

____

Ejemplo

Jon está armando un sistema de audio a medida. Debe comprar $3\frac{1}{2}$ pies de cable, pero el cable se vende por pulgada. Jon sabe que 1 pie equivale a 12 pulgadas. ¿Cuántas pulgadas de cable debe comprar?

Pies	1	2	3	4
Pulgadas	12			

Regla: Multiplica el número de pies por ______.

PASO 1 Escribe los pares de números como pares ordenados, relacionando el número de pies con el número de pulgadas.

______ ______ ______ ______

PASO 2 Representa los pares ordenados gráficamente. Conecta los puntos desde el origen con segmentos rectos.

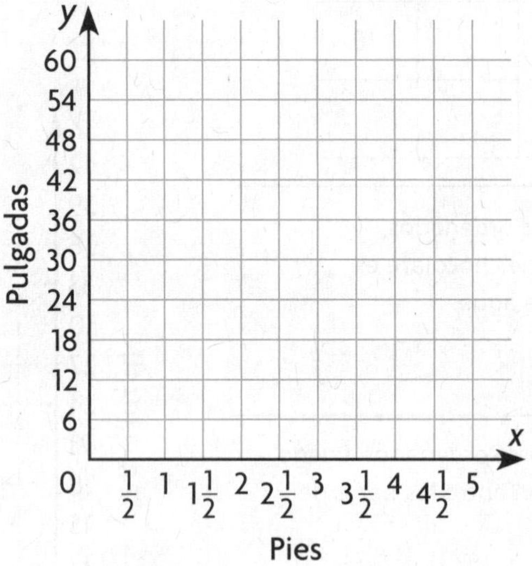

PASO 3 Usa la gráfica para hallar el número de pulgadas que hay en $3\frac{1}{2}$ pies.

Piensa: $3\frac{1}{2}$ está entre los números naturales ______ y ______.

Ubica $3\frac{1}{2}$ en el eje de la *x*.

PASO 4 Traza una línea vertical desde $3\frac{1}{2}$ en el eje de la *x* hasta la línea que conecta los pares ordenados. Luego representa ese punto gráficamente.

Para hallar a cuántas pulgadas equivalen $3\frac{1}{2}$ pies, traza una línea horizontal que parta de ese punto y se desplace hacia la izquierda hasta llegar al eje de la *y*. ¿Cuál es el par ordenado que representa ese punto? ______________

Entonces, Jon debe comprar ______ pulgadas de cable.

Nombre ______________________________

Comunicar y mostrar

Representa gráficamente y rotula los pares de números como pares ordenados. Luego completa y usa la regla para hallar el término desconocido.

1. Multiplica el número de cucharadas por ______ para hallar su peso en onzas.

Mantequilla (cda)	1	2	3	4	5
Peso (oz)	2	4	6	8	

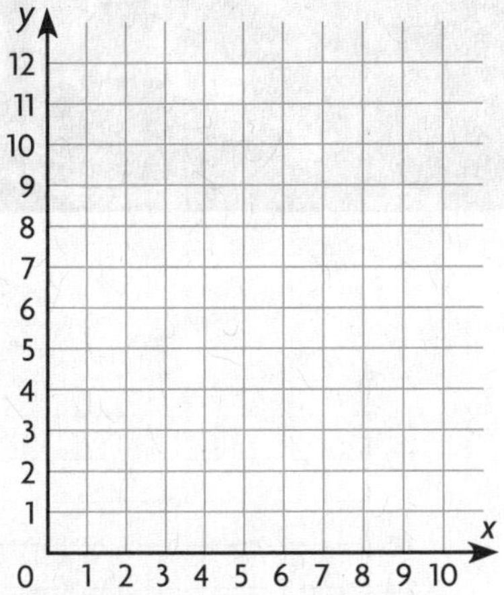

2. Multiplica el número de horas por ______ para hallar la distancia en millas.

Tiempo (h)	1	2	3	4
Distancia caminada (mi)	3	6	9	

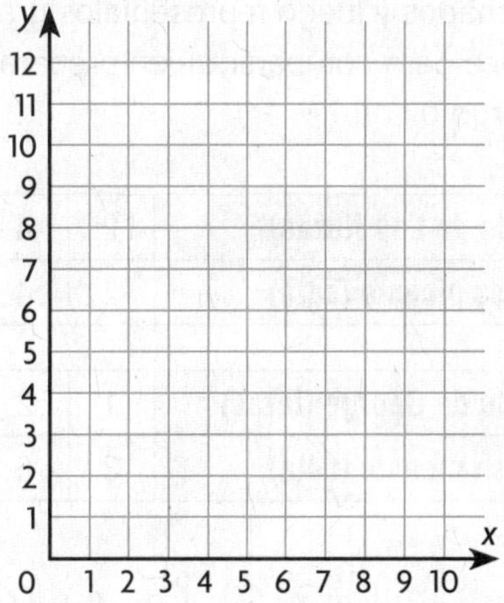

Por tu cuenta

Representa gráficamente y rotula los pares de números como pares ordenados. Luego completa y usa la regla para hallar el término desconocido.

3. Multiplica el número de pulgadas por ______ para hallar la distancia en millas.

Mapa (pulg)	2	4	6	8	10
Millas	10	20	30	40	

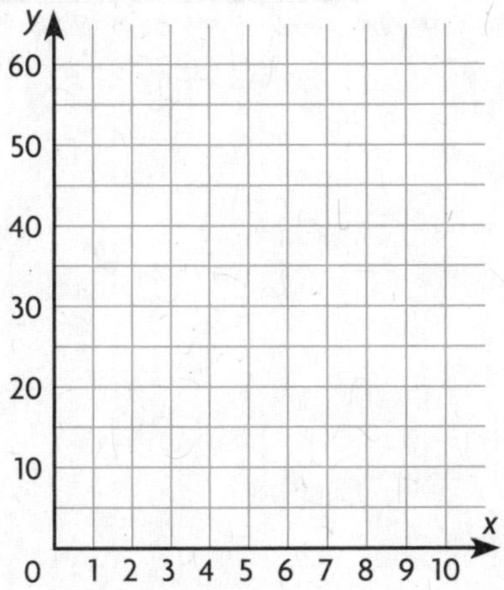

4. Multiplica el número de centilitros por ______ para hallar el número equivalente de mililitros.

Centilitros	1	2	3	4	5
Mililitros	10	20	30	40	

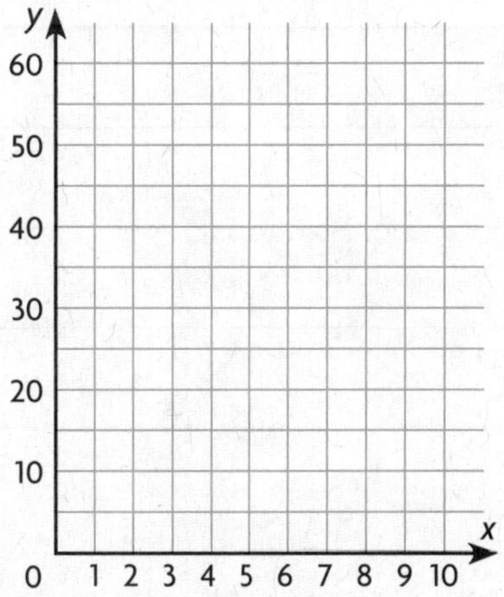

Resolución de problemas EN EL MUNDO

H.O.T. ¿Tiene sentido?

5. Elsa resolvió el siguiente problema.

Lou y George están preparando chile para el Baile Anual de los Bomberos. Lou usa 2 cucharaditas de salsa picante cada 2 tazas de chile que prepara, y George usa 3 cucharaditas de la misma salsa por cada taza de chile según su receta. ¿Quién prepara el chile más picante: George o Lou?

Escribe los pares de números relacionados como pares ordenados y luego represéntalos gráficamente. Usa la gráfica para comparar quién prepara el chile más picante, George o Lou.

Chile de Lou (tazas)	2	4	6	8
Salsa picante (cdta)	2	4	6	8

Chile de George (tazas)	1	2	3	4
Salsa picante (cdta)	3	6	9	12

Chile de Lou: (2, 2), (4, 4), (6, 6), (8, 8)

Chile de George: (1, 3), (2, 6), (3, 9), (4, 12)

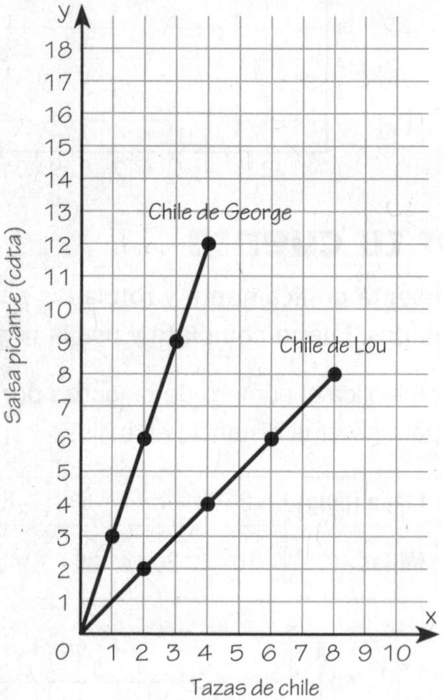

Elsa dijo que el chile de George era más picante que el de Lou porque en la gráfica se mostraba que la cantidad de salsa picante en el chile de George era siempre 3 veces mayor que la cantidad de salsa picante en el chile de Lou. ¿La respuesta de Elsa tiene sentido o no? **Explícalo.**

____

____

____

____

____

____

 PARA PRACTICAR MÁS:
Cuaderno de práctica de los estándares, págs. P195 y P196

Nombre ___

Repaso y prueba del Capítulo 9

Vocabulario

Elige el término del recuadro que mejor corresponda.

Vocabulario
coordenada x
coordenada y
diagrama de puntos
gráfica lineal
origen

1. El ___ es el punto donde se cruzan el eje de la *x* y el eje de la *y*. Su ___ es 0 y su ___ es 0. (pág. 373)

2. En una ___ se usan segmentos para mostrar cómo cambian los datos a través del tiempo. (pág. 381)

Revisa conceptos

Usa la tabla para resolver los ejercicios 3 y 4. (CC.5.G.2)

Altura de la plántula				
Semanas	1	2	3	4
Altura (en cm)	2	6	14	16

3. Escribe los pares de números relacionados de datos como pares ordenados.

___

4. Haz una gráfica lineal con los datos.

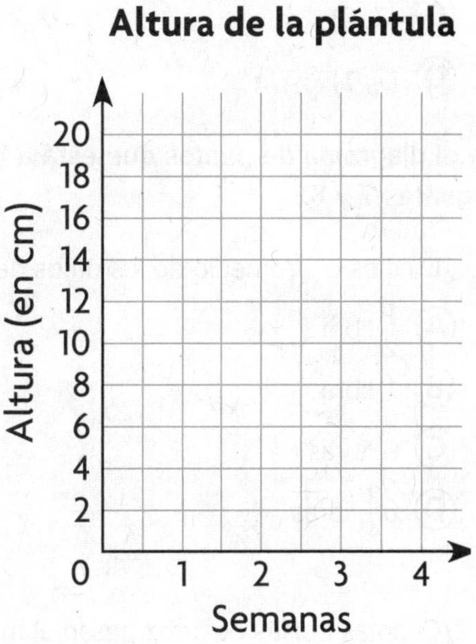

Completa la regla que describe la manera en que una secuencia se relaciona con la otra. Usa la regla para hallar el término desconocido. (CC.5.OA.3)

5. Multiplica el número de huevos por ___ para hallar el número de magdalenas.

Tandas	1	2	3	4	6
Número de huevos	3	6	9	12	
Número de magdalenas	18	36	54	72	

APRENDE en línea Opciones de evaluación Prueba del capítulo

Rellena el círculo completamente para indicar tu respuesta.

PREPARACIÓN PARA LA PRUEBA

6. Las letras de la cuadrícula de coordenadas representan las ubicaciones de los primeros cuatro hoyos de un campo de golf.

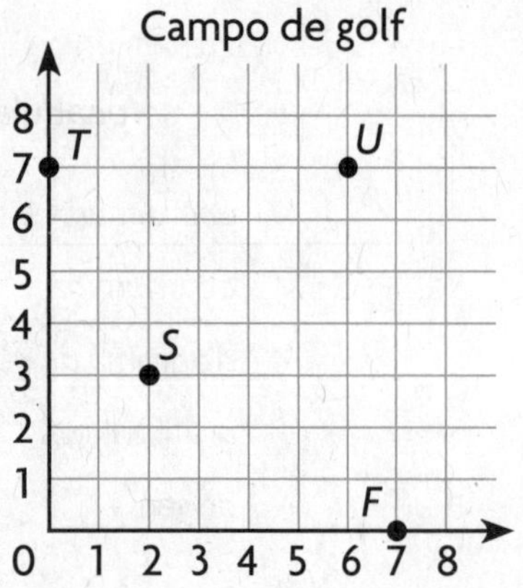

¿Qué par ordenado describe la ubicación del hoyo rotulado con la letra *T*? (CC.5.G.1)

Ⓐ (0, 7)

Ⓑ (1, 7)

Ⓒ (7, 0)

Ⓓ (7, 1)

Usa el diagrama de puntos que está a la derecha para responder las preguntas 7 y 8.

7. ¿Cuál es el promedio de los datos del diagrama de puntos? (CC.5.MD.2)

Ⓐ $\frac{1}{2}$ libra

Ⓑ 1 libra

Ⓒ 6 libras

Ⓓ $6\frac{3}{4}$ libras

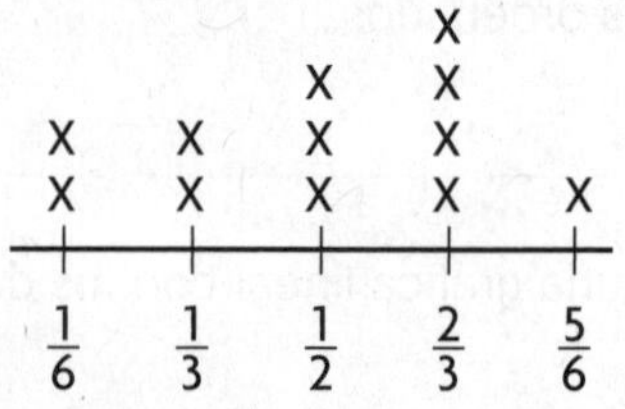

Pesos de las bolsas de arroz (en oz)

8. ¿Cuántas bolsas de arroz pesan al menos $\frac{1}{2}$ libra? (CC.5.MD.2)

Ⓐ 2

Ⓑ 3

Ⓒ 5

Ⓓ 8

Nombre ____________________

PREPARACIÓN PARA LA PRUEBA

Rellena el círculo completamente para indicar tu respuesta.

Usa la tabla para responder las preguntas 9 y 10.

Semana	1	2	3	4	10
Ahorros de Tori	\$20	\$40	\$60	\$80	\$200
Ahorros de Martín	\$5	\$10	\$15	\$20	\$50

9. Compara los ahorros de Tori con los de Martín. ¿Cuál de los siguientes enunciados es verdadero? (CC.5.OA.3)

(A) Tori ahorra 4 veces más por semana que Martín.

(B) Tori siempre tendrá ahorrados exactamente \$15 más que Martín.

(C) Tori ahorrará una cantidad 15 veces mayor que la de Martín.

(D) En la semana 5, Martín tendrá \$30 y Tori tendrá \$90.

10. ¿Qué regla podrías usar para hallar la cantidad que habrá ahorrado Tori en 10 semanas? (CC.5.OA.3)

(A) Suma 10 de una semana a la siguiente.

(B) Multiplica la semana por 2.

(C) Multiplica los ahorros de Martín por 4.

(D) Divide los ahorros de Martín entre 4.

11. En un par ordenado, la coordenada x representa el número de hexágonos y la coordenada y representa el número total de lados. Si la coordenada x es 7, ¿cuál es la coordenada y? (CC.5.G.2)

(A) 6

(B) 7

(C) 13

(D) 42

12. El punto A se encuentra 2 unidades a la derecha y 4 unidades hacia arriba del punto de origen. ¿Qué par ordenado describe al punto A? (CC.5.G.1)

(A) (2, 0)

(B) (2, 4)

(C) (4, 2)

(D) (0, 4)

▶ Respuesta de desarrollo

13. El Sr. Stevens maneja 110 millas en 2 horas, 165 millas en 3 horas y 220 millas en 4 horas. ¿Cuántas millas manejará en 5 horas? **(CC.5.OA.3)**

____

Explica la relación entre el número de horas que maneja y el número de millas que recorre.

____

____

▶ Tarea de rendimiento (CC.5.G.2)

14. Tim abre la puerta del congelador y mide la temperatura del aire en su interior. Sigue midiendo la temperatura cada 2 minutos, mientras la puerta permanece abierta, y registra los datos en una tabla.

Temperaturas del congelador abierto

Tiempo (en minutos)	0	2	4	6	8	10
Temperatura (en °F)	0	6	12	14	16	18

A En la siguiente cuadrícula, haz una gráfica lineal que represente los datos de la tabla.

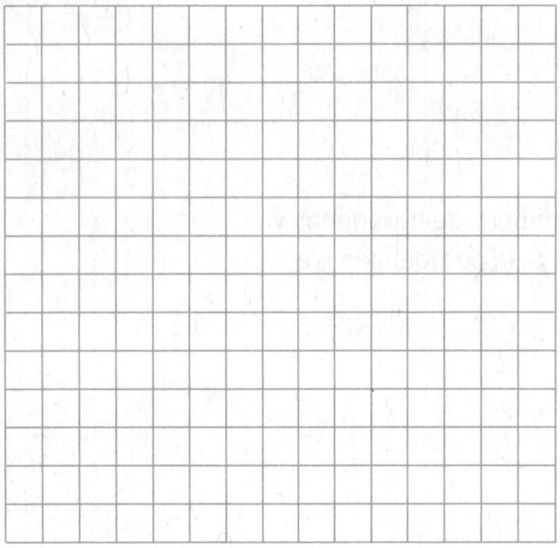

B Usa la gráfica para estimar la temperatura a los 7 minutos.

Estimación: ____________________

C Escribe una pregunta que pueda responderse haciendo una predicción. Luego responde la pregunta y explica cómo hiciste la predicción.

____

____

____

Capítulo 10
Convertir unidades de medida

Muestra lo que sabes

Comprueba tu comprensión de destrezas importantes.

Nombre ____

▶ **Medir la longitud a la pulgada más próxima** **Usa una regla en pulgadas. Mide la longitud a la pulgada más próxima.**

1. 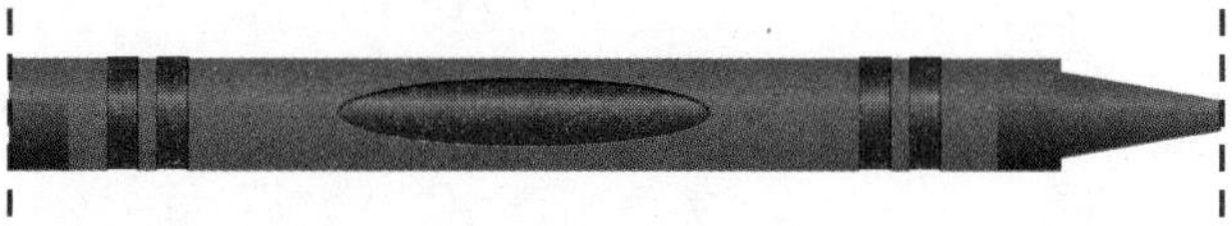

alrededor de ______ pulgadas

2. 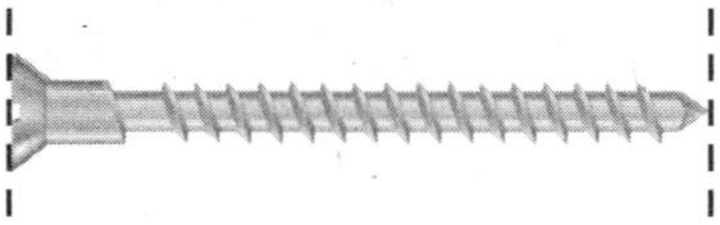

alrededor de ______ pulgadas

▶ **Multiplicar y dividir con 10, 100 y 1,000** **Usa el cálculo mental.**

3. $1 \times 5.98 = 5.98$
$10 \times 5.98 = 59.8$

$100 \times 5.98 =$ ____________

$1{,}000 \times 5.98 =$ ____________

4. $235 \div 1 = 235$
$235 \div 10 = 23.5$

$235 \div 100 =$ ____________

$235 \div 1{,}000 =$ ____________

▶ **Elegir unidades del sistema usual** **Escribe la unidad adecuada para medir cada longitud. Escribe *pulgada, pie, yarda* o *milla*.**

5. la longitud de un lápiz ____________

6. la longitud de una cancha de fútbol americano ____________

Puedes usar una estimación para medir en pasos distancias de 5 pies. Dos pasos equivalen a alrededor de 5 pies. Piensa como un detective matemático y representa las instrucciones del mapa para hallar un tesoro. ¿Alrededor de cuántos pies mide todo el camino hasta el tesoro que se muestra en el mapa?

Desarrollo del vocabulario

▶ Visualizar

Clasifica las palabras nuevas y de repaso en el diagrama de Venn.

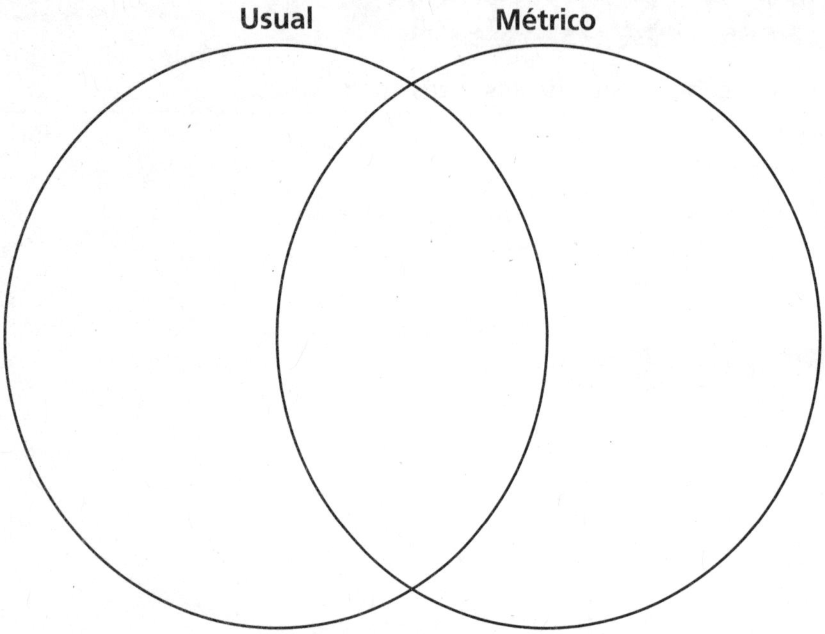

Palabras de repaso

- decímetro
- galón
- gramo
- libra
- litro
- longitud
- masa
- metro
- miligramo
- mililitro
- milímetro
- milla
- peso
- tonelada

Palabras nuevas

- capacidad
- decámetro

▶ Comprender el vocabulario

Completa las oraciones.

1. Una unidad de longitud del sistema métrico que equivale a un décimo de metro es un ___________.

2. Una unidad de longitud del sistema métrico que equivale a un milésimo de metro es un ___________.

3. Una unidad de capacidad del sistema métrico que equivale a un milésimo de litro es un ___________.

4. Una unidad de longitud del sistema métrico que equivale a 10 metros es un ___________.

5. Una unidad de masa del sistema métrico que equivale a un milésimo de gramo es un ___________.

Nombre ______________________________

Longitud en el sistema usual

Pregunta esencial ¿Cómo puedes comparar y convertir unidades de longitud del sistema usual?

ESTÁNDAR COMÚN CC.5.MD.1
Convert like measurement units within a given measurement system.

SOLUCIONA el problema EN EL MUNDO

Para hacer un columpio nuevo, el Sr. Mattson necesita 9 pies de cuerda para cada lado del columpio y 6 pies más para la trepadora. La ferretería vende cuerda por yardas.

- ¿Cuántos pies de cuerda necesita el Sr. Mattson para el columpio? ______________
- ¿Cuántos pies de cuerda necesita el Sr. Mattson para el columpio y la trepadora juntos? ______________

El Sr. Mattson debe hallar cuántas yardas de cuerda necesita comprar. Deberá convertir 24 pies a yardas. ¿Cuántos grupos de 3 pies hay en 24 pies?

Una regla de 12 pulgadas equivale a 1 pie.		

Una regla de una yarda equivale a 1 yarda.

______ pies = 1 yarda

Usa un modelo de barras para escribir una ecuación.

REPRESENTA

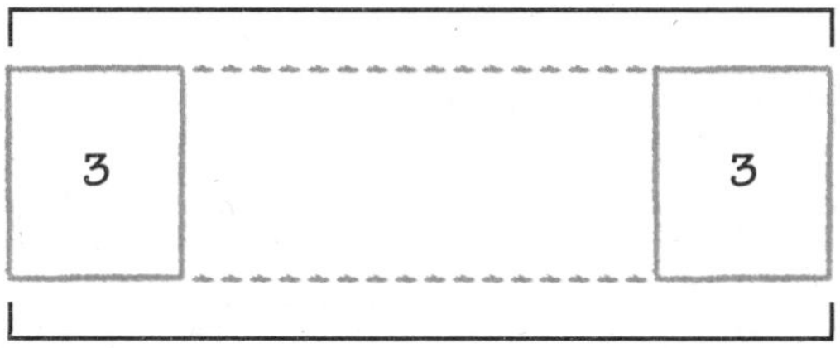

ANOTA

total de pies		pies en 1 yarda		total de yardas
↓		↓		↓
24	÷	______	=	______

Entonces, el Sr. Mattson debe comprar ______ yardas de cuerda.

MÉTODOS MATEMÁTICOS

Charla matemática ¿Qué operación usaste para hallar la cantidad de grupos de 3 pies que hay en 24 pies? ¿Hay que multiplicar o dividir para convertir una unidad más pequeña a una más grande? **Explícalo.**

Ejemplo 1 Usa la tabla para hallar la relación entre las millas y los pies.

Unidades de longitud del sistema usual
1 pie = 12 pulgadas (pulg)
1 yarda (yd) = 3 pies
1 milla (mi) = 5,280 pies
1 milla = 1,760 yd

La distancia entre la escuela secundaria nueva y la cancha de fútbol americano es 2 millas. ¿Qué relación hay entre esa distancia y 10,000 pies?

Cuando conviertes unidades más grandes a unidades más pequeñas, debes multiplicar.

PASO 1 Convierte 2 millas a pies.

Piensa: 1 milla es igual a 5,280 pies.

Debo ______ el número total

de millas por ______.

total de millas ↓ 2 × ______ (pies en 1 milla ↓) = ______ (total de pies ↓)

2 millas = ______ pies

PASO 2 Compara. Escribe <, > ó =.

______ pies ◯ 10,000 pies

Puesto que ______ es ______ que 10,000, la distancia entre la escuela secundaria nueva y la cancha de fútbol americano es ______ que 10,000 pies.

Ejemplo 2 Convierte a medidas mixtas.

En las medidas mixtas, se usa más de una unidad de medida. Puedes convertir una unidad de medida única a unidades mixtas.

Convierte 62 pulgadas a pies y pulgadas.

PASO 1 Usa la tabla.

Piensa: 12 pulgadas es igual a 1 pie.

Estoy cambiando de una unidad más pequeña a una más grande,

entonces ______.

PASO 2 Convierte.

total de pulgadas ↓ 62 ÷ ______ (pulgadas en 1 pie ↓) es ______ (pies ↓) r ______ (pulgadas ↓)

Entonces, 62 pulgadas es igual a ______ pies y ______ pulgadas.

- **Explica** cómo puedes convertir las medidas mixtas 12 yardas y 2 pies a una unidad de medida única en pies. ¿A cuántos pies equivale?

______

Nombre ______________________________

Comunicar y mostrar MATH BOARD

Convierte.

1. 2 mi = ______________ yd

2. 6 yd = ______________ pies

3. 90 pulg = ______ pies y ______ pulg

MÉTODOS MATEMÁTICOS

Charla matemática Explica cómo sabes cuándo hay que multiplicar para convertir una medida.

Por tu cuenta

Convierte.

4. 57 pies = ______________ yd

5. 13 pies = ______________ pulg

6. 240 pulg = ______________ pies

7. 6 mi = ______________ pies

8. 96 pies = ______________ yd

9. 75 pulg = ______ pies y ______ pulg

Práctica: Copia y resuelve Convierte.

10. 60 pulg = ■ pies

11. ■ pies = 7 yd y 1 pie

12. 4 mi = ■ yd

13. 125 pulg = ■ pies y ■ pulg

14. 46 pies = ■ yd y ■ pie

15. 42 yd y 2 pies = ■ pies

Compara. Escribe $<$, $>$ ó $=$.

16. 8 pies ◯ 3 yd

17. 2 mi ◯ 10,500 pies

18. 3 yd y 2 pies ◯ 132 pulg

Resolución de problemas EN EL MUNDO

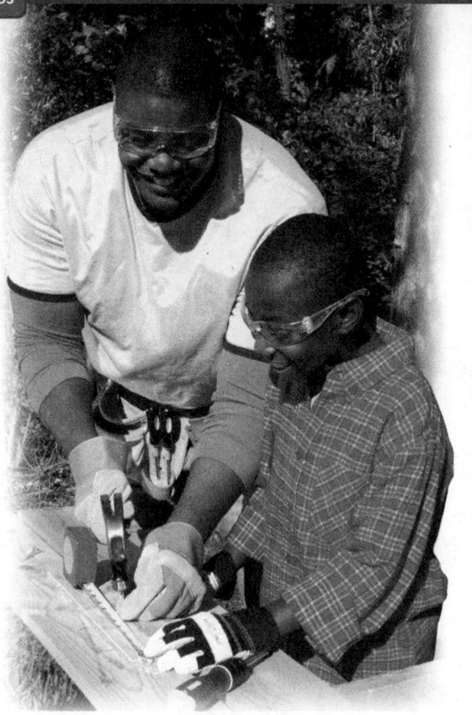

19. H.O.T. Javier está ayudando a su padre a construir una casa en un árbol. Tiene una tabla de 13 pies de longitud. ¿Cuántos trozos de 1 yarda de longitud puede cortar Javier? ¿Cuál será la longitud, en yardas, del trozo que le quede?

____

20. **Preparación para la prueba** El camino de entrada de la casa de Katy tiene 120 pies de longitud. ¿Cuánto mide el camino en yardas?

Ⓐ 60 yardas

Ⓑ 40 yardas

Ⓒ 20 yardas

Ⓓ 10 yardas

Conectar con la Lectura

Compara y contrasta

Cuando comparas y contrastas, indicas en qué se parecen y en qué se diferencian dos o más cosas. Puedes comparar y contrastar la información de una tabla.

Completa la siguiente tabla. Usa la tabla para responder las preguntas.

Unidades lineales				
Yardas	1	2	3	4
Pies	3	6	9	
Pulgadas	36	72		

21. ¿En qué se parecen los elementos de la tabla? ¿En qué se diferencian?

____

____

22. ¿Qué puedes decir acerca de la relación entre el número de unidades más grandes y más pequeñas a medida que aumenta la longitud?

____

____

 PARA PRACTICAR MÁS:
Cuaderno de práctica de los estándares, págs. P201 y P202

Nombre ____

Capacidad en el sistema usual

Pregunta esencial ¿Cómo puedes comparar y convertir unidades de capacidad del sistema usual?

ESTÁNDAR COMÚN CC.5.MD.1
Convert like measurement units within a given measurement system.

SOLUCIONA el problema EN EL MUNDO

Mara tiene una lata de pintura que contiene 3 tazas de pintura morada. También tiene una cubeta con una capacidad de 26 onzas fluidas. ¿Podrá contener la cubeta toda la pintura que tiene Mara?

La **capacidad** de un recipiente es la cantidad que este puede contener.

- ¿Qué capacidad debe convertir Mara?

____

- Después de convertir las unidades, ¿qué debe hacer Mara?

____

____

1 taza (tz) = ______ onzas fluidas (oz fl)

Usa un modelo de barras para escribir una ecuación.

PASO 1 Convierte 3 tazas a onzas fluidas.

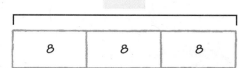

REPRESENTA

8	8	8

ANOTA

total de tazas	oz fl en 1 taza	total de oz fl
↓	↓	↓
3 ×	______ =	______

PASO 2 Compara. Escribe <, > ó =.

______ oz fl ◯ 26 oz fl

Puesto que ______ onzas fluidas es __________ de 26 onzas fluidas, la cubeta de Mara __________ contener toda la pintura.

- **¿Qué pasaría si** Mara tuviera 7 tazas de pintura verde y un recipiente con 64 onzas fluidas de pintura amarilla? ¿De qué color tendría más pintura Mara? **Explica** tu razonamiento.

____

____

Ejemplo

Coral preparó 32 pintas de refresco de frutas para una fiesta. Debe llevar el refresco de frutas en recipientes de 1 galón. ¿Cuántos recipientes necesita Coral?

Unidades de capacidad del sistema usual
1 taza (tz) = 8 onzas fluidas (oz fl)
1 pinta (pt) = 2 tazas
1 cuarto (ct) = 2 pintas
1 galón (gal) = 4 cuartos

Para convertir una unidad más pequeña a una unidad más grande, hay que dividir. A veces, puede ser necesario convertir más de una vez.

Convierte 32 pintas a galones.

PASO 1 Escribe una ecuación para convertir pintas a cuartos.

total de pintas		pintas en 1 ct		total de cuartos
↓		↓		↓
32	◯	____	◯	____

PASO 2 Escribe una ecuación para convertir cuartos a galones.

total de cuartos		cuartos en 1 gal		total de galones
↓		↓		↓
____	◯	____	◯	____

Entonces, Coral necesita ______ recipientes de 1 galón para llevar el refresco de frutas.

Comunicar y mostrar MATH BOARD

1. Usa la ilustración para completar los enunciados y convertir 3 cuartos a pintas.

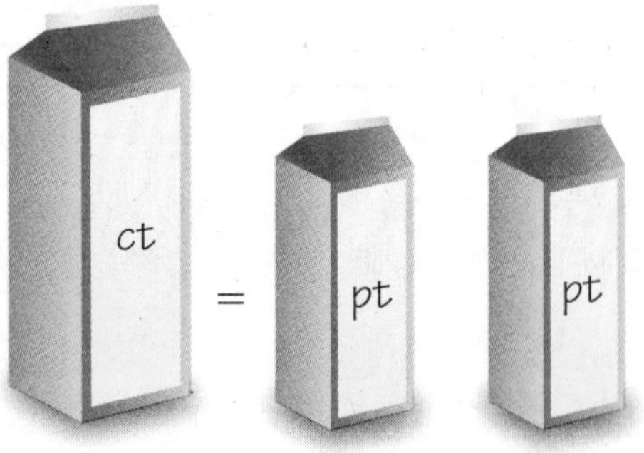

a. 1 cuarto = ______ pintas

b. 1 cuarto es __________ que 1 pinta.

c. 3 ct ◯ ______ pt en 1 ct = ______ pt

Convierte.

2. 3 gal = ______ pt

✓3. 5 ct = ______ pt

✓4. 6 ct = ______ tz

MÉTODOS MATEMÁTICOS

Charla matemática Explica en qué se parece convertir unidades de capacidad a convertir unidades de longitud. ¿En qué se diferencia?

Nombre ______________________________

Por tu cuenta

Convierte.

5. 38 tz = ______ pt

6. 36 ct = ______ gal

7. 104 oz fl = ______ tz

8. 4 ct = ______ tz

9. 7 gal = ______ pt

10. 96 oz fl = ______ pt

Práctica: Copia y resuelve Convierte.

11. 200 tz = ▒ ct

12. 22 pt = ▒ oz fl

13. 8 gal = ▒ ct

14. 72 oz fl = ▒ tz

15. 2 gal = ▒ pt

16. 48 pt = ▒ gal

Compara. Escribe <, > ó =.

17. 28 tz ◯ 14 pt

18. 25 pt ◯ 13 ct

19. 20 ct ◯ 80 tz

20. 12 gal ◯ 50 ct

21. 320 oz fl ◯ 18 pt

22. 15 ct ◯ 63 tz

23. **Escribe** ¿Cuál de los ejercicios 17 a 22 podrías resolver mentalmente? **Explica** tu respuesta para un ejercicio.

____

____

Resolución de problemas EN EL MUNDO

Muestra tu trabajo. Usa la tabla para resolver los problemas 24 a 26.

24. H.O.T. Completa la tabla y haz una gráfica en la que se muestre la relación entre las pintas y los cuartos. Traza una línea para unir los puntos en la gráfica.

Pintas	Cuartos
0	0
2	
4	
6	
8	

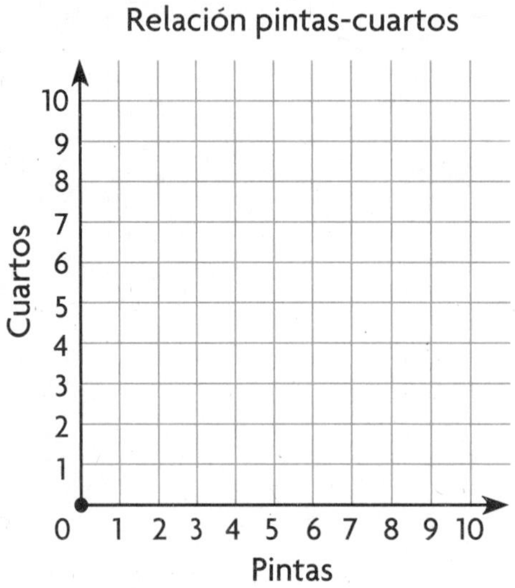

25. **Describe** cualquier patrón que observes en los pares de números que representaste gráficamente. Escribe una regla para describir el patrón.

____

____

____

____

26. H.O.T. **Explica** cómo puedes usar tu gráfica para hallar el número de cuartos que es igual a 5 pintas.

____

____

____

27. ★ **Preparación para la prueba** Shelby preparó 5 cuartos de jugo para una merienda. ¿Cuántas tazas de jugo preparó Shelby?

Ⓐ 1 taza
Ⓑ 5 tazas
Ⓒ 10 tazas
Ⓓ 20 tazas

 PARA PRACTICAR MÁS:
Cuaderno de práctica de los estándares, págs. P203 y P204

Nombre ______________________________

Peso

Pregunta esencial ¿Cómo puedes comparar y convertir unidades de peso del sistema usual?

ESTÁNDAR COMÚN CC.5.MD.1
Convert like measurement units within a given measurement system.

SOLUCIONA el problema EN EL MUNDO

En la escuela de Héctor habrá un concurso de modelos de cohetes. Para entrar al concurso, cada cohete debe pesar 4 libras o menos. El cohete de Héctor pesa 62 onzas sin la pintura. ¿Cuánto puede pesar como máximo la pintura que use en su cohete para que califique para el concurso?

- ¿Qué peso debe convertir Héctor?

  ____

- ¿Qué debe hacer Héctor después de convertir el peso?

  ____

1 libra = ______ onzas

Usa un modelo de barras para escribir una ecuación.

PASO 1 Convierte 4 libras a onzas.

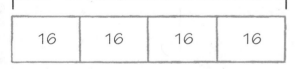

REPRESENTA

16	16	16	16

ANOTA

total de lb	oz en 1 lb	total de oz
↓	↓	↓

4 ◯ ______ ◯ ______

PASO 2 Resta el peso del cohete del total de onzas que puede pesar el cohete para calificar.

______ − 62 = ______

Entonces, el peso de la pintura puede ser como máximo ______ onzas para que el modelo de cohete de Héctor califique para el concurso.

Charla matemática MÉTODOS MATEMÁTICOS ¿Cómo elegiste qué operación usar para convertir libras a onzas? **Explícalo.**

Ejemplo

Cada propulsor de un transbordador espacial estadounidense pesa 1,292,000 libras en el momento del lanzamiento. ¿Cuántas toneladas pesa cada propulsor?

Usa el cálculo mental para convertir libras a toneladas.

Unidades de peso
1 libra (lb) = 16 onzas (oz)
1 tonelada (T) = 2,000 lb

PASO 1 Decide qué operación debes usar.

Puesto que las libras son más pequeñas que las toneladas, debo ________ el número de libras entre ________.

PASO 2 Descompón 2,000 en dos factores que sean fáciles de dividir mentalmente.

2,000 = ________ × 2

PASO 3 Divide 1,292,000 entre el primer factor. Luego divide el cociente entre el segundo factor.

1,292,000 ÷ ________ = ________

________ ÷ 2 = ________

Entonces, cada propulsor pesa ________ toneladas en el momento del lanzamiento.

Comunicar y mostrar

1. Usa la ilustración para completar las ecuaciones.

a. 1 libra = ______ onzas
b. 2 libras = ______ onzas
c. 3 libras = ______ onzas
d. 4 libras = ______ onzas
e. 5 libras = ______ onzas

Convierte.

2. 15 lb = ______ oz

3. 3 T = ______ lb

4. 320 oz = ______ lb

MÉTODOS MATEMÁTICOS

Charla matemática Explica cómo puedes comparar mentalmente 11 libras con 175 onzas.

Nombre ______________________________

Por tu cuenta

Convierte.

5. 5 T = __________ lb

6. 19 T = __________ lb

7. 16,000 lb = ______ T

8. 192 oz = ______ lb

9. 416 oz = ______ lb

10. 24 lb = ______ oz

Práctica: Copia y resuelve Convierte.

11. 23 lb = ■ oz

12. 6 T = ■ lb

13. 144 oz = ■ lb

14. 15 T = ■ lb

15. 352 oz = ■ lb

16. 18 lb = ■ oz

Compara. Escribe <, > ó =.

17. 130 oz ◯ 8 lb

18. 34 lb ◯ 544 oz

19. 14 lb ◯ 229 oz

20. 16 T ◯ 32,000 lb

21. 5 lb ◯ 79 oz

22. 85,000 lb ◯ 40 T

Resolución de problemas EN EL MUNDO

23. **Escribe** **Explica** cómo puedes usar el cálculo mental para comparar 7 libras con 120 onzas.

____

____

____

____

24. **Preparación para la prueba** Carlos usó 32 onzas de nueces en una receta de panecillos. ¿Cuántas libras de nueces usó Carlos?

Ⓐ 8 libras

Ⓑ 4 libras

Ⓒ 2 libras

Ⓓ 1 libra

Resolución de problemas EN EL MUNDO

H.O.T. Plantea un problema

25. Kia quiere 4 libras de aperitivos para su fiesta. Tiene 36 onzas de palomitas de maíz y quiere que el resto sean palitos de *pretzel*. ¿Cuántas onzas de palitos de *pretzel* debe comprar?

4 libras = 64 onzas

36 onzas	______ onzas

64 − 36 = ______

Entonces, Kia debe comprar ______ onzas de palitos de *pretzel*.

Escribe un problema nuevo con una cantidad de refrigerios diferente. Algunos pesos deben estar en libras y otros, en onzas. Asegúrate de que la cantidad de refrigerios inicial sea menor que la cantidad total de refrigerios que se necesitan.

Plantea un problema

____
____
____
____
____
____
____

Dibuja un modelo de barras para tu problema. Luego resuelve.

- Escribe una expresión que puedas usar para resolver tu problema.
  Explica de qué manera la expresión representa el problema.

____
____
____

Nombre ______________________________

Problemas de medidas de varios pasos

Pregunta esencial ¿Cómo puedes resolver problemas de varios pasos que incluyen conversiones de medidas?

ESTÁNDAR COMÚN CC.5.MD.1
Convert like measurement units within a given measurement system.

SOLUCIONA el problema EN EL MUNDO

En la casa de Jarod había una llave averiada de la que goteaban 2 tazas de agua por día. Después de que goteara agua durante 2 semanas, repararon la llave. Si goteó la misma cantidad de agua cada día, ¿cuántos cuartos de agua gotearon de la llave de Jarod en 2 semanas?

Usa los pasos para resolver el problema de varios pasos.

PASO 1

Anota la información que se te da.

Gotearon ______ tazas de agua por día.

Goteó agua de la llave durante ______ semanas.

PASO 2

Halla la cantidad total de agua que goteó de la llave en 2 semanas.

Puesto que se te da la cantidad de agua que goteó de la llave cada día, debes convertir 2 semanas a días y multiplicar.

Piensa: Hay 7 días en una semana.

tazas por día ↓   días en 2 semanas ↓   total de tazas ↓

2 × ______ = ______

Gotean ______ tazas de agua en 2 semanas.

PASO 3

Convierte tazas a cuartos.

Piensa: Hay 2 tazas en 1 pinta.

Hay 2 pintas en 1 cuarto.

______ tazas = ______ pintas

______ pintas = ______ cuartos

Entonces, gotearon ______ cuartos de agua de la llave averiada de Jarod en 2 semanas.

- **¿Qué pasaría si** goteara agua de la llave durante 4 semanas antes de que la reparasen? ¿Cuántos cuartos de agua gotearían?

____

Ejemplo

Un cartón de huevos grandes de primera calidad pesa alrededor de 1.5 libras. Si un cartón contiene 12 huevos, ¿cuántas onzas pesa cada huevo?

PASO 1

En onzas, halla el peso de un cartón de huevos.

Piensa: 1 libra = _______ onzas

Peso de un cartón (en onzas):

total de lb   oz en 1 lb   total de oz

↓   ↓   ↓

1.5 × _______ = _______

El cartón de huevos pesa alrededor de _______ onzas.

PASO 2

En onzas, halla el peso de cada huevo en el cartón.

Piensa: 1 cartón (docena de huevos) = _______ huevos

Peso de cada huevo (en onzas):

total de oz   huevos en 1 cartón   oz de 1 huevo

↓   ↓   ↓

24 ÷ _______ = _______

Entonces, cada huevo pesa alrededor de _______ onzas.

Comunicar y mostrar

MATH BOARD

Resuelve.

1. Después de cada entrenamiento de fútbol, Scott corre 4 carreras de 20 yardas cada una. Si continúa con esa rutina, ¿cuántos entrenamientos le llevará a Scott correr un total de 2 millas?

   Scott corre __________ yardas en cada entrenamiento.

   Puesto que hay __________ yardas en 2 millas, deberá continuar con su rutina un total de

   __________ entrenamientos.

2. Un trabajador de un molino carga bolsas de harina de 5 lb en cajas para enviar a un depósito de la zona. Cada caja contiene 12 bolsas de harina. Si el depósito encarga 3 toneladas de harina, ¿cuántas cajas se necesitan para completar el pedido?

   ____

3. Cory llevó cinco jarras de jugo de 1 galón para servir en la reunión de padres de la escuela. Si los vasos de papel que usará para las bebidas pueden contener 8 onzas fluidas, ¿cuántas bebidas puede servir Cory durante la reunión?

   ____

MÉTODOS MATEMÁTICOS

Charla matemática Explica los pasos que seguiste para resolver el Problema 2.

Nombre ____________________

Por tu cuenta

Resuelve.

4. Una maestra de ciencias debe recoger agua de un lago para un experimento que va a enseñar. En el experimento, cada estudiante debe usar 4 onzas fluidas de agua de un lago. Si participarán 68 estudiantes, ¿cuántas pintas de agua de lago deberá recoger la maestra?

____

5. Una guirnalda de luces mide 28 pies de longitud. La primera luz de la guirnalda está a 16 pulgadas del enchufe. Si las luces de la guirnalda están separadas 4 pulgadas unas de otras, ¿cuántas luces hay en la guirnalda?

____

6. Cuando el carro de Jamie avanza una distancia tal que cada rueda completa una rotación, el carro recorre 72 pulgadas. ¿Cuántas rotaciones completas deberán hacer las ruedas para que el carro de Jamie recorra 10 yardas?

____

7. Un elefante africano macho pesa 7 toneladas. Si un león africano macho del zoológico de la ciudad pesa $\frac{1}{40}$ del peso de un elefante africano macho, ¿cuántas libras pesa el león?

____

8. Un proveedor de artículos de oficina envió un pedido de lápices a una tienda. Hay 64 cajas de lápices en el pedido. Si cada caja de lápices pesa 2.5 onzas, ¿cuál es el peso, en libras, del pedido?

____

9. H.O.T. Un galón de gasolina sin plomo pesa alrededor de 6 libras. ¿Alrededor de cuántas onzas pesa 1 cuarto de gasolina sin plomo? PISTA: 1 cuarto = $\frac{1}{4}$ galón

____

SOLUCIONA el problema EN EL MUNDO

10. En un refugio para animales de la zona hay 12 perros de tamaño pequeño y 5 perros de tamaño mediano. Todos los días, cada perro pequeño recibe 12.5 onzas de alimento balanceado y cada perro mediano recibe 18 onzas del mismo alimento balanceado. ¿Cuántas libras de alimento balanceado reparte en un día el refugio?

a. ¿Qué se te pide que halles? ______________________

____

b. ¿Qué información usarás? ______________________

____

____

c. ¿Qué conversión deberás hacer para resolver el problema?

____

____

d. Muestra los pasos que sigues para resolver el problema.

e. Completa las oraciones. Los perros de tamaño pequeño comen un total de ______ onzas por día.

Los perros de tamaño mediano comen un total de ______ onzas por día.

El refugio reparte ______ onzas, o ______ libras, de alimento balanceado por día.

11. **Preparación para la prueba** Para una tarea escolar, los estudiantes deben anotar la cantidad total de agua que beben por día. Melinda anota que bebió cuatro vasos de agua de 8 onzas fluidas y dos botellas de 1 pinta. ¿Cuántos cuartos de agua bebió Melinda durante el día?

Ⓐ 2 cuartos
Ⓑ 4 cuartos
Ⓒ 6 cuartos
Ⓓ 8 cuartos

Nombre ______________________________

Revisión de la mitad del capítulo

Vocabulario

Elige el término del recuadro que mejor corresponda.

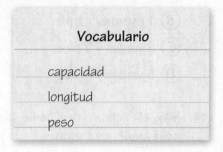

Vocabulario
capacidad
longitud
peso

1. El ______________ de un objeto indica lo pesado que es el objeto. (pág. 413)

2. La ______________ de un recipiente es la cantidad que este puede contener. (pág. 409)

Conceptos y destrezas

Convierte. (CC.5.MD.1)

3. 5 mi = __________ yd

4. 48 ct = __________ gal

5. 9 T = __________ lb

6. 336 oz = __________ lb

7. 14 pies = ______ yd y ______ pies

8. 11 pt = __________ oz fl

Compara. Escribe <, > ó =. (CC.5.MD.1)

9. 96 oz fl ◯ 13 tz

10. 25 lb ◯ 384 oz

11. 8 yd ◯ 288 pulg

Resuelve. (CC.5.MD.1)

12. Una taza de café estándar tiene una capacidad de 16 onzas fluidas. Si Annie debe llenar 26 tazas con café, ¿cuántos cuartos de café necesita en total?

____

Rellena el círculo completamente para indicar tu respuesta.

PREPARACIÓN PARA LA PRUEBA

13. Un salón de clases mide 34 pies de longitud. ¿A cuánto equivale esta medida en yardas y pies? (CC.5.MD.1)

Ⓐ 17 yardas y 0 pies

Ⓑ 11 yardas y 1 pie

Ⓒ 8 yardas y 2 pies

Ⓓ 5 yardas y 4 pies

14. Max, el cachorro de Charlie, pesa 8 libras. ¿Cuántas onzas pesa Max? (CC.5.MD.1)

Ⓐ 24 onzas

Ⓑ 88 onzas

Ⓒ 124 onzas

Ⓓ 128 onzas

15. Milton compra un acuario de 5 galones de capacidad para su recámara. Para llenar el acuario con agua, usa un recipiente de 1 cuarto de capacidad. ¿Cuántas veces llenará y vaciará Milton el recipiente hasta llenar el acuario? (CC.5.MD.1)

Ⓐ 10

Ⓑ 15

Ⓒ 20

Ⓓ 25

16. Sarah usa una receta para preparar 2 galones de su jugo de mezcla de bayas favorito. Los recipientes que planea usar para guardar el jugo tienen una capacidad de 1 pinta. ¿Cuántos recipientes necesitará Sarah? (CC.5.MD.1)

Ⓐ 4

Ⓑ 8

Ⓒ 10

Ⓓ 16

17. La longitud promedio de un delfín de hocico blanco hembra es de alrededor de 111 pulgadas. ¿A cuánto equivale esta longitud en pies y pulgadas? (CC.5.MD.1)

Ⓐ 9 pies y 2 pulgadas

Ⓑ 9 pies y 3 pulgadas

Ⓒ 10 pies y 0 pulgadas

Ⓓ 10 pies y 3 pulgadas

Nombre ______________________________

Medidas del sistema métrico

Pregunta esencial ¿Cómo puedes comparar y convertir unidades del sistema métrico?

ESTÁNDAR COMÚN CC.5.MD.1
Convert like measurement units within a given measurement system.

SOLUCIONA el problema EN EL MUNDO

Con la ayuda de un mapa, Alex estima que la distancia entre su casa y la casa de sus abuelos es de alrededor de 15,000 metros. Aproximadamente, ¿a cuántos kilómetros de distancia de la casa de sus abuelos vive Alex?

- Subraya la oración que indica lo que intentas hallar.
- Encierra en un círculo la medida que debes convertir.

El sistema métrico se basa en el valor posicional. Cada unidad se relaciona con la unidad siguiente, ya sea mayor o menor, por una potencia de 10.

De una manera Convierte 15,000 metros a kilómetros.

kiló- **(k)**	hectó- **(h)**	decá- **(da)**	metro **(m)**	decí- **(d)**	centí- **(c)**	milí- **(m)**
kilo- **(k)**	hecto- **(h)**	deca- **(da)**	litro **(l)** gramo **(g)**	deci- **(d)**	centi- **(c)**	mili- **(m)**

Potencia de 10 Potencia de 10 Potencia de 10

PASO 1 Halla la relación entre las unidades.

El metro es _____ potencias de 10 menor que el kilómetro.

Hay __________ metros en 1 kilómetro.

PASO 2 Determina la operación que se debe usar.

Estoy convirtiendo de una unidad __________ a una unidad

__________, entonces __________.

PASO 3 Convierte.

cantidad de metros		metros en 1 kilómetro		cantidad de kilómetros
↓		↓		↓
15,000	◯	______	=	______

Entonces, la casa de Alex está a _____ kilómetros de distancia de la casa de sus abuelos.

MÉTODOS MATEMÁTICOS

Charla matemática Elige dos unidades de la tabla. **Explica** cómo usar potencias de 10 para describir la relación entre las dos unidades.

De otra manera Usa un diagrama.

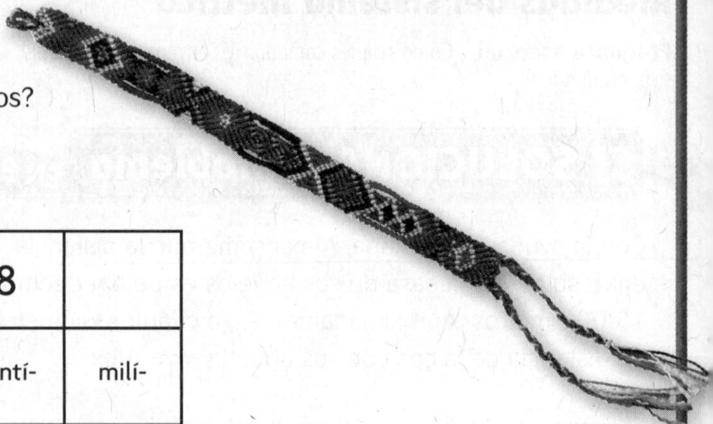

Jamie hizo una pulsera de 1.8 decímetros de longitud.
¿Cuál es la longitud de la pulsera de Jamie en milímetros?

Convierte 1.8 decímetros a milímetros.

				1	8	
kiló-	hectó-	decá-	metro	decí-	centí-	milí-
kilo-	hecto-	deca-	litro gramo	deci-	centi-	mili-

PASO 1 Representa 1.8 decímetros.

Puesto que la unidad es decímetros, coloca un punto decimal para expresar la parte entera del número en decímetros.

PASO 2 Convierte.

Tacha el punto decimal y expresa el valor como un número natural en milímetros. Escribe los ceros necesarios a la izquierda del punto decimal para completar el número natural.

PASO 3 Anota el valor con las unidades nuevas.

1.8 dm = ________ mm

Entonces, la pulsera de Jamie mide ________ milímetros de longitud.

¡Inténtalo! Completa la ecuación para mostrar la conversión.

A Convierte 247 miligramos a centigramos, decigramos y gramos.

¿Las unidades se convierten a una unidad mayor o menor? ________

¿Debes multiplicar o dividir con potencias de 10 para convertir? ________

247 mg ◯ 10 = ______ cg

247 mg ◯ 100 = ______ dg

247 mg ◯ 1,000 = ______ g

B Convierte 3.9 hectolitros a decalitros, litros y decilitros.

¿Las unidades se convierten a una unidad mayor o menor? ________

¿Debes multiplicar o dividir con potencias de 10 para convertir? ________

3.9 hl ◯ 10 = ______ dal

3.9 hl ◯ 100 = ______ l

3.9 hl ◯ 1,000 = ______ dl

Nombre ______________________________

Comunicar y mostrar MATH BOARD

Completa la ecuación para mostrar la conversión.

1. 8.47 l ◯ 10 = ______ dl

8.47 l ◯ 100 = ______ cl

8.47 l ◯ 1,000 = ______ ml

Piensa: ¿Las unidades se convierten a una unidad mayor o menor?

2. 9,824 dg ◯ 10 = ______ g

9,824 dg ◯ 100 = ______ dag

9,824 dg ◯ 1,000 = ______ hg

Convierte.

3. 4,250 cm = ______ m

✓ **4.** 6,000 ml = ______ l

✓ **5.** 4 dg = ______ cg

MÉTODOS MATEMÁTICOS

Charla matemática Explica cómo puedes comparar las longitudes 4.25 dm y 4.25 cm sin hacer la conversión.

Por tu cuenta

Convierte.

6. 9.34 kl = ______ dal

7. 45 hg = ______ dag

8. 40 mm = ______ cm

9. 7 g = ______ mg

10. 5 km = ______ m

11. 1,521 ml = ______ dl

Compara. Escribe <, > ó =.

12. 32 hg ◯ 3.2 kg

13. 6 km ◯ 660 m

14. 525 ml ◯ 525 cl

Resolución de problemas EN EL MUNDO

Usa la tabla para resolver los problemas 15 y 16.

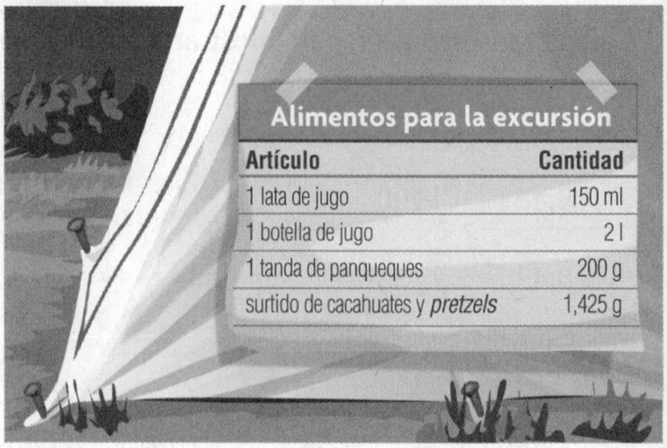

Alimentos para la excursión

Artículo	Cantidad
1 lata de jugo	150 ml
1 botella de jugo	2 l
1 tanda de panqueques	200 g
surtido de cacahuates y *pretzels*	1,425 g

15. Kelly preparó un surtido de cacahuates y *pretzels* para un refrigerio. ¿Cuántos gramos debe agregar al surtido para preparar 2 kilogramos?

____

16. H.O.T. Kelly planea llevar jugo a su excursión. ¿Qué recipiente contendrá más jugo: 8 latas o 2 botellas? ¿Cuánto jugo más contendrá?

____

17. La botella de agua de Erin contiene 600 mililitros de agua. La botella de agua de Dylan contiene 1 litro de agua. ¿Quién tiene la botella con mayor capacidad? ¿Cuánta más capacidad tiene su botella?

____

18. Liz y Alana participaron en el encuentro de salto de altura. Liz saltó 1 metro de altura. Alana saltó 132 centímetros de altura. ¿Quién saltó más alto? ¿Cuánto más alto saltó?

____

19. H.O.T. ¿Hay menos de 1 millón, exactamente 1 millón o más de 1 millón de miligramos en 1 kilogramo? **Explica** cómo lo sabes.

____

____

____

____

20. ★ **Preparación para la prueba** Mónica tiene 426 milímetros de tela. ¿Cuántos centímetros de tela tiene?

Ⓐ 4,260 centímetros
Ⓑ 42.6 centímetros
Ⓒ 4.26 centímetros
Ⓓ 0.426 centímetros

MUESTRA TU TRABAJO

Nombre ______________________________

Resolución de problemas • Conversiones al sistema usual y al sistema métrico

ESTÁNDAR COMÚN CC.5.MD.1
Convert like measurement units within a given measurement system.

Pregunta esencial ¿Cómo puedes usar la estrategia *hacer una tabla* para resolver problemas sobre conversiones de unidades de los sistemas usual y métrico?

SOLUCIONA el problema EN EL MUNDO

Aarón prepara refresco de frutas para una reunión familiar. Debe preparar 120 tazas de refresco. Si quiere guardarlo en recipientes de un galón de capacidad, ¿cuántos recipientes de un galón necesitará Aarón?

Usa el siguiente organizador gráfico como ayuda para resolver el problema.

Tabla de conversión

	gal	ct	pt	tz
1 gal	1	4	8	16
1 ct	$\frac{1}{4}$	1	2	4
1 pt	$\frac{1}{8}$	$\frac{1}{2}$	1	2
1 tz	$\frac{1}{16}$	$\frac{1}{4}$	$\frac{1}{2}$	1

Lee el problema

¿Qué debo hallar?

Debo hallar ____________________

____

____

____________________.

¿Qué información debo usar?

Debo usar ____________________

____

____________________.

¿Cómo usaré la información?

Haré una tabla para mostrar la relación que hay entre la

cantidad de ______________ y

la cantidad de ______________.

Resuelve el problema

Hay _______ tazas en 1 galón. Entonces, cada taza es _______ de un galón.
Completa la siguiente tabla.

tz	1	2	3	4	120
gal	$\frac{1}{16}$	$\frac{1}{8}$	$\frac{3}{16}$	$\frac{1}{4}$	

Multiplica por ________.

Entonces, Aarón necesita _______ recipientes de un galón para guardar el refresco de frutas.

- ¿Todos los recipientes de un galón se llenarán completamente? **Explícalo.** ____________________

____

Haz otro problema

Sharon está trabajando en un proyecto para la clase de arte. Para completar el proyecto, debe cortar tiras de madera de 1 decímetro de longitud cada una. Si Sharon tiene 7 tiras de madera de 1 metro de longitud cada una, ¿cuántas tiras de 1 decímetro puede cortar?

Tabla de conversión

	m	dm	cm	mm
1 m	1	10	100	1,000
1 dm	$\frac{1}{10}$	1	10	100
1 cm	$\frac{1}{100}$	$\frac{1}{10}$	1	10
1 mm	$\frac{1}{1,000}$	$\frac{1}{100}$	$\frac{1}{10}$	1

Lee el problema

¿Qué debo hallar?	¿Qué información debo usar?	¿Cómo usaré la información?

Resuelve el problema

Entonces, Sharon puede cortar _______ tiras de 1 decímetro de longitud para completar el proyecto.

- ¿Qué relación se muestra en la tabla que hiciste? ____________________

____

MÉTODOS MATEMÁTICOS

Charla matemática Explica cómo podrías usar otra estrategia para resolver este problema.

Nombre ______________________________

Comunicar y mostrar

1. Edgardo tiene un refrigerador de bebidas con capacidad para 10 galones de agua. Usa un recipiente de 1 cuarto para llenar el refrigerador. ¿Cuántas veces deberá llenar el recipiente de 1 cuarto para que el refrigerador quede lleno?

Primero, haz una tabla para mostrar la relación entre galones y cuartos. Puedes usar una tabla de conversión para hallar cuántos cuartos hay en un galón.

gal	1	2	3	4	10
ct	4				

Luego, busca una regla como ayuda para completar tu tabla.

cantidad de galones × _______ = cantidad de cuartos

Por último, usa la tabla para resolver el problema.

Edgardo deberá llenar _______ veces el recipiente de 1 cuarto.

2. H.O.T. **¿Qué pasaría si** Edgardo usara solo 32 cuartos de agua para llenar el recipiente? ¿Cómo puedes usar tu tabla para hallar la cantidad de galones que hay en 32 cuartos?

____

____

____

____

3. Si Edgardo usara un recipiente de 1 taza para llenar el refrigerador, ¿de qué manera afectaría eso a la cantidad de veces que debe llenar un recipiente para que el refrigerador quede lleno? **Explícalo.**

____

____

____

____

MUESTRA TU TRABAJO

Por tu cuenta

Elige una ESTRATEGIA

Representar
Hacer un diagrama
Hacer una tabla
Resolver un problema más sencillo
Trabajar de atrás para adelante
Adivinar, comprobar y revisar

4. Jeremy hizo un cinturón de 6.4 decímetros de longitud. ¿Cuántos centímetros de longitud mide el cinturón que hizo Jeremy?

5. Daniel tiene 9 DVD. Su hermano Mark tiene 3 DVD más que Daniel. Marsha tiene más DVD que cualquiera de sus dos hermanos. Los tres juntos tienen 35 DVD. ¿Cuántos DVD tiene Marsha?

MUESTRA TU TRABAJO

6. H.O.T. Kevin construye un marco. Tiene un ribete que mide 4 pies de longitud. ¿Cuántos trozos de 14 pulgadas de longitud puede cortar Kevin de este ribete? ¿Qué cantidad de pies le sobrarán?

7. Escribe **Explica** cómo puedes hallar la cantidad de tazas que hay en cinco galones de agua.

8. Carla usa $2\frac{3}{4}$ tazas de harina y $1\frac{3}{8}$ tazas de azúcar en su receta para hacer galletas. ¿Cuántas tazas usa en total?

9. Para hacer cada uno de los 3 collares que le encargaron, Tony necesita un trozo de cadena de oro de 16 pulgadas de longitud. Tiene una cadena que mide $4\frac{1}{2}$ pies de longitud. ¿Cuánta cadena le quedará después de hacer los collares?

Ⓐ 6 pulgadas
Ⓑ 12 pulgadas
Ⓒ 18 pulgadas
Ⓓ 24 pulgadas

 PARA PRACTICAR MÁS:
Cuaderno de práctica de los estándares, págs. P211 y P212

Nombre ____________________

Tiempo transcurrido

Pregunta esencial ¿Cómo puedes resolver problemas de tiempo transcurrido convirtiendo unidades de tiempo?

ESTÁNDAR COMÚN CC.5.MD.1
Convert like measurement units within a given measurement system.

SOLUCIONA el problema EN EL MUNDO

Una empresa de computadoras afirma que la batería de su computadora portátil dura 4 horas. De hecho, la computadora estuvo en funcionamiento durante 200 minutos antes de que se agotara la batería. ¿Duró 4 horas la batería?

1 hora = ______ minutos

Piensa: El minutero se mueve de un número al siguiente cada 5 minutos.

Convierte 200 minutos a horas y minutos.

PASO 1 Convierte minutos a horas y minutos.

200 min = ______ h ______ min

min totales ↓ ______ ◯ ______ ↓ min en 1 h es igual a ______ ↓ h r ______ ↓ min.

PASO 2 Compara. Escribe <, > ó =.

______ h ______ min ◯ 4 h

Puesto que ______ horas y ______ minutos es __________ 4 horas, la batería __________ duró tanto como afirma la empresa de computadoras.

¡Inténtalo! Convierte a medidas mixtas.

Jill pasó gran parte del verano fuera de su casa. Pasó 10 días con sus abuelos, 9 días con sus primos y 22 días en un campamento. ¿Cuántas semanas y días estuvo fuera de su casa?

PASO 1 Halla la cantidad total de días que estuvo fuera de su casa.

10 días + 9 días + 22 días = ______ días

PASO 2 Convierte los días a semanas y días.

______ ÷ 7 es igual a ______ r ______.

Entonces, Jill estuvo fuera de su casa ______ semanas y ______ días.

Unidades de tiempo
60 segundos (s) = 1 minuto (min)
60 minutos = 1 hora (h)
24 horas = 1 día (d)
7 días = 1 semana (sem)
52 semanas = 1 año (a)
12 meses (m) = 1 año
365 días = 1 año

De una manera **Usa una recta numérica para hallar el tiempo transcurrido.**

Mónica trabajó $2\frac{1}{2}$ horas en su computadora. Si comenzó a trabajar a las 10.30 a. m., ¿a qué hora terminó?

1 + ______ + ______

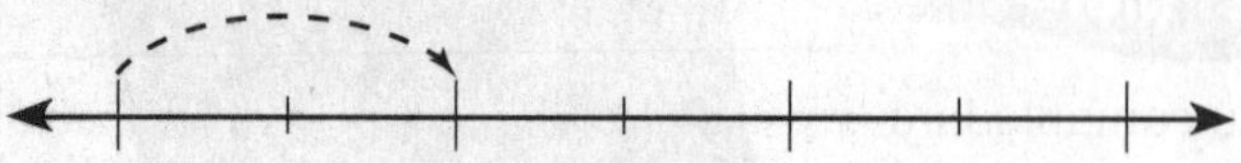

______ ______ ______

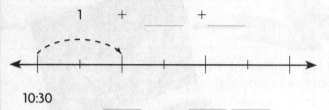

Piensa: $\frac{1}{2}$ hora = 30 minutos

De otra manera **Usa un reloj para hallar el tiempo transcurrido.**

Entonces, Mónica terminó de trabajar a la(s) __________.

¡Inténtalo! **Halla la hora de inicio.**

El equipo de fútbol de Roberto debe irse de la cancha de fútbol a las 12:15 p. m. Cada partido dura $1\frac{3}{4}$ horas como máximo. ¿A qué hora debería comenzar el partido para que el equipo termine de jugar a tiempo?

$\frac{1}{4}$ hora = 15 minutos; entonces, $\frac{3}{4}$ hora = ______ minutos

PASO 1 Primero, resta los minutos.

45 minutos antes es las __________.

PASO 2 Luego, resta la hora.

1 hora y 45 minutos antes es las __________.

Entonces, el juego debería comenzar a las __________.

MÉTODOS MATEMÁTICOS

Charla matemática Explica cómo convertirías 3 horas y 45 minutos a minutos.

Nombre ______________________________

Comunicar y mostrar MATH BOARD

Convierte.

1. 540 min = _____ h

2. 8 d = _____ h

3. 110 h = _____ d y _____ h

Halla la hora de finalización.

4. Hora de inicio: 9:17 a. m.

Tiempo transcurrido: 5 h y 18 min

Hora de finalización: __________

MÉTODOS MATEMÁTICOS

Charla matemática Explica cómo hallar la duración de una película si comienza a la 1:35 p. m. y termina a las 3:40 p. m.

Por tu cuenta

Convierte.

5. 3 a = _____ d

6. 208 sem = _____ a

7. 350 min = _____ h y _____ min

Halla la hora de inicio, el tiempo transcurrido o la hora de finalización.

8. Hora de inicio: 11:38 a. m.

Tiempo transcurrido: 3 h y 10 min

Hora de finalización: __________

9. Hora de inicio: __________

Tiempo transcurrido: 2 h y 37 min

Hora de finalización: 1:15 p. m.

10. Hora de inicio: __________

Tiempo transcurrido: $2\frac{1}{4}$ h

Hora de finalización: 5:30 p. m.

11. Hora de inicio: 7:41 p. m.

Tiempo transcurrido: __________

Hora de finalización: 8:50 p. m.

Resolución de problemas EN EL MUNDO

Usa la gráfica para resolver los ejercicios 12 a 14.

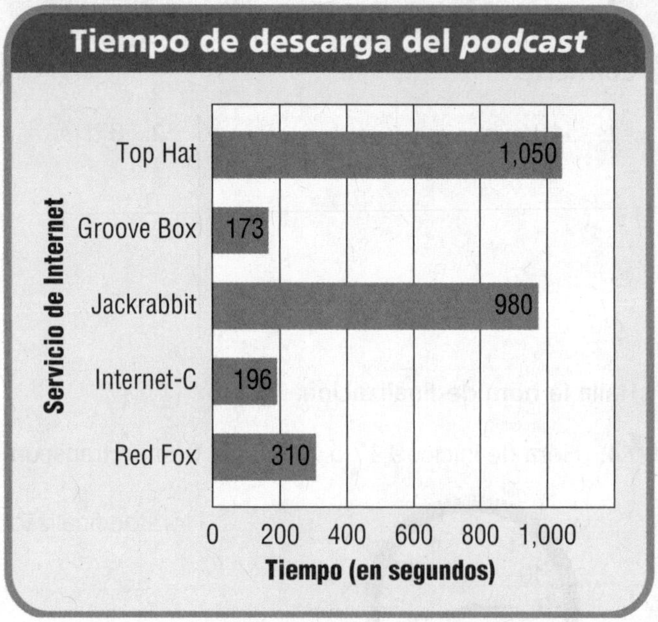

12. ¿Qué servicios de Internet descargaron el *podcast* en menos de 4 minutos?

____

13. H.O.T. ¿Qué servicio tardó más en descargar el *podcast*? ¿Cuánto más tardó en minutos y segundos con respecto a Red Fox?

____

14. H.O.T. ¿Cuál fue el servicio más rápido: Red Fox o Internet-C? ¿Cuánto más rápido fue, en minutos y segundos?

____

15. Escribe **Explica** cómo podrías hallar cuántos segundos hay en un día completo de 24 horas. Luego resuelve.

____

____

____

____

____

16. **Preparación para la prueba** Samit y sus amigos fueron al cine a las 7:30 p. m. La película terminó a las 9:55 p. m. ¿Cuánto duró la película?

Ⓐ 2 horas y 25 minutos

Ⓑ 2 horas y 5 minutos

Ⓒ 1 hora y 25 minutos

Ⓓ 1 hora y 5 minutos

MUESTRA TU TRABAJO

PARA PRACTICAR MÁS:
Cuaderno de práctica de los estándares, págs. P213 y P214

Nombre ____

Repaso y prueba del Capítulo 10

Vocabulario

Elige el término del recuadro que mejor corresponda.

Vocabulario
decámetro
miligramo
milímetro

1. Una unidad de masa del sistema métrico que equivale a $\frac{1}{1,000}$ gramo se llama ____________. (pág. 423)

2. Una unidad de longitud del sistema métrico que equivale a 10 metros se llama ____________. (pág. 423)

Conceptos y destrezas

Convierte. (CC.5.MD.1)

3. 96 oz = ______ lb

4. 5 kg = ______ g

5. 500 min = ______ h y ______ min

6. 65 yd y 2 pies = ______ pies

Compara. Escribe <, > ó =. (CC.5.MD.1)

7. 7 sem ◯ 52 d

8. 4 l ◯ 3,000 ml

9. 72 pulg ◯ 2 yd

Resuelve. (CC.5.MD.1)

10. Una niña camina 5,000 metros en una hora. Si la niña camina a la misma velocidad durante 4 horas, ¿cuántos kilómetros habrá caminado?

____

APRENDE en línea Opciones de evaluación Prueba del capítulo

Rellena el círculo completamente para indicar tu respuesta.

PREPARACIÓN PARA LA PRUEBA

11. Howard corta 54 centímetros de un cartón de 1 metro. ¿Cuánto cartón le queda? (CC.5.MD.1)

Ⓐ 53 centímetros

Ⓑ 53 metros

Ⓒ 46 metros

Ⓓ 46 centímetros

12. El perro de Joe tiene una masa de 28,000 gramos. ¿Cuál es la masa del perro de Joe en kilogramos? (CC.5.MD.1)

Ⓐ 2,800 kilogramos

Ⓑ 280 kilogramos

Ⓒ 28 kilogramos

Ⓓ 2.8 kilogramos

13. Cathy bebió 600 mililitros de agua en la escuela y otros 400 mililitros en su casa. ¿Cuántos litros de agua bebió? (CC.5.MD.1)

Ⓐ 1,000 litros

Ⓑ 100 litros

Ⓒ 10 litros

Ⓓ 1 litro

14. El Sr. Banks salió de su trabajo a las 5:15 p. m. y tardó $1\frac{1}{4}$ horas en llegar a su casa en carro. ¿A qué hora llegó a su casa? (CC.5.MD.1)

Ⓐ 6:15 p. m.

Ⓑ 6:30 p. m.

Ⓒ 6:45 p. m.

Ⓓ 7:30 p. m.

Nombre ____________________

PREPARACIÓN PARA LA PRUEBA

Rellena el círculo completamente para indicar tu respuesta.

15. Una tortuga recorre 12 pies en una hora. ¿Cuántas pulgadas recorre en una hora? (CC.5.MD.1)

Ⓐ 12 pulgadas

Ⓑ 24 pulgadas

Ⓒ 124 pulgadas

Ⓓ 144 pulgadas

16. Jason y Doug compitieron en el encuentro de salto en largo. El salto en largo de Jason fue de 98 pulgadas. El salto en largo de Doug fue de 3 yardas. ¿Cuánto más largo fue el salto de Doug que el de Jason? (CC.5.MD.1)

Ⓐ 1 pulgada

Ⓑ 10 pulgadas

Ⓒ 12 pulgadas

Ⓓ 20 pulgadas

17. Sarita usó 54 onzas de manzanas para preparar una tarta de manzana. ¿Cuántas libras y onzas de manzanas usó? (CC.5.MD.1)

Ⓐ 2 libras y 6 onzas

Ⓑ 3 libras y 6 onzas

Ⓒ 4 libras y 6 onzas

Ⓓ 8 libras y 6 onzas

18. Morgan sabe que la capacidad de un vaso de jugo es 12 onzas fluidas. Si usa el vaso para beber 4 vasos de agua a lo largo del día, ¿cuántas pintas de agua bebe Morgan? (CC.5.MD.1)

Ⓐ 3 pintas

Ⓑ 6 pintas

Ⓒ 24 pintas

Ⓓ 48 pintas

▶ Respuesta de desarrollo

19. Luisa necesita 3 litros de limonada y refresco de frutas para una merienda. Tiene 1,800 mililitros de limonada. ¿Cuánto refresco de frutas necesita? **Explica** cómo hallaste tu respuesta. (CC.5.MD.1)

20. Maddie compró 10 cuartos de helado. ¿Cuántos galones y cuartos de helado compró? **Explica** cómo hallaste tu respuesta. (CC.5.MD.1)

▶ Tarea de rendimiento (CC.5.MD.1)

21. El Club de Teatro exhibe un vídeo de su última obra teatral. La primera función comenzó a las 2:30 p. m. La segunda función estaba programada para comenzar a las 5:25 p. m., con un intervalo de $\frac{1}{2}$ hora entre las funciones.

A ¿Cuánto dura el vídeo en horas y minutos? ___________

B **Explica** cómo puedes usar una recta numérica para hallar la respuesta.

C La segunda función comenzó 20 minutos tarde. ¿Terminará a las 7:45 p. m.? **Explica** por qué tu respuesta es razonable.

Capítulo 11

Geometría y volumen

Muestra lo que sabes

Comprueba tu comprensión de destrezas importantes.

Nombre ______________________________

▶ Perímetro Cuenta las unidades para hallar el perímetro.

1.

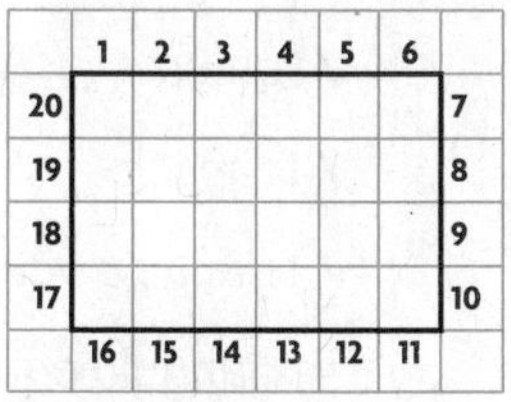

Perímetro = ______ unidades

2.

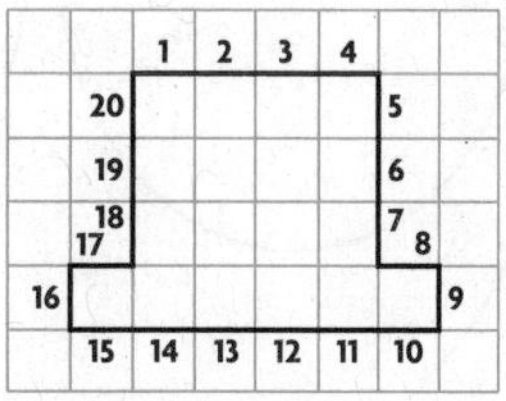

Perímetro = ______ unidades

▶ Área Escribe el área de cada figura.

3.

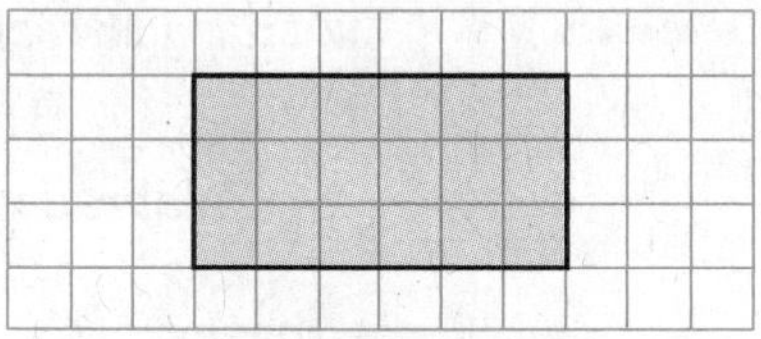

______ unidades cuadradas

4.

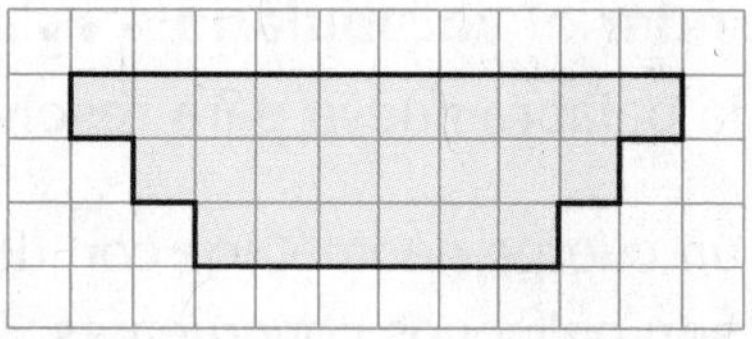

______ unidades cuadradas

▶ Multiplicar tres factores Escribe el producto.

5. $3 \times 5 \times 4 =$ ______

6. $5 \times 5 \times 10 =$ ______

7. $7 \times 3 \times 20 =$ ______

Helena debe hallar un poliedro en una búsqueda del tesoro. Piensa como un detective matemático y usa las pistas para ayudar a Helena a identificar el poliedro.

Pistas

- El poliedro tiene 1 base.
- Tiene 4 caras laterales que se tocan en un vértice común.
- Todas las aristas de la base tienen la misma longitud.

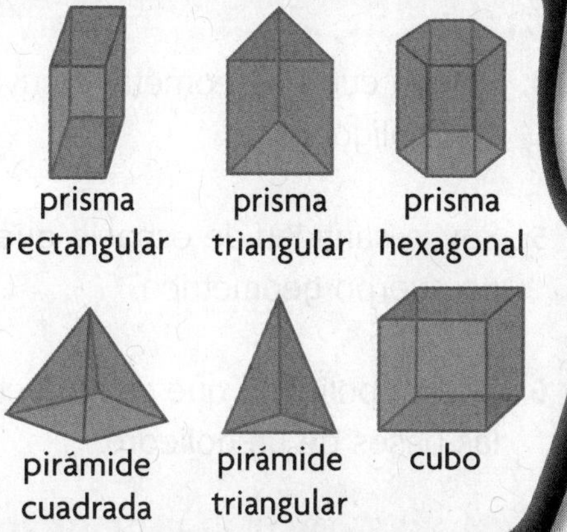

Desarrollo del vocabulario

▶ Visualizar

Clasifica las palabras marcadas en el diagrama de círculos.

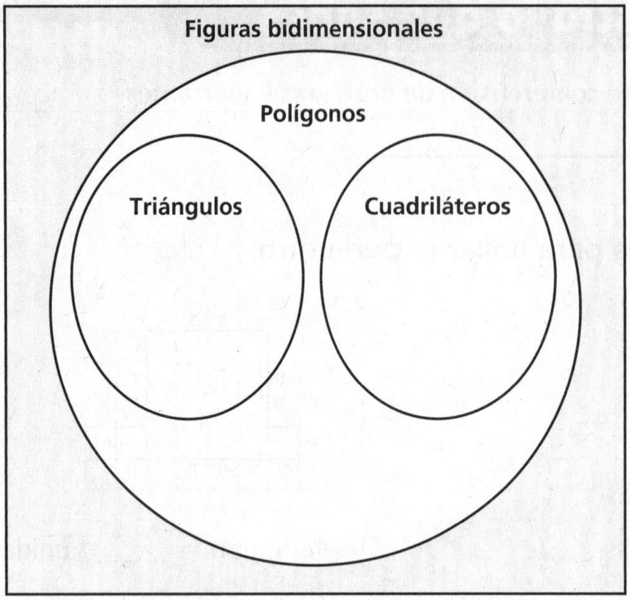

Palabras de repaso

- cuadrilátero
- ✓ decágono
- ✓ hexágono
- ✓ octágono
- ✓ paralelogramo
- ✓ rectángulo
- ✓ rombo
- ✓ trapecio
- ✓ triángulo acutángulo
- triángulo equilátero
- triángulo escaleno
- triángulo isósceles
- ✓ triángulo obtusángulo
- ✓ triángulo rectángulo

Palabras nuevas

- base
- cara lateral
- congruente
- cubo de una unidad
- eneágono
- heptágono
- pirámide
- poliedro
- polígono
- polígono regular
- prisma
- volumen

▶ Comprender el vocabulario

Escribe la palabra nueva para resolver el acertijo.

1. Soy un cuerpo geométrico con dos bases que son polígonos congruentes, conectados por caras laterales que son rectángulos. ________________

2. Soy un polígono con todos los lados congruentes y todos los ángulos congruentes. ________________

3. Soy un cubo que tiene una longitud, un ancho y una altura de 1 unidad. ________________

4. Soy un cuerpo geométrico cuyas caras son polígonos. ________________

5. Soy la cantidad de espacio que ocupa un cuerpo geométrico. ________________

6. Soy un polígono que se conecta con las bases de un poliedro. ________________

Nombre ____________________

Polígonos

Pregunta esencial ¿Cómo puedes identificar y clasificar polígonos?

ESTÁNDAR COMÚN CC.5.G.3
Classify two-dimensional figures into categories based on their properties.

SOLUCIONA el problema EN EL MUNDO

El Castel del Monte, ubicado en Apulia, Italia, se construyó hace más de 750 años. Esta fortaleza tiene un edificio central rodeado por ocho torres. ¿Qué polígono ves que se repite en la estructura? ¿Cuántos lados, ángulos y vértices tiene ese polígono?

Un **polígono** es una figura plana cerrada formada por tres o más segmentos que se tocan en puntos llamados vértices. Recibe su nombre del número de lados y de ángulos que tiene. Para identificar el polígono que se repite en la fortaleza, completa las siguientes tablas.

Polígono	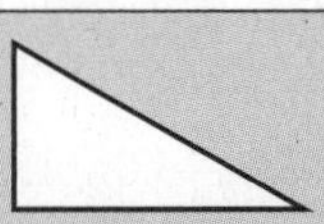 Triángulo	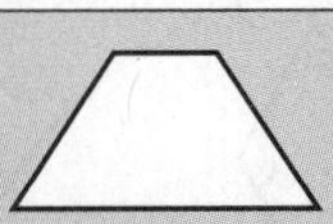 Cuadrilátero	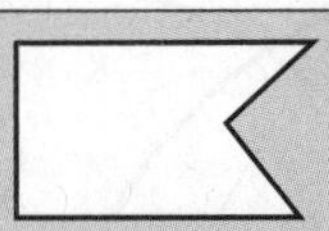 Pentágono	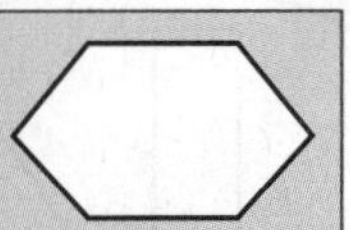 Hexágono
Lados	3	4	5	
Ángulos				
Vértices				

Polígono	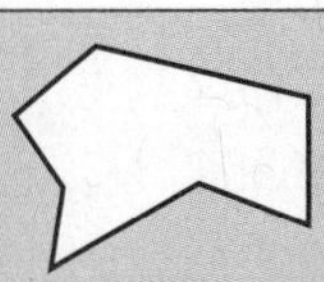 Heptágono	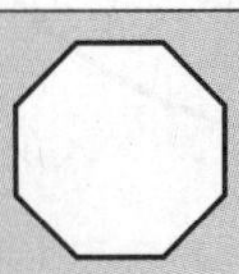 Octágono	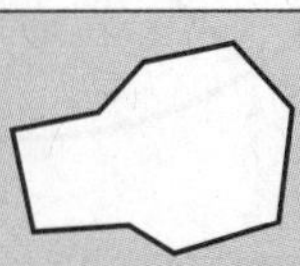 Eneágono	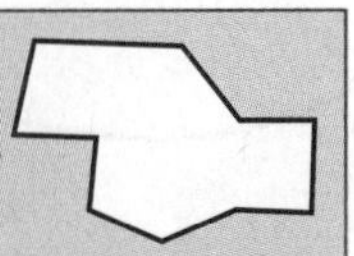 Decágono
Lados	7	8		
Ángulos				
Vértices				

Idea matemática
A veces, los ángulos que hay en el interior de un polígono miden más de 180°.

Entonces, el polígono que se repite en el Castel del Monte es

un ____________ porque tiene ______ lados, ______ ángulos

y ______ vértices.

MÉTODOS MATEMÁTICOS
Charla matemática ¿Qué patrón observas en la cantidad de lados, de ángulos y de vértices de un polígono?

Polígonos regulares Cuando los segmentos tienen la misma longitud o los ángulos tienen la misma medida, son **congruentes.** En un **polígono regular**, todos los lados son congruentes y todos los ángulos son congruentes.

polígono regular

Todos los lados son congruentes.

Todos los ángulos son congruentes.

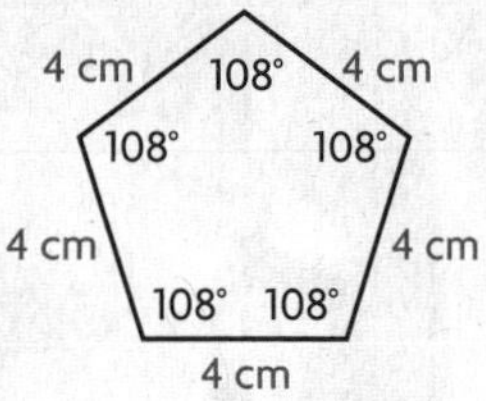

Puedes escribir las medidas para mostrar que los lados y los ángulos son congruentes.

polígono no regular

No todos los lados son congruentes.

No todos los ángulos son congruentes.

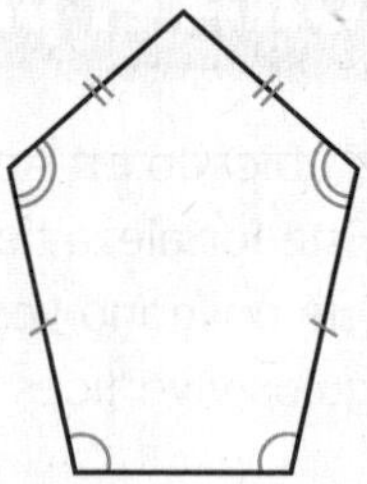

Puedes usar las mismas marcas para mostrar los lados y los ángulos que son congruentes.

¡Inténtalo! Rotula el diagrama de Venn para clasificar los polígonos que hay en cada grupo. Luego traza un polígono que solo pertenezca a cada uno de los grupos.

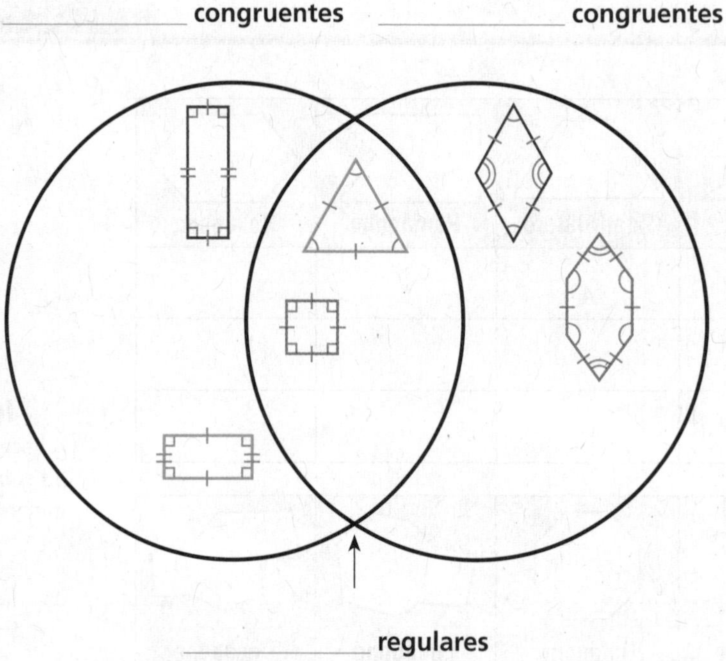

Comunicar y mostrar MATH BOARD

1. Escribe el nombre del polígono. Luego usa las marcas de la figura para indicar si *es un polígono regular* o *no es un polígono regular*.

   a. Escribe el nombre del polígono. ____________

   b. ¿Todos los lados y todos los ángulos son congruentes? ____________

   c. ¿Es un polígono regular? ____________

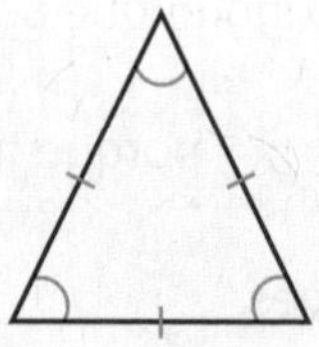

Nombre ______________________________

Escribe el nombre de cada polígono. Luego indica si *es un polígono regular* o *no es un polígono regular*.

2.

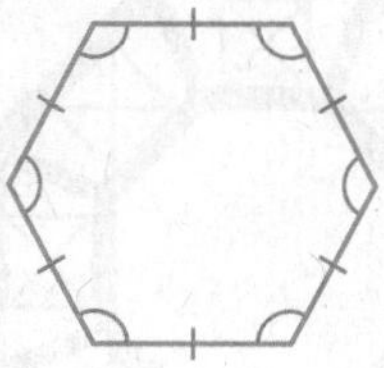

____

3.

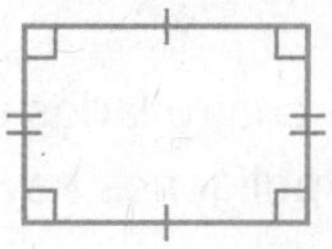

____

4.

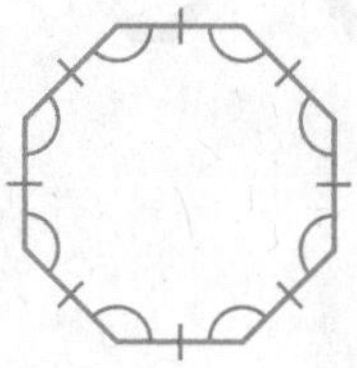

____

MÉTODOS MATEMÁTICOS

Charla matemática Explica por qué todos los pentágonos regulares tienen la misma forma.

Por tu cuenta

Escribe el nombre de cada polígono. Luego indica si *es un polígono regular* o *no es un polígono regular*.

5.

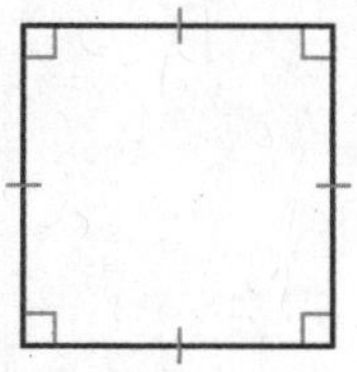

____

6.

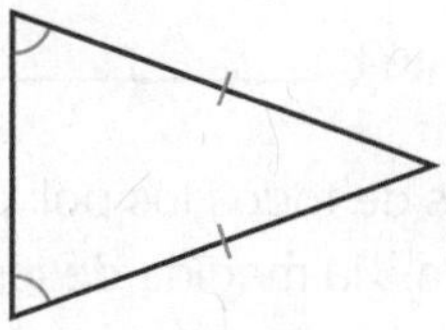

____

7.

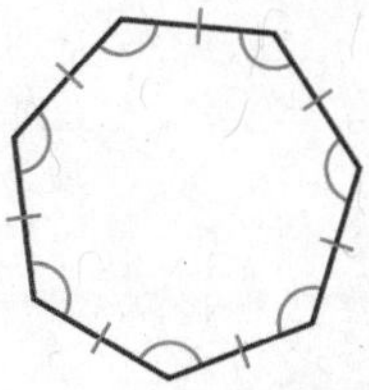

____

8.

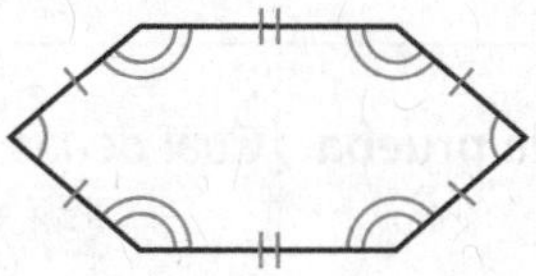

____

9.

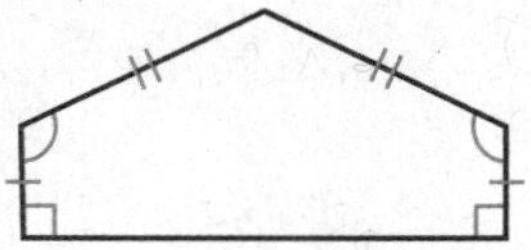

____

10.

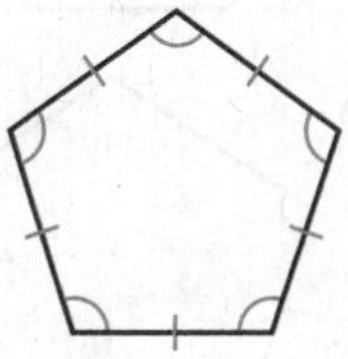

____

Resolución de problemas EN EL MUNDO

Usa el plano del Castel del Monte que está a la derecha para resolver los problemas 11 y 12.

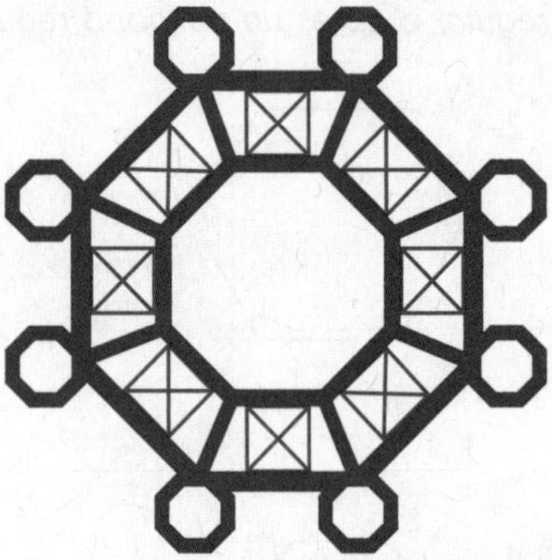

11. ¿Qué polígonos del plano tienen cuatro lados iguales y cuatro ángulos congruentes? ¿Cuántos de esos polígonos hay?

____

12. ¿Hay algún cuadrilátero en el plano que no sea un polígono regular? Escribe el nombre del cuadrilátero e indica cuántos de esos cuadriláteros hay en el plano.

____

13. Marca ocho puntos. Luego conecta los puntos para formar una figura plana cerrada.

¿Qué tipo de polígono trazaste? ________________

14. H.O.T. Observa los ángulos de todos los polígonos regulares. Cuando la cantidad de lados aumenta, ¿la medida de los ángulos aumenta o disminuye? ¿Qué patrón observas?

____

____

15. **Preparación para la prueba** ¿Cuál de las siguientes figuras es un hexágono regular?

Ⓐ
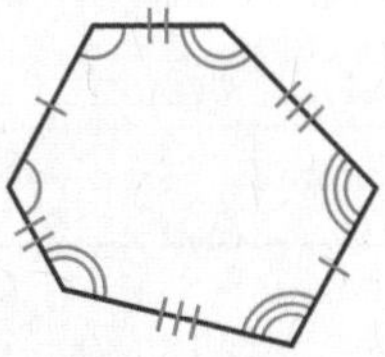

Ⓒ
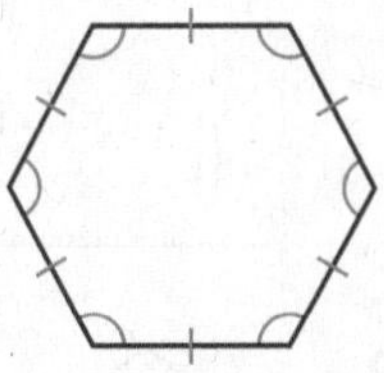

Ⓑ
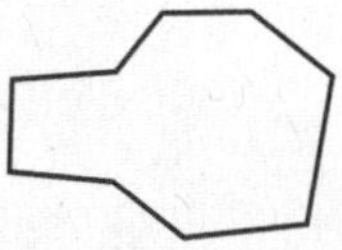

Ⓓ
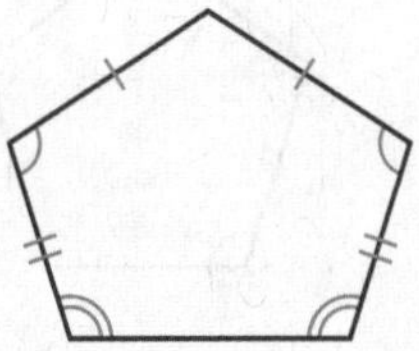

Nombre ____

Triángulos

Pregunta esencial ¿Cómo puedes clasificar triángulos?

ESTÁNDARES COMUNES CC.5.G.3, CC.5.G.4
Classify two-dimensional figures into categories based on their properties.

SOLUCIONA el problema EN EL MUNDO

Si observas de cerca el edificio Spaceship Earth de Epcot Center, que está en Orlando, Florida, verás un patrón de triángulos. En el patrón que está a la derecha se trazó el contorno de un triángulo que tiene 3 lados congruentes y 3 ángulos agudos. ¿Qué tipo de triángulo es?

Completa la oración que describe cada tipo de triángulo.

Clasifica los triángulos según la longitud de sus lados.

Un triángulo **equilátero** tiene

_______ lados congruentes.

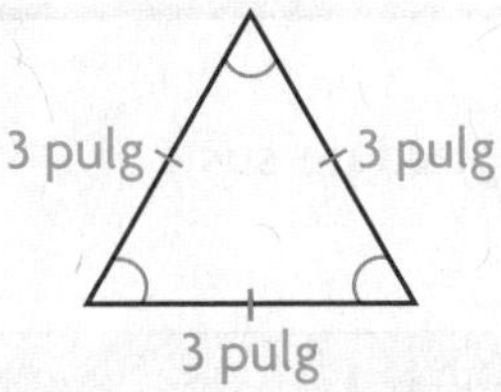

Un triángulo **isósceles** tiene

_______ lados congruentes.

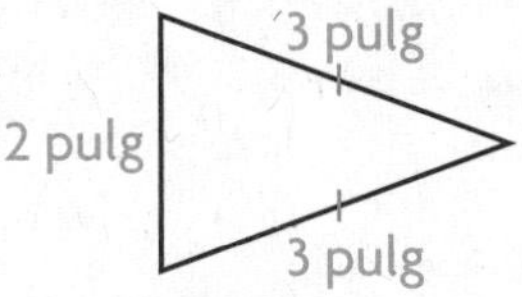

Un triángulo **escaleno** tiene

_______ lados congruentes.

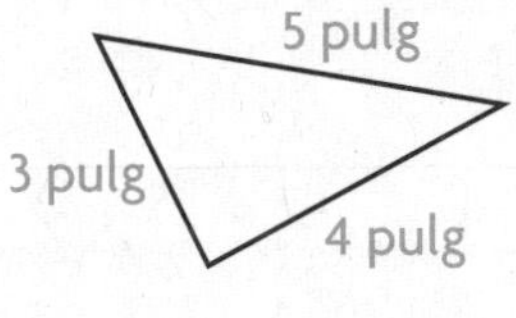

Clasifica los triángulos según la medida de sus ángulos.

Un triángulo **rectángulo** tiene un ángulo

de 90°, o ángulo _______.

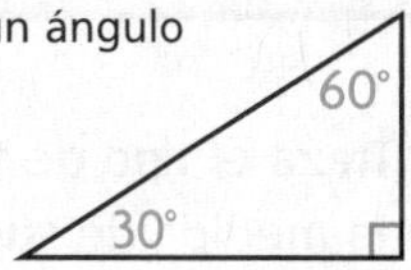

Un triángulo **acutángulo**

tiene 3 ángulos _______.

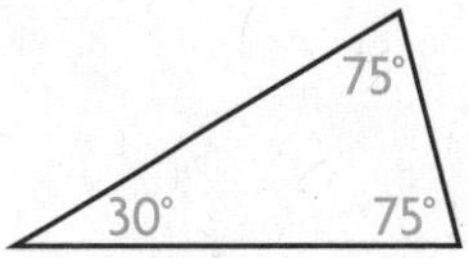

Un triángulo **obtusángulo**

tiene 1 ángulo _______.

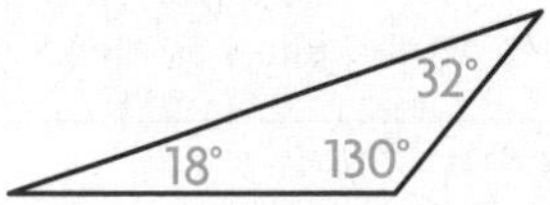

El tipo de triángulo trazado en el patrón se puede clasificar, según la longitud de sus lados, como un triángulo ___________.

El triángulo también se puede clasificar, según la medida de sus ángulos, como un triángulo ___________.

MÉTODOS MATEMÁTICOS

Charla matemática Un triángulo equilátero, ¿es también un polígono regular? **Explícalo.**

Actividad

Clasifica el triángulo ABC según la longitud de sus lados y según la medida de sus ángulos.

Materiales ■ regla en centímetros ■ transportador

- ¿Qué tipo de triángulo tiene 3 lados con diferente longitud?

  ____

- ¿Cómo se llama un ángulo que tiene más de 90° y menos de 180°?

  ____

PASO 1 Usa una regla en centímetros para medir los lados del triángulo. Rotula cada lado con su longitud. Clasifica el triángulo según la longitud de sus lados.

____

PASO 2 Usa un transportador para medir los ángulos del triángulo. Rotula cada ángulo con su medida. Clasifica el triángulo según la medida de sus ángulos.

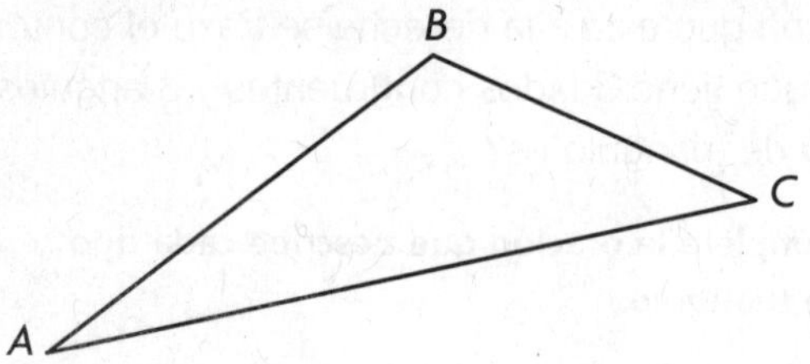

El triángulo *ABC* es un triángulo ____________ ____________.

¡Inténtalo! **Traza el tipo de triángulo descrito según la longitud de sus lados y según la medida de sus ángulos.**

		Triángulo según la longitud de sus lados	
Triángulo según la medida de sus ángulos		**Escaleno**	**Isósceles**
	Acutángulo	**Piensa:** Debo trazar un triángulo que sea acutángulo y escaleno.	
	Obtusángulo		

MÉTODOS MATEMÁTICOS

Charla matemática ¿Puedes trazar un triángulo que sea rectángulo y equilátero? **Explícalo.**

Nombre ______________________________

Comunicar y mostrar MATH BOARD

Clasifica los triángulos. Escribe *isósceles, escaleno* o *equilátero.*
Luego escribe *acutángulo, obtusángulo* o *rectángulo.*

1.

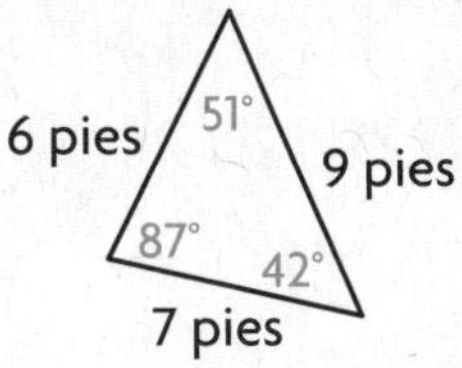

________ ________

2.

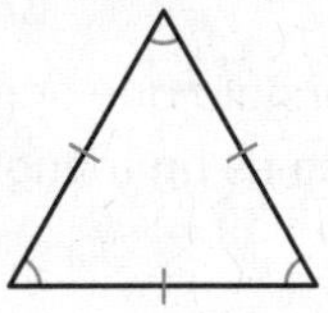

________ ________

3.

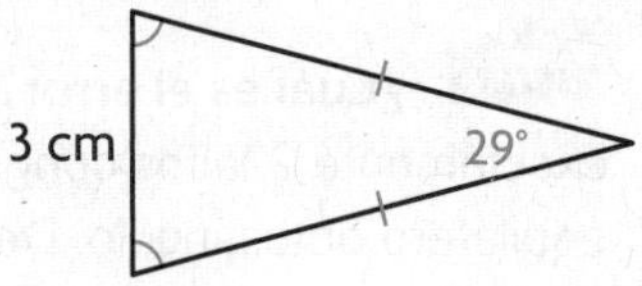

________ ________

MÉTODOS MATEMÁTICOS

Charla matemática ¿Puedes saber si un triángulo es obtusángulo, rectángulo o acutángulo sin medir los ángulos? **Explícalo.**

Por tu cuenta

Clasifica los triángulos. Escribe *isósceles, escaleno* o *equilátero.*
Luego escribe *acutángulo, obtusángulo* o *rectángulo.*

4.

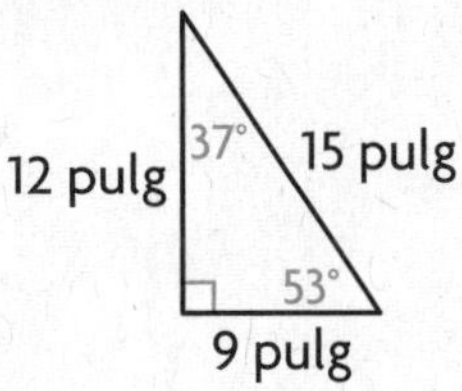

________ ________

5.

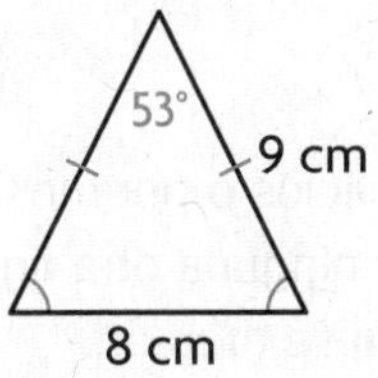

________ ________

6.

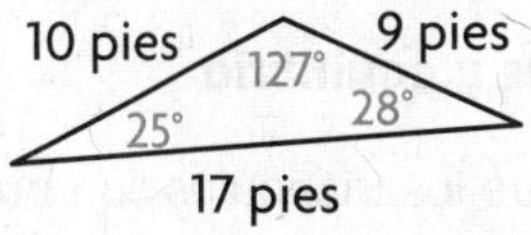

________ ________

Abajo se dan las medidas de los lados y los ángulos de los triángulos.
Clasifica los triángulos. Escribe *isósceles, escaleno* o *equilátero.*
Luego escribe *acutángulo, obtusángulo* o *rectángulo.*

7. lados: 3.5 cm, 6.2 cm, 3.5 cm

ángulos: 27°, 126°, 27°

________ ________

8. lados: 2 pulg, 5 pulg, 3.8 pulg

ángulos: 43°, 116°, 21°

________ ________

9. Encierra en un círculo la figura que no pertenece. Explica por qué.

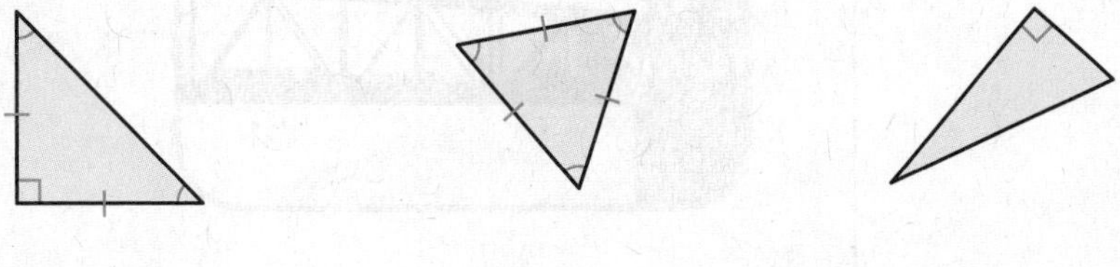

____

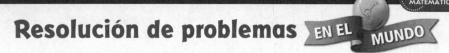

Resolución de problemas EN EL MUNDO

10. Traza 2 triángulos equiláteros que sean congruentes y compartan un lado. ¿Qué polígono se forma? ¿Es un polígono regular?

11. H.O.T. **¿Cuál es el error?** Shannon dijo que un triángulo que tiene exactamente 2 lados congruentes y un ángulo obtuso es un triángulo equilátero obtusángulo. Describe su error.

12. **Preparación para la prueba** ¿Qué tipo de triángulo tiene exactamente 2 lados congruentes?

Ⓐ isósceles Ⓑ equilátero Ⓒ escaleno Ⓓ rectángulo

Conectar con las Ciencias

Fuerzas y equilibrio

¿Por qué los triángulos son buenos para construir edificios o puentes? Los 3 lados de un triángulo, cuando están unidos, no pueden formar ninguna otra figura. Entonces, aunque reciban presión, los triángulos no se doblan ni se tuercen.

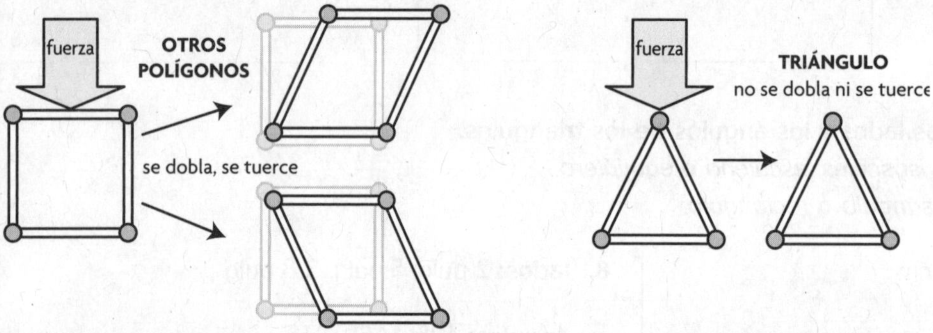

Clasifica los triángulos de las siguientes estructuras. Escribe *isósceles, escaleno* o *equilátero*. Luego escribe *acutángulo, obtusángulo* o *rectángulo*.

13.

14.

Nombre ______________________________

Cuadriláteros

Pregunta esencial ¿Cómo puedes clasificar y comparar cuadriláteros?

ESTÁNDAR COMÚN CC.5.G.4
Classify two-dimensional figures into categories based on their properties.

SOLUCIONA el problema EN EL MUNDO

El mapa de asientos de un estadio de béisbol tiene muchas figuras de cuatro lados, o **cuadriláteros.** ¿Qué tipo de cuadriláteros puedes hallar en el mapa de asientos?

Hay cinco tipos especiales de cuadriláteros. Puedes clasificar los cuadriláteros según sus propiedades, por ejemplo, si tienen lados paralelos o lados perpendiculares. Las líneas paralelas son líneas que siempre están a la misma distancia. Las líneas perpendiculares son líneas que al intersecarse forman cuatro ángulos rectos.

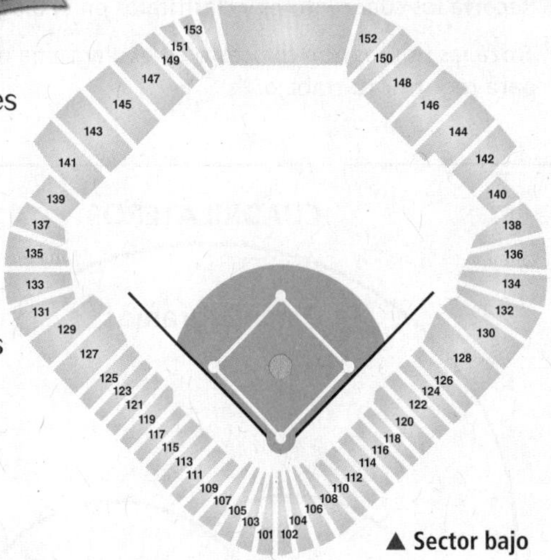

▲ Sector bajo

Completa la oración que describe cada tipo de cuadrilátero.

Un cuadrilátero en general tiene 4 lados y 4 ángulos.

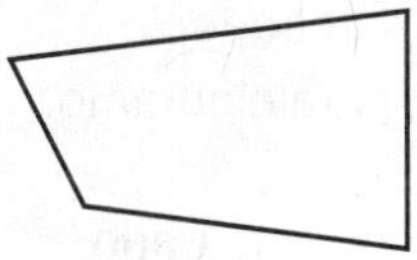

Un **paralelogramo** tiene ____________ opuestos que son ____________ y paralelos.

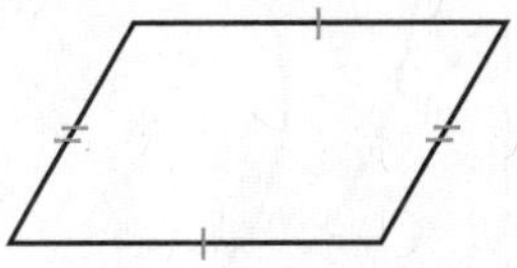

Un **rectángulo** es un paralelogramo especial que tiene ______ ángulos rectos y 4 pares de lados ________________.

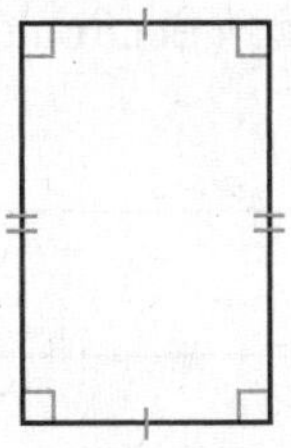

Un **rombo** es un paralelogramo especial que tiene ______ lados congruentes.

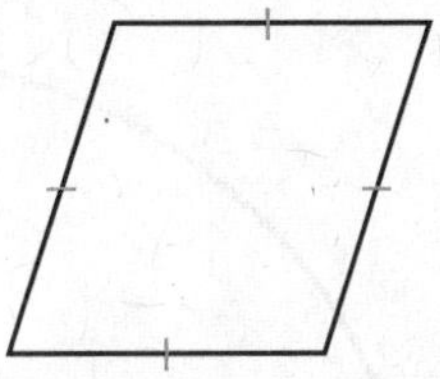

Un **cuadrado** es un paralelogramo especial que tiene ______ lados congruentes y ______ ángulos rectos.

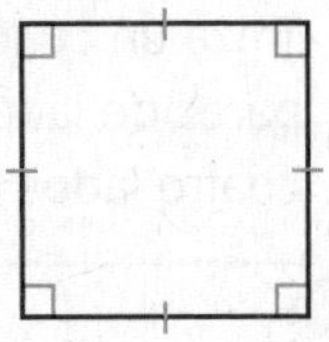

Un **trapecio** es un cuadrilátero que tiene exactamente 1 par de lados ____________.

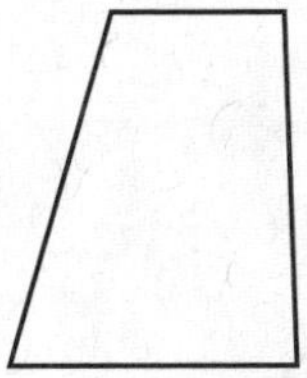

Entonces, los tipos de cuadriláteros que puedes hallar en el mapa de asientos del estadio son ____.

MÉTODOS MATEMÁTICOS

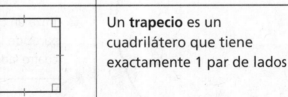

Charla matemática Explica en qué se diferencian los trapecios y los paralelogramos.

Actividad

Materiales ■ cuadriláteros ■ tijeras

Puedes usar un diagrama de Venn para clasificar cuadriláteros y buscar relaciones entre ellos.

- Dibuja el diagrama de abajo en tu pizarra.
- Recorta los cuadriláteros y clasifícalos en el diagrama de Venn.
- Traza las figuras que colocaste en el diagrama de Venn de abajo para registrar tu trabajo.

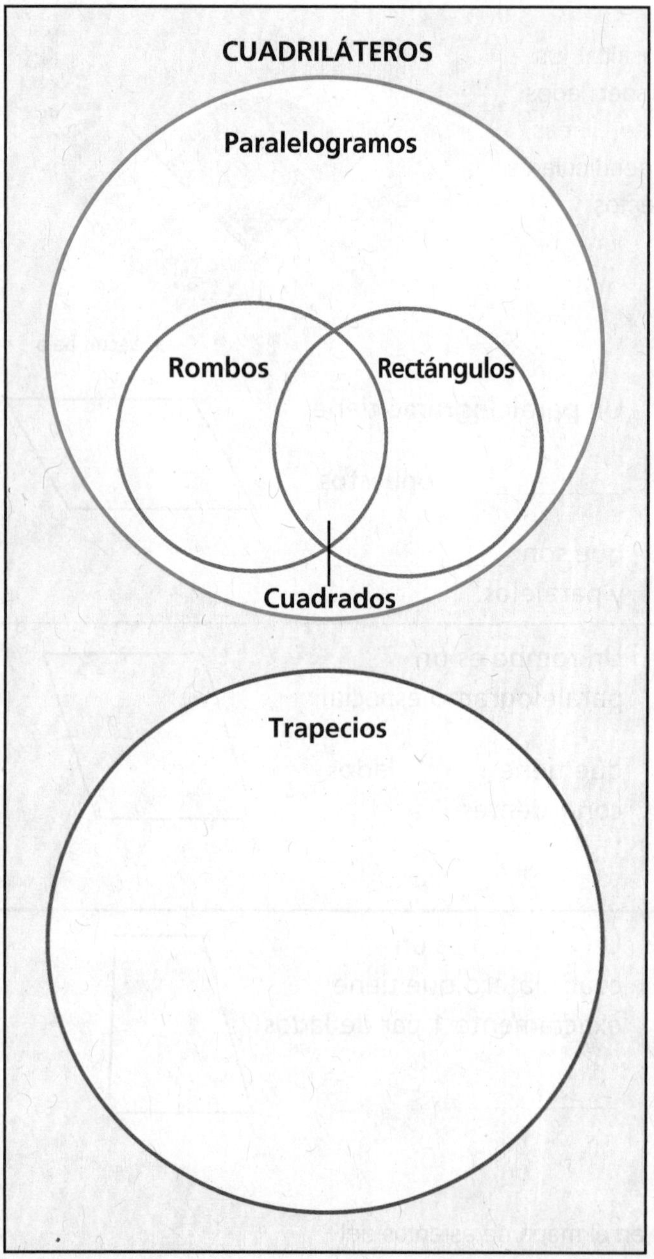

Completa las oraciones con *siempre*, *a veces* o *nunca*.

Un rombo __________ es un cuadrado.

Un paralelogramo __________ es un rectángulo.

Un rombo __________ es un paralelogramo.

Un trapecio __________ es un paralelogramo.

Un cuadrado __________ es un rombo.

1. **Explica** por qué el círculo de los paralelogramos no se interseca con el círculo de los trapecios.

   ____

   ____

   ____

2. Traza un cuadrilátero con cuatro pares de lados perpendiculares y cuatro lados congruentes.

Nombre ______________________________

Comunicar y mostrar

1. Usa el cuadrilátero *ABCD* para responder las preguntas. Completa la oración.

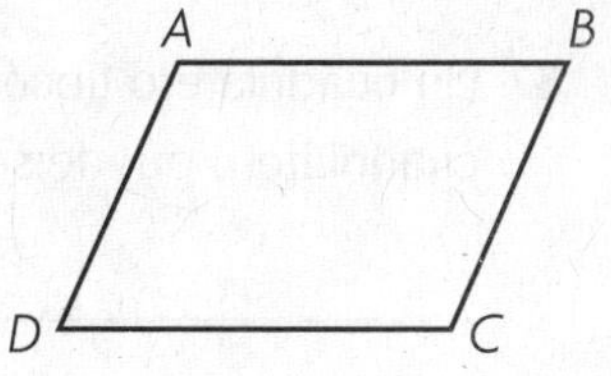

   a. Mide los lados. ¿Hay algunos que sean congruentes? Marca los lados congruentes, si los tuviera.

   b. ¿Cuántos ángulos rectos tiene el cuadrilátero, si los tuviera? ________

   c. ¿Cuántos pares de lados paralelos tiene el cuadrilátero, si los tuviera? ______

   Entonces, el cuadrilátero *ABCD* es un _______________.

Clasifica el cuadrilátero de todas las formas que sea posible. Escribe ***cuadrilátero, paralelogramo, rectángulo, rombo, cuadrado*** **o** ***trapecio.***

2. 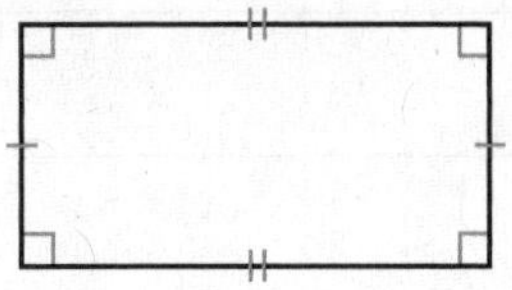

____

3. 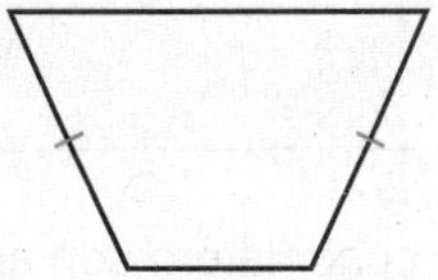

____

MÉTODOS MATEMÁTICOS

Charla matemática ¿Pueden tener la misma longitud los lados paralelos de un trapecio? **Explica** tu respuesta.

Por tu cuenta

Clasifica el cuadrilátero de todas las formas que sea posible. Escribe ***cuadrilátero, paralelogramo, rectángulo, rombo, cuadrado*** **o** ***trapecio.***

4. 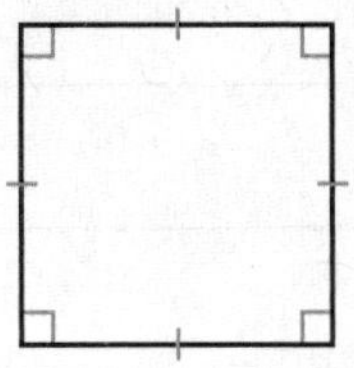

____

5. 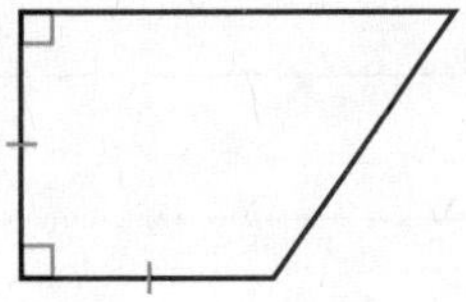

____

6. 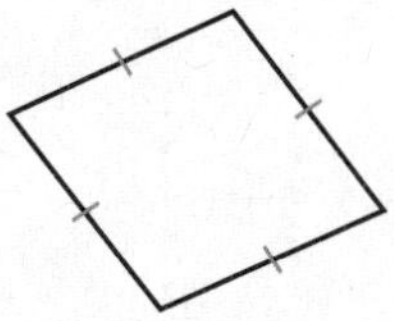

____

7. 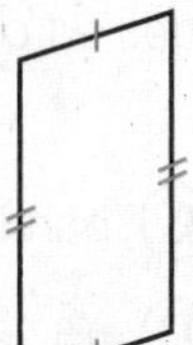

____

Resolución de problemas

Resuelve los problemas.

8. Un cuadrilátero tiene exactamente 2 lados congruentes. ¿Qué tipo de cuadrilátero puede ser? ¿Qué tipo de cuadrilátero no puede ser?

9. H.O.T. **¿Cuál es el error?** Un cuadrilátero tiene exactamente 3 lados congruentes. Davis afirma que la figura debe ser un rectángulo. ¿Por qué es incorrecta su afirmación? Usa un diagrama para **explicar** tu respuesta.

10. Los vértices opuestos de un cuadrilátero son ángulos rectos. El cuadrilátero no es un rombo. ¿Qué tipo de cuadrilátero es esta figura? **Explica** cómo lo sabes.

11. **Escribe** Soy una figura de cuatro lados. Pertenezco a las siguientes categorías: cuadrilátero, paralelogramo, rectángulo, rombo y cuadrado. Dibújame. **Explica** por qué pertenezco a cada una de esas categorías.

12. **Preparación para la prueba** Un cuadrilátero tiene exactamente 1 par de lados paralelos y ninguno de sus lados es congruente. ¿Qué tipo de cuadrilátero es?

Ⓐ rectángulo

Ⓑ rombo

Ⓒ paralelogramo

Ⓓ trapecio

 PARA PRACTICAR MÁS:
Cuaderno de práctica de los estándares, págs. P223 y P224

Nombre ______________________________

Resolución de problemas • Propiedades de las figuras bidimensionales

ESTÁNDAR COMÚN CC.5.G.3
Classify two-dimensional figures into categories based on their properties.

Pregunta esencial ¿Cómo puedes usar la estrategia *representar* para determinar si los lados de una figura son congruentes?

SOLUCIONA el problema EN EL MUNDO

Lori tiene un cuadrilátero con los vértices *A, B, C* y *D*. El cuadrilátero tiene cuatro ángulos rectos. Lori quiere demostrar que el cuadrilátero *ABCD* es un cuadrado, pero no tiene regla para medir la longitud de los lados. ¿Cómo puede demostrar que el cuadrilátero tiene cuatro lados congruentes y que es un cuadrado?

Usa el organizador gráfico de abajo para resolver el problema.

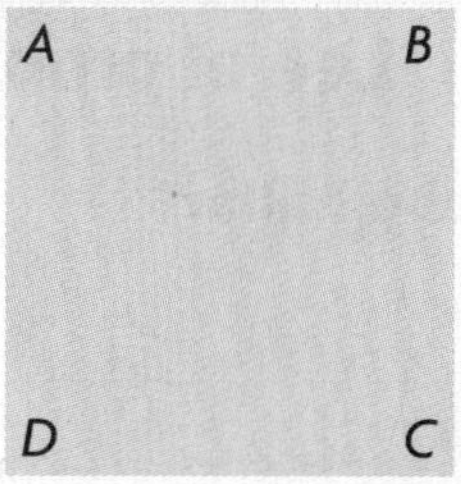

Lee el problema

¿Qué debo hallar?

Debo determinar si el cuadrilátero tiene 4 lados

____________ y si es un __________.

¿Qué información debo usar?

El cuadrilátero tiene __________ ángulos __________.

Para ser un cuadrado, también debe tener __________

lados __________.

¿Cómo usaré la información?

Puedo trazar la figura, recortarla y luego plegarla para emparejar cada par de lados y así demostrar que los lados

____________________ son ____________.

Resuelve el problema

Tracé el cuadrilátero y lo recorté. Usé la estrategia *representar* para plegar y emparejar cada par de lados.

- Plegué el cuadrilátero para emparejar el lado *AB* con el lado *CD*.

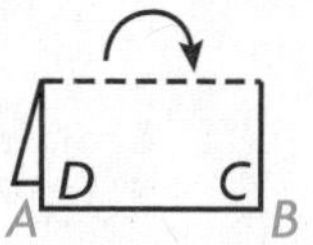

- Plegué el cuadrilátero para emparejar el lado *AD* con el lado *BC*.

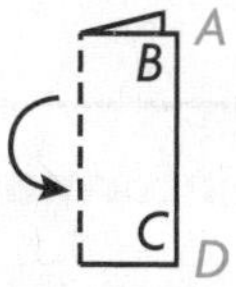

- Plegué el cuadrilátero diagonalmente para emparejar el lado *AD* con el lado *AB* y el lado *CD* con el lado *BC*.

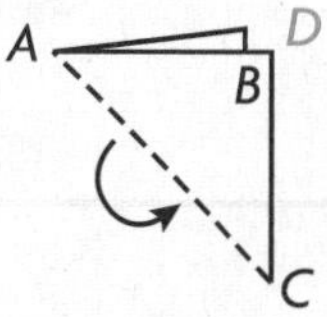

- ¿Qué más debes hacer para resolver el problema?

____

____

- El cuadrilátero *ABCD* __________ un cuadrado.

Haz otro problema

Terrence dibujó un triángulo con los vértices *E*, *F* y *G*. El triángulo tiene tres ángulos congruentes. Terrence quiere demostrar que el triángulo *EFG* tiene tres lados congruentes, pero no tiene regla para medir la longitud de los lados. ¿Cómo puede demostrar que el triángulo tiene tres lados congruentes?

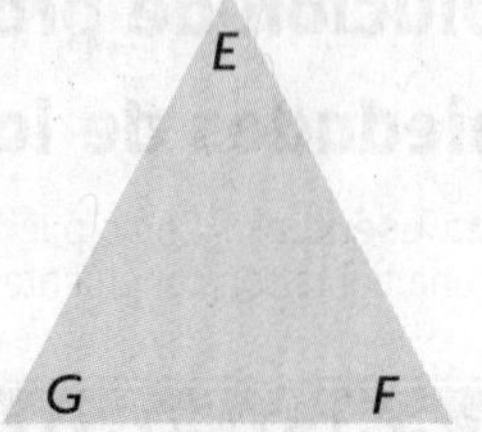

Lee el problema	Resuelve el problema
¿Qué debo hallar?	Dibuja el modelo después de cada pliegue para registrar tu trabajo. Rotula cada dibujo con los lados congruentes que halles.
¿Qué información debo usar?	
¿Cómo usaré la información?	

- ¿Cómo puedes usar el razonamiento para demostrar que los tres lados del triángulo son congruentes con solo dos pliegues? **Explícalo.**

Nombre ______________________________

Comunicar y mostrar

MATH BOARD

1. Érica piensa que el triángulo XYZ de la derecha tiene dos lados congruentes, pero no tiene regla para medir los lados. ¿El triángulo tiene dos lados congruentes?

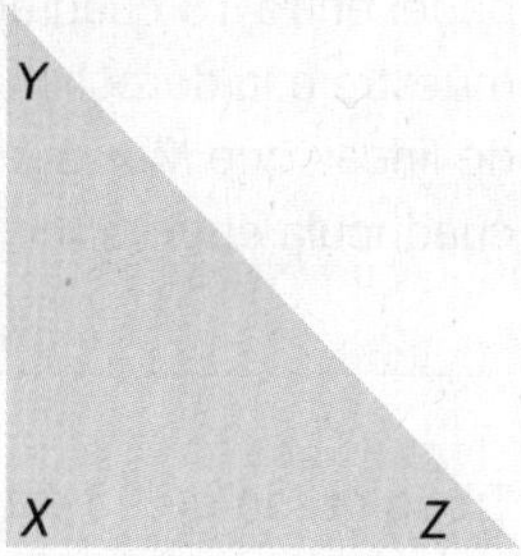

Primero, traza el triángulo y recórtalo.

Luego, pliega el triángulo para emparejar cada par de lados y determinar si por lo menos dos de los lados son congruentes. Mientras lo haces, anota o dibuja los resultados de cada par para asegurarte de haber comprobado todos los pares de lados.

Por último, responde la pregunta.

____

____

2. **¿Qué pasaría si** Érica también quisiera demostrar, sin usar transportador, que el triángulo tiene un ángulo recto y dos ángulos agudos? Explica cómo podría mostrarlo.

____

____

____

____

3. El año pasado, diciembre, enero y febrero fueron los meses más fríos en la ciudad donde vive Kristen. Febrero fue el más cálido de esos tres meses. Diciembre no fue el más frío. ¿Cuál es el orden de esos tres meses del más frío al más cálido?

____

4. Jan entra en una habitación rectangular que mide 20 pies por 30 pies. Los lados largos están orientados hacia el norte y hacia el sur. Jan entra exactamente por el centro del lado sur y camina 10 pies hacia el norte. Luego camina 8 pies hacia el este. ¿A qué distancia está del lado este de la habitación?

____

Por tu cuenta

Elige una ESTRATEGIA
- Representar
- Hacer un diagrama
- Hacer una tabla
- Resolver un problema más sencillo
- Trabajar de atrás para adelante
- Adivinar, comprobar y revisar

5. H.O.T. Max dibujó una cuadrícula para dividir un papel entre 18 cuadrados congruentes, como se muestra a la derecha. ¿Cuál es la menor cantidad de líneas que Max puede trazar para dividir la cuadrícula entre 6 rectángulos congruentes?

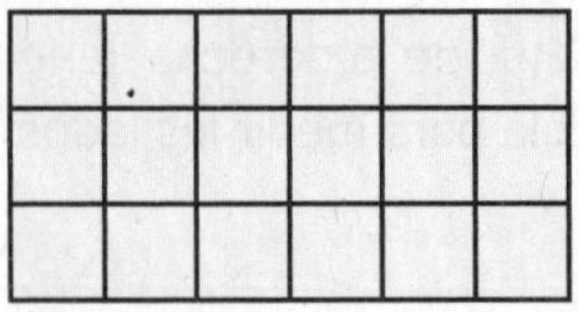

____

6. En un grupo de 95 estudiantes de quinto y sexto grado que van de excursión, hay 27 estudiantes más de quinto grado que de sexto grado. ¿Cuántos estudiantes de quinto grado van a la excursión?

____

Usa el mapa para resolver los problemas 7 y 8.

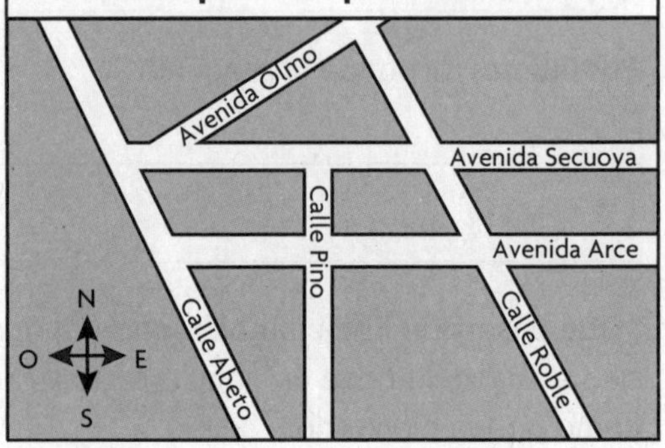

Ruta de reparto de periódicos de Sam

7. La ruta que sigue Sam para repartir periódicos comienza y termina en la esquina de la avenida Secuoya y la calle Roble. Su ruta está formada por 4 calles y no dobla en ángulos de 90º en ningún momento. ¿Qué tipo de polígono forman las calles de la ruta de reparto de periódicos de Sam? Escribe los nombres de las calles de la ruta de Sam.

____

____

8. La ruta que sigue Sam para repartir periódicos abarca 32 casas ubicadas en dos pares de calles paralelas. Si cada calle tiene la misma cantidad de casas, ¿cuántas casas hay en cada calle? Escribe los nombres de las calles paralelas.

____

____

9. **Preparación para la prueba** ¿Cuál de las siguientes figuras es un cuadrilátero cuyos lados opuestos son congruentes y paralelos?

Ⓐ 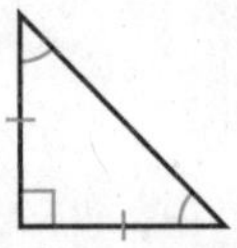

Ⓒ 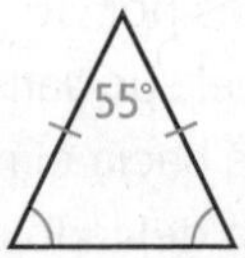

Ⓑ 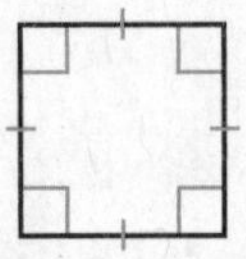

Ⓓ 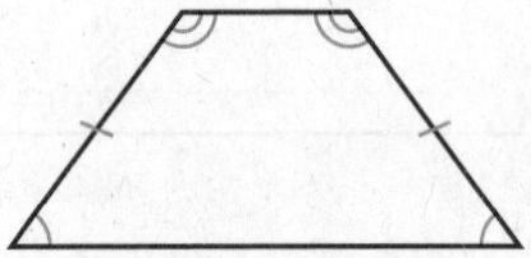

Nombre ______________________

Figuras tridimensionales

Pregunta esencial ¿Cómo puedes identificar, describir y clasificar figuras tridimensionales?

ESTÁNDAR COMÚN CC.5.MD.3
Geometric measurement: understand concepts of volume and relate volume to multiplication and to addition.

SOLUCIONA el problema

Un cuerpo geométrico tiene tres dimensiones: longitud, ancho y altura. Los **poliedros**, como los prismas y las pirámides, son figuras tridimensionales cuyas caras son polígonos.

Un **prisma** es un poliedro cuyas **bases** son dos polígonos congruentes.

Las **caras laterales** de un poliedro son polígonos que se conectan con las bases. Las caras laterales de un prisma son rectángulos.

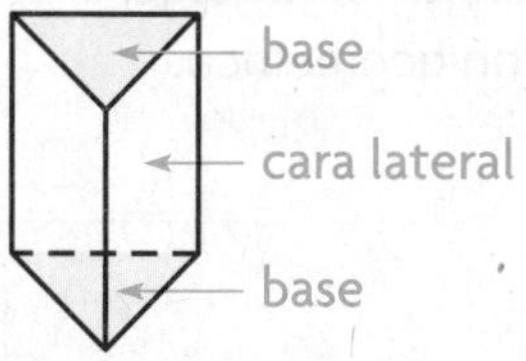

Los prismas reciben su nombre de la figura que tienen como base. La figura de la base de este prisma es un triángulo. El prisma es un **prisma triangular.**

Identifica la figura de la base del prisma. Usa los términos del recuadro para escribir el nombre correcto del prisma según la figura que tiene como base.

Tipos de prismas
- prisma decagonal
- prisma octagonal
- prisma hexagonal
- prisma pentagonal
- prisma rectangular
- prisma triangular

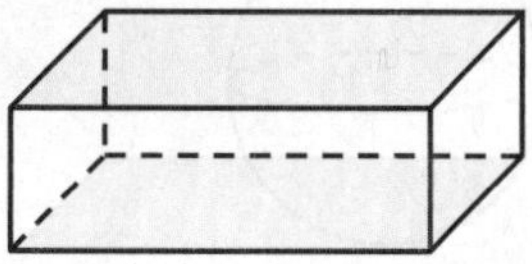

Figura de la base: ____________

Escribe el nombre del cuerpo geométrico.

____

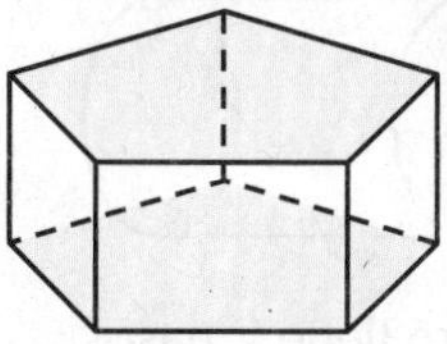

Figura de la base: ____________

Escribe el nombre del cuerpo geométrico.

____

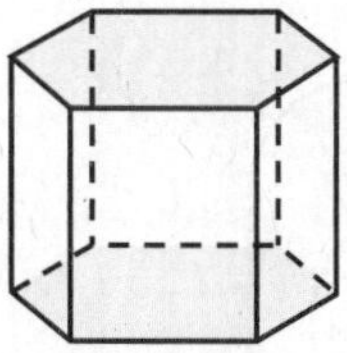

Figura de la base: ____________

Escribe el nombre del cuerpo geométrico.

____

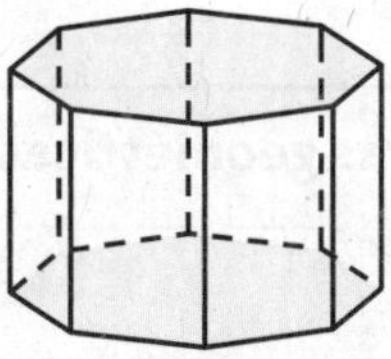

Figura de la base: ____________

Escribe el nombre del cuerpo geométrico.

____

Charla matemática MÉTODOS MATEMÁTICOS
¿Qué figuras forman un prisma decagonal y cuántas figuras lo forman? **Explícalo.**

- ¿Qué prisma especial tiene bases y caras laterales que son cuadrados congruentes? ____________

Pirámide Una **pirámide** es un poliedro con una sola base. Las caras laterales de una pirámide son triángulos que se tocan en el mismo vértice.

Al igual que el prisma, la pirámide recibe su nombre de la figura que tiene como base.

Tipos de pirámides
- pirámide pentagonal
- pirámide rectangular
- pirámide cuadrada
- pirámide triangular

Identifica la figura de la base de la pirámide. Usa los términos del recuadro para escribir el nombre correcto de la pirámide según la figura que tiene como base.

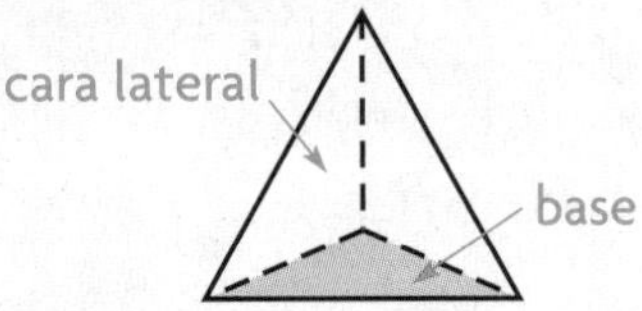

Figura de la base: ____________

Escribe el nombre del cuerpo geométrico.

____

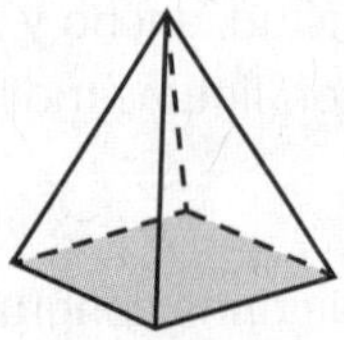

Figura de la base: ____________

Escribe el nombre del cuerpo geométrico.

____

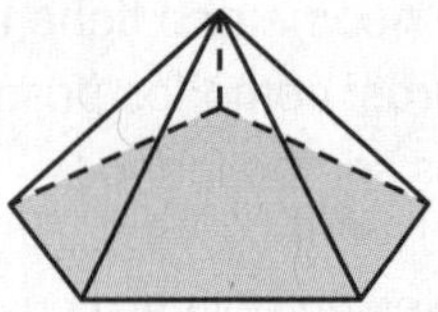

Figura de la base: ____________

Escribe el nombre del cuerpo geométrico.

____

Cuerpos que no son poliedros Algunas figuras tridimensionales tienen superficies curvas. Estos cuerpos geométricos *no* son poliedros.

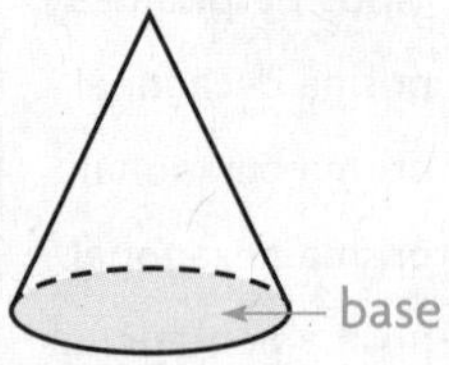

Un **cono** tiene 1 base circular y 1 superficie curva.

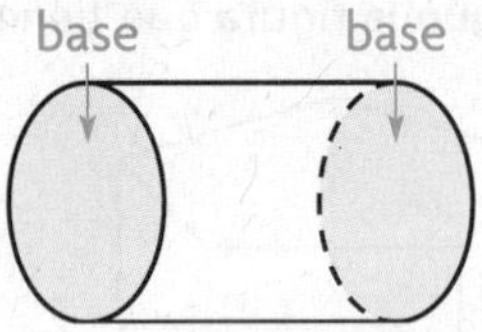

Un **cilindro** tiene 2 bases circulares congruentes y 1 superficie curva.

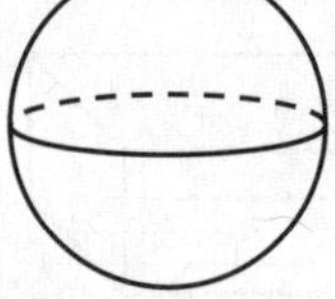

Una **esfera** no tiene base y tiene 1 superficie curva.

Usa el diagrama de Venn para clasificar las figuras tridimensionales que se enumeran a la izquierda.

Conos

Cilindros

Prismas

Pirámides

Esferas

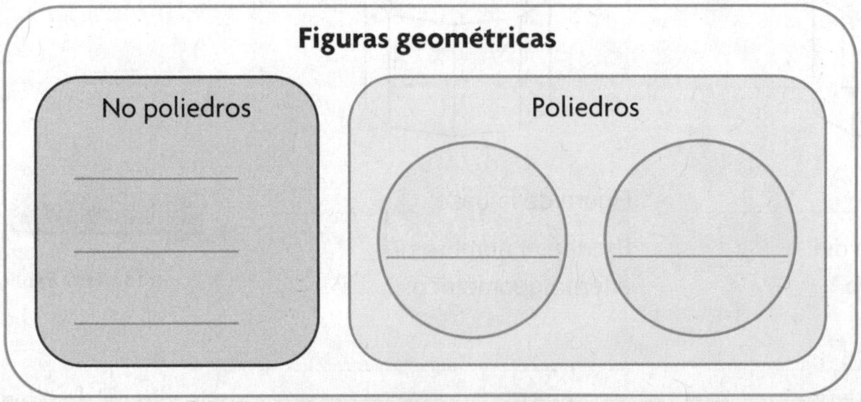

Nombre ______________________________

Comunicar y mostrar MATH BOARD

Clasifica el cuerpo geométrico. Escribe *prisma, pirámide, cono, cilindro* o *esfera*.

1.
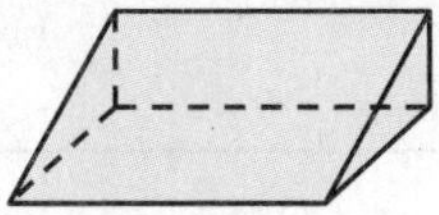
____

2.
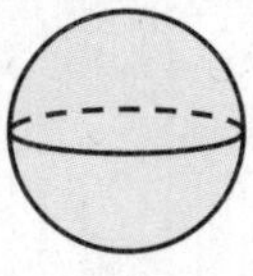
____

✓3.
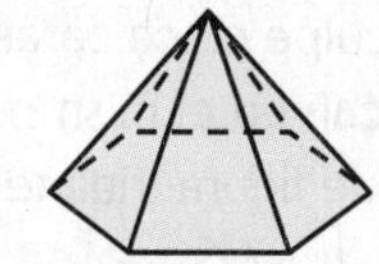
____

Escribe el nombre del cuerpo geométrico.

4.
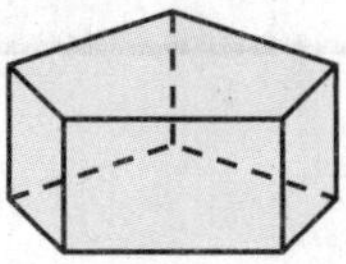
____

5.
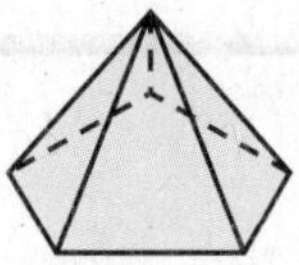
____

✓6.
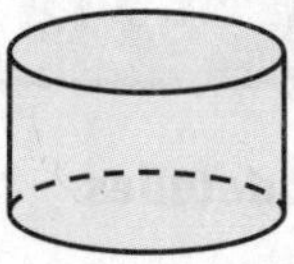
____

MÉTODOS MATEMÁTICOS

Charla matemática Compara un prisma y una pirámide. Indica en qué se parecen y en qué se diferencian.

Por tu cuenta

Clasifica el cuerpo geométrico. Escribe *prisma, pirámide, cono, cilindro* o *esfera*.

7.
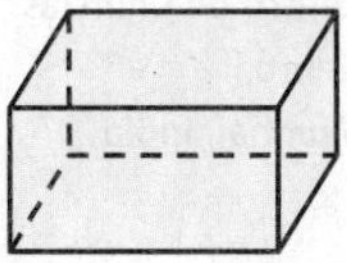
____

8.
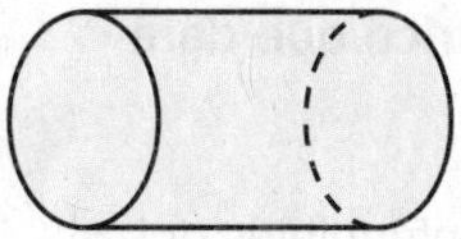
____

9.
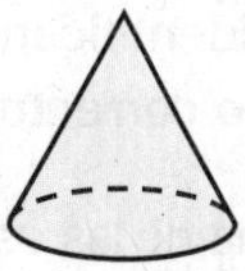
____

Escribe el nombre del cuerpo geométrico.

10.

____

11.
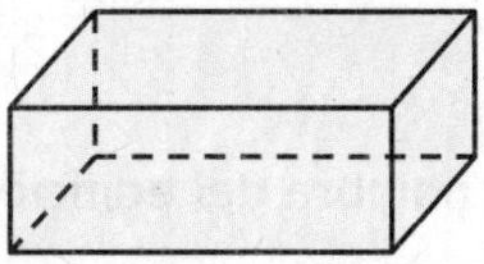
____

12.
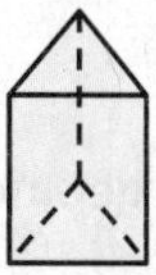
____

13.
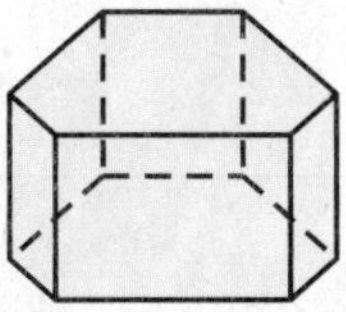
____

14.
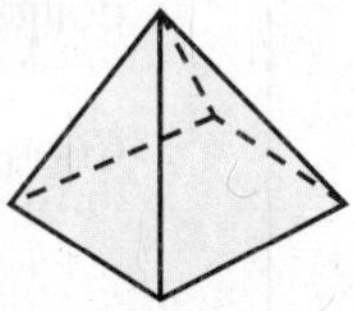
____

15.
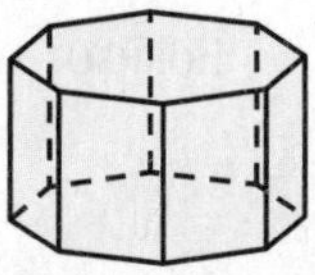
____

Resolución de problemas EN EL MUNDO

16. Mario está haciendo una escultura de piedra. Comienza esculpiendo una base de cinco lados. Luego esculpe cinco caras laterales triangulares que se tocan en el mismo punto en la parte de arriba. ¿Qué figura tridimensional esculpió Mario?

____

17. H.O.T. ¿Qué otro nombre se puede dar a un cubo? **Explica** tu razonamiento.

____

____

____

Conectar con la Lectura

Identifica los detalles

Si te dieran la descripción de un edificio y te pidieran que identifiques cuál de estos tres edificios es el que se describe, ¿qué detalles usarías para saber cuál es el edificio?

Los problemas contienen detalles que te ayudan a resolverlos. Algunos detalles son significativos e importantes para hallar la solución, pero otros detalles no lo son. *Identifica los detalles* que sean útiles para resolver el problema.

◄ **Edificio Flatiron, New York City, New York**

◄ **Centro de Ciencias Nehru, Mumbai, India**

◄ **Hotel Luxor, Las Vegas, Nevada**

Ejemplo **Lee la descripción. Subraya los detalles que sean útiles para identificar el cuerpo geométrico que dará nombre al edificio correcto.**

Este edificio es una de las estructuras más inconfundibles del paisaje urbano de la ciudad donde se encuentra. Tiene una base cuadrada y 28 pisos. El edificio tiene cuatro caras exteriores triangulares que se tocan en un punto de la parte superior de la estructura.

Identifica el cuerpo geométrico y escribe el nombre del edificio correcto.

18. Resuelve el problema del ejemplo.

Cuerpo geométrico: ______________

Edificio: ______________

19. Este edificio se terminó de construir en 1902. Tiene una base triangular y un techo triangular de la misma forma y tamaño. Los tres lados del edificio son rectángulos.

Cuerpo geométrico: ______________

Edificio: ______________

 PARA PRACTICAR MÁS:
Cuaderno de práctica de los estándares, págs. P227 y P228

Nombre ______________________________

Revisión de la mitad del capítulo

Vocabulario

Elige el término del recuadro que mejor corresponda.

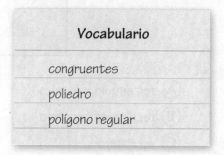

Vocabulario
congruentes
poliedro
polígono regular

1. Una figura plana cerrada que tiene todos los lados congruentes y todos los ángulos congruentes se llama ________________. **(pág. 442)**

2. Los segmentos que tienen la misma longitud o los ángulos que tienen la misma medida son ________________. **(pág. 442)**

Conceptos y destrezas

Escribe el nombre de cada polígono. Luego indica si *es un polígono regular* o *no es un polígono regular*. (CC.5.G.3)

3. 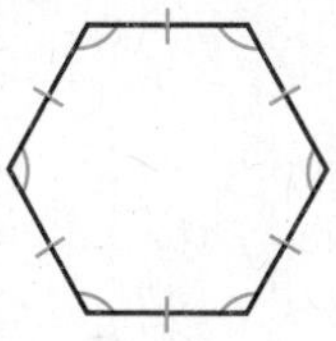

____

4. 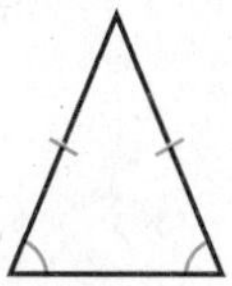

____

5. 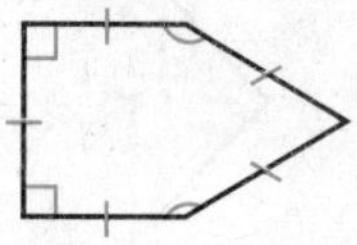

____

Clasifica cada triángulo. Escribe *isósceles, escaleno* o *equilátero*. Luego escribe *acutángulo, obtusángulo* o *rectángulo*. (CC.5.G.3, CC.5.G.4)

6. 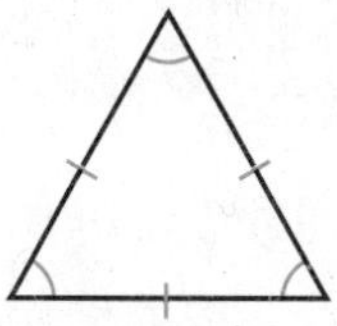

________ ________

7. 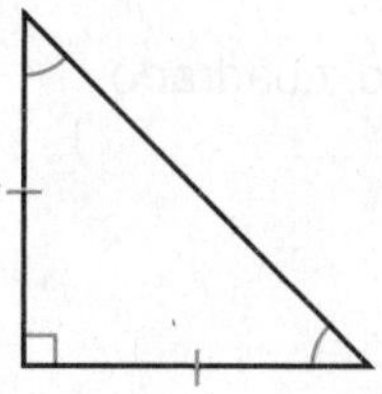

________ ________

8. 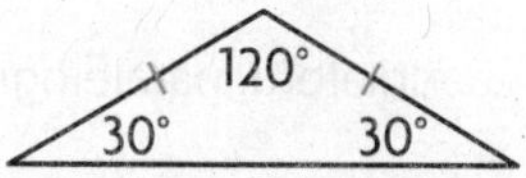

________ ________

Clasifica el cuadrilátero de todas las formas que sea posible. Escribe *cuadrilátero, paralelogramo, rectángulo, rombo, cuadrado* o *trapecio*. (CC.5.G.4)

9. 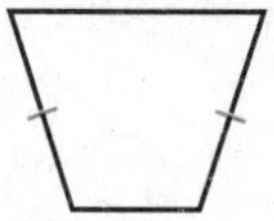

____

____

10. 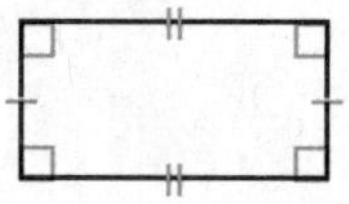

____

____

11. 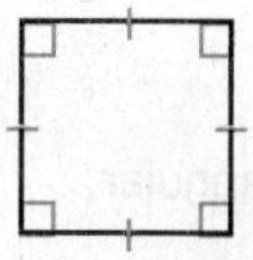

____

____

Rellena el círculo completamente para indicar tu respuesta.

PREPARACIÓN PARA LA PRUEBA

12. ¿Qué tipo de triángulo se muestra abajo? **(CC.5.G.3, CC.5.G.4)**

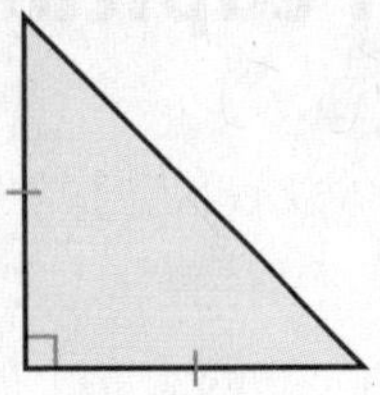

Ⓐ rectángulo isósceles

Ⓑ rectángulo escaleno

Ⓒ equilátero

Ⓓ obtusángulo escaleno

13. Clasifica el cuadrilátero de todas las formas que sea posible. **(CC.5.G.4)**

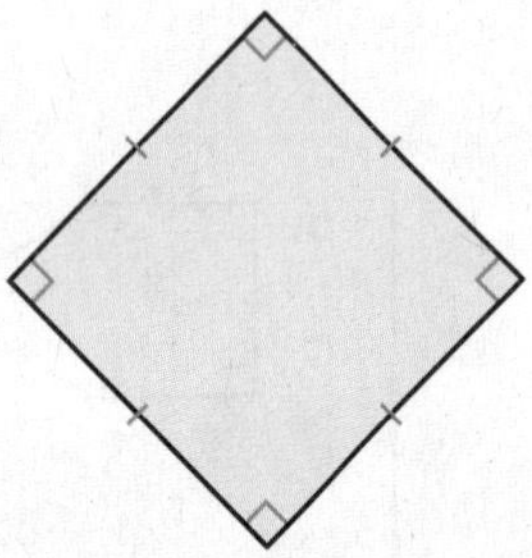

Ⓐ cuadrilátero, paralelogramo, rombo

Ⓑ cuadrilátero, paralelogramo, rombo, trapecio

Ⓒ cuadrilátero, paralelogramo, rombo, rectángulo, trapecio, cuadrado

Ⓓ cuadrilátero, paralelogramo, rombo, rectángulo, cuadrado

14. Clasifica el siguiente cuerpo geométrico. **(CC.5.G.3)**

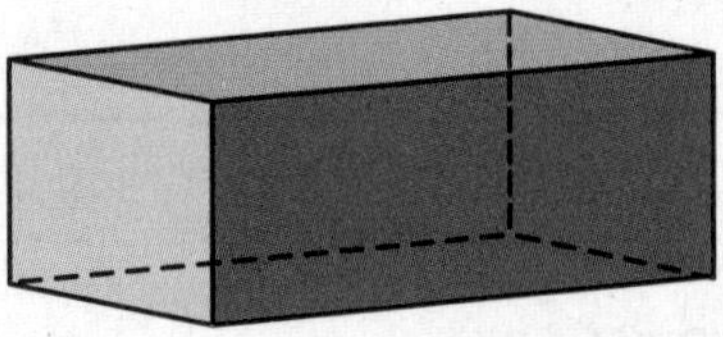

Ⓐ cono

Ⓑ cubo

Ⓒ prisma rectangular

Ⓓ pirámide rectangular

Nombre ______________________________

Cubos de una unidad y cuerpos geométricos

Pregunta esencial ¿Qué es un cubo de una unidad y cómo puedes usarlo para formar un cuerpo geométrico?

ESTÁNDAR COMÚN CC.5.MD.3a
Geometric measurement: understand concepts of volume and relate volume to multiplication and to addition.

Investigar

Puedes usar cubos de una unidad para formar prismas rectangulares. ¿Cuántos prismas rectangulares diferentes puedes formar con una cantidad dada de cubos de una unidad?

Materiales ■ cubos de 1 centímetro

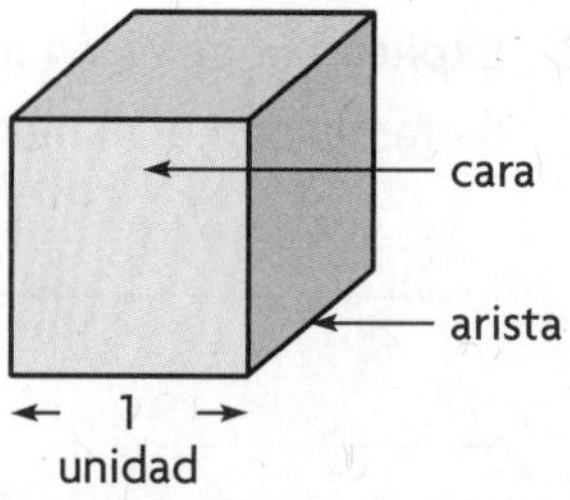

Un **cubo de una unidad** es un cubo que tiene una longitud, un ancho y una altura de 1 unidad. Un cubo tiene ______ caras cuadradas. Todas sus caras son congruentes. Tiene ______ aristas. Todas sus aristas tienen la misma longitud.

A. Forma un prisma rectangular con 2 cubos de una unidad.

Piensa: Cuando los 2 cubos se juntan, las caras y las aristas que quedan juntas forman 1 cara y 1 arista.

- ¿Cuántas caras tiene el prisma rectangular? ______
- ¿Cuántas aristas tiene el prisma rectangular? ______

B. Forma la mayor cantidad de prismas rectangulares que sea posible con 8 cubos de una unidad.

C. Anota las dimensiones, en unidades, de cada uno de los prismas rectangulares que formaste con los 8 cubos.

Dimensiones		

Entonces, con 8 cubos de una unidad, puedo formar ______ prismas rectangulares diferentes.

MÉTODOS MATEMÁTICOS

Charla matemática Describe los diferentes prismas rectangulares que puedes formar con 4 cubos de una unidad.

Sacar conclusiones

1. **Explica** por qué un prisma rectangular formado por 2 cubos de una unidad tiene 6 caras. ¿Qué relación hay entre sus dimensiones y las de un cubo de una unidad?

____

____

____

2. **Explica** qué relación hay entre el número de aristas de un prisma rectangular y el número de aristas de un cubo de una unidad.

____

____

3. **Describe** qué tienen en común todos los prismas rectangulares que formaste en el Paso B.

____

____

Hacer conexiones

Puedes formar otros cuerpos geométricos y contar el número de cubos de una unidad usados para compararlos.

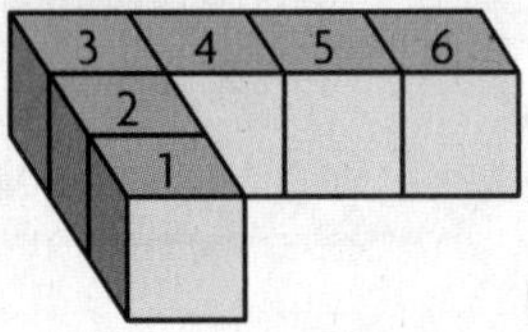

Cuerpo geométrico 1

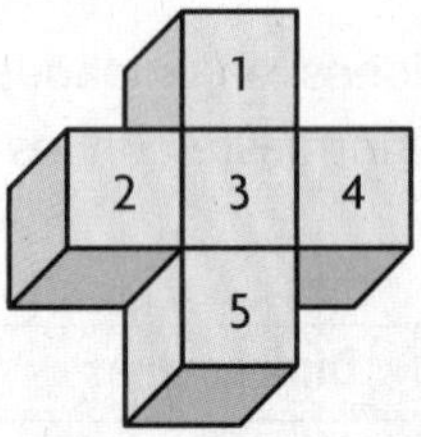

Cuerpo geométrico 2

El cuerpo geométrico 1 está formado por ______ cubos de una unidad.

El cuerpo geométrico 2 está formado por ______ cubos de una unidad.

Entonces, el cuerpo geométrico ______ tiene más cubos de una unidad que el cuerpo geométrico ______.

- Usa 12 cubos de una unidad para formar un cuerpo geométrico que no sea un prisma rectangular. Muestra tu modelo a un compañero. Describe en qué se parecen y en qué se diferencian tu modelo y el de tu compañero.

____

____

Nombre ___________________________

Comunicar y mostrar

Cuenta el número de cubos usados para formar cada cuerpo geométrico.

1. El prisma rectangular está formado por _______ cubos de una unidad.

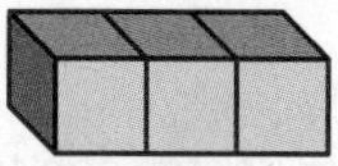

2.

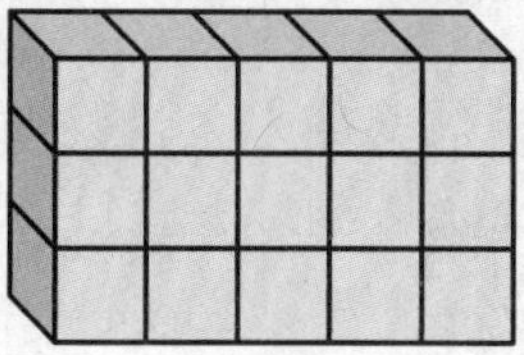

_______ cubos de una unidad

3.

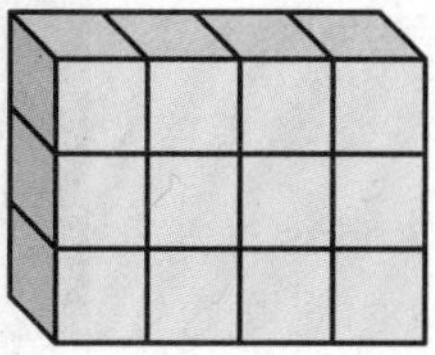

_______ cubos de una unidad

4.

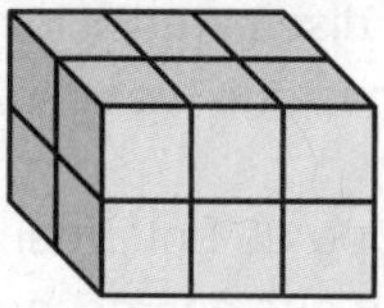

_______ cubos de una unidad

5.

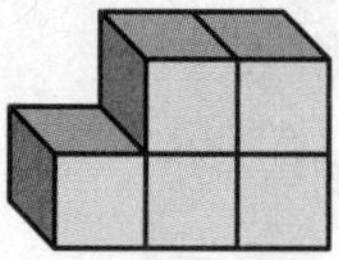

_______ cubos de una unidad

6.

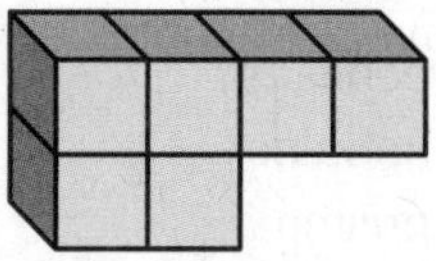

_______ cubos de una unidad

7.

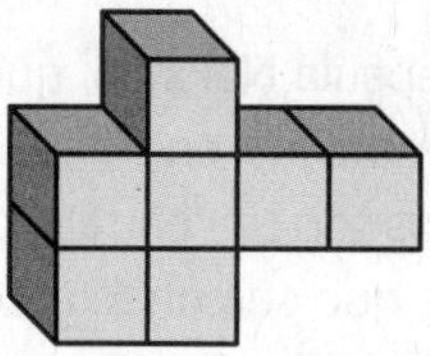

_______ cubos de una unidad

8. Escribe ¿Qué relación hay entre los prismas de los ejercicios 3 y 4? ¿Puedes mostrar un prisma rectangular diferente que tenga la misma relación? **Explícalo.**

____

____

____

Compara el número de cubos de una unidad de cada cuerpo geométrico. Usa <, > ó =.

9.

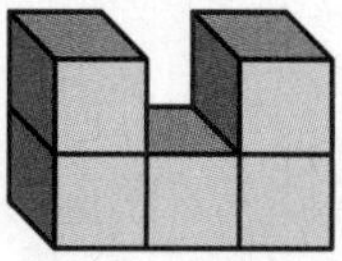

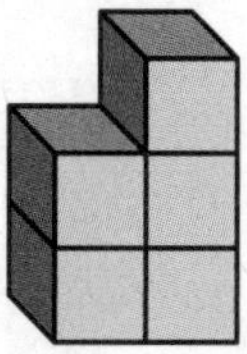

_______ cubos de una unidad ◯ _______ cubos de una unidad

10.

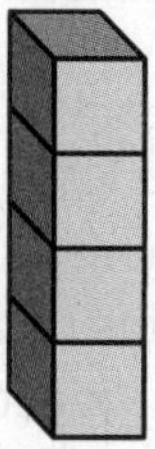

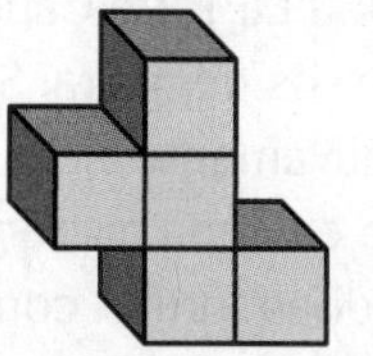

_______ cubos de una unidad ◯ _______ cubos de una unidad

Conectar con el Arte

La *arquitectura* es el arte y la ciencia de diseñar edificios y estructuras. Un arquitecto es la persona que planea y diseña edificios.

Los buenos arquitectos son tanto artistas como ingenieros. Deben saber mucho sobre la construcción de edificios y deben saber diseñar edificios que cubran las necesidades de las personas que los usan.

Las Casas Cubo de Rotterdam, que se encuentran en los Países Bajos y que aparecen en la fotografía superior de la derecha, se construyeron en la década de 1970. Cada cubo es una casa inclinada que descansa sobre un pilar hexagonal. Cada una de estas casas representa un árbol abstracto. El conjunto de las Casas Cubo forma un "bosque".

La Torre Cápsula Nakagin, que se muestra a la derecha, es un edificio ubicado en Tokio, Japón, formado por módulos unidos a dos torres centrales. Cada módulo es un prisma rectangular que se conecta con un núcleo de hormigón mediante cuatro grandes pernos. Los módulos pueden ser oficinas o viviendas y se pueden quitar o reemplazar.

Usa la información para responder las preguntas.

11. Hay 38 Casas Cubo. Dentro de cada casa, entran 1,000 cubos de una unidad de 1 metro por 1 metro por 1 metro. Usa cubos de una unidad para describir las dimensiones de una casa cubo. Recuerda que todas las aristas del cubo tienen la misma longitud.

____

____

____

12. H.O.T. La Torre Cápsula Nakagin tiene 140 módulos y 14 pisos de altura. Si todos los módulos se dividieran equitativamente entre la cantidad de pisos, ¿cuántos módulos habría en cada piso? ¿Cuántos prismas rectangulares diferentes se podrían formar con esa cantidad?

____

 PARA PRACTICAR MÁS:
Cuaderno de práctica de los estándares, págs. P229 y P230

Nombre ______________________

Comprender el volumen

Pregunta esencial ¿Cómo puedes usar cubos de una unidad para hallar el volumen de un prisma rectangular?

ESTÁNDARES COMUNES CC.5.MD.3b, CC.5.MD.4
Geometric measurement: understand concepts of volume and relate volume to multiplication and to addition.

Investigar

CONECTAR Puedes contar cubos de una unidad para hallar el volumen de un prisma rectangular. El **volumen** es la cantidad de espacio que ocupa un cuerpo geométrico medida en **unidades cúbicas.** Cada cubo de una unidad tiene un volumen de 1 unidad cúbica.

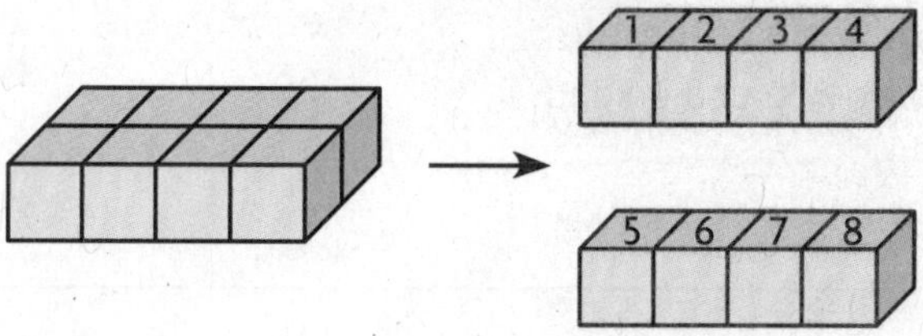

El prisma rectangular de arriba está formado por ______ cubos de una unidad y tiene un volumen de ______ unidades cúbicas.

Materiales ■ patrón A de un prisma rectangular ■ cubos de 1 centímetro

A. Recorta, pliega y pega con cinta adhesiva el patrón para formar un prisma rectangular.

B. Usa cubos de 1 centímetro para llenar la base del prisma rectangular sin que queden espacios vacíos ni superposiciones. Cada cubo de 1 centímetro tiene una longitud, un ancho y una altura de 1 centímetro y un volumen de 1 centímetro cúbico.

- ¿Cuántos cubos de 1 centímetro forman la longitud de la primera capa? ¿Y el ancho? ¿Y la altura?

  longitud: ______ ancho: ______ altura: ______

- ¿Cuántos cubos de 1 centímetro se usan para llenar la base? ______

C. Sigue llenando el prisma rectangular, capa a capa. Cuenta el número de cubos de 1 centímetro que usaste en cada capa.

- ¿Cuántos cubos de 1 centímetro hay en cada capa? ______
- ¿Cuántas capas de cubos llenan el prisma rectangular? ______
- ¿Cuántos cubos de 1 centímetro llenan el prisma? ______

Entonces, el volumen del prisma rectangular es ______ centímetros cúbicos.

Sacar conclusiones

1. **Describe** la relación que hay entre el número de cubos de 1 centímetro que usaste para completar cada capa, el número de capas y el volumen del prisma.

____

____

____

2. **Aplica** Si tuvieras un prisma rectangular con una longitud de 3 unidades, un ancho de 4 unidades y una altura de 2 unidades, ¿cuántos cubos de una unidad necesitarías para cada capa? ¿Cuántos cubos de una unidad necesitarías para llenar el prisma rectangular?

____

Hacer conexiones

Para hallar el volumen de figuras tridimensionales, mides en tres direcciones. Si se trata de un prisma rectangular, mides la longitud, el ancho y la altura. Usa unidades cúbicas como cm cub, pulg cub o pie cub.

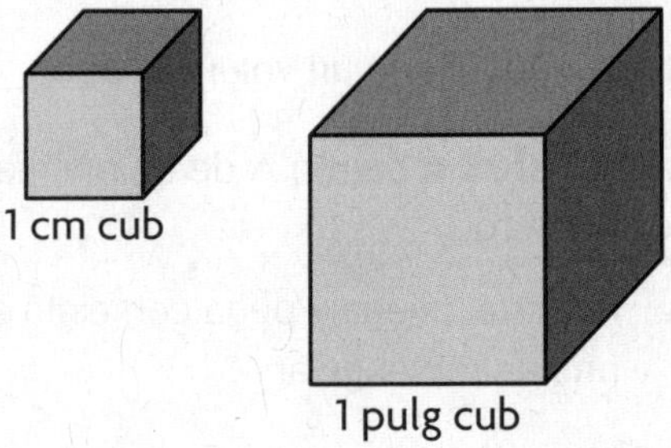

- ¿Qué tiene un volumen mayor: 1 cm cub o 1 pulg cub? **Explícalo.**

____

____

Halla el volumen del prisma si cada cubo representa 1 cm cub, 1 pulg cub y 1 pie cub.

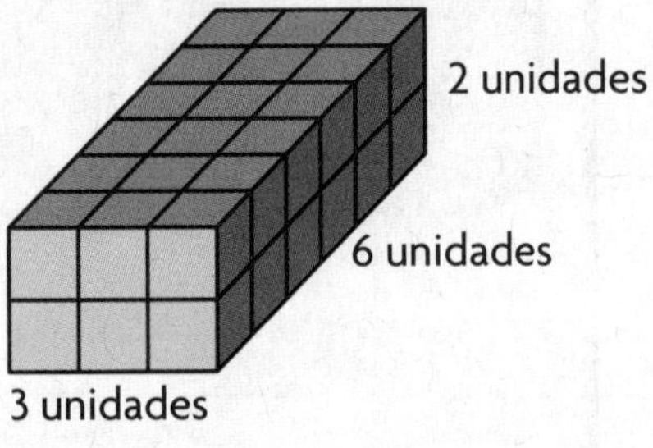

_______ cm cub

_______ pulg cub

_______ pies cub

- Si el prisma de arriba estuviera formado por cubos de 1 centímetro, cubos de 1 pulgada o cubos de 1 pie, ¿tendría el mismo tamaño? **Explícalo.**

____

____

____

Nombre ______________________________

Comunicar y mostrar

Usa la unidad dada. Halla el volumen.

1.

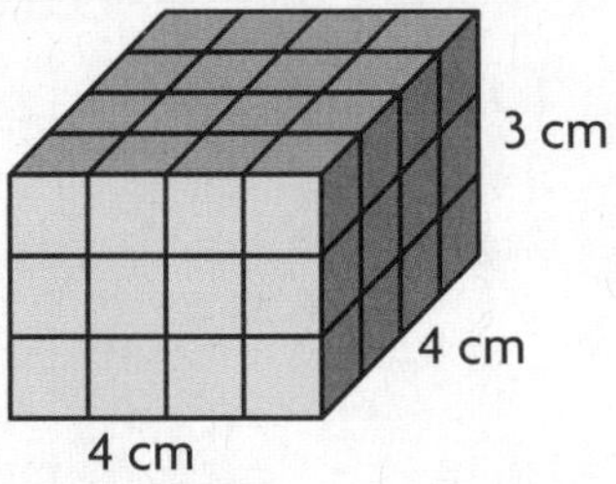

Cada cubo = 1 cm cub

Volumen = ____________ cub

2.

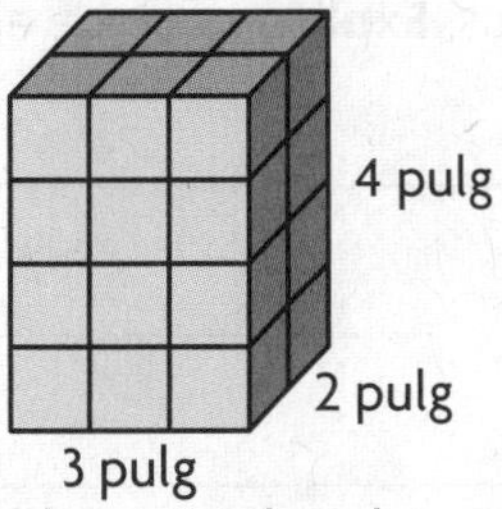

Cada cubo = 1 pulg cub

Volumen = ____________ cub

3.

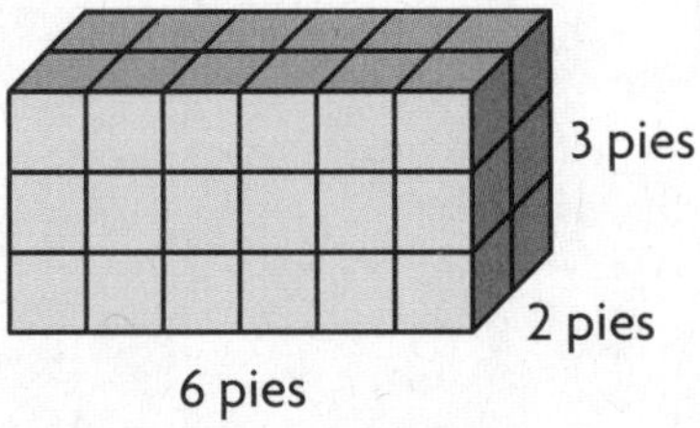

Cada cubo = 1 pie cub

Volumen = ____________ cub

4.

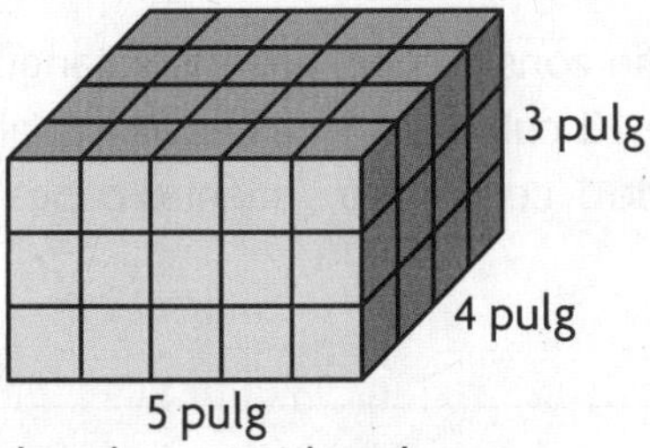

Cada cubo = 1 pulg cub

Volumen = ____________ cub

Compara los volúmenes. Escribe <, > ó =.

5.

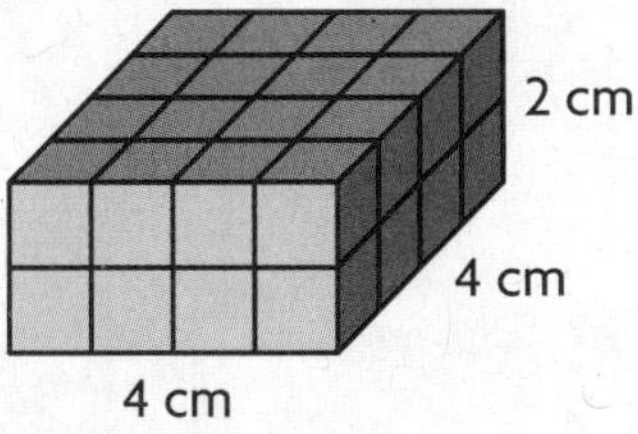

Cada cubo = 1 cm cub

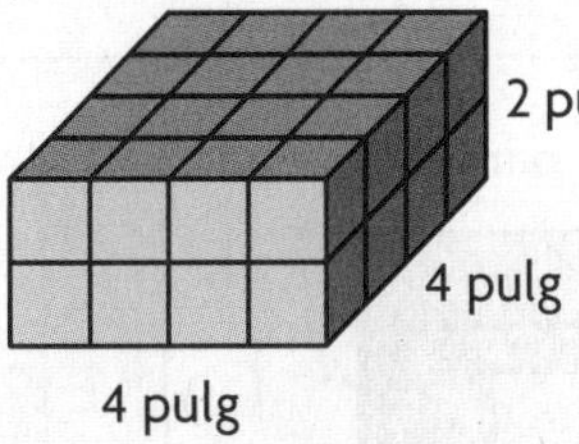

Cada cubo = 1 pulg cub

_______ cm cub ◯ _______ pulg cub

6.

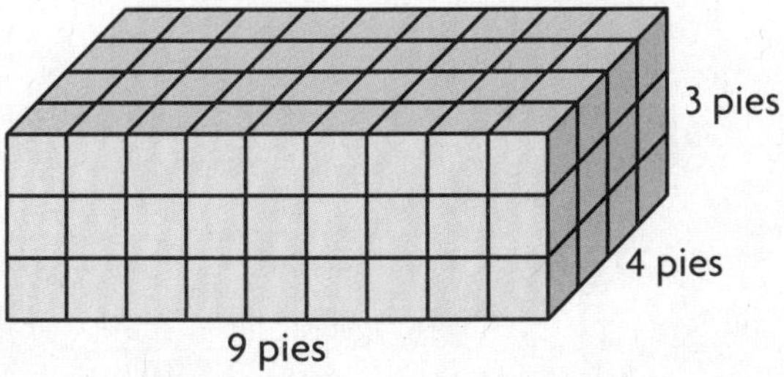

Cada cubo = 1 pie cub

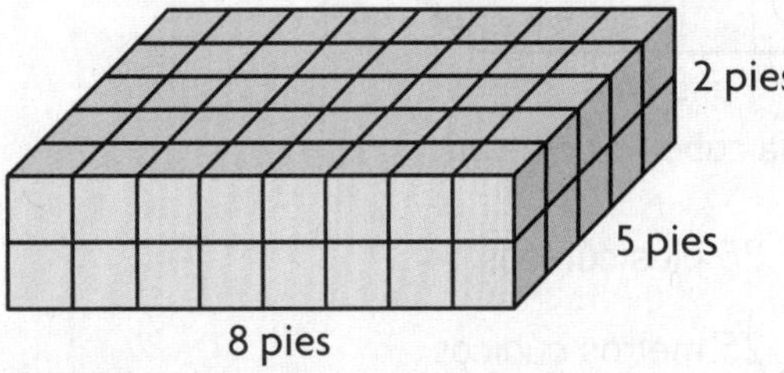

Cada cubo = 1 pie cub

_______ pies cub ◯ _______ pies cub

Resolución de problemas EN EL MUNDO

MUESTRA TU TRABAJO

7. **¿Cuál es el error?** Jerry dice que el volumen de un cubo con aristas que miden 10 centímetros es el doble del volumen de un cubo con lados que miden 5 centímetros. **Explica** y corrige el error de Jerry.

____

____

____

____

____

8. H.O.T. Pattie construyó un prisma rectangular con cubos. La base del prisma tiene 12 cubos de 1 centímetro. Si el prisma está formado por 108 cubos de 1 centímetro, ¿cuántas capas tiene? ¿Cuál es la altura del prisma?

____

9. Una empresa de embalajes hace cajas con aristas que miden 3 pies cada una. ¿Cuál es el volumen de las cajas? Si se colocan 10 cajas en un contenedor para envíos grande y rectangular que se llena completamente sin que queden espacios vacíos ni superposiciones, ¿cuál es el volumen del contenedor?

____

10. **Preparación para la prueba** Halla el volumen del prisma rectangular.

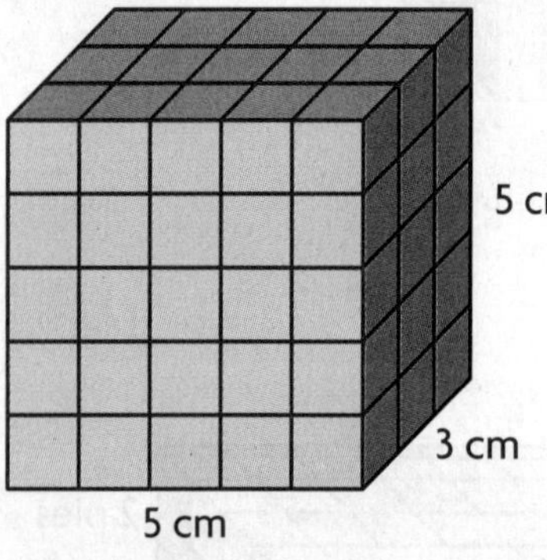

Cada cubo = 1 cm cub

Ⓐ 25 pies cúbicos

Ⓑ 25 metros cúbicos

Ⓒ 75 metros cúbicos

Ⓓ 75 centímetros cúbicos

 PARA PRACTICAR MÁS:
Cuaderno de práctica de los estándares, págs. P231 y P232

Nombre ______________________________

Estimar el volumen

Pregunta esencial ¿Cómo puedes usar un objeto común para estimar el volumen de un prisma rectangular?

ESTÁNDAR COMÚN CC.5.MD.4
Geometric measurement: understand concepts of volume and relate volume to multiplication and to addition.

Investigar

Izzy envía 20 cajas de crayones por correo a una organización educativa para niños en el extranjero. Hay dos cajas de envío de distinto tamaño. Si se usa una caja de crayones como unidad cúbica, ¿alrededor de cuál es el volumen de cada caja de envío, en cajas de crayones? ¿Qué caja de envío debería usar Izzy para enviar los crayones por correo?

Materiales ■ patrón B de un prisma rectangular ■ 2 cajas de distinto tamaño

A. Recorta, pliega y pega con cinta adhesiva el patrón para formar un prisma rectangular. Rotula el prisma "Crayones". Puedes usar este prisma para estimar y comparar el volumen de las dos cajas.

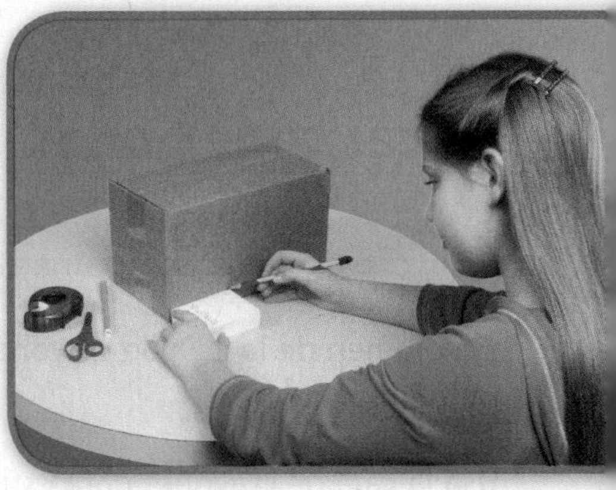

B. Usa la caja de crayones que hiciste y cuenta para hallar el número de cajas que forman la base de la caja de envío. Estima la longitud a la unidad entera más próxima.

Número de cajas de crayones que llenan la base:

Caja 1: ____________ Caja 2: ____________

C. Comienza con la caja de crayones en la misma posición y cuenta para hallar el número de cajas de crayones que forman la altura de la caja de envío. Estima la altura a la unidad entera más próxima.

Número de capas:

Caja 1: ____________ Caja 2: ____________

La caja 1 tiene un volumen de ______ cajas de crayones

y la caja 2 tiene un volumen de ______ cajas de crayones.

Entonces, Izzy debería usar ______ para enviar los crayones.

Sacar conclusiones

1. **Explica** cómo estimaste el volumen de las cajas de envío.

____

____

____

____

2. **Analiza** Si tuvieras que estimar a la unidad entera más próxima para hallar el volumen de una caja de envío, ¿cómo podrías colocar en la caja de envío más cajas de crayones de las que estimaste? **Explícalo.**

____

____

____

____

Hacer conexiones

La caja de crayones tiene una longitud de 3 pulgadas, un ancho de 4 pulgadas y una altura de 1 pulgada.

El volumen de la caja de crayones es ______ pulgadas cúbicas.

Usa la caja de crayones para estimar el volumen en pulgadas cúbicas de la caja que está a la derecha.

- La caja de la derecha contiene ______ cajas de crayones en cada una de las ______ capas, o un total de ______ cajas de crayones.
- Multiplica el volumen de 1 caja de crayones por el número estimado de cajas de crayones que entran en la caja que está a la derecha.

______ × ______ = __________

Entonces, el volumen de la caja de envío que está a la derecha es alrededor de __________ pulgadas cúbicas.

Nombre ______________________________

Comunicar y mostrar MATH BOARD

Estima el volumen.

1. Cada caja de pañuelos de papel tiene un volumen de 125 pulgadas cúbicas.

Hay ______ cajas de pañuelos en la caja más grande. El volumen estimado de la caja que contiene las cajas de pañuelos es

______ × 125 = __________ pulg cub.

2. Volumen de la caja de tizas: 16 pulg cub

Volumen de la caja grande: ______________

3. Volumen del joyero pequeño: 30 cm cub

Volumen de la caja grande: ______________

Por tu cuenta

Estima el volumen.

4. Volumen del libro: 80 pulg cub

Volumen de la caja grande: ______________

5. Volumen de la caja de espagueti: 750 cm cub

Volumen de la caja grande: ______________

6. Volumen de la caja de cereal: 324 pulg cub

Volumen de la caja grande: ______________

7. Volumen de la caja de lápices: 4,500 cm cub

Volumen de la caja grande: ______________

Resolución de problemas EN EL MUNDO

H.O.T. ¿Tiene sentido?

8. Marcelle usó uno de sus libros para estimar el volumen de las dos cajas de abajo. Su libro tiene un volumen de 48 pulgadas cúbicas. La caja 1 contiene alrededor de 7 capas de libros y la caja 2 contiene alrededor de 14 capas de libros. Marcelle dice que las dos cajas tienen alrededor del mismo volumen.

Caja 1

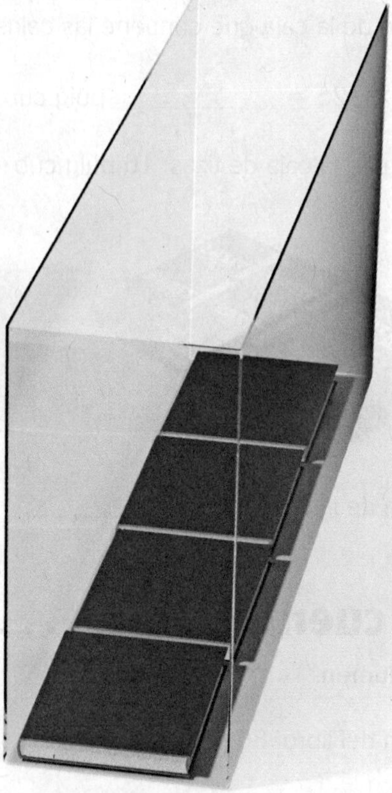

Caja 2

- ¿Tiene sentido el enunciado de Marcelle? **Explica** tu respuesta.

Nombre ______________________________

Volumen de los prismas rectangulares

Pregunta esencial ¿Cómo puedes hallar el volumen de un prisma rectangular?

ESTÁNDAR COMÚN CC.5.MD.5a
Geometric measurement: understand concepts of volume and relate volume to multiplication and to addition.

CONECTAR La base de un prisma rectangular es un rectángulo. Sabes que el área se mide en unidades cuadradas, o unidades^2, y que puedes multiplicar la longitud y el ancho de un rectángulo para hallar su área.

El volumen se mide en unidades cúbicas, o unidades^3. Cuando formas un prisma y añades capas de cubos, añades una tercera dimensión: la altura.

El área de la base

es _______ unidades cuad.

SOLUCIONA el problema EN EL MUNDO

Sid usa cubos de 1 pulgada para formar un prisma rectangular. La base del prisma es un rectángulo y su altura es 4 cubos. ¿Cuál es el volumen del prisma rectangular que formó Sid?

Puedes multiplicar el número de unidades cuadradas de la figura de la base por el número de capas, o su altura, para hallar el volumen de un prisma en unidades cúbicas.

Cada capa del prisma rectangular de Sid está

formada por ________ cubos de 1 pulgada.

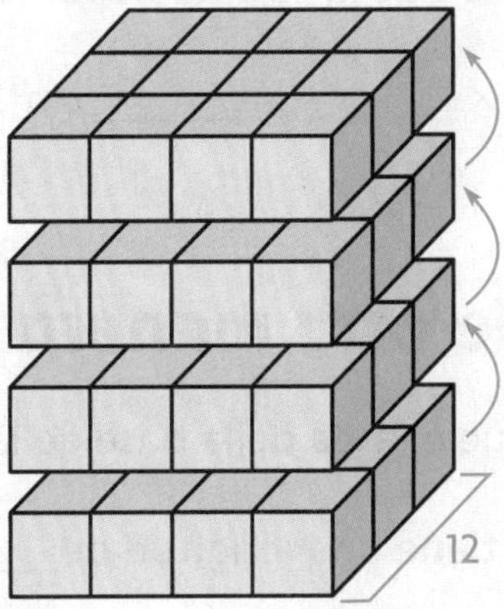

Altura (en capas)	1	2	3	4
Volumen (en pulgadas cúbicas)	12	24		

Multiplica la altura por ________.

- ¿Cómo cambia el volumen al añadir cada capa?

____

____

- ¿Qué representa el número por el que multiplicas la altura?

____

____

Entonces, el volumen del prisma rectangular de Sid es _______ pulg^3.

Relaciona la altura con el volumen

Toni apila en una caja de depósito cuentas en forma de cubo con aristas que miden 1 centímetro. La caja puede contener 6 capas de 24 cubos sin que queden espacios vacíos ni superposiciones. ¿Cuál es el volumen de la caja de cuentas?

- ¿Cuáles son las dimensiones de la base de la caja?

  ____

- ¿Qué operación puedes usar para hallar el área de la base?

  ____

De una manera Usa la base y la altura.

El volumen de cada cuenta es ______ cm^3.

La base de la caja de depósito tiene un área de ______ cm^2.

La altura de la caja de depósito es ______ centímetros.

El volumen de la caja de depósito es

______ × ______, ó ______ cm^3.
Área de la base

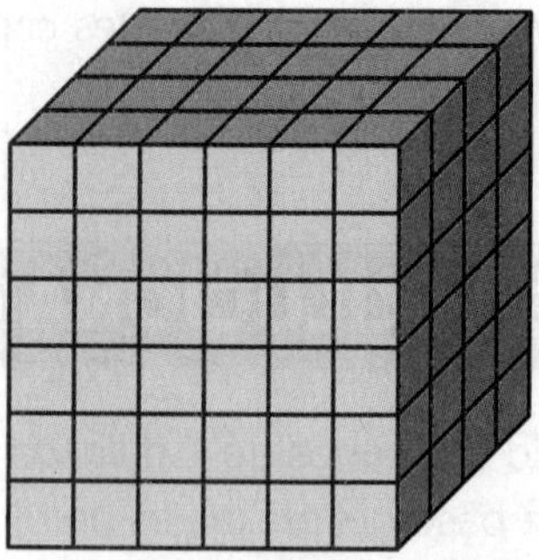

De otra manera Usa la longitud, el ancho y la altura.

Sabes que el área de la base de la caja de depósito es 24 cm^2.

La base tiene una longitud de ______ centímetros

y un ancho de ______ centímetros. La altura

es ______ centímetros. El volumen de la caja de depósito es

(______ × ______) × ______, ó ______ × ______, ó ______ cm^3.
Área de la base

Entonces, el volumen de la caja de depósito es ______ cm^3.

¡Inténtalo!

La base de un prisma rectangular tiene una longitud de 10 pulgadas y un ancho de 7 pulgadas. La altura del prisma es 3 pulgadas.

¿Cuál es el área de la base? ____________

¿Cuál es el volumen? ____________

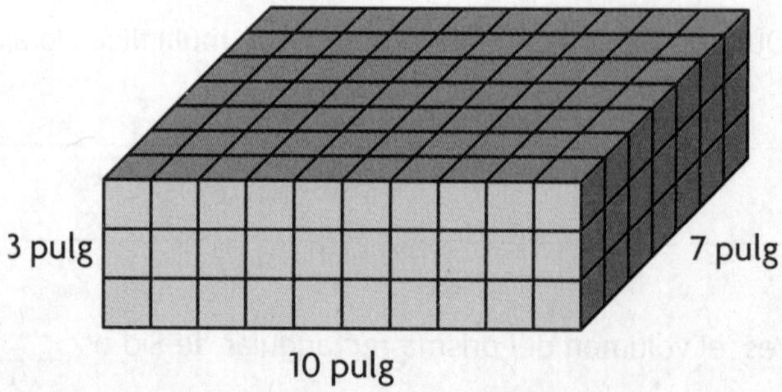

Nombre ________________________________

Comunicar y mostrar

MATH BOARD

Halla el volumen.

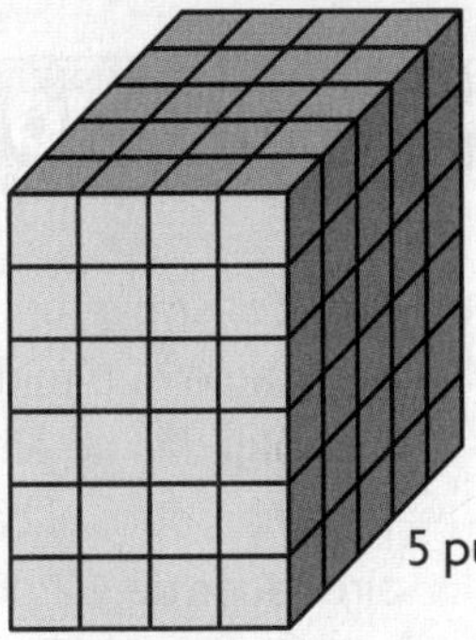

1. La longitud del prisma rectangular es __________.

El ancho es __________. Entonces, el área de la base es __________.

La altura es __________. Entonces, el volumen del cubo es __________.

2.

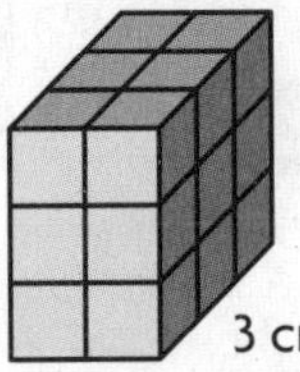

Volumen: __________

3.

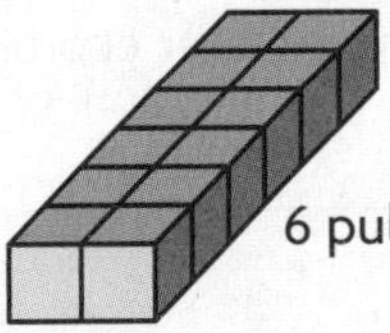

Volumen: __________

MÉTODOS MATEMÁTICOS

Charla matemática **Explica** por qué se usa el exponente 2 para expresar la medida del área y el exponente 3, para expresar la medida del volumen.

Por tu cuenta

Halla el volumen.

4.

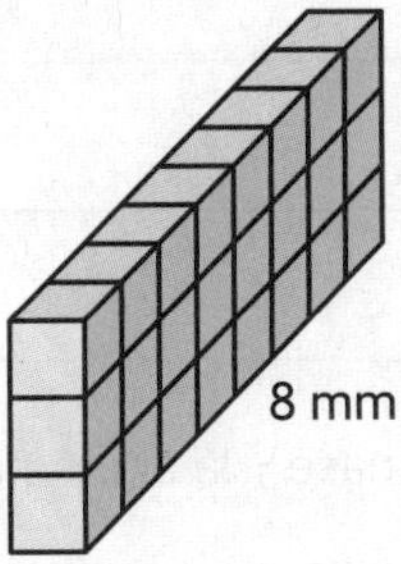

Volumen: __________

5.

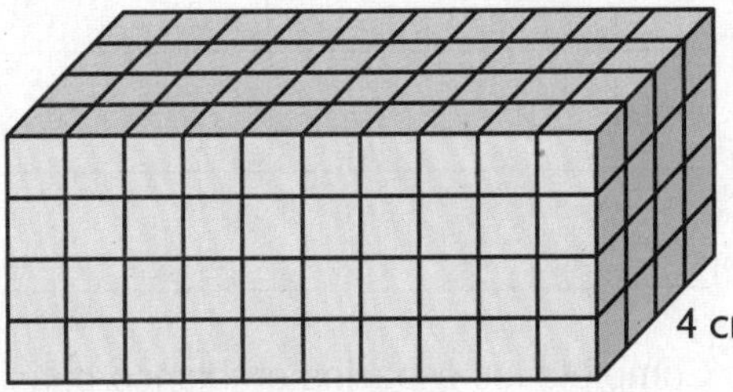

Volumen: __________

6.

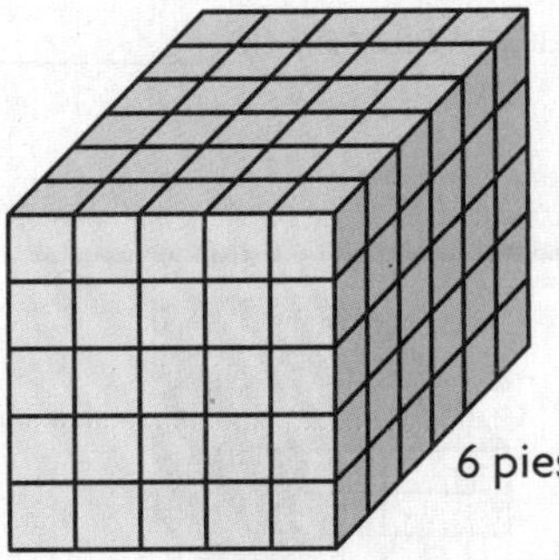

Volumen: __________

7.

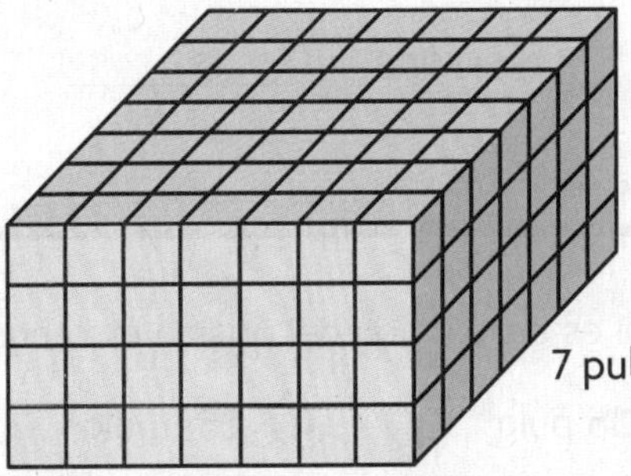

Volumen: __________

SOLUCIONA el problema EN EL MUNDO

PREPARACIÓN PARA LA PRUEBA

8. Rich construye un cajón de viaje para su perro Thomas, una cruza de beagle que mide alrededor de 30 pulgadas de longitud, 12 pulgadas de ancho y 24 pulgadas de altura. Para que Thomas viaje cómodo, el cajón debe ser un prisma rectangular que mida alrededor de 12 pulgadas más que él de longitud y de ancho, y alrededor de 6 pulgadas más que él de altura. ¿Cuál es el volumen del cajón de viaje que debe construir Rich?

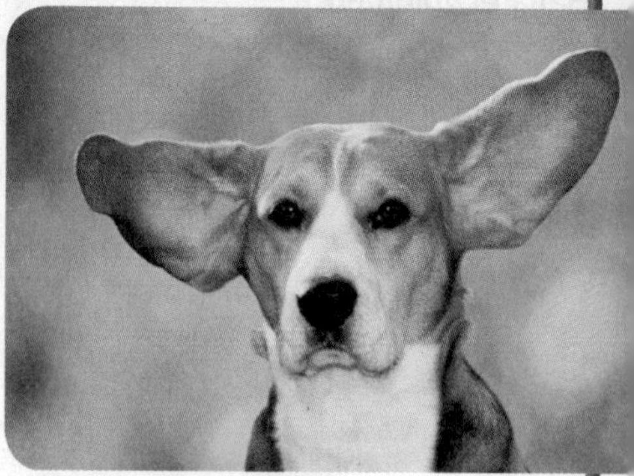

a. ¿Qué debes hallar para resolver el problema?

____

____

b. ¿Cómo puedes usar el tamaño de Thomas como ayuda para resolver el problema?

____

____

____

c. ¿Qué pasos puedes usar para hallar el tamaño del cajón de Thomas?

____

____

____

d. Completa los espacios en blanco con las dimensiones del cajón para el perro.

longitud: __________

ancho: __________

altura: __________

área de la base: __________

e. Multiplica el área de la base y la altura para hallar el volumen del cajón.

______ × ______ = __________

Entonces, Rich debería construir un cajón de viaje para Thomas que tenga un volumen de __________.

9. ¿Cuál es el volumen del prisma rectangular que está a la derecha?

Ⓐ 35 $pulg^3$ Ⓒ 155 $pulg^3$

Ⓑ 125 $pulg^3$ Ⓓ 175 $pulg^3$

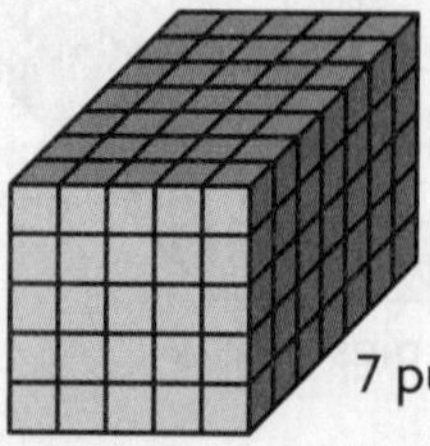

 PARA PRACTICAR MÁS: Cuaderno de práctica de los estándares, págs. P235 y P236

Nombre ______________________________

Aplicar fórmulas de volumen

Pregunta esencial ¿Cómo puedes usar una fórmula para hallar el volumen de un prisma rectangular?

ESTÁNDAR COMÚN CC.5.MD.5b
Geometric measurement: understand concepts of volume and relate volume to multiplication and to addition.

CONECTAR Ambos prismas tienen las mismas dimensiones y el mismo volumen.

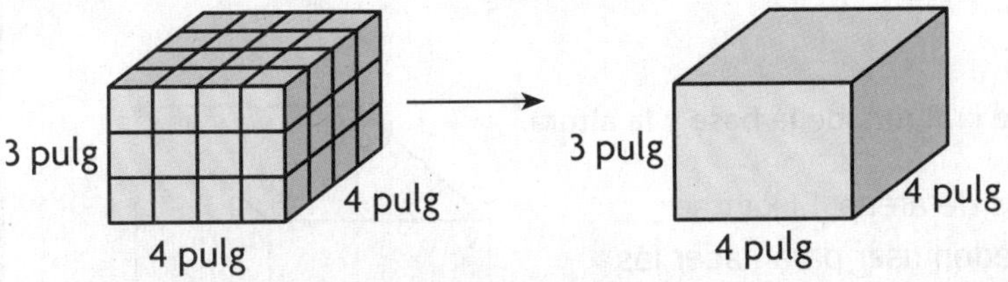

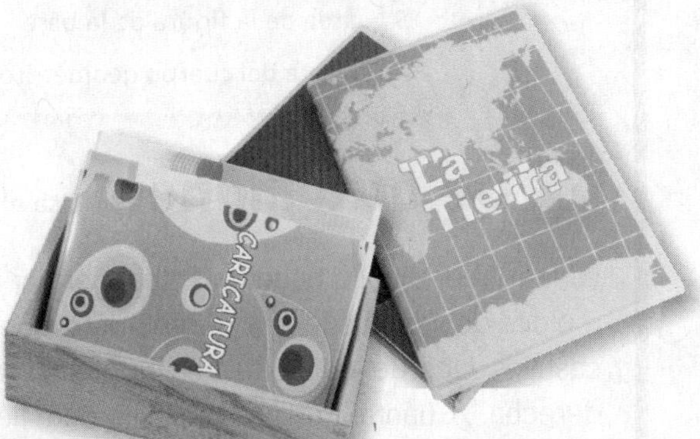

SOLUCIONA el problema EN EL MUNDO

Mike hace una caja para guardar sus DVD favoritos. La longitud de la caja es 7 pulgadas, el ancho es 5 pulgadas y la altura es 3 pulgadas. ¿Cuál es el volumen de la caja que hace Mike?

- Subraya lo que tienes que hallar.
- Encierra en un círculo los números que debes usar para resolver el problema.

De una manera Usa la longitud, el ancho y la altura.

Puedes usar una fórmula para hallar el volumen de un prisma rectangular.

Volumen = longitud × ancho × altura

$V = l \times a \times h$

PASO 1 Identifica la longitud, el ancho y la altura del prisma rectangular.

longitud = _______ pulg

ancho = _______ pulg

altura = _______ pulg

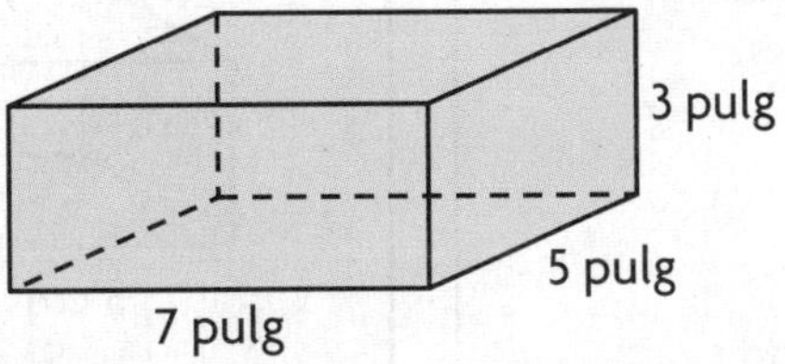

PASO 2 Multiplica la longitud por el ancho.

_______ × _______ = _______

PASO 3 Multiplica el producto de la longitud y el ancho por la altura.

35 × _______ = _______

Entonces, el volumen de la caja de DVD de Mike es _________ pulgadas cúbicas.

MÉTODOS MATEMÁTICOS
Charla matemática **Explica** cómo puedes usar la propiedad asociativa para agrupar la parte de la fórmula que representa el área.

Has aprendido una fórmula para hallar el volumen de un prisma rectangular. También puedes usar otra fórmula.

> *Volumen* = *área de la Base* × *altura*
>
> $V = B \times h$
>
> B = área de la figura de la base
>
> h = altura del cuerpo geométrico

De otra manera **Usa el área de la figura de la base y la altura.**

La familia de Emilio tiene un kit para armar castillos de arena. El kit trae moldes de varios cuerpos geométricos que se pueden usar para hacer los castillos. Uno de los moldes es un prisma rectangular como el que está a la derecha. ¿Cuánta arena se necesita para llenar el molde?

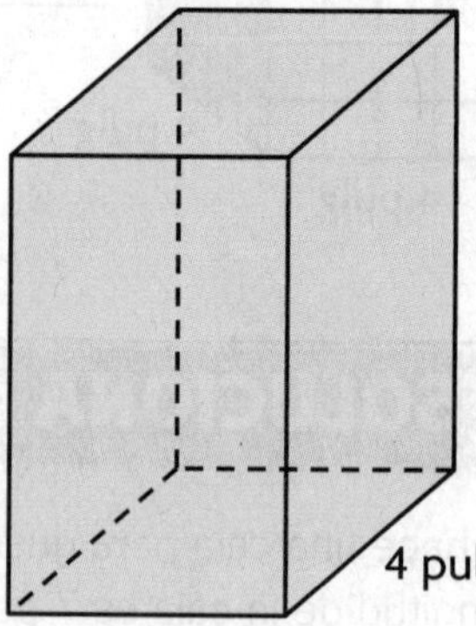

$V = B \times h$ — Reemplaza B con una expresión para el área de la figura de la base. Reemplaza h con la altura del cuerpo geométrico.

$V =$ (____ × ____) × ____ — Multiplica.

$V =$ ____ × ____

$V =$ ____ pulg cub

Entonces, se necesitan ____ pulgadas cúbicas de arena para llenar el molde con forma de prisma rectangular.

¡Inténtalo!

A **Halla el volumen.**

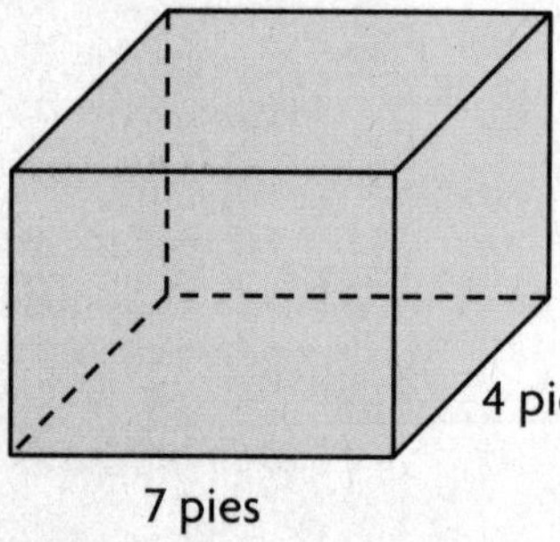

$V = l \times a \times h$

$V =$ ____ × ____ × ____

$V =$ ____ × ____

$V =$ ____ pies cub

B **Halla la medida desconocida.**

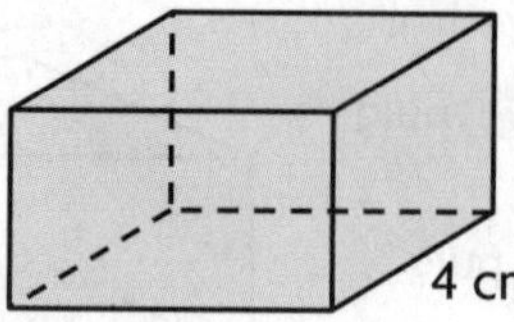

$V = l \times a \times h$

60 = ____ × ____ × ■

60 = ____ × ■

Piensa: Si llenara este prisma con cubos de 1 centímetro, cada capa tendría 20 cubos. ¿Cuántas capas de 20 cubos equivalen a 60?

Entonces, la medida desconocida es ____ cm.

Nombre ____________________

Comunicar y mostrar

Halla el volumen.

1.

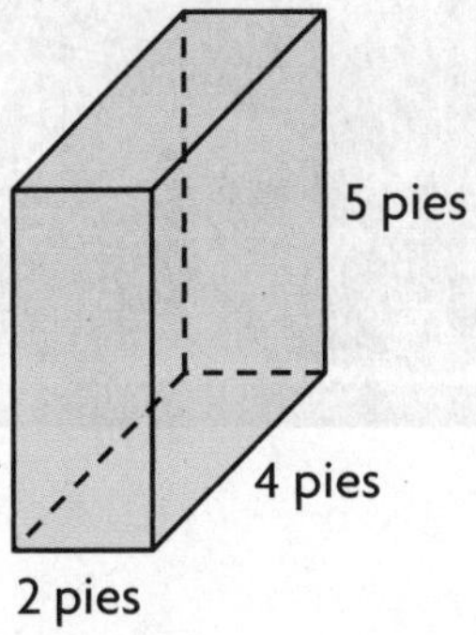

$V =$ ____________

2.

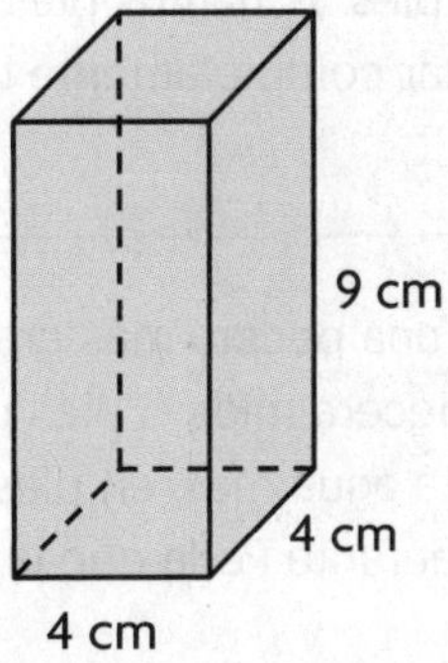

$V =$ ____________

Por tu cuenta

Halla el volumen.

3.

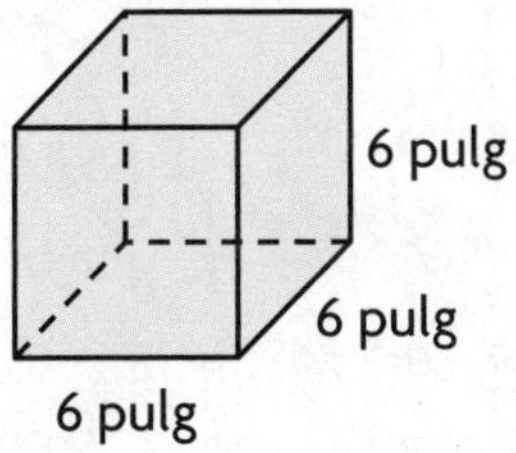

$V =$ ____________

4.

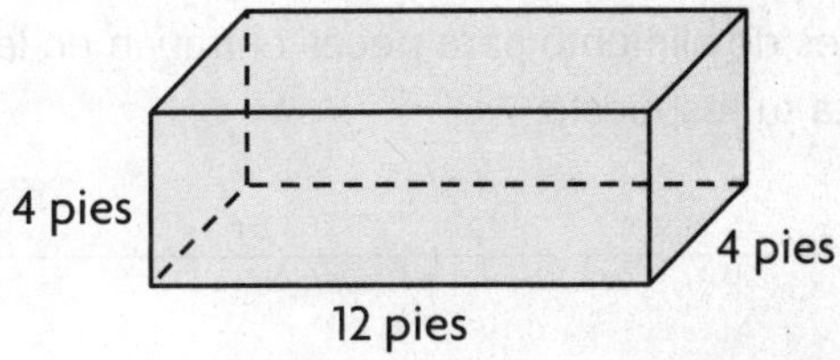

$V =$ ____________

5.

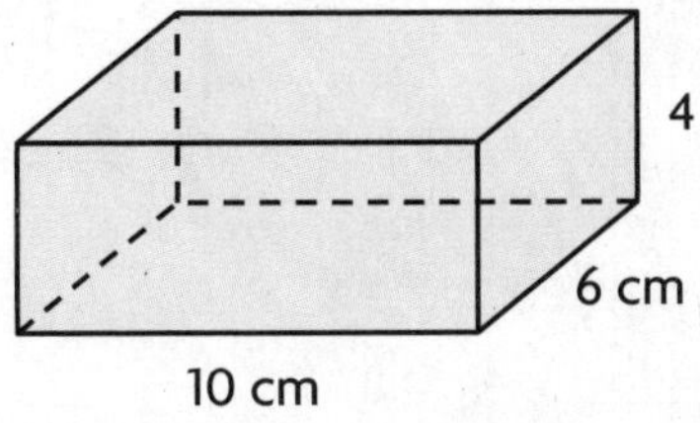

$V =$ ____________

6.

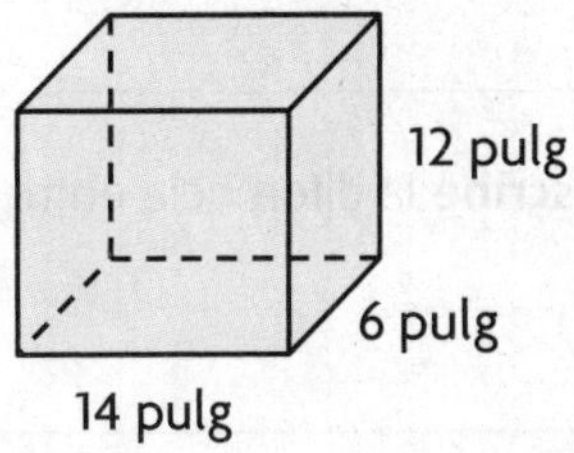

$V =$ ____________

H.O.T. **Álgebra** Halla la medida desconocida.

7.

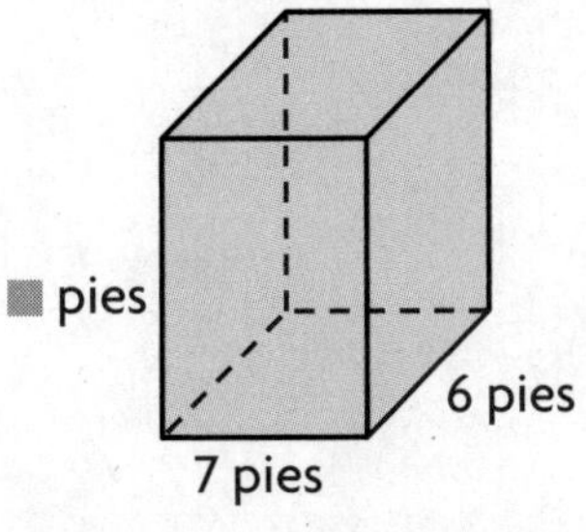

$V = 420$ pies cub ■ = ________ pies

8.

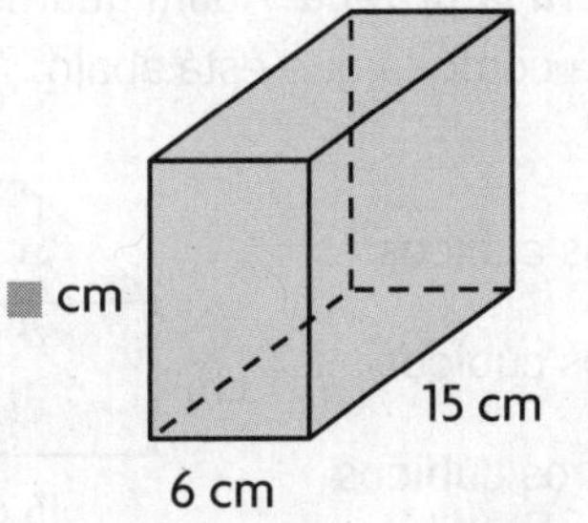

$V = 900$ cm cub ■ = ________ cm

Resolución de problemas EN EL MUNDO

9. El restaurante Jade tiene una pecera grande en exposición en la entrada. La base de la pecera mide 5 pies por 2 pies. La altura de la pecera es 4 pies. ¿Cuántos pies cúbicos de agua se necesitan para llenar completamente la pecera?

____

10. El restaurante Perla colocó una pecera más grande en su entrada. La base de su pecera mide 6 pies por 3 pies y la altura es 4 pies. ¿Cuánta agua más, en pies cúbicos, contiene la pecera del restaurante Perla que la pecera del restaurante Jade?

____

MUESTRA TU TRABAJO

11. H.O.T. Eddie usó un pequeño envase de alimento para peces para medir su pecera. El envase tiene un área de base de 6 pulgadas y una altura de 4 pulgadas. Eddie halló que el volumen de la pecera es 3,456 pulgadas cúbicas. ¿Cuántos envases de alimento para peces entrarían en la pecera? **Explica** tu respuesta.

____

____

____

____

12. Escribe **Describe** la diferencia entre área y volumen.

____

____

____

13. **Preparación para la prueba** Adam guarda sus CD favoritos en una caja como la que está abajo. ¿Cuál es el volumen de la caja?

Ⓐ 150 centímetros cúbicos

Ⓑ 750 centímetros cúbicos

Ⓒ 1,050 centímetros cúbicos

Ⓓ 1,150 centímetros cúbicos

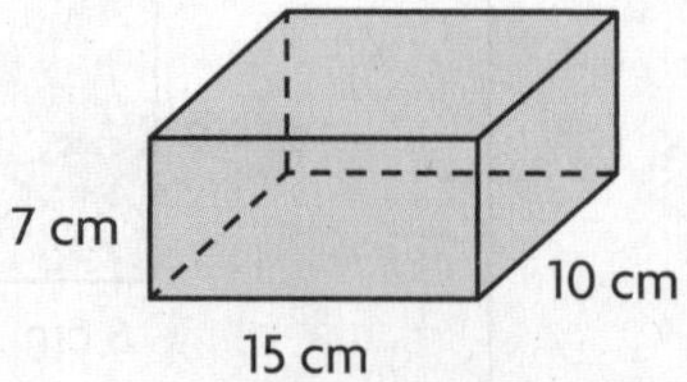

Nombre ____________________________________

Resolución de problemas • Comparar volúmenes

Pregunta esencial ¿Cómo puedes usar la estrategia *hacer una tabla* para comparar prismas rectangulares diferentes que tienen el mismo volumen?

ESTÁNDAR COMÚN CC.5.MD.5b
Geometric measurement: understand concepts of volume and relate volume to multiplication and to addition.

SOLUCIONA el problema EN EL MUNDO

Adam tiene 50 cubos de una pulgada. Todas las aristas de los cubos miden 1 pulgada. Adam se pregunta cuántos prismas rectangulares con bases de diferente tamaño puede formar si apila todos los cubos de una pulgada.

Usa el organizador gráfico de abajo como ayuda para resolver el problema.

Lee el problema

¿Qué debo hallar?

Debo hallar el número de ____________________

con ____________ de diferente tamaño que tienen un

volumen de ____________________.

¿Qué información debo usar?

Puedo usar la fórmula ____________________

____________ y los factores de ____________.

¿Cómo usaré la información?

Usaré la fórmula y los factores de 50 para completar

una ____________ en la que se muestren todas las combinaciones posibles de dimensiones con un

volumen de ____________ sin repetir las dimensiones de las bases.

Resuelve el problema

Completa la tabla.

Base (pulg cuad)	Altura (pulg)	Volumen (pulg cub)
(1 × 1)	50	(1 × 1) × 50 = 50
(1 × 2)	25	(1 × 2) × 25 = 50
(1 × 5)	10	(1 × 5) × 10 = 50
(1 × 10)	5	(1 × 10) × 5 = 50
(1 × 25)	2	(1 × 25) × 2 = 50
(1 × 50)	1	(1 × 50) × 1 = 50

1. ¿Qué más debes hacer para resolver el problema? ____________________________________

____

2. ¿Cuántos prismas rectangulares diferentes puede formar Adam con

cincuenta cubos de una pulgada? ____________________________________

Haz otro problema

La Sra. Wilton quiere colocar una maceta rectangular en la ventana del frente. Quiere que la maceta contenga exactamente 16 pies cúbicos de tierra. ¿Cuántas macetas diferentes, con dimensiones en números naturales, contendrán 16 pies cúbicos de tierra?

Usa el organizador gráfico de abajo como ayuda para resolver el problema.

Lee el problema	Resuelve el problema
¿Qué debo hallar?	
¿Qué información debo usar?	
¿Cómo usaré la información?	

MÉTODOS MATEMÁTICOS

Charla matemática Explica en qué se diferencian una maceta con dimensiones de $(1 \times 2) \times 8$ y una maceta con dimensiones de $(2 \times 8) \times 1$.

3. ¿Cuántas macetas con bases de diferente tamaño y dimensiones, en números naturales, contendrán exactamente 16 pies cúbicos de tierra?

____

Nombre ______________________

Comunicar y mostrar

MATH BOARD

Pistas

SOLUCIONA el problema

- Encierra en un círculo la pregunta.
- Descompón el problema en pasos más sencillos.

MUESTRA TU TRABAJO

1. El Sr. Price hace pasteles para ocasiones especiales. Sus pasteles más populares tienen un volumen de 360 pulgadas cúbicas. Los pasteles tienen una altura, o grosor, de 3 pulgadas y diferentes longitudes y anchos que son números naturales. Ningún pastel tiene una longitud o un ancho de 1 ó 2 pulgadas. ¿Cuántos pasteles diferentes tienen un volumen de 360 pulgadas cúbicas?

   Primero, piensa qué se te pide que resuelvas en el problema y qué información tienes.

   A continuación, usa la información del problema para hacer una tabla.

   Por último, usa la tabla para resolver el problema.

   ____

   ____

   ____

2. H.O.T. **¿Qué pasaría si** los pasteles de 360 pulgadas cúbicas tuvieran un grosor de 4 pulgadas y cualquier longitud y ancho que sean números naturales? ¿Cuántos pasteles diferentes se podrían hacer? Supón que el precio de un pastel de ese tamaño es $25, más $1.99 cada 4 pulgadas cúbicas de pastel. ¿Cuánto costaría el pastel?

   ____

   ____

   ____

3. Una empresa hace piscinas inflables que vienen en cuatro tamaños de prismas rectangulares. La longitud de cada piscina es el doble del ancho y el doble de la profundidad. La profundidad de cada piscina es un número natural de 2 a 5 pies. Si las piscinas se llenan hasta el borde, ¿cuál es el volumen de cada piscina?

   ____

   ____

   ____

Por tu cuenta

Elige una ESTRATEGIA

- Representar
- Hacer un diagrama
- Hacer una tabla
- Resolver un problema más sencillo
- Trabajar de atrás para adelante
- Adivinar, comprobar y revisar

MUESTRA TU TRABAJO

4. Hay dos peceras en venta y Ray quiere comprar la más grande. Una pecera tiene una base de 20 pulgadas por 20 pulgadas y una altura de 18 pulgadas. La otra pecera tiene una base de 40 pulgadas por 12 pulgadas y una altura de 12 pulgadas. ¿Qué pecera tiene mayor volumen? ¿Cuánto mayor es su volumen?

5. Ken tiene 13 CD. Su hermano Keith tiene 7 CD más que él. Su hermano George tiene más CD que cualquiera de sus hermanos menores. Los tres hermanos juntos tienen 58 CD. ¿Cuántos CD tiene George?

6. H.O.T. Kathy tiene cintas con longitudes de 7 pulgadas, 10 pulgadas y 12 pulgadas. **Explica** cómo puede usar estas cintas para medir una longitud de 15 pulgadas.

7. H.O.T. Un parque tiene un patio de juegos rectangular con una longitud de 66 pies y un ancho de 42 pies. El departamento de mantenimiento de parques tiene 75 yardas de material para cercos. ¿Hay suficiente material para hacer un cerco alrededor del patio de juegos? **Explícalo.**

8. **Preparación para la prueba** John está haciendo un cofre que tendrá un volumen de 1,200 pulgadas cúbicas. La longitud es 20 pulgadas y el ancho es 12 pulgadas. ¿Cuántas pulgadas de altura tendrá el cofre?

   Ⓐ 4 pulg
   Ⓑ 5 pulg
   Ⓒ 6 pulg
   Ⓓ 7 pulg

PARA PRACTICAR MÁS:
Cuaderno de práctica de los estándares, págs. P239 y P240

Nombre ______________________________

Hallar el volumen de figuras compuestas

Pregunta esencial ¿Cómo puedes hallar el volumen de prismas rectangulares que están combinados?

ESTÁNDAR COMÚN CC.5.MD.5c
Geometric measurement: understand concepts of volume and relate volume to multiplication and to addition.

SOLUCIONA el problema EN EL MUNDO

La figura que está a la derecha es una figura compuesta. Está formada por dos prismas rectangulares combinados. ¿Cómo puedes hallar el volumen de la figura?

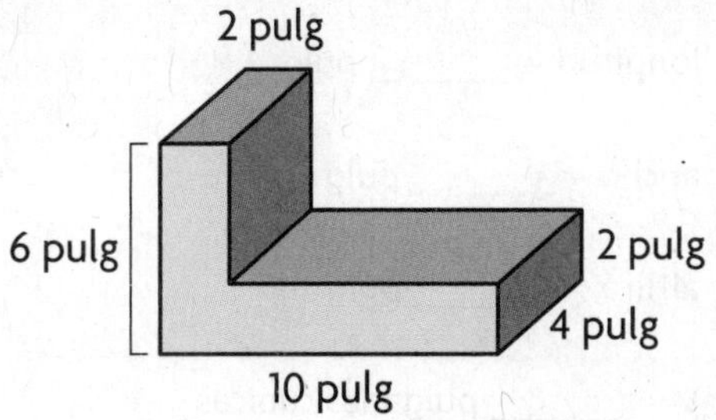

De una manera Usa la suma.

PASO 1 Separa el cuerpo geométrico en dos prismas rectangulares.

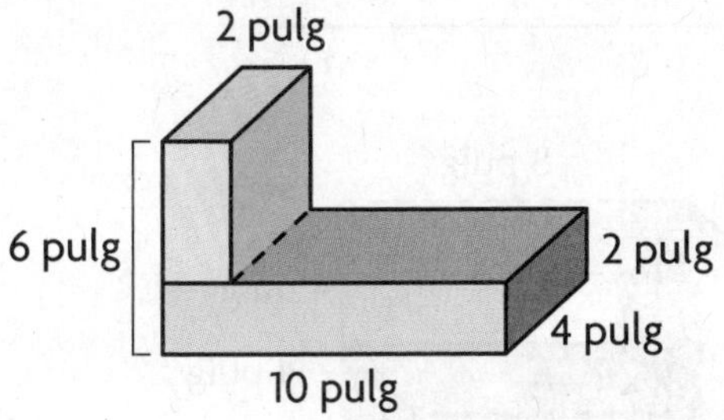

PASO 2 Halla la longitud, el ancho y la altura de cada prisma.

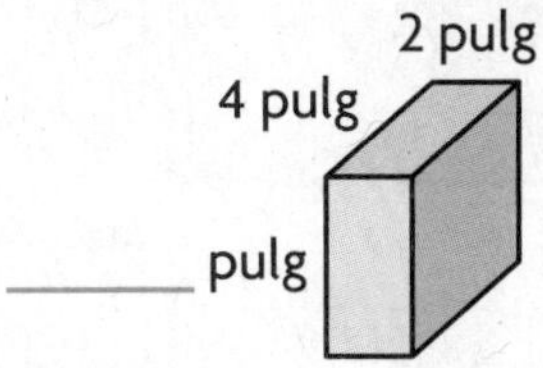

Piensa: La altura total de ambos prismas es 6 pulgadas. Resta las alturas dadas para hallar la altura desconocida. $6 - 2 = 4$

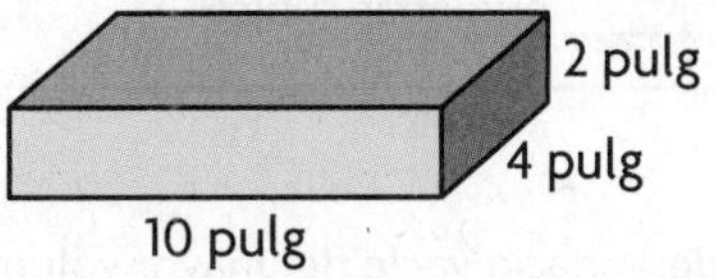

PASO 3 Halla el volumen de cada prisma.

$V = l \times a \times h$	$V = l \times a \times h$
$V =$ _____ $\times$ _____ $\times$ _____	$V =$ _____ $\times$ _____ $\times$ _____
$V =$ _____ $pulg^3$	$V =$ _____ $pulg^3$

PASO 4 Suma el volumen de los prismas rectangulares.

_____ + _____ = _____

Entonces, el volumen de la figura compuesta es _____ pulgadas cúbicas.

- ¿De qué otra manera podrías separar la figura compuesta en dos prismas rectangulares? ______________________________

____

De otra manera Usa la resta.

Puedes restar el volumen de los prismas que habría en los espacios vacíos del mayor volumen posible para hallar el volumen de una figura compuesta.

PASO 1

Halla el mayor volumen posible.

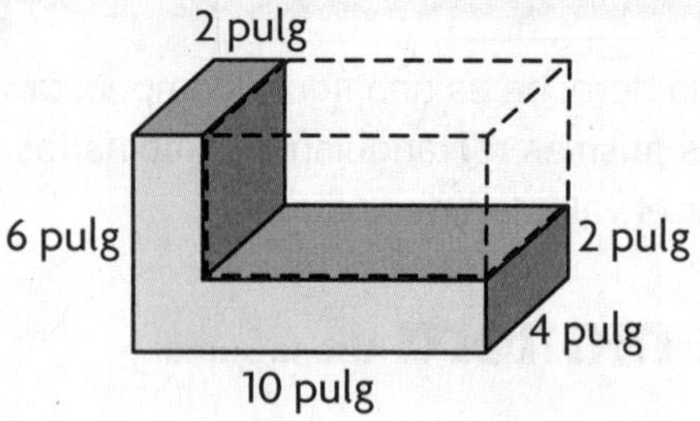

longitud = _______ pulg

ancho = _______ pulg

altura = _______ pulg

V = _______ pulgadas cúbicas

PASO 2

Halla el volumen del prisma del espacio vacío.

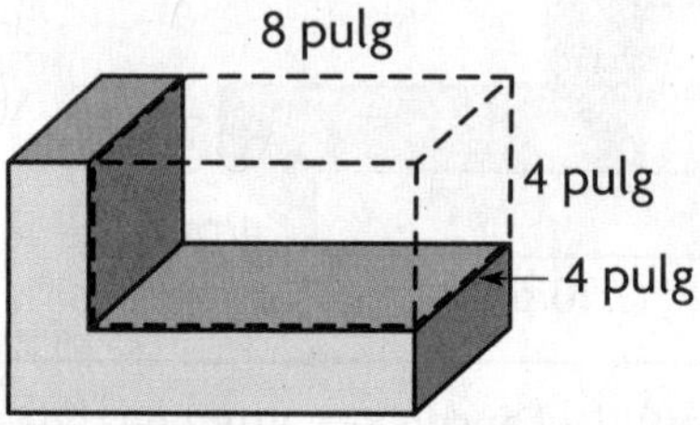

longitud = _______ pulg **Piensa:** $10 - 2 = 8$

ancho = _______ pulg

altura = _______ pulg **Piensa:** $6 - 2 = 4$

$V = 8 \times 4 \times 4 =$ _______ pulgadas cúbicas

PASO 3

Resta el volumen del espacio vacío del mayor volumen posible.

_______ − _______ = _______ pulgadas cúbicas

Entonces, el volumen de la figura compuesta es _______ pulgadas cúbicas.

¡Inténtalo!

Halla el volumen de la figura compuesta que se forma al combinar más de dos prismas rectangulares.

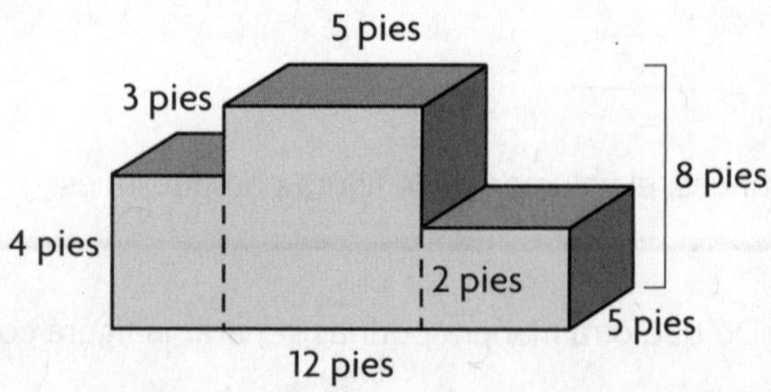

V = _______ × _______ × _______ = _______ pies cub

V = _______ × _______ × _______ = _______ pies cub

V = _______ × _______ × _______ = _______ pies cub

Volumen total = _______ + _______ + _______ = _______ pies cúbicos

Nombre ________________________________

Comunicar y mostrar MATH BOARD

Halla el volumen de la figura compuesta.

✓ **1.**

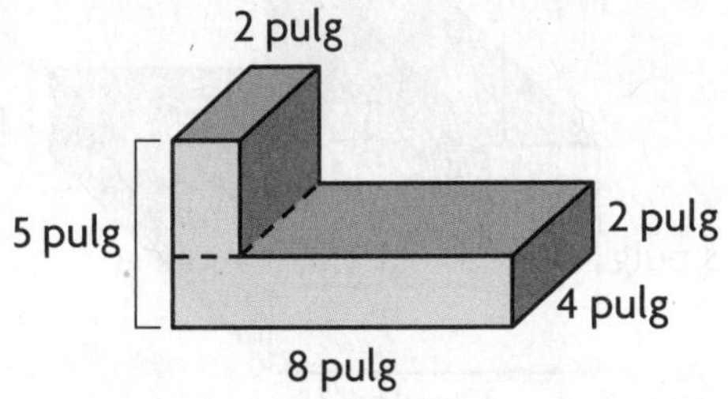

$V =$ ____________________

✓ **2.**

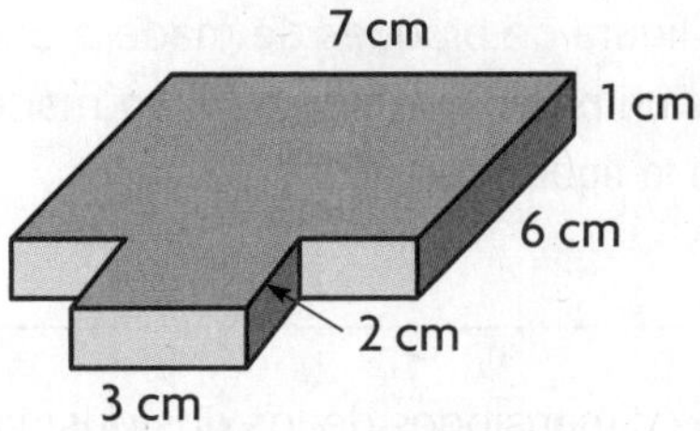

$V =$ ____________________

Por tu cuenta

Halla el volumen de la figura compuesta.

3.

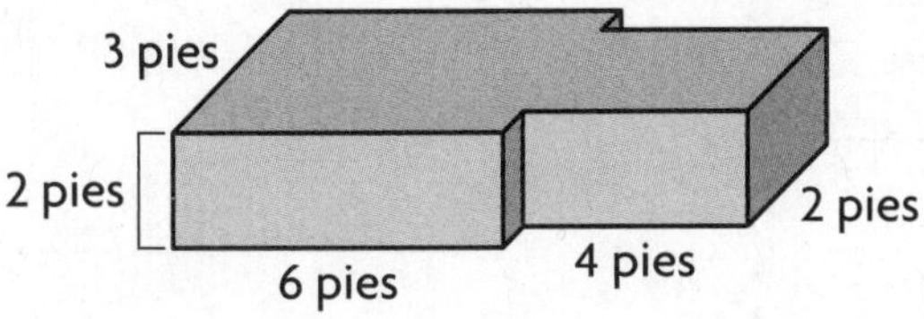

$V =$ ____________________

4.

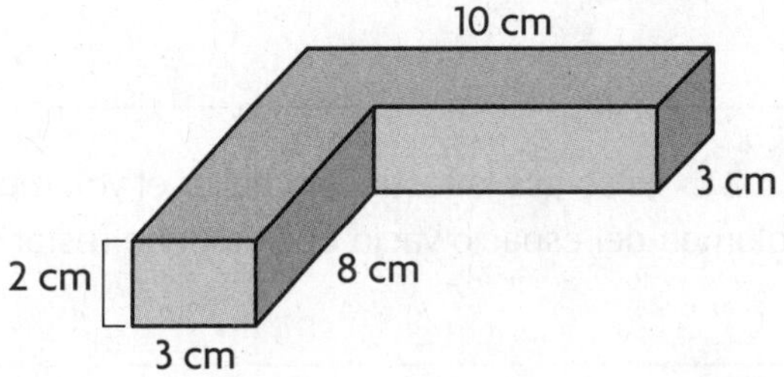

$V =$ ____________________

5.

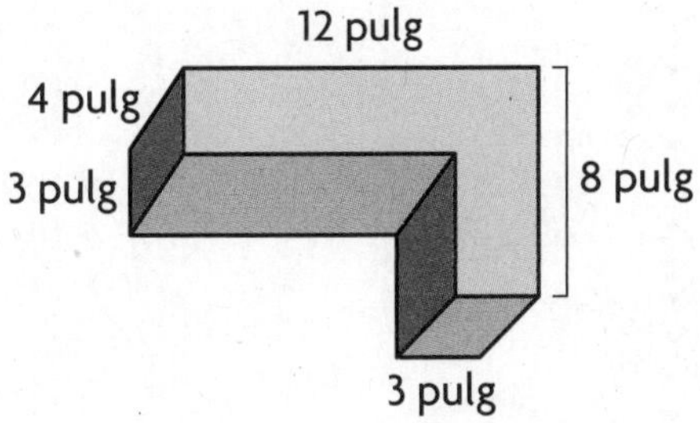

$V =$ ____________________

6.

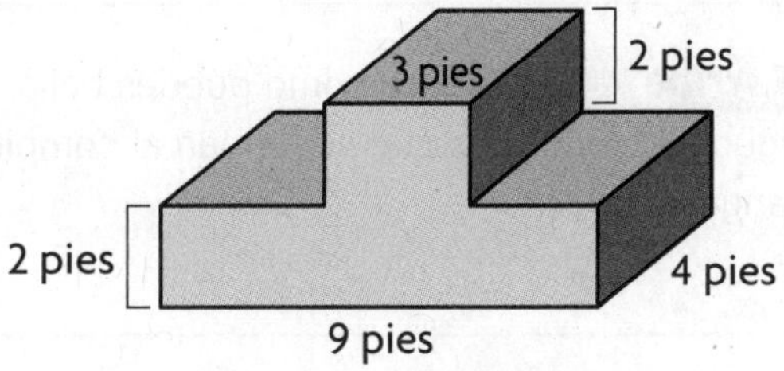

$V =$ ____________________

7.

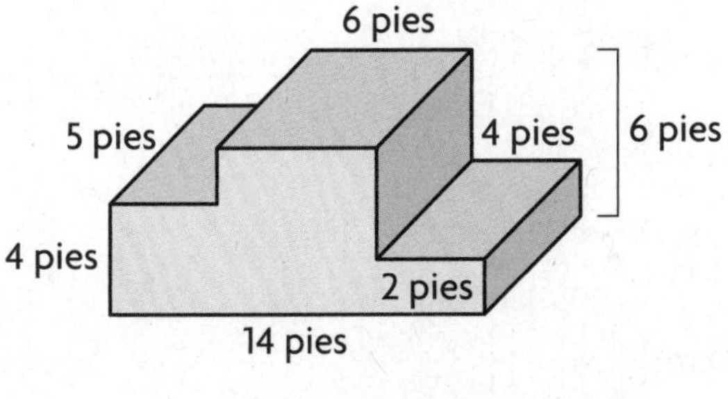

$V =$ ____________________

8.

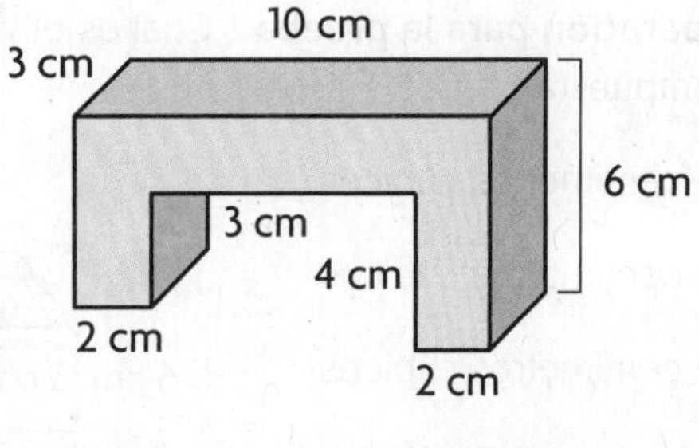

$V =$ ____________________

Resolución de problemas EN EL MUNDO

Usa la figura compuesta que está a la derecha para resolver los problemas 9 a 11.

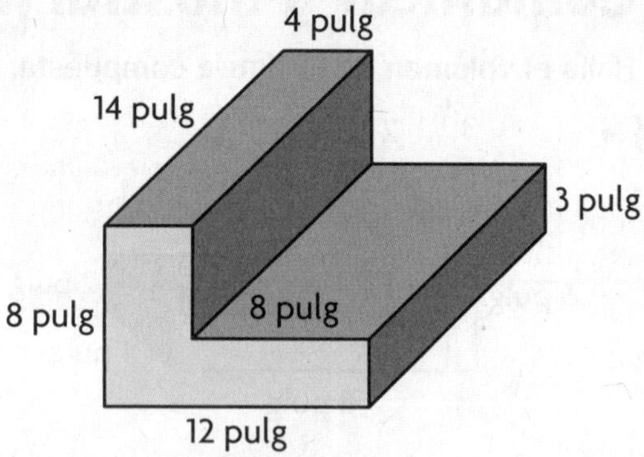

9. Jordan hizo la figura de bloques de madera que está a la derecha como parte de un proyecto de trabajo en madera. ¿Cuánto espacio ocupa la figura que hizo?

10. ¿Cuáles son las dimensiones de los dos prismas rectangulares que usaste para hallar el volumen de la figura? ¿Qué otros prismas rectangulares podrías haber usado?

11. H.O.T. Si se usa la resta para hallar el volumen, ¿cuál es el volumen del espacio vacío que se debe restar? **Explícalo.**

12. Escribe **Explica** cómo puedes hallar el volumen de figuras compuestas que se forman al combinar prismas rectangulares.

MUESTRA TU TRABAJO

13. **Preparación para la prueba** ¿Cuál es el volumen de la figura compuesta?

Ⓐ 126 centímetros cúbicos

Ⓑ 350 centímetros cúbicos

Ⓒ 450 centímetros cúbicos

Ⓓ 476 centímetros cúbicos

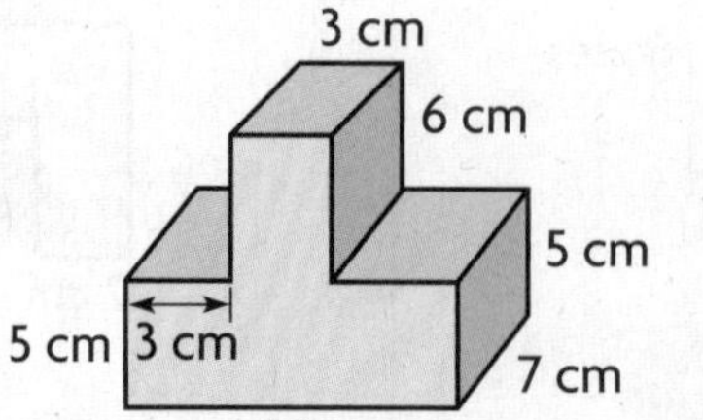

Nombre ______________________________

Repaso y prueba del Capítulo 11

Vocabulario

Elige el término del recuadro que mejor corresponda.

Vocabulario
pirámide
poliedro
prisma

1. Un ____________ tiene dos polígonos congruentes como bases y caras laterales rectangulares. (pág. 457)
2. Una ____________ tiene una sola base y caras laterales triangulares. (pág. 458)

Conceptos y destrezas

Escribe el nombre de cada polígono. Luego indica si *es un polígono regular* o *no es un polígono regular*. (CC.5.G.3)

3. 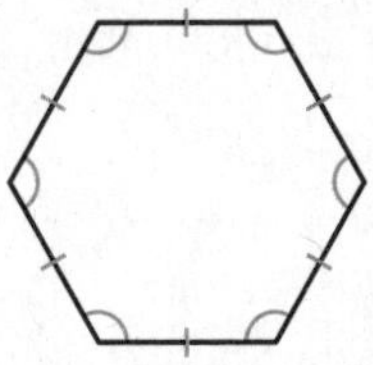

____

4. 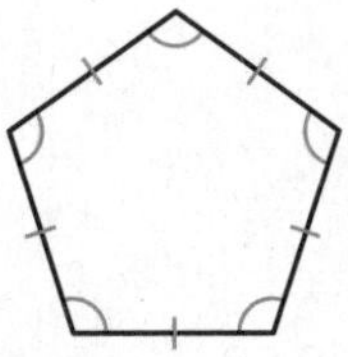

____

5. 

____

6. 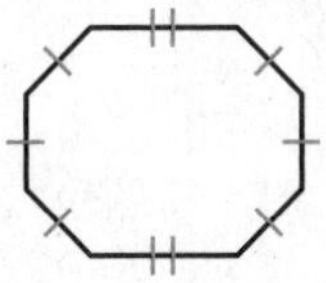

____

Clasifica las figuras de todas las maneras posibles. (CC.5.G.3, CC.5.G.4)

7. 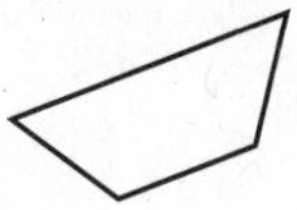

8. 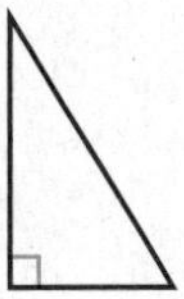

Clasifica el cuerpo geométrico. Escribe *prisma, pirámide, cono, cilindro* o *esfera*. (CC.5.MD.3)

9. 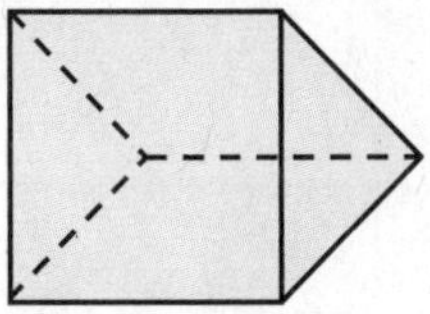

____

10. 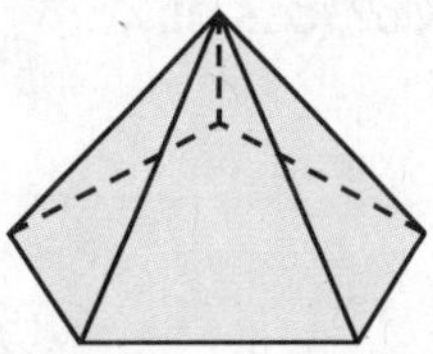

____

Cuenta el número de cubos usados para formar cada cuerpo geométrico. (CC.5.MD.3a)

11. 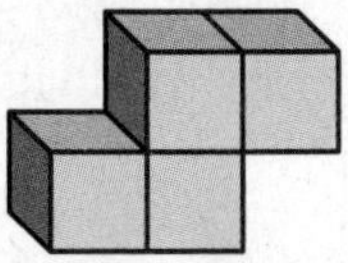

____________ cubos de una unidad

12. 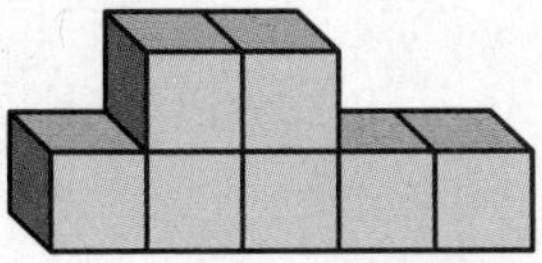

____________ cubos de una unidad

13. 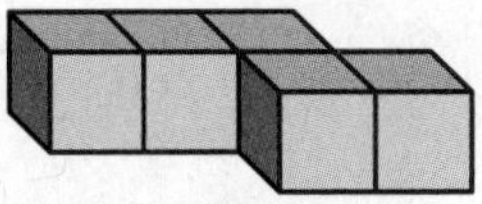

____________ cubos de una unidad

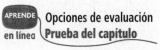

APRENDE en línea Opciones de evaluación Prueba del capítulo

Rellena el círculo completamente para indicar tu respuesta.

PREPARACIÓN PARA LA PRUEBA

14. ¿Qué tipo de triángulo se muestra abajo? (CC.5.G.3)

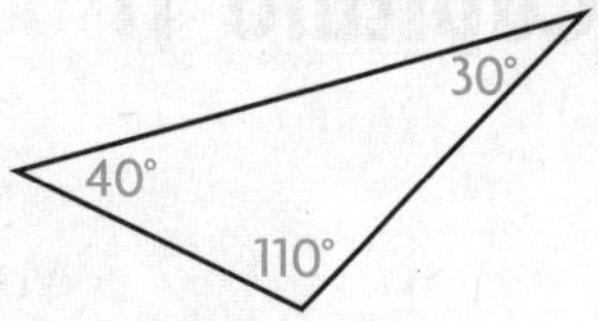

Ⓐ acutángulo; isósceles

Ⓑ acutángulo; escaleno

Ⓒ obtusángulo; escaleno

Ⓓ obtusángulo; isósceles

15. Ángela compra un pisapapeles en la tienda de artículos para regalo. El pisapapeles tiene forma de pirámide hexagonal.

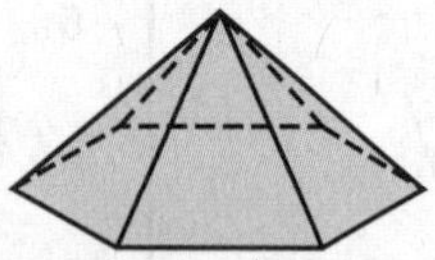

¿Cuál de las siguientes opciones representa el número correcto de caras, de aristas y de vértices de la pirámide hexagonal? (CC.5.MD.3)

Ⓐ 6 caras, 12 aristas, 18 vértices

Ⓑ 7 caras, 7 aristas, 12 vértices

Ⓒ 7 caras, 12 aristas, 7 vértices

Ⓓ 8 caras, 18 aristas, 12 vértices

16. Una fábrica de cereales arma una caja de envío para sus cajas de cereal. Cada caja de cereal tiene un volumen de 40 pulgadas cúbicas. Si la caja de envío contiene 8 capas con 4 cajas de cereal en cada capa, ¿cuál es el volumen de la caja de envío? (CC.5.MD.4)

Ⓐ 160 pulg cub

Ⓑ 320 pulg cub

Ⓒ 480 pulg cub

Ⓓ 1,280 pulg cub

Nombre ______________________________

PREPARACIÓN PARA LA PRUEBA

Rellena el círculo completamente para indicar tu respuesta.

17. Sharri guardó su ropa vieja de verano en una bolsa de tela que tenía una longitud de 3 pies, un ancho de 4 pies y una altura de 3 pies. ¿Cuál era el volumen de la bolsa que usó Sharri? **(CC.5.MD.5b)**

Ⓐ 36 pies cub

Ⓑ 24 pies cub

Ⓒ 21 pies cub

Ⓓ 10 pies cub

18. ¿Qué cuadrilátero NO se puede clasificar como paralelogramo? **(CC.5.G.3)**

Ⓐ 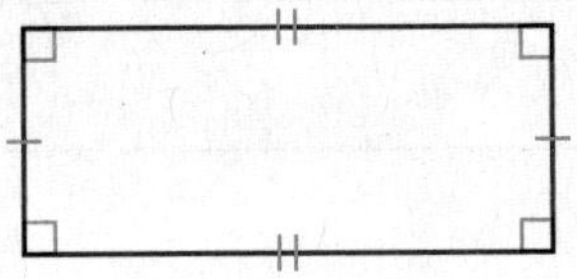

Ⓑ 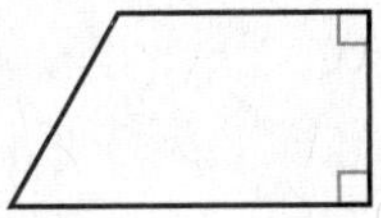

Ⓒ 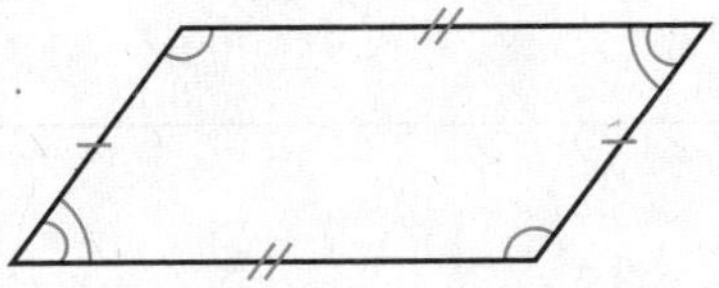

Ⓓ 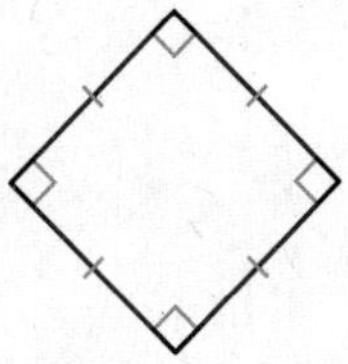

19. ¿Cuál es el volumen de la siguiente figura compuesta? **(CC.5.MD.5c)**

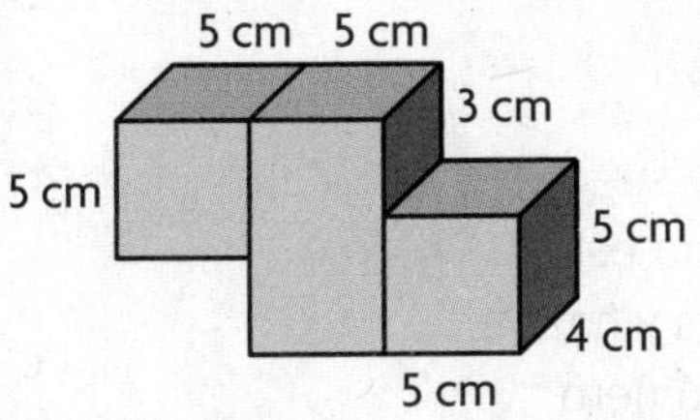

Ⓐ $1,875 \text{ cm}^3$　　Ⓒ 360 cm^3

Ⓑ 480 cm^3　　Ⓓ 150 cm^3

▶ Respuesta de desarrollo

20. Una tienda de videojuegos apiló las cajas de consolas de juegos como se muestra a la derecha. Cada caja de consolas de juegos mide 2 pies de longitud, de ancho y de altura. (CC.5.MD.3a, CC.5.MD.3b, CC.5.MD.4, CC.5.MD.3b, CC.5.MD.4, CC.5.MD.5b, CC.5.MD.5c)

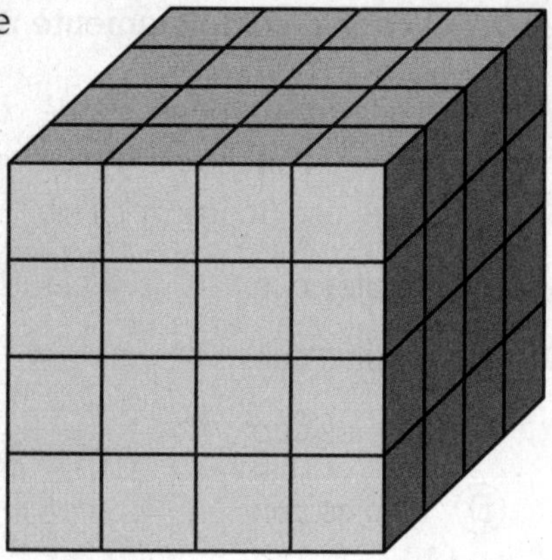

¿Cuál es el volumen total de las cajas de consolas de juegos apiladas? Muestra tu trabajo y explica tu respuesta.

____

____

____

____

Un sábado concurrido, la tienda de videojuegos vendió 22 consolas de juegos. ¿Cuál es el volumen de las cajas de consolas de juegos que quedan?

____

____

▶ Tarea de rendimiento

21. Busca dos fotografías de edificios tridimensionales en periódicos y revistas. Los edificios deben ser prismas rectangulares. (CC.5.MD.3a, CC.5.MD.3b, CC.5.MD.4, CC.5.MD.3b, CC.5.MD.4, CC.5.MD.5b, CC.5.MD.5c)

A Pega las fotografías en una hoja grande de papel. Deja espacio cerca de la imagen para escribir información.

B Rotula cada edificio con su nombre y su ubicación.

C Investiga los edificios, si hay información disponible. Busca datos interesantes acerca de los edificios o de su ubicación. También halla su longitud, su ancho y su altura al pie más próximo. Si la información no está disponible, mide los edificios de la página en pulgadas o centímetros y haz una buena estimación de su ancho (como $\frac{1}{2}$ altura, redondeada al número natural más próximo). Halla el volumen de los edificios.

D Elige uno de los edificios y haz una presentación para la clase.

Glosario

A

altura height La longitud de un segmento perpendicular desde la base hasta la parte superior de una figura bidimensional o tridimensional
Ejemplo:

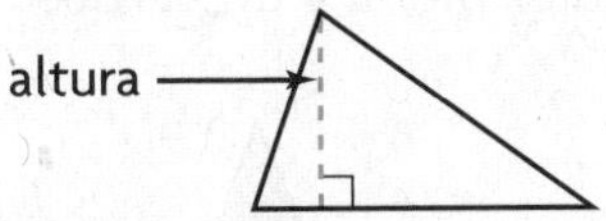

ángulo angle Una figura formada por dos segmentos o semirrectas que comparten el mismo extremo
Ejemplo:

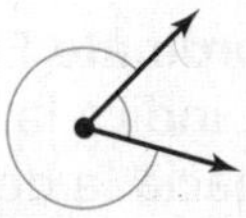

ángulo agudo acute angle Un ángulo que mide menos que un ángulo recto (menos de 90° y más de 0°)
Ejemplo:

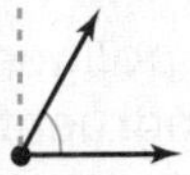

Origen de la palabra

La palabra *agudo* proviene de la palabra latina *acutus*, que significa "punzante" o "en punta". La misma raíz se puede hallar en la palabra *aguja* (un objeto punzante). Un ángulo agudo es un ángulo en punta.

ángulo llano straight angle Un ángulo que mide 180°
Ejemplo:

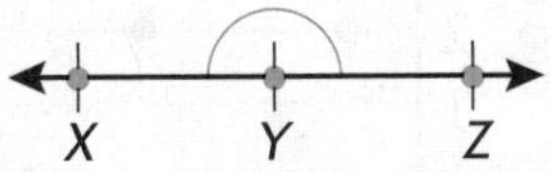

ángulo obtuso obtuse angle Un ángulo que mide más de 90° y menos de 180°
Ejemplo:

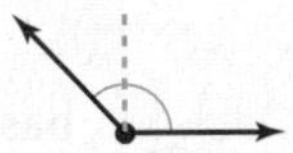

ángulo recto right angle Un ángulo que forma una esquina cuadrada y mide 90°
Ejemplo:

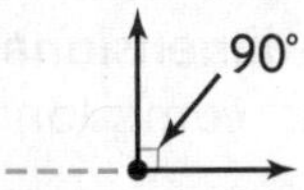

área area La medición del número de cuadrados de una unidad que se necesitan para cubrir una superficie

arista edge El segmento que se forma donde se unen dos caras de un cuerpo geométrico
Ejemplo:

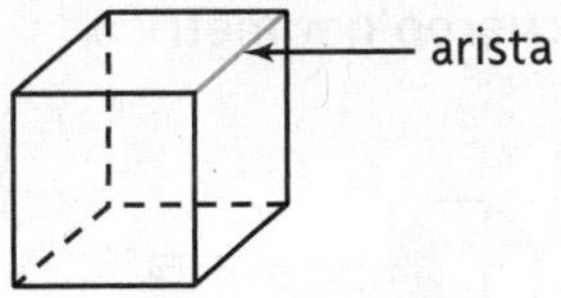

B

balanza de platillos pan balance Un instrumento que se usa para pesar objetos y comparar el peso de objetos

base (aritmética) base Un número que se usa como factor que se repite (pág. 17)
Ejemplo: $8^3 = 8 \times 8 \times 8$. La base es 8.

base (geometría) base En dos dimensiones, un lado de un triángulo o de un paralelogramo que se usa para hallar el área. En tres dimensiones, una figura plana, generalmente un polígono o un círculo, por medio de la cual se mide o se nombra una figura tridimensional (pág. 457)
Ejemplos:

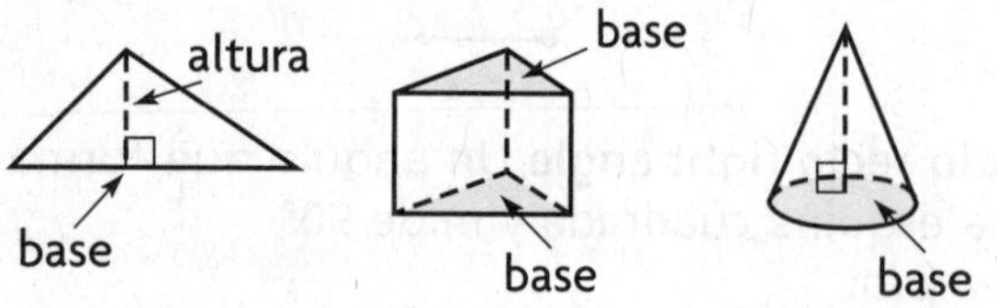

bidimensional two-dimensional Que se mide en dos direcciones, como longitud y ancho

C

capacidad capacity La cantidad que puede contener un recipiente cuando está lleno (pág. 409)

cara face Un polígono que es una superficie plana de un cuerpo geométrico
Ejemplo:

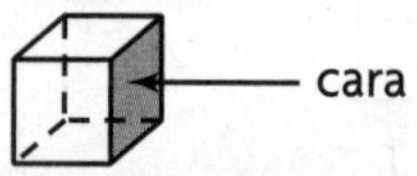

cara lateral lateral face Cualquier superficie de un poliedro que no sea una base (pág. 457)

Celsius (°C) Celsius (°C) Una escala del sistema métrico para medir la temperatura

centésimo hundredth Una de 100 partes iguales
Ejemplos: 0.56, $\frac{56}{100}$, cincuenta y seis centésimos

centímetro (cm) centimeter (cm) Una unidad del sistema métrico que se usa para medir la longitud o la distancia;
0.01 metros = 1 centímetro

cilindro cylinder Un cuerpo geométrico con dos bases paralelas que son círculos congruentes
Ejemplo:

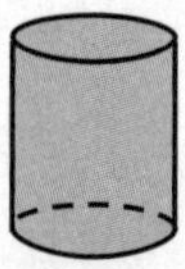

clave key La parte de un mapa o una gráfica que explica los símbolos

cociente quotient El número que resulta de la división, sin incluir el residuo
Ejemplo: 8 ÷ 4 = 2. El cociente es 2.

cociente parcial partial quotient El método de división en el que los múltiplos del divisor se restan del dividendo y luego se suman los cocientes

congruentes congruent Que tienen el mismo tamaño y la misma forma (pág. 442)

cono cone Un cuerpo geométrico que tiene una base circular plana y un vértice
Ejemplo:

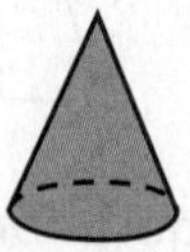

contar salteado skip count Un patrón de conteo hacia adelante o hacia atrás
Ejemplo: 5, 10, 15, 20, 25, 30,...

coordenada *x* *x*-coordinate El primer número de un par ordenado; indica la distancia que hay que desplazarse hacia la derecha o hacia la izquierda desde (0, 0) (pág. 373)

coordenada *y* *y*-coordinate El segundo número de un par ordenado; indica la distancia que hay que desplazarse hacia arriba o hacia abajo desde (0, 0) (pág. 373)

cuadrado square Un polígono que tiene cuatro lados iguales, o congruentes, y cuatro ángulos rectos

cuadrícula grid Un conjunto de cuadrados divididos y separados de manera uniforme sobre una figura o una superficie plana

cuadrícula de coordenadas coordinate grid Una cuadrícula formada por una línea horizontal llamada eje de la *x* y una línea vertical llamada eje de la *y* (pág. 373)
Ejemplo:

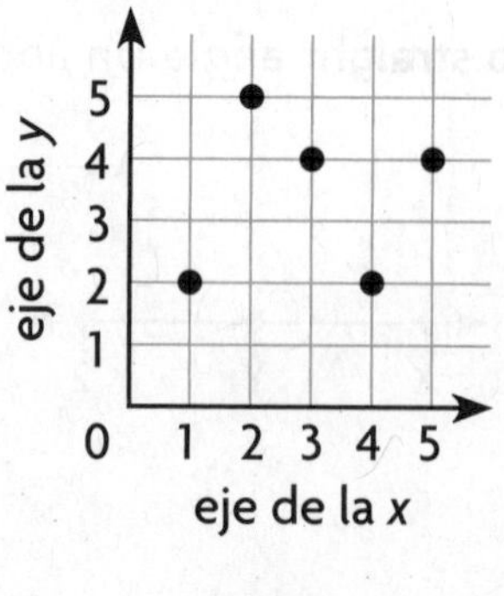

cuadrilátero quadrilateral Un polígono que tiene cuatro lados y cuatro ángulos
Ejemplo:

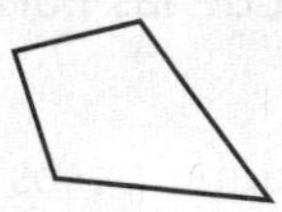

cuadrilátero en general general quadrilateral Ver *cuadrilátero*

cuarto (ct) quart (qt) Una unidad del sistema usual que se usa para medir la capacidad; 2 pintas = 1 cuarto

cubo cube Una figura tridimensional que tiene seis caras cuadradas congruentes
Ejemplo:

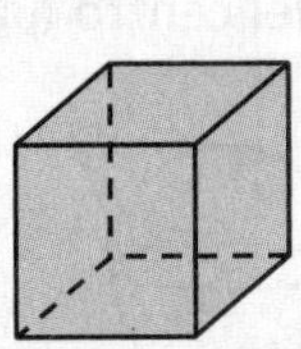

cubo de una unidad unit cube Un cubo que tiene una longitud, un ancho y una altura de 1 unidad (pág. 463)

cucharada (cda) tablespoon (tbsp) Una unidad del sistema usual que se usa para medir la capacidad; 3 cucharaditas = 1 cucharada

cucharadita (cdta) teaspoon (tsp) Una unidad del sistema usual que se usa para medir la capacidad; 1 cucharada = 3 cucharaditas

cuerpo geométrico solid figure Ver *figura tridimensional*

D

datos data Información recopilada sobre personas o cosas, a menudo para sacar conclusiones sobre ellas

decágono decagon Un polígono que tiene diez lados y diez ángulos
Ejemplos:

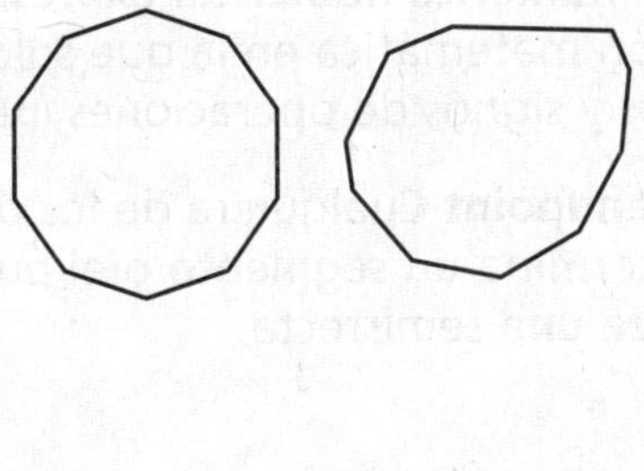

decámetro (dam) dekameter (dam) Una unidad del sistema métrico que se usa para medir la longitud o la distancia;
10 metros = 1 decámetro (pág. 423)

decímetro (dm) decimeter (dm) Una unidad del sistema métrico que se usa para medir la longitud o la distancia;
10 decímetros = 1 metro

décimo tenth Una de diez partes iguales
Ejemplo: 0.7 = siete décimos

denominador denominator El número que está debajo de la barra en una fracción e indica cuántas partes iguales hay en el entero o en el grupo
Ejemplo: $\frac{3}{4} \leftarrow$ denominador

denominador común common denominator Un múltiplo común de dos o más denominadores (pág. 255)
Ejemplo: Algunos denominadores comunes de $\frac{1}{4}$ y $\frac{5}{6}$ son 12, 24 y 36.

desigualdad inequality Un enunciado matemático que contiene el signo $<$, $>$, $\leq$, $\geq$ ó $\neq$

diagonal diagonal Un segmento que conecta dos vértices no adyacentes de un polígono
Ejemplo:

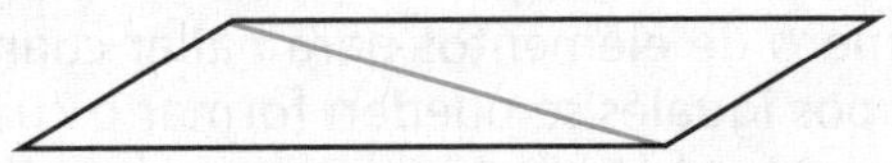

diagrama de puntos line plot Una gráfica en la que se muestra la frecuencia de datos en una recta numérica
Ejemplo:

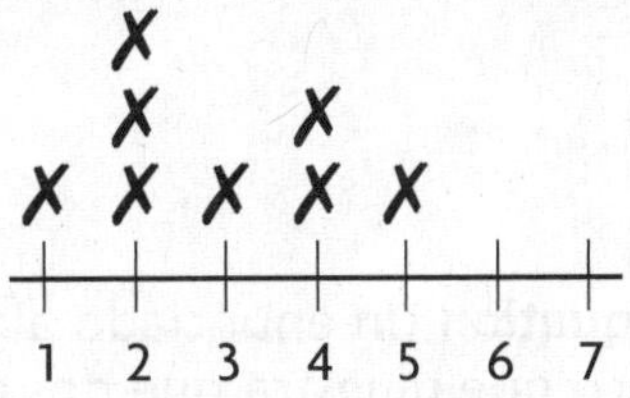

diagrama de Venn Venn diagram Un diagrama en el que se muestran relaciones entre conjuntos de cosas
Ejemplo:

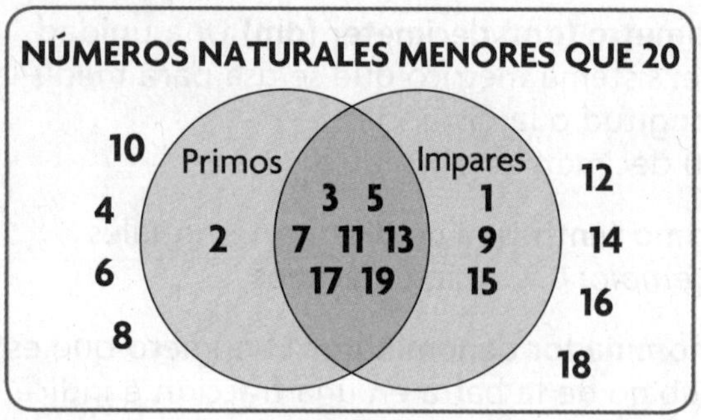

diferencia difference El resultado de una resta

dígito digit Cualquiera de los diez símbolos que se usan para escribir los números: 0, 1, 2, 3, 4, 5, 6, 7, 8, 9

dimensión dimension Una medida en una dirección

dividendo dividend El número que se va a dividir en un problema de división
Ejemplo: $36 \div 6$; $6\overline{)36}$ El dividendo es 36.

dividir divide Separar en grupos iguales; la operación opuesta de la multiplicación

división division El proceso de repartir un número de elementos para hallar cuántos grupos iguales se pueden formar o cuántos elementos habrá en cada grupo igual; la operación opuesta de la multiplicación

divisor divisor El número entre el cual se divide el dividendo
Ejemplo: $15 \div 3$; $3\overline{)15}$ El divisor es 3.

E

ecuación equation Un enunciado algebraico o numérico que muestra que dos cantidades son iguales

eje de la *x* *x*-axis La recta numérica horizontal en un plano cartesiano (pág. 373)

eje de la *y* *y*-axis La recta numérica vertical en un plano cartesiano (pág. 373)

eneágono nonagon Un polígono que tiene nueve lados y nueve ángulos (pág. 441)

entero whole El total de las partes de una figura o un grupo

equilibrar balance Igualar pesos o cantidades

equivalente equivalent Que tiene el mismo valor

escala scale Una serie de números ubicados a distancias fijas en una gráfica que sirven para rotularla (pág. 381)

esfera sphere Un cuerpo geométrico en el que todos los puntos de su superficie curva están a la misma distancia del centro (pág. 458)
Ejemplo:

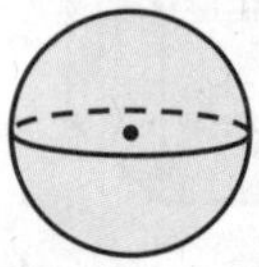

estimación estimate Un número próximo a una cantidad exacta

estimar estimate Hallar un número que está próximo a una cantidad exacta

evaluar evaluate Hallar el valor de una expresión numérica o algebraica (pág. 47)

exponente exponent El número que indica cuántas veces se usa la base como factor (pág. 17)
Ejemplo: $10^3 = 10 \times 10 \times 10$.
3 es el exponente.

expresión expression Una expresión matemática o la parte de un enunciado numérico que tiene números, signos de operaciones y, a veces, variables, pero que no tiene un signo de la igualdad

expresión algebraica algebraic expression Una expresión que incluye al menos una variable
Ejemplos: $x + 5$, $3a - 4$

expresión numérica numerical expression Una expresión matemática en la que solo se usan números y signos de operaciones (pág. 43)

extremo endpoint Cualquiera de los dos puntos donde termina un segmento o el punto donde comienza una semirrecta

F

factor factor Un número que se multiplica por otro número para hallar un producto

factor común common factor Un número que es factor de dos o más números

Fahrenheit (°F) Fahrenheit (°F) Una escala del sistema usual que se usa para medir la temperatura

familia de operaciones fact family Un conjunto de ecuaciones relacionadas de multiplicación y división, o de suma y resta

Ejemplos: $7 \times 8 = 56$; $8 \times 7 = 56$; $56 \div 7 = 8$; $56 \div 8 = 7$

figura abierta open figure Una figura que no comienza ni termina en el mismo punto

figura bidimensional two-dimensional figure Una figura que se encuentra en un plano; una figura que tiene longitud y ancho

figura cerrada closed figure Una figura que comienza y termina en el mismo punto

figura plana plane figure Ver *figura bidimensional*

figura tridimensional three-dimensional figure Una figura que tiene longitud, ancho y altura

Ejemplo:

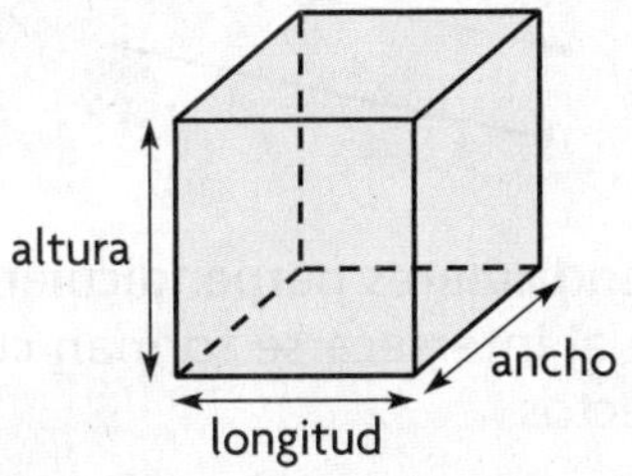

forma desarrollada expanded form Una manera de escribir números en la que se muestra el valor de cada dígito

Ejemplos: $832 = 8 \times 100 + 3 \times 10 + 2 \times 1$

$3.25 = (3 \times 1) + (2 \times \frac{1}{10}) + (5 \times \frac{1}{100})$

forma en palabras word form Una manera de escribir números usando palabras

Ejemplo: 4,829 = cuatro mil ochocientos veintinueve

forma normal standard form Una manera de escribir números con los dígitos 0 a 9, en la que cada dígito tiene un valor posicional

Ejemplo: 456 ← forma normal

fórmula formula Un conjunto de símbolos que expresa una regla matemática

Ejemplo: $A = b \times h$

fracción fraction Un número que indica una parte de un entero o una parte de un grupo

fracción mayor que 1 fraction greater than 1 Un número cuyo numerador es mayor que el denominador

Ejemplo:

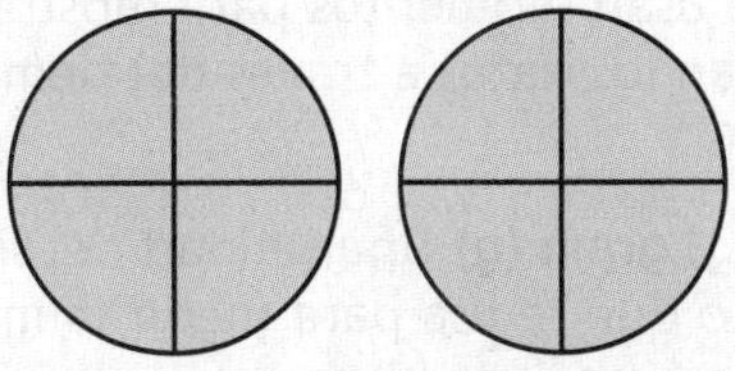

$\frac{8}{4}$

fracción unitaria unit fraction Una fracción que tiene 1 como numerador

fracciones equivalentes equivalent fractions Fracciones que indican la misma cantidad o parte

Ejemplo: $\frac{3}{4} = \frac{6}{8}$

G

galón (gal) gallon (gal) Una unidad del sistema usual que se usa para medir la capacidad; 4 cuartos = 1 galón

grado (°) degree (°) Una unidad que se usa para medir ángulos y la temperatura

grado Celsius (°C) degree Celsius (°C) Una unidad del sistema métrico que se usa para medir la temperatura

grado Fahrenheit (°F) degree Fahrenheit (°F) Una unidad del sistema usual que se usa para medir la temperatura

gráfica de barras bar graph Una gráfica en la que se usan barras horizontales o verticales para mostrar datos que se pueden contar
Ejemplo:

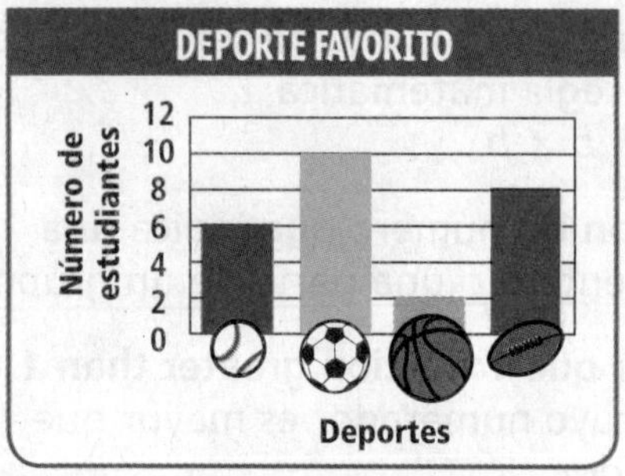

gráfica lineal line graph Una gráfica en la que se usan segmentos para mostrar cómo cambian los datos a través del tiempo (pág. 381)

gramo (g) gram (g) Una unidad del sistema métrico que se usa para medir la masa; 1,000 gramos = 1 kilogramo

H

heptágono heptagon Un polígono que tiene siete lados y siete ángulos (pág. 441)
Ejemplo:

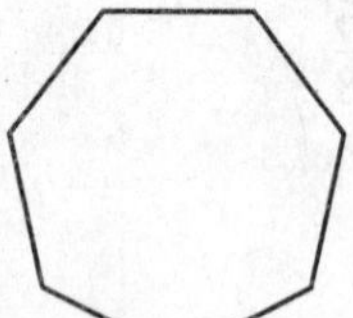

hexágono hexagon Un polígono que tiene seis lados y seis ángulos (pág. 441)
Ejemplos:

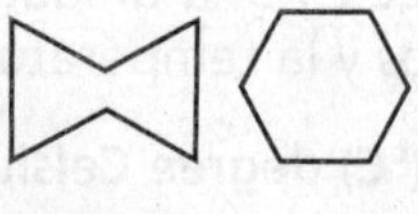

horizontal horizontal Que se extiende hacia la izquierda y hacia la derecha

I

igual a (=) equal to (=) Que tiene el mismo valor

impar odd Un número natural que tiene un 1, 3, 5, 7 ó 9 en el lugar de las unidades

intervalo interval La diferencia entre un número y el que sigue en la escala de una gráfica (pág. 381)

K

kilogramo (kg) kilogram (kg) Una unidad del sistema métrico que se usa para medir la masa; 1,000 gramos = 1 kilogramo (pág. 423)

kilómetro (km) kilometer (km) Una unidad del sistema métrico que se usa para medir la longitud o la distancia; 1,000 metros = 1 kilómetro (pág. 423)

L

libra (lb) pound (lb) Una unidad del sistema usual que se usa para medir el peso; 1 libra = 16 onzas

línea line Un camino recto sin extremos que se extiende en ambas direcciones sobre un plano
Ejemplo:

líneas paralelas parallel lines Líneas en un mismo plano que nunca se intersecan y siempre están a la misma distancia
Ejemplo:

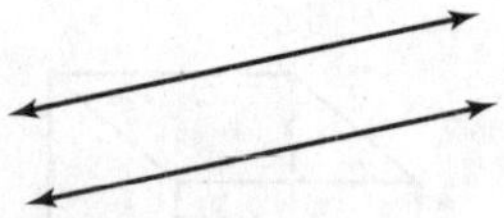

líneas perpendiculares perpendicular lines Dos líneas que al intersecarse forman cuatro ángulos rectos
Ejemplo:

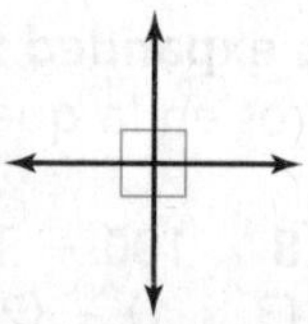

líneas secantes intersecting lines Líneas que se cruzan exactamente en un punto
Ejemplo:

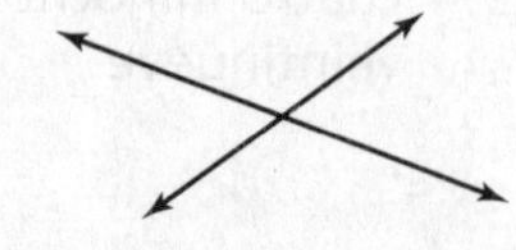

litro (l) liter (L) Una unidad del sistema métrico que se usa para medir la capacidad; 1 litro = 1,000 mililitros

M

masa mass La cantidad de materia de un objeto

matriz array Un conjunto de elementos dispuestos en hileras y columnas
Ejemplo:

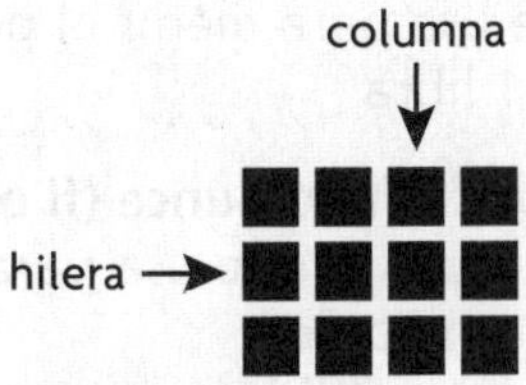

máximo común divisor greatest common factor El divisor más grande que tienen en común dos o más números
Ejemplo: 6 es el máximo común divisor de 18 y 30.

mayor que (>) greater than (>) Un signo que se usa para comparar dos números o dos cantidades cuando el número mayor o la cantidad mayor se da primero
Ejemplo: $6 > 4$

mayor que o igual a (≥) greater than or equal to Un signo que se usa para comparar dos números o cantidades cuando el primero es mayor que el segundo o igual a él

menor que (<) less than (<) Un signo que se usa para comparar dos números o dos cantidades cuando el número menor se da primero
Ejemplo: $4 < 6$

menor que o igual a (≤) less than or equal to (≤) Un signo que se usa para comparar dos números o dos cantidades cuando el primero es menor que el segundo o igual a él

metro (m) meter (m) Una unidad del sistema métrico que se usa para medir la longitud o la distancia; 1 metro = 100 centímetros

milésimo thousandth Una de mil partes iguales (pág. 105)
Ejemplo: 0.006 = seis milésimos

miligramo (mg) milligram (mg) Una unidad del sistema métrico que se usa para medir la masa; 1,000 miligramos = 1 gramo (pág. 423)

mililitro (ml) milliliter (mL) Una unidad del sistema métrico que se usa para medir la capacidad; 1,000 mililitros = 1 litro

milímetro (mm) millimeter (mm) Una unidad del sistema métrico que se usa para medir la longitud o la distancia; 1,000 milímetros = 1 metro

milla (mi) mile (mi) Una unidad del sistema usual que se usa para medir la longitud o la distancia; 5,280 pies = 1 milla

millón million 1,000 millares; se escribe así: 1,000,000.

mínima expresión simplest form Una fracción está en su mínima expresión cuando el único factor común que tienen el numerador y el denominador es 1

mínimo común denominador least common denominator El mínimo común múltiplo de dos o más denominadores
Ejemplo: El mínimo común denominador de $\frac{1}{4}$ y $\frac{5}{6}$ es 12.

mínimo común múltiplo least common multiple El número más pequeño que es múltiplo común de dos o más números

multiplicación multiplication Un proceso para hallar el número total de elementos que hay en un conjunto de grupos del mismo tamaño o para hallar el número total de elementos que hay en un número determinado de grupos. Es la operación inversa de la división.

multiplicar multiply Cuando se combinan grupos iguales, se puede multiplicar para hallar cuántos elementos hay en total; la operación opuesta de la división

múltiplo multiple El producto de dos números naturales distintos de cero es un múltiplo de cada uno de esos dos números.

múltiplo común common multiple Un número que es múltiplo de dos o más números

N

no igual a (≠) not equal to (≠) Un signo que indica que una cantidad no es igual a otra

numerador numerator El número que está encima de la barra en una fracción e indica cuántas partes iguales del entero o del grupo se consideran

Ejemplo: $\frac{3}{4}$ ← numerador

número compuesto composite number Un número que tiene más de dos factores
Ejemplo: 6 es un número compuesto, porque sus factores son 1, 2, 3 y 6.

número decimal decimal Un número que tiene uno o más dígitos a la derecha del punto decimal

números decimales equivalentes equivalent decimals Los números decimales que indican la misma cantidad
Ejemplo: 0.4 = 0.40 = 0.400

número mixto mixed number Un número formado por un número natural y una fracción
Ejemplo: $1\frac{5}{8}$

número natural whole number Uno de los números 0, 1, 2, 3, 4,...; el conjunto de los números naturales continúa sin fin.

número natural distinto de cero counting number Un número natural que se puede usar para contar un conjunto de cosas (1, 2, 3, 4,...)

número primo prime number Un número que tiene exactamente dos factores: 1 y él mismo
Ejemplos: 2, 3, 5, 7, 11, 13, 17 y 19 son números primos. 1 no es un número primo.

números compatibles compatible numbers Números que se pueden calcular mentalmente con facilidad

O

octágono octagon Un polígono que tiene ocho lados y ocho ángulos (pág. 441)
Ejemplos:

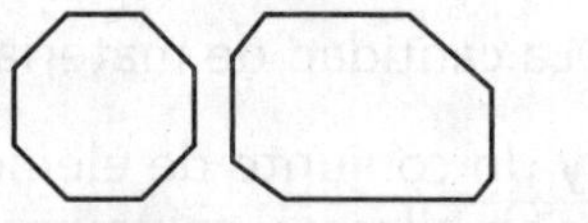

onza (oz) ounce (oz) Una unidad del sistema usual que se usa para medir el peso;
16 onzas = 1 libra

onza fluida (oz fl) fluid ounce (fl oz) Una unidad del sistema usual que se usa para medir el volumen de un líquido
1 taza = 8 onzas fluidas

operaciones inversas inverse operations Operaciones opuestas u operaciones que se cancelan entre sí, como la suma y la resta, o la multiplicación y la división (pág. 35)

operaciones relacionadas related facts Un conjunto de enunciados numéricos relacionados de suma y resta, o de multiplicación y división
Ejemplos: $4 \times 7 = 28$ $28 \div 4 = 7$
$7 \times 4 = 28$ $28 \div 7 = 4$

orden de las operaciones order of operations Un conjunto especial de reglas que indica el orden en que se hacen los cálculos de una expresión (pág. 47)

origen origin El punto donde se cruzan los dos ejes de un plano cartesiano; (0, 0) (pág. 373)

P

par even Un número natural que tiene un 0, 2, 4, 6 u 8 en el lugar de las unidades

par ordenado ordered pair Un par de números que se usa para ubicar un punto en una cuadrícula; el primer número indica la posición en sentido izquierda-derecha y el segundo número indica la posición en sentido arriba-abajo. (pág. 373)

paralelogramo parallelogram Un cuadrilátero cuyos lados opuestos son paralelos y tienen la misma longitud, o son congruentes
Ejemplo:

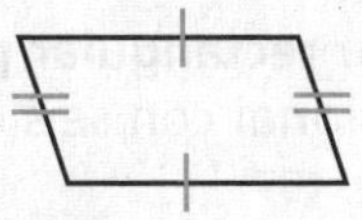

paréntesis parentheses Los signos que se usan para mostrar qué operación u operaciones de una expresión se deben calcular primero

patrón pattern Un conjunto ordenado de números u objetos; el orden te ayuda a predecir lo que sigue.
Ejemplos: 2, 4, 6, 8, 10

pentágono pentagon Un polígono que tiene cinco lados y cinco ángulos
Ejemplos:

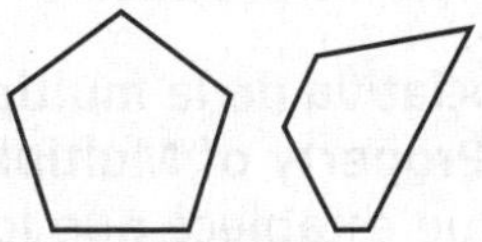

perímetro perimeter La distancia alrededor de una figura plana cerrada

período period Cada grupo de tres dígitos separados por comas en un número de varios dígitos (pág. 9)
Ejemplo: 85,643,900 tiene tres períodos.

peso weight Qué tan pesado es un objeto

pictografía picture graph Una gráfica en la que se muestran datos que se pueden contar con símbolos o ilustraciones
Ejemplo:

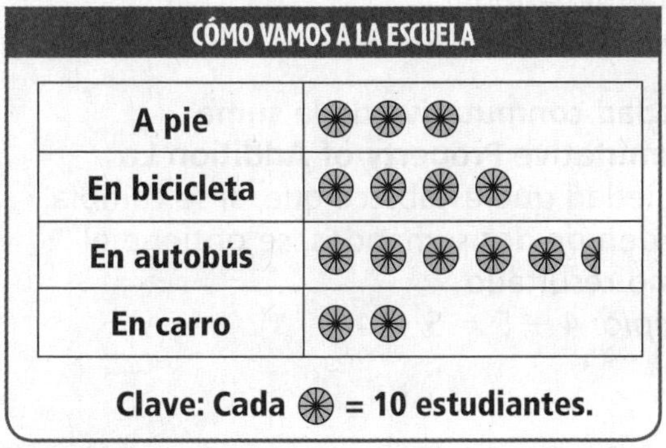

CÓMO VAMOS A LA ESCUELA
A pie
En bicicleta
En autobús
En carro
Clave: Cada = 10 estudiantes.

pie foot (ft) Una unidad del sistema usual que se usa para medir la longitud o la distancia; 1 pie = 12 pulgadas

pinta (pt) pint (pt) Una unidad del sistema usual que se usa para medir la capacidad; 2 tazas = 1 pinta

pirámide pyramid Un cuerpo geométrico que tiene un polígono como base y el resto de sus caras son triángulos que se tocan en el mismo vértice (pág. 458)
Ejemplo:

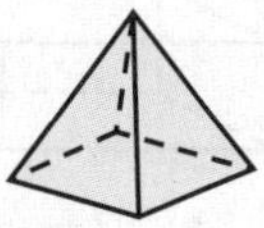

Origen de la palabra

Las fogatas suelen tener forma de pirámide: tienen una base ancha y una punta arriba. Quizá de esta imagen provenga la palabra *pirámide*. En griego, *fuego* se decía *pura*; esta palabra pudo haberse combinado con *pimar*, palabra egipcia que significa pirámide.

pirámide cuadrada square pyramid Un cuerpo geométrico que tiene una base cuadrada y cuatro caras triangulares que comparten un vértice (pág. 458)
Ejemplo:

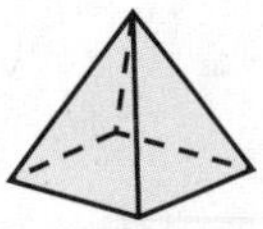

pirámide pentagonal pentagonal pyramid Una pirámide que tiene una base pentagonal y cinco caras triangulares (pág. 458)

pirámide rectangular rectangular pyramid Una pirámide que tiene una base rectangular y cuatro caras triangulares (pág. 458)

pirámide triangular triangular pyramid Una pirámide que tiene una base triangular y tres caras triangulares (pág. 458)

plano plane Una superficie plana que se extiende sin fin en todas las direcciones
Ejemplo:

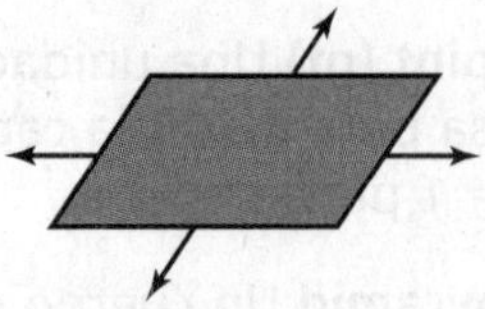

poliedro polyhedron Un cuerpo geométrico cuyas caras son polígonos (pág. 457)
Ejemplos:

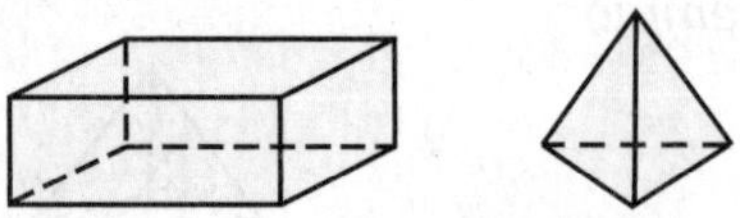

polígono polygon Una figura plana cerrada formada por tres o más segmentos (pág. 441)
Ejemplos:

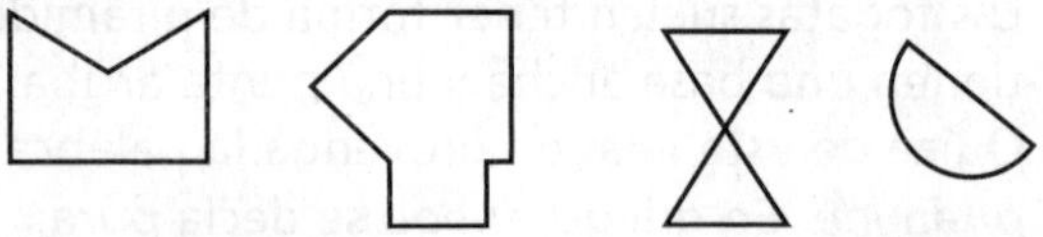

Polígonos No son polígonos

polígono regular regular polygon Un polígono en el que todos los lados son congruentes y todos los ángulos son congruentes (pág. 442)

prisma prism Un cuerpo geométrico cuyas bases son dos polígonos congruentes y en el que el resto de las caras son rectángulos (pág. 457)
Ejemplos:

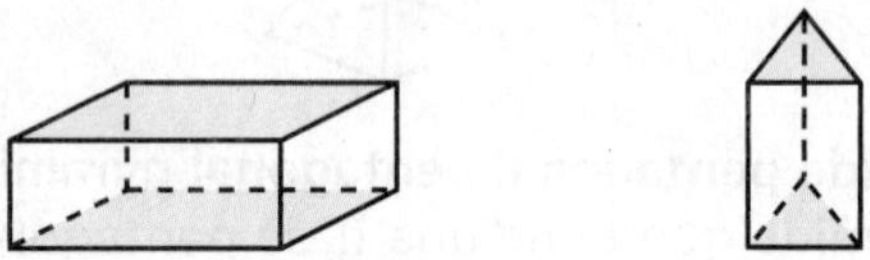

prisma rectangular prisma triangular

prisma decagonal decagonal prism Una figura tridimensional que tiene dos bases decagonales y diez caras rectangulares (pág. 457)

prisma hexagonal hexagonal prism Una figura tridimensional que tiene dos bases hexagonales y seis caras rectangulares (pág. 457)

prisma octagonal octagonal prism Una figura tridimensional que tiene dos bases octagonales y ocho caras rectangulares (pág. 457)

prisma pentagonal pentagonal prism Una figura tridimensional que tiene dos bases pentagonales y cinco caras rectangulares (pág. 457)

prisma rectangular rectangular prism Una figura tridimensional con seis caras que son rectángulos (pág. 457)
Ejemplo:

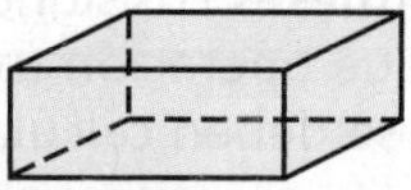

prisma triangular triangular prism Un cuerpo geométrico que tiene dos bases triangulares y tres caras rectangulares (pág. 457)

producto product El resultado de un problema de multiplicación

producto parcial partial product Un método de multiplicación en el que las unidades, decenas, centenas, etc. se multiplican por separado y luego se suman los productos

propiedad asociativa de la multiplicación Associative Property of Multiplication La propiedad que establece que los factores se pueden agrupar de diferentes maneras para obtener el mismo producto
Ejemplo: $(2 \times 3) \times 4 = 2 \times (3 \times 4)$

propiedad asociativa de la suma Associative Property of Addition La propiedad que establece que, si se modifica la agrupación de los sumandos, la suma no cambia
Ejemplo: $(5 + 8) + 4 = 5 + (8 + 4)$

propiedad conmutativa de la multiplicación Commutative Property of Multiplication La propiedad que establece que, cuando se cambia el orden de dos factores, el producto se mantiene igual
Ejemplo: $4 \times 5 = 5 \times 4$

propiedad conmutativa de la suma Commutative Property of Addition La propiedad que establece que, si se cambia el orden de dos sumandos, se obtiene el mismo resultado
Ejemplo: $4 + 5 = 5 + 4$

propiedad de identidad de la multiplicación Identity Property of Multiplication La propiedad que establece que el producto de cualquier número por 1 es ese número

propiedad de identidad de la suma Identity Property of Addition La propiedad que establece que, si se suma cero y un número, el resultado es ese número

propiedad del cero de la multiplicación Zero Property of Multiplication La propiedad que establece que, cuando se multiplica por cero, el producto es cero

propiedad distributiva Distributive Property La propiedad que establece que multiplicar una suma por un número es lo mismo que multiplicar cada sumando por el número y luego sumar los productos (pág. 14)
Ejemplo: $3 \times (4 + 2) = (3 \times 4) + (3 \times 2)$
$3 \times 6 = 12 + 6$
$18 = 18$

pulgada (pulg) inch (in.) Una unidad del sistema usual que se usa para medir la longitud o la distancia; 12 pulgadas = 1 pie

punto point Una ubicación exacta en el espacio

punto de referencia benchmark Un número conocido que se usa como parámetro

punto decimal decimal point Un signo que se usa para separar los dólares de los centavos en las cantidades de dinero y para separar el lugar de las unidades del lugar de los décimos en un número decimal

R

rango range La diferencia entre los valores máximo y mínimo de un grupo

reagrupar regroup Intercambiar cantidades del mismo valor para convertir un número
Ejemplo: 5 + 8 = 13 unidades o 1 decena y 3 unidades

recta numérica number line Una línea en la que se pueden ubicar números
Ejemplo:

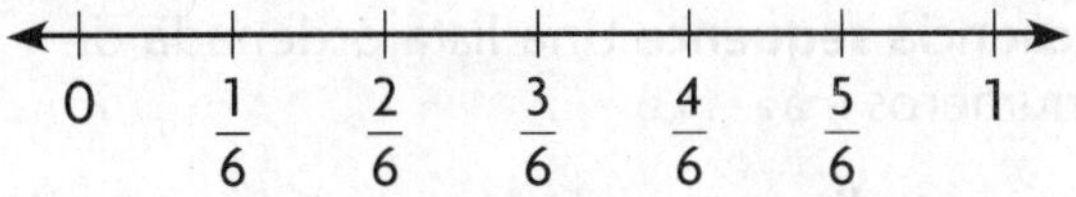

rectángulo rectangle Un paralelogramo que tiene cuatro ángulos rectos
Ejemplo:

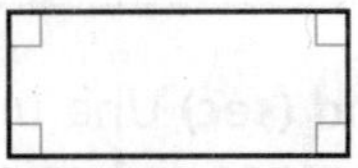

redondear round Reemplazar un número por otro que es más simple y tiene aproximadamente el mismo valor que el número original
Ejemplo: 114.6 redondeado a la decena más próxima es 110 y a la unidad más próxima es 115.

residuo remainder La cantidad que queda cuando un número no se puede dividir en partes iguales

resta subtraction El proceso de hallar cuántos quedan cuando un número de elementos se quita de un grupo de elementos; el proceso de hallar la diferencia cuando se comparan dos grupos; lo opuesto de la suma

rombo rhombus Un paralelogramo que tiene cuatro lados iguales o congruentes
Ejemplo:

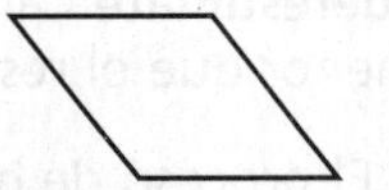

Origen de la palabra

La palabra *rombo* es casi idéntica a la palabra original en griego, *rhombos*, que significaba "trompo" o "rueda mágica". Al ver un rombo, que es un paralelogramo equilátero, es fácil imaginar su relación con un trompo.

S

secuencia sequence Una lista ordenada de números (pág. 143)

segmento line segment Una parte de una línea que incluye dos puntos llamados extremos y todos los puntos que se encuentran entre ellos
Ejemplo:

segundo (seg) second (sec) Una unidad pequeña de tiempo; 60 segundos = 1 minuto

semirrecta ray Una parte de una línea; tiene un extremo y se extiende de manera ininterrumpida en una dirección.
Ejemplo:

simetría axial line symmetry Una figura tiene simetría axial si se puede doblar sobre una línea y las dos partes resultantes son exactamente iguales.

sistema decimal decimal system Un sistema de cálculo basado en el número 10

sobrestimar overestimate Calcular una estimación mayor que el resultado exacto

solución solution Un valor que hace que una ecuación sea verdadera

subestimar underestimate Calcular una estimación menor que el resultado exacto

suma addition El proceso de hallar el número total de elementos que hay cuando se unen dos o más grupos de elementos; lo opuesto de la resta

suma o total sum El resultado de una suma

sumando addend Un número que se suma a otro en una suma

T

tabla de conteo tally table Una tabla en la que se usan marcas de conteo para registrar datos

taza (tz) cup (c) Una unidad del sistema usual que se usa para medir la capacidad; 8 onzas = 1 taza

término term Un número de una secuencia (pág. 143)

tiempo transcurrido elapsed time El tiempo que pasa desde el inicio de una actividad hasta su fin

tonelada (T) ton (T) Una unidad del sistema usual que se usa para medir el peso; 2,000 libras = 1 tonelada

transportador protractor Un instrumento que se usa para medir o trazar ángulos

trapecio trapezoid Un cuadrilátero que tiene exactamente un par de lados paralelos
Ejemplos:

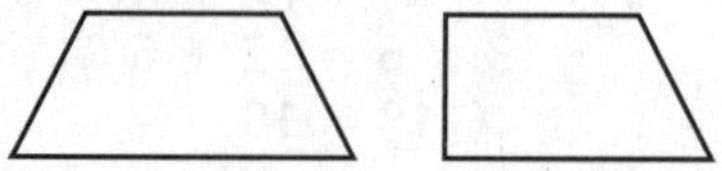

triángulo triangle Un polígono que tiene tres lados y tres ángulos
Ejemplos:

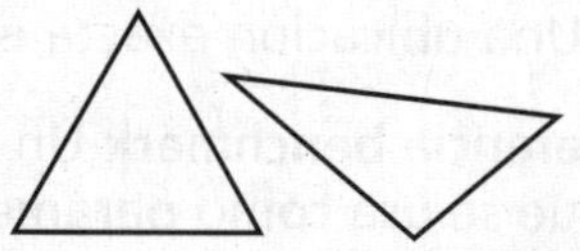

triángulo acutángulo acute triangle Un triángulo que tiene tres ángulos agudos

triángulo equilátero equilateral triangle Un triángulo que tiene tres lados congruentes (pág. 445)
Ejemplo:

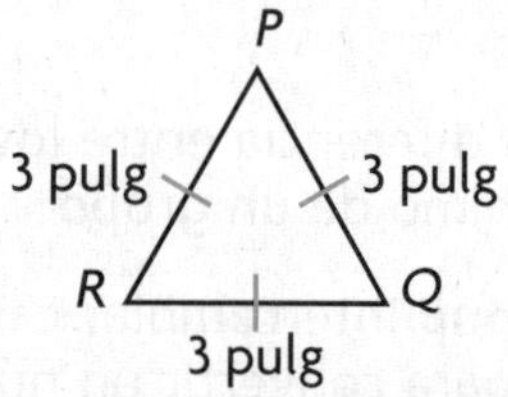

triángulo escaleno scalene triangle Un triángulo que no tiene lados congruentes (pág. 445)
Ejemplo:

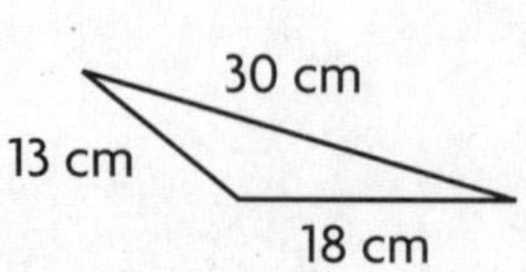

triángulo isósceles isosceles triangle Un triángulo que tiene dos lados congruentes (pág. 445)
Ejemplo:

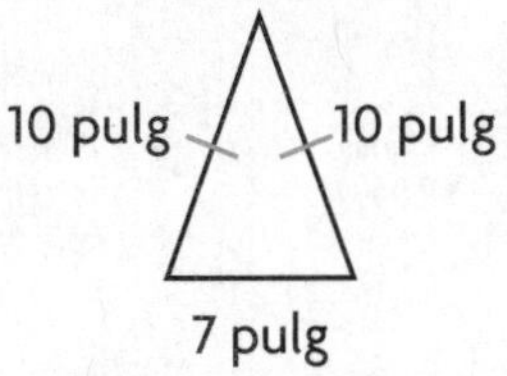

triángulo obtusángulo obtuse triangle Un triángulo que tiene un ángulo obtuso

triángulo rectángulo right triangle Un triángulo que tiene un ángulo recto
Ejemplo:

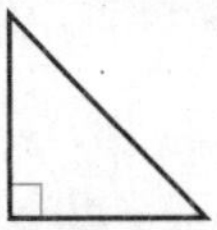

tridimensional three-dimensional Que se mide en tres direcciones, como la longitud, el ancho y la altura

U

unidad cuadrada square unit Una unidad que se usa para medir el área, como el pie cuadrado (pie^2), el metro cuadrado (m^2), etc.

unidad cúbica cubic unit Una unidad que se usa para medir el volumen, como el pie cúbico (pie^3), el metro cúbico (m^3), etc. (pág. 467)

unidad lineal linear unit Una medida de longitud, ancho, altura o distancia

V

valor posicional place value El valor de cada dígito de un número según la ubicación del dígito

variable variable Una letra o un símbolo que representa un número o números desconocidos

vertical vertical Que se extiende hacia arriba y hacia abajo

vértice vertex El punto en el que dos o más semirrectas se tocan; el punto de intersección de dos lados de un polígono; el punto de intersección de tres (o más) aristas de un cuerpo geométrico; la punta de un cono
Ejemplos:

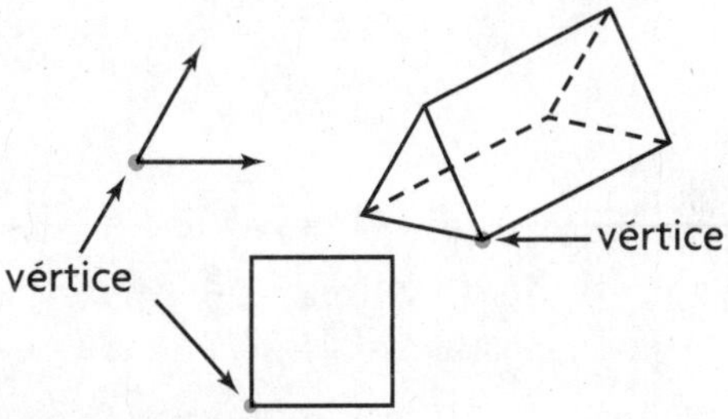

Origen de la palabra

La palabra *vértice* proviene de la palabra en latín *vertere*, que significa "girar" y está relacionada con "lo más alto". Se puede girar una figura alrededor de un punto o *vértice*.

volumen volume La cantidad de espacio que ocupa un cuerpo geométrico (pág. 467)

volumen de un líquido liquid volume La cantidad de líquido que contiene un recipiente

Y

yarda (yd) yard (yd) Una unidad del sistema usual que se usa para medir la longitud o la distancia; 3 pies = 1 yarda

Tabla de medidas

SISTEMA MÉTRICO	SISTEMA USUAL
Longitud	
1 centímetro (cm) = 10 milímetros (mm)	1 pie (pie) = 12 pulgadas (pulg)
1 metro (m) = 1,000 milímetros	1 yarda (yd) = 3 pies o 36 pulgadas
1 metro = 100 centímetros	1 milla (mi) = 1,760 yardas o 5,280 pies
1 metro = 10 decímetros (dm)	
1 kilómetro (km) = 1,000 metros	
Capacidad	
1 litro (l) = 1,000 mililitros (ml)	1 taza (tz) = 8 onzas fluidas (oz fl)
1 taza métrica = 250 mililitros	1 pinta (pt) = 2 tazas
1 litro = 4 tazas métricas	1 cuarto (ct) = 2 pintas o 4 tazas
1 kilolitro (kl) = 1,000 litros	1 galón (gal) = 4 cuartos
Masa/Peso	
1 gramo (g) = 1,000 miligramos (mg)	1 libra (lb) = 16 onzas (oz)
1 gramo = 100 centigramos (cg)	1 tonelada (T) = 2,000 libras
1 kilogramo (kg) = 1,000 gramos	

TIEMPO
1 minuto (min) = 60 segundos (seg)
1 media hora = 30 minutos
1 hora (h) = 60 minutos
1 día = 24 horas
1 semana (sem) = 7 días
1 año (a) = 12 meses (m) o alrededor de 52 semanas
1 año = 365 días
1 año bisiesto = 366 días
1 década = 10 años
1 siglo = 100 años
1 milenio = 1,000 años

SIGNOS

$=$	es igual a	$\overleftrightarrow{AB}$	línea *AB*
$\neq$	no es igual a	$\overrightarrow{AB}$	semirrecta *AB*
$>$	es mayor que	$\overline{AB}$	segmento *AB*
$<$	es menor que	$\angle ABC$	ángulo *ABC* o ángulo *B*
(2, 3)	par ordenado (x, y)	$\triangle ABC$	triángulo *ABC*
$\perp$	es perpendicular a	$^\circ$	grado
$\parallel$	es paralelo a	°C	grados Celsius
		°F	grados Fahrenheit

FÓRMULAS

Perímetro		Área	
Polígono	$P =$ suma de la longitud de los lados	Rectángulo	$A = b \times h$ ó $A = bh$
Rectángulo	$P = (2 \times l) + (2 \times a)$ ó $P = 2l + 2a$		
Cuadrado	$P = 4 \times L$ ó $P = 4L$		

Volumen

Prisma rectangular $V = B \times h$ ó $V = l \times a \times h$

$B =$ área de la figura de la base, $h =$ altura del prisma

Photo Credits

KEY: (t) top, (b) bottom, (l) left, (r) right, (c) center, (bg) background, (fg) foreground, (i) inset

Cover: (lizard) Juniors Bildarchiv/Alamy; (cardinal Danita Delimont/Alamy; (Monument Valley bg) A & L Sinbaldi/Getty Images; (desert fg) Micha Pawlitski/Getty Images; (texture in Go Math) Martin Ruegner/Getty Images.

Copyright: (tr) Corbis; (bg) Purestock/Getty Images; (tl) Danita Delimont/Alamy Images.

Author Page: (br) Don Hammond/Design Pics/Corbis; (tr) altrendo nature/Getty Images; (bg) Purestock/Getty Images; (br) Daniel J. Cox/Getty Images.

Table of Contents: v Corbis; (fg) robin chittenden/Alamy; vi Steve Hamblin/Alamy; vii (bg) John Beatty/Getty Images; viii Brand X Pictures/Getty Images; (fg) PhotoDisc/Getty Images; ix PhotoDisc/Getty Images; x (bg) Christopher Talbot Frank/Corbis; (fg) PhotoDisc/Getty Images; xi Gaertner/Alamy Images; Comstock/Getty Images; xii (bg) Jason Edwards/Getty Images; (fg) Dave King/Getty Images.

Critical Area: 1 Stewart Cohen/Blend Images/Corbis; 2 (br) Oleg Boldyrev/Alamy; 9 (tr) Goodshoot/Jupiterimages; 16 (tr) Dr. Paul Zahl/Photo Researchers, Inc.; 18 (tr) William Leaman/Alamy Images; 21 (cr) Jude Gibbins/Alamy; 23 (cr) Graham Bailey/Alamy; 24 (cr) Dr. Stanley Flegler/Visuals Unlimited/Getty Images; 27 (tr) one-image photography/Alamy; 28 (tr) Andrew Ward/PhotoDisc/Getty Images; 31 (tr) Mike Hill/Alamy; 32 (tr) Mauro Rinaldi/Alamy; 34 (tr) Jany Sauvanet/Photo Researchers, Inc.; 35 (tr) Lawrence Manning/Corbis; 39 (tr) G. K. & Vikki Hart/PhotoDisc/Getty Images; 40 (tr) Chris Ratcliffe/Alamy; 43 (tr) COMSTOCK Images/age fotostock; 46 (tr) Juniors Bildarchiv/Alamy; 51 (tr) OJO Images Ltd/Alamy Images; 52 (cl) C Squared Studios/PhotoDisc Green/Getty Images; 54 (tr) IMAGEMORE Co., Ltd./Alamy Images; 61 (cr) Image Plan/Corbis; 68 (tr) Creativ Studio Heinemann/Westend61/Corbis; 72 (tr) Leonard de Selva/Corbis; 74 (tr) Steve Mason/PhotoDisc/Getty Images; 84 (tr) Purestock/Getty Images; 88 (tr) Andre Jenny/Alamy; 95 (tr) Corbis; 99 (bc) Jeff Vanuga/Corbis; 108 (tr) GK Hart/Vikki Hart/PhotoDisc/Getty Images; 109 (tr) dbimages/Alamy Images; 110 (tr) Comstock/Getty Images; 113 (tr) robert glusic/Corbis; 116 (tr) L. Clarke/Corbis; 117 (tr) Purestock/Alamy Images; 118 (tr) Paul A. Zahl/Getty Images; 120 (tr) Don Farrall/Getty Images; 131 (tr) C Squared Studios/PhotoDisc/Getty Images; 134 (tr) Wes Thompson/Corbis; 135 (tr) LWA/Getty Images; 138 (tr) Corbis; 147 (tr) JUPITERIMAGES/Thinkstock/Alamy; 151 (cr) Mike Powell/Getty Images; 154 (tr) Image100/Corbis; 159 (br) AndyLim.com/Alamy Images; 161 (tr) Paul Street/Alamy Images; 164 (tr) PhotoDisc/Alamy Images; 165 (tr) Bryan Knox; Papilio/Corbis; 168 (tr) PhotoDisc/Getty Images; 170 (tr) WidStock/Alamy Images; 173 Dennis Hallinan/Alamy Images; 174 PhotoDisc/Getty Images; 176 (tr) StockTrek/Getty Images; 177 (tr) S. Meltzer/PhotoLink/Getty Images; 178 (tr) Compassionate Eye Foundation/Getty Images; 187 (cr) photolink/Getty Images; 190 (tr) GK Hart/Vikki Hart/PhotoDisc/Getty Images; 191 PhotoDisc/Getty Images; 194 (tr) Charles Smith/Corbis; 199 Christoph Weihs/Alamy Images; Powered by Light RF/Alamy Images; 202 (tr) comstock/Getty Images; 204 (tr) Judith Collins/Alamy Images; 208 (tr) Siede Preis/Getty Images; 209 (tr) Tyler Stableford/Getty Images; 212 (tr) Kevin Taylor/Alamy Images; 216 (tr) View Stock/Alamy Images; 226 (tr) Tracy Montana/PhotoLink/Getty Images; 227 (cr) Daniele Comoglio/Alamy Images; 230 (cr) jupiterimages/Getty Images; 231 (tr) Lawrence Manning/Corbis.

Critical Area: 239 Eric Camden/Harcourt; 241 (br) Visions of America, LLC/Alamy; 255 (cr) C Squared Studios/PhotoDisc/Getty Images; 258 (tr) Tomi/PhotoLink/PhotoDisc/Getty Images; 259 (tr) Ralph A Clevenger/Corbis; 265 (l) Andrew Paterson/Alamy; 272 (tr) William Manning/Alamy; 273 (tr) alan becker/Getty Images; 276 (tr) Getty Images; 277 Macduff Everton/Corbis; 278 (tr) Phil Schermeister/Corbis; 281 (cr) Image Source/Agefotostock; 289 (br) C Squared Studios/Getty Images; 291 (tr) Bluemoon Stock/Getty Images; 292 (tr) Richard McDowell/Alamy Images; 296 Deborah Waters - Studio/Alamy Images; (tr) Bernd Vogel/Corbis; 299 (tr) PhotoStock-Israel/Alamy Images; 302 (tr) Hill Street Studios/Getty Images; 306 (tr) By Maryam at IcingDreams/Getty Images; 307 (tr) IML Image Group Ltd/Alamy Images; 310 (cr) TongRo Image Stock/Alamy Images; 311 (br) Anna Peisi/Corbis; 314 (tr) Jonathan Daniel/Getty Images; 320 (tr) Elizabeth Whiting & Associates/Alamy Images; 322 (tr) Gary Ombler/Getty Images; 325 (tr) Blend Images/Shalom Ormsby/Getty Images; 329 (tr) Lawren Lu/Cutcaster; 330 (tr) MIXA/Alamy Images; 331 (tr) Colin Hawkins/Getty Images; 343 FoodCollection/Superstock; 344 FOOD/Alamy Images; 350 C Squared Studios/Getty Images; 353 artville/Getty Images; 356 vasa/Alamy Images; 358 Kraig Scarbinsky/Getty Images; 360 Compassionate Eye Foundation/Getty Images.

Critical Area: 365 NASA; 366 (br) NASA; 370 (tr) Brand X Pictures/Getty Images; 372 (tr) jane burton/Getty Images; 387 (tr) image source/Getty Images; 395 (tr) jonathan kantor/Getty Images; 396 PhotoDisc/Getty Images; 397 Peter Tsai Photography/Alamy Images; 398 (tr) Robert Maass/Corbis; 405 (tr) Getty Images/Brand X Pictures; 409 (cr) Alamy; 416 (tr) LianeM/Alamy Images; 417 (tr) digital vision/Getty Images; 418 (tr) comstock/Getty Images; 420 (tr) Brand New Images/Getty Images; 424 (tr) Steve Gorton and Karl Shone/Getty Image; 432 (tr) Christina Kennedy/Brand X Pictures; 441 (tr) De Agostini/Getty Images; 448 (bl) Arthur Tilley/Jupiter Images; (br) wim wiskerke/Alamy; 460 (tr) Andy Selinger/Alamy; (cr) Jon Hicks/Corbis; (br) Ethan Miller/Getty Images; 466 (tr) Brian Hamilton/Alamy Images; (cr) John Dakers/Corbis; 478 (tr) Martin Ruegner/Getty Images; 482 (tr) Imagebroker/Alamy Images.

All other photos Houghton Mifflin Harcourt libraries and photographers; Guy Jarvis, Weronica Ankarorn, Eric Camden, Don Couch, Doug Dukane, Ken Kinzie, April Riehm, and Steve Williams.